Couverture:
Monastère de Batalha, détail du cloître.

PORTUGAL

Itinéraires-Exposition *Museum With No Frontiers (MWNF)*

LES GRANDS MÉCÈNES DE L'ART

LE MANUÉLIN

L'ART PORTUGAIS À L'ÉPOQUE DES GRANDES DÉCOUVERTES

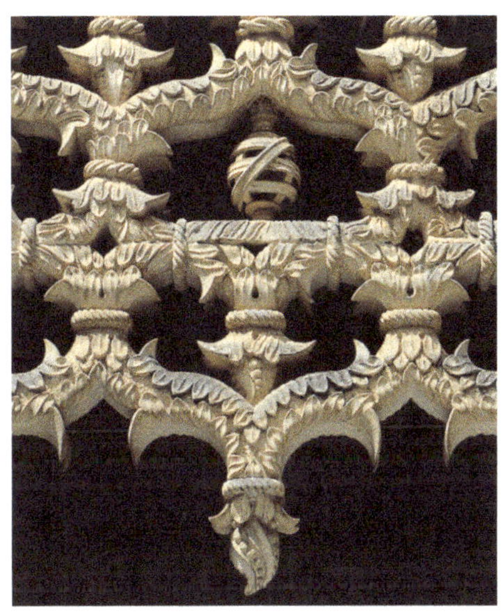

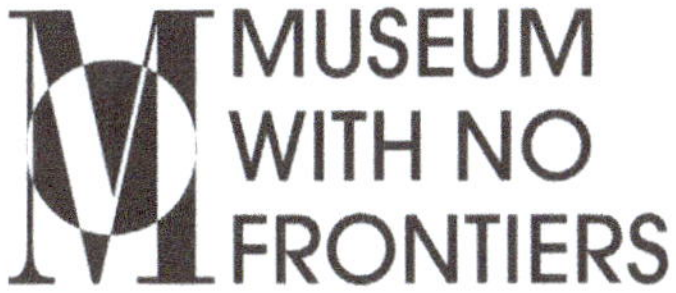

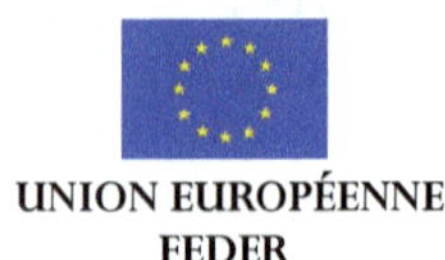

La mise en place de l'Itinéraire-Exposition "LE MANUÉLIN. L'Art portugais à l'époque des Grandes Découvertes" a été cofinancée par l'Union Européenne à travers le Programme Opérationnel d'Économie.

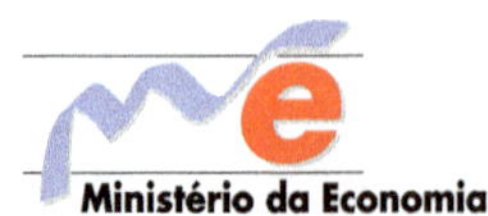

Secrétariat d'État au Tourisme du Portugal.

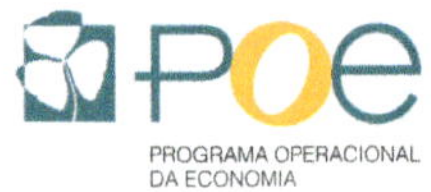

Programme Opérationnel d'Économie.

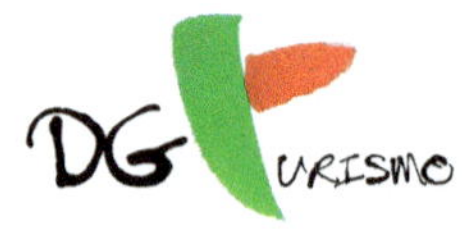

Réalisée par le Programme de Développement du Tourisme Culturel (PICT) avec le concours de la Direction Générale du Tourisme du Portugal.

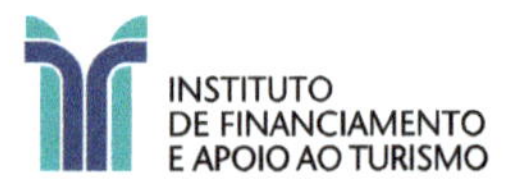

Le projet a également bénéficié du soutien économique de l'Institut de Financement et d'Appui au Tourisme du Portugal.

ISBN: 978-3-902782-01-4
(livre de poche)
ISBN: 978-3-902782-45-8
(eBook)

Idée et conception générale du programme Museum With No Frontiers

Eva Schubert

Direction du projet
Flávio Lopes
Coordination du Programme de Développement du Tourisme Culturel

Coordination scientifique
Pedro Dias

Comité scientifique
Dalila Rodrigues
Fernando Grilo
Nuno Vassallo e Silva

Catalogue

Introduction
Pedro Dias

Auteurs des circuits
Pedro Dias, Coimbra
Dalila Rodrigues, Viseu
Nuno Vassallo e Silva, Lisbonne
Fernando Grilo, Lisbonne

Textes techniques
Maria José Machado Santos, Lisbonne

Personnages historiques
Maria João Bonina

Traduction
Pierre Léglise-Costa, Paris

Révision
Anne-Marie Lapillonne, Marseille

Photographies
António Cunha, Beja (A. C.)
Jorge Barros, Lisbonne (J. B.)
Maurício Abreu, Setúbal (M. A.)
Rui Cunha, Lisbonne (R. C.)
Laura Castro Caldas e Paulo Cintra, Lisbonne (L. C.-P. C.)

IPM, Lisbonne
Abreu Nunes (A. N.)
Carlos Monteiro (C. M)
Delfim Ferreira (D. F.)
Francisco Matias (F. M.)
José Pessoa (J. P.)
José Rubio (J. R.)
Luís Pavão (L. P.)
Manuel Palma (M. P.)

Tracé des circuits
José Russo, Lisbonne

Maquette et design
Agustina Fernández, Madrid

Coordination éditoriale
Sakina Missoum, Madrid

Coordination technique

Direction de Production, domaine Patrimoine Culturel
Teresa Gamboa, Lisbonne

Direction de Production, domaine juridique
Isabel Menezes, Lisbonne

Dynamisation culturelle et coordination des événements
Rita Morgado, Lisbonne

Contrôle technique
Miguel García López, Madrid

Remerciements

Le PITC tient à exprimer sa reconnaissance aux entités suivantes, sans lesquelles la réalisation de ce projet n'aurait pas été possible:

Mairies de Alcochete, Almeida, Alvito, Angra do Heroísmo, Arraiolos, Barcelos, Batalha, Beja, Braga, Bragance, Calheta, Caminha, Castro Marim, Celorico da Beira, Coimbra, Condeixa-a-Nova, Évora, Faro, Freixo de Espada à Cinta, Funchal, Golegã, Guarda, Guimarães, Lamego, Lisbonne, Machico, Mafra, Meda, Miranda do Douro, Mogadouro, Montemor-o-Novo, Montemor-o-Velho, Moura, Palmela, Pinhel, Pombal, Ponta Delgada, Portimão, Porto, Praia da Vitória, Ribeira Brava, Santa Cruz, Santarém, Santiago do Cacém, Serpa, Setúbal, Silves, Sines, Sintra, Tarouca, Tavira, Tomar, Torre de Moncorvo, Torres Novas, Torres Vedras, Viana do Alentejo, Viana do Castelo, Vidigueira, Vila do Bispo, Vila do Conde, Vila Franca do Campo, Vila Nova da Barquinha, Vila Nova da Cerveira, Vila Nova de Foz Côa et Viseu;

Institut de Financement et d'Appui au Tourisme, Confédération du Tourisme, Direction Générale des Édifices et des Monuments Nationaux, ICEP — Investissements, Commerce et Tourisme du Portugal, Institut Portugais des Arts du Spectacle, Institut Portugais des Musées, Institut Portugais du Patrimoine Architectural et des Régions de Tourisme.

Préface

Nous vous souhaitons la bienvenue à Musée Sans Frontières et sommes heureux de vous accueillir dans ce premier musée transnational, établi sur le principe qui consiste à présenter les œuvres d'art dans leur contexte, en tant que témoins de l'histoire et ambassadeurs des identités culturelles des différents peuples et pays. L'espace d'exposition est constitué par l'ensemble des pays de l'Europe, du bassin méditerranéen ainsi que du Proche et du Moyen-Orient.

Pour la visite de notre musée, nous vous proposons un vaste programme d'expositions groupées par pays ou par cycles thématiques internationaux. Les œuvres – monuments, sites et objets d'art – sont présentées sur place, entourées de leurs ambiance et environnement naturels.
Le volume que vous avez entre les mains vous permettra d'accéder à l'exposition sur l'art manuélin mise en place dans la *Section Portugal* du musée. Il vous servira de guide pour un voyage thématique spécialement conçu pour vous faire découvrir monuments, sites et objets témoignant des influences des Grandes Découvertes sur l'art portugais à l'aube de l'ère moderne. Mais vous pourrez aussi l'utiliser comme ouvrage de référence scientifique, ou encore pour effectuer une visite imaginaire du Portugal manuélin à travers la simple lecture de ce nouveau genre de catalogue d'exposition.
Quel que soit votre choix, ce livre vous permettra d'approcher le Portugal manuélin d'une manière authentique, puisque l'histoire en est racontée par les meilleurs experts du pays.

Créer un contexte permettant aux différents pays de livrer leur propre point de vue de l'histoire et de présenter leur patrimoine dans leur propre perspective constitue l'objectif principal de Musée Sans Frontières, qui vise ainsi à contribuer au dialogue entre les cultures et les civilisations. L'interprétation de l'histoire et la mise en valeur du patrimoine représentent aujourd'hui des éléments fondamentaux dans la "gestion de l'image" de chaque pays. Dans ce domaine, l'égalité des chances et la standardisation des méthodes s'imposent donc comme une étape incontournable dans la construction d'une Europe unie et dans la recherche d'un partenariat réel avec nos voisins méditerranéens et le monde arabe.

Articulé autour de grands cycles thématiques, le système modulaire mis au point par Musée Sans Frontières offre la possibilité de mettre au jour les influences mutuelles tout en éclairant les spécificités de chaque pays.

L'exposition "LE MANUÉLIN. L'art portugais à l'époque des Grandes Découvertes" est réalisée dans le cadre du Programme Portugais de Développement du Tourisme Culturel du Secrétariat d'État au Tourisme au sein du Ministère de l'Économie, comme contribution au programme de Musée Sans Frontières sur *Les Grands Mécènes de l'Art*. Elle fait partie d'une série de quatre expositions mises en œuvre selon la même méthodologie et qui permettent de découvrir, outre l'art manuélin, le patrimoine portugais d'origine islamique, l'art baroque et l'art roman.

Le programme Musée Sans Frontières combine la recherche sur des thèmes spécifiques avec la médiatisation du patrimoine artistique afin de promouvoir et de mettre en valeur les investissements dans le domaine de sa restauration et de sa préservation.

Une telle entreprise ne saurait bien sûr être menée à bien sans le soutien de tous et l'opinion de chacun ; c'est pourquoi vos commentaires et suggestions seront les bienvenus, et nous vous remercions dès maintenant de bien vouloir les adresser à feedback@mwnf.net.

Eva Schubert
Musée Sans Frontières
Présidente

Flávio Lopes
Programme de Développement du Tourisme Culturel
Directeur

Indications pratiques

Ce livre a été conçu comme un catalogue d'exposition.

Le thème central de l'exposition est "LE MANUÉLIN. L'art portugais à l'époque des Grandes Découvertes", et son espace est un vaste "musée sans frontières" qui couvre tout le territoire portugais, y compris les Açores et Madère.

Nous proposons une visite en quatorze circuits, indépendants les uns des autres et couvrant des régions géographiques précises. L'ordre de la visite peut ainsi être choisi par l'intéressé.

Pour chaque circuit, nous suggérons un temps de visite de un ou deux jours selon les distances à parcourir ou le nombre et les caractéristiques des lieux à visiter.

Ce livre fournit plusieurs indications pratiques, notamment les accès, les horaires de visite et les numéros de téléphone. Nous conseillons cependant d'utiliser des cartes routières et des plans de ville pour accéder aux lieux indiqués, et de vérifier les conditions de visite, qui peuvent avoir changé après l'impression de l'ouvrage.

Les mots qui apparaissent en italiques dans le texte, sauf s'ils sont accompagnés de leur traduction entre parenthèses, sont repris dans le glossaire.

Nous avons conservé le nom des souverains portugais, précédé du traitement en usage au Portugal (D. et D.ª), ce qui facilite leur identification.

Nous rappelons qu'actuellement les musées nationaux et les grands monuments portugais sont fermés le lundi. Les monuments, les ensembles architecturaux, les sites et les œuvres d'art sélectionnés pour cette "exposition" autorisent une connaissance approfondie du domaine présenté. Cependant, notre démarche ne visant pas à l'exhaustivité absolue, mais plutôt à la cohérence thématique de chaque circuit, un certain nombre de vestiges manuélins n'apparaissent pas dans cette publication. Nous conseillons aux visiteurs plus curieux encore et disposant de plus de temps de se procurer des informations supplémentaires sur d'autres monuments manuélins auprès des Offices de tourisme.

Pour mieux dessiner le contexte de cette "exposition", nous proposons en encadrés des textes sur des thèmes en rapport avec les circuits de visite, ou des indications de paysages particulièrement intéressants pour la compréhension des régions visitées.

Nous rappelons que le dimanche et les jours de fêtes religieuses, des offices sont célébrés dans de nombreuses églises comprises dans les circuits. Nous invitons les voyageurs à les visiter en dehors des horaires de culte.

SOMMAIRE

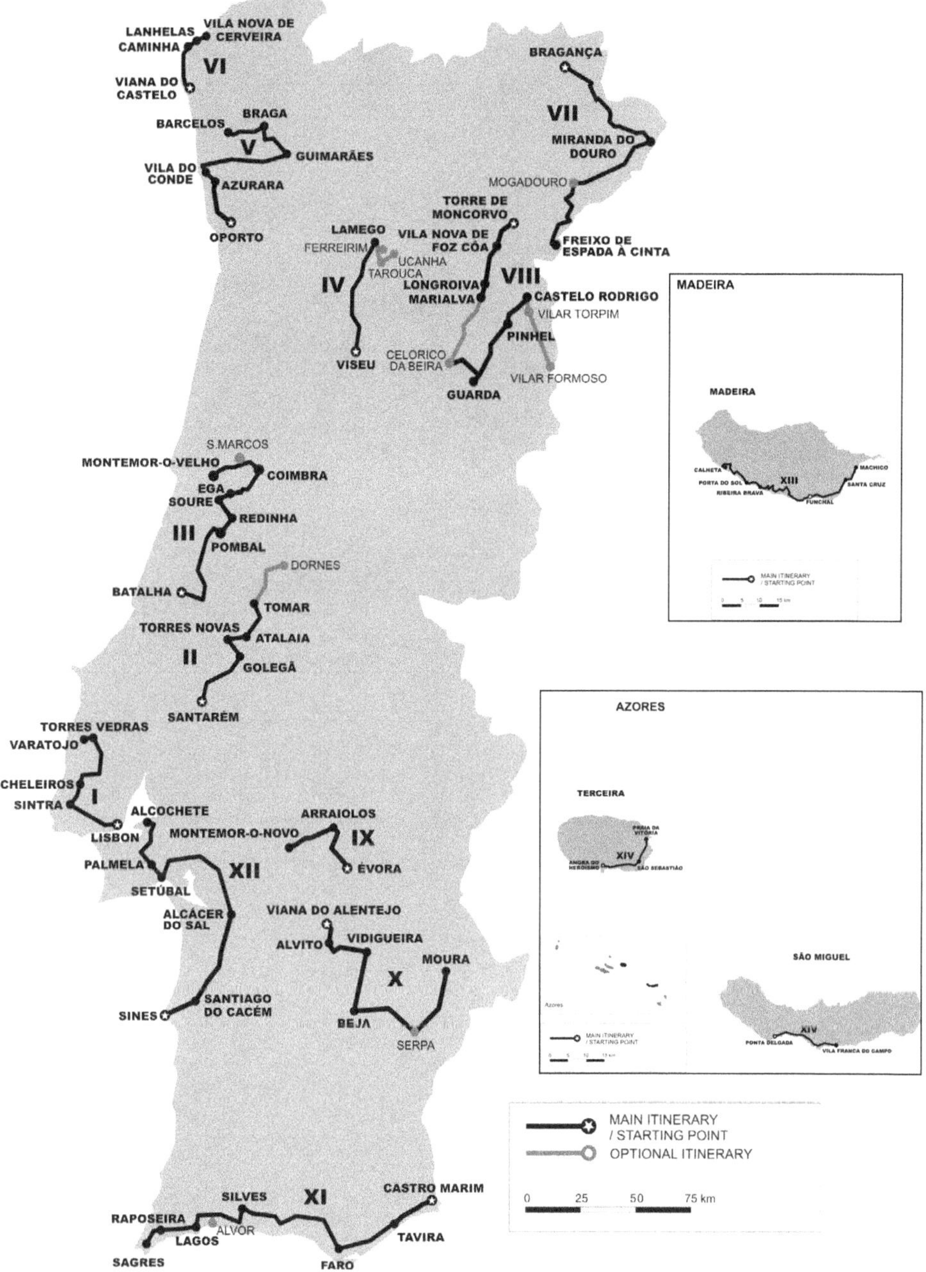

LANHELAS
VILA NOVA DE CERVEIRA
CAMINHA
VI
VIANA DO CASTELO
BRAGANÇA
VII
BARCELOS
BRAGA
V
GUIMARÃES
VILA DO CONDE
AZURARA
OPORTO
MIRANDA DO DOURO
MOGADOURO
TORRE DE MONCORVO
LAMEGO
FERREIRIM
UCANHA
TAROUCA
VILA NOVA DE FOZ CÔA
FREIXO DE ESPADA À CINTA
IV
LONGROIVA
MARIALVA
VIII
CASTELO RODRIGO
VILAR TORPIM
PINHEL
VISEU
CELORICO DA BEIRA
GUARDA
VILAR FORMOSO
MADEIRA
XIII
MAIN ITINERARY / STARTING POINT
S.MARCOS
MONTEMOR-O-VELHO
COIMBRA
EGA
SOURE
REDINHA
III
POMBAL
DORNES
BATALHA
TOMAR
TORRES NOVAS
ATALAIA
II
GOLEGÃ
SANTARÉM
AZORES
TERCEIRA
XIV
SÃO MIGUEL
TORRES VEDRAS
VARATOJO
CHELEIROS
I
SINTRA
LISBON
ALCOCHETE
ARRAIOLOS
MONTEMOR-O-NOVO
IX
ÉVORA
PALMELA
XII
SETÚBAL
ALCÁCER DO SAL
VIANA DO ALENTEJO
ALVITO
VIDIGUEIRA
MOURA
X
SINES
SANTIAGO DO CACÉM
BEJA
SERPA
MAIN ITINERARY / STARTING POINT
OPTIONAL ITINERARY
0 25 50 75 km
SILVES
XI
CASTRO MARIM
RAPOSEIRA
ALVOR
LAGOS
TAVIRA
SAGRES
FARO

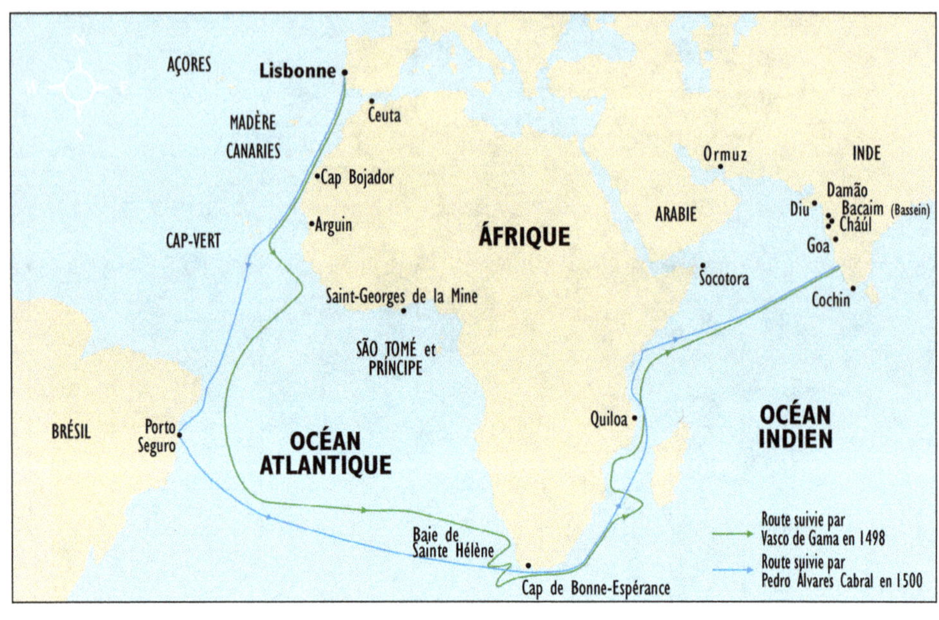

Carte des voyages des explorateurs portugais.

MANUEL Ier ET LES DÉCOUVERTES OUTRE-MER

Pedro Dias

Le règne de Manuel Ier, connu dans les livres scolaires d'Histoire comme "le Fortuné", fut un des plus féconds de l'histoire du Portugal. Son rayonnement dépassa certainement les frontières du pays. Il eut une dynamique qui arracha la nation à l'esprit du Moyen Âge et qui la fit entrer définitivement dans l'époque moderne. Ce fut grâce à l'action de son gouvernement qu'on établit une liaison maritime entre l'Europe et l'Extrême-Orient, cette liaison rêvée depuis longtemps par l'infant Henri, son grand-oncle. Ainsi la vie des peuples du "vieux continent" européen et de beaucoup de ceux des autres continents changea-t-elle radicalement.

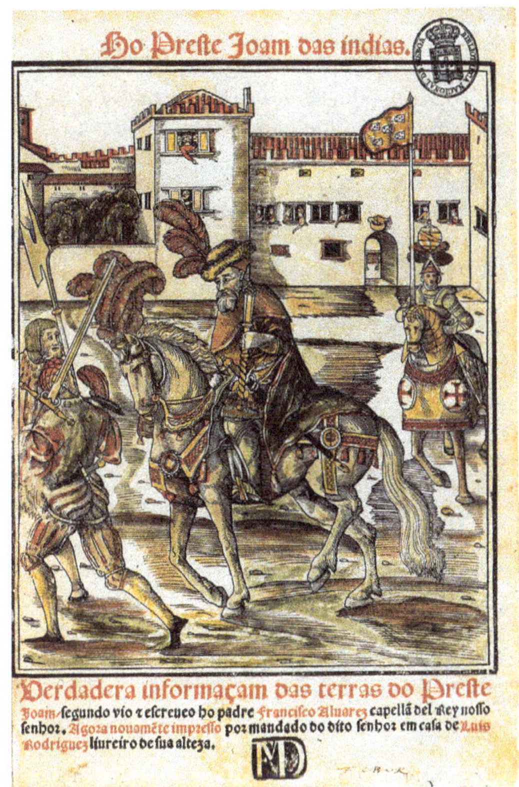

"Verdadeira Informação das Terras do Preste João", Padre Francisco Alvares, Lisbonne, Luís Rodrigues, 1540.

La saga des Grandes Découvertes portugaises permit d'établir un contact entre les peuples de tous les continents qui, jusque-là, s'ignoraient ou dont on avait seulement de vagues, voire de fantastiques informations. Les Découvertes furent le germe des temps modernes, de l'ère de la globalisation qui, de nos jours, semble vouloir trouver un nouveau sens. Arnold Toynbee écrivit que l'histoire du monde se divise en deux grandes ères, l'avant-Gama et l'après-Gama, c'est-à-dire celle qui précède les voyages océaniques et celle qui suit le voyage de Vasco de Gama en 1498 en Inde.

Le Portugal avait une situation privilégiée, à l'extrême sud-ouest de l'Europe, tourné vers l'Afrique et les Amériques, terre de passage de navigateurs de tous les temps entre l'Europe du Nord et la Méditerranée, avec un long littoral découpé par de nombreux estuaires qui connurent une intense activité au moins depuis que les Phéniciens s'aventurèrent au-delà du détroit de Gibraltar. D'abord la pêche, le commerce ensuite transformèrent les Portugais en un peuple qui avait la pratique des choses de la mer et des voyages; potentiel qui rendait possible leur expansion quand les conditions devinrent propices. Au XIIe siècle déjà, les bateaux portugais fréquentaient les ports du nord de l'Europe, transportant des produits de la terre et de la mer, surtout le sel, ce bien précieux que nous pouvons

considérer comme le ciment économique du jeune royaume.
La distance à laquelle se trouve le Maghreb, terre d'ennemis traditionnels qui lançaient des razzias dans les villages, les bourgs et les villes côtières, tuant et enlevant des femmes et des hommes, obligea à créer une flotte permanente qui parcourait la côte et prévenait ces sanglants assauts. Sa présence en mer était déjà importante au temps du premier roi, Alphonse Ier, et elle eut comme commandant le mythique amiral D. Fuas Roupinho.
La politique de développement de la marine fut une préoccupation constante de la couronne. En 1317, le roi Dinis fit venir de Gênes l'amiral Pessanha qui emmena avec lui deux dizaines de marins expérimentés, qui donnèrent une autre consistance à la structure et à l'organisation de la marine nationale.
Cette présence étrangère au Portugal s'accentua pendant le XVe siècle et se développa avec l'arrivée de spécialistes ibériques, italiens et nordiques, aussi bien chrétiens que juifs, qui travaillèrent ensemble pour créer une vraie science nautique.
Mais si des hommes d'autres pays sont venus à Lisbonne et à Lagos, on constate qu'un mouvement inverse s'est opéré également; des techniciens et des pilotes portugais s'établirent dans d'autres royaumes et jouèrent un rôle déterminant pour l'évolution de leurs marines.
Des accords internationaux de commerce maritime et de pêche, une plantation de forêt pour l'utilisation du bois en vue de la fabrication des bateaux, des facilités économiques, et même la création d'une bourse d'assurances en 1293, tout cela fit son apparition, dans un Portugal raisonnablement stable et uni, alors que, au-delà des Pyrénées, d'autres pays européens se déchiraient dans des guerres interminables.
C'est une telle situation qui rendit possible, en 1341, l'arrivée des Portugais aux îles Canaries, sous l'impulsion du roi Alphonse IV. Plus tard, après la crise dynastique de 1383-1385, avec la montée au trône de Jean Ier, la couronne portugaise se tourna très vite vers l'expansion territoriale outre-mer, dont l'occupation de la ville de Ceuta, et sa conquête chrétienne dans le détroit de Gibraltar en 1415, fut l'acte inaugural.
On considère souvent l'esprit de prosélytisme de l'aventure portugaise comme une réédition des croisades médiévales en Terre Sainte sous la pression de la papauté. Il est vrai que le danger des forces turques était bien réel et qu'elles avaient déjà dévasté, en partie, l'est de l'Europe, mais ce fait ne fut pas le moteur ou la cause principale de l'expansion portugaise. L'esprit religieux de l'infant Henri, du roi Alphonse V et de Jean III, ainsi que de leurs successeurs qui voulaient s'allier au prêtre Jean des Indes, dont le mythique royaume était chrétien et puissant, ce qui faisait de lui l'allié prédestiné pour encercler l'ennemi islamique, est bien connu. Leur objectif final était d'établir un empire chrétien au sein duquel devaient s'intégrer les chrétiens

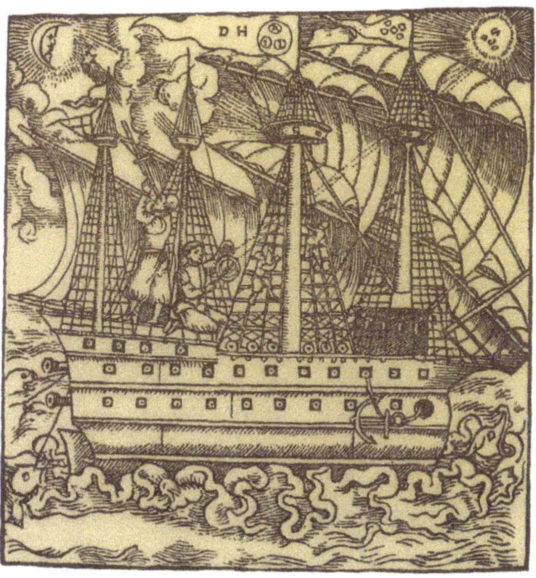

Représentation de l'utilisation de l'astrolabe et de la balestrille, gravure in Hans Staden, "Wahrhaftige Historia und Beschreibung eyner Landschafft der wilden nacketen grimmigen Menschfresser Leuthen", Madbourg, 1557

indiens de São Tomé et ceux de l'île des Sept Villes qui vivaient dans les confins du Levant et du Ponant. Si cette thèse n'est pas à rejeter, il y eut d'autres causes plus déterminantes; l'une d'entre elles fut le changement de mentalités, de la philosophie, illustré par la lutte entre "réalistes" et "nominalistes". Avec la victoire de ces derniers et l'action des franciscains se fit jour dans les consciences européennes la certitude du besoin impérieux de connaître le monde et d'ancrer cette connaissance dans l'observation directe et l'expérience; on plantait ainsi la semence qui allait élever la curiosité au rang d'un vrai *topos* de l'action portugaise.

À partir de la reconquête chrétienne de Ceuta en 1415, les horizons du Portugal s'étendirent à toute la côte nord-atlantique de l'Afrique, dont la conquête fut achevée en 1514, déjà à l'époque de Manuel Ier. Les plus proches rivages atlantiques constituèrent l'étape suivante, et les hommes de la maison de l'infant Henri atteignirent les îles de Porto Santo en 1418, de Madère en 1425 et immédiatement après, vers 1427, l'archipel des Açores. Plus tard, les avancées par la côte subsaharienne de l'Afrique firent partie d'une campagne systématique et permanente. Après quinze tentatives infructueuses, Gil Eanes doubla le cap Bojador en 1434, et l'événement reste d'une importance considérable.

Pour que tout cela soit possible, la cour portugaise avait réuni à Listbonne un grand nombre de mathématiciens, de cartographes et de techniciens navals portugais et étrangers qui développaient les savoirs ancestraux et qui recevaient à tout instant les nouvelles apportées par les marins portugais. Les mathématiques, la cartographie, l'astronomie et, naturellement, la construction navale connurent des progrès sans précédent, rendant possible la navigation en haute mer, et avec des embarcations de plus en plus sophistiquées, sûres, rapides et nettement plus grandes. En cent ans, les petits bateaux devinrent des caravelles – qui grâce à leurs voiles latines naviguaient contre le vent—, puis des caravelles rondes et, enfin, firent place aux énormes nefs et galions de la future "route des Indes".

On conçut un ensemble d'instruments qui permettaient de savoir où se trouvait le bateau à chaque instant, connaître la longitude. On étudia et on établit les régimes des vents, des

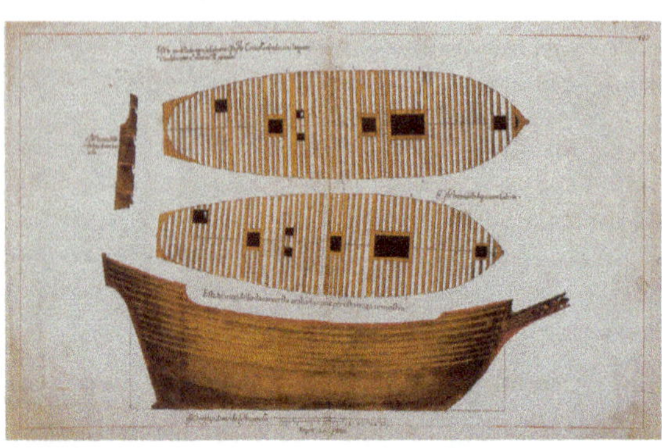

"Livro de Traças de Carpintaria com todos os Modelos e medidas para se fazer toda a navegação, assi d'alto bordo como de remo", Manuel Fernandes, 1616.

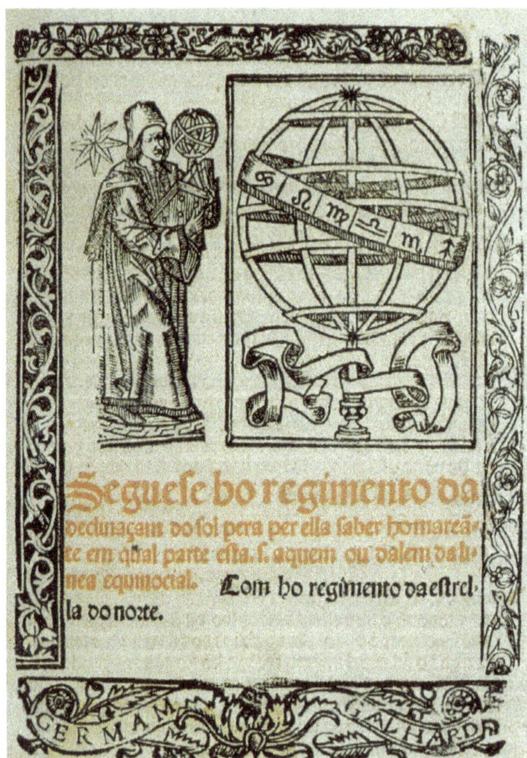

"Guia Náutico d'Évora", Germão Galharde, Lisbonne, v. 1516.

et ainsi naquirent la navigation hauturière pour déterminer la latitude, puis la déclinaison magnétique pour courants et des marées. On dressa la carte des côtes, des embouchures des fleuves et même de la superficie des mers elles-mêmes, afin de choisir les routes les plus appropriées et les plus sûres, et d'établir les époques propices aux voyages. Tous ces savoirs furent mis par écrit, condensés dans des almanachs, des règlements, des guides et des traités, beaucoup d'entre eux imprimés et diffusés universellement.

L'appui apporté aux navigations obligea à créer diverses industries, surtout dans les villes et dans les bourgs côtiers, pour fournir de la nourriture et des appareillages adéquats. En même temps, le commerce avec l'intérieur de la péninsule Ibérique, les Flandres et les États germaniques s'intensifia, et l'on échangea des ustensiles, des armes et des produits manufacturés contre des produits autochtones ou venant d'outre-mer. Seul, le Portugal n'était pas de taille à fournir tout l'outillage nécessaire à ses navires, ni même à les financer, ce qui fut une des raisons de l'entrée de tant d'Européens dans son aventure intercontinentale. À Lisbonne et dans d'autres villes côtières s'établirent des commerçants, des marchands de toute sorte, des artistes et des artisans, de simples aventuriers et des banquiers venus d'Italie et d'Allemagne. À partir du milieu du XVe siècle, ces derniers s'associèrent souvent aux Portugais pour armer les navires qui partaient

"Tratado de Drogas e Medicinas das Índias Orientais", Cristóvão da Costa, Burgos, Martín de Victoria, 1578.

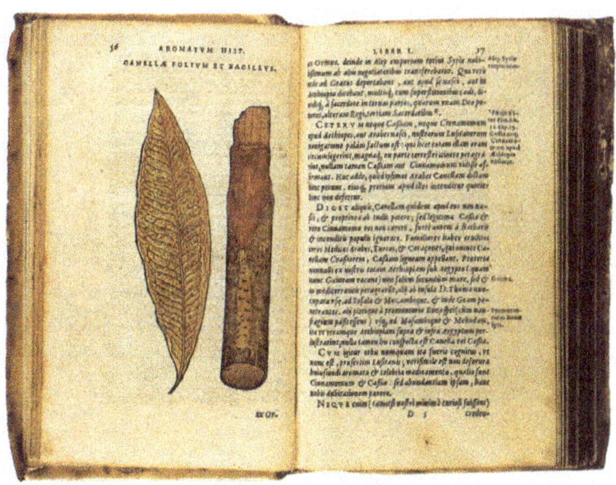

vers l'Afrique, vers l'Orient et vers le Brésil.

Les Découvertes portugaises ouvrirent le champ des connaissances dans bien des domaines, comme les vraies dimensions de la Terre et la diversité de ses habitants, de ses plantes et de ses animaux. Elles entraînèrent aussi la destruction des mythes qui couraient encore dans la tête des Européens à l'aube de l'âge moderne: on croyait que la zone équatoriale était inhabitée, qu'il n'y avait point d'antipodes, que des monstres peuplaient les terres et les mers, etc. Tout ce qui était nouveau était rigoureusement noté et plus tard transmis à la cour de Lisbonne. En revenant au Tage, les navigateurs apportaient avec eux des animaux, de nouvelles espèces végétales, et même des échantillons d'eau pour qu'on examine ses propriétés. Ils embarquaient également des hommes de races inconnues.

L'aspect expérimental et l'élargissement exceptionnel des connaissances techniques et scientifiques constituent sans doute la plus grande contribution de l'aventure portugaise des XVe et XVIe siècles.

Dans la cale des bateaux, des caravelles, des *urcas*, des nefs et des galions arrivaient à Lisbonne des tissus, des sculptures en ivoire, de l'or et du cristal de roche, des meubles en bois rares ou inconnus, marquetés d'ivoire ou recouverts d'écaille ou de nacre, des bijoux, des tissus en soie brodée, des velours et des satins, et enfin des œuvres d'art très précieuses qui causaient l'admiration de ceux qui les voyaient pour la première fois et qui aiguisèrent l'esprit des plus cultivés, incitant les puissants à en remplir leurs "chambres des merveilles", si typiques de la Renaissance et du maniérisme dans toute l'Europe.

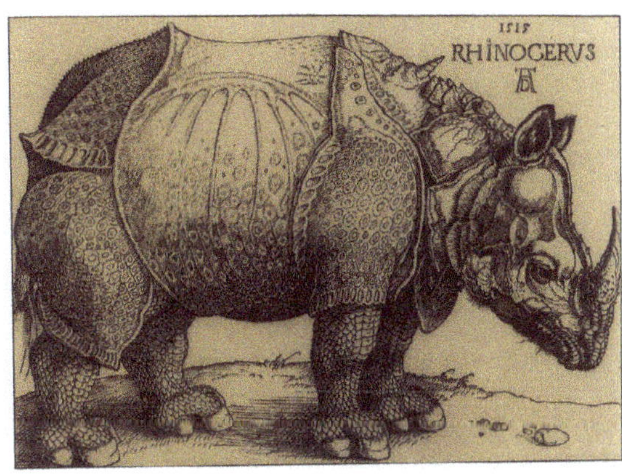

"Rhinocéros", gravure d'Albrecht Durer a partir d'un dessin portugais.

L'infant Henri fut à la tête de tout l'engrenage politique, administratif et technique des Découvertes jusqu'en 1460 et, déjà, l'Orient, l'Inde en particulier, était son objectif principal. Il est certain qu'il envisageait l'arrivée dans l'océan Indien par la route maritime de l'Afrique méridionale. Ce fut de son vivant

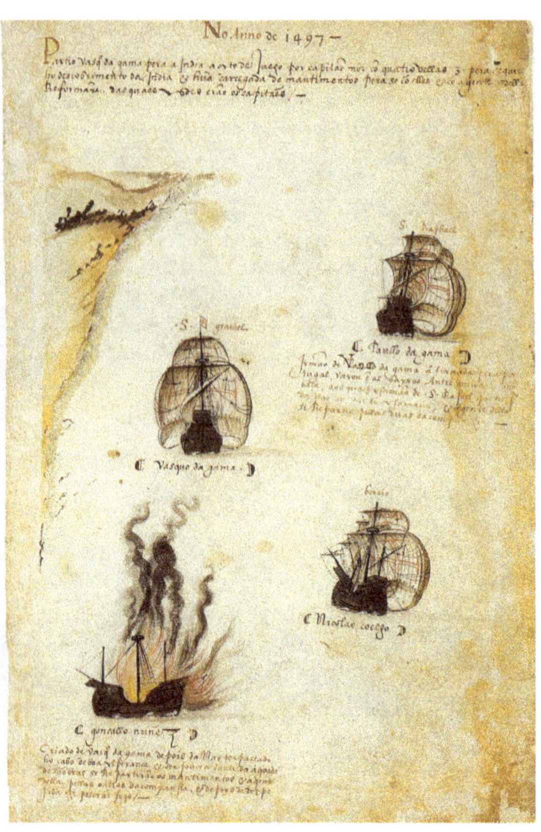

Flotte du premier voyage de Vasco de Gama pour l'Inde, "Memórias das Armadas", v. 1568, Académie des Sciences de Lisbonne.

que l'on installa les premiers colons dans de nombreuses îles désertes des archipels de Madère, des Açores, du Cap-Vert, de São Tomé et Príncipe, Fernando Pó et Ano Bom; parmi ces colons, on comptait des Flamands et des Allemands. Ce fut également de son vivant que l'on établit le premier comptoir important sur la côte africaine, à Arguin, qui serait remplacé par celui de Saint-Georges de la Mine, dans le golfe de Guinée, en 1482. Même s'il était au service de la Castille, Christophe Colomb apprit l'art de la navigation au Portugal, où il se maria avec la fille d'un illustre navigateur portugais, Bartolomeu Perestrelo, qui avait reçu l'île de Porto Santo comme donation princière. S'il est vrai que la tentative de Colomb pour atteindre l'Inde par l'Occident fut un échec total, il eut quand même le mérite de mettre l'Europe en contact avec la terre d'Amérique, dont l'existence était naturellement déjà connue de la couronne portugaise, comme le prouvent les écrits du navigateur et scientifique Duarte Pacheco Pereira, ainsi que d'autres témoignages de ses contemporains. Ce fut à la suite de cet événement que le Portugal et l'Espagne se partagèrent le Monde découvert et à découvrir, par le traité de Tordesillas, signé en 1494, et qui reçut l'indispensable approbation papale lui conférant toute sa validité comme loi internationale au sein de la chrétienté. À partir de ce traité, les navigations des Portugais se tournèrent spécialement vers l'Orient et l'on prépara le voyage inaugural vers l'Inde par la route du Cap, déjà dépassé par le navigateur portugais Bartolomeu Dias en 1487. Vers l'Occident, c'est en 1500 que Pedro Álvares Cabral découvrit officiellement le Brésil, lors d'un voyage dont la destination affichée était Malabar.

Les recherches historiques se focalisant très souvent sur le transport et le commerce des produits d'autres continents, surtout d'Asie, font parfois oublier d'autres aspects importants des Découvertes portugaises. Il est vrai que les épices, les

tissus, les bois et les objets précieux d'Asie commencèrent à arriver massivement en Europe, et à des prix exceptionnels, et que trouver leur source et leur pays d'origine fut, certes, une des premières causes de l'expansion portugaise.
Mais les navigateurs portugais firent bien davantage; ils diffusèrent les espèces des terres découvertes et développèrent leur culture, étant ainsi à l'origine de ce qu'on appelle depuis peu "le voyage des plantes". Les habitudes alimentaires se modifièrent aussi bien en Europe qu'en Afrique, en Asie ou en Amérique, grâce à des plantations qui donnèrent lieu à un développement économique inhabituel; c'étaient des plantations de maïs, de manioc, de pommes de terre, de haricots, de tabac, etc.
Tout cela entraîna l'éclat et la richesse, plus ou moins durables, des pays du centre et du nord de l'Europe qui ne participèrent pas à l'action de défrichage des océans et des terres inhospitalières, ou qui ne commencèrent à le faire que bien plus tard, et à un degré moindre, sur des espaces géographiques bien délimités.
La couronne de Portugal peut s'enorgueillir à juste titre de son investissement en hommes et en biens dans l'extraordinaire aventure des Découvertes, dont l'apogée se situe précisément pendant le règne de Manuel Ier, entre 1495 et 1521.
Avec les Découvertes, on vit ce que jamais personne n'avait vu et on prit conscience que la créativité, cette caractéristique fondamentale

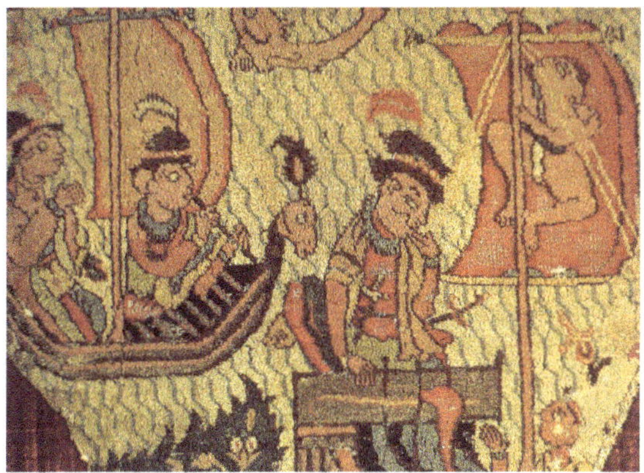

Tapisserie persane, figures portugaises du XVIe siècle.

de l'homme, ce trait qui nous distingue des autres espèces avec lesquelles nous partageons la planète, n'était pas un apanage des chrétiens, des Européens, et encore moins des blancs.
La floraison de l'art manuélin eut lieu pendant le règne de Manuel Ier – d'où son appellation – et pendant les premières années de celui de son fils Jean III, au moins jusqu'aux environs de 1535, donc à l'apogée de l'évolution du pouvoir impérial lusitanien, au sommet de sa puissance, aussi bien dans le contexte européen que mondial. Si nous prenons en considération le goût du roi Manuel et des principaux nobles et hommes d'église du royaume pour les travaux d'édification, nous comprenons pourquoi ils sont considérés comme emblématiques de toute cette époque et du nouvel empire.
Manuel Ier incarna consciemment un projet politique impérial, rapprochant la vision du César de l'Antiquité de celui des Temps modernes, qui devait élargir non seulement son territoire mais aussi

Pedro Dias

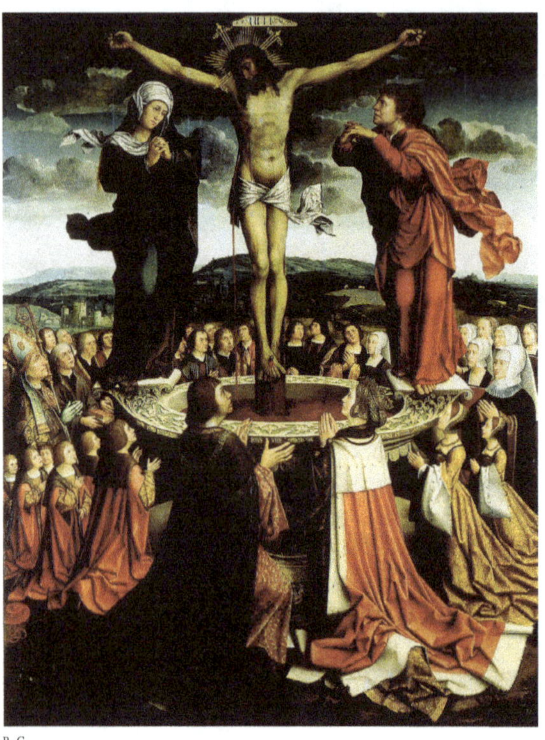

R. C.

Le roi Manuel Ier et sa famille adorant la "Fons Vitae", atelier flamand, début du XVIe siècle, Miséricorde de Porto.

la véritable foi. L'idée d'empire, de domination sur de vastes territoires du monde connu d'alors, comme l'avait fait Auguste, ou même de le dépasser, fut un propos toujours présent dans les pages des panégyriques du monarque "fortuné". Les titres qu'il ajouta à son nom sont une preuve de plus de telles intentions. Il était désigné, comme ses prédécesseurs, par "roi de Portugal et des Algarves, d'En-deçà et de l'Au-delà des Mers"; mais il ajouta: "seigneur de Guinée, du Commerce et des Conquêtes et Navigations d'Arabie, de Perse et d'Inde".

Par la somptueuse ambassade qu'il envoya au pape Léon X en 1514, il se présentait comme le principal agent de la Propagation de la Foi, de l'Empire du Saint Esprit, bien qu'appuyé sur des atouts aussi prosaïques que la puissance de son artillerie navale. Manuel Ier s'assumait comme le bras actif et visible de l'expansion de la Rome chrétienne, comme le successeur de Constantin, et il voulut incarner la figure impériale qui serait reprise, avec quelques variantes, par Charles Quint.

Le pouvoir et l'*imperium* de Manuel Ier de Portugal reposaient sur plusieurs présupposés. Mais le "pouvoir" n'existe que dans la mesure où il est exercé; il n'est pas autonome, il est puissance et non pas acte, et il a besoin de se faire connaître par des signes permanents ou par des actions; or ces dernières sont toujours d'une durée limitée. Ainsi l'art, et en particulier l'architecture, fut et demeure un véhicule exceptionnel pour communiquer l'existence et les caractéristiques du pouvoir.

L'image du roi

À l'époque qui nous intéresse ici, Manuel Ier, Maximilien d'Autriche, Charles Quint, et déjà avant eux les Rois Catholiques, suivirent une même orientation quant au profit qu'ils pouvaient tirer des phénomènes artistiques: les peintures, les sculptures, les tapisseries, les objets liturgiques en métaux précieux, les édifices religieux, civils et militaires, les livres et même les documents, les fêtes et les cérémonies, tout ce qui concernait le visible portait leur marque. Les symboles de la royauté de Manuel Ier, ou de la mis-

sion que Dieu paraissait lui avoir confiée, s'affichaient sur les façades et dans les chœurs des églises, sur les couvertures des livres manuscrits et imprimés. Jean II, avant de le désigner comme son successeur, lui avait offert pour ses armoiries celles du Portugal lui-même, et, comme emblème, la sphère armillaire. Ainsi la *spera* ou *sphera* devintelle le paradigme de l'espérance et de l'universalité de sa mission. Son nom était, justement, *Manuel* ou *Emmanuel*, à l'instar de celui du Christ, ce qui signifie "Dieu en moi", annonçant une autre Rédemption, celle de la chrétienté, alors en crise, et, en même temps, l'émergence d'un nouvel et brillant âge d'or, l'Empire du Saint Esprit.
La représentation de la figure physique du roi devint une obsession. On le voit sur la façade occidentale de l'église du monastère des Jerónimos (des hiéronymites) à Lisbonne, représenté en prière par Nicolas Chantereine; peint sur le polyptyque qui représentait toute sa famille, qu'un peintre inconnu réalisa pour le palais d'Almeirim et qui est aujourd'hui en grande partie perdu; parfois même comme roi mage sur d'autres retables sortis de l'atelier du peintre Jorge Afonso et de ses principaux disciples; sur la *Fons Vitae*, de la Miséricorde de Porto, agenouillé aux côtés de la jeune reine D.ª Leonor, et sur le tableau de la Miséricorde de Lisbonne où est représenté son mariage avec cette même troisième épouse. Le portrait de Manuel Ier se trouve encore sur les vitraux du monastère de Batalha; sur les frontispices de quelques chroniques; sur les pages de la *Leitura Nova*; et sur les gravures des *Ordenações Manuelinas*.
Il figurait également sur quelques-unes des vingt-six scènes ou sur les bordures des tapisseries qu'il commanda en Flandres et qui racontaient les événements du voyage de Vasco de Gama; connues sous l'appellation de "à la manière du Portugal et de l'Inde", ces scènes étaient destinées aux murs du cloître royal du monastère des Hiéronymites.

L'architecture

L'architecture fut la discipline artistique qui fit l'objet des plus profondes attentions de la part du roi, car, avec les fêtes publiques, c'était elle qui s'imposait le plus au yeux du peuple et de tous ceux à qui l'on voulait faire passer le message du pouvoir.

Chapelles imparfaites, monastère de Batalha.

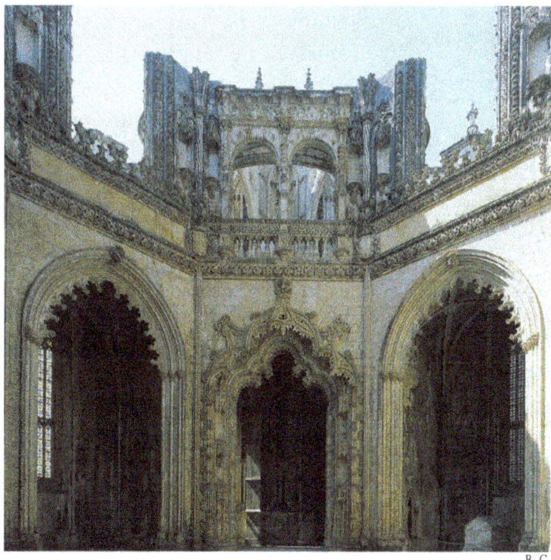

R. C.

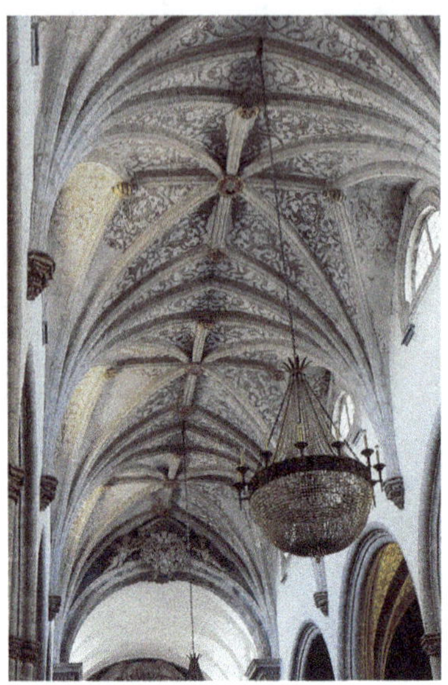

Ancienne cathédrale, Elvas.

P. D.

Le "manuélin" – et nous nous restreignons ici au domaine de l'architecture – n'était pas un vrai style, ni, à plus forte raison, un style unique et exclusif du Portugal. Dans sa décoration féerique, qui couvre des parties substantielles des structures portantes, il n'y a pas de références explicites à l'expansion portugaise et aux Découvertes. Les cordages, qui enflammèrent tellement la fantaisie des historiens de l'art d'autrefois, apparaissent aussi bien sur les bateaux que sur les chars à bœufs; les ancres que les architectes du néomanuélin du XIXe siècle reprirent sur tant de façades ne se trouvent sur aucune construction vraiment manuéline; les voiles ne sont que dans l'imagination d'auteurs peu attentifs à la réalité.

Au début du XVIe siècle, la manière de construire au Portugal ne diffère guère de celle d'autres contrées européennes, telles que la Castille, la France, la Bohème ou les Flandres. Là-bas comme ici, les structures du gothique final perdurèrent, bien que le profil des voûtes tendît vers l'horizontalité et que les piliers intérieurs des églises et des grandes salles soient devenus plus fins, permettant presque l'unification de l'espace. L'éclairage augmenta à travers l'ouverture de fenêtres de plus en plus grandes et à travers l'unité des voûtes, sur lesquelles apparaissaient aussi les nouvelles nervures au tracé courbe.

La décoration architecturale, en suivant celle du gothique flamboyant du XIVe siècle, gagna en importance, devint plus lourde et plus abondante et atteignit une exubérance exceptionnelle. Dans toute l'Europe surgirent des exemples de surcharge ornementale et d'utilisation d'éléments empruntés à la nature vers laquelle l'homme se tournait. Cette phase finale du gothique connut un éclat différent selon les zones, en fonction des conditions spécifiques de chacune. Ainsi, en France et en Angleterre, on assista à une fluidité normale des courants et des rythmes antérieurs, sans qu'on enregistre de soubresauts. Dans les territoires de la couronne de Castille et du duché de Bourgogne, le nombre de constructions augmenta aussi progressivement, soit par le mécénat des grands seigneurs, soit par celui des groupes professionnels; ce dernier cas se vérifia spécialement en Flandres et aux Pays-Bas.

On ne peut pas oublier que ce fut pendant cette période que l'on assista à une résurgence de formes décoratives d'origine islamique, surtout en Andalousie. Il est certain qu'il y eut toujours des Maures qui vivaient au Portugal, même après la conquête définitive de l'Algarve, en 1249; ces hommes travaillaient dans la menuiserie, dans la poterie et dans les ouvrages de plâtre, mais l'essor *mudéjar* – comme nous devons l'appeler – correspond à une mode qui s'imposait alors dans le royaume de Castille et, en particulier, dans le cercle de la cour, d'où le Portugal l'importa. C'est en effet parmi les chantiers sous égide royale de Sintra et d'Évora que l'influence *mudéjare* se fit le plus fortement sentir, surtout à partir du voyage de Manuel Ier en Espagne, en 1498. Les constructeurs utilisèrent des arcs outrepassés, des surfaces décorées d'*azulejos* sévillans, des plafonds à la mode mozarabe et des revêtements de sol à la mode marocaine pour donner l'impression d'ambiances arabisantes.

Les règnes d'Alphonse V et de Jean II ne furent pas aussi fertiles dans le domaine de l'architecture civile et religieuse sur le territoire métropolitain, puisque ces monarques s'intéressèrent moins à cette activité que leur successeur, Manuel Ier, lequel, même avant de monter sur le trône, avait déjà montré son inclination pour ce type d'entreprises artistiques. En devenant roi, pour bien marquer sa majesté, il se lança dans une extraordinaire campagne de construction d'édifices nouveaux – et de restaurations et agrandissements d'anciens bâtiments. Comme la main-d'œuvre spécialisée était insuffisante au Portugal, il fit venir des centaines et des centaines de travailleurs étrangers de Castille, de France, d'Allemagne et des Flandres, qui furent incorporés dans des équipes dont la direction était assumée par des Portugais et des Espagnols. Parmi les Portugais, on distingue les frères Arruda, Diogo et Francisco, fils de l'un des maîtres d'œuvre de Batalha, auteurs respectivement de la salle du chapitre du couvent du Christ de Tomar et de la tour de Belém; Mateus Fernandes, père et fils, tous deux responsables du chantier de Batalha, vivier de tant d'artistes de premier plan. Mais si ces hommes étaient portugais, formés sur place, certains étrangers n'eurent pas une importance moindre, comme le Français Boytac, maître aussi à Batalha, à Coimbra et aux Hiéronymites; et, en particulier, Juan del Castillo, un Biscayen, qui acheva les

A.C.

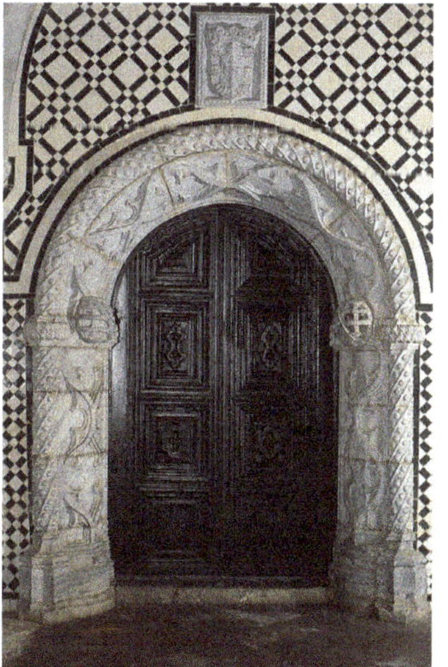

Couvent Notre-Dame de la Conception, porte du réfectoire, Beja.

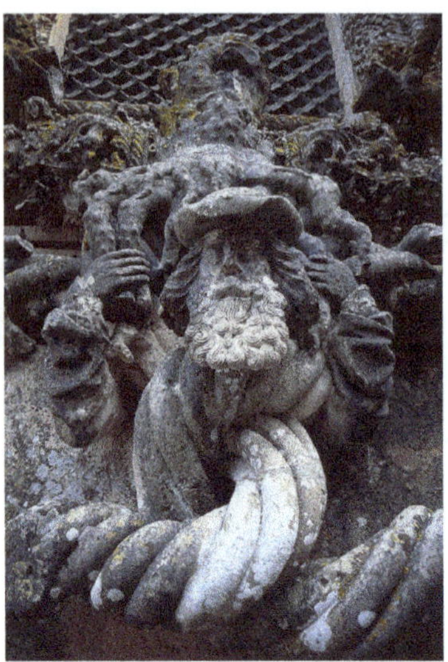

Fenêtre du couvent du Christ, détail, Tomar.

J. B.

formidables entreprises de Tomar et de Belém et qui incarna la figure de l'architecte moderne, en adoptant la grammaire de la Renaissance et en l'imposant dans les principales campagnes de travaux de Jean III.
Le goût de Manuel Ier pour les arts eut un effet de démultiplication et la noblesse, dans une attitude de sympathie très courante dans ces époques-là, suivit le roi en érigeant de nouveaux palais, améliorant les anciens, restaurant et agrandissant les églises qu'elle avait sous son patronage, instituant des chapelles dans des monastères, etc.
Mais cet essor de la construction n'aurait pas été possible sans les disponibilités financières adéquates. Le goût personnel du roi, l'émulation des nobles et la compétition des communautés populaires ou religieuses entre elles n'étaient pas suffisants pour bâtir les édifices; la base matérielle, l'argent, était indispensable. D'abondantes richesses en tout genre affluaient au Portugal et permettaient le financement des entreprises artistiques du règne de Manuel Ier.
Les Découvertes et les nouveaux comptoirs n'enrichirent pas seulement le roi et sa famille, mais également l'ensemble de la population portugaise, ce qui poussa la communauté de marchands et de salariés des régions du littoral à refaire et à embellir leurs églises et leurs demeures, qu'ils voyaient comme des emblèmes de leur prospérité. Les témoignages de ce mouvement sont encore bien visibles à Caminha, Viana, Vila do Conde, Azurara, dans le Minho, à Setúbal et à Sines sur la côté atlantique au sud-ouest du Tage, ou en Algarve, à Portimão, Alvor, Tavira, Cacela, Loulé et dans beaucoup d'autres dizaines de villes, de bourgs ou de simples villages.
Dans l'intérieur nord et dans le centre, en dehors des cathédrales, les églises paroissiales furent rarement modifiées, sauf pour les chœurs et pour quelques chapelles latérales, remaniées à l'initiative de nobles de second rang enrichis, eux aussi, dans les aventures d'outre-mer. Cependant, dans le Ribatejo, dans la basse Estremadura et dans l'Alentejo, on édifia beaucoup d'églises neuves entièrement au goût nouveau. Rappelons que les protecteurs devaient maintenir et décorer le chœur, la sacristie, la maison du curé et les celliers, tandis que les fidèles étaient chargés du corps des édifices. C'est pour cela que, dans tant de villages et anciens bourgs du nord et du centre du pays, se rencontrent des

églises dont les absides sont manuélines tandis que les nefs sont renaissantes ou baroques. C'est que la population de ces régions ne connut une amélioration réelle de ses conditions de vie que bien plus tard, quand les nouvelles cultures, comme celle du maïs, commencèrent à donner leurs fruits.

Mais cette architecture – manuéline – fut transportée bien au-delà de l'Europe; on érigea très vite, dans les nouveaux bourgs des îles des Açores et de Madère, d'innombrables forteresses, églises, chapelles, hôtels de ville, hôpitaux, miséricordes et grandes demeures à la manière du Portugal continental. La quantité de ces édifices, conservés en tout ou en partie encore de nos jours, est considérable. L'exemple le plus marquant en est la cathédrale de Funchal commencée au début du XVe siècle; mais il y a encore les églises paroissiales de Machico, Santa Cruz, Ponta do Sol et Loreto. Aux Açores, le manuélin est présent dans l'église *matriz* de Ponta Delgada, dans celle de Praia da Vitória et dans celle de São Sebastião da Terceira, entre autres. Mais les maîtres du manuélin partirent aussi aux Canaries, dans les archipels du Cap-Vert et de São Tomé et Príncipe, et, dès 1503, ils construisirent une forteresse et un comptoir à Cochim, en Inde.

Au Maroc, les frères Arruda, Boytac, Francisco Danzilho et Bastião Luís nous laissèrent un chapelet de forteresses bâties à la manière portugaise qui ne diffèrent point de celles de l'intérieur du Portugal; c'est le cas à Ceuta, Asilah (Arzila), Tanger, Azemmour, Safi, etc.

Les villes des Portugais des Indes orientales furent celles où le temps du manuélin s'allongea bien au-delà de ses limites chronologiques européennes. Au milieu des sables d'Ormuz, on découvre encore toute la structure de l'ancienne citerne de la forteresse portugaise. À Goa, il y a le portail monumental de l'église du couvent Saint-François, qui date de 1521 environ, alors que les voûtes nervurées des églises de Chaúl et Baçaim et même la chapelle de la forteresse de l'île du Mozambique lui sont au moins trente ou quarante ans postérieures. Le départ du Portugal des maîtres constructeurs, comme Tomé Fernandes, et leur installation définitive sur les côtes de l'océan Indien, alors que les traités entre les diverses parties étaient encore rares, y prolongea la vie de l'art manuélin qui naissait à Lisbonne au moment de leur départ.

Pour toutes ces raisons, on peut légitimement parler d'"architecture manuéline" ou, plus simplement, de "manuélin". Ce n'est pas parce que

Bastion de la muraille du Asilah, Maroc.

P.D.

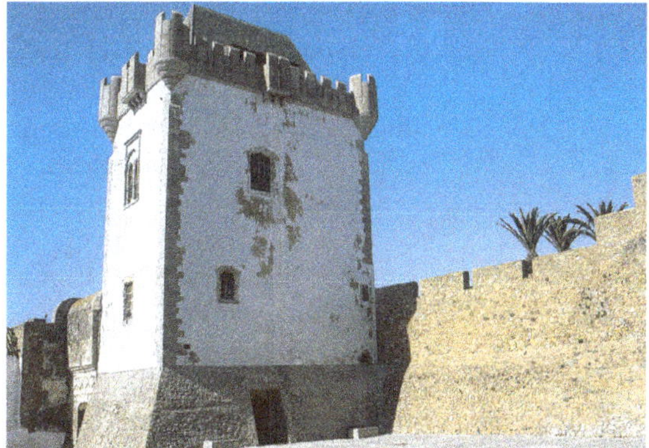

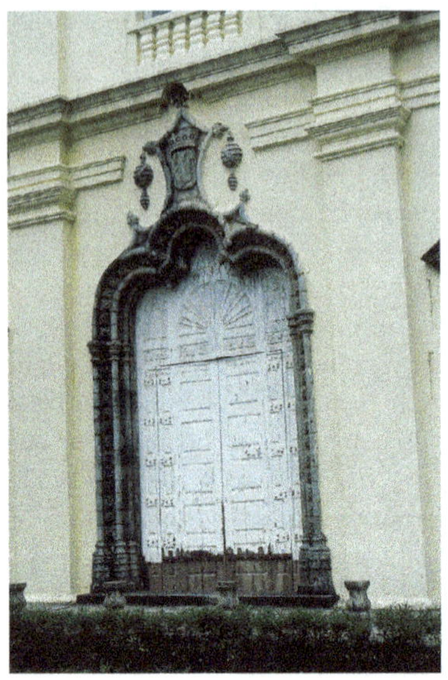

Couvent Saint-François, portail monumental, Goa.

P. D

cette manière de construire était un style, avait une unité et des particularités pour être considérée comme tel, ce n'est pas parce qu'elle était une exclusivité du Portugal et du règne de Manuel Ier que nous la dénommons ainsi, mais parce qu'elle représente un phénomène limité dans le temps et dans l'espace, c'est-à-dire le début du XVIe siècle et le territoire portugais européen avec ses îles et ses villes et forteresses outre-mer.

Il y a pourtant quelque chose de particulier qui distingue le manuélin des autres versions contemporaines du gothique tardif: le caractère populaire de la décoration et même de certains éléments des structures architecturales. Comme il fallait engager beaucoup de constructeurs en peu de temps pour répondre à la demande d'une clientèle impatiente, il fallut charger des maîtres de second rang et des ouvriers sans formation spécifique de bâtir des palais, des demeures, des églises ou des dépendances de couvent. Sans avoir gravi les échelons qui menaient à la maîtrise, ils étaient confrontés à des problèmes auxquels ils apportaient leurs solutions, bonnes ou mauvaises, toujours d'une manière empirique. Ils donnaient beaucoup trop de valeur aux éléments décoratifs, abusaient des formes voyantes, accouplaient des colonnes et des colonnettes à des murs intérieurs sans aucune raison fonctionnelle, interprétaient erronément des schémas courants... De tout cela naquit un art à l'aspect nettement anti-érudit et même, quelquefois, naïf.

Enfin, au grand dam des amateurs de légendes, sur les édifices manuélins on ne peut point voir les cordages ou les voiles des bateaux des Découvertes – mais il est certain que sans les cordages et les bateaux des Découvertes, nous ne verrions pas aujourd'hui autant d'édifices aussi uniques que ceux du temps de Manuel Ier.

La sculpture

La sculpture manuéline, elle aussi, est d'essence gothique, même si l'on commença déjà à exécuter des œuvres clairement renaissantes du vivant de Manuel Ier, notamment l'inventif Nicolas Chantereine, actif aux Hiéronymites, à Coimbra, à Sintra et à Évora. Les principaux ateliers de sculpture manuéline étaient à Coimbra où le poids de la tradition

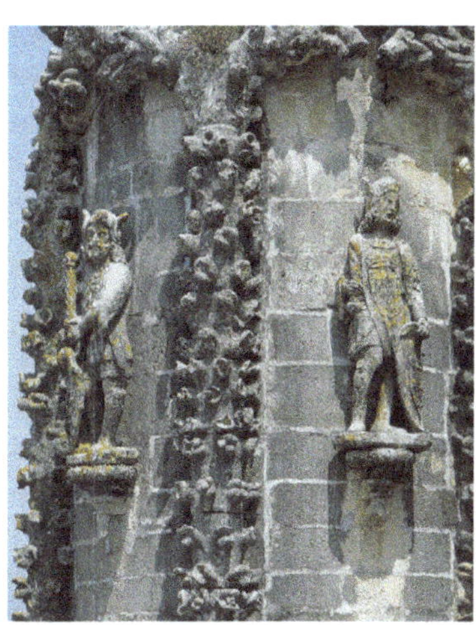
J.B.

Couvent du Christ, sculptures, Tomar.

gothique laissait difficilement pénétrer les nouveautés venues d'Italie ou de Flandres. Diogo Pires-o-Velho (Diogo Pires l'Ancien) et Diogo Pires-o-Moço (Diogo Pires le Jeune) étaient les chefs de cette petite multitude d'hommes qui, dans les carrières d'Ançã ou dans les ateliers de la ville, étaient chargés de fournir presque soixante-dix pour cent de la production nationale. Il est vrai que, après le séjour de Chantereine à Coimbra entre 1518 et 1526, rien ne fut plus comme avant. Par ailleurs, c'est en cette dernière année que Jean de Rouen s'y installa aussi. C'est lui qui allait dominer tout le panorama de la sculpture nationale jusqu'à la fin des années 1570.

S'il est certain que les importations d'Italie étaient rares, se réduisant au cercle de la cour (elles étaient d'ailleurs de grande valeur esthétique, presque toujours issues des ateliers florentins des Della Robbia), celles des Flandres étaient nombreuses et courantes: dans tout le royaume, ainsi que dans les colonies, il y avait des statues en bois polychrome et des retables de petites dimensions du nord de l'Europe. La polychromie, la dorure et le côté dramatique de ces statues s'adaptaient merveilleusement à l'état d'esprit des gens, à leur piété épidermique, très loin du rationalisme qui allait faire son entrée dans les décennies suivantes, et qui allait mettre plus en valeur la retenue, la proportion et la norme. Beaucoup de maîtres sculpteurs, s'étant rendu compte que dans cette extrémité de l'Europe il y avait un bon marché potentiel, y vinrent et s'y établirent parfois même jusqu'à la fin de leur vie. Parmi ceux-là Olivier de Gand, auteur du formidable retable du chœur de la cathédrale de Coimbra et de la statuaire de la *rotonde* du couvent du Christ à Tomar, occupe une place prééminente. Mais on ne peut pas oublier un certain Orte Maginário, qui travailla aux Hiéronymites; João l'Allemand, actif à

P. D
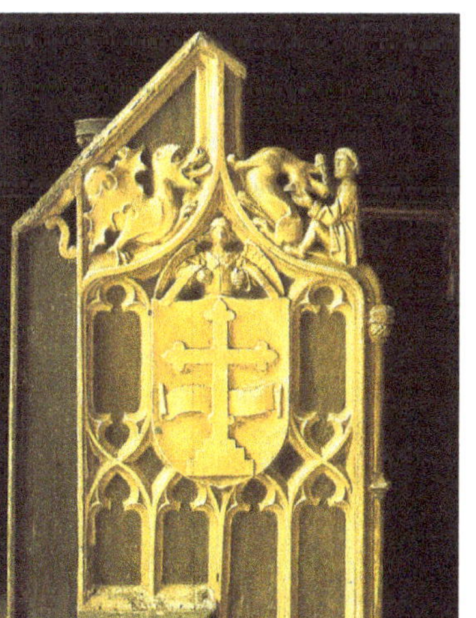

Église Sainte-Croix, détail des stalles, Coimbra.

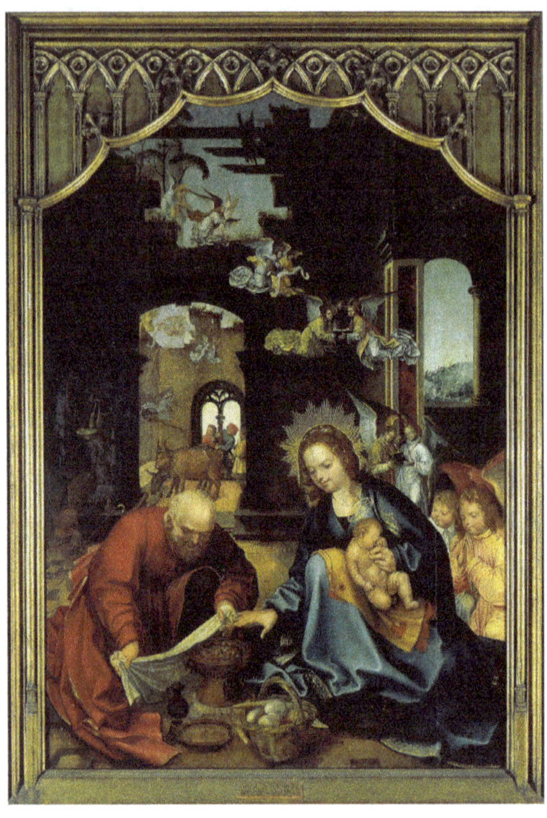

IPM/J.P.

Gregório Lopes et son atelier, "Nativité" du retable provenant du couvent du Paraíso, huile sur bois de chêne, XVIe siècle, Musée national d'art ancien, Lisbonne.

Coimbra et à Alcobaça; ou Arnau de Carvalho, partenaire du mythique Grão Vasco dans les divers travaux pour les retables des provinces des Beiras et du Douro.

La peinture, l'enluminure et la gravure

Plus que partout ailleurs, ce fut dans la peinture, et ses diverses variantes, que l'on sentit davantage souffler le vent des Flandres; et cela depuis l'aube du XVe siècle, quand le peintre Jean van Eyck vint au Portugal, quand Bruges, Gand, Ypres, Malines, Bruxelles et Anvers étaient des lieux de référence pour les achats d'œuvres d'art, et après le mariage de la princesse Isabelle de Portugal avec le duc de Bourgogne, Philippe le Bon. Par ailleurs, les ateliers de Flandres, du Hainaut et du Brabant avaient des agents commerciaux actifs dans le nord et dans le sud de l'Europe, vers où ils écoulaient le plus gros de leur production. Le Portugal, tout comme l'Espagne, acheta pendant un siècle et demi des milliers de tableaux et de retables dont il envoya une bonne partie, à l'instar des sculptures, dans ses églises d'Afrique, d'Orient et du Brésil.

Les peintres flamands descendirent jusqu'à Lisbonne et Évora, prirent la nationalité portugaise, adoptèrent des noms portugais, comme Francisco Henriques et Frei Carlos, créèrent des ateliers où ils formèrent de jeunes artistes nationaux; et tout cela rendit l'art portugais profondément dépendant de la manière gothique, d'abord de celle de Gand et de Bruges, ensuite de celle d'Anvers. À la fin du premier tiers du XVIe siècle, les influences de la Renaissance devinrent dominantes dans les principaux ateliers, mais même ce goût italien fut de seconde main, étant donné que ceux qui l'apportèrent au Portugal étaient encore des Flamands, surtout les artistes de la deuxième génération d'Anvers.

Lisbonne, Évora, Viseu et Coimbra furent les centres les plus actifs. Cependant, le rôle le plus important revenait naturellement à la cour, laquelle, pendant la période manuéline, était sous l'influence de Jorge Afonso – après la tutelle écrasante d'une figure comme Nuno Gonçalves qui s'était élevé au-dessus de tous les autres pendant la deuxième moitié du XVe siècle.

À Évora, le grand artisan de l'art à la mode flamande fut Francisco Henriques, qui faisait concurrence aux fantastiques tableaux importés qui couvraient de nombreuses chapelles de la cathédrale et de diverses autres églises de la ville.

À Coimbra, une école locale fit son apparition avec Vicente Gil et Manuel Vicente, et, généralement dans les provinces des Beiras, Vasco Fernandes fit tout le parcours, depuis le dernier gothique au goût flamand jusqu'au maniérisme naissant.

Mais si la peinture sur bois s'éleva jusqu'à des cimes rarement atteintes au Portugal, avec Garcia Fernandes, Gregório Lopes et Cristóvão de Figueiredo, ainsi qu'avec les énigmatiques "maîtres" de Lourinhã ou de Palmela, par exemple, la peinture de fresques fut encore plus impressionnante par sa diffusion sur tout l'espace national. Il est vrai qu'une majorité écrasante de celles-ci disparut, mais on en conserve quand même quelques exemples du début du XVe siècle et qui permettent de reconstituer mentalement les intérieurs des églises et des demeures aristocratiques.

Une autre branche qui eut grand éclat fut l'enluminure. On importa beaucoup de livres avec des miniatures, surtout des livres d'heures, depuis la France, les Flandres et l'Italie, mais au Portugal, dans plusieurs *scriptoria* de Lisbonne, Coimbra et Alcobaça, on en créa également de très beaux exemplaires. Avec l'avènement de Manuel Ier et la grande réforme de l'État qu'il entreprit, l'enluminure connut un essor inopiné, alors qu'elle commençait à perdre ailleurs définitivement du terrain au profit des arts typographiques. Le roi fit copier, dans de luxueux volumes aux frontispices décorés avec exubérance, la législation, les nouveaux *forais*, les chroniques des rois précédents et les archives de l'héraldique, ce qui mena à la création d'un très actif, et

Enluminure, folio recto de la "Crónica" de Duarte Galvão, début du XVIe siècle, Archives nationales / Torre do Tombo, Lisbonne.

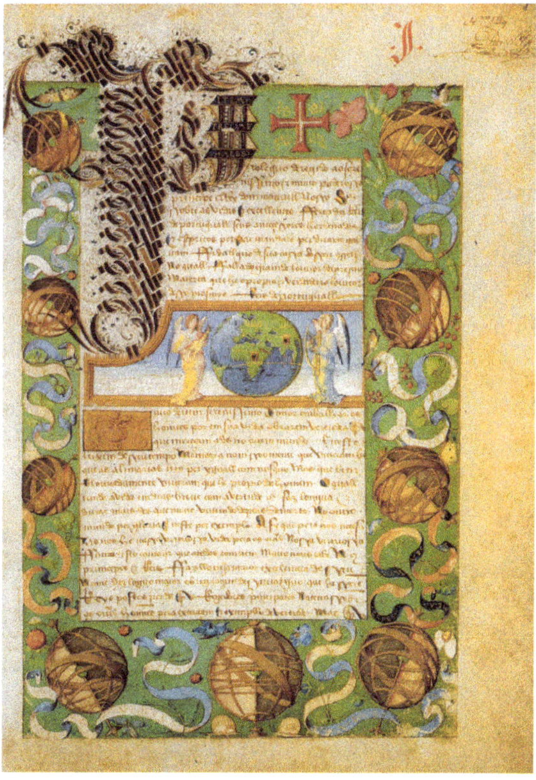

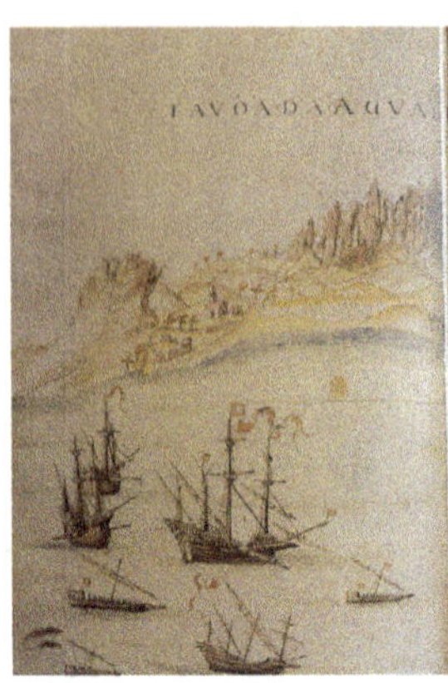
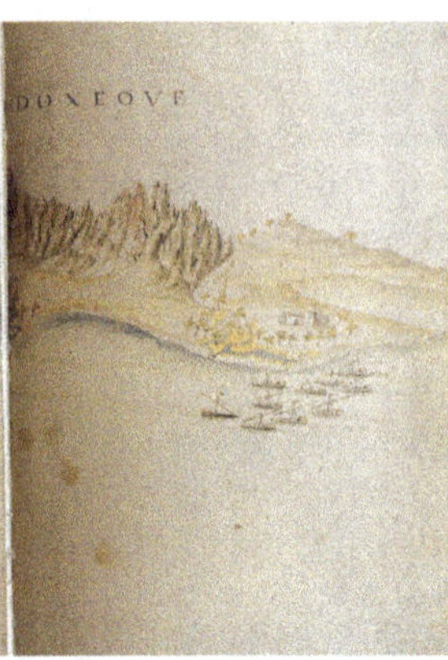

"Roteiro" (routes) de D. João de Castro.

gigantesque, atelier. La *Leitura Nova*, nom sous lequel fut désignée l'écriture alors utilisée aussi bien que ces codex législatifs eux-mêmes, montre l'évolution du gothique jusqu'au maniérisme, les influences de Flandres et d'Italie et le génie des exécutants portugais.

Avec des caractéristiques proches de l'enluminure, même si la technique utilisée n'est pas toujours exactement la même, il faut signaler la décoration des cartes géographiques. Les cartes qui voyageaient, celles qui étaient dans les bateaux des Découvertes et dans les navires de commerce, ne faisaient pas l'objet de beaucoup de soins esthétiques; ce n'était pas le cas, toutefois, de celles qui appartenaient à la cour ou qui étaient offertes à d'autres princes pour des raisons de propagande politique. De l'immense production portugaise du début du XVIe siècle, il n'en reste qu'une petite quantité, mais il y a des documents qui prouvent qu'elles étaient réellement nombreuses. De toute manière, celles du milieu et de la seconde moitié du XVIe siècle sont suffisamment représentatives de ce que dut être la production manuéline.

Les dessins topographiques ou les vues de villes, parfois réunis dans des codex comme le *Livro das Fortalezas* (livre des forteresses) de Duarte d'Armas, sont des témoignages importants, souvent d'un certain niveau esthétique. Mais le sommet de cet art fut atteint outre-mer dans des œuvres telles que les *Roteiros* (routes) de D. João de Castro et le *Códice casamatense* (codex des casemates), déjà de l'époque du règne de Jean III.

Sans qu'on puisse l'inclure totalement dans la peinture, mais partageant avec elle l'art du dessin, la gravure débuta également son évolution à cette même époque. Elle fut apportée au Portugal et développée par des typographes allemands; ceux-ci introduisirent très tôt des empreintes xylographiques pour les pages de garde des volumes et pour animer les pages du texte avec des vignettes. La gravure devint peu à peu autonome et finit par occuper sa place en tant qu'illustration du livre. Plus tard, elle fut utilisée pour les images de dévotion ou pour celles destinées à diverses promotions.

L'orfèvrerie et la joaillerie

Chaque fois que la société éprouve un bien-être économique, les arts précieux connaissent toujours un grand essor. Le XVe et le XVIe siècles furent l'une de ces périodes où l'on pouvait commander des pièces exécutées avec des métaux précieux et avec des pierres coûteuses, aussi bien pour orner les hommes et les femmes que pour honorer Dieu. La joaillerie civile, l'orfèvrerie et le travail de l'argent profanes ainsi que les objets de culte furent le centre d'une attention très spéciale, surtout parce qu'on vivait dans une période de stratification sociale très marquée où l'étalement de la richesse était un impératif et pas seulement un acte de vanité. Nous ne pouvons cependant pas oublier que les trésors des églises subirent des razzias à certains moments, comme par exemple lors des "réquisitions de l'argenterie" survenues pendant les règnes de Jean Ier, Jean II et ensuite de Jean III. Ce fait, associé à la constante modernisation que le cours rapide de l'Histoire entraînait, fit disparaître les œuvres plus anciennes. Mais il y en eut bien d'autres qui, pour des raisons variées, furent sauvées de la voracité des fondeurs.

Dans le domaine esthétique, l'art de l'argenterie et de l'orfèvrerie sacrée n'était pas très éloigné de son frère castillan, ce qui peut s'expliquer en partie par l'origine de nombreux artistes qui vinrent travailler au Portugal et qui fréquentèrent même la maison du roi. Par ailleurs, la mobilité des pièces était grande, car les membres du clergé qui voyageaient emportaient leurs objets personnels, comme le faisaient les seigneurs de la haute aristocratie qui avaient des chapelles privées.

Il est intéressant de noter que, dès le début du XVIe siècle, la cour de

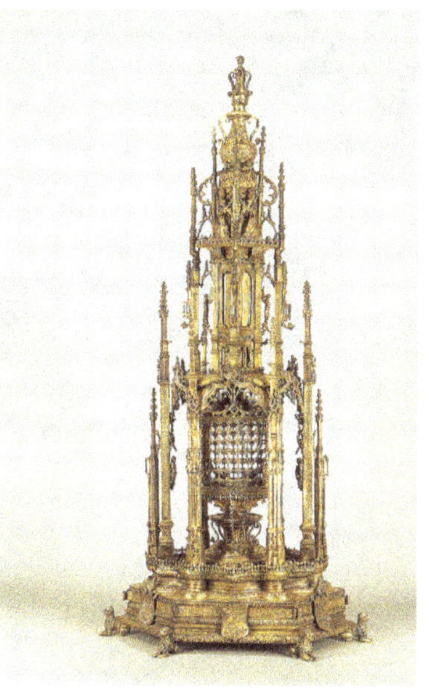

Ostensoir, argent doré, production portugaise, 1527, Musée national Machado de Castro.

IPM/M.P.

IPM/J.P.

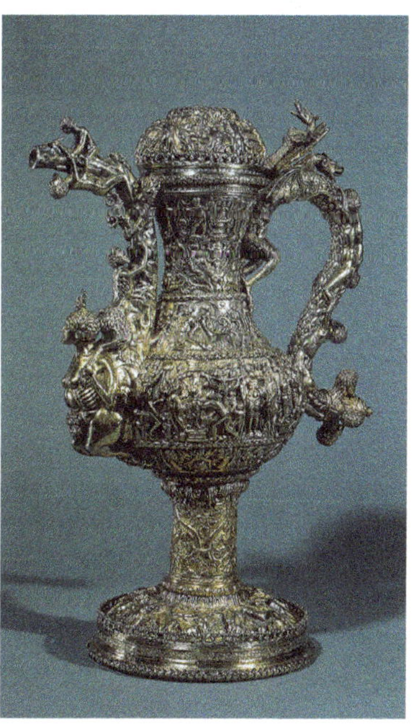

Aiguière, argent doré, travail portugais, XVIe siècle, Palais national d'Ajuda.

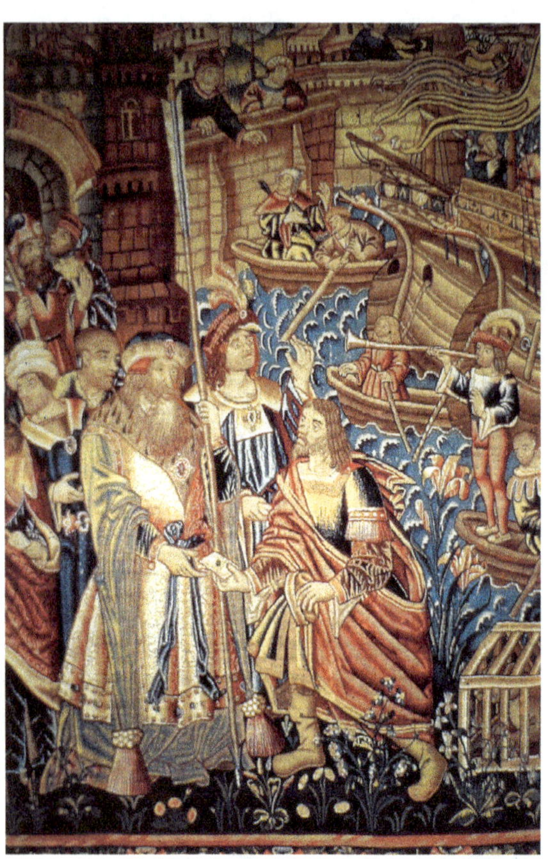

"Le Débarquement", tapisserie "à la manière de l'Inde et du Portugal", musée de Caramulo.

Manuel Ier fut prise d'un engouement soudain pour la joaillerie orientale et un orfèvre indien vint même s'installer à Lisbonne et enchanta le roi avec son art fin et exotique. Manuel Ier, en tant que protecteur de centaines d'églises, de Lisbonne à Malacca, commanda des milliers d'œuvres d'orfèvrerie religieuse. La plus marquante est sans doute la *custódia* (ostensoir) de Belém, faite avec les premières *páreas* de Quiloa, dessinée et réalisée par Gil Vicente qui fut également le fondateur du théâtre portugais.

Les tapisseries et les tissus

Les Portugais importaient la plupart des tissus dont ils avaient besoin pour leur consommation interne mais également pour les réexporter, puisqu'il s'agissait d'une monnaie d'échange en Afrique et en Orient, contre des épices, de l'or, du cuivre, de l'ivoire, etc.
De Flandres venaient les nappes et les devants d'autel en lin blanc ou imprimé, ainsi que les tissus plus riches, comme les brocatelles, les velours et les brocarts d'or et d'argent utilisés pour les vêtements de la noblesse et pour les parures liturgiques. Dans ce domaine, l'Italie et les Flandres se disputaient pour fournir les commerçants portugais. De Tournai, de Bruxelles, d'Audenard et, avant 1477, d'Arras également, on exporta vers le Portugal des centaines ou même des milliers de tapisseries pendant les XVe et XVIe siècles. En 1580 encore, quand les ambassadeurs de Signoria de Venezzia, les chevaliers Trom et Lippomani, séjournèrent au Portugal, ils notèrent avec étonnement que l'on y dépensait annuellement 40 000 *cruzados* pour acheter des tapisseries. Les tapisseries étaient utilisées à l'intérieur des couvents, des monastères et des cathédrales, pour un plus grand confort, et, pour des raisons esthétiques, dans les rues, recouvrant les façades lors de cortèges et de processions. Dans les corridas, les joutes et d'autres sports, les enceintes étaient souvent délimitées par des tapisseries. La documentation sur les commandes directes est abondante, mais

les tapisseries arrivaient aussi au Portugal à travers un commerce organisé, surtout quand il s'agissait d'exemplaires avec une iconographie commune d'histoire sainte ou d'histoire ancienne, ou simplement de "verdeurs", comme on disait alors.
Quand Vasco de Gama reçut le roi de Melinde (sur la côte africaine de l'océan Indien) à bord de son navire, il avait le pont tout décoré de tapisseries. Quelques années plus tard, en 1505, D. Francisco de Almeida, le premier vice-roi de l'Inde portugaise, reçut aussi le roi de Bisnaga dans une salle du trône dont les murs étaient drapés de tapisseries flamandes. Ce fut grâce aux cadeaux des Portugais aux potentats asiatiques et africains que les tapisseries de Flandres arrivèrent à l'autre bout du monde.
Manuel Ier fit tisser une série de vingt-six scènes qui racontaient le premier voyage de Vasco de Gama en Inde, et qui eut tant de succès que les ateliers de Bruxelles en firent beaucoup d'autres avec la même iconographie; vendues dans toute l'Europe, elles étaient connues sous l'appellation "à la manière de l'Inde et du Portugal".
Les commanditaires portugais cherchaient les meilleurs artistes de l'époque pour dessiner les cartons des tapisseries, presque toujours en Flandres. Cependant, Manuel Ier demanda même un carton à Léonard de Vinci.

La rencontre des esthétiques

L'art du temps du règne de Manuel Ier, et plus généralement de celui des Découvertes, est un art de rencontre d'esthétiques variées – d'un côté l'Europe, de l'autre l'Afrique et l'Orient –, qui dans ce petit territoire métropolitain du royaume, produisirent des œuvres qui échappaient souvent aux canons occidentaux sur lesquels l'art portugais s'était toujours basé jusque-là. Les importations de Castille, du Levant ibérique et d'Andalousie étaient constantes, comme l'étaient les achats aux villes du nord de l'Europe, surtout celles des Flandres, du Brabant et du sud de l'actuelle Allemagne. La venue d'artistes de ces contrées n'était pas, comme nous l'avons vu, seulement occasionnelle. Au cours des années et surtout après l'ouverture de la route maritime vers l'Inde, l'arrivée de produits et d'artisanats orientaux enflamma l'imagination des artistes portugais

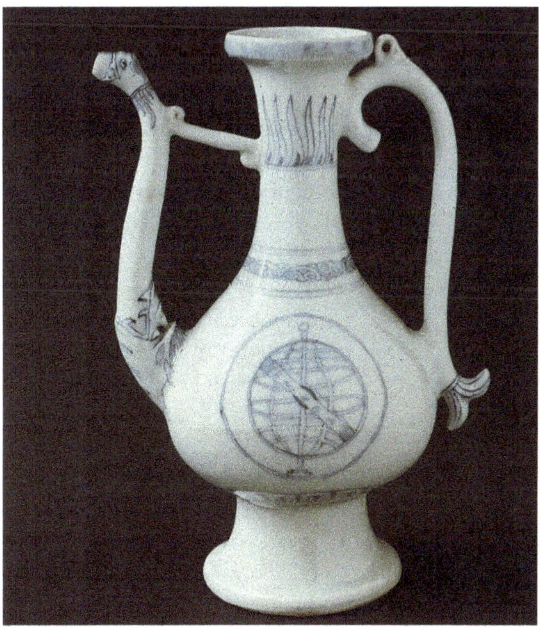

Aiguière, porcelaine "bleu et blanc" à sphère armillaire, Chine, dynastie Ming, v. 1519, fondation Medeiros e Almeida, Lisbonne.

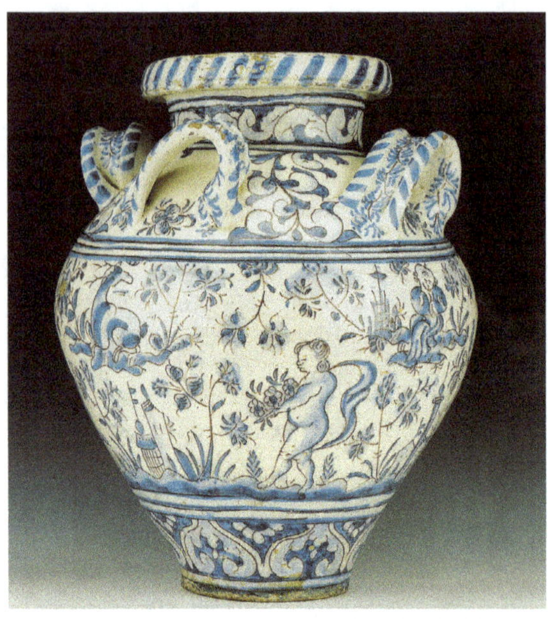

Pot en majolique à motifs chinois, fabrication lisboète, XVIIe siècle, coll. privée.

qui ne se privèrent guère d'orientaliser leur production nationale.

Ceci ne se vérifia peut-être pas tout de suite sous Manuel Ier, mais pendant le règne des monarques suivants, les potiers de Lisbonne imitaient les dessins de la Chine des Ming sur leurs objets de faïence vitrifiée, les brodeuses d'Arraiolos faisaient des tapis persans et à Castelo Branco les dessus de lit prenaient des formes apprises en Hindoustan.

Parallèlement, les hommes et les femmes se couvraient de joaillerie indienne et cingalaise, s'habillaient de soies et de brocarts chinois et du Moyen-Orient, se prélassaient sur des coussins, autour de fontaines et de bassins qui rappelaient ceux d'al-Andalus et du Maghreb. Mais la présence portugaise dans d'autres parages poussa également les artistes et les artisans de ces pays à créer de nouveaux produits, avec d'autres fonctions, tout en gardant leur spécificité traditionnelle; c'est ainsi que naquit le mobilier que nous appelons aujourd'hui "indo-portugais" et, plus tard, le *namban*. De la même manière, les peintres de porcelaine de l'Empire du Milieu commencèrent à décorer leurs précieux vases bleu et blanc avec les armoiries et les signes des rois de Portugal et avec des phrases de louange à la Vierge. En Afrique, les très habiles artistes du Bénin et de la Sierra Leone inventèrent des salières, des cuillères, des boîtes à hosties et d'innombrables objets sur lesquels étaient représentés des Européens et qui étaient vendus dans un cadre qui était l'ancêtre de l'actuel commerce de "souvenirs". S'il est vrai que dans les trésors des seigneurs persans, des rajahs indiens, des daïmios nippons et même du Grand Moghol, on trouvait les objets précieux produits par l'Europe, il est également vrai que dans les cours européennes, les "chambres des

IPM/M.P.

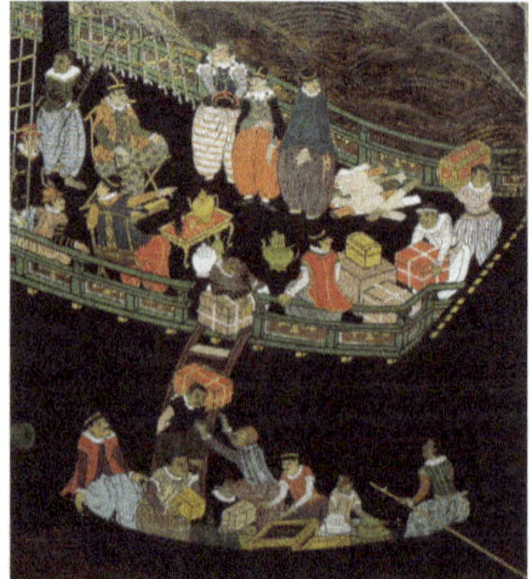

Attribué à Kano Domi, paravent "namban", détail, feuilles à la détrempe sur papier de riz revêtu de feuille d'or, v. 1600, Musée national d'art ancien, Lisbonne.

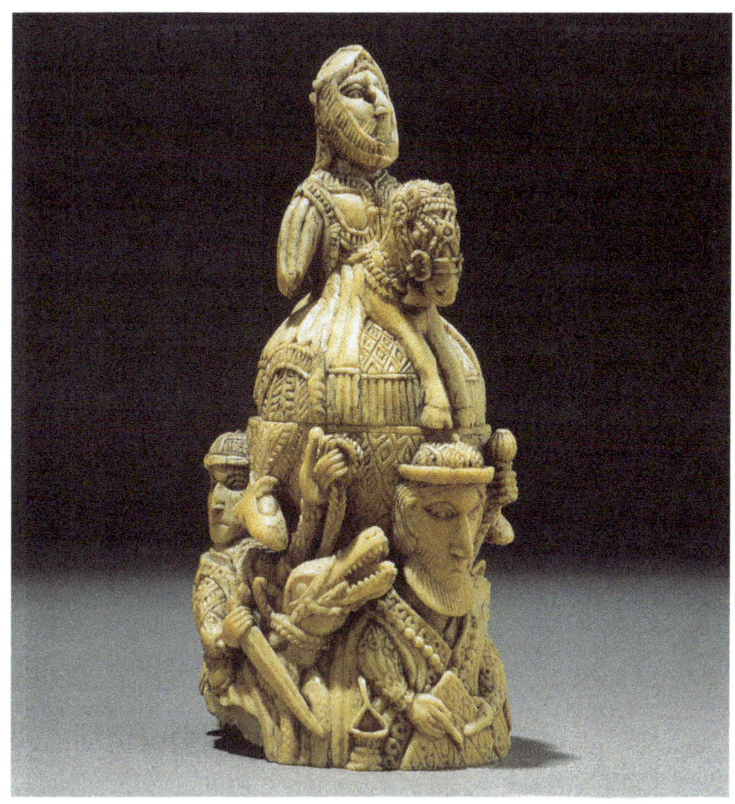

Salière double incomplète, travail afro-portugais, ivoire, XVIe siècle, Musée national d'art ancien, Lisbonne.

IPM/L.P.

merveilles" étaient pleines d'objets inconnus et brillants qui avaient voyagé dans les malles des cabines des capitaines des bateaux portugais de la Route des Indes.

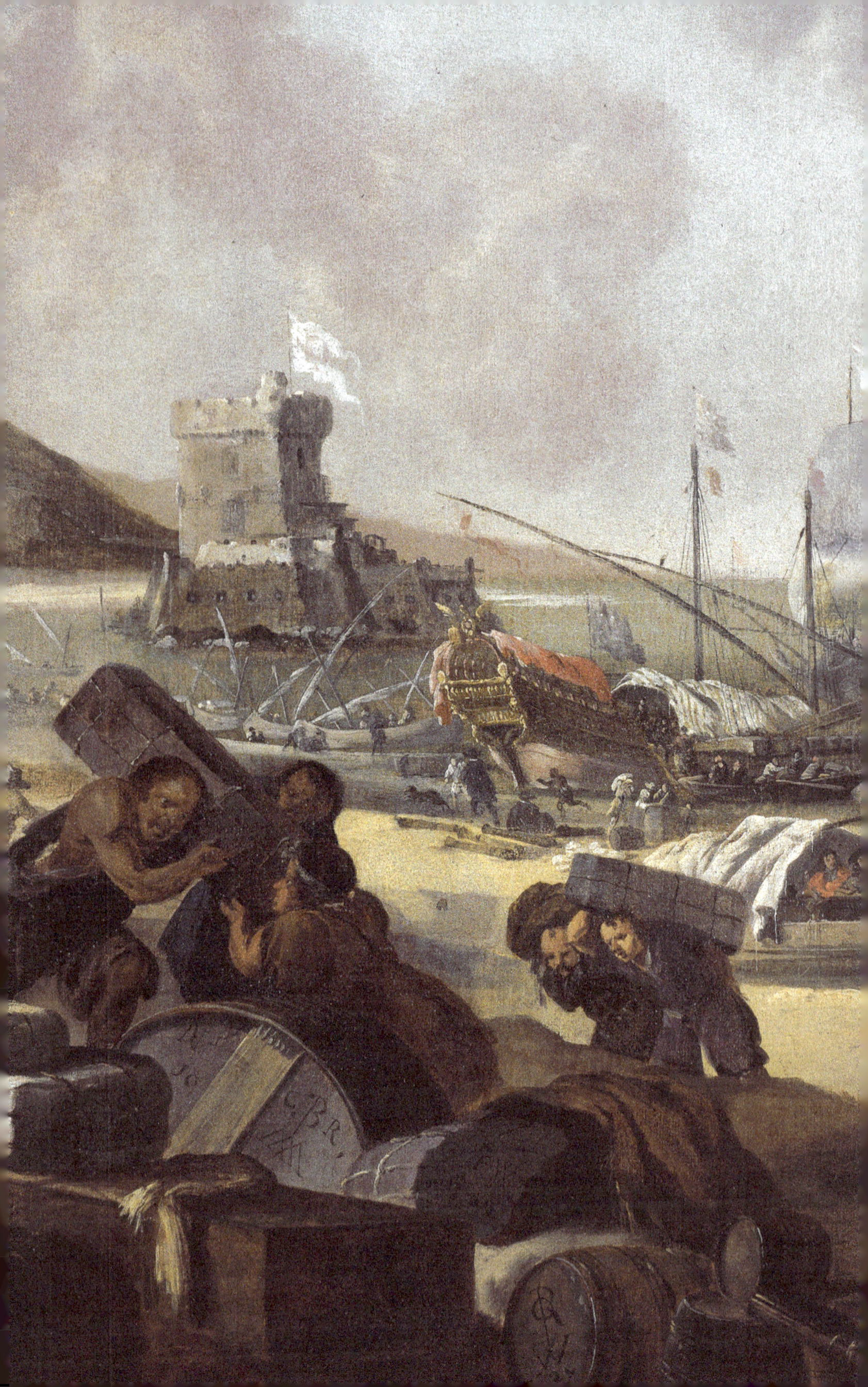

La plage de l'aventure

Pedro Dias, Dalila Rodrigues,
Nuno Vassallo e Silva, Fernando Grilo

Premier jour

I.1 LISBONNE

I.1.a Monastère des Hiéronymites
I.1.b Musée de la Marine
I.1.c Tour de Belém
I.1.d Musée national d'art ancien
I.1.e Portail de l'église de la Vieille Conception
I.1.f Maison des Pics (Casa dos Bicos)
I.1.g Château Saint-Georges

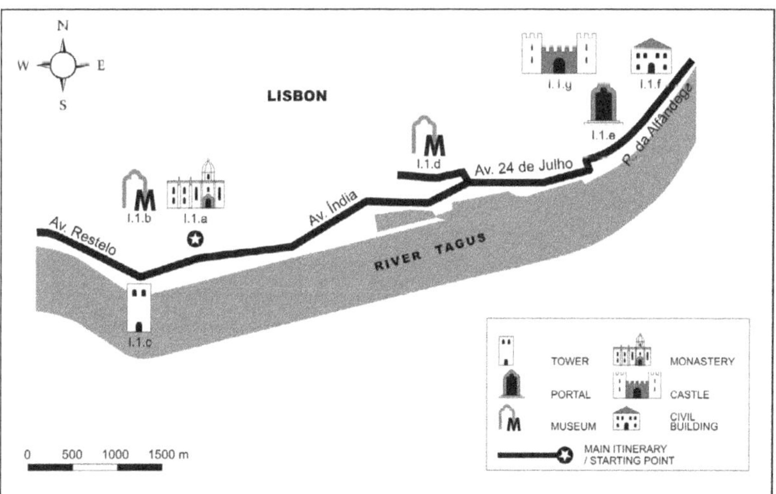

Plage de l'aventure, détail d'un tableau de Weenix représentant la tour de Belém et le mouillage du Restelo, coll. privée, Lisbonne.

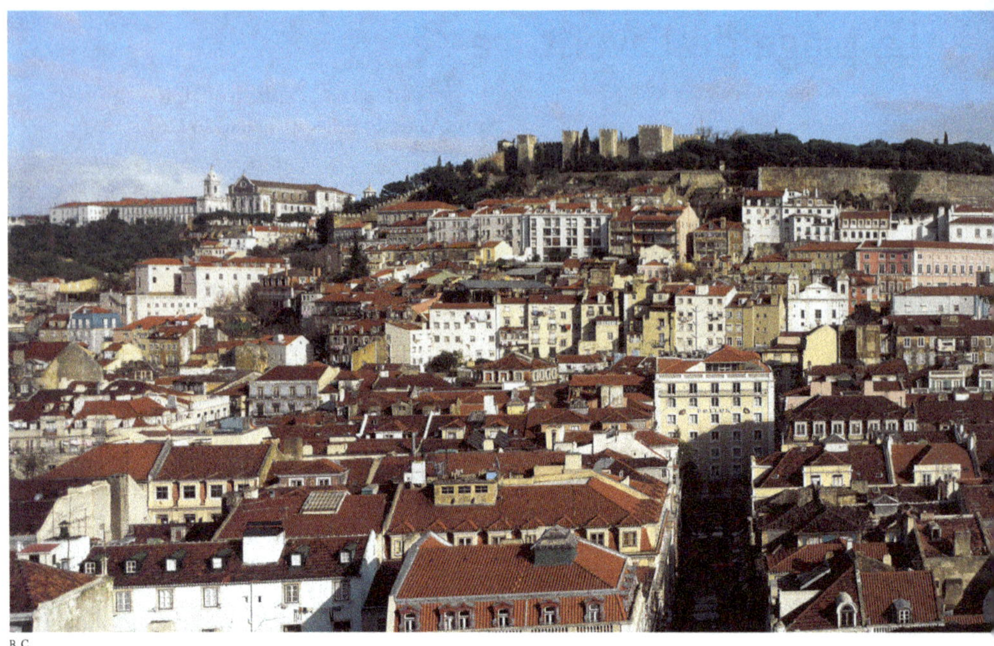

R.C.

Vue générale de Lisbonne.

La plage du Restelo, à l'ouest de Lisbonne, fut véritablement la "plage de l'aventure". Henri le Navigateur y fonda une chapelle pour offrir aux navigateurs une assistance spirituelle et morale indispensable à des esprits encore hantés par les monstres marins de l'imaginaire médiéval.

La petite chapelle grandit, et elle devint, encore du temps de son fondateur, une église paroissiale pour se transformer, sous Manuel Ier, en un immense complexe monastique à la gloire du roi et, surtout, de la Vierge de l'Étoile ou de Belém (Bethléem) en remerciement du succès du voyage de Vasco de Gama et des avantages à venir, en or et en âmes.

C'est ici que l'immortel Camoens, dans son immense poème épique des *Lusiades*, imagina le vieux à la longue barbe qui apostrophait tous ceux qui s'aventuraient en mer. Le *Vieux du Restelo,* créé par le grand poète, prit forme plastiquement grâce à la peinture, tout aussi géniale, de Columbano, au XIXe siècle. Il devint un mythe qui accompagna l'Histoire portugaise en tant que personnification de tous ceux qui préféraient rester plutôt que partir.

Le Restelo n'est pas le seul endroit où puissent se voir d'exceptionnels mémoriaux manuélins ou, plus généralement, de l'époque des Découvertes. Mais c'est bien au Restelo que l'on trouve le monastère des Hiéronymites (Jerónimos), la tour de Belém et le musée de la Marine.

Belém était alors une extension occidentale de Lisbonne, qui était à l'époque la capitale du royaume et se trouvait à la tête d'un grand empire maritime au XVIe siècle. Autour du château fort qui couronne la plus haute

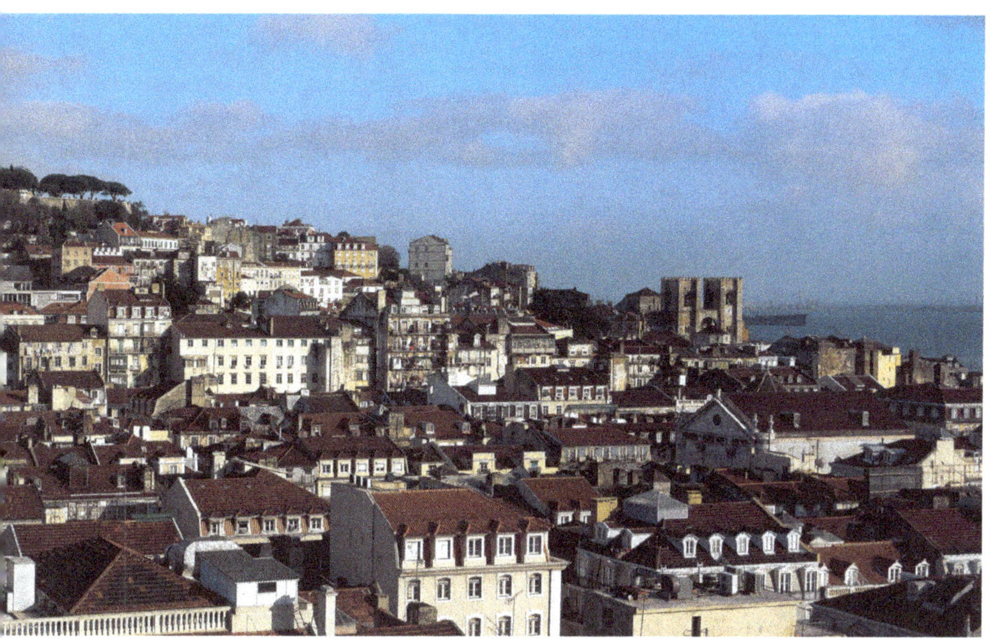

colline de la ville, sur des sédiments d'occupation romaine, wisigothique et arabe, les quartiers de chrétiens et de juifs s'étendirent jusqu'au Tage et montèrent ensuite vers l'Alfama, Bairro Alto et d'autres faubourgs.

Le temps et les catastrophes naturelles détruisirent bon nombre d'édifices magnifiques construits pendant et après les Grandes Découvertes. Le feu et l'eau engloutirent les trésors qu'ils contenaient, mais quelques vestiges demeurent qui, avec de l'imagination, nous permettent de reconstituer ces lieux de "gens nombreux et variés".

1.1 LISBONNE

Les origines de la capitale du Portugal, qui compte aujourd'hui un peu plus d'un million d'habitants intra-muros, remontent à des milliers d'années. Ce furent d'abord la période romaine et, ensuite, la période islamique qui lui donnèrent sa forme et les structures qui en firent, à l'aube de l'époque moderne, au temps de Manuel Ier, un des principaux centres urbains européens et une charnière entre le vieux continent et les terres nouvellement découvertes.

Après la conquête arabe, de 711 à 713, elle connut un fort développement couvrant la colline du château et Alfama, allant jusqu'aux berges du fleuve, atteignant trente hectares de surface et une population d'environ 25 000 âmes. La Reconquête chrétienne, qui connut avec la prise de Coimbra, en 1064, un de ses moments les plus importants dans sa route vers le sud, obligea les Arabes à bâtir de grands dispositifs de défense, mais l'Histoire

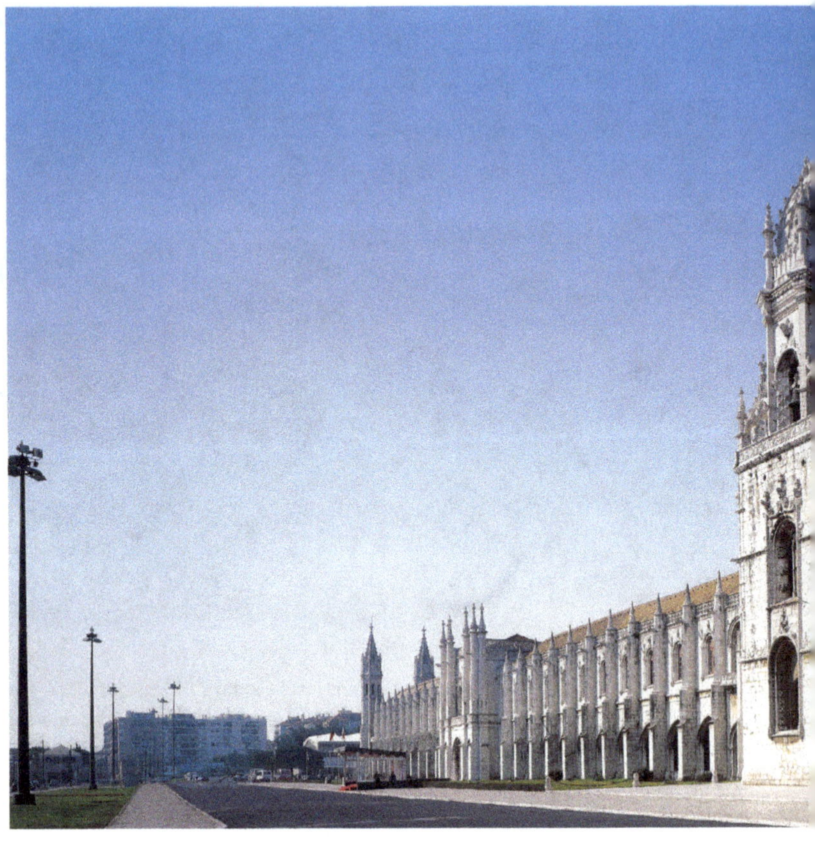

Monastère des Hiéronymites, façade principale, Lisbonne.

était du côté des chrétiens qui, sous le commandement du premier roi portugais, Alphonse Ier, conquirent Lisbonne en 1147, et établirent une nouvelle frontière le long du Tage.

Le jeune roi comprit l'importance de la ville et l'excellence de son port; il s'y installa. Il y fit fortifier les murailles, aménager un palais dans le château fort, construire des églises et même une nouvelle cathédrale. Mais, officiellement, et pendant plus d'un siècle et demi, Coimbra demeura la capitale du nouveau pays.

Lisbonne grandissait, avec des marchands, les établissements d'ordres religieux et une activité portuaire constante. Alphonse III installa sa cour dans le château de la casbah et la ville ne perdit plus jamais le statut de tête du royaume. À la fin du Moyen Âge, elle était déjà la ville des "gens nombreux et variés" dont la vie s'organisait autour du nouveau palais au bord du Tage, le palais de Ribeira où, dès 1498, Manuel Ier s'était installé, et auprès duquel il fit bâtir les entrepôts de la *Casa da India*, l'arsenal et le port pour les galions, la *Ribeira das Naus.* C'est de là que partaient les voies

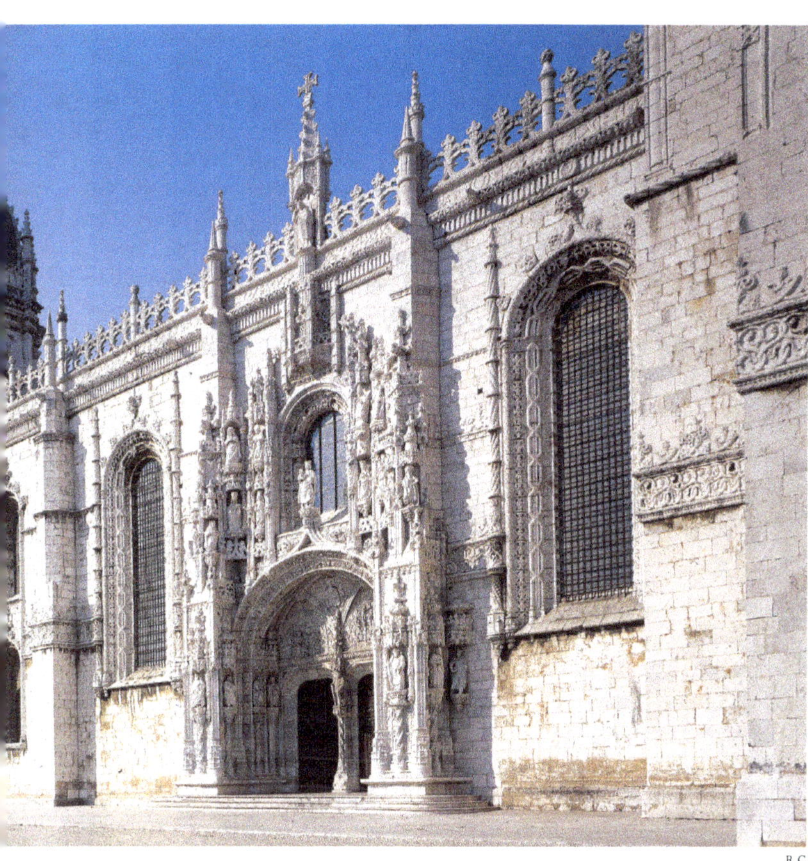

R.C.

structurantes jusqu'au Rossio et aux quartiers environnants: Alfama, Mouraria, Castelo et Vila Nova de Andrade, plus connu sous le nom de Bairro Alto (le quartier haut). Ensuite, la ville s'étendit le long du fleuve où la noblesse fit construire des résidences secondaires et installa des propriétés de rapport, et où des moines et des religieuses élevèrent leurs couvents. Peu à peu, avec la croissance urbaine des quartiers populaires, une unique agglomération a pris forme, couvrant plusieurs communes qui vont pratiquement de Vila Franca de Xira à Cascais, Loures et Odivelas, ainsi que celles d'Almada et du Barreiro, de l'autre côté du Tage.

I.1.a **Monastère des Hiéronymites**

Praça do Império à Belém, tél. 21 3620034. Classé Monument national. Inscrit au Patrimoine mondial de l'Unesco depuis 1983. Les photographies sont autorisées.

L'accès au cloître, au réfectoire et au chœur supérieur est payant. Horaires: de mai à septembre, de 10:00 à 18:30; d'octobre à mai,

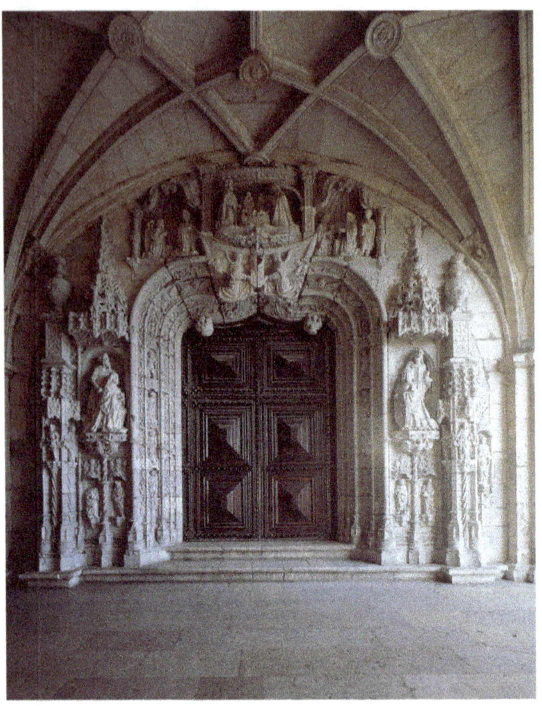

IPM/C.M.

Monastère des Hiéronymites, portail sud, Lisbonne.

de 10:00 à 17:00. Derniers visiteurs admis: 30 minutes avant la fermeture. Fermé le lundi, le 1er janvier, le dimanche de Pâques, le 1er mai et le 25 décembre. L'église reste ouverte au culte.

Le monastère des Hiéronymites occupe une position dominante sur la Praça do Império, avec une façade de presque 200 m tournée vers le Tage. On ne connaît pas l'auteur du plan originel, qui subit des modifications ultérieures, du moins en 1510 et en 1516. L'essentiel – l'église, le cloître royal et le grand dortoir tourné vers la grève –, est dû à Boytac, mais la couverture de l'église et les grands travaux postérieurs à 1517 sont dus à Juan del Castillo. Agrandissements et modernisations se poursuivirent pendant les décennies suivantes, alors que d'autres styles étaient en vigueur, depuis la Renaissance jusqu'aux néogothicismes romantiques.

À l'ouest de l'église se trouve l'énorme dortoir des moines, à deux étages, où sont actuellement installés le Musée national d'archéologie et le musée de la Marine. La structure reste principalement celle du projet des débuts de la construction, par maître Boytac, avant 1514, mais elle connut des ajouts néo-manuélins vers le milieu du XIXe siècle, en particulier les deux tours et le dôme qui coiffe l'église proprement dite.

L'église des Hiéronymites a deux portails principaux en pierre de Lioz bien que tous deux commencés en 1517 et exécutés en parallèle, ils révèlent des approches différentes de l'art de la sculpture. Tous deux sont cependant caractéristiques de l'art manuélin. Même si l'on pent y distinguer le travail de plusieurs artistes, on y trouve une notable uniformité d'inspiration et d'exécution, révélatrice du niveau des artistes de différentes nationalités que Juan del Castillo avait appelés pour l'œuvre royal de Belém.

Avec sa profusion d'images et de motifs décoratifs, le portail sud, tourné vers le Tage, fut systématiquement décrit comme un joyau de la sculpture portugaise du XVIe siècle.

Ce portail n'échappe pas à l'influence évidente d'autres portails antérieurs, tel celui du couvent du Christ à Tomar, ou même à l'influence d'autres exemples hors frontières. Il en reflète l'organisation d'une manière générale. Ce portail sud est d'une échelle sans équivalent dans l'art portugais de l'époque, comme un vrai retable célébrant Notre Dame de Bethléem, entourée d'apôtres, de sibylles et d'évangélistes, et intronisant la figure emblématique de l'infant Henri, dit le Navigateur, représenté sur le trumeau central du portail.

Le portail dans l'axe de la nef, à l'ouest, le plus important au plan canonique, fut la première œuvre exécutée au Portugal par le maître français Nicolas Chantereine. Éminement cultivé, cet artiste aux multiples facettes et protégé par le roi dès son arrivée sur le sol portugais introduisit dans ce portail quelques-unes des caractéristiques majeures de la sculpture de la Renaissance, notamment dans les figures du roi Manuel Ier et de sa première épouse, D.ª Maria, présentés par leurs saints patrons, qui sont sur des consoles de chaque côté de la porte proprement dite. Il faut remarquer également la qualité des reliefs des apôtres et des scènes de l'*Enfance du Christ*, sur le deuxième plan.

La nef est la plus parfaite *église-salon* portugaise, et l'une des plus remarquables d'Europe, avec de très fins piliers, recouverts de grotesques Renaissants, qui soutiennent une voûte à nervures presque plates, dessinée par Juan del Castillo en 1522. C'est sous la tribune, un peu postérieure mais encore en gothique tardif, que se trouvent les tombeaux de Camoens et de Vasco de Gama, réalisés par Costa Mota, tous deux de style néo-manuélin, et qui datent de la fin du XIXe siècle.

Dans le transept, on trouve deux chaires exceptionnelles de style gothique tardif, sculptées par les assistants de Juan del Castillo. C'est également à cet endroit que s'ouvre la porte qui communique avec la sacristie, avec sa très belle voûte supportée par un pilier central, le tout étant couvert par des grotesques de la première Renaissance.

Le maître-autel et les deux bras du transept furent réformés en style maniériste par l'architecte Jérôme de Rouen. Inauguré en 1572, il abrite les tombeaux des rois Manuel Ier, Jean III, leurs épouses et leur descendance. Le grand retable possède un ensemble remarquable de peintures maniéristes de Lourenço Salzedo. Le cénotaphe du roi Sébastien et le tombeau du cardinal-roi Henri, ainsi que les sépultures d'autres princes, sont dans des chapelles du transept.

Monastère des Hiéronymites, intérieur de l'église, Lisbonne.

M.A.

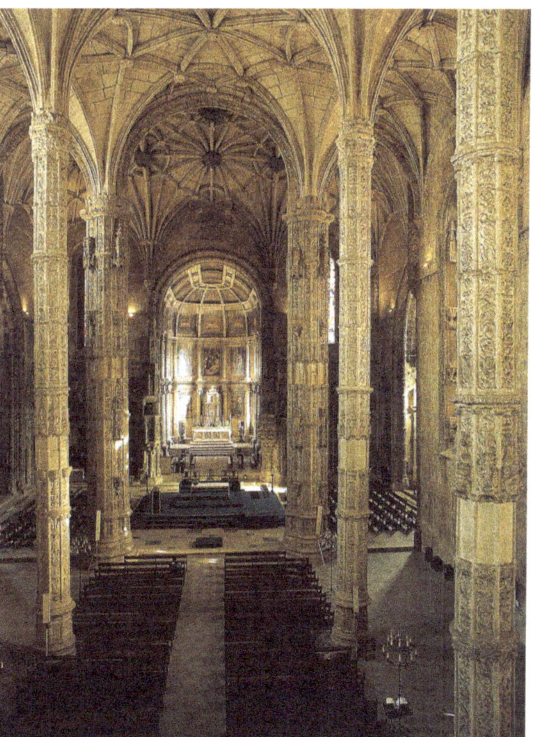

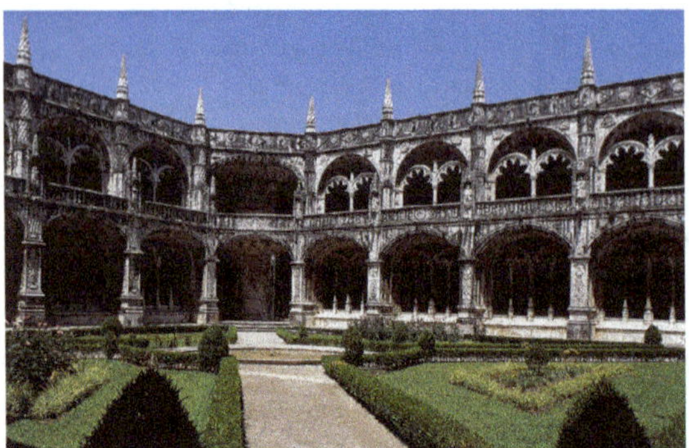

R.C.

Monasteré des Hiéronymites, cloître royal, Lisbonne.

Le cloître royal, à deux étages, présente une structure tardogothique, avec un décor naturaliste manuélin qui alterne avec des thèmes déjà Renaissants. Les travaux de Boytac, Juan del Castillo et Diogo de Torralva s'y succédèrent et l'on doit à ce dernier le programme renaissant de la plate-bande du niveau supérieur.
De là, on accède à la tribune où l'on conserve les stalles de Diego de Zarza, d'après un projet de Diogo de Torralva, vers 1550. Il s'agit du meilleur exemple d'ébénisterie maniériste portugaise; on y voit aussi un exceptionnel et gigantesque *Christ crucifié*, offert par l'infant Luiz et sculpté par le Flamand Philippe de Vries.
De la galerie inférieure du cloître, on accède d'abord au réfectoire, avec une structure du gothique final et qui fut édifié par Leonardo Vaz; puis à la salle du chapitre, qui a un très beau portail sculpté par Rodrigo de Pontecilla et qui, abrite le tombeau néo-gothique du grand historien du XIXe siècle, Alexandre Herculano.

Musée de la Marine, intérieur, Lisbonne.

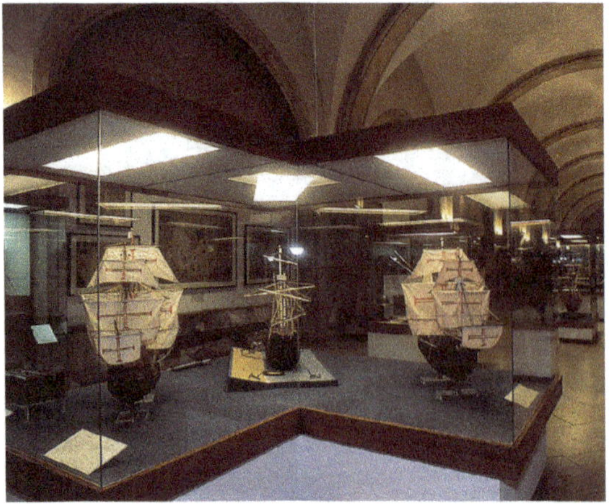

R.C.

I.1.b **Musée de la Marine**

Praça do Império, à côté du monastère des Hiéronymites, tél. 21 362009. Les photographies sont autorisées.
Entrée payante. Horaires: de 10:00 à 18:00, pendant les mois d'été, et de 10:00 à 17:00 d'octobre à mai. Fermé le lundi et les jours fériés.

Le musée de la Marine occupe l'aile occidentale de l'ancien dortoir du monastère des Hiéronymites, ainsi que des installations plus modernes. On peut y voir un ensemble de miniatures de vaisseaux depuis le Moyen Âge jusqu'à nos jours, notamment les nefs du temps des Grandes Découvertes. On y conserve également des instruments nautiques, de l'armement, des objets iconographiques liés à la mer ainsi que des stèles, *padrões* (ces colonnes aux armes portugaises qui marquaient les nouveaux territoires) et d'autres pièces originales rapportées de places fortes et de villes d'outre-mer. On y trouve aussi une grande collection de cartes maritimes et même la statue de saint Raphaël qui était dans un des vaisseaux commandés par Vasco de Gama lors du premier voyage maritime jusqu'en

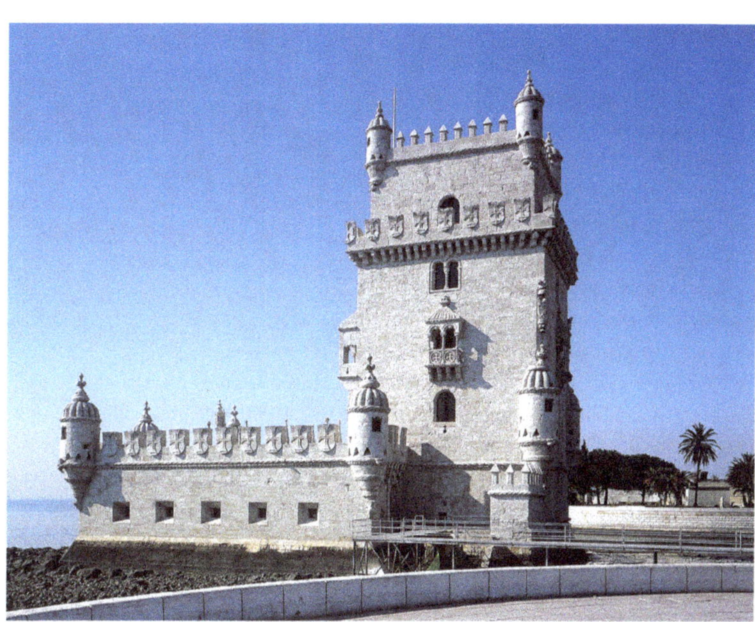

Tour de Belém, vue générale, Lisbonne.

R.C.

Inde. Dans la partie plus récente du musée sont exposées des galiotes royales et d'autres embarcations de toutes sortes, ainsi que l'avion *Lusitânia* avec lequel Gago Coutinho et Sacadura Cabral effectuèrent la première traversée aérienne de l'Atlantique sud en 1922.

I.1.c Tour de Belém

Zone de Belém, au bord du Tage, tél. 21 3620034. Classée Monument national. Inscrite au Patrimoine mondial de l'Unesco depuis 1983. Les photographies sont autorisées.
Entrée payante. Horaires: de 10:00 à 18:30 de mai à septembre, et de 10:00 à 17:00 d'octobre à avril. Fermée de lundi, le 1er janvier, le dimanche de Pâques, le 1er mai et le 25 décembre. Dernière entrée 30 minutes avant l'heure de fermeture.

La tour de Belém est l'un des monuments emblématiques de l'architecture manuéline. Construite non loin du monastère des Hiéronymites, et encore plus près d'un palais royal que Manuel Ier avait fait construire mais qui ne fut jamais terminé, elle défendait

R.C.

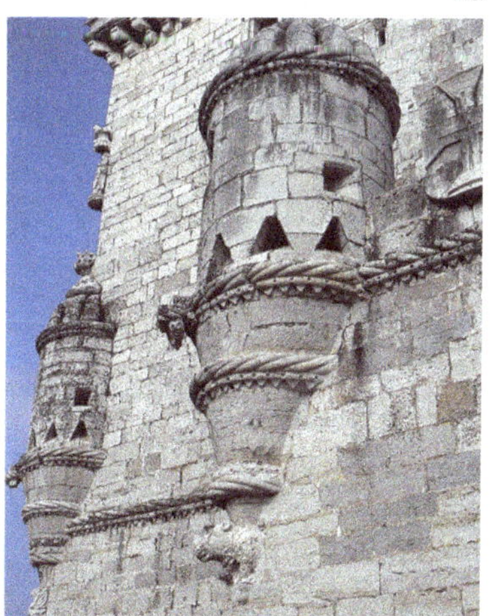

Tour de Belém, détail avec tête de rhinocéros, Lisbonne.

l'embouchure du Tage, pouvant croiser son feu avec la vieille forteresse d'Outão, sur l'autre rive. Son plan et la direction des travaux sont dus à Francisco de Arruda et sa construction eut lieu entre 1515 et 1519.
Ce monument est constitué par un bastion avancé moderne, polygonal, équipé de casemates, et par une tour qui rappelle les vieux donjons médiévaux; celle-ci avait une fonction de surveillance et servait aussi, certainement, à la cour quand elle voulait assister aux cérémonies de départ et d'arrivée des flottes.

À partir de 1848, une profunde réforme conféra à sa décoration un air festif qu'elle n'avait pas auparavant: ces merlons en forme d'écusson avec la croix de l'ordre du Christ, ces beaux balcons ajourés et ces guérites au goût arabe sont le fruit exclusif de l'imagination délirante des restaurateurs du XIXe siècle.

I.1.d **Musée national d'art ancien**

Rua das Janelas Verdes, tél. 21 3912800.
Le musée est installé dans l'ancien palais des comtes d'Alvor, classé Édifice d'intérêt public. Cafétéria et restaurant.
Entrée payante. Horaires: du mercredi au dimanche de 10:00 à 18:00, le mardi de 14:00 à 18:00. Fermé le lundi, le mardi matin, le 1er janvier, le dimanche de Pâques, le 1er mai et le 25 décembre.

Le Musée national d'art ancien conserve les plus importantes collections portugaises manuélines (et, plus généralement, de l'époque des Découvertes) ainsi que des pièces issuent de la rencontre de la culture européenne avec celles des peuples d'Afrique, d'Amérique et d'Asie.

Panneaux de Saint-Vincent

Redécouverts vers la fin du XIXe siècle, ils appartenaient en réalité à l'autel

Nuno Gonçalves, polyptyque de saint Vincent de Fora, technique mixte sur bois de chêne, 1470-1480, Musée national d'art ancien, Lisbonne; a) panneau des Moines; b) panneau des Pêcheurs; c) panneau de l'Infant; d) panneau de l'Archevêque; e) panneau des Chevaliers; f) panneau de la Relique.

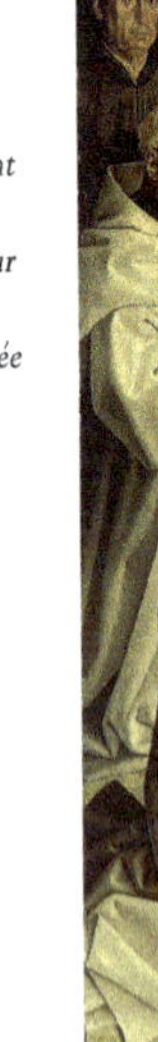

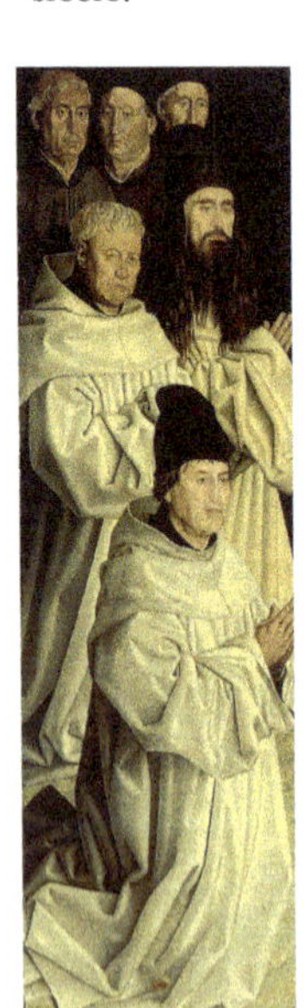

a)

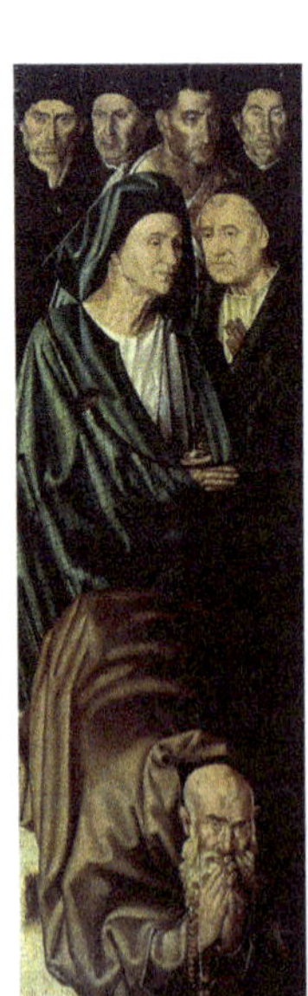

b)

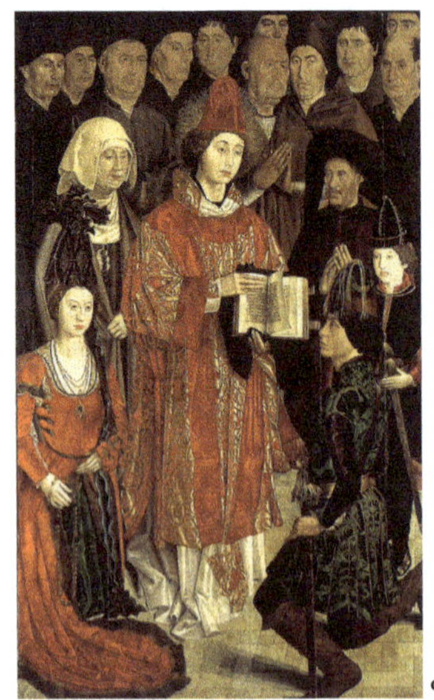

c)

Saint-Vincent de la cathédrale de Lisbonne et constituent une des plus extraordinaires œuvres de la peinture occidentale – même s'ils ont donné lieu, tout au long du XXe siècle, à de vives polémiques d'historiens sur l'identité de leur auteur, sur leur localisation originelle, sur leur chronologie et, surtout, sur l'identification et la signification des personnages représentés. Les panneaux sont devenus un emblème des Grandes Découvertes portugaises.

Toutes les informations disponibles militent pour un peintre du temps d'Alphonse V, Nuno Gonçalves, actif entre 1450 et 1492. Il s'agirait d'une commande royale très probablement destinée à magnifier la protection de saint Vincent lors des faits héroïques des Portugais au Maroc pendant le règne de ce monarque. Le saint apparaît sur les deux panneaux centraux comme un personnage tutélaire, entouré des figures qui jouèrent, à l'évidence, un rôle important dans cette action collective. Sur des plans échelonnés, l'insertion des figures sur un simple registre en perspective quadriculaire et avec un fond sombre n'est pas arbitraire; deux personnages s'en détachent chaque fois, occupant le premier plan, un genou à terre.

Sur le panneau "de l'Infant", on assiste à une scène aulique et à un acte qui peuvent s'interpréter comme un serment ou un acte de vénération de la famille royale: saint Vincent présente à l'un des protagonistes, sans doute Alphonse V, le Livre des Évangiles. Sur un mur de visages profondément expressifs, qui se prolonge sur les autres panneaux, le saint apparaît flanqué des figures que l'on suppose correspondre aux portraits de l'infant Henri le Navigateur, de D.ª Isabelle, duchesse de Bourgogne, du prince Jean, futur roi Jean II, et enfin de la reine D.ª Isabelle, qui fait le pendant du roi.

Sur le panneau "de l'Archevêque", une iconographie d'exaltation guerrière est

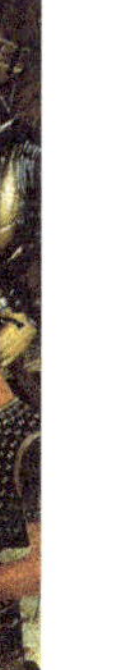
d)

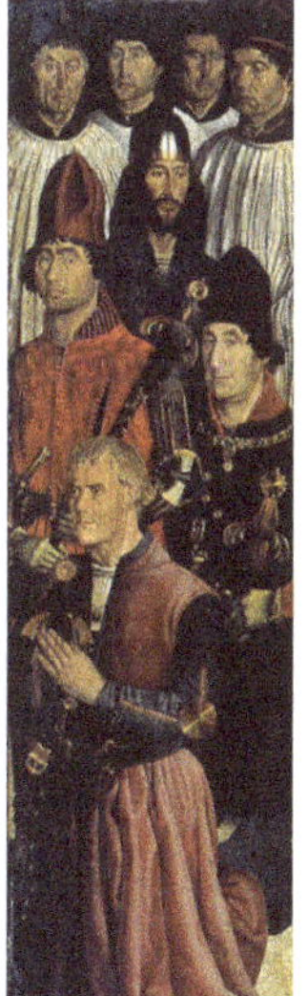
e)

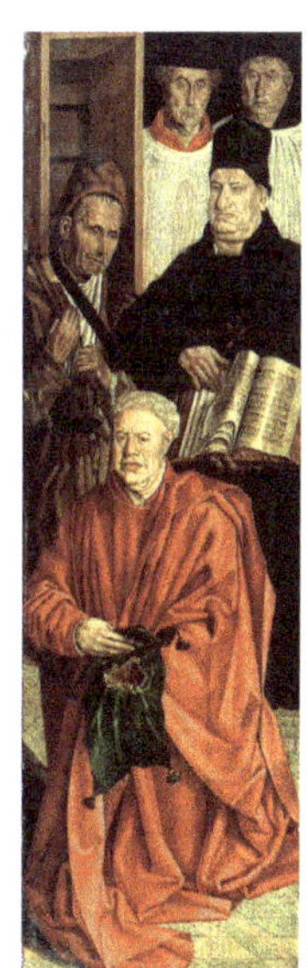
f)

IPM/J.P.

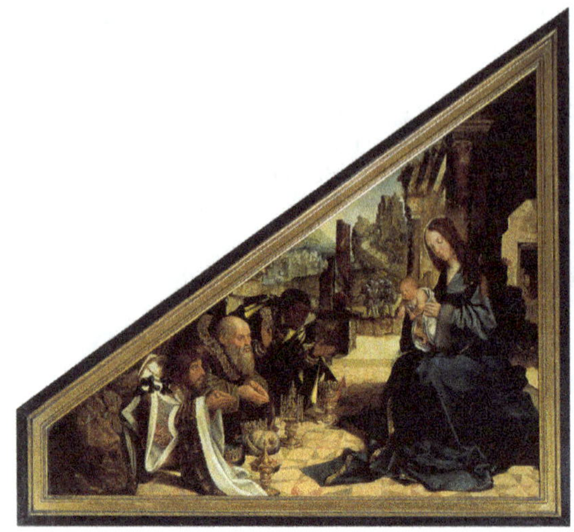

IPM/C.M.

Jorge Afonso, "Adoration des Rois mages", retable provenant du couvent de Madre de Deus, huile sur bois, v. 1515, Musée national d'art ancien, Lisbonne.

visible. Saint Vincent tient le bâton du commandement, le Livre est déjà fermé, tandis que les principaux personnages apparaissent en tenue militaire et armés de lances et d'une épée, dans une allusion concrète au pouvoir militaire et à la guerre sous l'agrément de l'Église, dont la hiérarchie est amplement représentée sur ce panneau tout comme sur les autres panneaux de ce polyptyque.

De moindres dimensions, les quatre panneaux latéraux obéissent à la logique des panneaux centraux, sur le plan des valeurs formelles autant que sur celui de leur signification. Sur les deux panneaux suivants, dits "des Chevaliers" et "des Pêcheurs", l'artiste a renforcé la représentativité et l'implication de la société portugaise dans l'action qui correspond très probablement aux campagnes militaires du règne d'Alphonse V, dit "l'Africain", à Alcácer-Ceguer (Ksar Es-Seghir), en 1458, Asilah et Tanger en 1471.

Aux extrémités, les deus autres panneaux apportent un sens nouveau à l'œuvre: malgré des avis divergents, le panneau "de la Relique" et celui "des Moines", présentent des éléments iconographiques – en particulier la relique et le cercueil – clairement associés au culte de saint Vincent.

Les ressources expressives, puissantes et novatrices, de Nuno Gonçalves, qui se focalise sur des valeurs de vraisemblance de la représentation, ressortent de ce remarquable discours pictural que l'on peut dater des années 1470-1480.

Peinture de la période manuéline

Si, en matière de peinture, une nouvelle dynamique se fait jour au milieu du XVe siècle, ses résultats visibles, ne se manifestent pas vraiment avant la période qui correspond au règne de Manuel Ier.

Outre les peintures importées, en majorité flamandes, commandées ou acquises dans le marché, et dont on peut voir d'extraordinaires exemples dans la collection de ce musée – le *Saint Jérôme* d'Albrecht Dürer et la *Vierge à l'Enfant* de Hans Memling, le *Retable de la Passion* de Quentin Metsys, auxquels on peut ajouter le polyptyque de la Miséricorde de la ville de Funchal, à Madère, de Jan Provost –, l'arrivée au Portugal de peintres de la même origine et la formation de Portugais dans leurs ateliers provoquèrent un tournant décisif dans les moyens d'expression.

Des grands travaux qui eurent lieu sous l'égide de Manuel Ier, de D.ª Leonor, veuve de Jean II, et du haut clergé régulier et séculier, il reste quelques exemplaires de grande valeur dans cette collection, exposés isolément ou regroupés selon leur supposée organisation primitive en retable, ainsi que quelques séries, sorties pour la plupart des ateliers du cercle cosmopolite de Lisbonne, soit de peintres portugais, soit de Flamands travaillant au Portugal.

Dirigé par le peintre royal Jorge Afonso, actif entre 1504 et 1540, le grand retable provenant du couvent de Madre de Deus à Lisbonne, dont il subsiste sept panneaux, est un excellent exemple de la meilleure production des ateliers de la capitale à l'époque manuéline, et de l'impact que les procédés de la peinture flamande y exercèrent. Une des œuvres les plus expressives de cet ensemble, l'*Apparition du Christ à la Vierge*, porte la date de 1515.

De ce même couvent, également édifié sous le patronage de D.ª Leonor, viennent les panneaux du *Retable de sainte Auta*, dont l'auteur est incertain, et qui appartint à la chapelle où les reliques de cette sainte étaient conservées. Sur celui qui représente l'*Arrivée des reliques à Lisbonne,* cet épisode historique est reproduit avec une vraisemblance évidente: le décor royal et toute la cérémonie de la réception des reliques, à laquelle assiste la reine elle-même, sur une estrade à gauche. Paradoxalement, c'est la séduisante figure de la martyre, sainte Auta, traitée avec un grand réalisme, qui occupe le premier plan.

Les peintres portugais qui atteignirent une notoriété certaine à cette époque, et dont la collection possède d'importantes œuvres, sont nettement en rapport avec le maître Jorge Afonso, dans l'atelier duquel beaucoup d'entre eux furent formés: Cristóvão de Figueiredo, auteur d'une *Mise au tombeau* qui était à Sainte-Croix de Coimbra; Gregório Lopes, lui aussi peintre royal sous Manuel Ier, puis sous Jean III, dont les retables de São Bento et de Santos-o-Novo sont des œuvres emblématiques; Garcia Fernandes et sa remarquable *Présentation au temple*.

Citons encore le prestigieux Luso-Flamand Francisco Henriques, dont le musée expose les panneaux de l'église Saint-François à Évora. Il avait avec les trois autres et avec le peintre royal Jorge Afonso des liens familiaux. En outre, ils entretenaient tous (surtout

Jorge Leal et Gregório Lopes, "Adoration des Rois mages", retable de saint Benoît, XVIe siècle, huile sur bois de chêne, v. 1524-1525, Musée national d'art ancien, Lisbonne.

IPM/J.P.

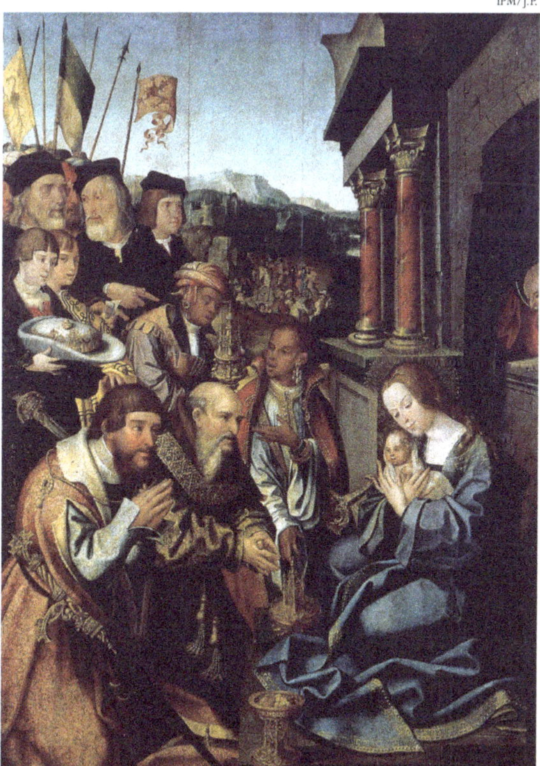

Anonyme, "Enfer", huile sur bois de chêne, XVIe siècle, Musée national d'art ancien, Lisbonne.

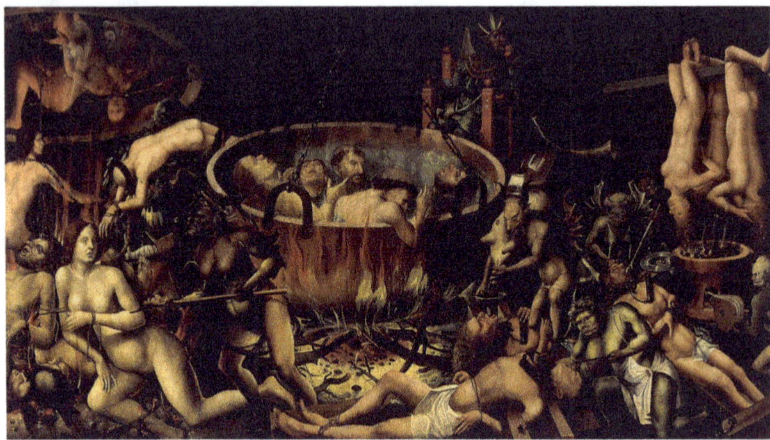

IPM/L.P.

les trois premiers) une association de travail plus ou moins régulière. Ainsi, une évidente homogénéité des moyens d'expression se trouve-t-elle justifiée par ce régime de travail en équipe.

Signalons encore les œuvres du peintre-moine d'origine flamande, Frei Carlos, en particulier l'*Annonciation*, la *Résurrection* et le *Bon Pasteur*; cet artiste avait son atelier au couvent de l'Espinheiro à Évora. Et le peintre d'origine nordique, connu comme le "maître de Lourinhã", à qui l'on attribue le très beau *Saint Jean à Patmos* du couvent de Berlengas, et le retable de la vie de saint Jacques provenant de l'église du château de Palmela.

Orfèvrerie

La *custódia* (ostensoir) de Belém, connue par le nom du monastère qui la conserva après la mort de Manuel Ier, est l'une des œuvres les plus célèbres de l'orfèvrerie manuéline et de l'art portugais en général.

Le testament royal de 1517 en révèle le nom de l'auteur, Gil Vicente, à l'atelier duquel le roi avait confié l'or du premier tribut du royaume de Kiloa, apporté par Vasco de Gama en 1503. Pendant trois ans, l'orfèvre et ses assistants travaillèrent sur cet ostensoir qui fut terminé en 1506, comme l'indique l'inscription sur sa base: O MUITO ALTO. PRICIPE E. PODEROSO. SENHOR. REI. D. MANUEL I. A. MDOU. FAZER. DO. OURO. DAS. PARIAS. DE. QUILOA. AQUABOU. CCCCCVI ("Le Très Haut Prince et Puissant Seigneur Roi Manuel Ier le fit faire avec l'or des *párias* de Kiloa. Fini CCCCCVI").

La structure de cet ostensoir s'intègre dans la production ibérique du gothique tardif caractérisé par l'usage d'un verre cylindrique vertical. La base à six lobes s'inscrit dans une ellipse avec des mi-reliefs en or émaillé représentant des fruits, des fleurs, des escargots et des paons. Sur le nœud central, on voit six sphères armillaires, emblème du roi Manuel Ier. Le corps supérieur présente au premier niveau les douze apôtres à genoux entourant le cylindre en cristal où l'on exposait le Saint Sacrement. Sur les deux pilastres qui flanquent ce groupe, des figures minuscules représentent l'*Annonciation*. Sur le plan supérieur, dans le triple baldaquin, on voit la colombe qui représente le Saint Esprit, et, plus haut encore, le Père éternel bénissant. Cet ostensoir, qui est même décrit dans la *Crónica de D. Manuel*, est l'un des témoignages les plus puissants du message politico-religieux de ce monarque. Des symboles de son pouvoir, comme les sphères armillaires et l'inscription à la base, s'associent au champ religieux qui marque la structure supérieure de cette œuvre.

D'autres pièces de grande qualité, de cette époque manuéline, méritent d'être citées, notamment le sablier en argent avec les armes royales et la sphère armillaire; le grand étendard du couvent de l'Espinheiro à Évora, daté de 1515; et le reliquaire du Saint Bois de la reine D.ª Leonor, en or, émail et pierres précieuses, en forme de petit temple déjà de style Renaissance de la main très probable de Maître João.

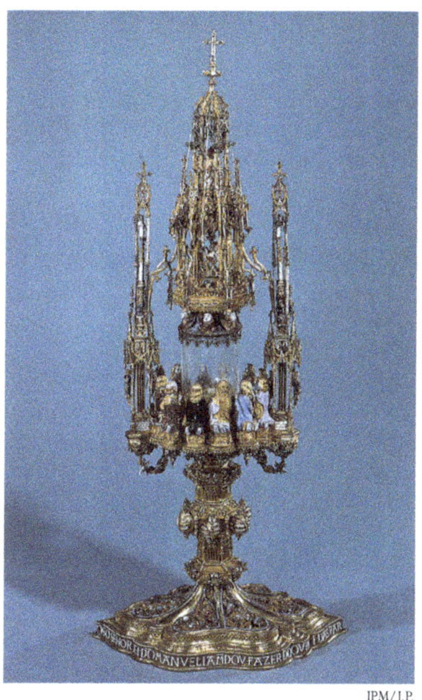

IPM/J.P.

Atelier de Gil Vicente, ostensoir de Belém, or et émail en ronde-bosse, 1503-1506, Musée national d'art ancien, Lisbonne.

Sculpture

Des collections de sculpture manuéline, il faut détacher les œuvres des ateliers de Coimbra, surtout celles de Diogo Pires-o-Velho, comme le beau *Saint Jacques* en pierre d'Ançã polychrome; de Diogo Pires-o-Moço, un fantastique *Saint Michel*; des œuvres flamandes d'un grand niveau, comme le *Saint Matthieu* de Cornelis de Hollande; et surtout les sculptures des Della Robbia, un ensemble de *tondi* et le

J.B.

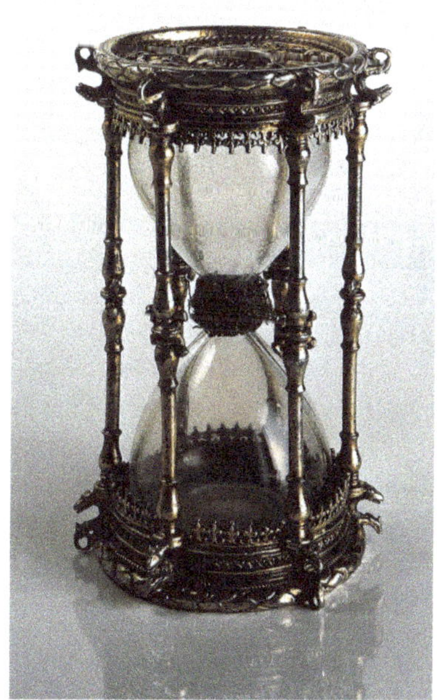

Sablier manuélin, Musée national d'art ancien, Lisbonne.

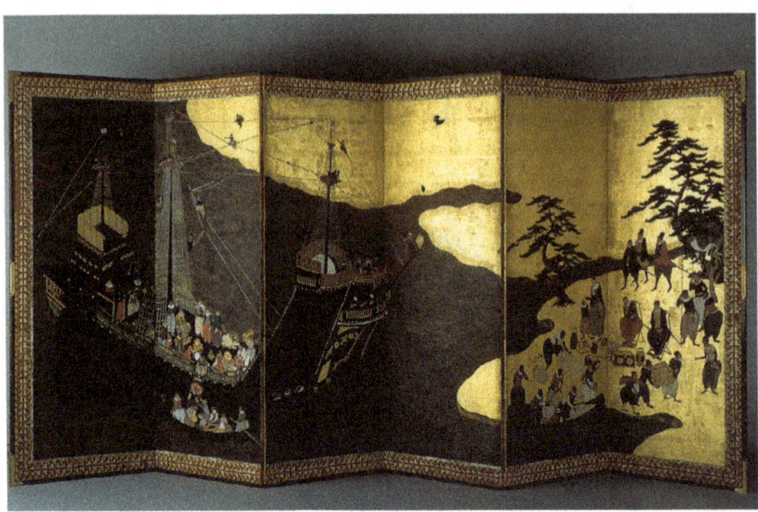

Attribué à Kano Domi, paravent "namban", feuilles peintes à la détrempe sur papier de riz recouvert d'or, 1593-1600, Musée national d'art ancien, Lisbonne.

devant de tabernacle qui appartinrent au couvent de la Mère de Dieu et à la collection de la reine D.ª Leonor; enfin, les statues de *Saint Léonard* et de *Notre Dame de l'Étoile* offertes par le pape Léon X au roi Manuel Ier et qui proviennent des Hiéronymites.

Art luso-africain et luso-oriental

Ayant reçu le fonds des couvents et monastères dont les ordres furent abolis en 1834, le Musée national d'art ancien possède un important ensemble d'œuvres importées d'Afrique, d'Inde, de Chine et du Japon après les Découvertes portugaises. Des acquisitions et des donations multiples complétèrent ce noyau, un des plus importants du musée, incontournable pour tous ceux qui souhaitent connaître ces arts.
Les contacts des Portugais avec la Sierra Leone sont illustrés par trois œuvres en ivoire: deux olifants, dont l'un est décoré avec la croix de l'ordre du Christ, et une salière où l'on peut voir des figures de Portugais, dont un à cheval qui sert de couvercle.
L'art réalisé en Inde constitue sans doute l'ensemble le plus riche. Des objets religieux en argent et en or, des coffres en filigrane et en écaille, du mobilier de toutes les typologies, des figures en ivoire et des parements peints et brodés illustrent quatre siècles d'évolution de ces expressions artistiques. Parmi les œuvres les plus anciennes et les plus importantes se détache le trésor du couvent de Vidigueira, constitué par un oratoire-reliquaire, un lutrin et un *porte-paix,* tous les trois en argent, offerts à ce couvent de l'Alentejo par le père André Coutinho qui les avait apportés d'Inde à la fin du XVIe siècle. D'Inde encore, le mobilier en bois exotique à marqueteries d'ivoire: des *contadores* (secrétaires à tiroirs), des écritoires, des tables et de la statuaire en ivoire d'où se détachent différentes figures de l'Enfant Jésus le Bon Pasteur. De la lointaine Chine, on verra la belle

série de porcelaines en bleu et blanc, datables de la dynastie Ming, et surtout d'exceptionnelles porcelaines polychromes du XVIIIe siècle, destinée à l'exportation. On y ajouta des œuvres en laque et en émail des ateliers de Canton, spécialement conçues pour des clients européens.

Du Japon, dont les contacts avec le Portugal sont à l'origine de l'art *namban*, il faut absolument admirer une paire de paravents de la fin du XVIe siècle qui décrivent le départ des vaisseaux portugais depuis Goa et leur arrivée au Japon; ainsi qu'un bel ensemble (coffres écritoires, plateaux) de laques *namban* évoquant les "barbares du Sud", comme étaient désignés les Portugais au Japon.

I.1.e **Portail de l'église de la Vieille Conception**

Rua da Alfândega, près de la place du Commerce, tél. 21 8870202. Classé Monument national. Les photographies sont autorisées. Horaires: de 8:00 à 18:00 en semaine, le samedi de 8:00 à 13:00 et le dimanche de 10:00 à 13:00. Le service religieux a lieu du mardi au vendredi à 12:10. Habituellement fermée en août.

L'église Conceição Velha appartint aux chevaliers de l'ordre du Christ qui, au XVIe siècle, l'agrandirent de manière à ce qu'elle devienne l'une des plus remarquables de la capitale. Le tremblement de terre de 1755 détruisit presque tout, mais épargna le portail, réalisé juste après 1518, ce qui rend probable l'hypothèse que ses auteurs furent quelques-uns des artistes qui avaient précédemment travaillé au monastère des Hiéronymites, sous la direction de Juan del Castillo.

Ce portail est composé d'un arc en plein-cintre avec deux *voussures* très finement sculptées délimitant un *tympan* et la porte proprement dite avec un trumeau central sculpté. Flanquant le portail, deux piliers, typiquement manuélins, abritent des niches avec des dais qui représentent l'Annonciation. Cependant, l'ensemble de sculptures le plus intéressant est celui qui représente Notre Dame de la Miséricorde. Il s'agit de l'œuvre d'un sculpteur de haut niveau dont nous ignorons l'identité, mais qui sut parfaitement représenter l'essentiel du thème en plaçant sous la protection du manteau de la Vierge plusieurs classes sociales: d'un côté des représentants du clergé, avec un pape, un cardinal et des évêques, et, de l'autre, l'empereur, des rois et d'autres membres de la noblesse.

I.1.f **Maison des Pics (Casa dos Bicos)**

Rua dos Bacalhoeiros, tél. 21 8810900/21 8884827. Classée Monument national. On l'utilise pour des expositions temporaires. Horaires: jours ouvrables de 9:30 à 17:30.

Église de la Vieille Conception, portail, Lisbonne.

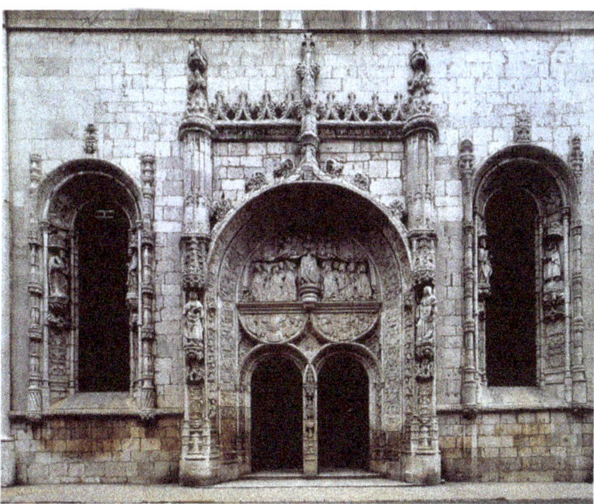

IPM/C.M.

En allant vers l'est, le long de l'ancien Terreiro do Trigo (place au blé), nous trouvons cette Casa dos Bicos, un exemple très remarquable de l'architecture du début du XVIe siècle. Ce fut Brás Afonso de Albuquerque, fils du gouverneur de l'Inde portugaise, Afonso de Albuquerque, qui la fit construire dans un endroit où il y avait d'anciennes salaisons, et adossée à la vieille muraille du haut Moyen Âge. Elle fut revêtue de pierres taillées en pointe de diamant, comme on l'avait fait dans d'autres endroits en Europe, notamment à Ferrare et à Ségovie; c'est donc par le nom de ce revêtement qu'elle est connue aujourd'hui. En 1755, les étages supérieurs furent détruits lors du tremblement de terre; en 1983, lors de la XVIIe exposition du Conseil de l'Europe à Lisbonne, sur la Renaissance et les Découvertes, ils furent reconstruits d'après l'iconographie ancienne, mais avec l'encadrement des fenêtres en métal pour ne pas induire en erreur les observateurs moins attentifs.

Maison des Pics, vue générale, Lisbonne.

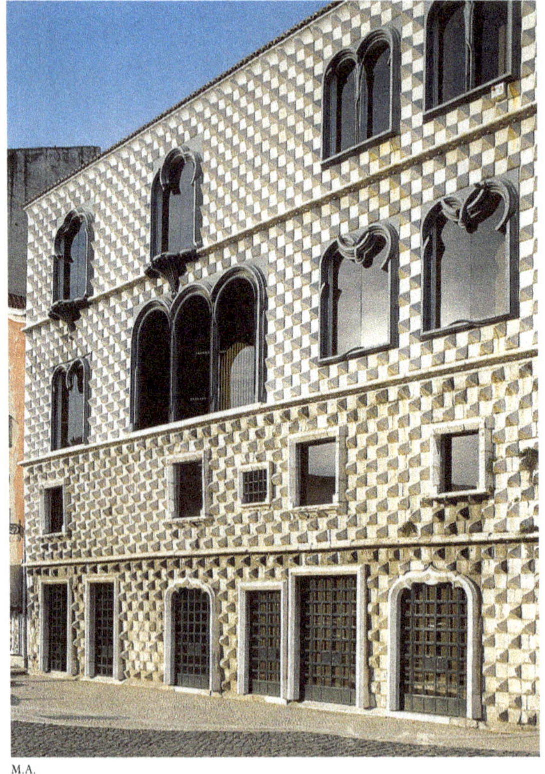

M.A.

I.1.g Château Saint-Georges

On accède au château par la porte de São Jorge, dans la Rua do Chão da Feira. Tél.: 21 18877244/21 8882831. Classé Monument national. On trouve des restaurants dans l'enceinte. Horaires: de 10:00 à 18:00 en hiver et de 10:00 à 21:00 en été. À la Olissipónia, située à l'emplacement de l'ancien palais royal, on peut assister à un spectacle multimédia qui raconte l'histoire de la ville de Lisbonne et qui a lieu tous les jours de 10:00 à 18:00, à l'exception du 1er janvier, du 1er mai et du 25 décembre. C'est dans la partie la plus élevée du château que se trouve la tour d'Ulysse où, en utilisant un périscope, on peut admirer la ville de Lisbonne sur 360 degrés. Cela fonctionne tous les jours de 10:00 à 16:30 à l'exception du 1er janvier, du 1er mai et du 25 décembre.

L'édifice appartient à l'époque islamique et occupe la place de la citadelle maure qui couvrait environ quatre hectares. De là partaient les murailles de l'ensemble défensif de la ville, dont il reste quelques pans, notamment du côté du levant, près de l'église du *Menino Deus* (l'Enfant Dieu). Après la conquête chrétienne de 1147, c'est ici que vécurent les rois portugais qui

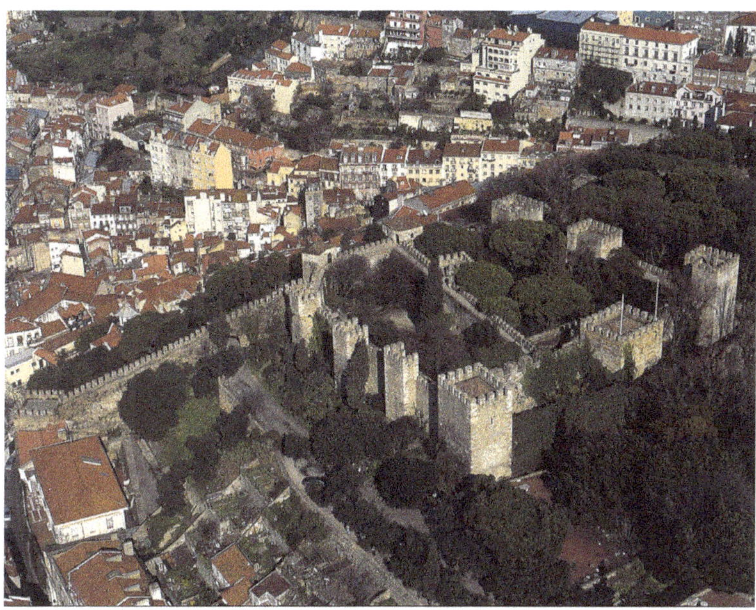

Château Saint-Georges, vue aérienne, Lisbonne.

A.C.

transformèrent profondément les installations, dans cette casbah dont il subsiste quelques traces. Les derniers grands travaux furent réalisés déjà sous Manuel Ier, qui, pourtant, dans les premières années du XVIe siècle, déménagea dans un nouveau palais – le *Paço da Ribeira* – au bord du Tage. Toutefois, certains rois, comme Sébastien, continuèrent à préférer le vieux château pour des séjours plus ou moins longs.

Pour aller à Sintra en voiture, il faut emprunter la route IC 19 sur environ 25 km. On peut également prendre le train en partant de la gare du Rossio au centre de Lisbonne (45 minutes).

La plage de l'aventure

Pedro Dias, Dalila Rodrigues,
Nuno Vassallo e Silva, Fernando Grilo

Deuxième jour

I.2 SINTRA

I.2.a Palais de la Ville (Palácio da Vila)
I.2.b Palais de Pena (Palácio da Pena)

I.3 CHELEIROS

I.3.a Église de Cheleiros

I.4 TORRES VEDRAS

I.4.a Château
I.4.b Église Saint-Pierre
I.4.c Couvent de Varatojo

Manuel Ier

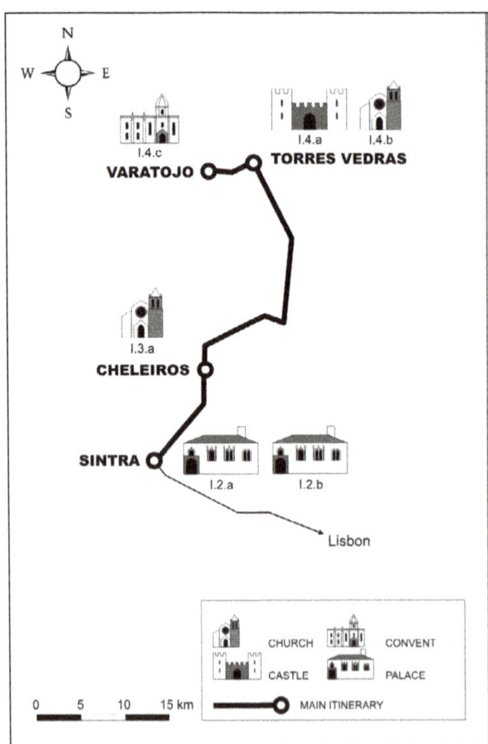

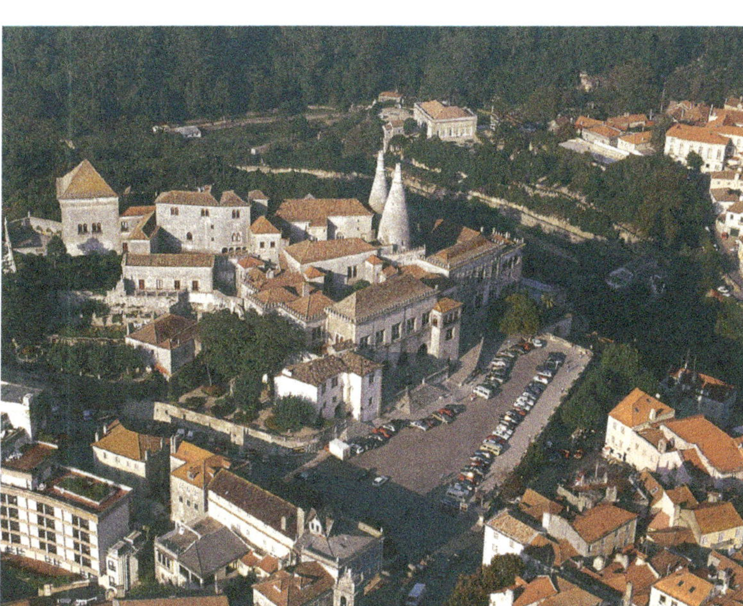

Vue générale de Sintra.

R.C.

I.2 SINTRA

Le site naturel de Sintra et ses richesses architecturales et culturelles sont inscrits au Patrimoine mondial de l'Unesco depuis 1995.

Sintra était une importante agglomération arabe qui figure sur les principaux itinéraires du Gharb. En 1147, elle fut prise par les armées du premier roi de Portugal, Alphonse Ier, qui installa des "hommes d'armes" au château des Maures (Castelo dos Mouros) – du XIe siècle – et au palais de la Ville (Palácio da Vila), une construction fortifiée également de la même époque.
La beauté du paysage de Sintra, la douceur du climat et l'abondance du gibier dans les collines environnantes en firent un lieu d'élection pour les rois portugais, surtout pendant le bas Moyen Âge. Ils agrandirent peu à peu le palais et Sintra se présente comme une ville prospère à partir du XVe siècle.
À l'époque manuéline, Sintra tient nettement lieu de palais secondaire. La cour y séjournait pendant de longues périodes. Tout autour, on construisit ou reconstruisit des églises, des monastères et des couvents, notamment ceux de Pena et de Penha Longa. Il y avait, bien entendu, l'hôtel de ville, le lazaret et de nombreuses demeures de la haute noblesse du royaume.
Au XIXe siècle, sous l'égide du roi consort Ferdinand II, le "roi romantique", Sintra prit un nouvel essor, et se couvrit de constructions néogothiques, ou dans d'autres styles du passé, qui charmèrent des voyageurs comme Byron et des esprits cultivés comme la reine de Portugal Amélie d'Orléans. Les trois derniers rois portugais ani-

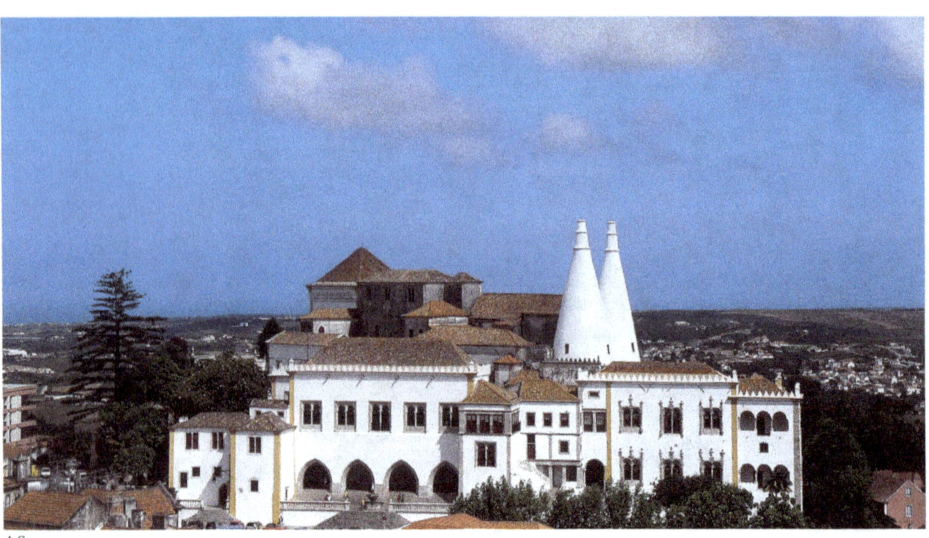

A.C.

Palais de la Ville, Sintra.

mèrent de nouveau le palais de la Ville en en faisant leur résidence d'élection.

I.2.a Palais de la Ville (Palácio da Vila)

Largo Rainha D.ª Amélia, en plein centre de Sintra, tél. 21 9106840/2. Classé Monument national.

Entrée payante. Horaires: de 10:00 à 17:30. Dernière entrée 30 minutes avant fermeture. Fermé le mercredi, le 1er janvier, le dimanche de Pâques, le 1er mai, le 29 juin et le 25 décembre.

Cette construction d'origine arabe fut utilisée par la couronne portugaise aussitôt après la conquête en 1147. De grands travaux d'adaptation et d'agrandissement y furent conduits sous Jean Ier, au tout début du XVe siècle, et au moins deux autres interventions importantes furent commandées par Manuel Ier, dont une juste après son avènement. Ce furent ces dernières qui lui donnèrent son aspect actuel malgré les améliorations introduites par son successeur, Jean III, et plus tard, après le tremblement de terre de 1755.

Sur la façade tournée vers la place, on remarque la couronne de créneaux *mudéjars* au goût cordouan et les fenêtres géminées à balcon avec des encadrements dans le plus exubérant manuélin naturaliste. De grands arcs en ogive donnent accès aux escaliers qui montent à l'étage noble.

À l'extérieur, on est tout de suite frappé par le volume des deux grandes cheminées des cuisines, et par l'évidente complexité de l'ensemble, ou plutôt des différentes constructions juxtaposées au cours des siècles. Les blocs sont reliés entre eux par des cours à bassins et fontaines, par des jardins et des recoins de fraîcheur, tels le *Pátio dos Cisnes* (la cour des Cygnes), le *Pátio da Carranca* (la cour du Mascaron) et le *Jardim da Preta* (le jardin de la Négresse). C'est que Manuel Ier voulut construire ici un palais *mudéjar*, comme ceux qu'il avait vus en Castille, et surtout en Aragon et en Andalousie: d'où le plafond en *artesonado* de la chapelle et les murs couverts d'*azulejos mudéjars* de fabrication sévillane de la très belle Sala da Sereia ou de la salle "des Arabes". Dans le jardin de la Négresse se trouve l'*Esguicho*, un pilier torsadé en pierre avec une décoration naturaliste, enveloppé par une végétation exotique. On s'attardera dans la salle des Pies pour l'exotisme de sa décoration, pour les oiseaux en question qui décorent le plafond, et pour les *azulejos de arista* qui lambrissent la pièce et même une cheminée en marbre de la Renaissance italienne. Avec son héraldique exhaustive de la noblesse manuéline, le plafond de la salle des Blasons attire l'attention tout comme le vestibule et la salle des Galères, dont le plafond est décoré de représentations d'embarcations portugaises.

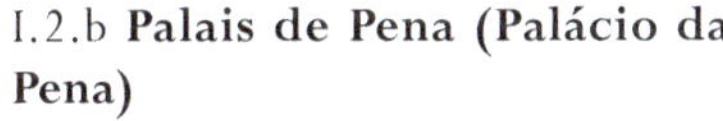

I.2.b **Palais de Pena (Palácio da Pena)**

Estrada da Pena, route qui mène au sommet de la montagne et qui commence à 2 km au sud de Sintra. Tél.: 21 9105340. Classé Monument national. Le parcours depuis le portail des jardins jusqu'au palais proprement dit peut être effectué à pied ou en minibus.

Entrée payante. Horaires: de 10:00 à 17:00 en hiver et de 10:00 à 17:30 en été. Fermé le lundi, le 1er janvier, le Vendredi saint, le dimanche de Pâques, le 1er mai, le 29 juin et le 25 décembre.

Tous les jours, à partir de 10:20; toutes les quarante minutes, il y a un service de cars, n° 434, qui, partant de la gare de chemin de fer de Sintra, passe par le centre-ville,

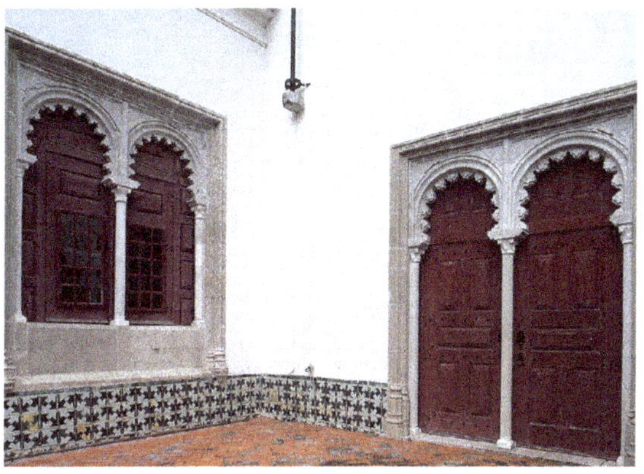

R.C.

Palais de la Ville, cour, Sintra.

R.C.

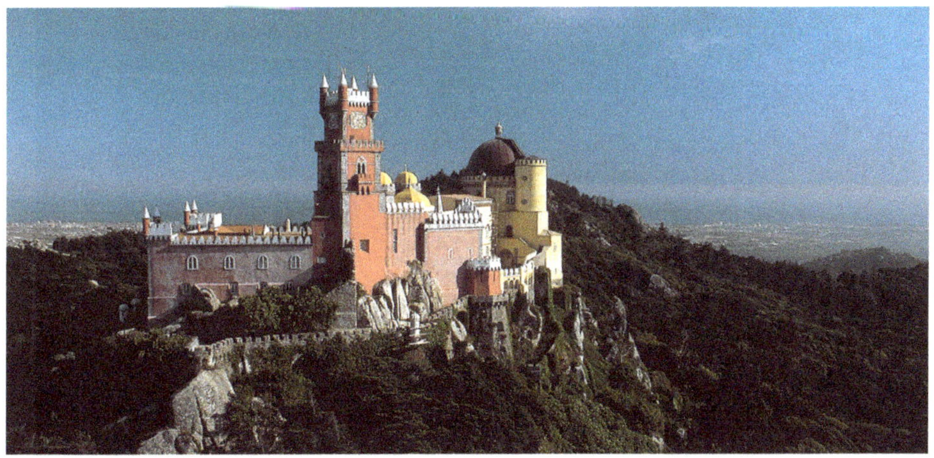

Palais de Pena, vue générale des constructions néomanuélines, Sintra.

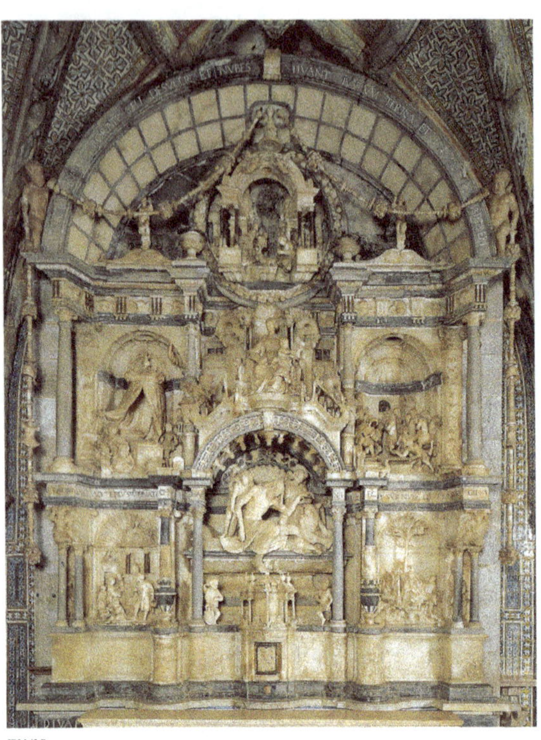

IPM/J.R.

Nicolas Chantereine, retable renaissant de la chapelle du palais de Pena, albâtre, 1529-1532, Sintra.

puis par le château des Maures et par le palais de Pena, revenant ensuite à la gare.

Le Palácio da Pena, avec sa structure complexe, sa joyeuse polychromie et ses formes extravagantes, fut une invention du roi Ferdinand II et de son très fidèle bras droit, le baron von Eschwege. Ils conçurent ce palais et dirigèrent ensemble les travaux dans l'esprit romantique de leur époque. Cependant, ils utilisèrent les structures manuélines du couvent primitif qui avait bénéficié du patronage de Manuel Ier. Ils conservèrent l'église, le chœur, la sacristie et le cloître, attribuables à maître Boytac et qui, pour l'essentiel, avaient été terminés en 1511.

Le retable de la chapelle date de fin 1528; c'est un chef-d'œuvre de la sculpture de la Renaissance. De la main de Nicolas Chantereine, protégé de Manuel Ier depuis 1517, il fit l'objet d'un soin tout particulier de la part du sculpteur qui conçut un discours formel plein d'italianismes. L'albâtre fut acheté tout exprès dans la meilleure carrière de la péninsule Ibérique et fut même la raison d'un voyage de l'artiste en Aragon.

Il est composé de quatre plans en hauteur. Sur la *prédelle*, d'une exceptionnelle qualité technique, un très bas relief représente la *Dernière Cène* ou la *Descente aux limbes*. L'importance du tabernacle, un véritable essai d'architecture miniature au goût classique où ne manquent ni les colonnes, ni les frontons, ni même une petite coupole, est notoire. Sont également remarquables les reliefs des deuxième et troisième plans, surtout l'*Annonciation* et l'*Adoration des rois mages,* par la profusion de figures et par l'impression de mouvement qu'elles arrivent à donner. Au centre, la composition du *Christ soutenu par deux anges* révèle un sculpteur au meilleur de son art avec une parfaite maîtrise de la représentation du corps humain. La statue de *Nossa Senhora in sedia,* qui tient dans ses bras un Enfant remuant, est aussi d'une excellente qualité plastique.

Pour vous rendre à Cheleiros, vous devez prendre la route N 9.

Région de Mafra et de Torres Vedras

Au nord de l'ensemble montagneux de la Serra de Sintra, au bord de la côte atlantique, avec un relief constant mais doux, au milieu de champs fertiles, se trouve la région Saloia ou région de l'Ouest, comme il est coutume de la désigner de nos jours. Depuis la fin du Moyen Âge, elle connut une grande activité économique grâce à cette fameuse fertilité de la campagne et à l'élevage de bétail qui nourrissait Lisbonne. Ce fut d'ailleurs la raison du développement des villes de Mafra, Torres Vedras et Ericeira. Plusieurs ordres religieux s'y établirent, en particulier les franciscains, qui contribuèrent de façon décisive au bien-être des gens de la région. Ils tenaient à bail leurs propriétés qu'ils surveillaient avec la rigueur des bons administrateurs. Ainsi, jusqu'à Alenquer, Caldas da Rainha et Óbidos, c'était une terre d'abondance, de pain et de vin, de viande et de poisson.

I.3 CHELEIROS

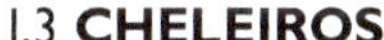

I.3.a Église de Cheleiros

Au bord de la route nationale. Classée Édifice d'intérêt public. Pour prendre rendez-vous pour une visite, vous devez contacter Mme Guiomar Baleia, dans la Rua do Arco da Ponte, n° 16, ou par téléphone au 21 9670052 du lundi au vendredi de 9:00 à 12:30 ou pendant le week-end; ou, éventuellement, Mme Maria Hermenegilda, dans la Rua do Chafariz, ou par téléphone au 21 9270281 aux mêmes heures.
Horaires: l'église est ouverte pour le culte le mercredi à 19:30 et le dimanche à 13:00.

L'église de Cheleiros est représentative des églises des agglomérations de taille moyenne à l'époque de Manuel Ier. Elle a un portail bien dessiné, en pierre de taille travaillée, une longue nef couverte en bois, et un chœur présentant des raffinements de construction nouveaux pour l'époque: une voûte élégante, dont les nervures ont encore un tracé gothique.

Pour aller vers Torres Vedras vous devez reprendre la route N 9 en direction d'Al-

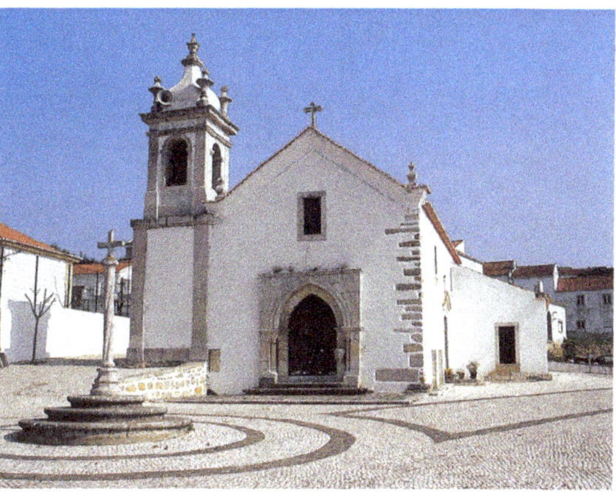

Église de Cheleiros, façade principale.

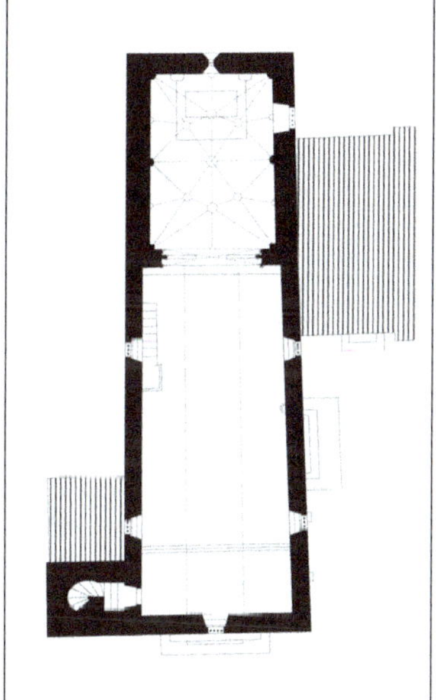

Église de Cheleiros, plan, Boletim da Direccão-Geral dos Edifícios e Monumentos Nacionais.

Château de Torres Vedras.

Église Saint-Pierre, portail principal, Torres Vedras.

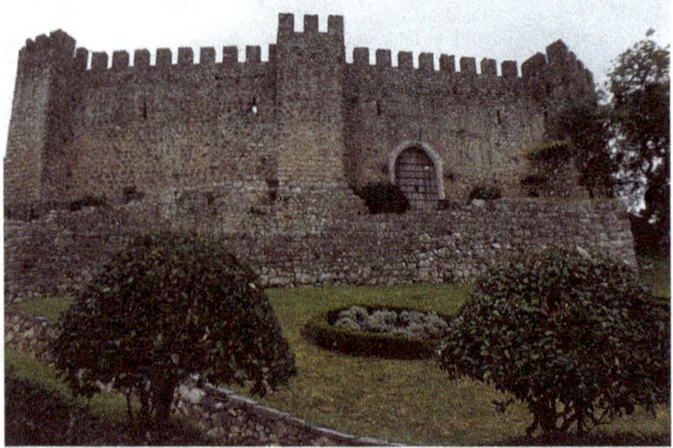

R.C.

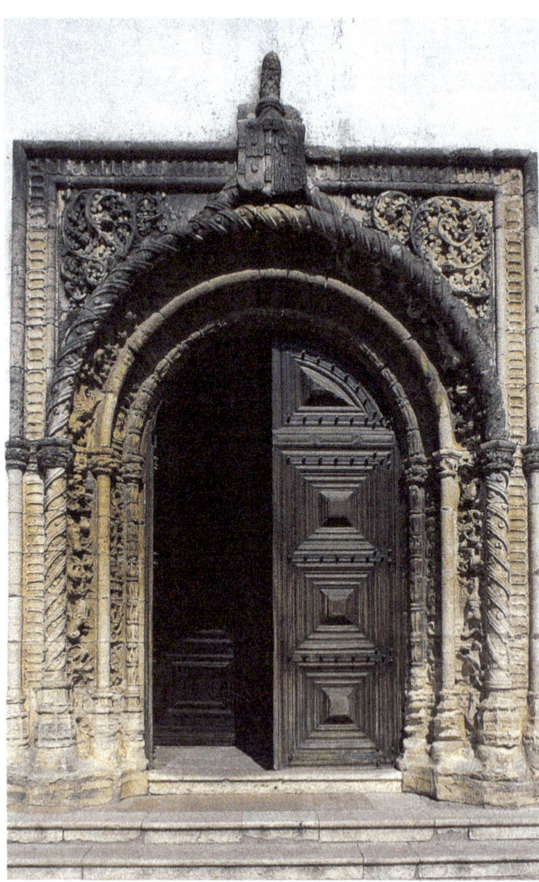

R.C.

cainça/Malveira. Continuez par la N 8 vers Gradil/Torcifal, jusqu'à Torres Vedras.

I.4 TORRES VEDRAS

I.4.a **Château**

Ce château, dont l'origine est antérieure à la formation du royaume de Portugal, conserve dans son ensemble une structure manuéline. Il fut conquis en 1147 par le roi Alphonse Ier, qui le fit aussitôt reconstruire. Il fut agrandi et amélioré par les rois Dinis et Ferdinand Ier.
La grande porte aux armes et à l'emblème de Manuel Ier est encadrée de deux bastions ronds. La campagne manuéline de travaux se déroula vers 1516. En position dominante, le château défendait la ville tout en servant de résidence à son gouverneur.

I.4.b **Église Saint-Pierre**

Largo de São Pedro, tél. 261 322386. Classée Monument national.
Horaires: de 8:30 à 12:00 et de 15:00 à 19:00.
En bas, dans la plaine cultivée, s'étendait l'ensemble des maisons populaires avec ses églises. Celle de Saint-Pierre conserve d'importants vestiges manuélins, comme le portail au naturalisme exubérant. À l'intérieur, un édicule tardo gothique abrite le tombeau de João Lopes Perestrelo. Bien qu'appartenant encore au XVIe siècle manuélin, la nef possède des arcs déjà de style Renaissance avec des motifs décoratifs plus tardifs, notamment des *azulejos* baroques et des sculptures en bois doré rococo.

I.4.c **Couvent de Varatojo**

Lugar do Varatojo, tél. 261 314120. Classé Monument national.
Horaires: de 9:00 à 12:00 et de 15:00 à 18:30.

Autrefois aux abords de Torres, aujourd'hui pratiquement intégré au centre urbain, le couvent de Varatojo fut fondé par le roi Alphonse V – la première pierre fut posée en 1470. Des installations primitives (terminées en quatre ans pour l'essentiel) et de l'époque manuéline subsistent le vestibule, avec son plafond d'*artesonado mudéjar*, et le portail du meilleur gothique international, dans la tradition de Batalha.

Déjà du début du XVIe siècle et certainement construit sous l'égide de Manuel Ier en personne, le cloître gothique tardif est remarquable.

Un des éléments les plus curieux de tout l'ensemble architectural est une fenêtre d'angle à encadrement gothique; cette "fenêtre du roi Alphonse V" est, en réalité déjà caractéristique du manuélin.

Manuel Ier est monté sur le trône de Portugal par un de ces hasards de l'Histoire où l'improbabilité dépasse toute probabilité. Il fut le neuvième fils de Ferdinand, duc de Beja, qui était le frère du roi Alphonse V, et de D.ª Brites, fille de l'infant Jean, et donc également arrière-petite-fille du roi Jean Ier. L'héritier du roi Jean II, le prince Alphonse, est mort dans un accident stupide en tombant de cheval pendant une promenade. Le fils naturel du roi, le prince Jorge, fut éloigné par des intrigues de palais, surtout par la reine D.ª Leonor, veuve de Jean II et elle-même sœur de Manuel. Ses deux frères aînés avaient été tués après avoir comploté contre le monarque, Jean II, leur cousin. Son père aussi était décédé prématurément. Quand Jean II, dit "le prince parfait",

R.C.

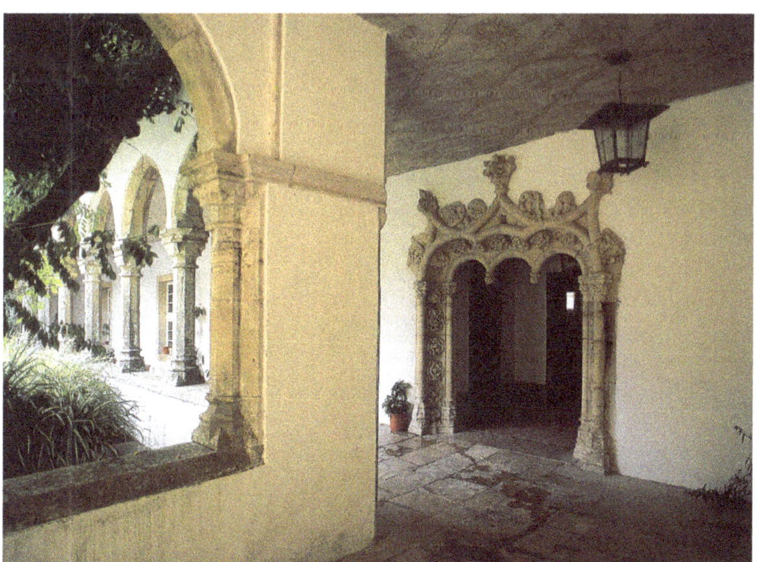

Couvent de Varatojo, cloître et portail, Torres Vedras.

Pedro Dias

décéda en 1495, à l'âge de 45 ans, le jeune duc de Beja, par ailleurs administrateur du puissant ordre du Christ, s'est trouvé en possession de la couronne et du sceptre. Il faut dire qu'il se montra à la hauteur de ces symboles, les honora et leur donna un éclat qu'ils n'avaient jamais eu auparavant et qu'ils n'auraient plus jamais à ce point par la suite.

Il naquit à Alcochete le 31 mai 1469 et mourut à Lisbonne le 13 décembre 1521. Quand son frère Diogo fut exécuté, Manuel devint duc de Beja, seigneur de Viseu, Covilhã et Vila Viçosa, connétable du royaume et gouverneur de la maîtrise de l'ordre du Christ. Il fut acclamé et sacré roi à Alcácer do Sal le 27 octobre 1495.

En 1497, il épousa la veuve du prince Afonso, D.ª Isabelle, la filzle des Rois Catholiques, qui fut déclarée héritière présumée des trônes de León, Castille et Aragon, et qui lui donna un fils, Miguel da Paz, né à Saragosse, mais qui ne survécut que très peu de temps au décès de sa mère. Ensuite, Manuel se remaria en 1500 avec sa belle-sœur, D.ª Maria, qui lui donna une nombreuse descendance, dont l'infant Jean, héritier du trône, futur Jean III. À nouveau veuf en 1517, il se remaria encore, en troisièmes noces, avec D.ª Leonor d'Autriche, une des sœurs de Charles Quint.

Manuel Ier fut l'un des plus remarquables hommes politiques portugais de tous les temps. Il sut s'entourer d'hommes cultivés et entrepreneurs qui le conseillèrent et l'aidèrent dans la grande tâche de modernisation de l'État et dans la réforme des structures administratives, judiciaires et économiques du pays. Il eut l'énorme sagesse de savoir profiter de ses victoires outre-mer pour s'affirmer dans la politique européenne en devenant un partenaire à part entière des autres grandes couronnes du vieux continent.

Il poursuivit la mission de son grand-oncle, Henri le Navigateur, et de son cousin et prédécesseur, le roi Jean II, en développant les activités maritimes et en appuyant sans réserves toutes les expériences dans ce domaine. Pendant son règne, et sous son orientation personnelle, après la découverte de la route maritime vers l'Inde (par Vasco de Gama, en 1498) et la découverte officielle du Brésil (par Pedro Álvares Cabral, en 1500), les Portugais atteignirent la Chine (à partir de 1513) et les confins des Amériques, devenant ainsi la plus grande puissance maritime de l'époque et établissant une thalassocratie comme l'Histoire n'en avait jamais connue et n'en connaîtrait plus jamais.

Manuel Ier fut un mécène des plus enthousiaste et un protecteur des artistes et des hommes de lettres qu'il fit venir de tous horizons dans sa cour et qui laissèrent aux Portugais un patrimoine remarquable.

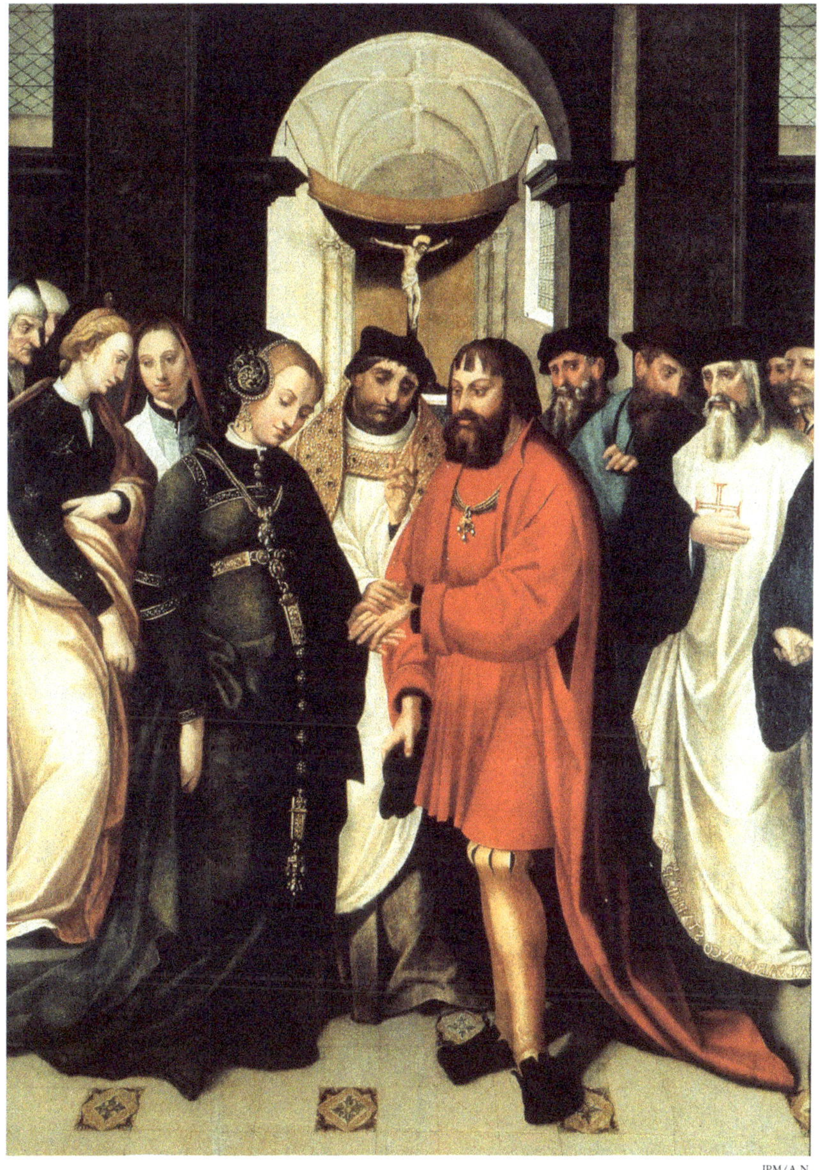

IPM/A.N.

Garcia Fernandes, "Mariage du roi Manuel Ier", huile sur bois, XVIe siècle, musée Saint-Roch, Lisbonne.

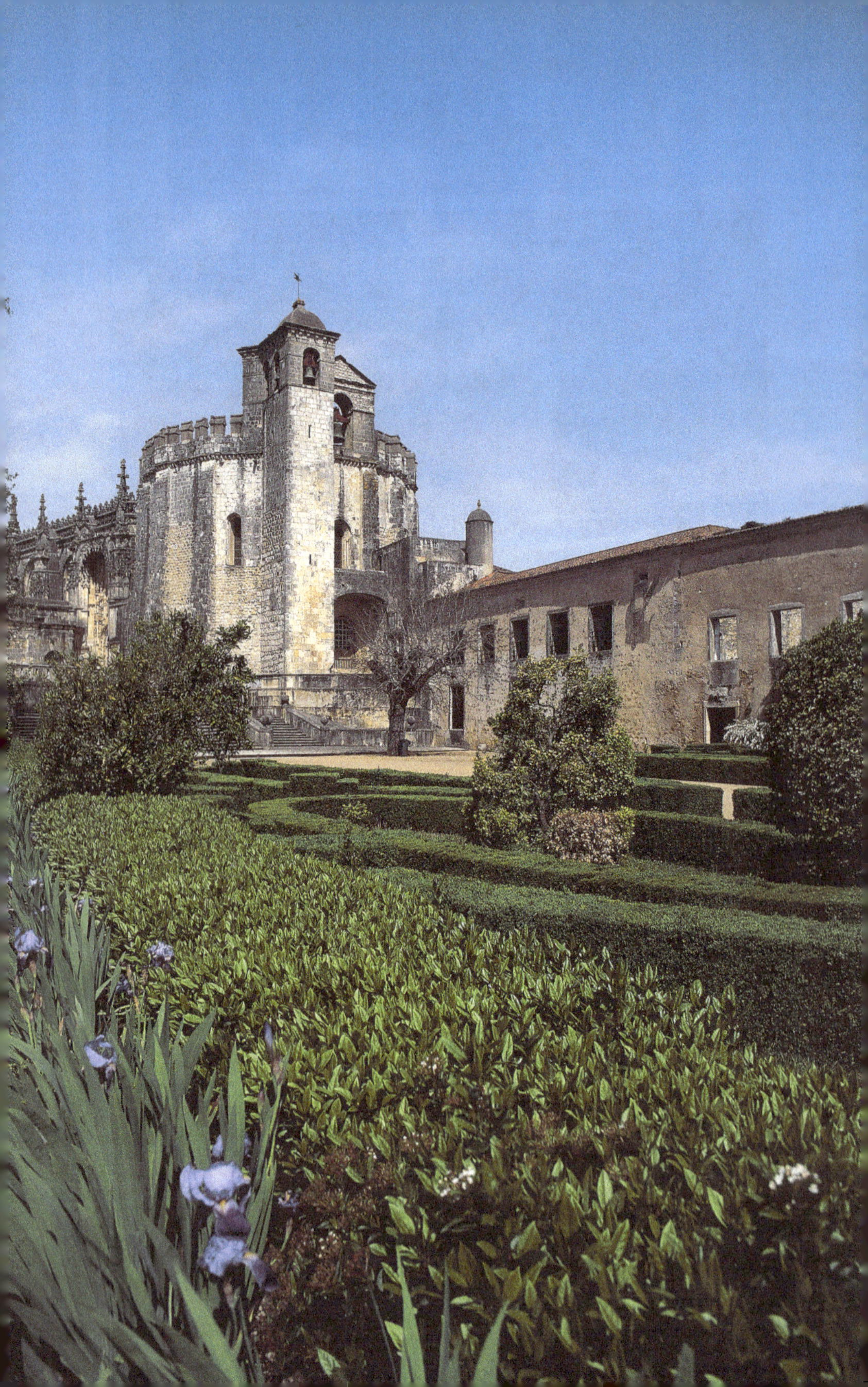

Terres de l'ordre du Christ

**Pedro Dias, Dalila Rodrigues,
Nuno Vassallo e Silva, Fernando Grilo**

Premier jour

II.1 SANTARÉM

II.1.a Église Sainte-Marie de Marvila
II.1.b Musée municipal Saint-Jean d'Alporão
II.1.c Tour des Calebasses (Torre das Cabaças)
II.1.d Église Notre-Dame de la Grâce

II.2 GOLEGÃ

II.2.a Notre-Dame de la Conception, église matriz

II.3 TORRES NOVAS

II.3.a Château

II.4 ATALAIA

II.4.a Notre-Dame de l'Assomption, église matriz

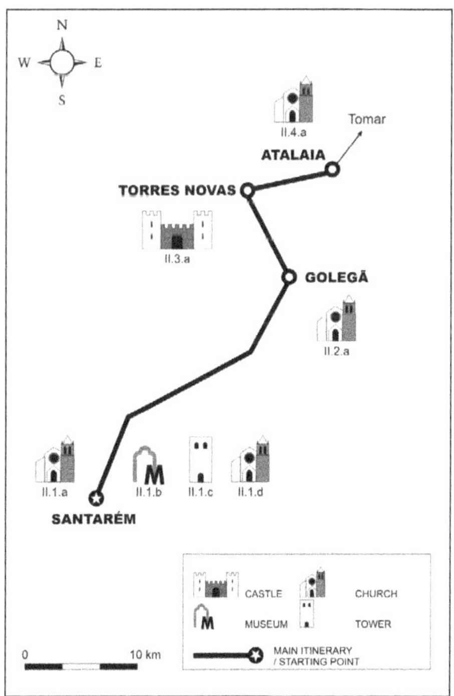

Couvent du Christ, aspect général des édifices médiévaux, Tomar.

L'ordre du Christ fut fondé par le roi Dinis après que le pape eut supprimé l'ordre des Templiers, qui avait beaucoup aidé le Portugal pendant la conquête de son territoire. Avec les biens de cette institution, le roi poète créa juridiquement un nouvel ordre, mais doté des mêmes caractères que celui qui était définitivement disparu du reste de l'Europe.
L'ordre du Christ établit son siège à Tomar où le vieux couvent des Templiers fut enrichi peu à peu. Lorsque l'infant Henri, dit Henri le Navigateur, devint administrateur et gouverneur de l'ordre du Christ, cet établissement se développa encore davantage. On lui confia l'évangélisation de toutes les terres outre-mer et son rôle prit encore de l'importance quand Manuel, duc de Beja, devenu son administrateur, monta sur le trône après la mort de son cousin germain, Jean II.
Aujourd'hui, Tomar reste un lieu mythique où résonnent toujours les histoires fantastiques des souterrains et des fabuleux trésors des Templiers. Mais ses trésors bien réels ne sont point cachés, ils sont même bien visibles dans la dentelle foisonnante de la pierre des portails et des fenêtres, dans l'audace des voûtes, dans la délicatesse des décorations des consoles et des clés de voûte, dans l'excellence des peintures de la *rotonde* des Templiers ou dans les vêtements féeriques et les carnations réalistes des sculptures flamandes de la *rotonde* des chevaliers.
Les époques postérieures à Manuel Ier ajoutèrent à la splendeur du couvent du Christ des témoignages très remarquables de l'architecture de la Renaissance et du maniérisme.
Par ailleurs, l'ordre des Chevaliers de Notre Seigneur Jésus-Christ possédait des terres et des églises dans les environs et, même quand les édifices n'étaient pas sous son patronage direct, les artistes et les artisans qui travaillaient en haut de la colline fortifiée (où se trouve le couvent) y exerçaient une grande influence. C'est pour cela que, au milieu des vignes et des fermes qui appartinrent aux Chevaliers, leur souvenir est encore bien vivant de nos jours. Il s'agit d'un territoire très étendu qui se prolonge jusqu'aux rives du Tage, jusqu'aux terres avoisinant la ville de Santarém qui, grâce aux vestiges monumentaux qu'elle conserve, est justement considérée comme la capitale du gothique portugais. C'est par cette ville plusieurs fois centenaire que nous allons commencer.

II.1 SANTARÉM

Santarém est aujourd'hui un important centre d'activités économiques liées à l'agriculture, à l'élevage et aux industries agroalimentaires. Autrefois, son importance était tout autre, puisque la ville était à la tête d'une vaste région frontalière entre l'intérieur et le littoral; barrière naturelle contre les assauts venus de la mer, c'était aussi la clé de la circulation entre le Nord chrétien et le Sud islamique.
Cet emplacement privilégié et la bonne navigabilité du Tage en firent, depuis l'époque des Romains et des Arabes, la deuxième ville du pays après Lisbonne; elle garda ce rang pendant presque tout le Moyen Âge. La Scallabis romaine, fondée par Junius Brutus en 138 avant J.-C., était un très puissant *oppidum*; elle fut le siège d'un *conventus*; plus tard, la Xantarim arabe, riche et très peuplée, résista jusqu'au 15 mars 1147, date de

la prise de la ville par les armées du premier roi de Portugal. Cependant, elle s'était déjà trouvée sous domination chrétienne entre 1093 et 1110.

Pendant le XVIe siècle, Santarém se développa encore davantage, surtout avec l'apparition des industries textiles et l'importance non négligeable de la proximité des palais royaux d'Almeirim et de Salvaterra. En 1537, la ville était la quatrième agglomération portugaise avec plus de 13 000 habitants. L'époque maniériste, fin du XVIe siècle et première moitié du siècle suivant, fut très fertile grâce aux commandes de la Compagnie de Jésus et au mécénat de la noblesse et de la cour, qui ne diminuèrent sensiblement que vers le milieu du XVIIIe siècle.

Malheureusement, cette richesse patrimoniale fut profondément affectée en 1835 à la suite de l'extinction des ordres religieux, mais, malgré les désordres de ce temps-là, ce qui reste des XIVe, XVe et XVIe siècles demeure considérable; on peut y apercevoir aussi les témoignages d'un orgueilleux passé arabe et de la permanence mozarabe.

Tous les sites proposés se trouvent dans le centre historique de Santarém. La visite pourra être effectuée confortablement à pied, étant donné que les distances à parcourir sont courtes.

II.1.a **Église Sainte-Marie de Marvila**

Largo de Marvila. Classée Monument national. Renseignements: Département de la culture de la mairie de Santarém, tél. 243 304400/4. Horaires: le mardi, le mercredi, le samedi et le dimanche de 9:30 à 12:30 et de 14:00 à 17:30; le jeudi et le vendredi de 10:00 à 12:30 et de 14:00 à 17:30. Fermée le lundi.

L'église de Marvila fut une des premières construites à Santarém, tout de suite après la conquête de la ville par Alphonse Ier en 1147. Nous ignorons tout de cette église primitive car ses structures furent entièrement détruites lors de la construction du nouveau sanctuaire à l'époque du roi Manuel Ier. De cette église restent le chtevet et le beau portail, puisque la nef est le fruit de nouveaux travaux, certainement consécutifs à la destruction provoquée par le tremblement de terre de 1531.

La décoration du portail est d'un naturalisme exubérant, avec l'inclusion d'éléments architecturaux dans un style très proche de celui qui était pratiqué dans les chantiers du monastère de Batalha. À l'intérieur, on doit remar-

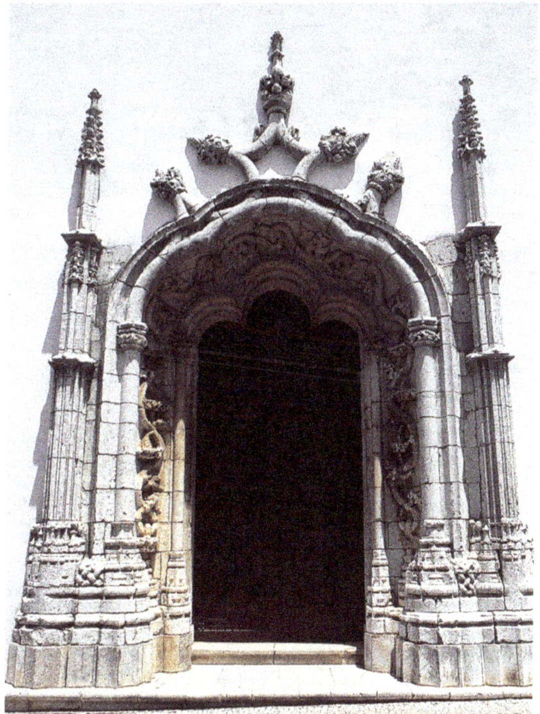

Église Sainte-Marie de Marvila, portail, Santarém.

M.A.

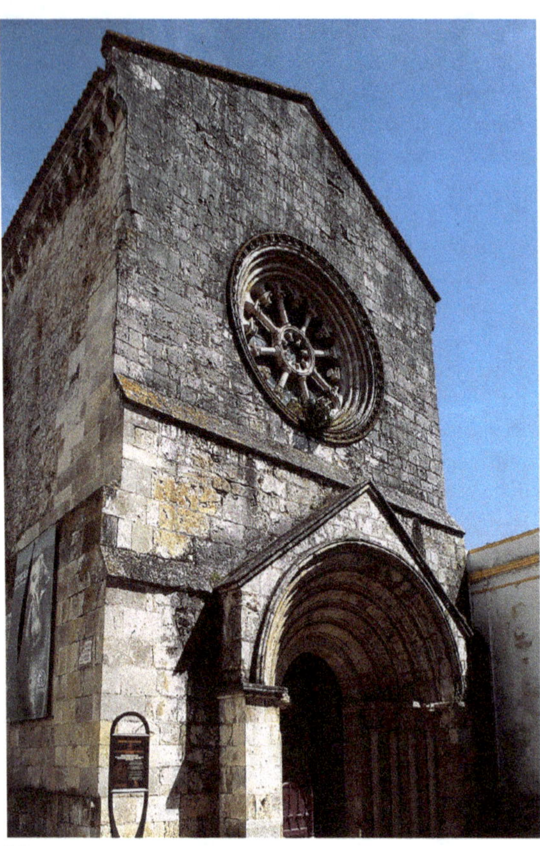

R.C.

Église Saint-Jean d'Alporão, Santarém.

quer l'*arc triomphal* du chœur et les voûtes d'un gothique tardif de ce même chœur, ainsi que des chapelles latérales. Il ne faut pas oublier de noter les très belles arcades longitudinales des nefs, d'un impeccable style Renaissance de la première époque, ainsi que le revêtement d'*azulejos* du XVIIe siècle, provenant des meilleurs ateliers de Lisbonne.

II.1.b Musée municipal Saint-Jean d'Alporão

Installé dans l'église Saint-Jean d'Alporão dans le Largo Zeferino Sarmento. Classé Monument national. Renseignements: tél. 243 304400.

Entrée payante. Horaires: le mardi, le mercredi, le samedi et le dimanche de 9:30 à 12:30 et de 14:00 à 17:30; le jeudi et le vendredi de 10:00 à 12:30 et de 14:00 à 17:30. Fermé le lundi.

L'église Saint-Jean d'Alporão vient de l'époque romane, qui est celle du début de la construction de l'édifice que l'on peut voir aujourd'hui. Appartiennent sûrement à cette époque les bases des murs latéraux et la partie inférieure de la façade principale dans laquelle on plaça plus tard un des premiers portails gothiques portugais, avec un *gâble*. Les réformes de l'époque manuéline furent entièrement détruites et il ne reste plus rien de ce temps-là.

L'église est également intéressante par ce qu'elle contient, étant donné qu'elle est utilisée comme musée lapidaire ou archéologique. On y apporta des éléments d'édifices détruits ou désaffectés, en particulier le tombeau de D. Duarte de Meneses, commandant de la place nord-africaine d'Alcácer-Ceguer, et les tombeaux, également du XVe siècle, de João et Martim Docem. On y conserve des chapiteaux arabes, gothiques et manuélins, ainsi que des chapiteaux génois importés au début du XVIe siècle; il y a aussi beaucoup d'éléments dépareillés, représentatifs du meilleur manuélin naturaliste.

II.1.c Tour des Calebasses (Torre das Cabaças)

Avenida 5 de Outubro.

Entrée payante. Horaires: tous les jours de 9:30 à 12:30 et de 14:00 à 17:30, sauf le lundi et les jours fériés nationaux.

Située à côté de l'église médiévale de Saint-Jean d'Alporão, la tour des Calebasses fut construite au XIVe siècle et le sénat de la mairie y plaça un cadran solaire. Elle mesure 22 m de hauteur, mais il est plus que probable qu'une autre tour avait déjà été érigée au même endroit, qui appartenait à la muraille de l'époque du premier roi de Portugal et qui fut remployée en tout ou en partie. Ce qui est assuré, c'est que la nouvelle tour était sur pied en 1462, car il en existe des références très explicites dans certains documents. Mais nous pensons pouvoir accepter l'hypothèse d'une réforme intervenue à l'époque manuéline, et c'est de là que vient la confusion apparue chez des auteurs anciens, qui ne datent la première construction que du début du XVIe siècle.

De plan quadrangulaire, elle est couronnée d'une armature en fer conçue pour recevoir huit récipients en terre cuite en forme de calebasse qui amplifiaient le son de la cloche.

Si vous disposez de quelques minutes, marchez jusqu'aux Portas do Sol en suivant la signalisation. Traversez le jardin et du haut des murailles vous pourrez jouir d'une vue surprenante sur le Tage et la vaste plaine alluviale du Ribatejo.

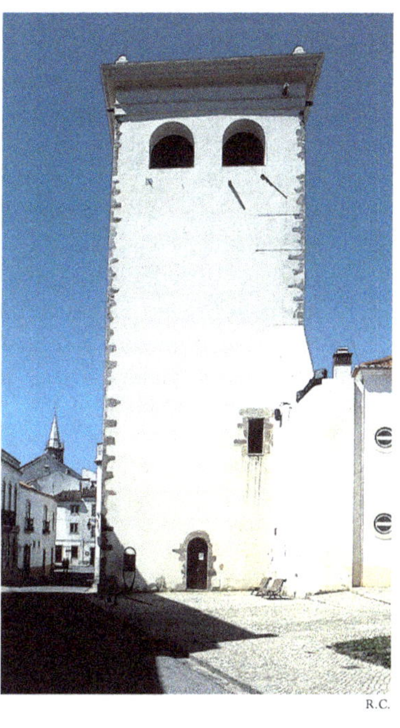

R.C.

Tour des Calebasses, Santarém.

II.1.d **Église Notre-Dame de la Grâce**

Largo Pedro Alvares Cabral, également connu sous le nom de Largo da Graça, tél. 243304400/4. Classée Monument national.

Horaires: le mardi, le mercredi, le samedi et le dimanche de 9:30 à 12:30 et de 14:00 à 17:30; le jeudi et le vendredi de 10:00 à 12:30 et de 14:00 à 17:30. Fermée le lundi.

L'église Nossa Senhora da Graça est intéressante non seulement pour son architecture gothique, bien caractéristique des XIVe et XVe siècles (notamment sa façade en gothique flamboyant), mais aussi pour les tombeaux qu'elle contient. C'est ici que se trouve le grand *enfeu* de D. Pedro de

Église Notre-Dame de la Grâce, perspective axionométrique, Santarém, Catálogo da XVII Exposição de Arte, Ciência e Cultura, "Os Descobrimentos Portugueses e a Europa do Renascimento", Lisbonne, 1983.

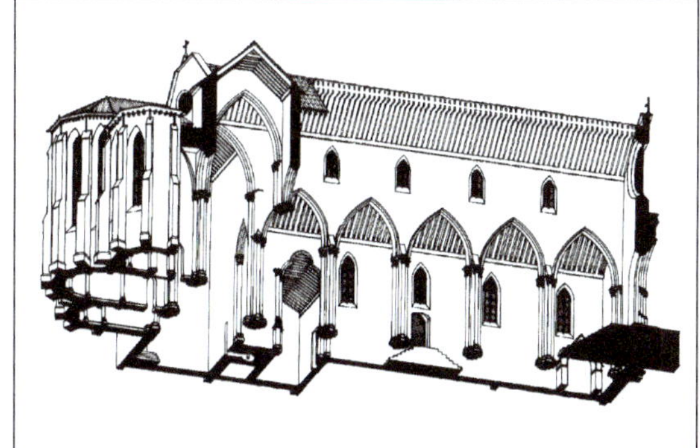

Meneses, premier commandant et gouverneur de Ceuta, ainsi que la tombe au sol de Pedro Álvares Cabral, le commandant de la flotte qui découvrit officiellement le Brésil en 1500, donnant ainsi naissance à la phase historique de cette terre sud-américaine et donc à la formation de la nation brésilienne.
On remarquera l'architecture dépouillée de l'intérieur de l'église, très nettement influencée par l'art du monastère de Batalha et de son premier maître architecte, le Portugais Afonso Domingues.
Pour Golegã, suivez la route N 365 en direction de Alcanhões / Val de Figueira / Pombalinho / Azinhaga jusqu'à Golegã (32 km).

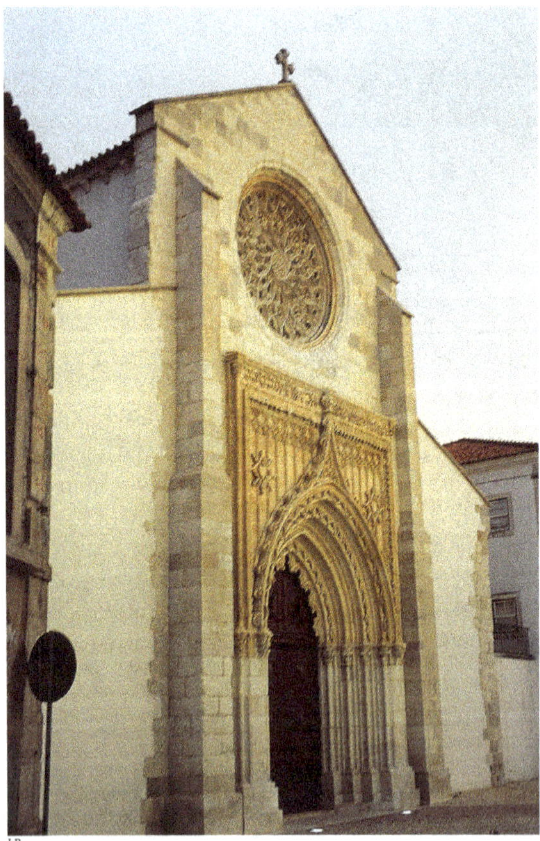

Église Notre-Dame de la Grâce, façade, Santarém.

J.B.

II.2 GOLEGÃ

II.2.a Notre-Dame de la Conception, église matriz

Largo da Imaculada Conceição. Classée Monument national. Renseignements: Casa Paroquial (maison paroissiale) da Golegã, tél. 249976193.
Horaires: tous les jours de 8:30 à 17:00. Le service religieux a lieu le mardi et le jeudi à 19:00, le samedi à 19:30 et le dimanche à 12:00.

La ville de Golegã fut, depuis les temps les plus reculés, un point de passage obligatoire de la circulation à l'intérieur de la province du Ribatejo. C'est ainsi qu'elle se développa, et qu'elle avait déjà acquis une certaine importance à l'époque du roi Manuel Ier. C'est aujourd'hui une ville célèbre pour ses activités liées aux chevaux et aux taureaux. Son monument le plus remarquable est l'église Notre-Dame de la Conception, l'église *matriz* de la ville, une sorte de paradigme de ce qu'étaient les églises manuélines de taille moyenne. Nous n'avons pas de documents sur son architecte ni sur ses bâtisseurs, mais l'édifice parle de lui-même et s'intègre clairement dans l'art des adjonctions manuélines de Mateus Fernandes et de Boytac au monastère de Batalha, au début du XVIe siècle.
La façade, le corps de l'église à trois nefs et le chevet sont conservés dans leur totalité, ce qui est rare, même s'ils sont décorés avec des œuvres de l'époque baroque, notamment le magnifique lambris d'*azulejos*.
Le portail est d'un naturalisme riche et puissant, avec des piliers torsadés, des *phylactères* et les inévitables allusions symboliques à Manuel Ier (concrètement, ici, la croix de l'ordre du Christ). À l'intérieur, on remarque les arcades des nefs, avec des piliers très simples et dépouillés, et le

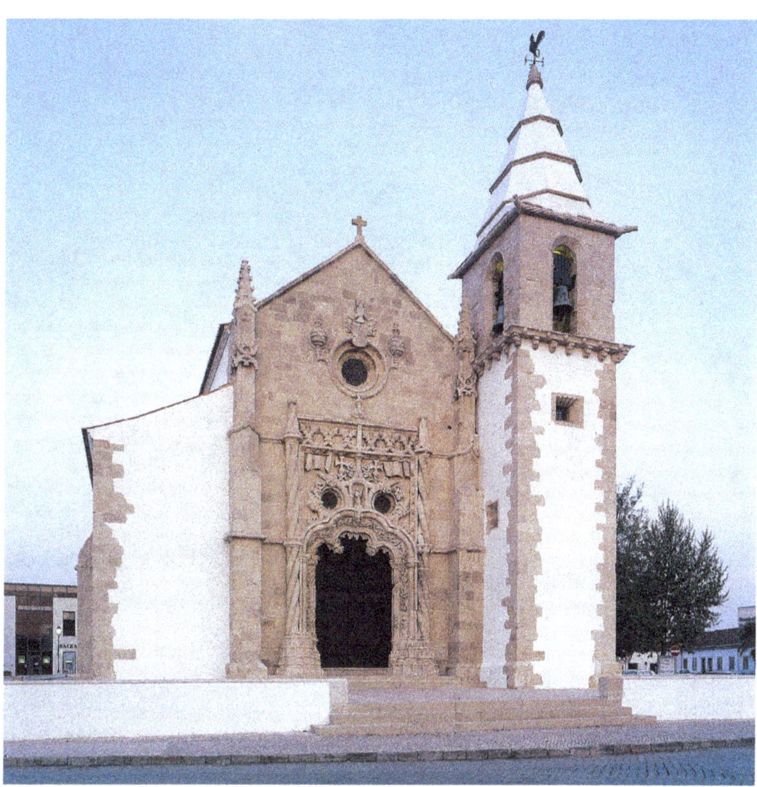

Église Notre-Dame de la Conception, façade principale, Golegã.

R.C.

chœur surmonté d'une voûte à nervures très bien conçue. Sur une console fut placée une sculpture de la *Vierge à l'Enfant* provenant des ateliers manuélins de Coimbra.

Pour Torres Novas, vous devez reprendre la route N 365. Continuez par la route N 243 en direction de Riachos et par la N 3 jusqu'à Torres Novas (10 km).

II.3 TORRES NOVAS

II.3.a Château

On accède au château par la Rua do Conde de Torres Novas. Classé Monument national. Renseignements: mairie, tél. 249 839430.

Horaires: tous les jours de 9:00 à 17:00.

Dans le cadre de ce circuit, le principal point d'intérêt de la ville de Torres Novas est son château, qui fut d'abord une défense arabe avant d'être conquis par Alphonse Ier. Au cours des siècles suivants, il connut plusieurs travaux d'extension et de modernisation, dont l'élargissement de la muraille extérieure et la construction de nouveaux murs et de tours. Ce que l'on peut voir aujourd'hui était à peu près dans le même état à l'époque manuéline, quand il bénéficia des dernières grandes réformes. Il domine la ville qui se développa derrière la citadelle et qui atteignit les zones plus basses où elle s'étendit par la suite.

Château, vue générale de la muraille et des tours, Torres Novas.

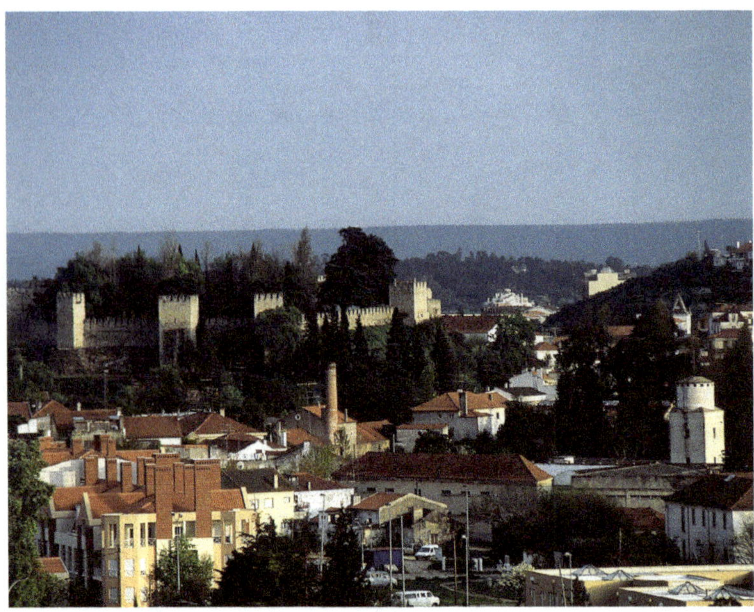

R.C.

Toutes les constructions tardomédiévales de Torres Novas furent remplacées par d'autres plus modernes, et on conserva uniquement une partie de l'ancienne chapelle Saint-Georges, incluse actuellement dans l'église Saint-Sauveur, la première à être fondée, encore au XIIe siècle, et quelques arcs dans l'église Saint-Pierre.

Vous devez suivre la route N 3 jusqu'à Entroncamento. Continuez par la route IC 3 jusqu'à Atalaia.

II.4 ATALAIA

II.4.a Notre-Dame de l'Assomption, église matriz

Rua Patriarca D. José. Classée Monument national.
Horaires: l'église est ouverte pour la célébration des services religieux tous les jours à 15:00 et le dimanche à 9:15. Pour la visite, il faut réserver en contactant Mme Silviana Vital au 249 710201.

D'après toutes les indications, la construction de l'actuelle église *matriz* d'Atalaia fut commanditée par D. Pedro de Meneses, seigneur de Cantanhede et de Tancos; on voit ses armoiries sur une des clés de la voûte de l'intérieur. La date du milieu des travaux, 1528, apparaît gravée sur un des pilastres qui encadrent le chœur.

Elle a une seule nef avec un chevet voûté, comme il était courant dans l'architecture manuéline, dans un style très proche de celui du couvent du Christ à Tomar, et que nous pouvons attribuer à Juan del Castillo ou à l'un de ses auxiliaires, entre 1520 et 1530.

Le portail, qui est la première œuvre de la main de Jean de Rouen au Portugal au XVIe siècle, frappe par ses qualités plastiques et par la présentation d'un ensemble de solutions de composition

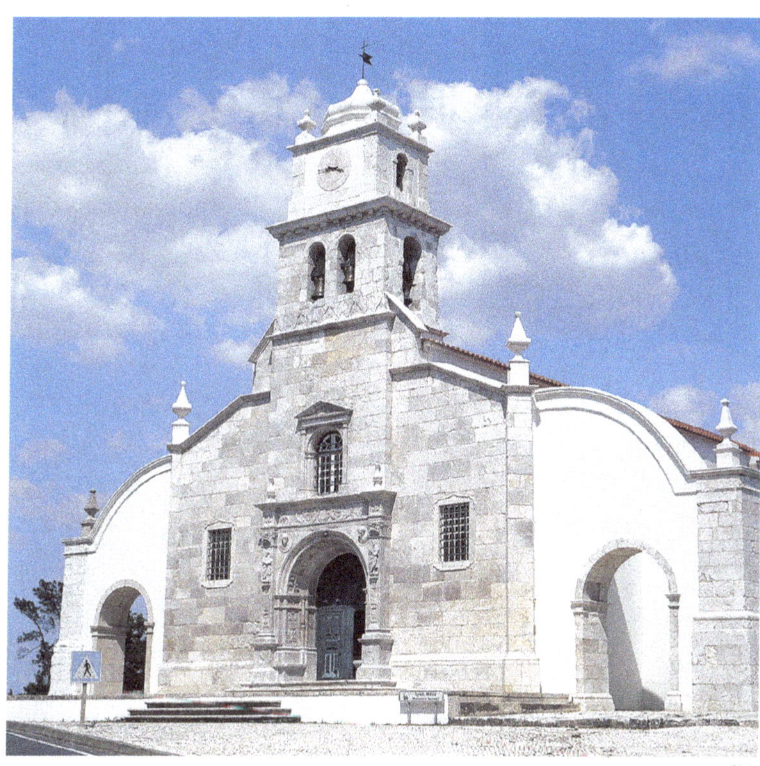

Église Notre-Dame de l'Assomption, façade renaissante, Atalaia.

M.A.

qui furent une constante de cet artiste par la suite. L'arc en plein cintre est décoré de caissons d'où se détachent les figures en relief de saint Pierre et de saint Paul.

Il faut souligner également la maîtrise stylistique et technique de la décoration à la manière italienne, et la qualité remarquable des bustes en relief, inscrits dans un encadrement circulaire, qui témoignent du talent plastique du sculpteur, bien évident dans des œuvres postérieures, comme le retable de Notre-Dame de Varziela, réalisé pour le même commanditaire.

Pour aller à Tomar, terminez le tronçon de la route IC 3 jusqu'à Asseiceira et reprenez la route N 110 en direction de Tomar.

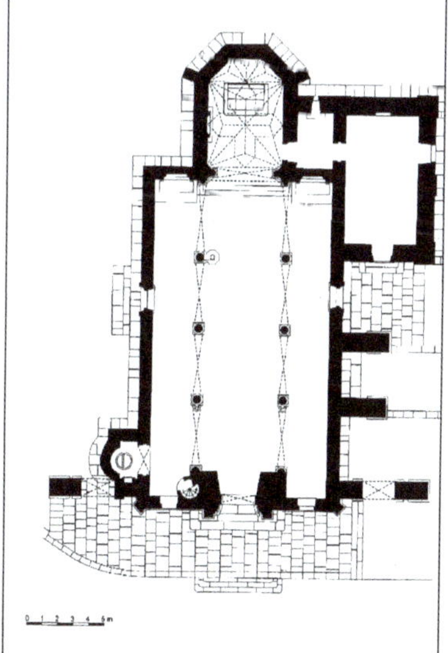

Église Notre-Dame de l'Assomption, plan, Atalaia, Boletim da Direcção-Geral dos Edifícios e Monumentos Nacionais, n° 24, Lisbonne, 1941.

Terres de l'ordre du Christ

Deuxième jour

Pedro Dias, Dalila Rodrigues, Nuno Vassallo e Silva, Fernando Grilo

II.5 TOMAR

II.5.a Noyau urbain ancien
II.5.b Saint-Jean-Baptiste, église matriz
II.5.c Chapelle Saint-Grégoire
II.5.d Synagogue
II.5.e Arcs des Estaus
II.5.f Couvent du Christ

II.6 DORNES (option)

II.6.a Tour

L'ordre du Christ et les Découvertes

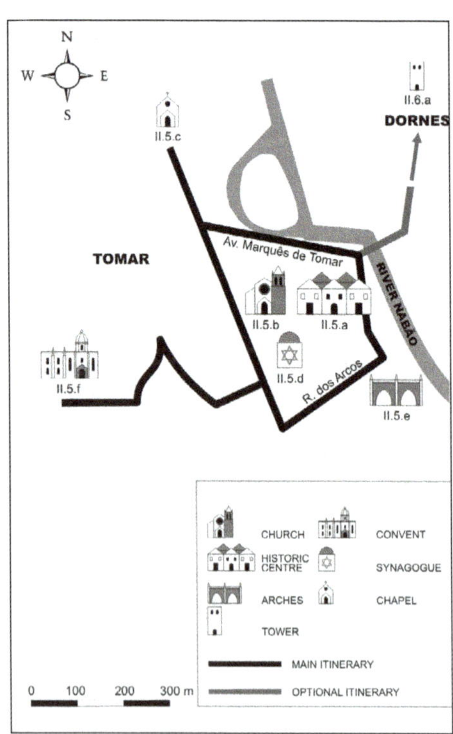

II.5 **TOMAR**

Office de tourisme, tél. 249 322427.

L'origine de Tomar en tant qu'importante ville romaine est attestée non seulement par les renseignements de l'*Itinérair ed'Antonin*, du IIIe siècle, mais aussi par de nombreuses fouilles archéologiques. C'était d'abord Sellium, une structure pré-urbaine située en pleine route impériale qui reliait Olissipo à Bracara Augusta, c'est-à-dire Lisbonne à Braga, et elles'intégrait dans le *Conventus scallabitanus*. La tradition préféra le nom de Nabância. Elle fut occupée vers 570 par les Suèves et peu après par les Wisigoths. La conquête arabe eut probablement lieu vers 716. Il faut attendre ensuite la conquête, après 1147, par Alphonse Ier pour que la ville prenne une importance qui s'accentua après l'arrivée des Templiers. Gualdim Paes s'installa, en effet, en haut de la colline qui domine la ville, où se trouve aujourd'hui le couvent du Christ. L'ordre du Christ prit la place de celui des Templiers en 1319, en gardant tous ses biens.

Ces institutions donnèrent vie à la petite ville qui s'agrandit dans sa partie basse, près de la rivière, le Nabão. Elle forma, pendant le XVe siècle, un noyau urbain organisé de façon assez régulière entre la berge et la base de la colline du château. C'est là que les moines s'installèrent, ayant très souvent en ville une maison en propre, au milieu des serviteurs, des classes laborieuses et d'une importante communauté juive. Ce ne fut qu'après la nouvelle réforme de l'ordre du Christ, en 1529, que les frères-chevaliers durent obligatoirement habiter le couvent; dès lors, la ville fut presque exclusivement

M.A.

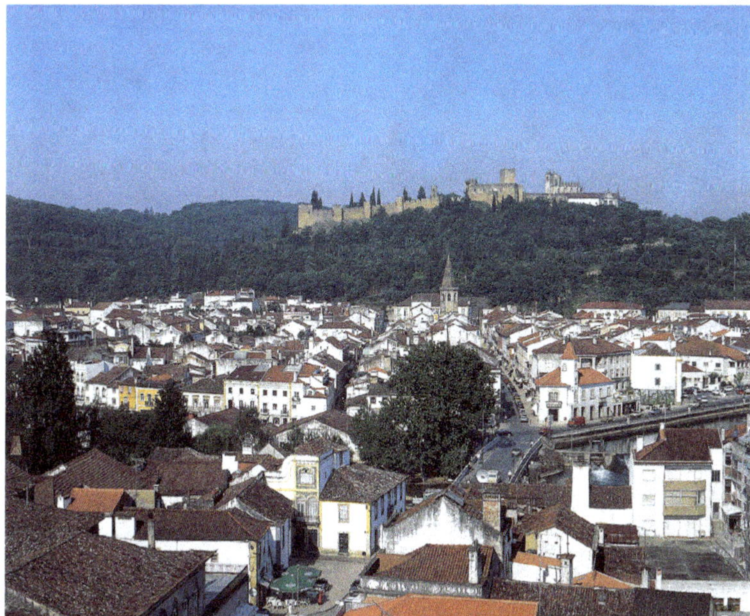

Vue générale du centre historique de Tomar.

peuplée de laïcs. Le couvent du Christ marqua cependant de son empreinte, et pour toujours, la physionomie de Tomar.

Il est recommandé de laisser la voiture dans un des parcs de stationnement qui entourent le noyau urbain ancien et d'effectuer la visite de Tomar à pied. Pour sa proximité, nous suggérons le parc derrière la mairie, auquel on accède par la Praceta do Infante D. Henrique ou, en partant du Largo do Pelourinho, par la Rua do Doutor Sousa (ancienne Rua do Pé da Costa de Baixo). Tout est indiqué. On peut se rendre au couvent du Christ en voiture.

Centre historique de Tomar.

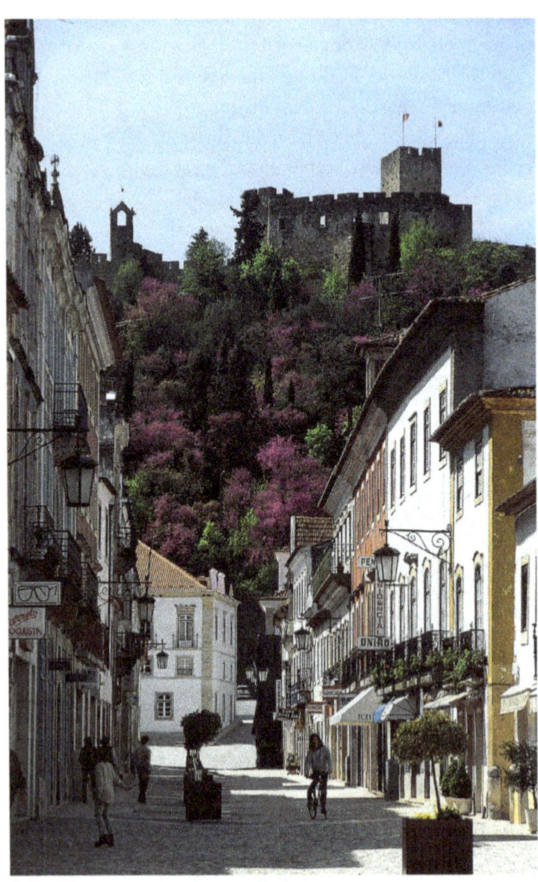

R.C.

II.5.a **Noyau urbain ancien**

La ville de Tomar conserve, entre la colline du vieux château des Templiers et la berge de la rivière Nabão, un réseau viaire hérité du Moyen Âge. Ce qui nous intéresse, ce sont surtout les installations créées sous l'égide de l'infant Henri le Navigateur à partir de 1420, comme les Paços da Ribeira (palais du bord de la rivière), les Estaus, le pont sur la rivière, les savonneries, les celliers et l'hôpital. Les maisons des serviteurs de l'ordre et celles des travailleurs des industries et des commerçants poussèrent à l'intérieur de ce tracé serré, mais régulier, ponctué par des chapelles et par l'église Saint-Jean-Baptiste, ainsi que par une importante synagogue que l'on peut encore admirer de nos jours. Ce n'est qu'au XVIe siècle que Tomar est sortie des limites qui étaient les siennes du temps de l'infant Henri pour commencer à s'étendre vers les plaines cultivées ainsi que vers l'autre rive.

L'époque manuéline fut à nouveau une période de progrès, avec la construction des *Casas da Câmara* (maisons de la mairie) sur la Praça de São João, qui avalèrent les vieilles échoppes de la place du marché. On y ajouta un nouveau pilori et un hôpital de la Miséricorde bien équipé. En 1504 apparurent des pressoirs et des moulins et, peu après, des fonderies pour la fabrication d'armes.

II.5.b **Saint-Jean-Baptiste, église matriz**

Praça da República, dans le noyau urbain ancien, tél. 249 312611. Classée Monument national. Horaires: de 9:00 à 12:00 et de 15:00 à 18:30, sauf le jeudi, le vendredi et le samedi, où elle ferme à 19:30.

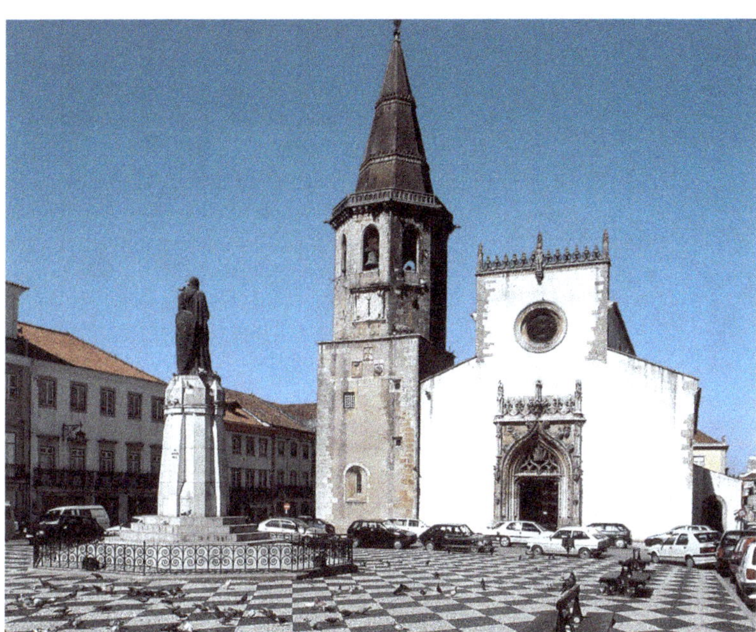

Saint-Jean-Baptiste, église matriz, façade principale, Tomar.

R.C.

L'église Saint-Jean-Baptiste est l'une des plus anciennes de Tomar, bien qu'elle ait été complètement reconstruite au début du XVIe siècle (le portail central était terminé en 1510). On peut l'intégrer dans le style manuélin flamboyant, érudit, ayant des liens avec l'art du monastère de Batalha de la seconde moitié du XVe siècle. Le portail central est du meilleur gothique flamboyant portugais, de même que le portail de gauche. À l'intérieur, on remarquera les arcades bien conçues qui séparent les nefs, la chaire, flamboyante elle aussi, un des rares exemples de ce type au Portugal, et le chœur avec une voûte d'ogives croisées. De l'ancien retable du maître-autel, peint par Gregório Lopes, très probablement après qu'il eut achevé les travaux de la *rotonde* des Templiers du couvent du Christ, et datable de 1538 environ, nous sont par-

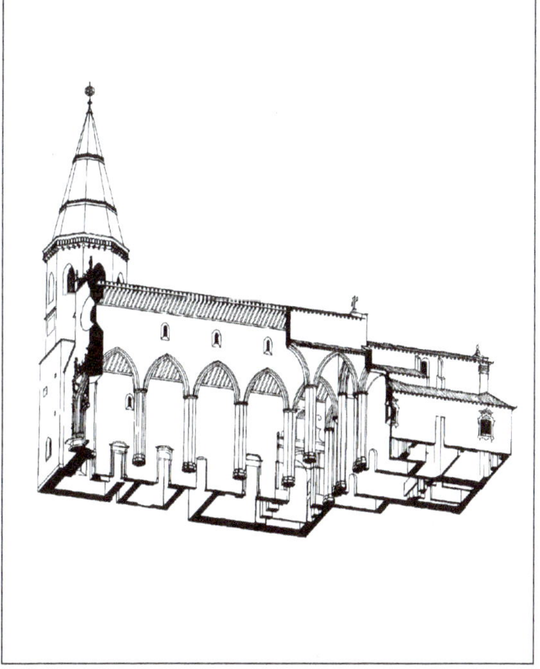

Saint-Jean-Baptiste, église matriz de Tomar, perspective axionométrique, Catálogo da XVII Exposição de Arte, Ciência e Cultura "Os Descobrimentos Portugueses e a Europa do Renascimento", Lisbonne, 1983.

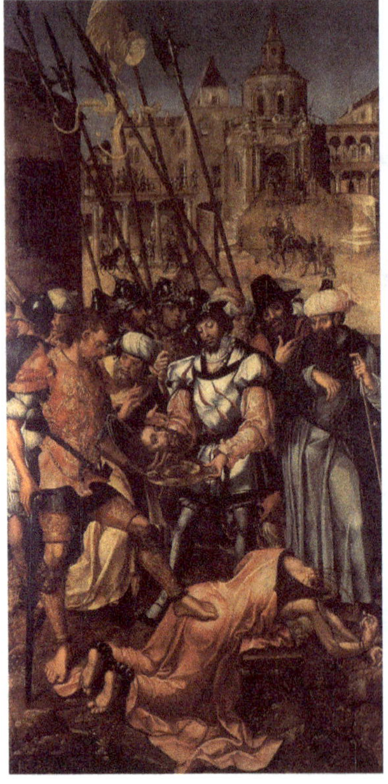

Gregório Lopes, "Décollation de saint Jean-Baptiste", XVIe siècle, église Saint-Jean-Baptiste, Tomar.

IPM/M.P.

venus six tableaux qui sont actuellement disposés sur les murs latéraux de l'église. Trois d'entre eux, représentant des thèmes eucharistiques, se trouvent à gauche: la *Messe de saint Grégoire*, la *Dernière Cène* et *Abraham et Melchisédech*. À droite on trouve la *Récolte de la manne* qui est un autre thème eucharistique, et deux thèmes allusifs au martyre de saint Jean-Baptiste, la *Décollation* et la *Présentation de la tête à Hérode*.

C'est dans la *Dernière Cène*, remarquable par d'extraordinaires jeux de lumière et de couleurs obtenus par une palette d'un vibrant coloris, que Gregório Lopes arrive à produire les meilleurs effets. L'ambiance du palais et de la cour de l'époque est bien reproduite dans la *Présentation de la tête de saint Jean-Baptiste*, soit à travers les figures dans des poses et des gestes galants (voir les amusants pages du premier plan), soit par les décors, les parures et les ornements. Les architectures de la Renaissance, caractéristiques de l'œuvre de Gregório Lopes, prestigieux peintre royal et chevalier de l'ordre de Santiago, apparaissent également dans ce précieux ensemble de peintures.

II.5.c **Chapelle Saint-Grégoire**

Sur la route de Prado, à côté d'un complexe hôtelier. Classée Édifice d'intérêt public. Au cas où la chapelle serait fermée, on peut demander une visite en contactant l'Office de tourisme au 249 322427.

Dans la petite *várzea* (plaine cultivée) se trouve la plus intéressante des nombreuses chapelles de la ville, la seule qui conserve, pour l'essentiel, la structure manuéline, son corps octogonal voûté

R.C.

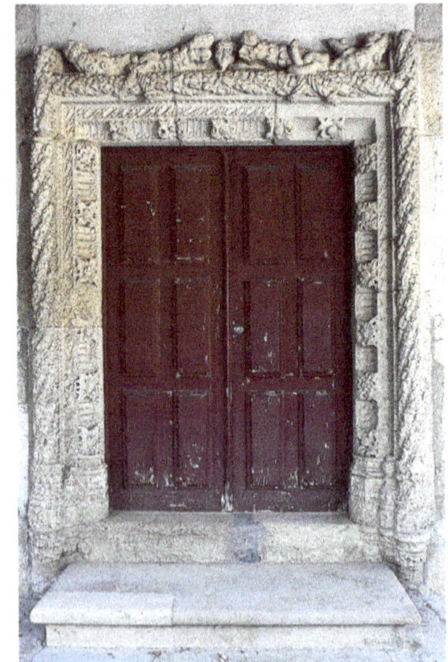

Chapelle Saint-Grégoire, portail, Tomar.

et le très beau portail naturaliste à branchages et feuillages. Elle est consacrée à saint Grégoire et fut plus tard dotée d'un nouveau (ou du moins remanié) porche extérieur déjà d'un goût classique au maniérisme dépouillé.

II.5.d **Synagogue**

Rua Doutor Joaquim Jacinto, également dans le noyau urbain ancien. Classée Monument national. Renseignements: Office de tourisme, tél. 249 322427.
Horaires: tous les jours de 10:00 à 13:00 et de 14:00 à 18:00.

Comme on l'a évoqué plus haut, la communauté juive fut très importante à Tomar, où elle se concentra dans la Rua Nova et dans les rues environnantes, où se trouve la synagogue, avec sa structure intacte, et dont les annexes ont fait l'objet de récentes fouilles archéologiques. Après les persécutions du roi Manuel Ier, l'édifice fut réquisitionné et passa à un usage différent. Il semble qu'il ait d'abord été transformé en prison, ensuite en chapelle et même en un des celliers de la ville.
L'édifice présente un plan presque carré de 9,30 x 8 m, et une voûte d'arêtes en brique, portée par d'élégants piliers à chapiteaux décorés, tout comme les consoles latérales. Le tout rappelle l'art des maîtres d'œuvre du monastère de Batalha et présente une affinité évidente avec la crypte de l'église collégiale d'Ourém. On peut la dater de 1460 environ. Le sol est aujourd'hui plus bas que celui de la rue, à cause de la surélévation de celle-ci. À l'intérieur, on remarque le système acoustique avec, dans les coins, des alvéoles où l'on posait des cruches qui augmentaient le

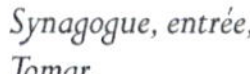

Synagogue, entrée, Tomar.

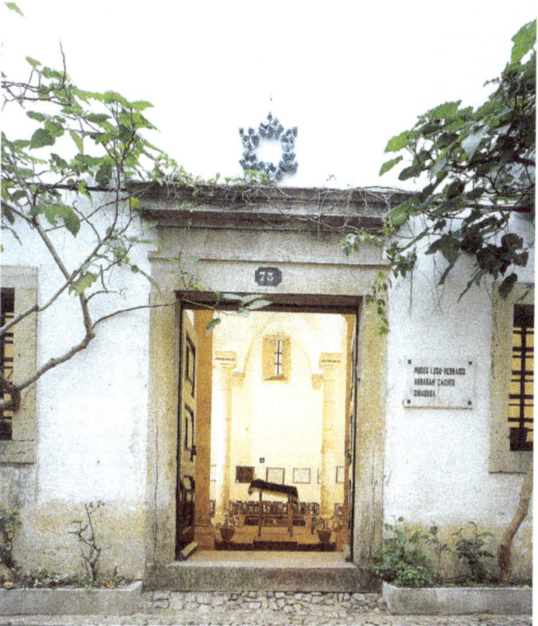

R.C.

Synagogue, intérieur, Tomar.

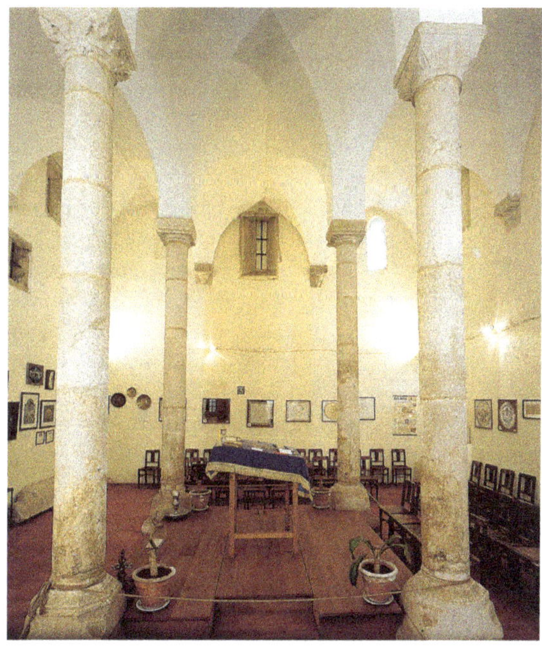

R.C.

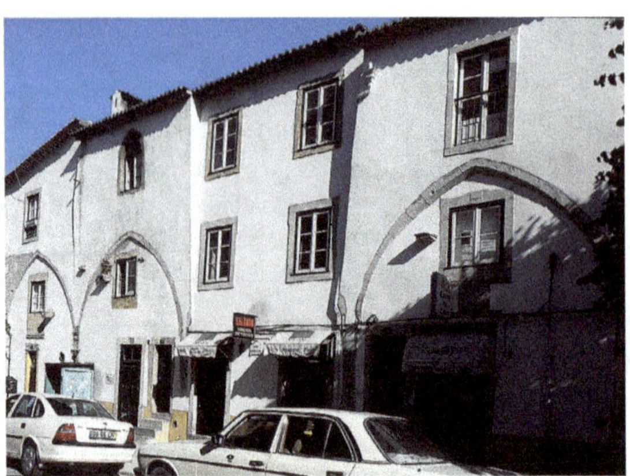

R.C.
Arcs des Estaus, Tomar.

son et lui donnaient une plus grande résonance. La synagogue est éclairée par d'élégantes fentes dans les murs sud et nord, bien dessinées et surmontées d'un *arc en accolade*.

II.5.e **Arcs des Estaus**

Dans la Rua dos Arcos, on voit cinq grands arcs complets et, incorporés dans les maisons de la Rua Torres Pinheiro, trois autres sont visibles. Dans la Rua dos Arcos, et au-dessus du deuxième arc, on peut encore voir une fenêtre ogivale. Classés Édifice d'intérêt public.

La Rua dos Estaus était la principale voie de Tomar à la fin du Moyen Âge. Tout près de la rivière, on peut encore voir les puissants arcs en ogive de cette construction commandée par l'infant Henri le Navigateur. La bâtisse était destinée à accueillir les visiteurs qui arrivaient en ville, en particulier ceux qui étaient accompagnés par des valets et par un corps de garde militaire, pour leur éviter d'avoir à loger dans les maisons populaires. L'arrivée de gens de l'extérieur était surtout notable pendant la foire franche instituée par ce même prince en 1420. Ce qui reste de la construction, tout en étant très sobre, est de haut niveau et permet de reconstituer virtuellement tout l'ensemble édifié, tout à fait considérable pour l'époque.

II.5.f **Couvent du Christ**

Il est situé en haut de la colline qui domine Tomar. Il est bien signalé. Tél.: 249 315089. Classé Monument national depuis 1907 et inscrit à l'inventaire du Patrimoine mondial de l'Unesco depuis 1983. Les photographies sans flash sont autorisées. Entrée payante. Horaires: de 9:00 à 17:30 et, de juin à septembre, de 9:00 à 18:30. Dernière entrée trente minutes avant la fermeture. Fermé le 1er janvier, le Vendredi saint, le dimanche de Pâques, le 1er mai et le 25 décembre.

L'origine du couvent du Christ remonte à la fin du XIIe siècle quand les Templiers y installèrent leur château après avoir abandonné la colline voisine de Ceras. C'est ce nouveau lieu que les troupes de Gualdim Paes défendirent en 1190, au moment des invasions arabes d'al-Mansour. Ce fut certainement à ce moment-là que l'on commença à bâtir l'église au plan centré, en forme d'octogone, entouré d'un *déambulatoire*, ou nef circulaire, délimité extérieurement par un polygone à seize pans. Il servit aussi de tour de défense pendant cette première période. Les autres constructions du château se sont articulées autour de cette *rotonde*. En effet, c'est autour d'elle que se développèrent les dépendances du couvent, surtout après que le nouvel ordre du Christ eut remplacé l'ordre du Temple en 1319. Les deux cloîtres annexés, celui du lavoir et celui du cimetière, datent de l'époque pendant laquelle l'infant Henri administrait l'ordre, vers le milieu du XVe siècle. Le premier a deux étages superposés et fut édifié dans un style dépouillé. Le second, plus petit et à un seul étage, présente une décoration plus soignée; pourtant, tous deux sont dus à des maîtres d'œuvre formés au monastère de Batalha. Sur la base de l'une des colonnes est inscrit le nom de maître Fernão Gonçalves, suivi du mot "*fez*" (fit). C'est là que se trouve le beau tombeau de D. Diogo de Gama, chapelain du roi, dans un style manuélin naturaliste luxuriant.

Pendant la période manuéline, la *rotonde* des Templiers fut considérablement modifiée, en suivant un programme décoratif qui incluait des peintures et des sculptures, et aussi en la reliant au terre-plein par l'ouverture d'un immense arc qui donne en réalité sur une énorme construction, habituellement appelée "chœur". Ce fut Diogo de Arruda qui commença, vers 1510, ce nouveau corps large et profond dont la façade occidentale est d'un naturalisme

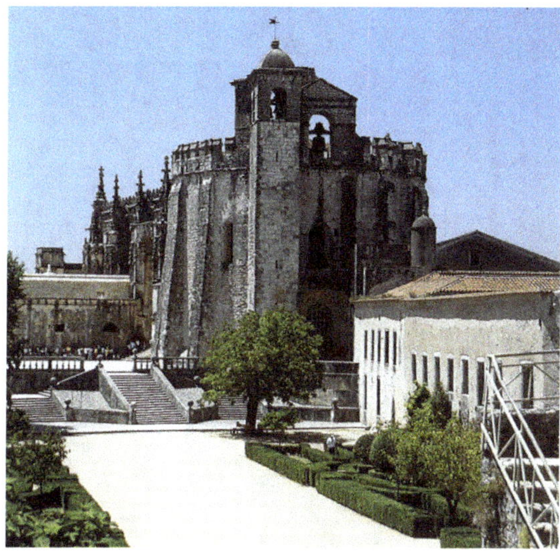
R.C.

Couvent du Christ, vue générale des édifices médiévaux montrant l'extérieur de la rotonde, Tomar.

R.C.
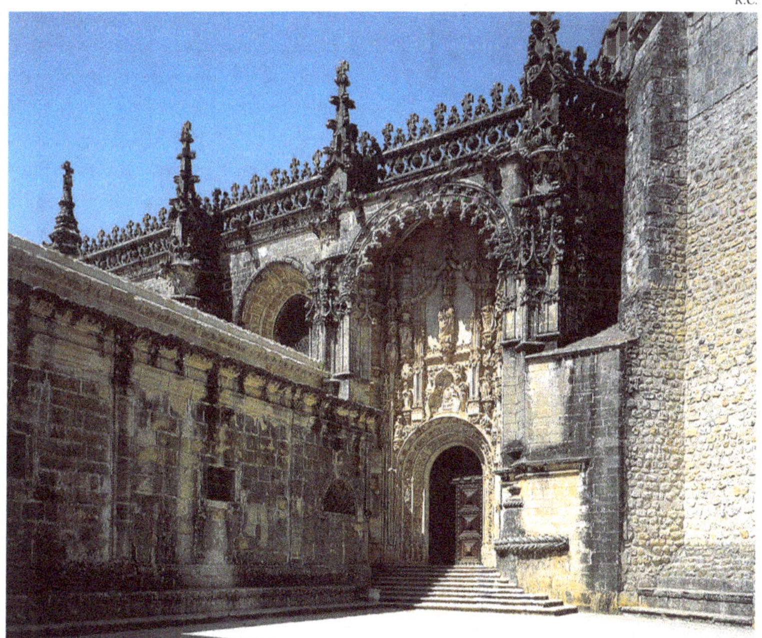

Église du couvent du Christ, entrée, Tomar.

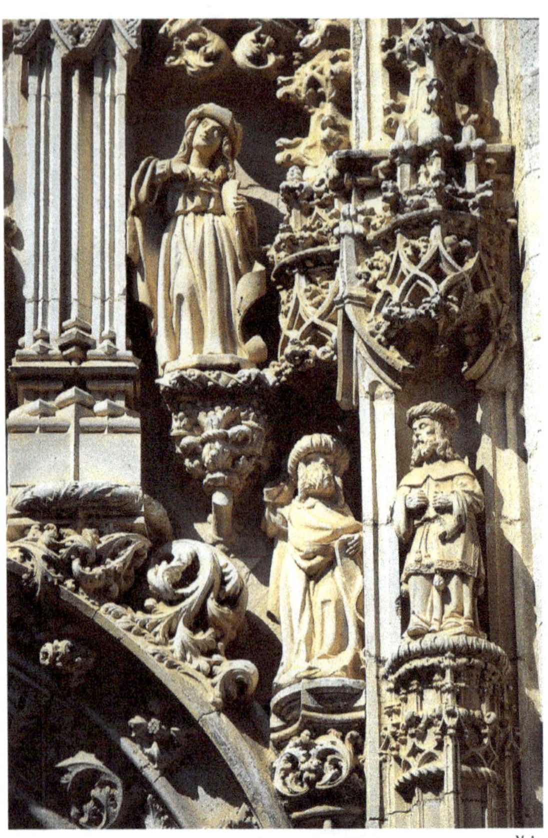

M.A.

Couvent du Christ, détail du portail, Tomar.

"baroque" jamais vu auparavant et, il faut le dire, jamais égalé ensuite. C'est un volcan de formes arrachées à la nature et élevées au rang d'éléments architecturaux où se détache l'encadrement de la fenêtre frontale. En haut, quatre rois en armes rappellent les attributs et la majesté de Manuel Ier, bien que la tradition populaire tienne à identifier ces figures à celles des rois Alphonse Ier, Dinis et Manuel Ier, et de l'infant Henri. La fenêtre qui se trouve du côté du grand cloître royal est aussi d'un tracé fantastique et son encadrement également hyper-naturaliste, quoique moins exacerbé. On doit encore à Diogo de Arruda la voûte qui divise ce nouveau corps édifié en deux niveaux.

Diogo de Arruda n'arriva pas à finir son œuvre; ce fut Juan del Castillo qui le remplaça en 1515. Il exécuta la voûte aux nervures recourbées s'élevant de consoles naturalistes et qui affiche une importante composante héraldique et emblématique. Il réalisa aussi le portail qui ouvre sur l'extérieur, bien à la manière de ce que l'on faisait alors en Castille, et où il plaça un admirable ensemble de sculptures de la Vierge, de prophètes et de saints. C'est encore à Juan del Castillo qu'il faut attribuer la salle inachevée du chapitre et, naturellement, les cloîtres annexés à ces deux constructions, étant donné que le cloître royal qui remplaça son cloître primitif est dû à Diogo de Torralva et constitue le chef-d'œuvre du classicisme portugais.

Fruit de nombreuses accumulations, la *rotonde* réunit un extraordinaire patrimoine pictural qui, ces dernières années, fut redécouvert et restauré. Un sens du remplissage des surfaces paraît provenir de l'idée de l'horreur du vide, mais les contenus signifiants des interventions successives pointent également vers les fonctions essentielles de la peinture: la qualification symbolique de l'espace architectural. Les patrons géométriques, les repeints successifs d'une décoration orientalisante à la mode byzantine, certainement réalisée pendant la période manuéline, se mêlent aux plus divers thèmes figuratifs qui s'adaptent à la difficile structure des murs et de la couverture de la *rotonde* des Chevaliers.

Parmi toutes ces campagnes de travaux du début du XVIe siècle, il faut absolument signaler l'impressionnante décoration de la voûte qui entoure le corps octogonal central. Exécutée en *grisaille*, à une grande échelle figurative, et recouvrant les seize travées de la voûte, la peinture simule la présence d'éléments architecturaux conjugués à des thèmes récurrents de la décoration de cette période, dont quelques-uns ont l'évidente fonction de promouvoir l'image du roi. Ainsi, l'héraldique et surtout les armoiries royales, la croix du Christ et la sphère armillaire, et quelques expressives figures humaines et animales paraissent dans les plus variées et fantaisistes formes architecturales qui surgissent liées par des cordages, des branches et des rubans. Sur les murs du tambour central, dans la partie supérieure, on voit un programme à thématique christo-centrique formé par les instruments de la Passion du Christ, que seize anges montrent au spectateur. Un programme également centré sur la vie du Christ, mais exécuté dans une technique à l'huile sur un support en bois, fut conçu pour les grands tableaux qui s'inscrivent dans les petits arcs aveugles des murs opposés, dans le contexte d'une campagne qui se déroula également sous Manuel Ier, entre 1510 et 1515.

D'une autre campagne de travaux plus tardive, de 1536 à 1538 environ, dont fut chargé le peintre royal Gregório Lopes, pour le même espace (bien que dans un registre inférieur aux grands tableaux manuélins), il existe encore dans le couvent les planches peintes représentant *Saint Antoine prêchant aux poissons* et *Saint Bernard*. De ce même ensemble, on peut admirer au Musée national d'art ancien à Lisbonne la *Vierge aux Anges* et le *Martyre de saint Sébastien*.

La *rotonde* du couvent du Christ possède aussi un ensemble de sculptures du XVIe siècle en bois polychrome, d'une qualité absolument inégalée dans le panorama européen. Il s'agit de dix-sept grandes figures, de quelque deux mètres de hauteur, représentant Notre Dame et saint Jean l'Évangéliste, des apôtres, des docteurs de l'Église et des prophètes. Ces statues furent réalisées entre 1511 et 1514 par Olivier de Gand et Fernan Muñoz.

De l'ensemble des sculptures du XVIe siècle faisaient également partie des stalles détruites au moment des invasions napoléoniennes. Il en reste uniquement deux anges qui soutiennent des écussons aux armes du Portugal et de l'ordre du Christ. Ces sculptures, que l'on peut voir dans la magnifique *rotonde*, sont représentatives des trois principaux ver-

M.A.

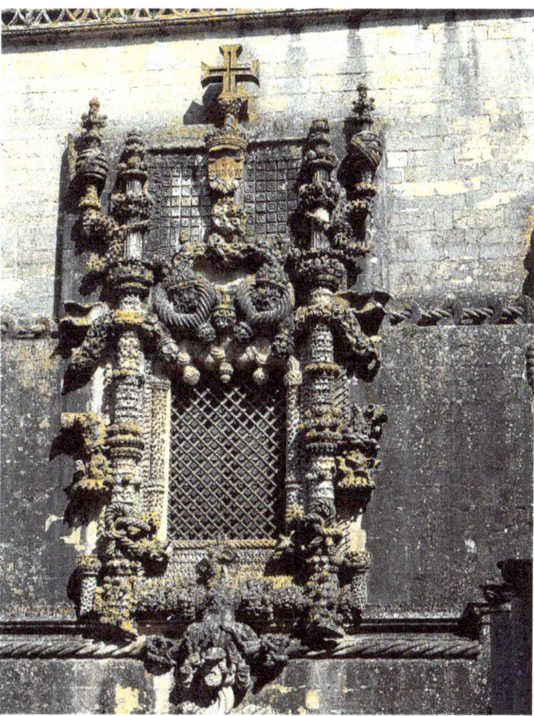

Couvent du Christ, fenêtre manuéline, Tomar.

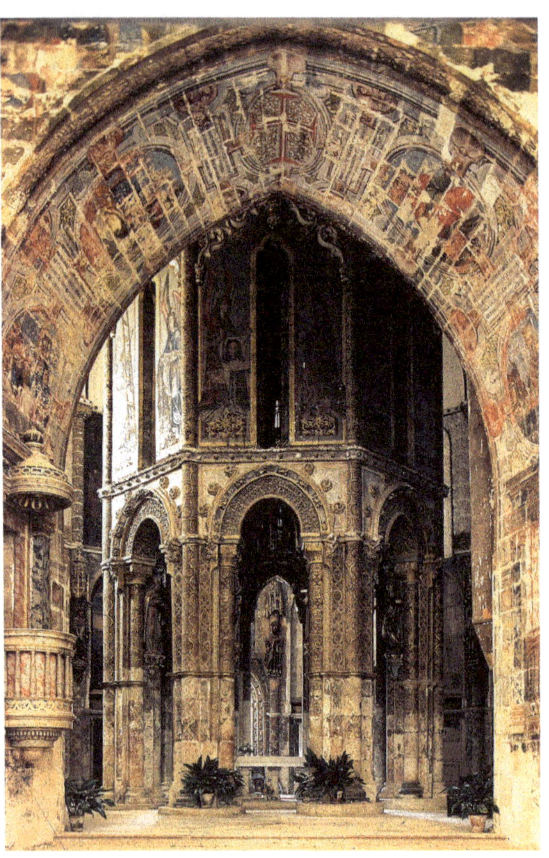

Couvent du Christ, intérieur de la rotonde (avant les travaux de restauration), Tomar.

sants où se distinguèrent les artistes venus du Nord dans le Portugal manuélin: la peinture, présente dans la polychromie des statues, la sculpture et l'ébénisterie, bien en vue dans la structure qui décore l'espace central de l'édifice. Tous ces aspects s'harmonisent dans un discours magnifique et particulièrement signifiant au plan iconographique. Les statues qui sont réparties le long des murs de la *rotonde* autour du groupe central de Notre Dame et de saint Jean sont revêtues d'une dignité extraordinaire, accentuée par la qualité plastique de chacune et par la polychromie soignée qu'elles montrent encore.

Ce n'est pas seulement par la qualité exceptionnelle de l'ensemble, par le remarquable état de conservation dans lequel elle se trouve, mais aussi – et surtout – par le postulat culturel et artistique qu'elle révèle, et qui se place clairement dans une sphère d'influence nordique, que cette *rotonde* et les sculptures qui s'y trouvent sont un document fondamental pour la compréhension de l'univers de la production artistique de la période manuéline.

Si vous voulez visiter Dornes, suivez la route N 110 vers Pereiro. Tournez à droite pour prendre la route N 238 en direction d'Águas Belas. Après le carrefour d'Águas Belas et avant le Casal da Madalena, vous trouverez deux croisements à gauche. Il vous faudra tourner dans le deuxième pour prendre la route municipale jusqu'à Dornes.

II.6 DORNES (option)

II.6.a **Tour**

À côté de l'église de Dornes. Classée Édifice d'intérêt public. Renseignements: Office de tourisme, tél. 249 366677. On ne peut visiter que l'extérieur.

L'origine de la tour de Dornes est inconnue, bien que la tradition la fasse provenir d'un poste d'observation romain. Pourtant, il est probable qu'elle ait son origine dans une tour de guet médiévale des Templiers ou même de l'ordre du Christ, dans les terres duquel elle se trouve.

Sa position est scénographique. Elle domine un grand territoire, et, actuellement, le lac artificiel du barrage de Castelo do Bode. Elle fut utilisée du temps de Manuel Ier comme

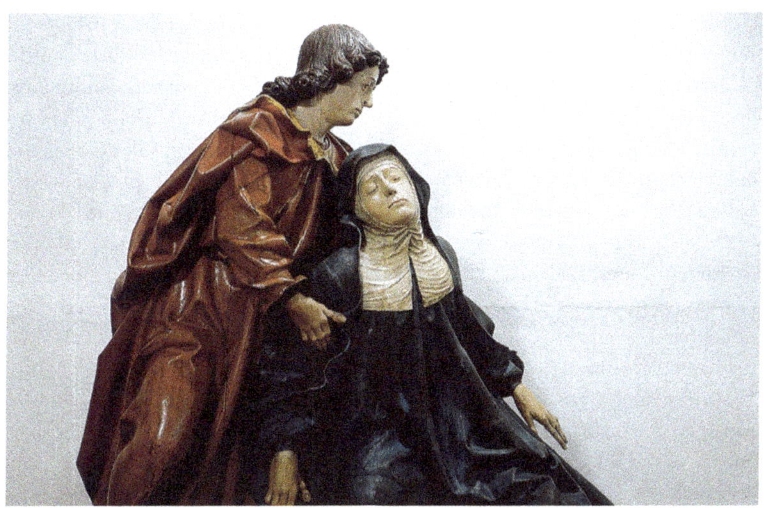

IPM/C.M.

tour-clocher de l'église construite juste à ses côtés. Son plan est carré et elle est en schiste local avec des angles soulignés par de la pierre de taille. L'étage supérieur, avec de grandes fenêtres, a une couverture semi-cylindrique en brique.

Olivier de Gand, "Saint Jean et Notre Dame", XVIe siècle, couvent du Christ, Tomar.

"Santarém est un livre en pierre où est écrite la plus intéressante et la plus poétique de nos Chroniques historiques. Riche en enluminures, découpages, fleurons, figures, arabesques et dentelles délicates, ce livre était le plus beau et le plus précieux du Portugal. Relié d'émail vert et d'argent par le Tage et ses affluents, fermé par les broches de bronze de ses fortes murailles gothiques, ce magnifique livre était fait pour durer toujours, tant que la main du Créateur ne s'étendrait point pour effacer le souvenir de ses créatures.

Mais cette Ninive ne fut point détruite, aucune catastrophe grandiose ne submergea cette Pompéi. Le peuple, dont l'histoire de Santarém est le livre, existe toujours; mais ce peuple retomba en enfance, on lui avait donné un livre pour jouer et il le déchira, le mutila, lui arracha ses feuilles, l'une après l'autre, il en fit des cerfs-volants et des poupées, et il en fit des bonnets.

On ne peut pas décrire autrement ce que ces gens qu'on appelle gouvernement, qu'on appelle administration, sont en train de faire et de laisser faire, depuis plus d'un siècle, à Santarém.

Les ruines du temps sont tristes mais elles sont belles, celles qui surviennent par les révolutions restent marquées du sceau solennel de l'Histoire. Mais les dégradations stupides et les restaurations encore plus stupides faites par ignorance, les mesquines réparations de l'art parasite, celles-là, elles, profanent et annulent tout prestige.

Telle est l'impression générale que cette ville me donne. Allons déjeuner, j'entends qu'on nous appelle et nous irons voir ensuite si je me suis trompé.

Pendant le déjeuner, la conversation tomba naturellement sur son objet le plus évident: Santarém. Alphonse Ier et ses braves, le saint frère Gilles et son miracle, l'Armurier et le Connétable, le roi Ferdinand et son épouse Leonor, Camoens né en ces lieux, Pedro Álvares Cabral, les Docens, nous avons passé en revue presque toutes les grandes figures de notre Histoire. À la fin, nous avons évoqué sainte Iria, la marraine de cette terre dont le nom effaça ici celui des Romains et des Celtes."

Almeida Garrett, Viagens na Minha Terra, *Lisboa, 1846.*

L'ordre du Christ et les Découvertes

Pedro Dias

L'ordre du Christ est issu de l'ordre du Temple, fondé pour combattre les Infidèles en Terre Sainte. Au XIIIe siècle, en revenant à ses pays d'origine, il entra en conflit avec plusieurs monarques qui finirent par le détruire, dont Philippe le Bel qui joua un rôle déterminant. Au Portugal, le roi Dinis ne partageait pas les mêmes idées. Pour palier les problèmes que lui causait le manque d'une milice armée, qui avait fait ses preuves pendant la Reconquête chrétienne, il choisit de créer, avec l'assentiment papal, un nouvel ordre, portugais, qu'il appela ordre du Christ et qu'il dota avec les biens des Templiers. Ainsi naissait en 1319 le nouvel ordre du Christ qui allait, un siècle plus tard, jouer un rôle capital dans l'entreprise des Grandes Découvertes. En 1357, le siège de l'ordre s'installait définitivement à Tomar.

Avec l'arrivée, au XVe siècle, de l'infant Henri comme administrateur de l'ordre, son importance grandit encore, puisqu'on lui concéda, par l'intermédiaire du prince, le patronage des églises des îles de l'Atlantique et, plus tard, de beaucoup d'autres dans les terres conquises ou découvertes et dans les territoires des autres continents. La cour portugaise voulut aussi canaliser les rentes qu'elle possédait dans le royaume vers la défense des places du Maghreb et, plus généralement, vers la lutte contre les Arabes en Afrique du Nord. Quand Manuel Ier hérita de la gestion de l'ordre, à son tour, comme l'avait fait son grand-oncle, il fit poursuivre la politique de vicariats et dota ces églises d'outre-mer de nombreux capitaux et d'œuvres d'art achetées sur les marchés du nord de l'Europe et, tout particulièrement, en Flandres.

Beaucoup de ceux qui participèrent aux Découvertes étaient liés à l'ordre du Christ – ainsi qu'à l'ordre de Santiago –, alors que d'autres furent, après leurs exploits, récompensés avec des commanderies ou avec le grade de chevalier, distinction qui fut élargie à partir de la seconde moitié du XVe siècle à de nombreux princes et autres membres de la famille royale, et même à des personnes plus modestes appartenant à des ethnies non européennes, notamment à des Africains et des Indiens.

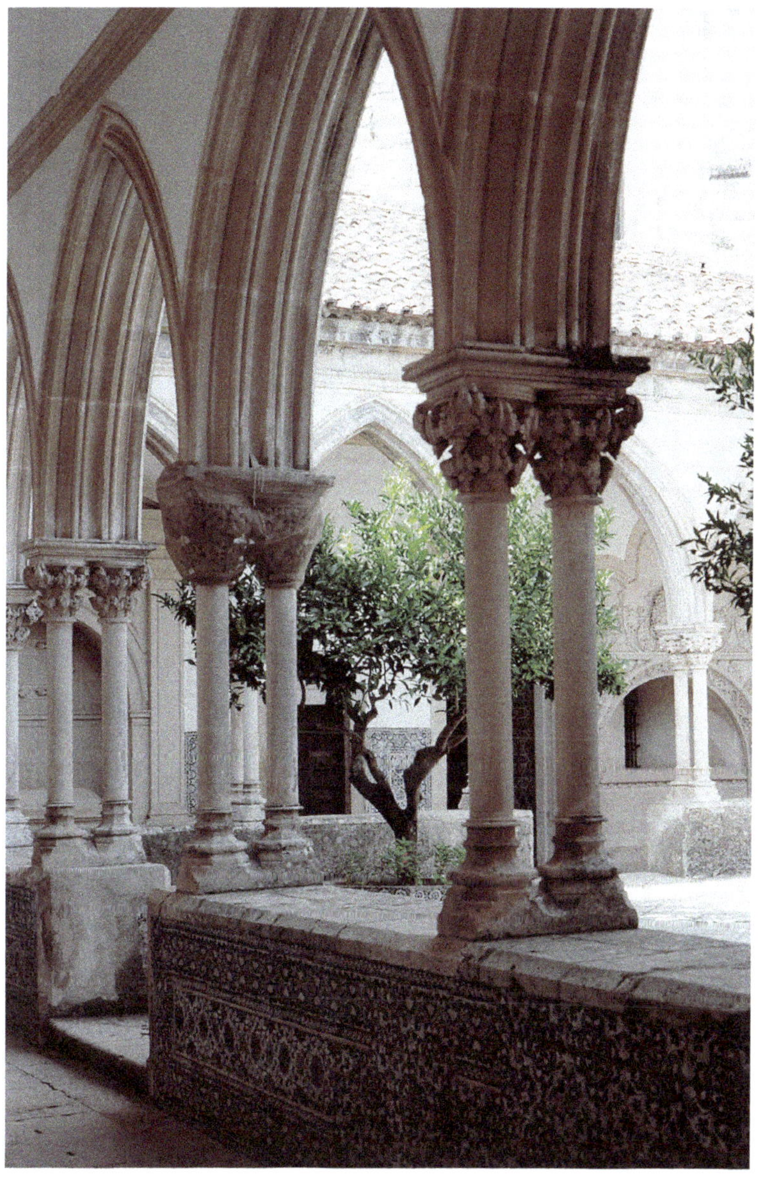

Couvent du Christ,
cloître du cimetière,
Tomar.

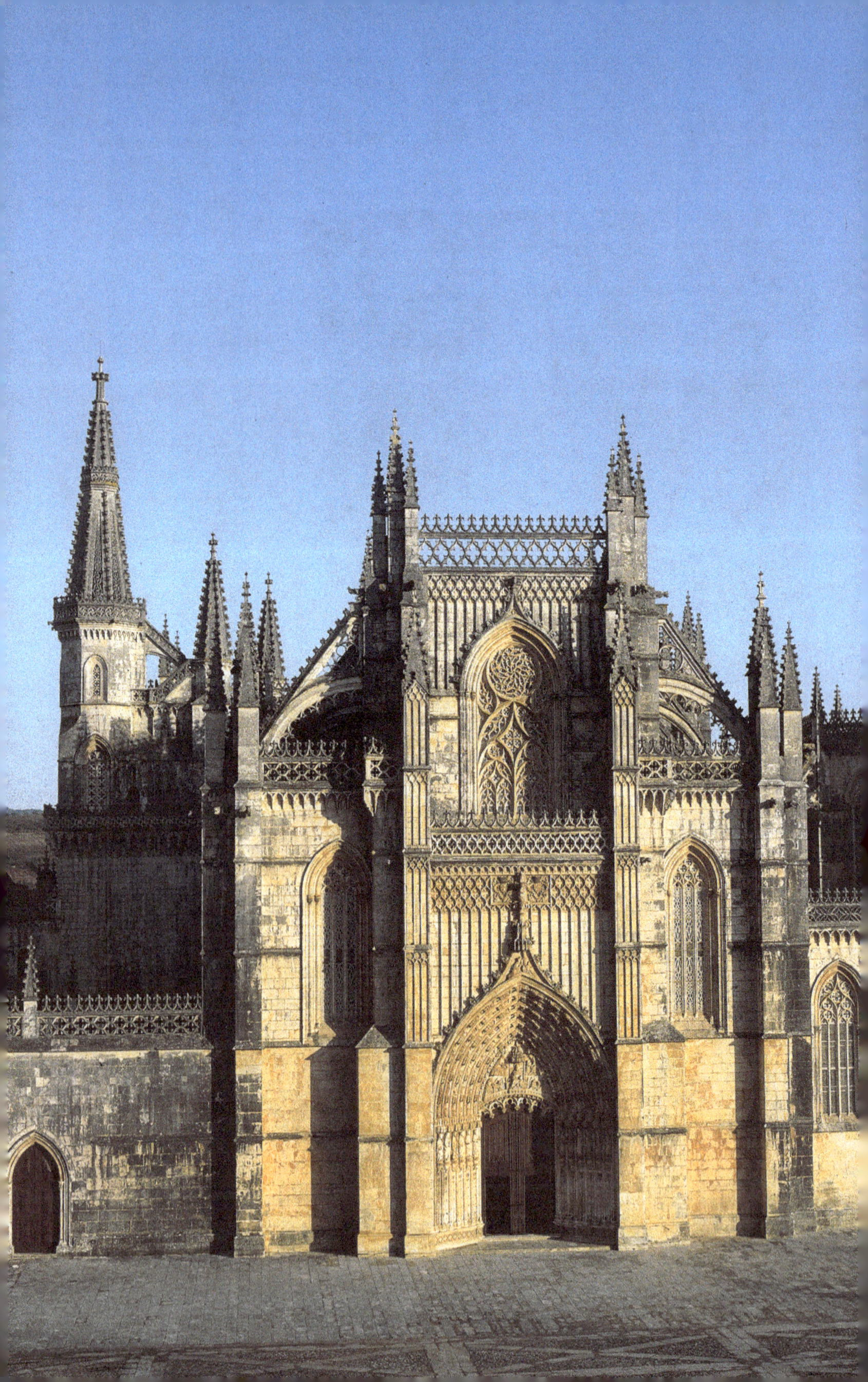

Sur les pas de Boytac

**Pedro Dias, Dalila Rodrigues,
Nuno Vassallo e Silva, Fernando Grilo**

Premier jour

III.1 BATALHA
- III.1.a Monastère de Batalha
- III.1.b Exaltation de la Sainte Croix, église matriz

III.2 POMBAL
- III.2.a Château

III.3 REDINHA
- III.3.a Notre-Dame de la Conception, église matriz

III.4 SOURE
- III.4.a Château
- III.4.b Saint-Jacques (São Tiago), église matriz

III.5 EGA
- III.5.a Palais des Commandeurs
- III.5.b Notre-Dame de la Grâce, église matriz

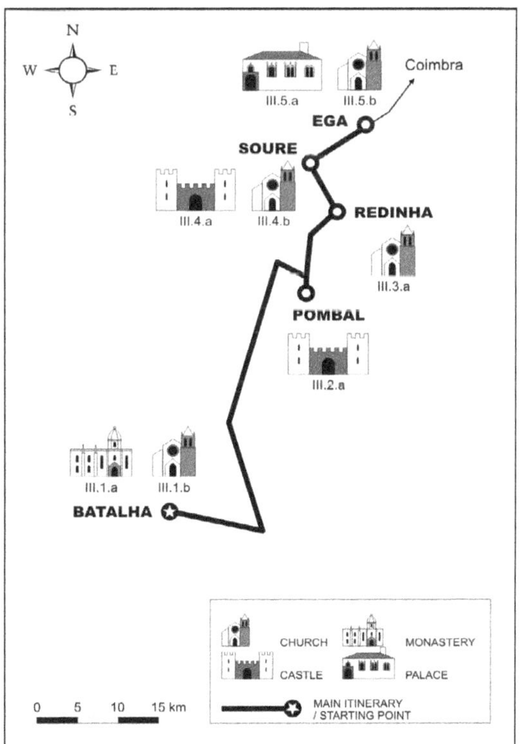

Monastère de Batalha, façade principale.

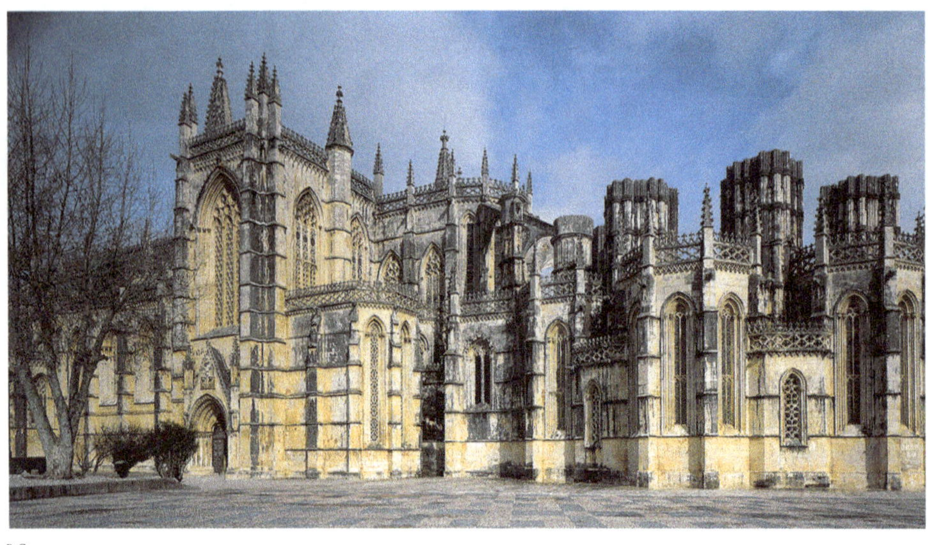

R.C.

Chapelles imparfaites, vue générale, monastère de Batalha.

M.A.

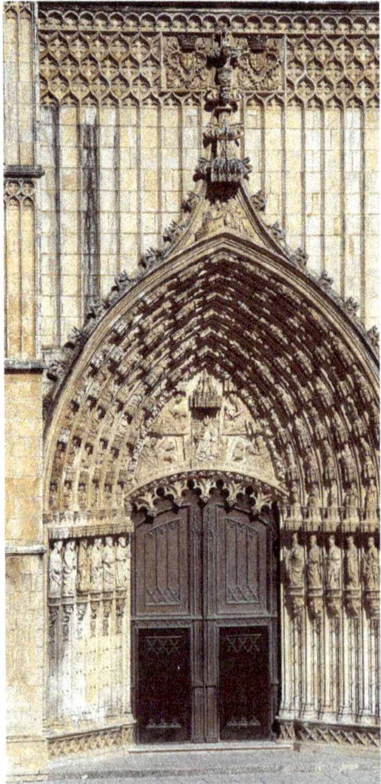

Monastère de Batalha, portail principal.

L'architecture manuéline atteignit son sommet pendant la deuxième décennie du XVIe siècle, au moment où le pouvoir du oi Manuel Ier était stabilisé et que l'expansion outre-mer donnait clairement ses fruits économiques. Ce furent les centres artistiques créés alors qui, d'une manière ou d'une autre, conditionnèrent les manières de faire des différentes régions. Parmi ces centres se détachent ceux de Tomar, Lisbonne et Tavira. Mais le plus important demeure Batalha où, à partir de 1389, on construisit le plus grand ensemble monastique du Portugal – le monastère Sainte-Marie de la Victoire, connu sous le nom de Batalha (la bataille) – commémorant la victoire portugaise sur les armées castillanes en 1385. Son chantier fut une véritable école de construction où se formèrent et d'où furent issus les principaux maîtres du XVe siècle et de la période manuéline. C'était là que le roi Manuel Ier recrutait les architectes qu'il envoyait ensuite au Maroc, en Afrique et en Inde. L'un d'entre eux fut Boytac.

Boytac, ou Diogo de Boytac, de son (probable) nom complet, n'était pas d'origine portugaise, mais était arrivé très tôt au Portugal et y avait fait son apprentissage auprès de João de Arruda et de Mateus Fernandes. Il avait déjà servi le roi Jean II et continua d'être au service de Manuel Ier, devenant alors célèbre en tant que constructeur des forteresses des places portugaises du Maroc, bien qu'il ait également construit, au Portugal, des palais et des églises. Même s'il fut l'un des premiers maîtres d'œuvre du monastère des Hiéronymites de Lisbonne, ce fut plutôt dans les provinces d'Estremadura et de Beira Litoral, en particulier à Coimbra, qu'il laissa quelques-uns de ses édifices les plus remarquables. C'est également dans ces régions que se trouvent ses sources d'inspiration et les travaux de ses principaux disciples.

R.C.

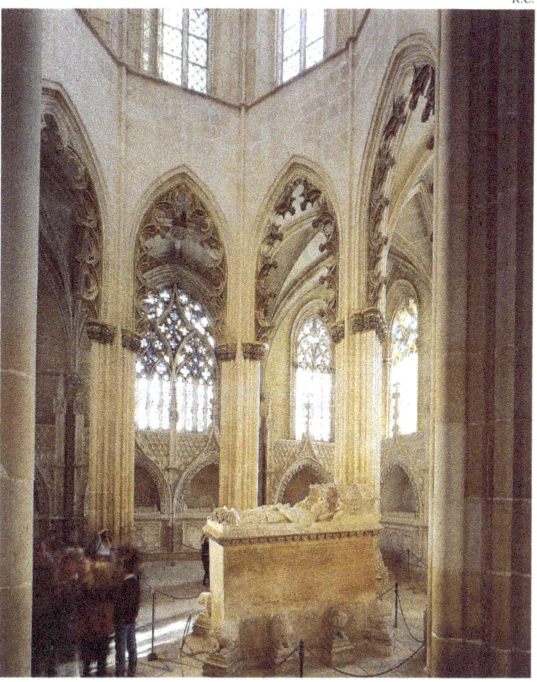

Chapelle du fondateur, monastère de Batalha.

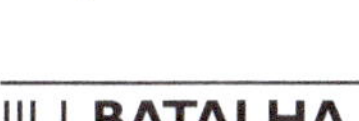

III.1 BATALHA

III.1.a **Monastère de Batalha**

Inscrit au Patrimoine mondial de l'Unesco depuis 1983 et classé Monument national depuis 1907. Tél. 244 765497. Les photographies sont autorisées.
Entrée payante. Horaires: de 9:00 à 18:00 en été et de 9:00 à 17:00 d'octobre à mars. Fermé le 1er janvier, le Vendredi saint, le dimanche de Pâques, le 1er mai, le 24 et le 25 décembre.

Le monastère Sainte-Marie de la Victoire, plus connu sous le nom de monastère de Batalha, fut fondé et construit à l'initiative du roi Jean Ier, pour remercier Notre Dame de la victoire, à Aljubarrota, sur les Castillans,

IPM/J.P.

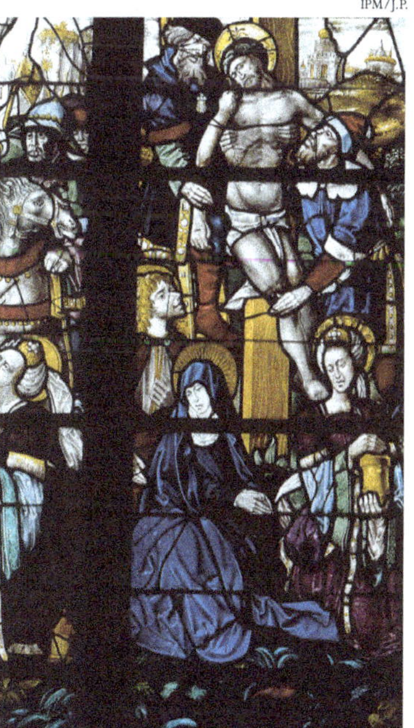

"Descente de la Croix", vitrail de la salle du chapitre, 1514, monastère de Batalha.

Cloître du monastère de Batalha.

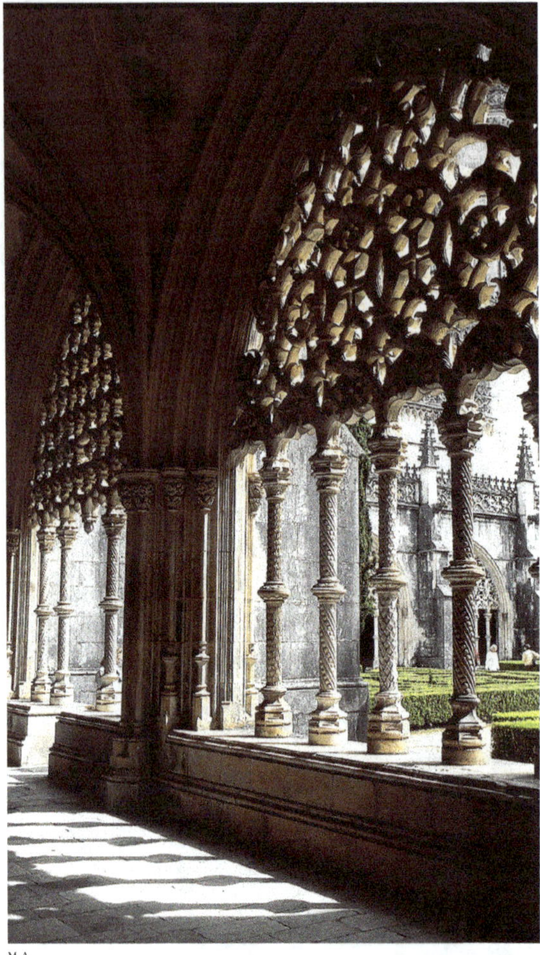

M.A.

J.B.

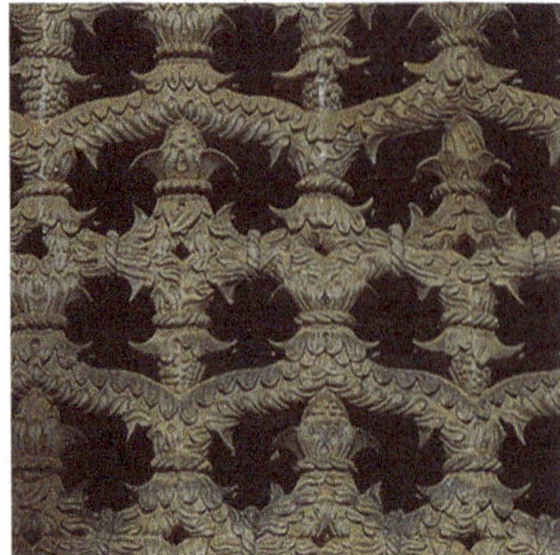

Cloître du monastère de Batalha, détail.

en 1385, qui résolut la crise dynastique qui s'était abattue sur le Portugal depuis deux ans. Il remit cette maison aux dominicains, parmi lesquels se trouvaient beaucoup de ses proches collaborateurs. En 1389, sous les ordres du vieux maître Afonso Domingues, l'œuvre sortit de ses fondations. Plusieurs autres maîtres lui succédèrent, dont Huguet, juste après lui, qui introduisit le style flamboyant au Portugal.
Pendant la période manuéline, Mateus Fernandes et Boytac s'y distinguèrent. Ils s'étaient tous deux établis dans la petite agglomération qui, entre-temps, avait poussé autour du nouveau monastère. Leurs enfants y grandirent et devinrent également des constructeurs.
Le monastère de Batalha est le plus important édifice gothique portugais, issu de la phase la plus brillante de ce style, qui traversa les phases du gothique vertical et du gothique flamboyant pour arriver au manuélin.
Pour l'essentiel, l'ensemble, qui survécut aux invasions des troupes de Napoléon, est constitué par l'église monastique et par la chapelle du fondateur, par les deux cloîtres (le cloître royal et celui d'Alphonse V), par la salle du chapitre, le réfectoire, le dortoir et d'autres annexes moins importantes.
Il faut admirer la chapelle du fondateur qui, bien que dans un style gothique antérieur au manuélin, possède un plan centré octogonal, au milieu duquel se trouve l'énorme tombeau commun du roi Jean Ier et de son épouse la reine Philippa de Lancastre; le long des murs du *déambulatoire* sont les *enfeus* de leurs enfants, les princes d'Aviz, dont Henri le Navigateur. Le roi Jean II et son malheureux héritier, le prince Alphonse, y reposent également.

Chapelles imparfaites, vue aérienne, monastère de Batalha.

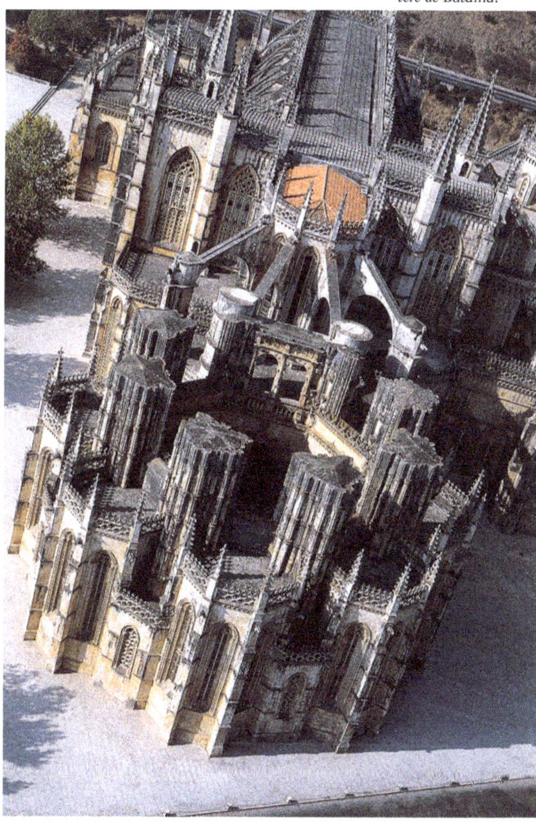

J.B.

Le portail central de l'église est un magnifique témoignage de l'importance et de la qualité de la statuaire à Batalha. C'est cependant l'œuvre de Mateus Fernandes qu'il faut mettre en valeur ici, puisque c'est ce maître qui introduisit dans le gothique final la décoration naturaliste hypertrophiée, comme celle que l'on peut voir dans les *impostes* des arcs du cloître royal ainsi que sur le grand portail des "Chapelles imparfaites". Si celles-ci reposent encore sur une structure flamboyante clairement influencée par l'architecture du centre de l'Europe, les départs de la voûte inachevée sont beaucoup plus caractéristiques et constituent un des sommets de cette véritable orgie naturaliste qui marqua la période et l'art manuélins. Il est regrettable que la mort de Manuel Ier ait signé l'arrêt d'une si fantastique entreprise.

III.1.b **Exaltation de la Sainte Croix, église matriz**

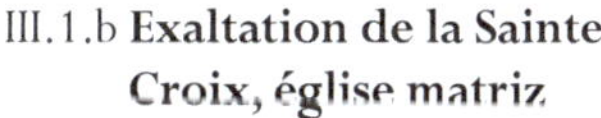

Tout près du monastère, tél. 244 765140.
Classée Monument national.
Horaires: tous les jours de 10:00 à 16:00. Le service religieux a lieu du lundi au vendredi à 8:30, le samedi à 19:30 et le dimanche à 8:00 et à 11:00.

Comme il se forma presque aussitôt une petite ville autour du monastère de Batalha, il fallut construire une église paroissiale pour assister spirituellement les travailleurs et leurs familles respectives. C'est ainsi qu'apparut l'église Sainte-Croix qui, pendant la période manuéline, allait être profondément modifiée et anoblie. Ces transformations se déroulèrent jusqu'en 1532. Il faut remarquer l'élégant portail au

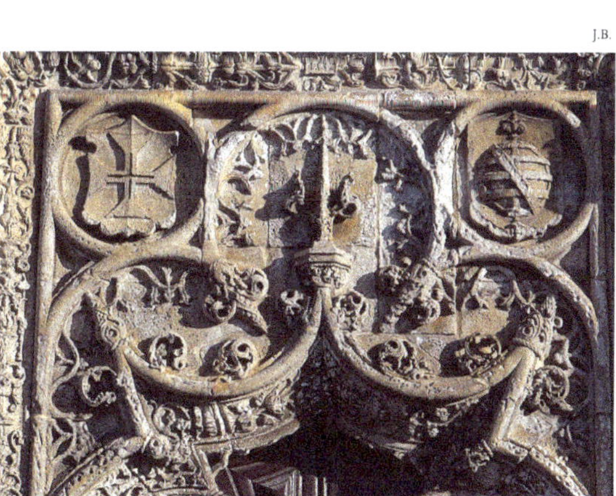

J.B.

Église de l'Exaltation de la Sainte Croix, détail du portail dans l'axe de la nef, Batalha.

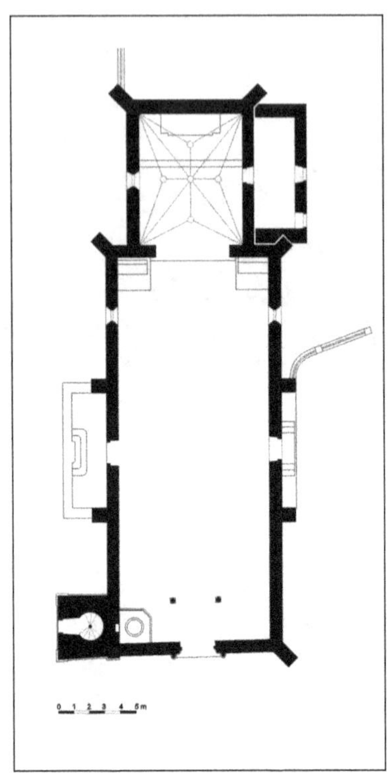

Église de l'Exaltation de la Sainte Croix, plan, Batalha, Boletim da Direcção-Geral dos Edifícios e Monumentos Nacionais, n° 13, Lisbonne, 1938.

décor surabondant, avec des éléments naturalistes ainsi que deux écussons portant la sphère armillaire et la croix de l'ordre du Christ. Le chœur est dans la meilleure tradition du gothique tardif portugais. Il est même possible que son maître constructeur ait été Boytac.

Pour aller à Pombal, vous devez prendre la route N 1 en direction de Porto (42 km).

III.2 POMBAL

III.2.a **Château**

Monte do Castelo. Classé Monument national.
Renseignements: Office de tourisme de Pombal, tél. 236 213230.
Horaires: à toute heure.

L'importance de Pombal, pendant les premiers temps du royaume de Portugal, était due à sa localisation, entre la frontière que constituait le fleuve Mondego et les terres arabes de la ligne du Tage. Le château fut construit, ou reconstruit, en 1161 par Gualdim Paes, car il avait été placé sous le commandement de l'ordre du Temple. En 1319, l'ordre du Christ prit la relève et le maintint à la tête d'une de ses commanderies. C'est pour cela que Manuel Ier, administrateur de l'ordre, le fit restaurer au début du XVIe siècle, ayant par ailleurs offert en 1512 une charte d'autonomie à la petite ville.

Pour Redinha, vous devez reprendre la route N 1. Après la sortie vers Pelarga/Verigo, vous trouverez un carrefour où vous devez prendre la route municipale jusqu'à Redinha (11 km).

III.3 REDINHA

III.3.a **Notre-Dame de la Conception, église matriz**

Largo da Igreja. Classée Édifice d'intérêt public.

Ouvre uniquement le dimanche à 10:00 pour la célébration du service religieux. Pour la visiter en dehors de cet horaire, vous devez demander la clé chez le curé, ou réserver à l'avance, tél. 236 911121.

Encore une agglomération qui se greffe sur une fortification des Templiers et qui, au XIVe siècle, passa naturellement à l'ordre du Christ. Sa première charte – *foral* – lui fut octroyée en 1159 par Gualdim Paes, qui fit également reconstruire le petit château existant et favorisa la construction du pont roman qui est toujours sur pied.

L'église principale, au tracé roman, fut cependant profondément modifiée pendant

R.C.

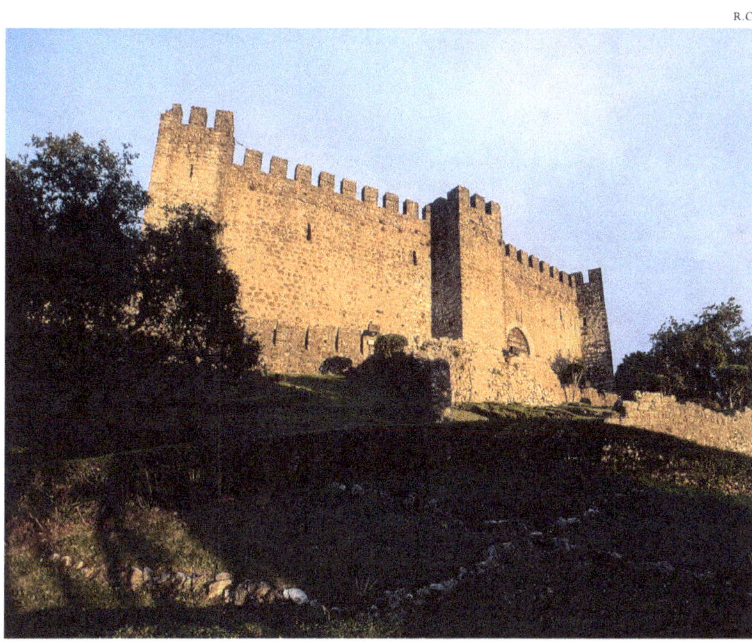

Château de Pombal, vue générale.

la période manuéline. De cette campagne de travaux du début du XVIe siècle datent l'essentiel de la structure, ainsi que les portails extérieurs, simples mais portant la décoration naturaliste qui est la marque de ce genre de constructions à l'époque.

Pour aller à Soure, suivez la route N 1 en direction de Venda Nova et tournez à gauche en direction de Palião, par la route N 348 jusqu'à Soure (12 km).

III.4 SOURE

III.4.a Château

On peut y accéder par l'Adro do Castelo. Classé Monument national.

Horaires: il peut être visité à toute heure. Si vous désirez une visite guidée, vous pouvez la réserver au Musée municipal, tél. 239509190, de 9:00 à 12:30 et de 14:00 à 17:30.

J.B.

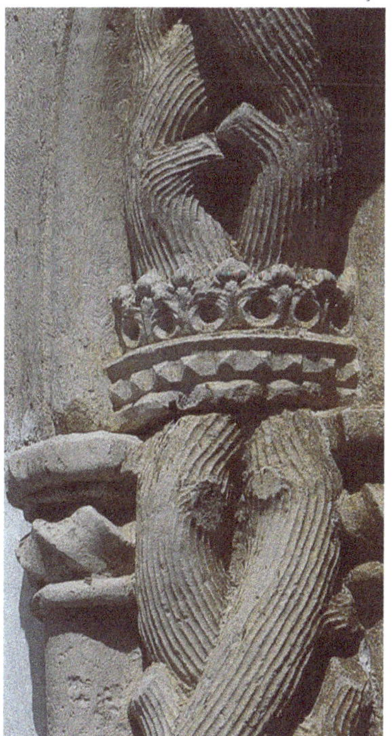

Église Notre-Dame de la Conception, détail du portail, Redinha.

Château de Soure.

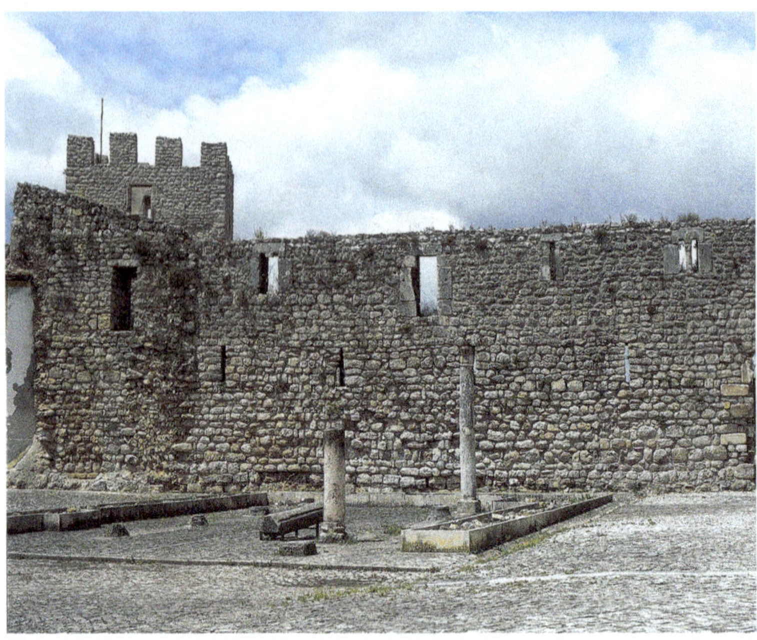

J.B.

La petite ville de Soure se dresse aujourd'hui à l'emplacement d'une importante agglomération romaine. Nous savons qu'il y eut également au même endroit un village wisigothique. La localité se développa au XIIe siècle, étant à la frontière entre le Nord chrétien et le Sud islamique. D.ª Teresa, mère d'Alphonse Ier, lui offrit sa charte d'autonomie en 1111. En 1128, elle fut donnée aux Templiers avec son château. Celui-ci, qui garde des éléments mozarabes, fut reconstruit au XVe siècle à l'initiative de l'infant Henri, dit le Navigateur, et, de nouveau, un demi-siècle plus tard, sous l'ordre du roi Manuel Ier, parce que le château était à la tête d'une commanderie de l'ordre du Christ. Ces derniers travaux lui donnèrent l'aspect qu'il garde aujourd'hui, si l'on ne tient pas compte, bien sûr, de l'état de ruine dans lequel sont tombées certaines parties.

III.4.b **Saint-Jacques (São Tiago), église matriz**

Praça Miguel Bombarda, tél. 239 502226. Horaires: tous les jours de 9:00 à 17:00. On peut réserver des visites guidées au Musée municipal de 9:00 à 12:30 et de 14:00 à 17:30, tél. 239 509190.

L'église São Tiago, principal édifice religieux de la petite ville, est un autre monument manuélin, construit sous les ordres de Manuel, en 1490, quand il ne pouvait même pas imaginer qu'il serait un jour roi de Portugal. Il le fit uniquement à titre d'administrateur de l'ordre du Christ. De cette église ne restent que les arcades qui divisent les trois nefs, ainsi que deux stèles qui font allusion à sa construction avec les armoiries et l'emblème de celui qui n'était encore que duc de Beja.

Saint-Jacques (São Tiago), église matriz, façade principale, Soure.

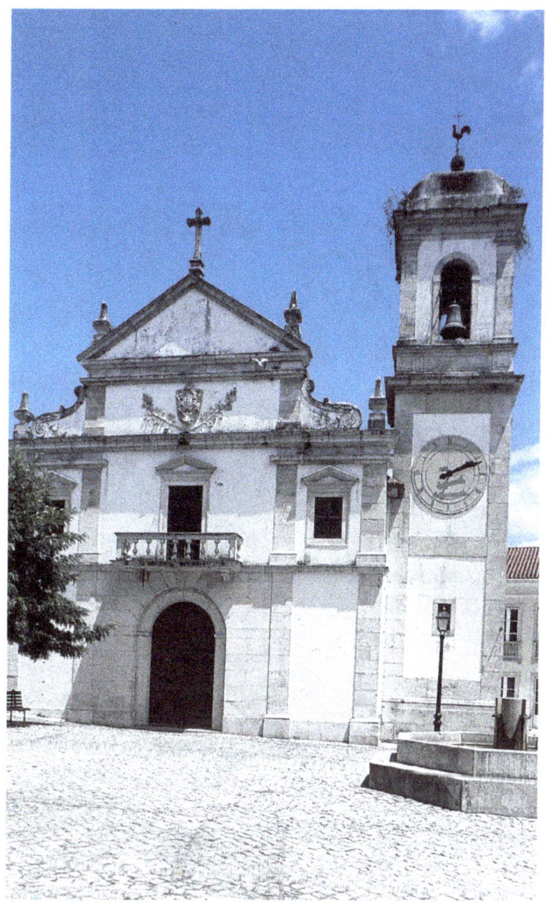

R.C.

Pour Ega, vous devez suivre la route N 342 en direction de Condeixa (8 km).

III.5 EGA

III.5.a Palais des Commandeurs

Situé sur la route de Condeixa à Soure, dans le bourg d'Ega, derrière l'église paroissiale.

Ce bourg était sur une des premières lignes de défense au sud du fleuve Mondego, au moment où le roi Alphonse Ier l'offrit aux chevaliers Templiers. Il passa à l'ordre du Christ en devenant une commanderie. Étant donné son importance stratégique, Manuel Ier lui octroya une nouvelle charte d'autonomie en 1514.
En haut de la colline qui domine l'ancien village se trouve le *Paço dos Comendadores*, malheureusement dans un état de ruine avancé. Cependant, de nombreux éléments architecturaux manuélins, comme des portes et des fenêtres, y sont encore visibles.
Dans la zone basse du village se trouve le pilori avec sa colonne coiffée d'une pomme de pin naturaliste.

III.5.b Notre-Dame de la Grâce, église matriz

Classée Édifice d'intérêt public. Renseignements: tél. 239 944441 (curé de la paroisse).
Horaires: tous les jours pour la célébration de la messe à 9:00 et le dimanche à 12:00. Pour la visite, vous devez vous adresser à la maison à côté de l'église ou à la maison paroissiale, qui est aussi tout près.

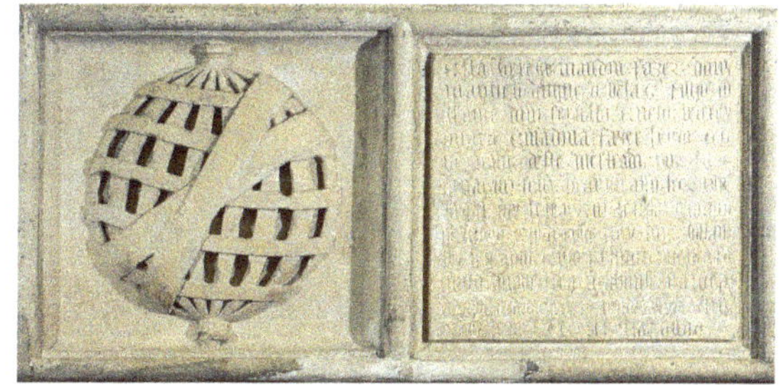

R.C.

Armoiries allusives à la construction de l'église Saint-Jacques, Soure.

Palais des Commandeurs, vue générale, Ega.

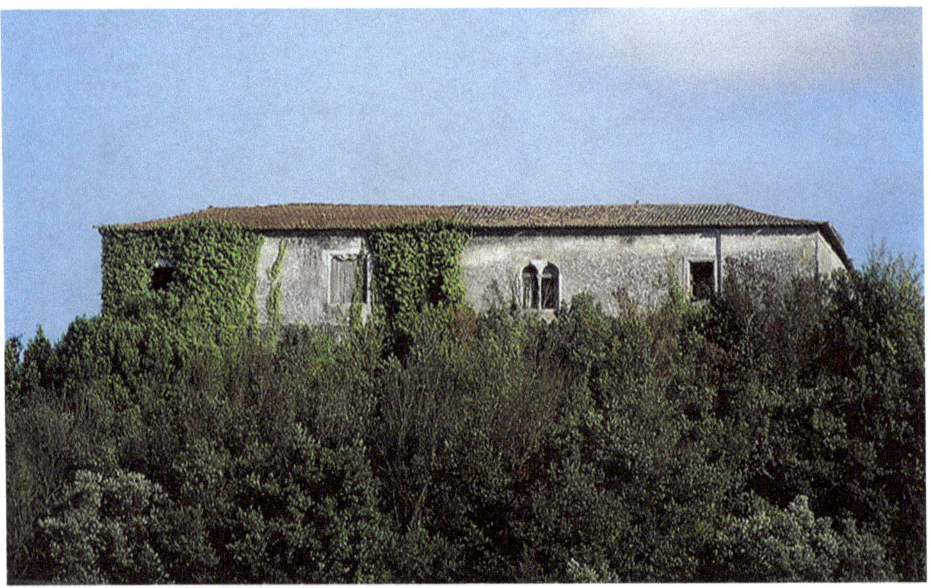

J.B.

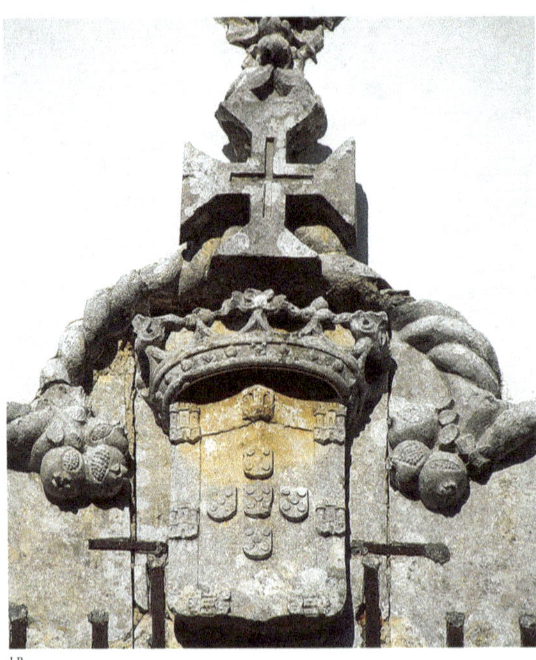

J.B.

Église Notre-Dame de la Grâce, détail du portail, Ega.

Non loin du palais se trouve cette église *matriz*, entièrement restaurée au début du XVIe siècle et dont les travaux furent achevés par Diego del Castillo après la mort du premier constructeur, Marcos Pires, en 1521. Ce dernier était un des hommes de Batalha, collaborateur et disciple de Boytac qui avait hérité de ses campagnes de travaux du monastère de Sainte-Croix et du palais royal à Coimbra.

On remarquera le très beau portail manuélin avec ses colonnes torses, le chœur avec un *arc triomphal* naturaliste également bordé par des colonnes et une *voussure* torses, et une très élégante voûte croisée. L'autel est surmonté d'un triptyque peint par un artiste de la cour vers 1543, dans lequel on peut voir le portrait du commandeur Afonso de Lancastre.

Pour Coimbra, vous devez continuer sur la route N 342, jusqu'à Condeixa et là, prendre la N 1.

Sur les pas de Boytac

Pedro Dias, Dalila Rodrigues,
Nuno Vassallo e Silva, Fernando Grilo

Deuxième jour

III.6 COIMBRA
- III.6.a Palais royal
- III.6.b Musée national Machado de Castro
- III.6.c Ancienne cathédrale (Sé Velha)
- III.6.d Maison de Sub-Ripas
- III.6.e Monastère Sainte-Croix

III.7 SÃO MARCOS (option)
- III.7.a Monastère Saint-Marc

III.8 MONTEMOR-O-VELHO
- III.8.a Château
- III.8.b Couvent Sainte-Marie des Anges
- III.8.c Ancien hôpital de la Miséricorde

La légende d'Inês de Castro

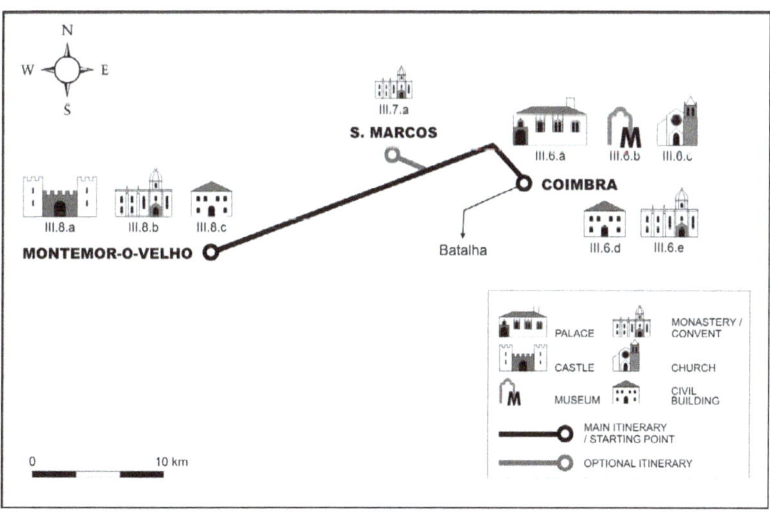

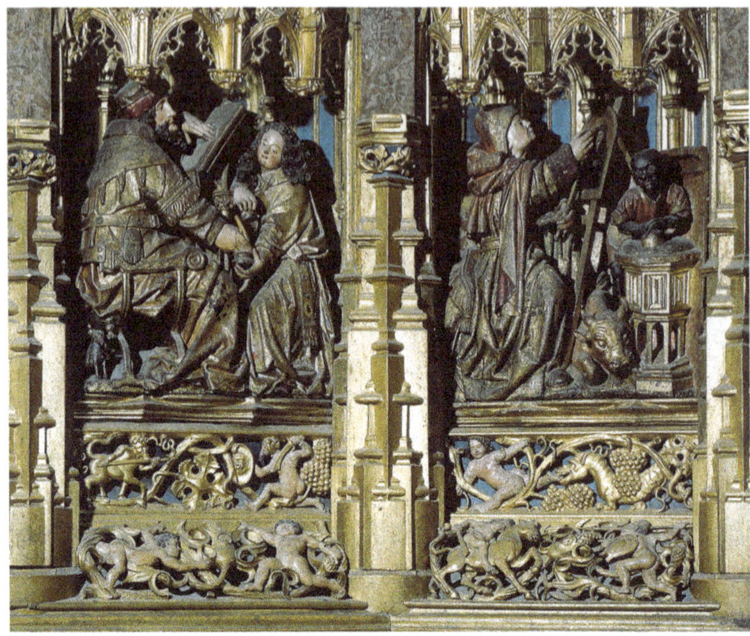

Olivier de Gand et Jean d'Ypres, retable du maître-autel, détail, 1499-1500, ancienne cathédrale, Coimbra.

IPM/J.P.

III.6 COIMBRA

À l'époque manuéline, Coimbra n'avait pas l'importance qu'elle revêt aujourd'hui dans le contexte portugais, ni même celle qu'elle avait eue deux siècles auparavant. Néanmoins, elle fut une ville florissante depuis la période romaine, dont elle conserve de notables vestiges architecturaux et artistiques. Elle demeura la clé des relations entre le nord et le sud du territoire occidental de la péninsule Ibérique jusqu'au milieu du XIIe siècle.
En 713, elle fut occupée par les Arabes qui y restèrent jusqu'en 1064, date à laquelle elle fut reconquise par les troupes de l'empereur de León, Ferdinand le Grand, parmi lesquelles se trouvait le grand "caudillo" Rodrigo Díaz de Vivar, le Cid Campeador.
Le roi Alphonse Ier choisit Coimbra pour y faire siéger sa cour et la ville devint la capitale du jeune royaume jusqu'au milieu du XIIIe siècle. Ensuite, pendant le règne du roi Dinis, le Collège général (l'Université) y fut installé en profitant de l'éclat des cours donnés dans ses écoles monastiques, surtout à Sainte-Croix.
À partir de 1505, Coimbra connut un important développement parce que Manuel Ier fit construire, ou reconstruire, des édifices religieux ou administratifs, et aussi ce qu'on appellerait de nos jours des équipements urbains ou sociaux, comme le pont sur le fleuve Mondego ou l'Hôpital royal. La ville devint alors un immense chantier où passèrent les meilleurs artistes du royaume et de nombreuses grandes figures du panorama artistique européen.

En architecture, en peinture et en sculpture, Coimbra dicta des modes et marqua définitivement tout le bassin du Mondego, d'où partirent de nombreuses campagnes de travaux vers des endroits plus éloignés, surtout vers des agglomérations des provinces des Beiras et de la haute Estremadura.

Pour visiter Coimbra, il est recommandé de garer la voiture à l'entrée de la ville, après avoir passé le viaduc et à côté de la Casa do Sal, dans un des parkings qui s'y trouvent. On peut, ensuite, prendre le "Eco Via", un petit autobus qui vous conduira à la partie haute de la ville. À partir de là, vous pourrez suivre le parcours proposé à pied.

III.6.a **Palais royal**

Largo da Porta Férrea, dans l'Université de Coimbra. Classé Monument national. Renseignements: tél. 239 859800. Service de restauration.

Entrée payante excepté pour les étudiants et les enseignants. Horaires: tous les jours de 9:30 à 12:00 et de 14:00 à 17:00, sauf le 25 décembre.

Le palais royal de Coimbra remonte à la période du premier roi, Alphonse Ier, qui y vécut et qui, très probablement, y mourut. Cependant, plusieurs siècles auparavant, il existait déjà à cet emplacement une forteresse dont on trouve encore des éléments incorporés dans les édifices manuélins. De l'époque du premier roi subsistent les tours rondes (ou *cubelos*) du mur extérieur du palais, la façade vers l'ancienne cathédrale, les grandes fenêtres de la salle du Trône (aujourd'hui salle des Docteurs de l'Université), que l'on peut voir depuis la Via Latina, tout comme plusieurs portes et arcs du rez-de-chaussée dans l'espace occupé par l'Institut juridique.

Mais l'édifice le plus intéressant est la chapelle Saint-Michel avec son portail typique et, devant le maître-autel, un *arc triomphal* en forme de cordages. Il s'agit d'œuvres de Marcos Pires, principal disciple de Boytac qui y travailla de 1517 à 1521.

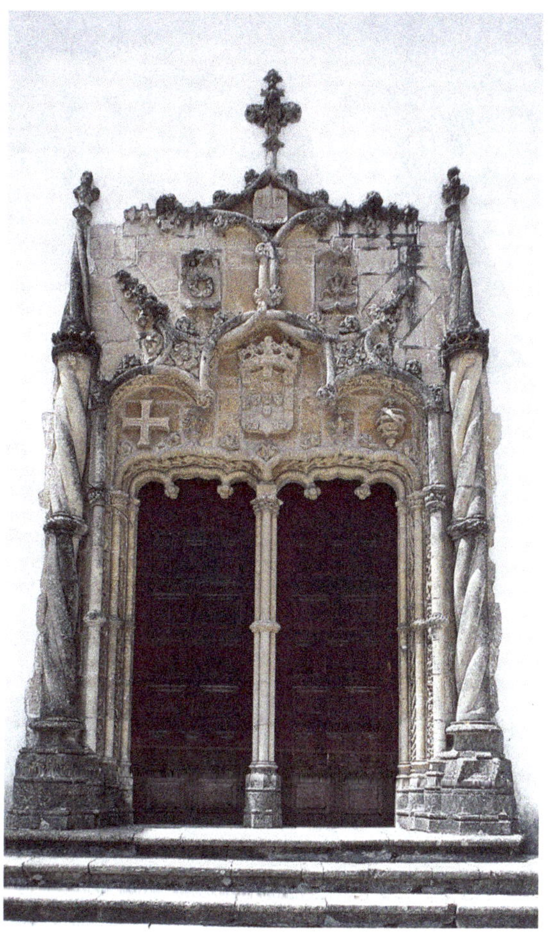

R.C.

Palais royal, portail, Coimbra.

III.6.b **Musée national Machado de Castro**

Largo Doutor José Rodrigues, tél. 239 823727. Cet ancien palais épiscopal est classé Monument national depuis 1910.

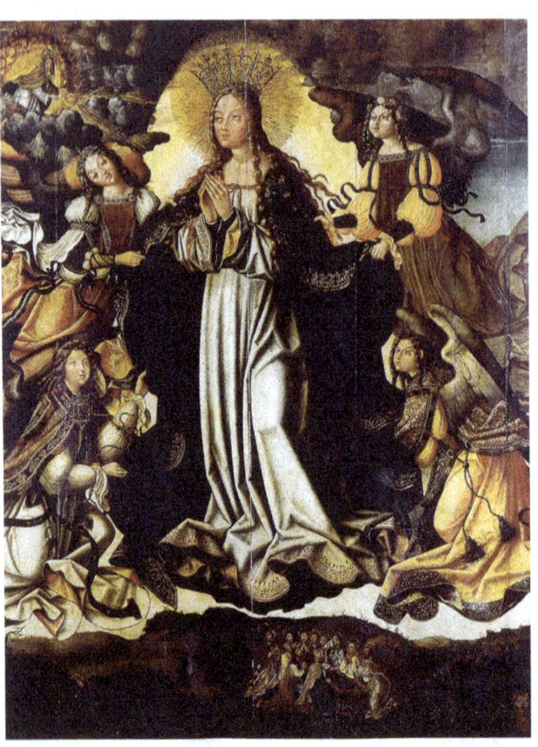

IPM/J.P.

Vicente Gil, "Assomption de la Vierge", huile sur bois, v. 1520, Musée national Machado de Castro, Coimbra.

Entrée payante. Horaires: de 9:30 à 12:30 et de 14:00 à 17:30. Fermé le lundi, le 1er janvier, le dimanche de Pâques, le 1er mai et le 25 décembre.

Le musée est installé dans l'ancien palais épiscopal, qui repose sur un imposant *cryptoportique* romain. Cette plate-forme artificielle avait déjà servi au XIIe siècle pour la construction de l'église Saint-Jean d'Almedina, de son cloître privé et des annexes respectives. De la dernière grande réforme (f. XVIe s.) subsistent l'entrée et la cour avec la grande *loggia* tournée vers le fleuve.
Les remarquables collections du musée comprennent des œuvres depuis le haut Moyen Âge jusqu'à nos jours.
De la collection d'orfèvrerie se détache l'ensemble de pièces qui faisaient partie du trésor de la cathédrale. Il fut sans cesse enrichi de précieux objets de culte à partir du XIIe siècle – et naturellement, pendant la période manuéline. Le gothique final, typique du règne de Manuel Ier, se maintint également dans cette spécialité. Le grandiose ostensoir que D. Jorge de Almeida offrit à la cathédrale en 1527, entièrement en argent doré, en est un bon exemple; sa structure rappelle un édifice manuélin à trois niveaux, reposant sur une large base posée sur des lions et entourée d'une légende expliquant sa donation et les armoiries du comte-évêque; la boîte pour l'hostie, en forme de petit temple, laisse voir le Saint Sacrement à travers une grille très fine.
De la période manuéline, on verra encore des calices en argent doré, en particulier celui du monastère de Sainte-Claire, et le trésor de D.ª Catarina de Eça, abbesse du puissant monastère de Lorvão.
L'importante collection de peinture, avec d'excellents exemples du XVIe siècle, vaussi bien portugais qu'importés, présente quelques œuvres exécutées dans l'atelier le plus traditionaliste de la période manuéline, qui se trouvait probablement à Coimbra. L'*Assomption de la Vierge*, le *Saint Barthélémy* et les six panneaux du polyptyque de Celas, permettent d'identifier certaines caractéristiques représentatives de cet atelier. Malgré le niveau supérieur de quelques peintures *(Assomption de la Vierge)*, on notera la rigidité de l'agencement des images dans l'espace figuratif, la simplification et le caractère répétitif des visages, ou la faiblesse anatomique des figures avec le recours aux tissus cassés dans de traditionnels plis anguleux; il faut toutefois remarquer le traitement

très habile des accessoires, plus concrètement des brocarts ornés de pierres précieuses, ainsi que des pièces d'orfèvrerie, qui présentent un travail minutieux d'une grande densité. Cet intérêt pour ces accessoires semble provenir d'une conception traditionaliste de la peinture, conçue en tant qu'objet matériellement précieux.

Ce que l'on désigne aujourd'hui par "Maîtres de Coimbra" correspondait à l'ancienne désignation "École du maître de Sardoal" car c'est dans l'église *matriz* de cette petite ville que l'on a trouvé un important ensemble de peintures qui est à l'origine du regroupement de toute la production qui nous est parvenue, en tout une quarantaine d'œuvres. Il est très probable que Vicente Gil, peintre du roi Jean II, actif à Coimbra entre 1498 et 1525, et son fils Manuel Vicente, qui travailla dans la ville entre 1521 et 1530, aient été à la tête de cet atelier célèbre et traditionaliste qui travailla surtout pour la région de Coimbra.

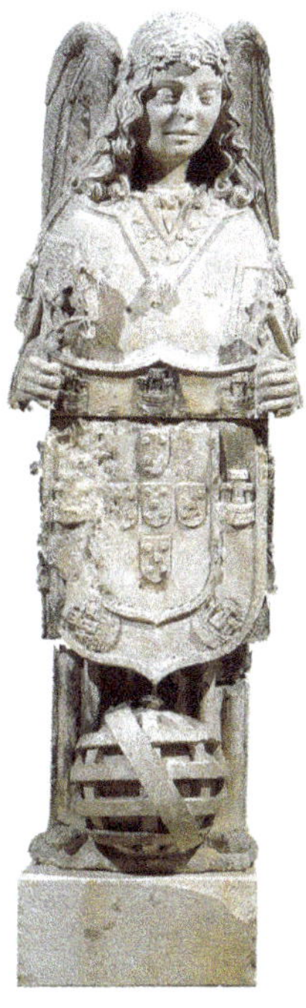

Diogo Pires-o-Moço, "Ange héraldique", pierre calcaire, 1518-1520, Musée national Machado de Castro, Coimbra.

IPM/J.P.

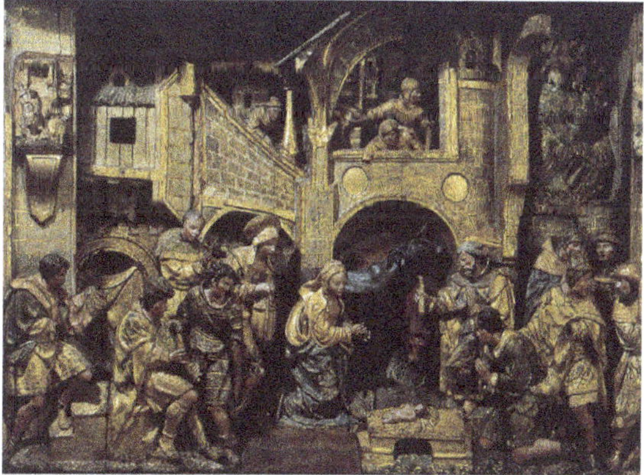

Atelier d'Anvers, "Retable de la Nativité", XVIe siècle, Musée national Machado de Castro, Coimbra.

IPM/C.M.

La collection de sculptures comprend des pièces majeures du maître Olivier de Gand, et des artistes de sa sphère d'influence. Des sculptures comme *Sainte Barbara*, *Saint Jérôme* ou *Saint Grégoire,* bien que proches de la miniature et appartenant à l'imposant retable de l'ancienne cathédrale de Coimbra, sont bien représentatives de l'esthétique de ce maître. Un *Prophète* monumental, incomplet, *Notre Dame* et *Saint Jean*, ainsi qu'un remarquable *Saint Matthieu* provenant de l'église principale de Botão, sont d'autres exemples de l'influence de ce maître flamand dans la région de Coimbra. Par la qualité du ciselé et de la polychromie, le retable de la Nativité, qui représente le grand mouvement d'importation d'œuvres de sculpteurs du nord de l'Europe, peut être attribué à l'un des plus importants ateliers anversois du début du XVIe siècle.

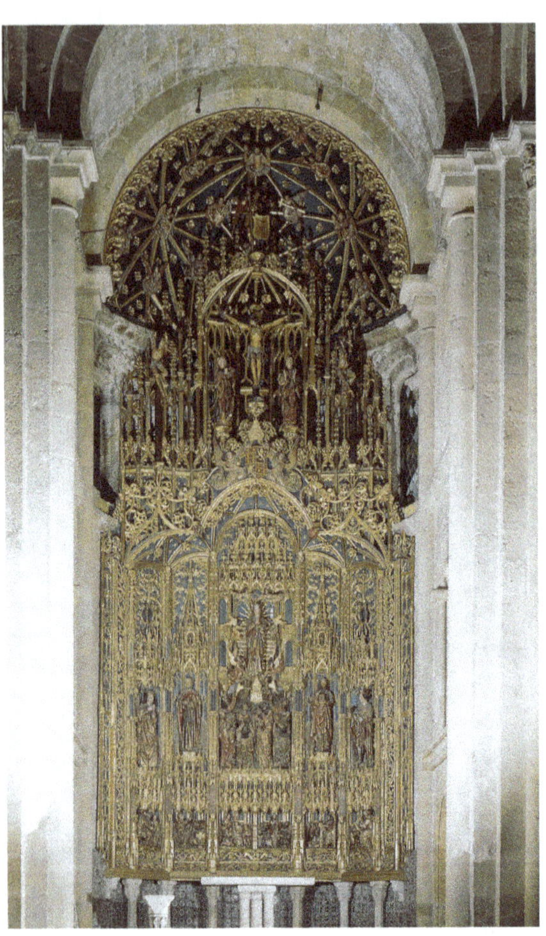

IPM/J.P.

Olivier de Gand et Jean d'Ypres, retable du maître-autel, 1499-1500, ancienne cathédrale, Coimbra.

III.6.c **Ancienne cathédrale (Sé Velha)**

Largo da Sé Velha, tél. 239 8252273. Classée Monument national.
L'entrée du cloître est payante, excepté pour les étudiants et les porteurs de la carte Jeune.
Horaires: tous les jours de 10:00 à 13:00 et de 14:00 à 18:00. Fermée le dimanche.

La Sé Velha de Coimbra remonte aux Wisigoths du VIe siècle, qui avaient bâti une cathédrale à l'emplacement même de l'édifice actuel, commencé en 1164 par l'évêque D. Miguel Salomão. Ce fut de tout temps un endroit sacré, ayant certainement été, jadis, un temple romain et ensuite une mosquée arabe.
Le gros œuvre terminé, la cathédrale fut ouverte au culte en 1184. Elle fut dotée d'un cloître au début du XIIIe siècle et enrichie, surtout à la suite d'une profonde réforme due à l'évêque D. Jorge de Almeida, entre 1483 et 1543. Pendant son séjour dans le diocèse de Coimbra (en plus des travaux d'architecture confiés à Pedro et Filipe Henriques, fils du maître des œuvres du monastère de Batalha), l'évêque Mateus Fernandes commença en 1498 les opérations de rénovation du principal retable, ayant chargé les sculpteurs Jean d'Ypres et Olivier de Gand de son exécution, terminée en 1502. L'année suivante, il acquit à Séville les *azulejos* (10 000 environ) destinés à l'intérieur de la cathédrale. Il n'en reste hélas que quelques-uns à leur place originelle. Il s'agit d'*azulejos mudéjars* polychromes, presque tous de *arista,* faits par Fernán Quijarro et Pedro de Herrera, potiers du quartier sévillan de Triana.
La commande d'un nouveau retable pour le chœur prit une importance fondamentale. Vers 1500, l'évêque engagea des artistes flamands – Olivier de Gand, sculpteur, et Jean d'Ypres, peintre et doreur – pour créer un nouveau retable qui allait jouer aussitôt un rôle générateur d'influences stylistiques que l'on ne soulignera jamais assez. La qualité de sa sculpture, la symbiose parfaite entre la structure d'ebénisterie en forme d'architecture et les sculptures, la polychromie soignée et la dorure adaptée à la magnificence souhaitée : tout

concourt à faire de cette œuvre grandiose un sommet de l'art gothique tardif portugais. Au centre, au milieu d'une théorie d'anges, Notre Dame de l'Assomption est portée au ciel, laissant derrière elle les Apôtres, inconsolables, qui manifestent gestuellement leur douleur, dans un de ces moments étonnants d'émotion que ce type de retable provoque toujours chez le croyant. La monumentalité s'exprime naturellement par des effets d'échelle, et, encore une fois, par la symbiose entre la sculpture, la polychromie et le remarquable travail d'ébénisterie dorée.

III.6.d **Maison de Sub-Ripas**

Rua de Sub-Ripas. Ne peut être visitée qu'extérieurement. Classée Monument national. Renseignements: Office de tourisme, tél. 239832591.

Les maisons manuélines de Coimbra qui sont parvenues jusqu'à nous sont maintenant peu nombreuses, mais celle-ci est indiscutablement un exemplaire de grande classe, un des meilleurs de tout le pays. Comme tant d'autres résidences de la bourgeoisie ou de la petite noblesse, celle-ci fut construite sur le chemin de ronde de la muraille de la ville et en engloba une des tours. Les travaux eurent lieu tout de suite après 1515 et le constructeur y imprima ce goût pour un naturalisme exacerbé qui définit si bien le style de Batalha. Les fenêtres et les balcons sont tous différents, d'un fort caractère naturaliste, et l'intérieur conserve, d'une manière générale, les divisions originelles.

Plus tard, déjà à l'époque de la Renaissance au Portugal, on construisit la *Casa de Cima* ou *do Arco* (maison d'en haut ou de l'arc) et on inclut des dizaines de

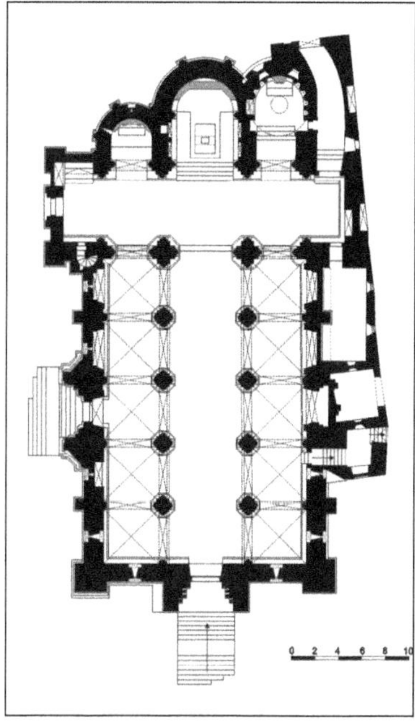

Ancienne cathédrale, plan au niveau de l'entrée, Coimbra, Boletim da Direcção-Geral dos Edifícios e Monumentos Nacionais, n° 109, Lisbonne, 1962.

médaillons et de bas-reliefs Renaissance sur les murs extérieurs des deux maisons. Ils provenaient de l'atelier de Jean de Rouen qui était situé vingt mètres plus haut, dans la même rue.

III.6.e **Monastère Sainte-Croix**

Praça 8 de Maio, tél.: 239 822941. Classé Monument national.
L'entrée des cloîtres est payante. Horaires: du lundi au samedi de 9:00 à 12:00 et de 14:00 à 17:30; le dimanche de 16:00 à 18:00.

Sa construction débuta le 28 juillet 1131, sur l'emplacement d'anciens bains royaux, sans doute des bains arabes, voire des thermes romains. C'est Alphonse Ier lui-même qui est à l'origine de sa fondation et ce fut ici que le jeune prince réunit les principaux intellectuels et hommes politiques

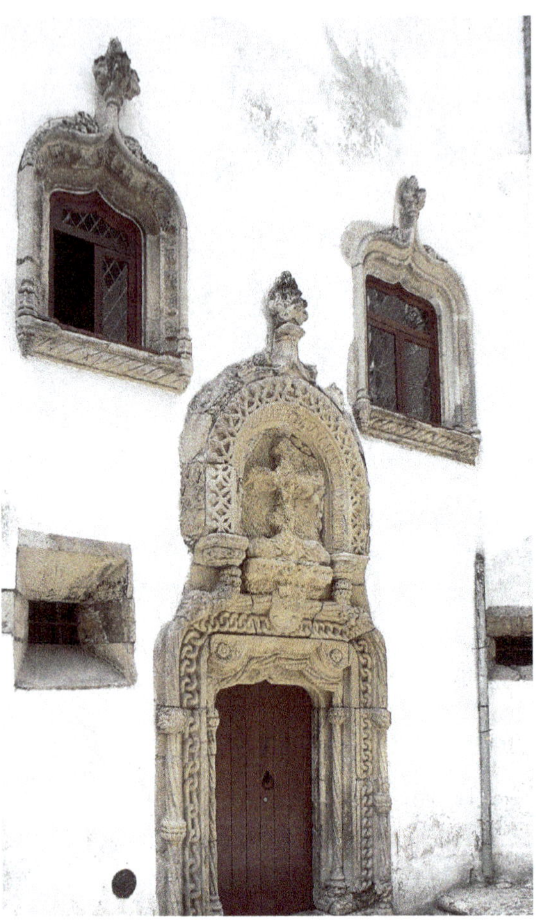

R.C.
Maison de Sub-Ripas, Coimbra.

du royaume naissant, parmi lesquels D. João Peculiar, D. Miguel Salomão, l'archidiacre D. Telo et saint Teotónio, qui fut le premier prieur du monastère qui allait être donné aux chanoines de la règle de saint Augustin. Pendant la période manuéline et à la suite d'une visite de Manuel Ier en personne, en 1502, le monastère fut profondément modifié dans sa structure physique même. On reconstruisit l'église, les cloîtres et les zones d'habitation depuis leurs fondations. Le promoteur fut D. Pedro Galvão, prieur et évêque de la ville de Guarda. Le roi en fut le patron et principal financier, et Boytac, le maître d'œuvre.

La façade actuelle, qui suit les tracés de l'époque médiévale, fut élevée entre 1507 et 1513. En 1522, on y ajouta le portail, dessiné et construit par Diego del Castillo, et complété par des statues de Nicolas Chantereine. L'intérieur de l'église est spacieux quoique d'une seule nef. Le voûtement général, dû à Boytac, était terminé en 1513. Les nervures sont typiques du dernier gothique, mais les clés et les consoles, en spirale et très longues, sont typiques de l'art de ce maître. Au-dessus de l'entrée se dresse le chœur supérieur, de la main de Diego del Castillo en 1530. Le chœur est également couvert par une voûte identique à celle de la nef et sur les clés on peut voir les armoiries royales, la sphère armillaire et la croix de l'ordre du Christ, allusion évidente au mécénat royal. Sur les murs latéraux de ce chœur se trouvent les tombeaux des rois Alphonse Ier et de son fils, Sanche Ier. Placés initialement dans la nef, ils furent transférés dans ce lieu plus noble en 1535. Manuel Ier voulut mettre en valeur ses premiers ancêtres et commanda à Juan del Castillo, qui dirigeait alors les travaux du monastère des Hiéronymites, ces deux formidables *enfeus*, de véritables hymnes à l'ascendance de la maison royale. Le directeur des travaux entre 1518 et 1522 fut Diego del Castillo, le frère cadet de l'architecte royal; les beaux gisants sont de la main du Français Nicolas Chantereine, le reste de la statuaire est de la main d'autres artistes venant des Hiéronymites, parmi lesquels des Portugais et des Espagnols: Diogo Francisco, Pero Anes, Diogo Fernandes, João Fernandes et Juan de la Faya. Les esthétiques du dernier gothique, visibles surtout dans la structure et dans une partie de la décoration,

contrastent avec celle de la Renaissance des gisants et d'autres sculptures, comme *Notre Dame* et les *Vertus*.
Une autre œuvre manuéline d'une grande valeur est le cloître du Silence. Il fut entièrement construit sous la direction de Marcos Pires, bien qu'on puisse penser que le dessin est dû à Boytac, son maître, qui, cependant, en 1513, abandonna Coimbra pour aller travailler dans les places fortes portugaises de l'Afrique du Nord. Il est entièrement gothique, aussi bien en ce qui concerne sa structure que sa décoration, aux formes vigoureuses et à l'exubérance naturaliste, évoquant fondamentalement le monde végétal.
Du cloître, on accède au chœur où l'on déménagea en 1531 les stalles que, vingt ans auparavant, le sculpteur flamand Machim avait réalisées pour la chapelle majeure. C'est une très belle œuvre d'ébénisterie au goût nordique, avec un couronnement très riche où sont évoqués les voyages maritimes des Portugais et les villes où ils abordèrent, quelques-unes clairement indiquées comme étant orientales ou arabes. Dans les intercalaires des chaises furent sculptées des figures de rois maures, asiatiques et africains enchaînés pour évoquer la souveraineté portugaise sur leurs pays.

III.7 **SÃO MARCOS** (option)

III.7.a **Monastère Saint-Marc**

Quinta de São Marcos, sur la route de Coimbra à Figueira da Foz, à une quinzaine de kilomètres de Coimbra, tél. 239 963293.
Horaires: du lundi au vendredi de 8:00 à 12:00 et de 13:00 à 17:00. Fermé les jours

M.A.

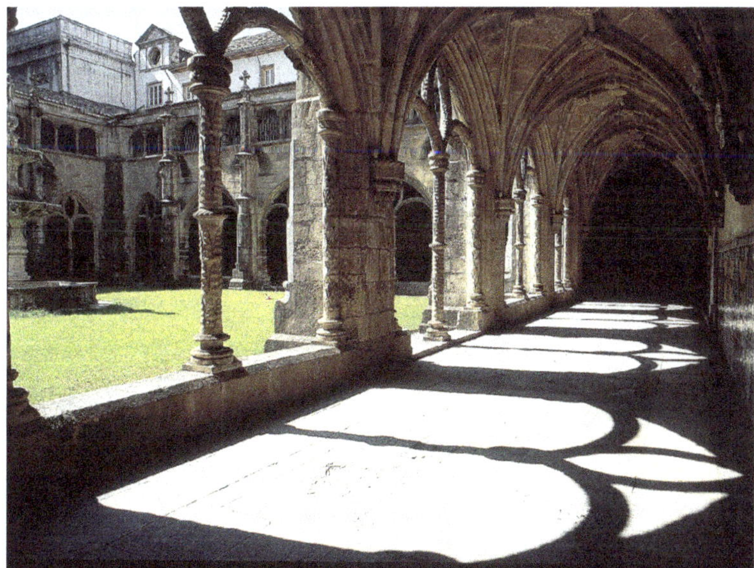

Monastère Sainte-Croix, cloître du Silence, Coimbra.

João Alemão Machim et Francisco Lorete, stalles du monastère Sainte-Croix, 1513-1518, Coimbra.

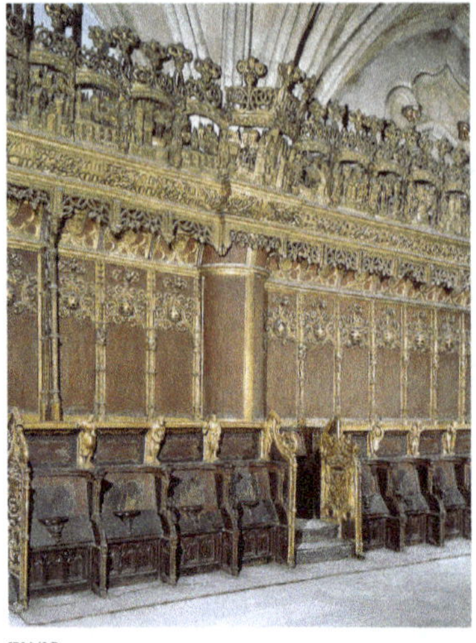

IPM/J.P.

João Alemão Machim et Francisco Lorete, stalles du monastère Sainte-Croix, détail, 1513-1518, Coimbra.

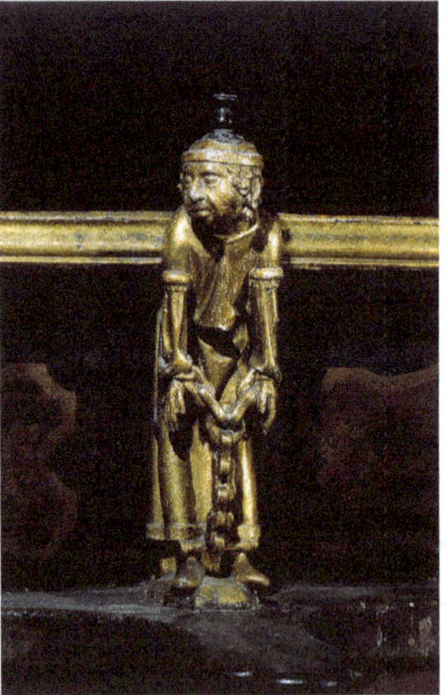

IPM/J.P.

fériés et les week-ends, sauf si l'on demande l'ouverture suffisamment à l'avance.

L'origine du monastère Saint-Marc remonte à 1441, quand João Gomes da Silva institua une messe quotidienne dans une petite chapelle qui existait à cet emplacement. Quelques années plus tard, en 1452, D.ª Beatriz da Silva l'offrit aux moines hiéronymites et cette institution commença une nouvelle vie. De grands travaux furent entrepris alors, dirigés par maître Gil de Sousa. Cependant, la structure initiale changea complètement pendant l'époque manuéline. Le portail de l'église, qui date de 1510, en est la marque la plus ancienne. Il est de style gothique final avec une forte composante naturaliste.

Malgré de nouveaux changements introduits à partir du milieu du XVIe siècle, le maître-autel et la sacristie gardent également leur structure gothique avec des voûtes nervurées et des clés très décorées, terminées l'année de la mort de Manuel Ier, c'est-à-dire en 1521.

De la même époque datent les tombeaux de João da Silva et d'Aires Gomes da Silva, dus à Diogo Pires-o-Moço, le principal artiste de la statuaire de Coimbra. Malgré leur composante gothique tardive, leur enracinement dans le naturalisme végétal manuélin, on peut déjà y déceler la présence de l'art de la Renaissance. Ceci est certainement dû au contact de Diogo Pires avec Nicolas Chantereine qui faisait, en même temps, le très beau retable majeur commandé par Aires Gomes da Silva, cité plus haut, l'une des premières œuvres de style classique réalisées au Portugal.

Mais l'église Saint-Marc abrite d'autres tombeaux d'un grand intérêt plastique, depuis celui en gothique flamboyant de Fernão Teles de Meneses, jusqu'à ceux, maniéristes, de la chapelle des Rois mages (1572), qui sont les dernières grandes œuvres du sculpteur Jean de Rouen.

Pour Montemor-o-Velho, vous devez suivre la route N 111.

Le bas Mondego

Le cours inférieur du fleuve Mondego, à partir de Portela, déjà près de l'entrée de Coimbra, est caractérisé par une large plaine alluviale, qui s'élargit de plus en plus. Après avoir passé entre les rives serrées de la vallée de Penacova, et quand elles rencontrent la rivière Ceira, les eaux du Mondego, dont la source est dans la Serra da Estrela, se libéraient de leur gaine de moyenne montagne, et, pendant l'hiver elles envahissaient les rives et inondaient les champs fertiles de Montemor et de Vila Verde. Toutefois, depuis quelques décennies, avec la construction du barrage d'Aguieira, cet état de chose se modifia et les débits sont désormais contrôlés. Ereira ou Maiorca, d'anciennes petites villes, jadis cycliquement transformées en îles, ne se trouvèrent plus jamais isolées. Mais le paysage reste le même: des plaines très étendues, où le riz est depuis longtemps la principale richesse, mais où l'on cultive aussi d'autres produits économiquement intéressants.
Terre agricole, mais aussi terre d'Histoire. Elle fut occupée depuis la préhistoire, comme c'est patent dans l'agglomération celto-ibérique de Santa Eulália. Montemor-o-Velho, Tentúgal et Buarcos furent ses principaux noyaux urbains, qui appartinrent aux Arabes et qui tombèrent définitivement aux mains des chrétiens en 1064. Leur développement est dû à D. Cesnando, un mozarabe qui peupla le bas Mondego, bâtit des châteaux, cultiva les terres et fixa des agglomérations.
La fertilité de ces terres attira des hommes et des institutions, ainsi que des maisons comme le couvent Sainte-Croix, ensuite l'Université; des ducs d'Aveiro y possédèrent de grandes propriétés, qui constituaient leur principale source de revenus. Il y a de nombreux et d'appréciables témoignages de toute cette époque.

III.8 MONTEMOR-O-VELHO

Il existe des documents sur l'histoire de la ville de Montemor-o-Velho depuis la période romaine, mais sa citadelle ne devint vraiment importante que pendant l'occupation arabe car elle était, en même temps que Coimbra, la principale fortification de ce genre sur la ligne du Mondego. La première reconquête chrétienne eut lieu en 878, mais elle fut à nouveau perdue, puis reprise par le royaume de le León en 1064, pendant les grandes campagnes militaires de Ferdinand le Grand.
Le château en haut de la colline qui domine la plaine fut agrandi et développé; centre de toute une riche région agricole, il fut aussi un foyer très important du mozarabisme. Après l'intégration de la ville dans le comté de Portugal, sa première charte d'autonomie lui fut octroyée en 1095 par Raymond de Bourgogne, gendre de l'empereur de León et qui était alors gouverneur de Coimbra. Par la suite, Montemor fut l'objet de donations royales et échut en partage à D.ª Teresa et à D.ª Sancha, filles du roi Sanche Ier de Portugal.
Le palais royal construit à l'intérieur du château fort paraît avoir été très apprécié des rois de la première dynastie portugaise. C'est ici qu'Alphonse IV ordonna l'exécution d'Inês de Castro,

Vue générale de Montemor-o-Velho.

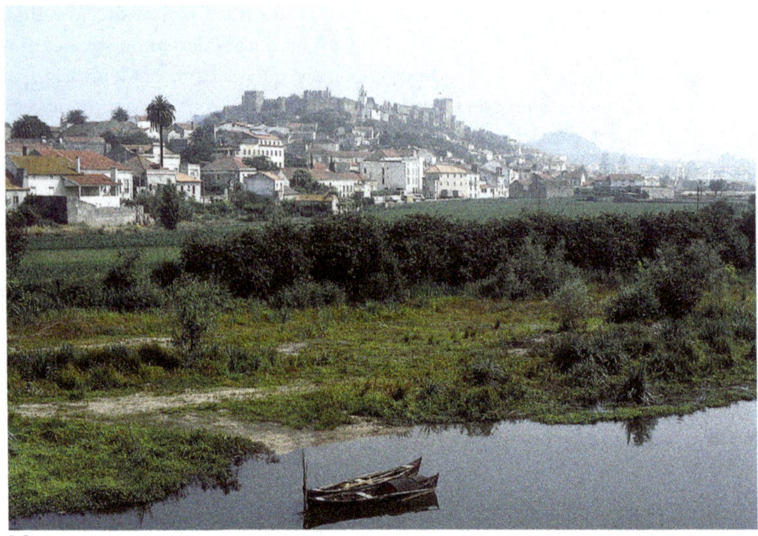

R.C.

héroïne de l'une des plus tragiques et plus belles histoires d'amour que les poètes des siècles suivants, comme Camões et António Ferreira, chantèrent avec génie.

C'est ici, également, que vécut très souvent le duc de Coimbra, l'infant Pierre (D. Pedro), un des fils de Jean Ier, régent du royaume pendant la minorité de son neveu, Alphonse V, un des promoteurs de l'expansion maritime portugaise et des découvertes outre-mer, en même temps que l'un des grands innovateurs de son temps au Portugal.

Diogo de Azambuja, un noble qui servit trois rois, est une des figures de proue de l'époque manuéline dans la région. L'apogée de sa carrière fut l'établissement de la souveraineté portugaise à Saint-Georges de la Mine (dans le golfe de Guinée), et à Safi, Mogador et Aguz (au Maroc). Manuel Ier donna une nouvelle charte à la ville n 1517.

III.8.a **Château**

Si vous souhaitez effectuer le parcours jusqu'au château à pied, suivez la Rua de Coimbra. Si vous voulez y aller en voiture, prenez la Rua do Castelo. Tél.: 23 9680380. Classé Monument national. Horaires: tous les jours, sauf le lundi, de 10:00 à 20:00 en été et de 10:00 à 12:30, puis de 14:00 à 17:00 en hiver. On peut réserver des visites auprès du Département de la culture à la mairie, tél. 239 687316.

La construction médiévale qui reste est divisée en plusieurs parties: le château proprement dit, la muraille principale, la *barbacã* qui l'entoure, l'enceinte septentrionale et le réduit inférieur. Ces constructions et l'essentiel de la forme que le château présente encore doivent provenir des grandes réformes du XIVe siècle; mais il y a des parties plus anciennes, comme le donjon, dans la base duquel furent remployées des pierres de taille de constructions romaines. La porte de la *barbacã* date de l'époque manuéline. À l'intérieur du château fort se trouve l'église Sainte-Marie de la Citadelle (da Alcáçova). Son origine remonte au XIe siècle, ayant été fondée par D. Cisnando. Cependant, au début du XVIe siècle, l'évêque de Coimbra, D. Jorge de Almeida, qui en avait la charge, la fit reconstruire depuis ses fondations; il en chargea maître Francisco Pires, un des anciens auxiliaires de Boytac à Sainte-Croix de Coimbra.

L'église présente trois nefs séparées par des piliers torsadés à la manière des consoles de Boytac, le même type de décoration sur les arcs des chapelles du chevet, et un élégant portail latéral sur le linteau duquel le constructeur grava ses initiales. Sur les murs intérieurs se voient encore plusieurs stèles médiévales, et, il y a cinquante ans, on y apposa également quelques *azulejos mudéjars* sévillans, choisis parmi ceux qui étaient gardés une fois enlevés de l'ancienne cathédrale de Coimbra.

III.8.b **Couvent Sainte-Marie des Anges**

Largo dos Anjos.
Horaires: le couvent n'ouvre que pour des cérémonies spéciales et pour la célébration de la messe, le samedi à 20:00. On peut réserver des visites auprès du Département de la culture à la mairie, tél. 239 687316.

Ce couvent fut fondé canoniquement en 1494 par les moines ermites de Saint-Augustin, plus connus sous le nom de "gracianos". On doit au noble Diogo de Azambuja au moins la construction du chœur qu'il réserva pour son panthéon personnel et qui date de 1511, d'après l'inscription qui se trouve sur la clé principale de la voûte. Celle-ci est nervurée et d'un beau tracé, typique du dernier gothique, mais les bases naturalistes de l'*arc triomphal* incluent même des vases avec des fleurs symbolisant Notre Dame.

Le reste de l'église fut entièrement modifié. On y construisit des chapelles latérales

M.A.

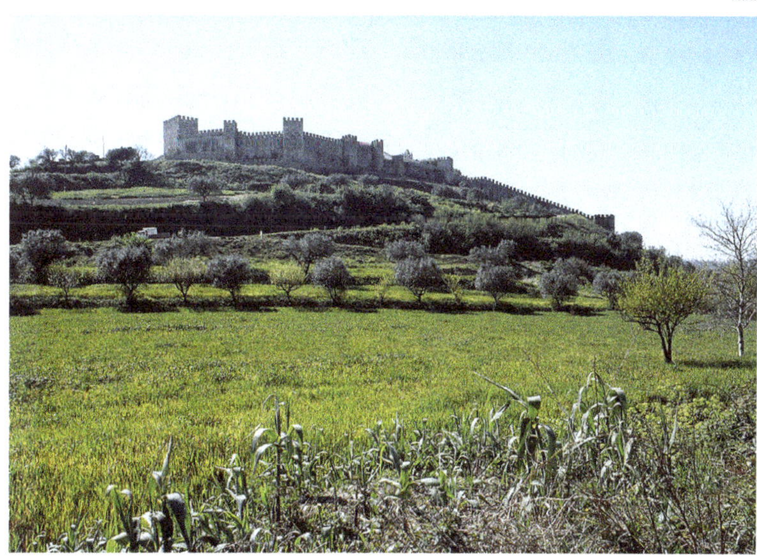

Château, vue générale, Montemor-o-Velho.

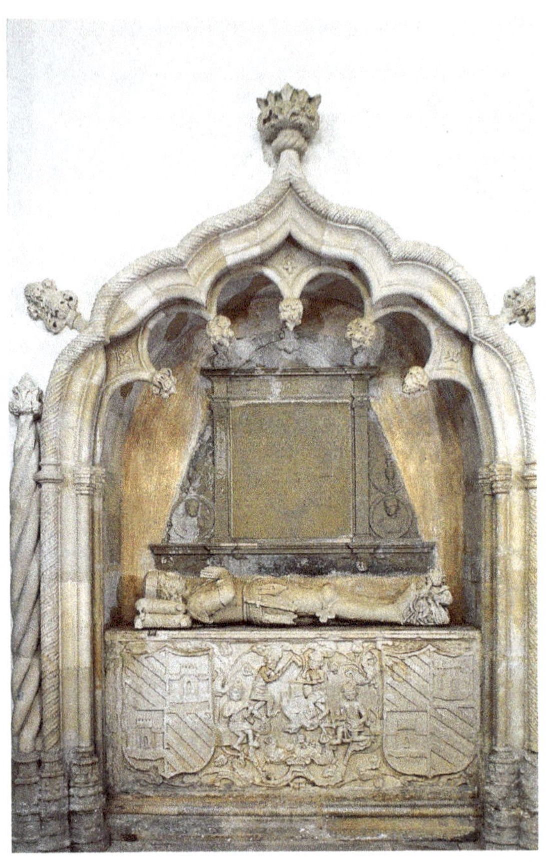

R.C.

Couvent Sainte-Marie des Anges, tombeau de Diogo de Azambuja, Montemor-o-Velho.

qui possèdent un notable ensemble de figures sculptées et de sculptures purement décoratives de la Renaissance ou du maniérisme de Coimbra, dont certaines sont de la main de Jean de Rouen et de Tomé Velho.

Mais le principal centre d'intérêt demeure le tombeau de Diogo de Azambuja, œuvre de Diogo Pires-o-Moço, que l'on peut dater d'une année proche de 1518, année de la mort dudit seigneur. Un peu plus tard, déjà pendant la décennie de 1530, on apposa sur le mur du fond une stèle avec l'histoire du fondateur de Saint-Georges de la Mine en 1492. Cette stèle est de la première Renaissance au Portugal et on peut l'attribuer à Jean de Rouen. L'*enfeu* est constitué par une niche dans le mur où repose l'arche tumulaire sur laquelle se trouve le gisant; celui-ci, d'un bon niveau artistique, témoigne de la connaissance de l'esthétique de la Renaissance qui venait d'arriver au Portugal; le devant du tombeau est d'un goût plus ancien, mais non dépourvu d'intérêt; le commanditaire voulut que l'on y représentât le travail de l'or à Saint-Georges de la Mine: on y voit donc des indigènes occupés aux diverses opérations, de l'extraction à la vente. On consacrait de la sorte une des principales contributions du commanditaire à l'expansion intercontinentale portugaise. Un grand arc extérieur, typique du manuélin, encadre l'*enfeu*.

III.8.c **Ancien hôpital de la Miséricorde**

Praça do Município. Classé Édifice d'intérêt public. Abrite actuellement une maison de retraite.
Horaires: de 10:00 à 18:00. On peut également réserver des visites auprès du Département de la culture à la mairie, tél. 239 687316.

L'hôpital de la Santa Casa da Misericórdia de Montemor, sur la place de la ville, fut édifié au début du règne de Manuel Ier et sous son égide. Jusqu'à très récemment, il y avait quelques vestiges architecturaux dans le siège central de l'édifice, presque entièrement refait, depuis ses fondations, au XVIIIe siècle.

Le retable qui s'y trouve encore montre que la production des "Maîtres de Coimbra", malgré une certaine homogénéité de solutions découlant de l'utilisation d'un formulaire de base, est hétérogène en ce qui concerne le niveau des résultats obtenus. Le travail, mené en équipe, présente dans cette œuvre un bon exemple de cela, aussi bien sur les panneaux de plus grandes dimensions que sur les plus petites *prédelles*, où figurent les bustes de plusieurs saints et saintes avec leurs attributs. On y identifie le travail de peintres aux capacités inégales, surtout sur le plan de la conception des figures et du modelé des visages. Les scènes narratives témoignent également d'une évidente difficulté sur le plan de la structure et de l'organisation spatiale de la composition, notamment dans l'échelonnement et la simplification des figures sur le panneau de l'*Adoration des Mages*. Parallèlement, sur les panneaux latéraux, où se trouvent respectivement *Saint Pierre* et *Saint Jean-Baptiste*, les valeurs de vraisemblance représentatives sont notoires, aussi bien pour la monumentalité du volume et pour le modelé délicat des drapés que pour la tentative de caractérisation des visages et pour la vision des éléments végétaux du paysage.

L'élément qui revêt une plus grande visibilité intentionnelle est le cadavre martyrisé du Christ, soutenu et exposé par les figures qui participent à la scène, avec des gestes théâtraux d'une grande force émotionnelle pour simuler une situation d'empathie avec le spectateur.

La raison d'État obligea l'infant Pedro, fils et héritier du roi Alphonse IV, à se marier avec D.ª Constanza, infante de la reine de Castille. Dans la suite des dames de compagnie de cette princesse venait Inês de Castro, dont l'infant s'éprit et avec qui il vécut une belle et triste histoire d'amour.

D.ª Constanza mourut en 1345 et Pedro s'en alla vivre avec Inês à Coimbra. Ils eurent quatre enfants. Entretemps, les intrigues de palais, alliées au désaccord du roi sur cette union, poussèrent le monarque à faire tuer Inês, en 1355, lors d'une absence de l'infant. Une guerre civile éclata, opposant le fils au père pendant toute une année. À la mort de ce dernier, Pedro devint roi à son tour et décida de se venger des conseillers qui avaient été mêlés à l'assassinat de la belle Inês en ordonnant qu'on leur arrache le cœur. Il donna à Inês un statut de reine posthume. Son corps

Vicente Gil et Manuel Vicente, retable de l'ancien hôpital de la Miséricorde, détail, Montemor-o-Velho.

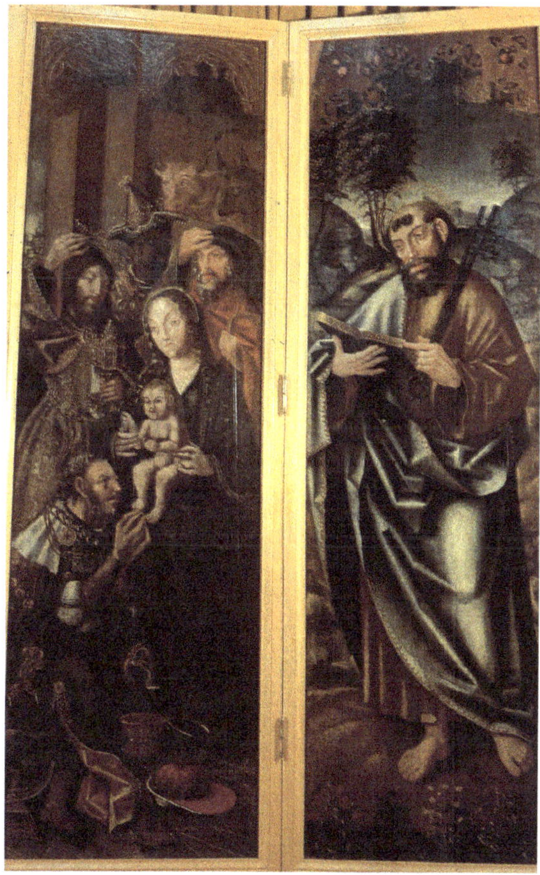

P.D.

fut exhumé et couronné, et toute la cour dut s'agenouiller devant le cadavre de la nouvelle reine.
L'histoire de la "reine morte" et la légende se confondirent au fil des siècles. L'on dit qu'à l'endroit où les deux amants se retrouvaient, une source pure jaillit, la fontaine des Amours, dans les jardins de la Quinta das Lágrimas (villa des Larmes), que l'on peut visiter encore aujourd'hui dans les alentours de Coimbra. Par la volonté de Pedro – le roi Pierre Ier –, son tombeau et celui d'Inês furent posés dans le transept de l'église du monastère d'Alcobaça, tournés l'un vers l'autre, pour qu'ils se relèvent face à face le jour du Jugement dernier.

Forêt de Buçaco

La très belle forêt de Buçaco, 400 hectares entourés d'un mur de 5,750 m, eut son origine au XVIIe siècle et est entièrement le fruit de l'intelligence humaine. En effet, en 1628, l'évêque de Coimbra, D. João Manuel, autorisa les carmélites déchaussés à faire un "désert" sur les terrains montagneux dans les proximités de Vacariça. Les moines non seulement construisirent un petit couvent, mais plantèrent aussi la forêt, avec, très souvent, des essences exotiques ou des essences rares; et pour que les arbres ne soient pas coupés, ils obtinrent même une bulle papale qui excommuniait ceux s'y attaqueraient. Le texte de la bulle protectrice des arbres, datant de 1643, fut placé sur les portes de l'enceinte pour que personne n'osât porter atteinte au patrimoine botanique. Quelques arbres sont venus d'Espagne, d'autres des Amériques, d'autres encore de l'archipel des Açores. Les cèdres constituent l'espèce la plus abondante et de plus grandes dimensions; les botanistes en reconnaissent plusieurs sortes, depuis ceux qui sont originaires de Crète et du Liban jusqu'à ceux provenant de l'Himalaya et de l'Afghanistan. En 1879, on planta encore de nouvelles espèces, comme un séquoia américain de 46 m de haut à côté de la fontaine Sainte-Thérèse. L'entrée de l'enceinte fut interdite aux femmes, interdiction maintenue jusqu'en 1835, au moment de l'extinction des ordres religieux au Portugal.
Les carmélites déchaussés, après avoir reçu la propriété, voulurent en faire un paradis sur terre, centré autour de leur couvent qui s'agrandissait à mesure que les moines devenaient plus nombreux et que la renommée de leur sainteté se répandait. On dit que les premiers travaux furent dirigés par les moines Alberto da Virgem et António das Chagas. Dans les coins les plus isolés, ils bâtirent des chapelles où ils se retiraient pendant des périodes de prière plus ou moins longues.
Sur l'emplacement du vieux couvent, un nouvel édifice fut construit, destiné d'abord à être un pavillon de chasse de la famille royale, mais très vite converti en hôtel. Les travaux commencèrent en 1898 sur les plans de Luigi Manini, un scénographe italien établi au Portugal, et on y éleva un hymne aux Découvertes portugaises et à l'action de Manuel Ier, puisque le style choisi fut un néo-manuélin soulignant avec emphase la symbologie et le côté hypernaturaliste de la décoration. On obtint, dans un cadre unique, une construction fantastique à laquelle l'adresse et la technique des tailleurs de pierre et des sculpteurs de Coimbra contribuèrent fortement.

LA LÉGENDE D'INÊS DE CASTRO

Pedro Dias

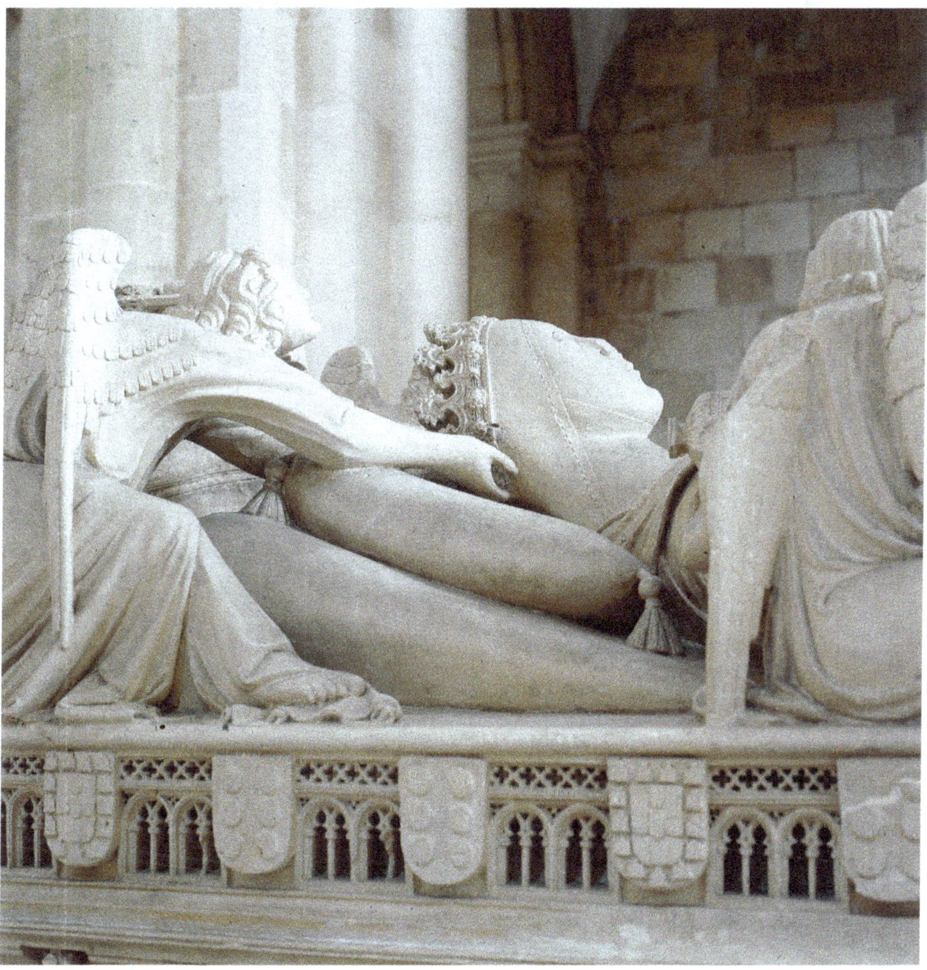

R.C.

Tombeau d'Inês de Castro, détail, monastère d'Alcobaça.

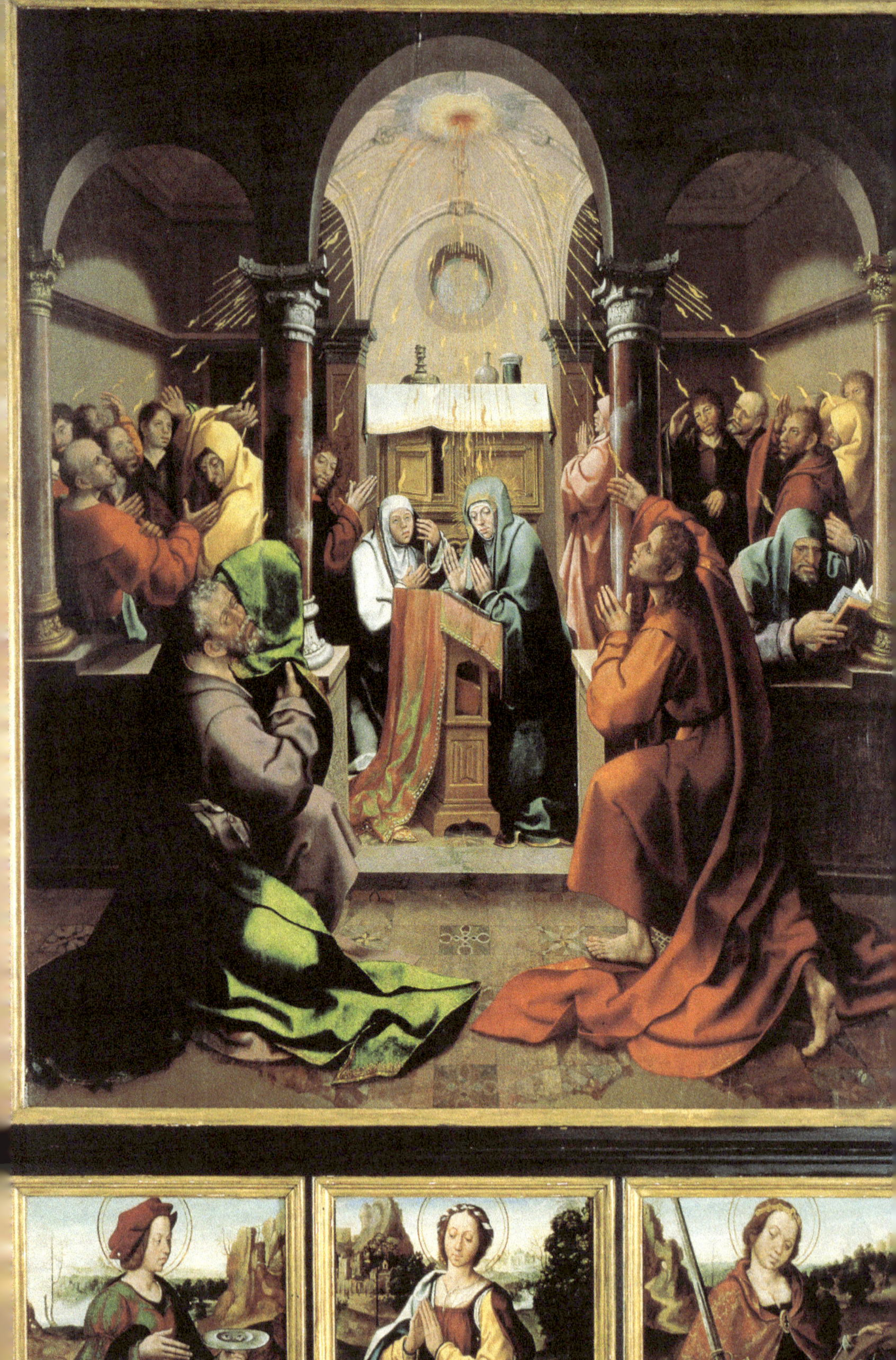

À la découverte de Grão Vasco

Pedro Dias, Dalila Rodrigues,
Nuno Vassallo e Silva, Fernando Grilo

IV.1 VISEU
- IV.1.a Noyau urbain ancien
- IV.1.b Cathédrale
- IV.1.c Musée Grão Vasco

IV.2 LAMEGO
- IV.2.a Cathédrale
- IV.2.b Maisons de la Rua do Poço
- IV.2.c Musée de Lamego

IV.3 FERREIRIM (option)
- IV.3.a Saint-Antoine, église matriz

IV.4 TAROUCA (option)
- IV.4.a Couvent Saint-Jean de Tarouca

IV.5 UCANHA (option)
- IV.5.a Pont fortifié

Grão Vasco, le peintre-héros

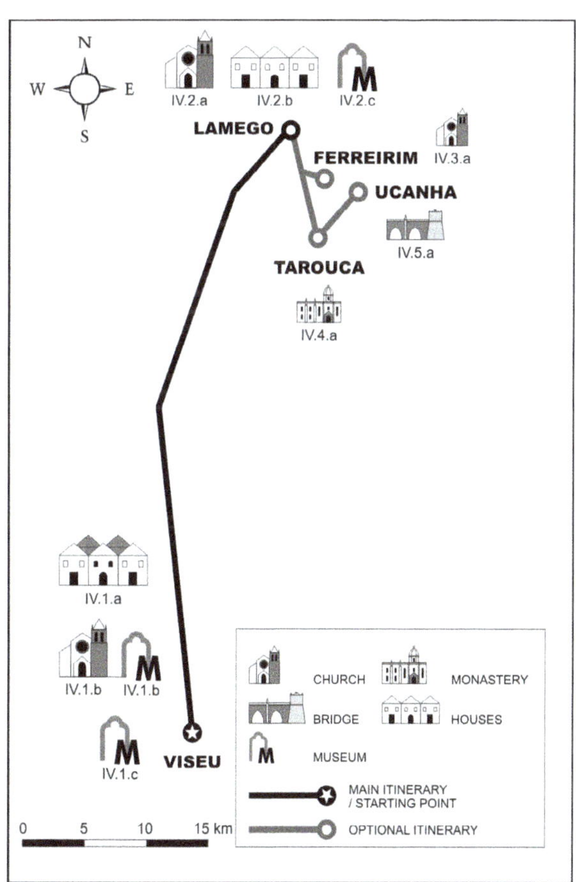

Vasco Fernandes, "Pentecôte" et, sur la prédelle, "Sainte Lucie", "Sainte Marguerite" et "Sainte Catherine", huile sur bois de chêne, 1535-1540, musée Grão Vasco, Viseu.

Vasco Fernandes, plus connu sous le nom de Grão Vasco (le grand Vasco) est le peintre emblématique du Portugal, le peintre à jamais, ou tout simplement Le Peintre.
Pendant longtemps, et jusqu'au début du XXe siècle, toute peinture ancienne de grande qualité était attribuée à Grão Vasco. Nous savons aujourd'hui que cela ne correspond pas à la réalité, mais de la légende et de l'histoire découle un art supérieur où l'on retrouve la tradition, le régionalisme le plus pittoresque et le vent des nouveautés des Flandres et d'Italie.
Grão Vasco est né à Viseu, où il a passé l'essentiel de son existence, même si nous savons qu'il a travaillé à Lisbonne dans l'atelier royal de Jorge Afonso. Dans sa ville natale et à Lamego, un peu plus au nord, il trouva des mécènes riches et puissants qui lui firent des commandes exceptionnelles. Le plus important de tous fut D. Miguel da Silva, poète, antiquaire et lettré, qui, après s'être installé à Rome, reçut le chapeau de cardinal. Il avait déjà été ambassadeur dans la Ville éternelle auparavant. Il fut l'un des plus actifs introducteurs de la Renaissance dans les arts portugais.
Viseu n'était rien d'autre qu'un centre régional à l'époque manuéline; toutefois la ville, qui se trouve loin de la mer, mais au cœur d'un dense réseau routier et d'une région agricole féconde, a toujours continué à prospérer et à se développer.
L'infant Henri le Navigateur, puis un frère de Manuel Ier furent ducs de Viseu. C'est encore à Viseu que naquit le roi Duarte, successeur de Jean Ier.
Grão Vasco se promena beaucoup au milieu des murs et par les rues de cette ville. Les vestiges manuélins y sont nombreux. La cathédrale a une extraordinaire voûte à nœuds, œuvre du plus grand architecte manuélin, Juan del Castillo, commandée par l'évêque D. Diego Ortiz de Villegas, cosmographe de la cour. Les tableaux qui se trouvent au musée Grão Vasco viennent du maître-autel; ils sont l'œuvre du peintre et de ses auxiliaires de Lisbonne et de Flandres, ainsi que les grandes pales de chapelles latérales, déjà de la Renaissance, commandées et payées par le flamboyant prélat, D. Miguel da Silva. Au musée d'Art sacré se trouve l'ostensoir manuélin de la cathédrale, tandis que le musée Grão Vasco conserve la précieuse *pyxide* en ivoire réalisée par des artisans du Bénin au début du XVIe siècle.
L'activité du peintre Vasco Fernandes s'étendit à toute la province de Beira Alta ainsi qu'à celle de l'Alto Douro, depuis la cathédrale de Lamego jusqu'au couvent Sainte-Marie de Salzedas, à celui d'Orgens et à l'église principale de Freixo de Espada à Cinta, dont le retable conçu pour son chœur est pratiquement intact.
Des œuvres de peinture, d'architecture, de sculpture, d'orfèvrerie et de tapisserie de l'époque manuéline font de cette région une des plus riches du pays dans le domaine artistique.

IV.1 VISEU

Grão Vasco est le plus célèbre peintre portugais, le peintre que la légende couronna d'une aura mythique et intemporelle. Les données historiques dont on dispose actuellement sur ce peintre fascinant, dont le véritable nom est Vasco Fernandes, nous disent qu'il maintint à

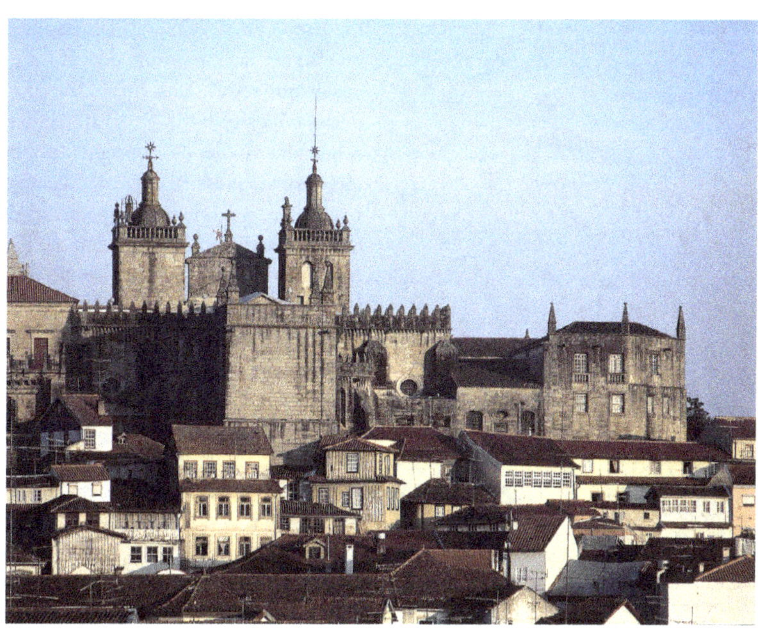

Vue générale du centre historique de Viseu.

J.B.

Viseu un atelier prospère pendant plus de quarante ans, au moins entre 1501 et 1543. Les commandes de mécènes riches et puissants qui accompagnaient le goût de la cour et subventionnaient des réformes d'envergure dans les cathédrales, les églises et les couvents des provinces de Beiras et de l'Alto Douro, lui offrirent l'occasion de réaliser d'exceptionnelles peintures de retable.

Pendant les trois premières décennies du XVIe siècle, à l'instar de ce qui se passait alors avec les peintres cosmopolites de Lisbonne, avec lesquels Grão Vasco entretenait des rapports, on reconnaît dans son art l'influence de la peinture nordique, le vigoureux réalisme figuratif à la manière flamande. Mais, vers 1530, on voit déjà dans sa peinture l'assimilation des valeurs de la Renaissance italienne. Cela est dû surtout à son mécène principal, l'illustre humaniste D. Miguel da Silva, qui avait été ambassadeur de Manuel Ier à la cour papale, avant d'être nommé évêque de Viseu, en 1526, et qui fut l'un de ceux qui introduisirent la Renaissance italienne dans l'art portugais. Jusqu'en 1540, date à laquelle il s'enfuit à Rome, D. Miguel da Silva commanda les grandioses retables pour la cathédrale de Viseu, en particulier le célèbre *Saint Pierre,* et pour la chapelle de la *quinta* épiscopale de Fontelo. Par l'expressivité de la forme, sa force poétique ou dramatique, le mystère de la lumière, l'intensité des couleurs, les traits rugueux des figures ou les paysages lointains, Vasco Fernandes révèle sa sensibilité et sa vision du monde. Preuve de reconnaissance de son adresse technique et de ses extraordinaires ressources expressives, il reçut, en 1535, la prestigieuse commande de quatre retables pour le monastère de Sainte-Croix à Coimbra. De cette série ne subsiste que la magnifique *Pentecôte,*

Fenêtre manuéline, centre historique de Viseu.

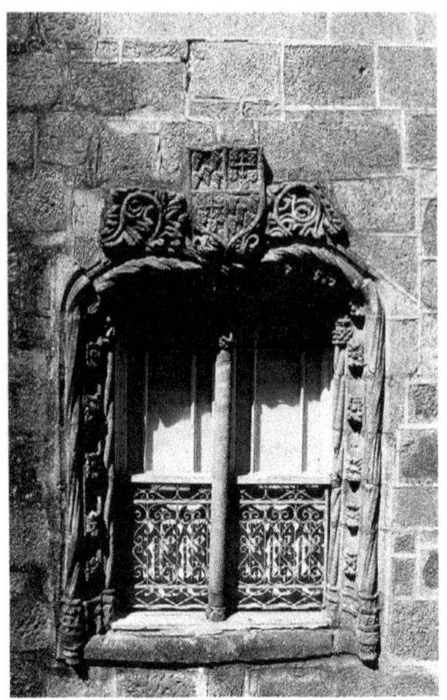
J.B.

actuellement dans la sacristie, que Vasco Fernandes signe sous le nom latinisé "Velascus".

Vous pouvez effectuer le parcours de Viseu à pied, étant donné la proximité des monuments qui sont tous autour de la cathédrale. Renseignements: Office de tourisme, tél. 232 420950.

IV.1.a **Noyau urbain ancien**

Siège de l'un des plus anciens et plus importants diocèses du pays, Viseu doit la plupart de ses programmes de rénovation artistique, au XVIe siècle, au mécénat de ses évêques. Centrés en priorité sur la cathédrale, et dans les lieux qui sont directement associés aux besoins spirituels et temporels du clergé, en particulier ceux de l'évêque et du chapitre résident de la cathédrale, ces programmes marquèrent en profondeur la physionomie de la ville. Bien que la présence prégnante des réformes et des nouvelles constructions entreprises déjà aux XVIIe et XVIIIe siècles soit la plus visible, il reste cependant un inestimable fonds artistique de l'époque manuéline, naturellement circonscrit au centre historique, lequel est entouré par quelques pans de muraille du XVe siècle.

D. Fernando Golçalves de Miranda et surtout D. Diego Ortiz de Villegas entreprirent tous deux un ambitieux programme de rénovations de l'ancienne cathédrale qui incluait la construction d'une nouvelle façade, détruite par un orage en 1635, et de la voûte (sorte d'emblème de l'art manuélin dans la ville), ainsi que l'acquisition d'un vaste retable pour le chœur, dont le musée Grão Vasco conserve quatorze tableaux.

Inspirée par tous ces programmes, et par un intéressant processus de dissémination des formes, l'architecture civile adopta des solutions dvzécoratives identiques. En effet, dans le réseau urbain qui se développa autour de la cathédrale et dans une dizaine de maisons du XVIe siècle, il reste des fenêtres, quelques portes et portails et des arcs avec l'exubérante décoration de l'époque. La fenêtre la plus décorée, située dans l'ancienne Rua da Cadeia, est traditionnellement associée, par erreur, au lieu de naissance du roi Duarte; en réalité, ce sont les armoiries de son propriétaire, le chanoine Pero Gomes de Abreu, qui y sont inscrites. Hélas, de l'ancien palais du premier duc de Viseu, l'infant Henri, le Navigateur, il ne reste rien dans la ville.

Une nouvelle étape, marquée par l'adhésion à la Renaissance, appelée alors "à la mode d'Italie", fut, comme indiqué plus haut, inaugurée et promue par D. Miguel da Silva. Ayant à son service l'architecte italien Francesco da Cremona, il donna l'impulsion à un nouveau programme de réfections dans la cathédrale, qui inclut, entre autres, la construction du beau cloître Renaissance, du chœur supérieur et des stalles.

IV.1.b **Cathédrale**

Largo da Sé, tél. 232 422984. Classée Monument national.
Horaires: tous les jours de 9:00 à 12:00 et de 14:00 à 17:00.

On ignore l'identité de l'architecte à qui l'on doit le projet (partant de piliers déjà existants) de la voûte à nœuds, déjà mentionnée, qui unifie, à la manière des *églises-salons*, les trois nefs de l'église. Outre l'audace de son dessin, qui justifie le rapport établi par quelques auteurs avec l'art de Juan del Castillo, sa particularité la plus notable concerne les nervures qui se transforment en cordages à gros nœuds au milieu des pans de la voûte de chaque travée. Sur l'une des clés, une inscription indique l'année où elle fut terminée, 1513, et l'identité de son mécène, l'évêque D. Diego Ortiz de Villegas.
Quand on entre dans l'église, on peut voir la voûte presque plate qui soutient le chœur supérieur, qu'il est permis encore d'intégrer dans le courant manuélin, mais qui fut construite déjà pendant le règne de Jean III, sous le patronage d'un autre prélat illustre: D. Miguel da Silva. Le très beau cloître, qui était terminé en 1532, est une des œuvres les plus précoces de la Renaissance au Portugal. Le vocabulaire classique, la parfaite maîtrise du langage plastique de la Renaissance italienne sont dus au goût du mécène et à l'art de son architecte, Francesco da Cremona, venu de Rome avec lui.
Le portail manuélin, que l'on connaît à travers la description d'un chroniqueur local de 1630, ayant été perdu, et les grands retables du XVIe siècle, de la main de Grão Vasco, ayant été retirés des autels du chevet, il faut quand même admirer, à l'intérieur de cette cathédrale, les *azulejos*, la sculpture en bois doré et certaines figures des XVIIe et XVIIIe siècles, dans le maître-autel; il y a, en outre, une statue gothique de la *Vierge à l'Enfant*, qui provient du retable manuélin, où elle devait être dans une niche centrale et qui fut intégrée dans le retable baroque.
Toujours dans la cathédrale, vous pouvez visiter le musée d'Art sacré qui conserve, dans le cadre de l'art portugais, deux précieuses reliures d'Évangile en argent blanc, les seules de ce genre au Portugal. Relevant du mécénat de l'évêque D.

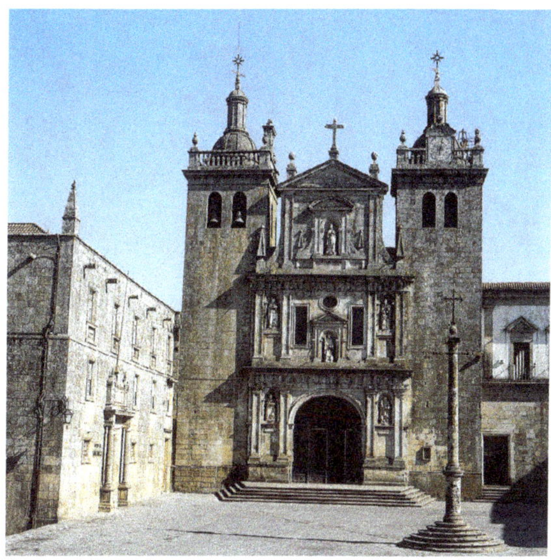

J.B.

Cathédrale et ancien palais épiscopal, Viseu.

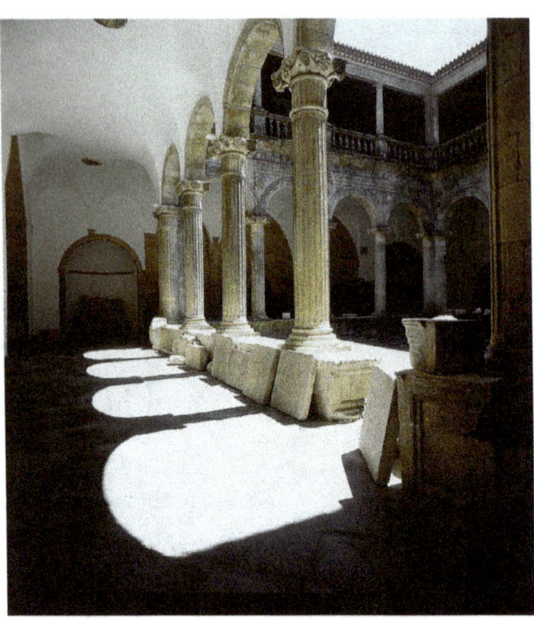

J.B.

Cathédrale, cloître renaissant, Viseu.

Miguel da Silva, protecteur de Vasco Fernandes, le musée possède aussi un bel ostensoir en argent doré, daté de 1533; D. Miguel da Silva, comme D. Jorge de Almeida à Coimbra, tout en étant à l'origine de l'introduction de l'art de la Renaissance dans son diocèse, nous a laissé là un objet de culte d'un style finalement très conservateur, totalement étranger aux innovations artistiques prônées par le mécène et dont le cloître de la cathédrale, créé par Francesco da Cremona, est un exemple majeur.

IV.1.c **Musée Grão Vasco**

Largo da Sé, tél. 232 422049. Classé Monument national. Le musée sera fermé pour travaux jusqu'en 2004; toutefois sa collection est exposée au public dans l'aile nord de l'église de la Miséricorde, Adro da Sé, contiguë au musée.

Entrée payante. Horaires: de 9:10 à 12:30 et de 14:00 à 17:30, sauf le lundi, le 1er janvier, le dimanche de Pâques, le 1er mai et le 25 décembre.

Installé dans un édifice qui devait être, à l'origine, un séminaire, dont la construction commença à la fin du XVIe siècle, le musée est un complément obligatoire de la visite de la cathédrale, d'où provient le plus gros de son extraordinaire collection, notamment les tableaux les plus connus de Grão Vasco.

Les quatorze tableaux d'égales dimensions qui constituent le premier ensemble de peintures du XVIe siècle de la collection faisaient partie du retable du chœur de la cathédrale, commandé par l'évêque D. Fernando Gonçalves de Miranda, et terminé en 1506, au temps de son successeur, D. Diego Ortiz de Villegas.

En ce qui concerne les moyens expressifs, l'ensemble de ces tableaux manifeste un rapport direct avec les procédés utilisés dans les ateliers flamands de Gand et de Bruges. Que ce soit par la conception générale de la structure de chaque tableau, par les différents éléments et la stratégie figurative (en particulier des jeux de perspective parfois bizarres), par la structure anatomique (conçue à partir d'amples drapés), par la physionomie des figures, par le type de vêtements et d'ornements, et enfin par la technique virtuose des détails, on décèle une appropriation directe de la "manière" des peintres flamands. Cet aspect doit être mis en rapport, non seulement avec l'influence que ce courant exerçait sur la production portugaise, mais également avec la participation directe d'artistes flamands dans l'exécution du retable. Le maître de l'ouvrage – qui, d'ailleurs, peut très bien être Vasco Fernandes puisqu'il résidait déjà dans la ville – chargea deux maîtres sculpteurs d'origine nordique, Arnau Carvalho et Jean d'Utrecht, de faire les encadrements sculptés en bois doré qui structuraient, unissaient et bordaient les divers panneaux de cette œuvre qui est un travail collectif.

Le programme iconographique, avec d'évidentes fonctions didactiques et liturgiques, incluait les scènes descriptives les plus importantes de la vie de la Vierge et de la Passion du Christ. Mais le détail le plus frappant, et qui a le plus contribué à la popularité de cette œuvre, est la présence d'un Indien du Brésil à la place du traditionnel noir Balthasar dans l'*Adoration des Mages*. En effet, il s'agit de la première représentation occidentale d'un indigène d'Amérique du Sud, un ou deux ans après que les Portugais eurent découvert le Brésil.

Pour évaluer les ressources expressives de Vasco Fernandes, pendant sa première phase d'activité, il y a dans la collection une œuvre bien caractéristique qui représente l'*Assomption de la Vierge*, et qui dut être peinte vers 1515.

Les deux tableaux provenant de la chapelle du palais épiscopal de Fontelo, le *Christ chez Marthe* et la *Dernière Cène*, que l'on peut déjà situer comme un travail de son atelier pendant la décennie de 1530, révèlent un élargissement significatif du répertoire formel et un éloignement progressif des procédés flamands qui, jusque-là, dominaient sa production. La complexité iconographique de la *Dernière Cène* tend à prouver que l'auteur du programme fut le commanditaire lui-même, D. Miguel da Silva. Le portrait de ce mécène dans le *Christ chez Marthe*, assis à la droite du Christ (la présence de D. Miguel est renforcée par ses armoiries inscrites sur les plinthes des colonnes) indique d'autant plus une relation directe avec le peintre.

Sur les peintures à grand format que Grão Vasco fit également sous l'égide de D. Miguel da Silva pour les chapelles du chevet et du cloître de la cathédrale, dont il reste les cinq grands retables

Atelier de Vasco Fernandes (Grão Vasco), "Fuite en Égypte" du retable provenant de la cathédrale de Viseu, huile sur bois de chêne, 1506-1510, musée Grão Vasco.

IPM/C.M.

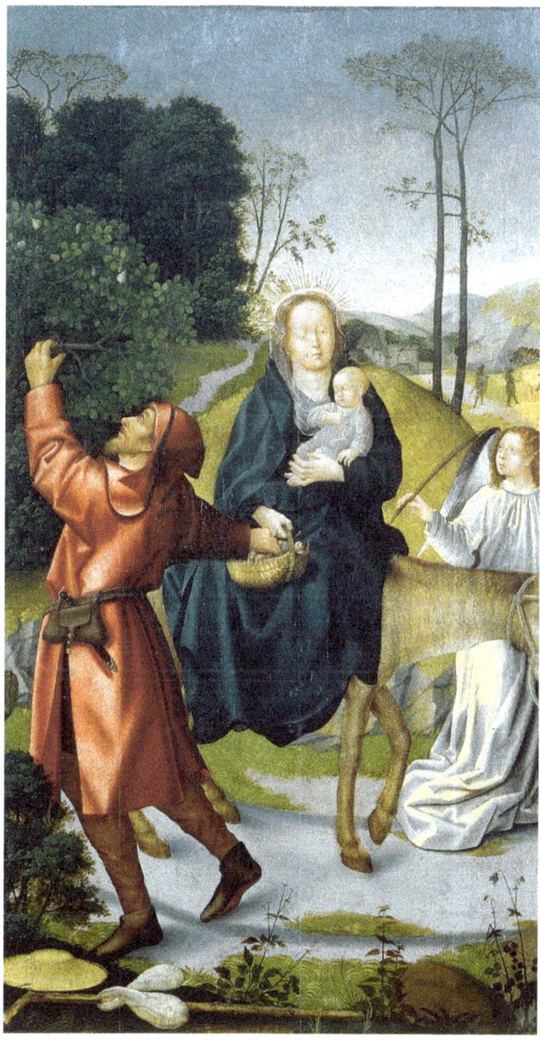

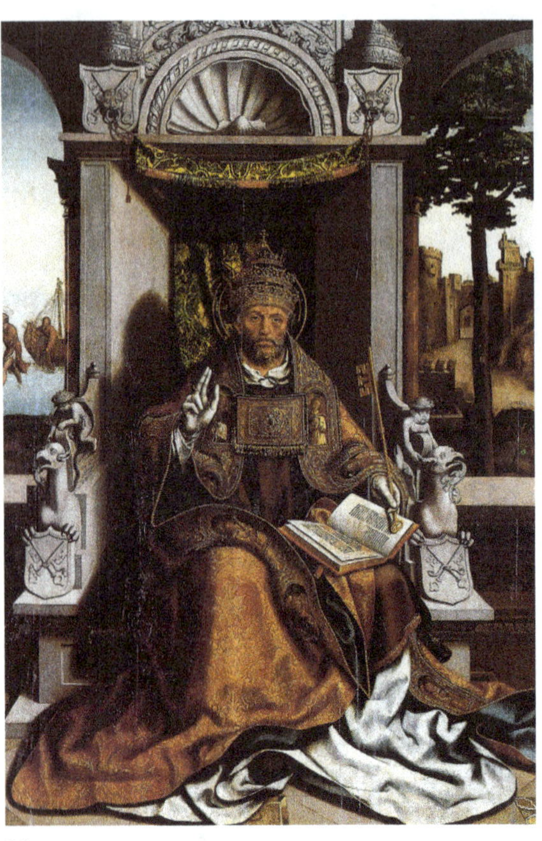

D. R.

Vasco Fernandes, "Saint Pierre", huile sur bois de chêne, 1530-1535, musée Grão Vasco, Viseu.

qui se trouvent dans la collection du musée, le peintre se concentre sur les potentialités expressives de la forme et s'essaye à de nouvelles organisations de composition et de spatialité.

Dans le célébrissime *Saint Pierre*, un des sommets de sa création, ce fut dans la gravité monumentale et austère du saint patriarche, assis sur un trône au goût italianisant, dans le regard absolu et dans sa frontalité presque intimidante que le peintre concentra la force d'expression de l'œuvre. La lumière qui tombe de la droite joue un rôle déterminant dans le modelé sculptural de la figure et dans son autonomie par rapport au trône. Cette autonomie est surtout obtenue à travers la projection de l'ombre et par la vigoureuse structure triangulaire de la figure centrale.

Dans son *Calvaire*, pour représenter l'impressionnante dramaturgie de la douleur, parmi d'autres stratégies, il élève significativement la composition par rapport au regard du spectateur, choisissant la concentration et la monumentalité théâtrale des figures et en les plaçant dans l'espace au travers de taches de couleur éclairées de lumière. Son *Saint Sébastien,* avec la force poétique de la représentation du nu, est la preuve parfaite de son rapprochement des moyens expressifs de la peinture italienne.

Signalons également le tableau de la *Pentecôte,* qui reproduit, avec peu de variantes, celui qui se trouve dans la sacristie de l'église Sainte-Croix de Coimbra, signé par Vasco Fernandes, mais sous la forme latinisée de son nom, "Velascus". En y représentant la voûte manuéline de la cathédrale, il cherche à accentuer le rapport entre le spectateur et la peinture, entre l'espace réel et l'espace virtuel.

Sur les toutes petites peintures de la *prédelle* de ces grands retables majestueusement évasés, tels des capes, dont le faire permet d'identifier le passage du modèle nordique au modèle italien, on constate une synthèse entre un langage qui ne cache pas la leçon flamande et celui qui assimile des traits au goût italien.

Des autres œuvres d'art de l'époque manuéline du musée, il ne faut pas omettre d'aller voir quelques sculptures en pierre d'Ançã, des ateliers de Coimbra, aujourd'hui sans leur polychromie d'origine; une plaque d'albâtre avec des reliefs, importée de Nottingham, également du XVe siècle; et surtout la *pyxide* afro-portugaise en ivoire, une pièce très rare du XVIe siècle provenant de la Sierra Leone, où lezzzs artisans locaux copièrent un modèle portugais qui était sans doute en argent, et dont l'iconographie fut certainement prise dans les gravures d'un livre d'heures imprimé en France en 1498. Ajoutons encore les armoiries portugaises, la croix de l'ordre du Christ et l'inscription "Ave (Maria) Gratia Plena".

En sortant de Viseu, suivez la route N 2 en direction de Castro Daire. À 13 km, après avoir dépassé cette agglomération, vous pouvez prendre la route IP 3 jusqu'à Lamego.

IV.2 LAMEGO

La ville fut zune importante bourgade dans des temps reculés, du moins depuis l'époque des Wisigoths, au VIIe siècle; de la monnaie y fut même frappée pendant le règne de Sisebuto. Quand la Péninsule tomba sous le pouvoir des Arabes, à partir de 713, Lamego fut brièvement occupée, ayant été reprise définitivement par les troupes de Ferdinand Ier le Grand en 1057. Des années plus tard, en 1071, elle fut élevée au rang de siège d'un diocèse.

Son développement pendant le Moyen Âge est dû, dans une première phase, à l'action d'Egas Moniz, tuteur du premier roi de Portugal, Alphonse Ier, qui vivait habituellement dans les environs de la ville, à Britiande. Sa plus ancienne charte est datée de 1191; elle fut octroyée par le roi portugais Sanche Ier, qui tentait par des mesures adéquates de mieux fixer la population dans cette zone défavorisée.

Jusqu'au XIXe siècle, le noyau urbain n'a jamais été très étendu et toute la vie sociale se déroulait autour de la cathédrale. En haut de la colline qui est en face se trouve le château, du XIIe siècle, même s'il a subi beaucoup de réformes pendant tout le Moyen Âge et de nouveaux travaux sous Manuel Ier. Ces derniers servirent surtout à le consolider et lui donnèrent à peu près l'aspect qu'il a actuellement.

IV.2.a **Cathédrale**

Largo da Sé, tél. 254 612766. Classée Monument national.
Horaires: tous les jours de 8:00 à 13:00 et de 15:00 à 19:00.

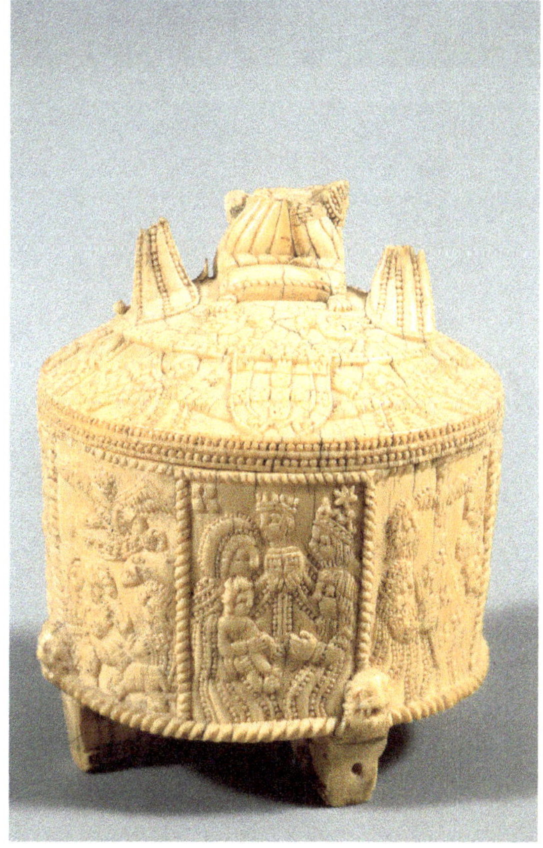

Pyxide, Sierra Leone, ivoire, v. 1500, musée Grão Vasco.
IPM/D.F.

Vue générale du centre historique de Lamego.

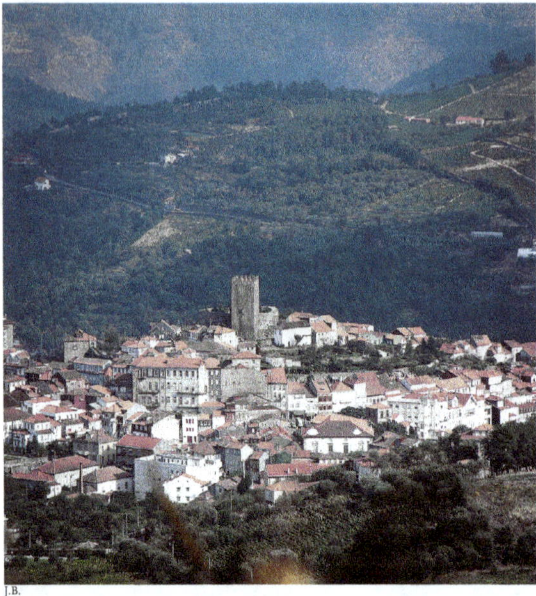

J.B.

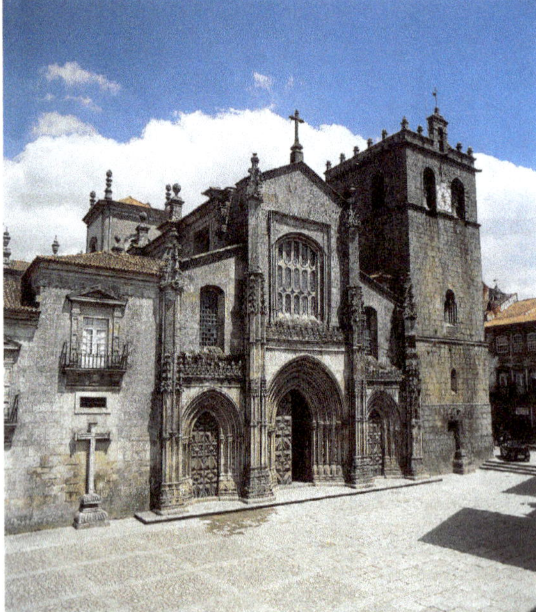

R.C.

Cathédrale, façade principale, Lamego.

La cathédrale de Lamego remonte au XIe siècle, mais tout ce que l'on peut voir aujourd'hui est postérieur. La partie la plus ancienne est la base de la tour. De la période manuéline, il reste la nouvelle façade avec ses trois beaux portails au tracé gothique tardif. Ils datent de 1508 et des années suivantes, et sont dus au maître d'œuvre João Lopes, avec la collaboration des Espagnols de Cantabrie Juan de Vargas et Juan de Pamenes.
Une partie du cloître a aussi un tracé manuélin. Le constructeur Duarte Coelho le commença vers la fin de l'année de 1524.

IV.2.b **Maisons de la Rua do Poço**

Tout près de la cathédrale, au cœur de la ville, dans ce qu'on appelle la Rua do Poço, se trouvent quelques maisons qui présentent les plus belles fenêtres manuélines de la région, au dessin peu ordinaire, avec une forte incorporation d'éléments décoratifs naturalistes, mélangés à d'autres que l'on pouvait déjà voir dans la région dans des constructions traditionnelles depuis quelques siècles.

IV.2.c **Musée de Lamego**

Largo de Camões, tél. 254 600230.
Horaires: de 10:00 à 12:30 et de 14:00 à 17:00. Fermé le lundi, le 1er janvier, le dimanche de Pâques, le 1er mai et le 25 décembre.

Les collections de ce musée sont nombreuses et toutes d'importance, mais ce qui nous intéresse ici, ce sont les œuvres de la période manuéline ou des années fastes des Découvertes maritimes.

Il faut commencer par voir les tapisseries flamandes, en laine et en soie, qui viennent du palais épiscopal, et que l'on peut facilement dater du début du XVIe siècle; on les attribue aux ateliers de Bruxelles. Leur dessin est excellent et leurs thèmes sont mythologiques: le *Temple de Latone, Laios consultant l'oracle, Œdipe à Corinthe, Œdipe à Thèbes, Œdipe et la reine Jocaste*, et encore une autre, d'ailleurs la plus spectaculaire, qui est une allégorie de la *Musique*. Le syncrétisme entre la culture classique, avec son paganisme, et la nouvelle vision humaniste de l'église catholique est évident.

J.B.

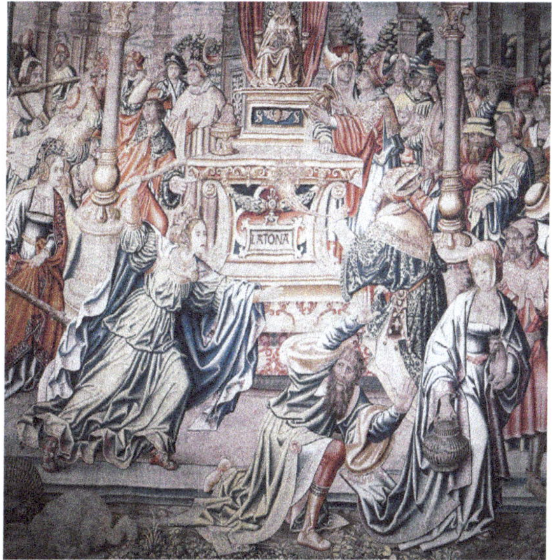

J.B.

Atelier de Bruxelles, "Le Temple de Latone", tapisserie flamande, XVIe siècle, musée de Lamego.

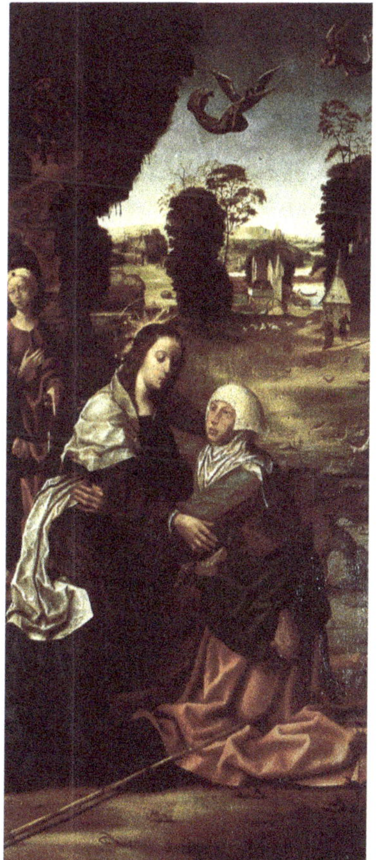

En ce qui concerne les collections de peinture, il faut voir, de Vasco Fernandes, les cinq panneaux qui appartinrent au retable du chœur de la cathédrale de Lamego, commandé en 1506 par l'évêque D. João Camelo de Madureira, et achevé en 1511. Ils se révèlent fondamentaux pour la compréhension de l'art du peintre et de son processus créatif dans une phase encore initiale de son long parcours.

D'après les cinq panneaux qui restent, il n'est pas difficile d'imaginer la somptuosité du retable d'origine, qui était constitué de vingt panneaux, dont deux qui occupaient le centre du retable conjointement à une sculpture (disparue depuis) et qui avaient, du même coup, de plus grandes dimensions.

Dans l'organisation spatiale des compositions (avec une utilisation magistrale de la lumière pour mettre en évidence les plans intermédiaires (voir, à titre d'exemple, le pavement du tableau de l'*Annonciation* et la place stratégique du

Vasco Fernandes, "Visitation" du retable provenant de la cathédrale de Lamego, huile sur bois, 1506-1511, musée de Lamego.

Vasco Fernandes, "Création des Animaux" du retable provenant de la cathédrale de Lamego, 1506-1511, huile sur bois, musée de Lamego.

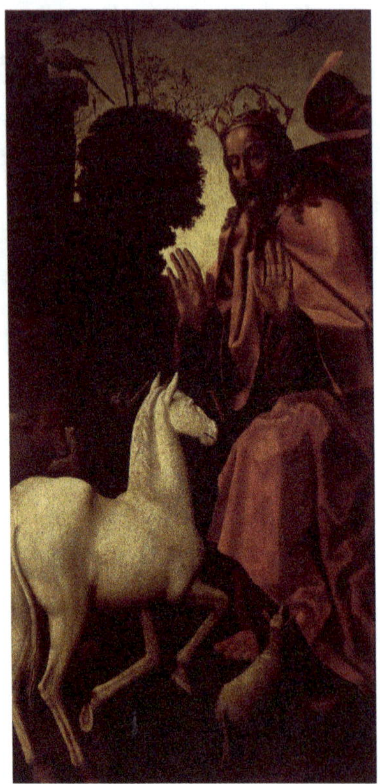

J.B.

foyer comme source de lumière), dans la distribution équilibrée de la couleur, dans la conception des figures enveloppées d'amples drapés et dont le modelé témoigne d'une remarquable plasticité, on décèle une préoccupation essentielle d'harmonie formelle et de rigueur dans la représentation.
Le réalisme à la manière flamande est aussi identifiable dans la vision de chaque forme en particulier, dans la texture des tissus, dans la transparence des verres ou dans le reflet des métaux.
Le recours à plusieurs sources d'inspiration peut être décelé par la présence de quelques éléments: dans la *Visitation*, le peintre représente avec minutie un fond de paysage avec des architectures d'inspiration nordique; alors que dans la *Création des Animaux*, il choisit d'y faire figurer le mythique unicorne.
Pour bien saisir l'importance de la peinture à l'époque en tant que moyen de promotion personnelle et sociale, on observera que la figure qui tient le Petit Jésus dans la *Circoncision* correspond au portrait de l'évêque commanditaire, dont les armoiries sont également représentées, selon sa propre exigence, sur la structure sculptée du retable.

À la sortie de Lamego, pour aller à Ferreirim, suivez la route N 226.

Région du Douro

Un peu au nord de Lamego, encaissé dans une vallée étroite qu'il creusa peu à peu au cours de plusieurs milliers de siècles, le fleuve Douro entaille profondément la terre. C'est une terre dure, schisteuse, où la main de l'homme est bien visible dans l'infinité des terrasses taillées à même les collines où croissent les vignes qui donnent corps aux vins de la région, dont le plus célèbre, ironie du destin, est connu sous le nom de "vin de Porto". Sur la rive gauche, les agglomérations se développèrent très tôt; des gens laborieux y vécurent et y vivent toujours, dont le patrimoine artistique est très riche. Parmi tous les ordres religieux, ce fut celui de Cîteaux qui s'intéressa le premier à cette région, en construisant des abbayes, dont quelques-unes évoquent encore la grandeur passée. Une partie d'entre elles passa, plus tard, aux mains de la noblesse qui effaça les vestiges médiévaux et manuélins; d'autres, heureusement, en conservent encore quelques-uns.

IV.3 FERREIRIM (option)

IV.3.a Saint-Antoine, église matriz

Lugar do Convento, tél. 254 699130. Classée Édifice d'intérêt public.
Horaires: du jeudi au dimanche de 10:00 à 13:00 et de 14:00 à 18:00. Si vous souhaitez une visite guidée, vous pouvez réserver auprès de M. Fernando Cardoso.

De l'église primitive, dans laquelle nous savons que des travaux ont été conduits à l'époque manuéline, il ne reste pas grand chose, étant donné que l'édifice subit plus tard d'importantes transformations. La tour, qui est toute proche, date du XVe siècle, ainsi que la structure générale de l'église. À l'intérieur, voir, de cette époque et en gothique tardif, le tombeau où repose la dépouille de D. Francisco Coutinho. Sont également remarquables, bien qu'un peu postérieurs, car de 1533, les tableaux commandés par le cardinal Henri (futur cardinal-roi) aux peintres royaux Cristóvão de Figueiredo, Gregório Lopes et Garcia Fernandes, et qui appartenaient au couvent dont il était le prieur-commendataire. Parmi ces tableaux, il faut détacher l'*Annonciation*, la *Naissance de Jésus* et la *Dormition de la Vierge*.

IV.4 TAROUCA (option)

IV.4.a Couvent Saint-Jean de Tarouca

São João de Tarouca. Classé Monument national. Renseignements: M. Caetano, tél. 254 678766.
Horaires: de 10:00 à 12:30 et de 14:00 à 18:00. Fermé le lundi et le mardi jusqu'à 14:00.

De l'abbaye Saint-Jean de Tarouca, la première fondée par l'ordre de Cîteaux au Portugal, il ne reste que l'église, dont le plan est roman, avec son magnifique contenu postérieur, et quelques souvenirs des espaces conventuels en ruines. Le couvent, fondé en 1154, était probablement terminé ou en voie de l'être en 1169, d'après l'épigraphe conservée à l'intérieur à côté du portail central. L'église dérive des solutions de plans bernardins de Clairvaux, avec un chevet à trois chapelles, un transept large et saillant, et trois nefs couvertes par des voûtes en arc brisé. Cet édifice est novateur dans le panorama des constructions de l'architecture romane portugaise, aussi bien par ses solutions structurelles et spatiales que par l'austérité de sa décoration; son plan est certainement dû à un moine architecte probablement d'origine française.
L'intérieur de l'église abrite un important patrimoine qui est le résultat de nombreuses accumulations. Outre l'imposant tombeau de D. Pedro, comte de Barcelos, l'un des plus impressionnants exemples de l'art funéraire portugais du XIVe siècle, outre plusieurs et intéressants lambris d'*azulejos*, outre les bois dorés et les figures sculptées, nous y trouvons un important ensemble de peintures du XVIe siècle, datables de 1530-1535, du peintre Gaspar Vaz, disciple de Vasco Fernandes.
Formé dans l'atelier du peintre royal Jorge Afonso, ce maître exerça son activité artistique à Viseu, au moins entre 1522 et 1568. Il n'est donc pas étonnant que cet ensemble de tableaux

révèle une influence directe des modèles de Vasco Fernandes. Ces affinités sont plus flagrantes dans le *Saint Pierre* – comparons-le au *Saint Pierre* du musée Grão Vasco de Viseu – que dans les charmants panneaux faisant partie de la sculpture baroque en bois de l'autel de Notre Dame de la Gloire ou dans le *Saint Michel*; malgré la similitude du modèle, qui fut à l'origine d'une polémique sur l'attribution du tableau de Tarouca à Vasco Fernandes, les valeurs formelles des deux œuvres diffèrent de toute évidence. Au langage traditionnel et archaïsant perceptible dans la décoration gothique du trône et dans la présence d'éléments végétaux (à la place du pavement en perspective de l'œuvre de Grão Vasco) s'ajoutent certaines divergences dans la conception du volume et dans le traitement de la lumière. La figure modeste du saint, l'absence de vigueur anatomique, la juxtaposition simpliste des plans, tout en minimisant la valeur d'intégration de la lumière… l'ensemble désigne un peintre ayant d'autres ressources expressives que Vasco Fernandes. Il serait donc raisonnable d'y voir deux versions d'un même modèle, exécutées par deux peintres aux capacités techniques différentes et, ce qui n'est pas moins important, destinées à des lieux différents. La recherche d'équilibre et de délicatesse, les gestes quelque peu maniérés et théâtraux, plus accentués dans le tableau qui représente *Saint Michel*, remplacent dans ces œuvres de Gaspar Vaz la vigueur et le dynamisme expressif de la forme qui caractérisent la production de Vasco Fernandes pendant la période en question.

Pour vous rendre à Ucanha, reprenez la route N 226; après avoir quitté Tarouca, vous trouverez Ucanha 2 km plus loin.

IV.5 UCANHA (option)

IV.5.a Pont fortifié

Classé Monument national.

Sur le domaine du monastère de Salzedas se trouve le plus beau des ponts médiévaux portugais, le pont fortifié d'Ucanha, sur la rivière Varosa. Il fut construit sur ordre de l'abbé D. Fernando, au milieu du XVe siècle; on y observera la tour de défense et de péage, avec presque 9 m de côté, les trois arcs dont les piliers sont en forme de quille, et le plateau en bât d'âne.

Pedro Dias

Jusqu'à la fin du XIXe siècle, la véritable identité du peintre de Viseu, désigné par le nom éloquent de "Grão Vasco" (le grand Vasco), ou tout simplement "Vasco", puisque son nom de famille était perdu, était tout à fait inconnue. Une série d'histoires anecdotiques et fantastiques, dont l'origine paraît remonter au début du XVIIe siècle, avaient transformé l'auteur des peintures de la cathédrale de Viseu en un mythique peintre-héros, à qui l'on attribuait (en l'absence également d'informations concernant d'autres peintres) presque toute la peinture ancienne existant au Portugal. La tradition orale a déployé son imagination autour de quelques idées inspirées par les chroniqueurs locaux qui, eux-mêmes, s'inspiraient de détails biographiques et traditionnels d'Apelle, de Zeuxis et de Parrhasios – que l'on avait adaptés aux biographies des grands maîtres de la Renaissance – pour exalter les qualités et les capacités d'illusion visuelle des peintures de la cathédrale et le génie de leur auteur. Ainsi, jusqu'à la fin du XIXe siècle, l'image romantique avait transformé le célèbre peintre Vasco en un pauvre, mais surdoué, fils de meunier, natif des environs de Viseu. À titre d'exemple, voici deux de ces histoires:

"Vasco qui, depuis son enfance, fit montre d'un rare génie, peignit sur la porte de sa maison un âne chargé de sacoches, avec une telle adresse que son père, rentrant chez lui à la tombée de la nuit, se trompa au point de faire entrer dans la chaumière ce qui n'était qu'une vaine illusion."

"Pendant son voyage [d'après la légende, Vasco fit un séjour en Italie], il entra chez un peintre en disant qu'il exerçait le même métier que lui et lui demanda de lui donner du travail. Les guenilles dont il était couvert et son aspect misérable provoquèrent le mépris du maître italien qui, pourtant, par pitié, lui donna de la peinture à fabriquer. À l'heure du dîner, tout le monde s'en alla et Vasco profita de l'occasion pour peindre, comme par vengeance, une mouche sur une peinture qui était là, et il le fit avec une telle adresse que les gens de la maison, en revenant, essayèrent à plusieurs reprises de la chasser avant de se rendre compte de leur erreur. Pendant ce temps-là, le peintre s'était échappé et tous ceux de la maison s'exclamèrent, unanimement, que cela ne pouvait être qu'une œuvre du grand 'Vasco'."

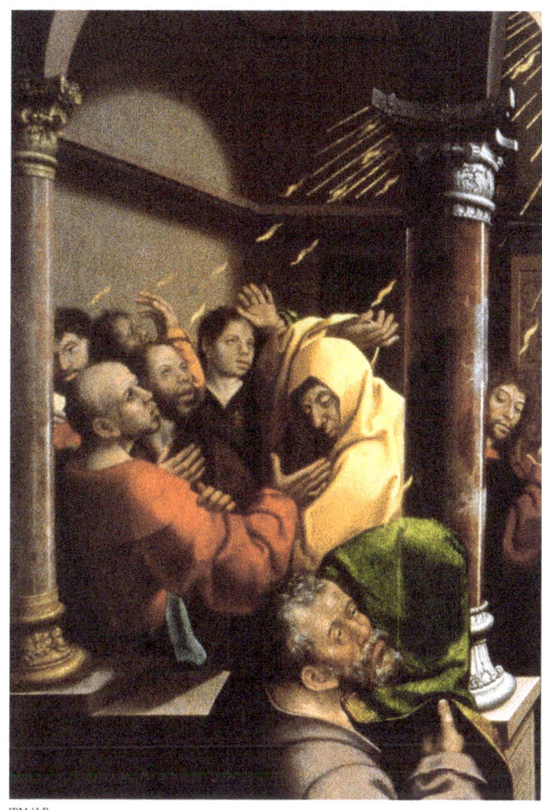

IPM/J.R.

Vasco Fernandes, "Pentecôte", huile sur bois de chêne, 1535-1540, détail, musée Grão Vasco.

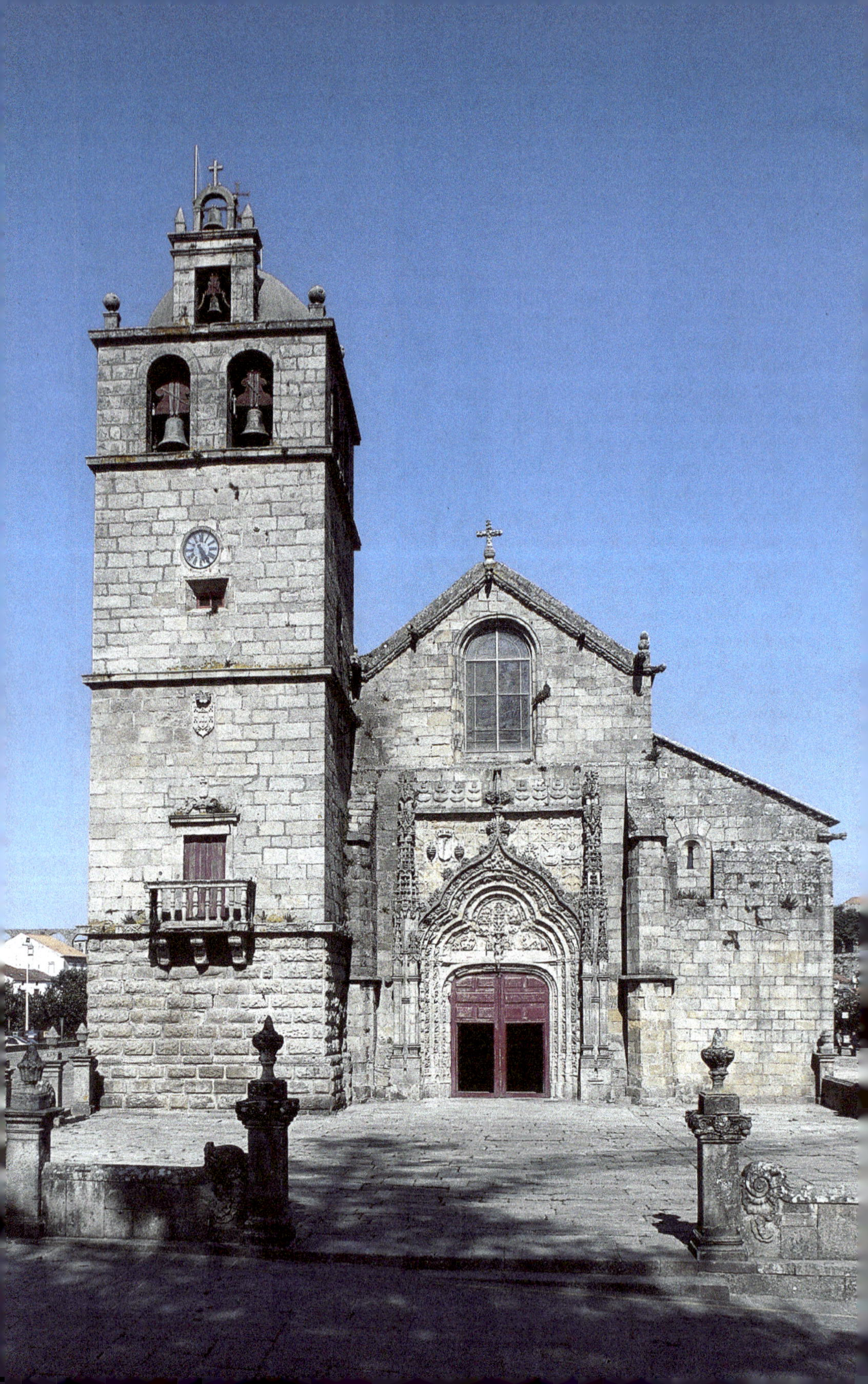

Les Biscayens du nord du Portugal

**Pedro Dias, Dalila Rodrigues,
Nuno Vassallo e Silva, Fernando Grilo**

Premier jour

V.1 PORTO

V.1.a Chapelle de João Carneiro, dans l'église du couvent Saint-François
V.1.b Trésor de la Miséricorde

V.2 AZURARA

V.2.a Sainte-Marie, église matriz

V.3 VILA DO CONDE

V.3.a Centre historique
V.3.b Saint-Jean-Baptiste, église matriz
V.3.c Couvent Sainte-Claire

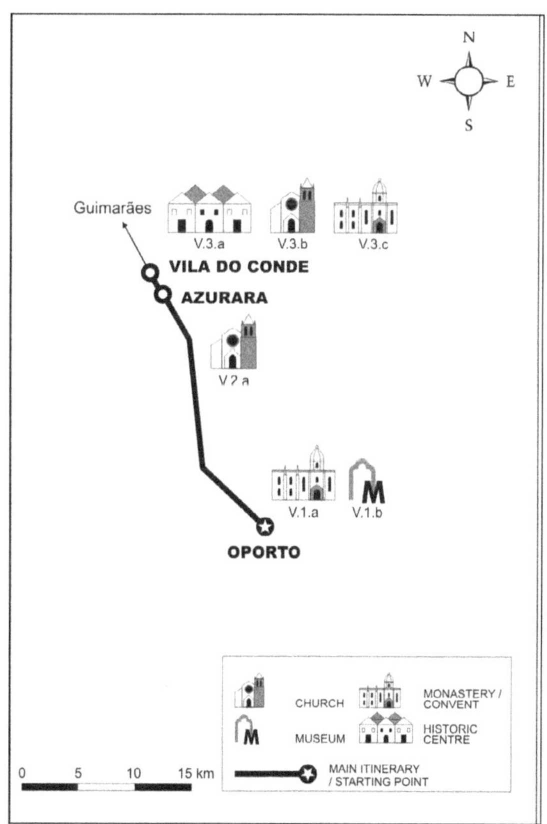

Saint-Jean-Baptiste, église matriz de Vila do Conde.

Le nord du Portugal jouaz un grand rôle dans l'expansion maritime portugaise. Ce fut à Porto qu'Henri le Navigateur recruta un grand nombre d'hommes pour la première expédition hors continent (Ceuta, 1415), et ce fut aussi Porto qui fournit le gros des victuailles pour nourrir la flotte. L'infant Henri naquit dans cette ville, dans le quartier au bord du fleuve, c'était un homme du Nord. Le fait que les habitants de la ville aient donné toute leur viande, se réservant uniquement les tripes pouvoir survivre, est à l'origine d'un plat typique de la gastronomie locale, les "tripes à la mode de Porto" (et du surnom des habitants de la ville).

Les ports maritimes du nord du pays qui assuraient un grand trafic commerçant depuis le XIIe siècle – exportant les produits du pays vers les Flandres et les îles Britanniques, recevant les marchandises de ces mêmes contrées ou du golfe de Biscaye –, prirent un nouvel essor. Gaia, Vila do Conde, Caminha, Viana do Lima et Valença connurent une prospérité dont leurs habitants voulurent témoigner par des œuvres pieuses ou de simple apparat.

Les hommes de la mer et les hommes de la terre avaient une part égale dans l'aventure maritime, car, pour chaque homme parti en mer, il en fallait deux ou trois à terre, pour préparer les départs et les arrivées, pour faire les cordages, les voiles et les tonneaux, pour nourrir les veuves et les orphelins que la mer avait laissés.

L'architecture refléta la prospérité. Grâce aux relations privilégiées que ce Nord portugais entretenait avec la Galice et le golfe de Biscaye, les maîtres qui construisirent les églises, les chapelles, les demeures, les ponts et les hôtels de ville étaient, en majorité, originaires de ces régions-là. Même les travaux sous patronage royal, comme ceux que Manuel Ier ordonna quand, en 1505, il parcourut la région en allant à Saint-Jacques de Compostelle, étaient au goût péninsulaire, luso-galicien ou basque. C'est une architecture qui ignore les frontières politiques et qui se propage, sans rupture, sur chaque rive du Minho (qui sert de frontière nord-ouest entre les deux pays). Il en alla de même pour la peinture, la sculpture, l'orfèvrerie et les autres arts.

Vila do Conde est fière de son église *matriz* – où travailla Juan del Castillo. Un peu plus vers l'intérieur, à Guimarães, Braga ou Barcelos, la présence de ces maîtres est sensible, en particulier dans la la cathédrale du primat de la Péninsule, à Braga.

V.I PORTO

La ville de Porto, dont le centre historique appartient depuis 1995 au Patrimoine mondial de l'Unesco, est depuis le XIIe siècle le principal pôle de développement de la région nord du Portugal. Jouissant d'un port fluvial d'une importance considérable jusqu'au début du XXe siècle, la ville fut la porte d'entrée et de sortie d'hommes et de marchandises. À l'intérieur de ses murs vit, depuis toujours, une population active et laborieuse qui valut à la ville sa réputation de "capitale du travail".

De là sont partient des générations de Portugais qui peuplèrent les colonies, en particulier le Brésil. Mais la ville est liée à l'expansion pour quantité d'autres raisons, à commencer par le fait qu'elle

Vue panoramique sur le fleuve et sur la Ribeira, Porto.

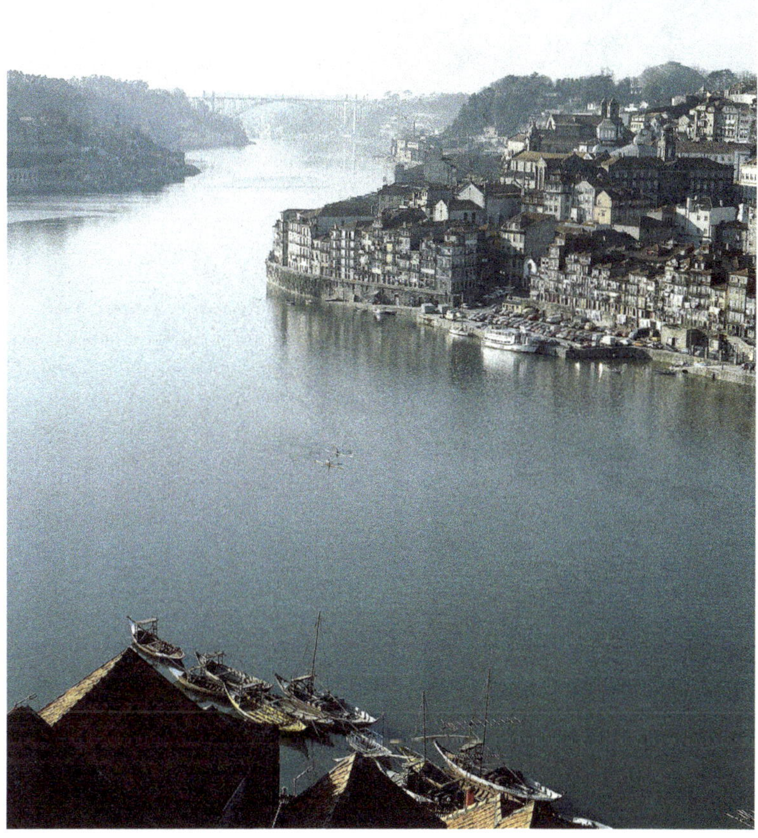

M.A.

est la ville natale d'Henri le Navigateur. De Porto partaient les produits de la terre, comme le vin, et les produits manufacturés; on y armait les navires pour traverser les océans; tout cela consolida plusieurs industries liées au voyage, depuis la plus modeste tannerie jusqu'à la fabrication la plus complexe d'objets d'orfèvrerie et de statuaire qui étaient envoyés dans les églises bâties par les Portugais aux quatre coins du monde. Le développement postérieur au XVIe siècle renouvela Porto, en remplaçant les édifices manuélins par d'autres bâtiments, plus grands et plus riches. Outre le clergé, quelques familles bourgeoises anoblies jouèrent des rôles de premier plan dans le gouvernement de la ville; on leur doit des chapelles dans des couvents, des monastères, des confréries, et même l'édifice de la Miséricorde.

Si les témoignages de l'art manuélin ne sont plus aussi nombreux aujourd'hui, les lieux de l'Histoire demeurent, devant ces eaux du Douro qui assistèrent aux succès et aux échecs de tant d'aventures.

V.1.a **Chapelle de João Carneiro,**

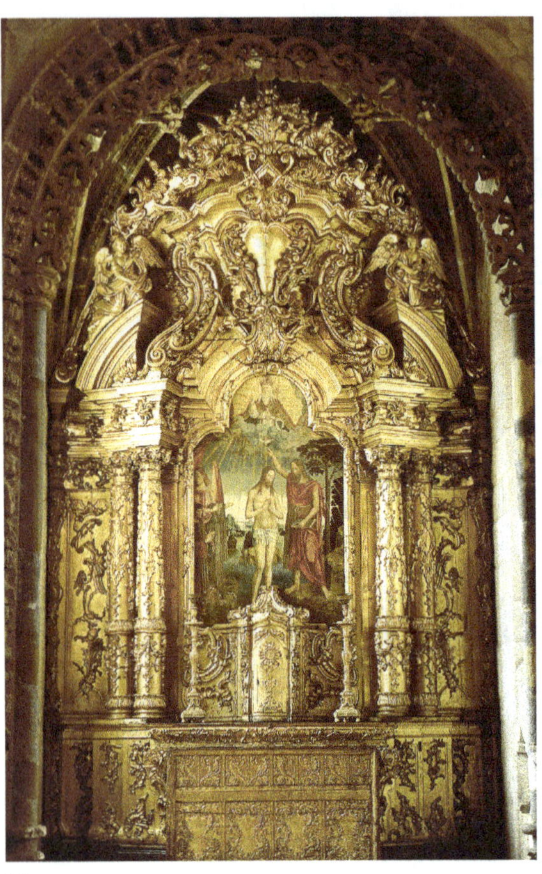

R.C.

Chapelle de João Carneiro, église Saint-François, Porto.

dans l'église du couvent Saint-François

Rua do infante D. Henrique, tél. 22 2062100. Classée Monument national. L'entrée est payante, mais le billet donne aussi accès, en plus de l'église, aux catacombes et au musée d'Art sacré. Horaires: de novembre à février, de 9:30 à 17:00; de mars à octobre, de 9:00 à 18:00. Fermé le dimanche, le 25 décembre et le 1er janvier.

L'église du couvent Saint-François est un des plus anciens édifices du gothique primitif portugais, mais sa structure originelle est recouverte par la masse magnifique de sculpture en bois doré du baroque et du rococo. C'est là que l'on peut admirer une œuvre manuéline modeste, mais significative, un véritable joyau architectural: la chapelle funéraire du maître de l'école de la cathédrale de Braga, João Carneiro, qui est également connue sous le nom de chapelle de la Réparation (Capela do Desagravo).

Sa fondation canonique, d'après la stèle qui y est conservée, date de 1500; un des frères de João Carneiro avait été désigné comme exécuteur testamentaire. Cette famille Carneiro donna de grands personnages à la politique portugaise du temps des Découvertes, comme António Carneiro, greffier de la chambre du roi Jean II, qui avait reçu en donation l'île de Príncipe (en face de l'Angola) et qui fut ensuite secrétaire d'État de Manuel Ier. Il y eut aussi Pêro de Alcáçova Carneiro, également secrétaire d'État de Manuel Ier, puis de Jean III, et qui avec son frère Francisco Carneiro fut chargé des affaires de l'Inde portugaise.

Du point de vue du style, l'œuvre architecturale peut être attribuée au cercle de Diego del Castillo lequel, vers 1526, s'était établi dans la ville de Porto après s'être marié avec la fille d'un riche négociant en fer d'origine basque. Il vécut dans la Rua das Flores et ce n'est qu'en 1535 qu'il rentra définitivement à Coimbra. Ce maître biscayen réalisa une œuvre quelque peu rétrograde, élégante malgré tout, et avec une solide structure.

On peut dater de la même époque le tableau du maître-autel, aujourd'hui encadré de *talha* baroque et qui est une peinture à l'huile sur bois qui représente le *Baptême du Christ*, datable de 1530 environ. On peut l'insérer dans un ensemble de travaux archaïsants qui sortirent des mains de ce maître et de ses auxiliaires, actifs dans cette région, entre les fleuves Douro et Minho, et en Galice. Il présente une forte influence de la peinture flamande du gothique tardif, et bénéficie d'une valeur ajoutée parce qu'on y voit la représentation, à gauche, de son donateur, ce João Carneiro cité plus haut, dans une attitude de recueillement devant la scène principale: le moment où Jean le Baptiste, le précurseur, verse l'eau du baptême sur la tête du Messie.

V.1.b **Trésor de la Miséricorde**

Rua das Flores, n° 5, tél. 22 2074710. L'église de la Santa Casa da Misericórdia est classée Édifice d'intérêt public.
Entrée payante, mais les visites d'étude sur réservation sont gratuites. Horaires: du lundi au samedi de 9:00 à 12:00 et de 14:00 à 18:00. Fermé le dimanche et les jours fériés.

La Miséricorde de la ville de Porto, fondée dès l'aube du XVIe siècle et dont la confrérie se réunissait, à partir de 1502, dans la chapelle São Tiago du cloître de la cathédrale, possède quelques œuvres manuélines exceptionnelles qui peuvent être admirées dans la *Sala do Despacho* de l'édifice du XVIIIe siècle (siège de la Miséricorde), dans l'historique Rua das Flores.
L'œuvre emblématique de cette institution est une immense huile sur bois de 265 x 210 cm, une *Fons Vitae* d'origine bruxelloise, proche de l'art de Bernard van Orley. Outre sa qualité picturale, ses dimensions et sa structure monumentale, outre la qualité plastique de la galerie de visages et même des paysages du fond, une grande partie de son intérêt vient du fait qu'elle contient les portraits de la famille royale portugaise et de l'évêque de Porto, D. Pedro da Costa. Cet amateur d'art éclairé exerça une large action de mécénat dans tous les diocèses sous ses ordres; on peut vraisemblablement lui imputer la commande du tableau.
Le thème central est une grande fontaine, la Fontaine de Vie, représentée ici comme une vasque avec le sang du Christ d'où émerge la croix sur laquelle il est supplicié, ayant à ses côtés Marie et Jean, dans des attitudes sereines, bien à la manière de la Renaissance flamande. Autour de la vasque se trouvent deux séries de personnages: face au spectateur, des hommes et des femmes aux traits et

Atelier de Bruxelles, "Fons Vitae", XVIe siècle, Sainte Maison de la Miséricorde, Porto.

IPM/J.P.

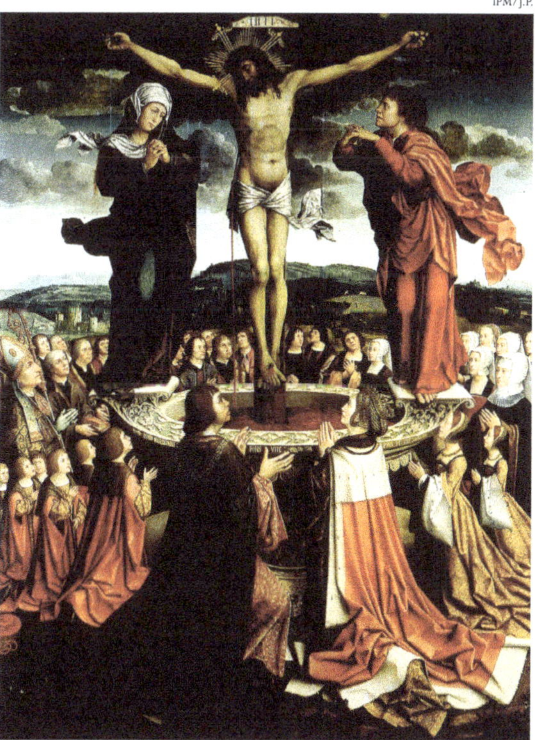

aux vêtements flamands; de dos ou de trois quarts, la famille royale portugaise (le roi Manuel Ier, la reine D.ª Leonor, sa troisième épouse, le prince héritier D. João, les autres infants et infantes), et, enfin, l'évêque de Porto, le commanditaire. L'œuvre est donc forcément postérieure à 1518 et antérieure à 1521. Il est curieux de noter que les visages des personnages portugais furent peints après coup, c'est-à-dire que l'œuvre arriva inachevée au Portugal pour qu'on y ajoute les portraits du monarque et de sa famille; ce qui n'est pas un cas rare dans le cadre de la peinture flamande au Portugal.

Dans le domaine de l'orfèvrerie, il faut signaler deux calices en argent doré, avec leurs patènes respectives, qui appartinrent au couvent d'Arouca et qui furent commandées par l'abbesse, D.ª Melícia de Melo, comme l'indiquent les légendes et les armoiries qui y sont inscrites. Le calice le plus riche a un pied sur plan circulaire divisé en douze parties dont chacune, à son tour, se termine par un demi-cercle. Les six parties les plus grandes sont décorées avec le Christ et cinq apôtres et les six autres, plus petites, avec des motifs floraux dont des marguerites en argent blanc. Du pied s'élève une structure évasée, divisée en six, avec une autre plus petite qui fait la liaison avec le nœud de type architectural. Dans des niches se trouvent les figures en argent fondu des autres apôtres.

L'autre calice est plus simple, tout en étant une des pièces portugaises les plus riches du dernier gothique. Sur son pied se trouvent les exceptionnelles figures de la Résurrection, de saint Jean-Baptiste et de saint Benoît. Les deux calices doivent dater des années 1520.

De fabrication portugaise (v. 1500), peut-être même de Porto, on remarquera le grand plat en argent doré, décoré avec des arbouses finement sculptées, placé sur une structure postérieure constituée d'un plat inférieur, d'un pourtour et d'un pied.

Il y a aussi deux autres sculptures, *Saint Étienne* et *Saint Évêque,* des œuvres en bois polychrome (1,60 m de hauteur) de nette inspiration flamande. Elles peuvent avoir appartenu à la chapelle primitive de la confrérie de la Miséricorde.

Pour aller à Azurara, il faudra vous diriger vers Maia et suivre la route N 13 en direction de Vila do Conde. Azurara se trouve à côté du carrefour avec la route N 104.

V.2 AZURARA

V.2.a Sainte-Marie, église matriz

Rua Mouzinho de Albuquerque, à côté de la route N 13. Classée Monument national. Renseignements: centre paroissial de Vila do Conde, tél. 252 640810.

L'église d'Azurara se trouve sur la rive gauche de l'embouchure du fleuve côtier Ave. Cet édifice est de plus grandes dimensions que l'église de Vila do Conde, de l'autre côté de l'Ave, qui à l'évidence lui servit de modèle, du moins partiellement. Elle a un corps à trois nefs de cinq travées avec des arcades longitudinales simples appuyées sur des piliers octogonaux; les nefs à couverture en bois sont d'une hauteur inégale; la voûte à nervures du chevet est d'un gothique tardif. Les armoiries royales, la sphère armillaire et la croix de l'ordre du Christ, dans le chœur, sont la preuve du patronage direct de Manuel Ier.

Une inscription portant le nom de Gonçalo Lopes et la date de 1522 indique, respectivement, l'identité du constructeur qui fut l'initiateur d'une véritable dyvnastie de maçons et de maîtres d'œuvre, et la date de la conclusion de la principale campagne de travaux.

Le portail dans l'axe de la nef centrale est simple, avec des éléments naturalistes entre les colonnes, et il est encadré de piliers torsadés. La grande tour-clocher, qui fut commencée à la même époque, ne fut terminée qu'à la fin du XVIe siècle.

Pour Vila do Conde, vous devez suivre la route N 13 en direction de Vila do Conde/Póvoa do Varzim.

V.3 VILA DO CONDE

Vila do Conde ("le bourg du conte") eut son origine dans une cité ibéro-celtique surplombant le fleuve côtier Ave. Mais dans la zone basse allait s'établir ensuite une grande villa romaine avec une exploitation agricole complexe qui fut le véritable ferment du bourg médiéval, si important plus tard. Au Xe siècle, sur le premier document (953) qui cite Vila do Conde, la zone la plus peuplée devait correspondre à l'actuel Monte (mont). En plein XIIIe siècle, la ville armait déjà plus d'une cinquantaine de *pinaças,* des embarcations destinées à la pêche et au transport de biens; l'activité économique en dépendait, ainsi que du commerce du sel et du poisson salé.

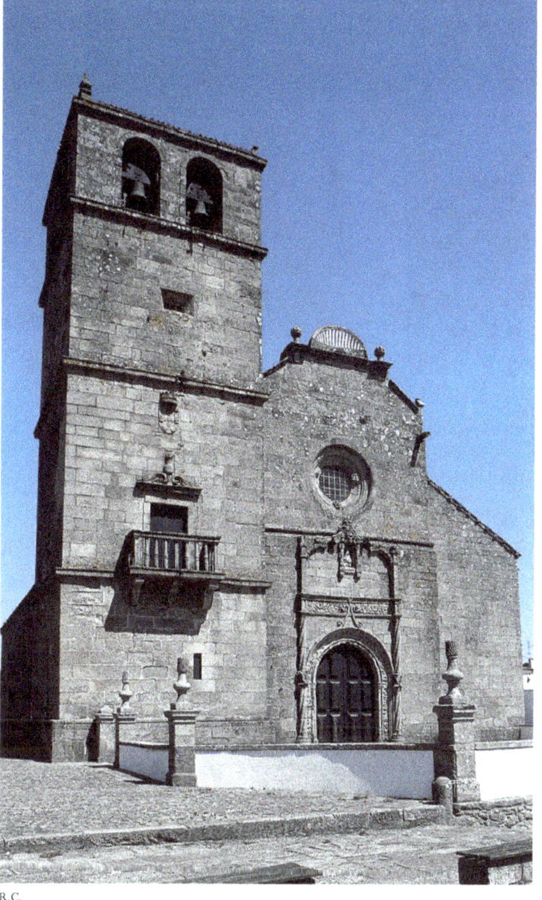

R.C.

Sainte-Marie, église matriz, façade principale, Azurara.

Au début du XIVe siècle, le bourg passa dans les domaines du prince D. Afonso Sanches (fils naturel du roi Dinis) et de sa femme D.[a] Teresa Martins (fille du comte de Barcelos). Au moment des grands voyages dans les océans Atlantique et Indien, la tradition maritime de Vila do Conde devint une plus-value décisive pour son classement parmi les principaux ports portugais. C'est dans ce contexte que survinrent la rénovation manuéline des vieilles structures et la construction de centaines de maisons dans la zone basse, à côté de

R.C.

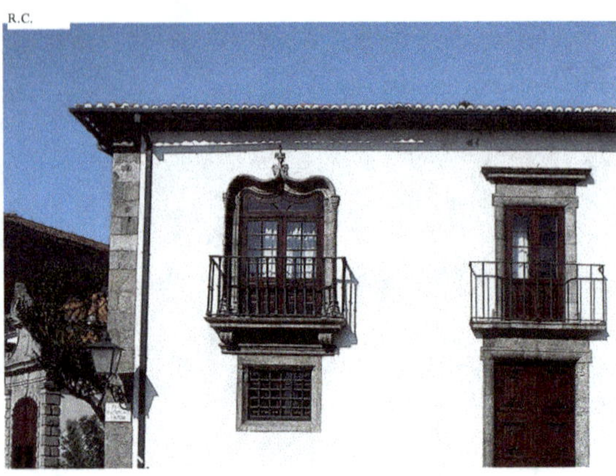

Fenêtre manuéline, centre historique de Vila do Conde.

l'embouchure de l'Ave. Le 10 septembre 1516, Manuel Ier octroya au bourg sa charte d'autonomie, mettant ainsi fin à la domination seigneuriale exercée, depuis un certain temps déjà, par les religieuses du couvent Sainte-Claire.

V.3.a **Centre historique**

Renseignements: Office de tourisme, tél. 252 248473.

Dans la zone au bord du fleuve se trouve un important ensemble de maisons d'habitation avec une structure du XVIe siècle et des portes et fenêtres au tracé manuélin, bien que nous soyons convaincus que, chronologiquement, quelques-unes dépassent le milieu du XVIe siècle.

L'envie d'ennoblir les demeures bourgeoises commença à ce moment-là et ces maisons en témoignent, même si on ne trouve pas, ici, l'exubérance décorative que l'on rencontre dans d'autres ports maritimes.

Ces maisons parsèment les rues les plus anciennes, comme celles d'Igreja, Socorro, Misericórdia, Costa, ou comme le Largo de São Roque.

Église Saint-Jean-Baptiste, façade principale, Vila do Conde.

R.C.

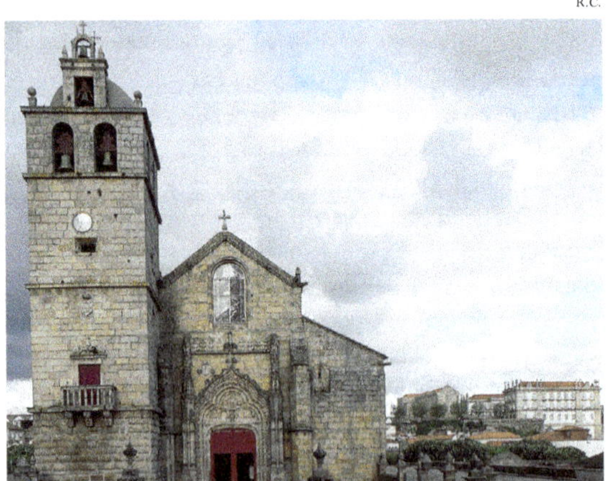

V.3.b **Saint-Jean-Baptiste, église matriz**

Rua da Igreja, tél. 252 631327. Classée Monument national.

Horaires: tous les jours de 9:00 à 12:00 et de 14:00 à 20:00.

L'église *matriz* est une des plus intéressantes œuvres d'architecture dues à des maîtres biscayens, dont on connaît bien les noms. De plus, elle a l'avantage d'être presque intacte. Nous n'aborderons pas ici l'église primitive, mais uniquement celle que nous pouvons voir encore de nos jours, dont les travaux commencèrent sous les ordres et d'après le plan de João Rianho. Cependant, des difficultés surgirent et le chantier dut passer dans les mains de son compatriote Sancho García. Les entrepreneurs basques se succédèrent alors: puis vint Rui Garcia de Penagós, jusqu'à ce que, en 1511, Juan del Castillo – l'homme qui allait terminer les Hiéronymites et le couvent du Christ – se charge de la phase finale. Tous ces travaux furent payés par la mairie de

Vila do Conde et, en février ou mars 1514, Juan del Castillo et ses vingt maçons avaient déjà terminé les nefs avec leurs arcs respectifs et le portail principal. Presque tous ces hommes étaient originaires du golfe de Biscaye, comme João Garcia, André de la Cota et João de Quintanilha, entre autres.

Le portail central est curieusement pareil à celui d'une église de l'Estrémadure espagnole, ce qui veut dire que l'un des deux est la copie de l'autre; ou plus probablement, que Juan del Castillo fit les deux, ou du moins projeta également le portail espagnol.

L'église a trois nefs séparées par des arcades simples et elle est couverte de bois. Seul le triple chevet, avec son chœur et ses chapelles collatérales, a une voûte dont les belles nervures sont d'un style manuélin très évolué, dans la ligne de celles de la cathédrale de Braga. Les chapelles entre le chœur et la nef sont de la même époque et du même style, avec des profils surbaissés, des nervures courbes et des clés de voûte finement décorées avec des éléments végétaux et héraldiques; étant donné leurs dimensions, elles créent l'illusion d'un (faux) transept.

V.3.c **Couvent Sainte-Claire**

Situé sur la colline qui domine la ville, dans le Largo D. Afonso Sanches, tél. 252 631016. Classé Monument national. Horaires: tous les jours de 9:00 à 12:30 et de 14:00 à 16:30.

Cette importante maison religieuse, qui conserve une grande partie de sa structure gothique, en même temps qu'une autre, plus moderne et imposante, édifiée au XVIIIe siècle, fut une fondation du fils naturel du roi Dinis, le prince D. Afonso Sanches, et de sa femme D.ª Teresa Martins. Ce prince, à qui le roi son père avait pensé pour lui succéder, au détriment de l'infant Afonso (fils légitime), réalisa ici sa plus grande édification, puisqu'il avait choisi ce couvent, surplombant le fleuve Ave et la ville dont il était le seigneur, pour son panthéon personnel.

Ce qui nous intéresse ici, c'est la chapelle abritant son tombeau et ceux de son entourage. Les sépultures du prin-

Église Saint-Jean-Baptiste, portail principal, Vila do Conde.

R.C.

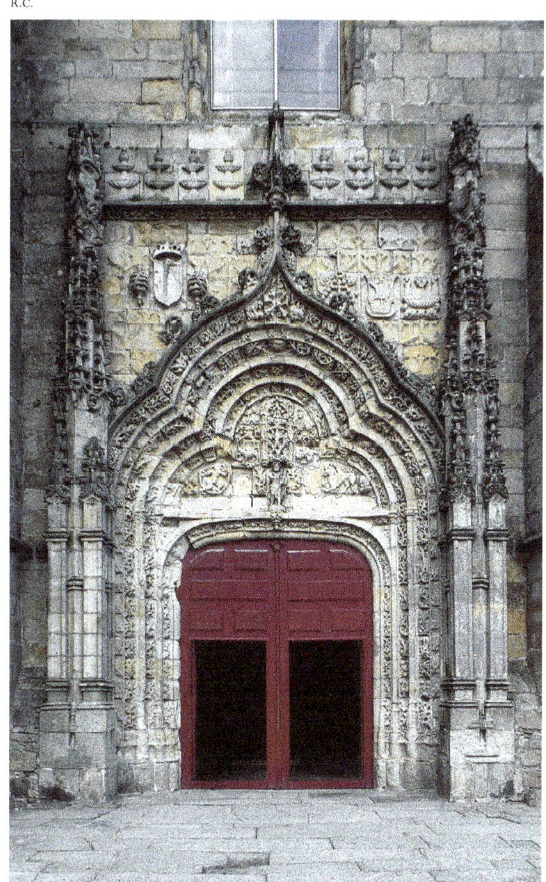

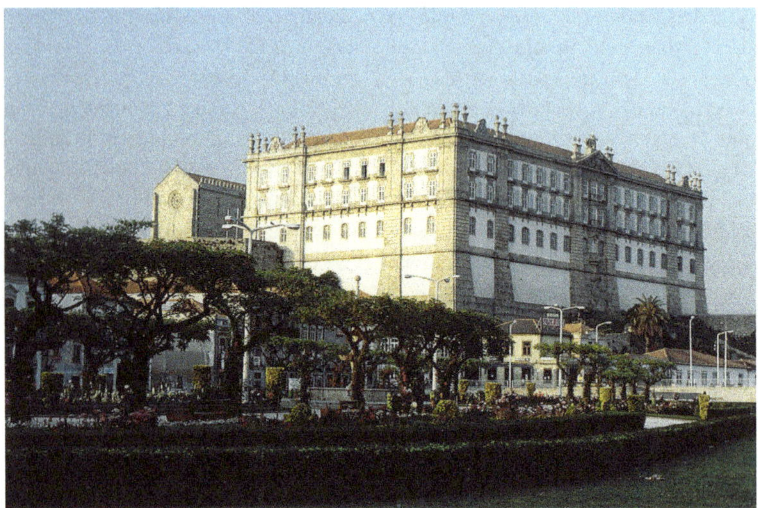

Couvent Sainte-Claire, vue générale, Vila do Conde.

R.C.

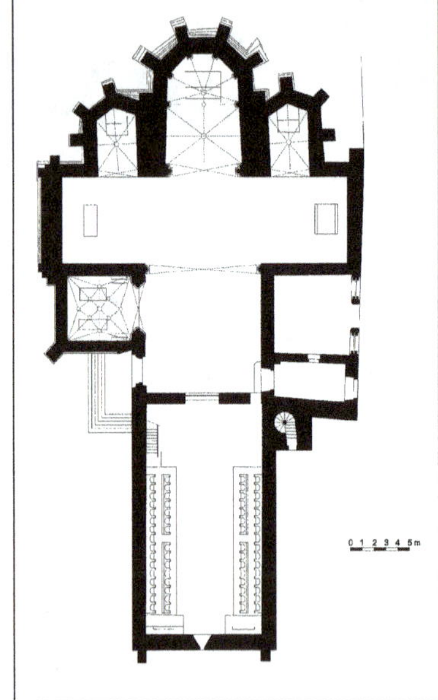

Église Sainte-Claire, plan au niveau du chœur inférieur, Vila do Conde, Boletim da Direcção-Geral dos Edifícios e Monumentos Nacionais, n° 14, Lisbonne, 1938.

ce et de son épouse ont des gisants et leurs côtés sont décorés avec des scènes hagiographiques et de la vie du Christ; ces œuvres de transition entre le gothique et la Renaissance peuvent être attribuées, avec quelques réserves, à l'atelier de Coimbra de Diogo Pires-o-Moço, d'autant plus qu'elles sont en pierre d'Ançã, le calcaire de Coimbra. La chapelle qui abrite ces chefs-d'œuvre de la statuaire portugaise fut construite sur le flanc de l'église monastique à l'initiative des abbesses D.ª Isabel de Castro et D.ª Catarina de Lima, et doit être datée approximativement de 1526. Elle est encore entièrement en gothique tardif dans la tradition manuéline, avec l'arche d'entrée bordée de rubans à la manière de Batalha, et une voûte nervurée à quatre feuilles, avec des segments courbes et des segments droits, et une clé centrale aux armoiries du prince.

Pour vous rendre à Guimarães, suivez la route N 309 jusqu'à Vila Nova de Famalicão. Suivez ensuite la route N 206 jusqu'à Guimarães.

Les Biscayens du nord du Portugal

Pedro Dias, Dalila Rodrigues,
Nuno Vassallo e Silva, Fernando Grilo

Deuxième jour

V.4 GUIMARÃES
- V.4.a Palais des ducs de Bragance
- V.4.b Musée Alberto Sampaio

V.5 BRAGA
- V.5.a Cathédrale
- V.5.b Musée d'Art sacré de la cathédrale
- V.5.c Chapelle des Coimbra

V.6 BARCELOS
- V.6.a Palais des ducs de Bragance
- V.6.b Sainte-Marie Majeure, église matriz (collégiale)
- V.6.c Résidence des Pinheiro

La légende du coq de Barcelos

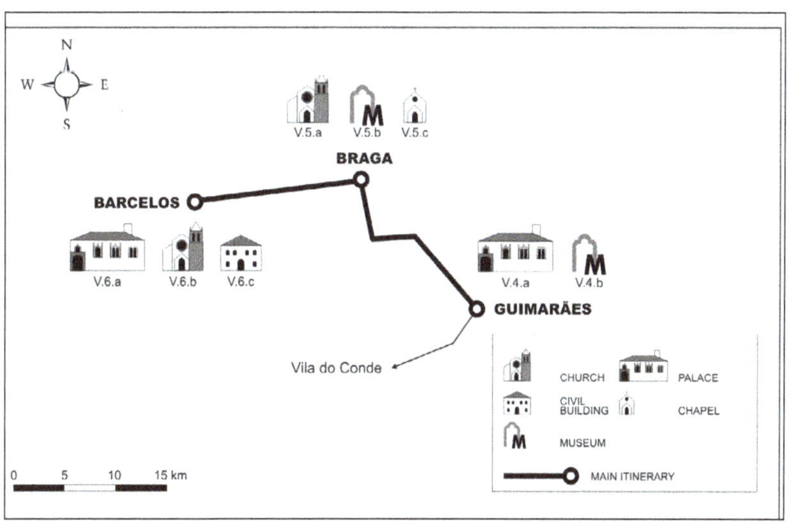

V.4 GUIMARÃES

Guimarães est une des villes mythiques du pays. Siège des premiers comtes de Portugal, Henri de Bourgogne et D.ª Teresa, la fille de l'empereur de León, le premier roi, Alphonse Ier, leur fils, y naquit, sans doute. C'est dans la bataille du champ de Saint-Mamed, en 1128, que le jeune prince allait obtenir son indépendance vis-à-vis de sa mère et des seigneurs de Galice ses alliés, commençant ainsi le processus d'indépendance qui donna naissance au royaume de Portugal.
Pendant tout le Moyen Âge, la ville fut un pôle agricole et artisanal important, bénéficiant de la fertilité environnante et de la proximité d'autres agglomérations telle Braga, siège de l'archi-diocèse. Parmi les institutions de la ville, la collégiale Notre-Dame de l'Olivier, très aimée, dit-on, de la puissante comtesse Mumadona (Xe siècle), a connu, plus tard, des prieurs importants comme le Dr João das Regras (qui prouva la légalité de l'accession au trône de Jean Ier à la fin de l'interrègne), et des mécènes comme Jean Ier lui-même.
Le développement de Guimarães doit beaucoup aux ordres religieux qui s'y installèrent, comme les dominicains et les franciscains.
À l'époque manuéline, la ville était remarquable par son tissu urbain, par le tracé des rues et des places, et par ses édifices, dont le plus important est le palais ducal appartenant à la maison de Bragance.

Dirigez-vous vers le Paço dos Duques (parc de stationnement gratuit à proximité). Ensuite, vous pouvez faire le reste du parcours à pied. Descendez jusqu'au Largo da Condessa Mumadona et suivez l'Avenida Alberto Sampaio, où vous trouverez le musée.

Palais des ducs de Bragance, Guimarães.

J.B.

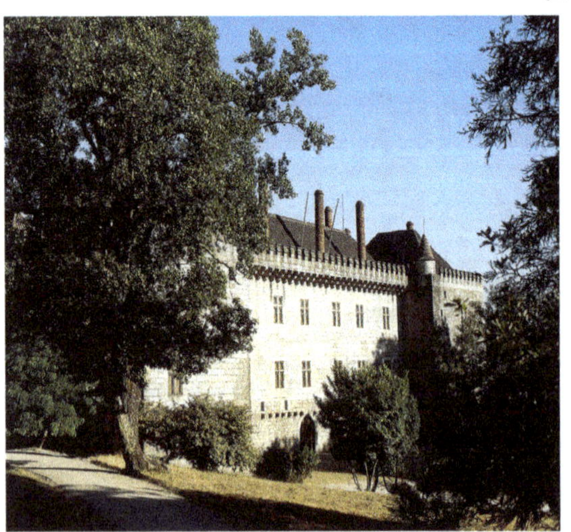

V.4.a Palais des ducs de Bragance

Rua Conde D. Henrique, tél. 253 412273. Classé Monument national.
Entrée payante. Horaires: tous les jours de 9:30 à 12:00 et de 14:00 à 17:00. Fermé le 1er janvier, le dimanche de Pâques, le 1er mai et le 25 décembre.

Sa construction remonte à 1401 et on la doit à D. Afonso, qui n'était alors que comte de Barcelos et qui deviendra, plus tard, duc de Bragance, donnant ainsi naissance à la future maison royale (quatrième dynastie) qui est encore aujourd'hui la maison présomptive de la couronne portugaise. Ce fils naturel de Jean Ier voulut faire bâtir un palais digne des grands

seigneurs de l'Europe gothique; il fit modifier plusieurs fois le projet initial et invita même à Guimarães un constructeur français connu dans la documentation de l'époque sous le nom de Maître Anton.
Mais l'entreprise était d'une telle envergure que le palais resta inachevé – ce que l'on voit aujourd'hui ne date que d'une soixantaine d'années. Avec des murs très hauts, un couronnement de merlons et créneaux et de puissantes tours angulaires, il s'organise autour d'une grande cour à arcades superposées d'où ressort l'énorme corps de la chapelle. À l'intérieur sont conservées des œuvres d'art de différentes époques, achetées expressément ou venues d'autres palais et musées portugais comme des tapis persans, des porcelaines chinoises, du mobilier européen et oriental, des tapisseries flamandes, et même des copies fidèles de tapisseries de Pastrana, qui avaient été réalisées en 1471 pour commémorer les conquêtes des places marocaines de Tanger et Asilah.

V.4.b **Musée Alberto Sampaio**

Rua Alfredo Guimarães, tél. 253 423910. Entrée payante. Horaires: de 10:00 à 12:30 et de 14:00 à 17:30, sauf le lundi, le 1er janvier, le dimanche de Pâques, le 1er mai et le 25 décembre.

Son important patrimoine pictural du XVIe siècle constitue un précieux témoignage de l'activité de peintres régionaux et de l'importance de cette production dans les espaces de culte publics et privés. De cet ensemble, il ne faut pas manquer: le *Triptyque de saint Blaise* et le petit tableau de la *Vierge à l'Enfant* de la collégiale Notre-Dame de l'Olivier; les deux tableaux d'autel qui représentent la *Vierge allaitant entre saint Benoît et saint Jérôme*, et *Saint Michel et sainte Marguerite* de l'église Saint-Michel du Château; enfin, le *Saint Martin, saint Vincent et saint Sébastien*, du monastère Sainte-Marine de la Côte.
Quelques exemplaires de peinture murale apportent un autre éclairage sur la diversité des solutions techniques utilisées à l'époque. Pour des besoins de conservation, d'après les critères de l'époque, ils furent détachés il y a un demi-siècle des murs du couvent Saint-François à Guimarães et des églises de Fonte Arcada et de Saint-Sauveur à Bravães.

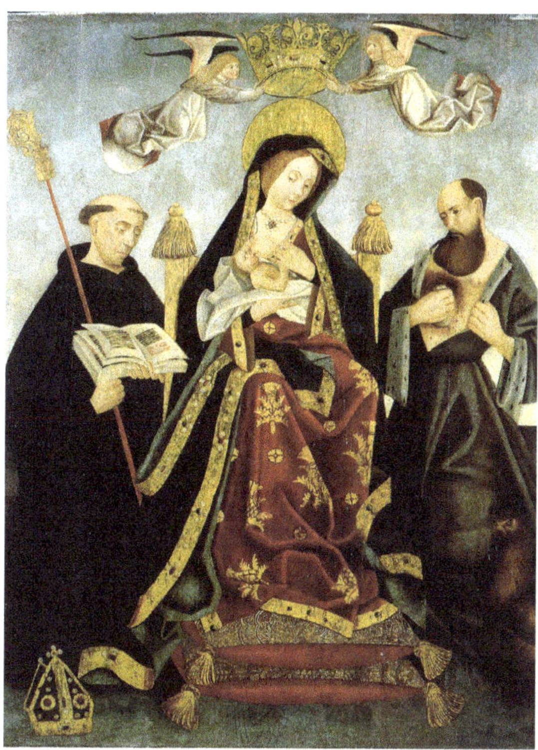
IPM/J.P.

"Notre Dame allaitant entre saint Benoît et saint Jerôme", provenant de l'église Saint-Michel du Château, huile sur bois de chêne, v. 1500, musée Alberto Sampaio, Guimarães.

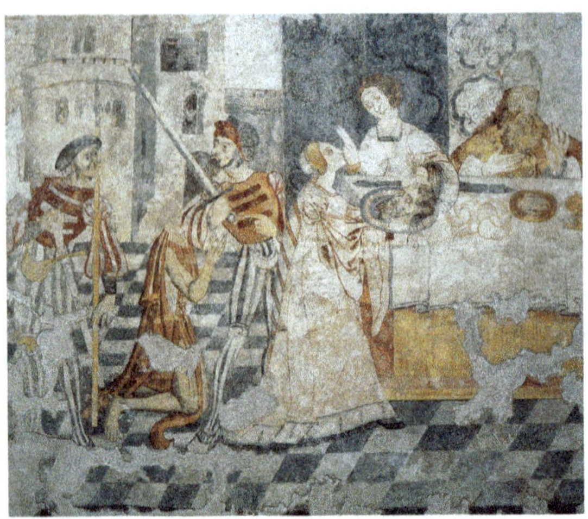

IPM/J.P.

"Décollation de saint Jean-Baptiste", provenant de l'église Saint-Michel du Château, fresque, 1510-1530, musée Alberto Sampaio, Guimarães.

À l'exception du petit tableau de la *Vierge à l'enfant*, destiné à la dévotion privée, qui appartint à la chapelle des prieurs de la collégiale, toutes les autres œuvres étaient dévolues à des espaces de culte public. Le *Triptyque de saint Blaise*, dont le panneau central représente la *Lamentation du Christ*, avec un extraordinaire sens dramatique de la mise en scène, était placé, à l'origine, dans la chapelle du cloître de la collégiale, sous l'invocation du saint éponyme. L'auteur, anonyme, se servit d'un langage pictural plus centré sur la forme stylisée à valeur décorative que sur des représentations réalistes, ce qui était archaïsant par rapport à ce que l'on faisait déjà dans d'autres régions du Portugal. Il sut pourtant donner une vive expression à un spectacle de douleur associé à la mort du Rédempteur. Offert au spectateur, le cadavre du Christ l'invite à une adhésion émotive et pieuse. Mais les figures monumentales de saint Blaise et de saint Jérôme doivent être mises en rapport avec le besoin ressenti par l'Église de fournir au public d'édifiants exemples de conduite morale, par la représentation des capacités de guérison miraculeuse du premier et par la pénitence corporelle affichée du deuxième. Quand le triptyque est fermé, la conception du Rédempteur apparaît à travers les habituels protagonistes de l'*Annonciation*.

Étant le fruit d'une activité la plus anonyme, on sait très peu de chose sur les auteurs de cette production régionale portugaise. On doit attribuer également à l'auteur anonyme du *Triptyque de saint Blaise* les deux peintures provenant de l'église Saint-Michel du Château et la fresque de la *Décollation de saint Jean-Baptiste*; il y a, en effet, de profondes affinités dans la conception de la forme, notamment le recours à la distorsion habituelle des expressions.

Le caractère unitaire de cet ensemble

IPM/J.P.

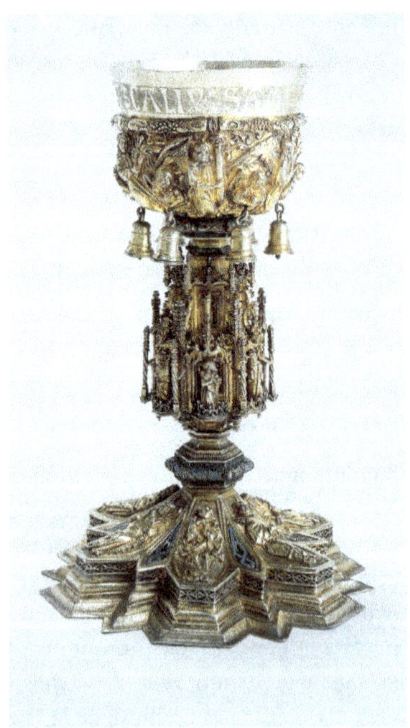

Calice, argent doré et émaux, v. 1520, musée Alberto Sampaio, Guimarães.

de peintures suppose l'existence d'un atelier à Guimarães, actif pendant les premières années du XVIe siècle, occupé à la peinture de retables avec le bois comme support et l'huile comme liant, et chargé aussi de la décoration murale, surtout à la fresque. Grâce à des exemples comme celui-ci, l'hypothèse d'une spécialisation des peintres, en fonction des deux techniques, se dissipe peu à peu.

Il est très probable que l'auteur du petit tableau de la *Vierge à l'enfant* soit le disciple de Viseu de Vasco Fernandes, d'après le nom – ANTO.VAZ – que l'on peut lire sur le petit *phylactère* qu'un des oiseaux tient dans son bec. L'auteur du panneau qui représente *Saint Martin, saint Vincent et saint Sébastien* utilise des stratégies figuratives semblables, mais à seule fin de faciliter l'identification des trois saints. Par ses affinités avec la production picturale du moine flamand Frei Carlos, on est porté à croire qu'il s'agit d'une des nombreuses peintures de l'atelier du couvent hiéronymite de l'Espinheiro à Évora.

Le musée Alberto Sampaio possède par ailleurs quelques œuvres d'orfèvrerie de la période manuéline, provenant presque entièrement du très riche trésor de la collégiale Notre-Dame de l'Olivier. Comme d'autres grands sanctuaires portugais, la collégiale de Guimarães reçut des cadeaux du roi. Nous savons que Manuel Ier offrit de riches chandeliers, un pot à goupillon, un encensoir et une *navette*, mais ces pièces ont été fondues au XVIIe siècle, étant probablement déjà abîmées, pour être transformées en nouveaux objets de culte. Des premières années du XVIe siècle, on peut admirer un calice

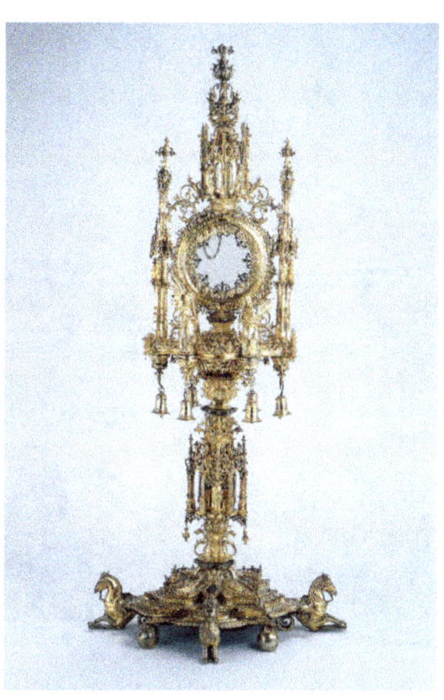
IPM/J.P.

Ostensoir, argent doré et émaux, v. 1530, musée Alberto Sampaio, Guimarães.

offert par le chantre Fernão Alvares, qui figure sur les inventaires de la collégiale depuis 1527. L'ostensoir en argent doré, achevé en 1534, destiné à la chapelle du Saint Sacrement et commandé par le chanoine Gonçalo Anes, est un bon exemple du goût des commanditaires et des orfèvres de l'époque. Remarquable du point de vue technique, il donne l'impression d'une dématérialisation de l'argent par l'abondance du travail en filigrane, typique de la période manuéline. Son très riche répertoire ornemental et iconographique en fait une œuvre unique.

Il y a encore à Guimarães une des œuvres finales de la production manuéline qui fut déjà réalisée à contre-courant du goût de son époque, puisque la conception générale de cette croix de procession datée de 1547 (faite à Porto, par la volonté testamentaire du chanoine Gonçalo Anes) est encore fidèle au gothique tardif.

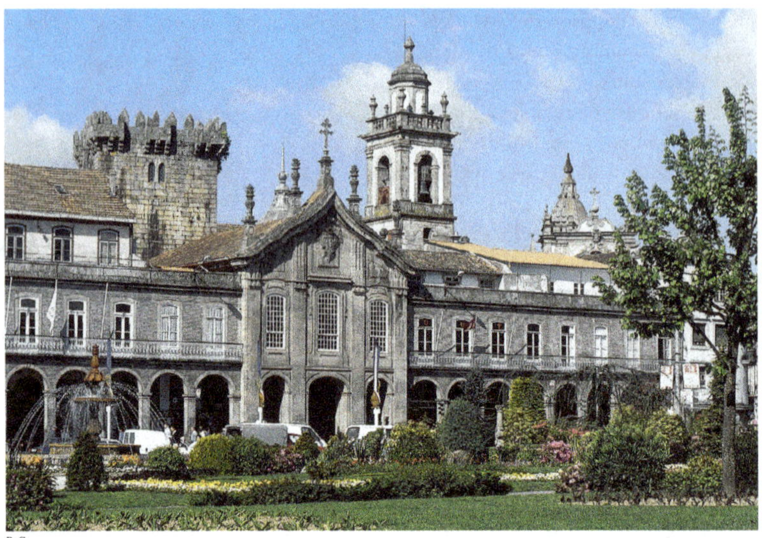

Centre historique de Braga.

R.C.

Néanmoins, elle montre une profusion d'éléments architecturaux et présente une surface décorée de motifs de la Renaissance; les bas-reliefs du nœud, qui montrent des épisodes de la Passion du Christ, copient des gravures d'Albrecht Dürer.

Pour Braga, vous devez prendre à Guimarães la route N 101, en direction de Caldas das Taipas/Esporões jusqu'à Braga (20 km).

V.5 BRAGA

L'ancienneté de Braga et de sa cathédrale sont proverbiales dans la tradition portugaise. Cette ville de très grande importance dans la période hispano-luso-romaine prit même le titre de *Augusta* au temps de César et devint ensuite, en 216, avec l'empereur Caracala, le siège de la nouvelle province romaine de Galecia (future Galice). Cette ville fut un des principaux centres de diffusion du christianisme et, en 400, elle avait déjà un évêque résident du nom de D. Paterno. En 448, avec Réchiar – roi des Suèves qui avaient conquis cette province en 411 –, le *conventus* de Braga devint le premier royaume chrétien d'Europe. Conquise par les Arabes, la ville fit l'objet de constantes attaques de la part des chrétiens réfugiés en Asturies, mais ne fut reconquise qu'en 1040. Toutefois, le repeuplement chrétien de la ville et de ses alentours ne prit vraiment son essor qu'avec l'évêque D. Pedro, qui gouverna le diocèse entre 1070 et 1091 et lui redonna tout son prestige. La construction de la première cathédrale romane qui remplaça la précédente, de l'époque suévo-wisigothique, date de cette période.

Pendant tout le Moyen Âge, la ville balança entre l'autorité royale et celle de ses archevêques qui, comme ceux de Tolède, avaient le titre de primat des Espagnes.

Au XVe siècle, la ville connut un véritable développement sous l'égide de l'archevêque D. Fernando da Guerra

(1416-1467) avec de nouvelles constructions à l'intérieur et à l'extérieur des murailles, avec de constantes améliorations dans la cathédrale et dans le palais épiscopal, et avec l'édification de fontaines et de portes de ville. Mais l'époque manuéline se montra encore plus brillante, surtout quand le magnifique D. Diogo de Sousa (1505-1532), revenant de Rome, s'assit sur le trône archiépiscopal.

Poussé par l'esprit de faste et de luxe de la Renaissance, il projeta et fit ouvrir de nouvelles rues et places, et dota la ville de fontaines et d'autres équipements urbains, essentiellement sanitaires, comme l'hôpital Saint-Marc. Il fit bâtir les *alfândegas* – des auberges pour les *almocreves*, ces muletiers qui assuraient le transport des produits entre le littoral et l'intérieur –, une nouvelle léproserie, un hôtel de ville de bien plus grandes dimensions que le précédent, et d'innombrables églises, couvents et monastères qui étaient sous son patronage à l'intérieur comme à l'extérieur de la ville, notamment Saint-Jérôme de Montélios et Vilar de Frades. Il n'oublia pas non plus l'éducation publique ni la typographie.

Les richesses de la cathédrale et de la Miséricorde, qu'il protégea également avec grande dévotion, placèrent ces institutions parmi les plus riches, dans le domaine artistique, de toute la péninsule Ibérique.

Vous pouvez effectuer la visite aux monuments de Braga à pied. Nous suggérons de laisser la voiture dans le parc de stationnement à côté de l'Arco da Porta Nova. Suivez la rue D. Diogo de Sousa jusqu'à la cathédrale. Pour la maison des Coimbra, contournez la cathédrale et suivez la Rua de São João.

V.5.a **Cathédrale**

Rua D. Paio Mendes, tél. 253 263317. Classée Monument national.

Horaires: tous les jours de 8:30 à 19:00.

Juan del Castillo avait travaillé auparavant dans la cathédrale de Séville et nous ne savons pas comment il arriva à Braga. En revanche, son parcours postérieur à cette arrivée est bien connu. Il était à Vila do Conde en 1511; en 1515, il s'établissait à Tomar; et l'année suivante, il dirigeait les travaux du monastère des Hiéronymites à Lisbonne.

R.C.

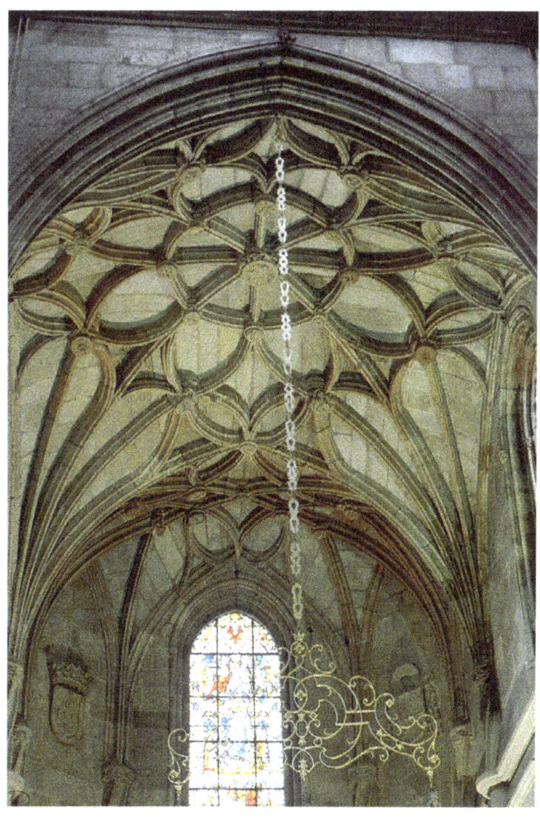

Cathédrale, voûte du chœur, Braga.

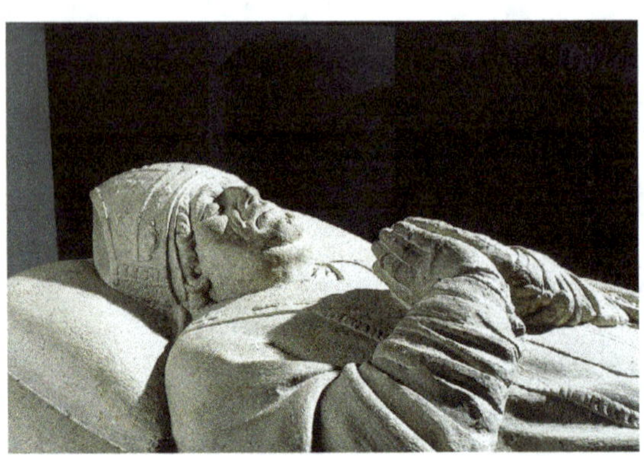

R.C.

Gisant de D. Diogo de Sousa, chapelle funéraire de la cathédrale, Braga.

D. Diogo de Sousa le chargea de moderniser l'église, n'étant pas, à ce moment-là, en possession de capitaux suffisants pour en construire une nouvelle. Castillo fit le plan et dirigea la construction d'un portique extérieur avec trois arcs sur le devant bordés de galons, et des voûtes à nervures croisées, au tracé rectiligne. Il est aussi l'auteur du nouveau chœur haut, puissant, avec un couronnement extérieur de guirlandes flamboyantes; sur l'extrados du fond une sculpture de Coimbra représente Notre Dame, avec la date de 1509 et les armoiries de l'archevêque-mécène.

R.C.

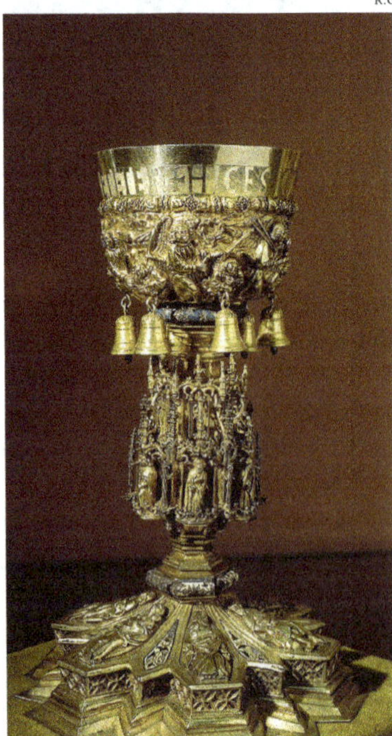

Calice manuélin, argent doré, v. 1520, musée d'Art sacré de la cathédrale, Braga.

L'intérieur du chœur est d'un haut niveau plastique et il faut souligner le dessin des nervures avec des *combados*, c'est-à-dire en forme de grands pétales. C'est la première voûte de ce genre au Portugal.

D. Diogo de Sousa commanda encore un grand retable en pierre d'Ançã, un calcaire blanc, qui est l'œuvre du sculpteur flamand Machim. Il en reste quelques sculptures d'une grande vigueur plastique et d'une grande rigueur anatomique, ainsi que la décoration des niches de style flamboyant.

V.5.b **Musée d'Art sacré de la cathédrale**

Cathédrale de Braga, Rua D. Paio Mendes, tél. 253 263317.

Entrée payante. Horaires: de 8:30 à 17:30 en hiver et de 8:30 à 18:30 en été.

La Sé (cathédrale) de Braga, qui possède un des plus anciens trésors religieux du Portugal, fut constamment enrichie par de pieuses donations, et ce fut sans doute l'archevêque D. Diogo de Sousa qui y contribua le plus. Offert en 1509 par ce grand bienfaiteur du diocèse de Braga, un monumental calice en argent doré, destiné aux messes solennelles, porte les armoiries du prélat.

On trouve également dans ce trésor, depuis 1527, un devant d'autel en albâtre et en argent blanc avec un exceptionnel calvaire gravé, où, sous le crucifix, apparaissent les armoiries du donateur.

V.5.c **Chapelle des Coimbra**

Largo de São João do Souto. Classée Monument national.
On ne voit que l'extérieur de cette propriété privée, mais la chapelle est ouverte au public pendant la Semaine sainte; en dehors de cette période, vous pouvez contacter M. Manuel da Silva Macedo, tél., 253 263704.

La chapelle Notre-Dame de la Conception fut fondée, entre 1525 et 1528, par le Dr João Coimbra, *Provisor da Mitra* (chef de la juridiction épiscopale de Braga). La structure de la tour, avec son porche, est encore de tradition médiévale; on peut l'attribuer à Diego del Castillo pour des raisons stylistiques, notamment le voûtement intérieur; c'est l'une des dernières œuvres, au nord du Portugal, de cet architecte. La demeure, qui lui fait suite et qui s'étend tout le long de la rue, possède de très belles fenêtres encadrées par des éléments d'un gothique tardif, avec un tracé très compliqué et une exubérante décoration naturaliste.
La chapelle renferme des œuvres de deux des plus importants sculpteurs français établis au Portugal au XVIe siècle et qui étaient déjà entièrement au goût de la Renaissance: à l'extérieur, sur la corniche et dans la tour, un ensemble de sculptures d'Odart; à l'intérieur, le retable du maître-autel, une œuvre fondamentale de Jean de Rouen.

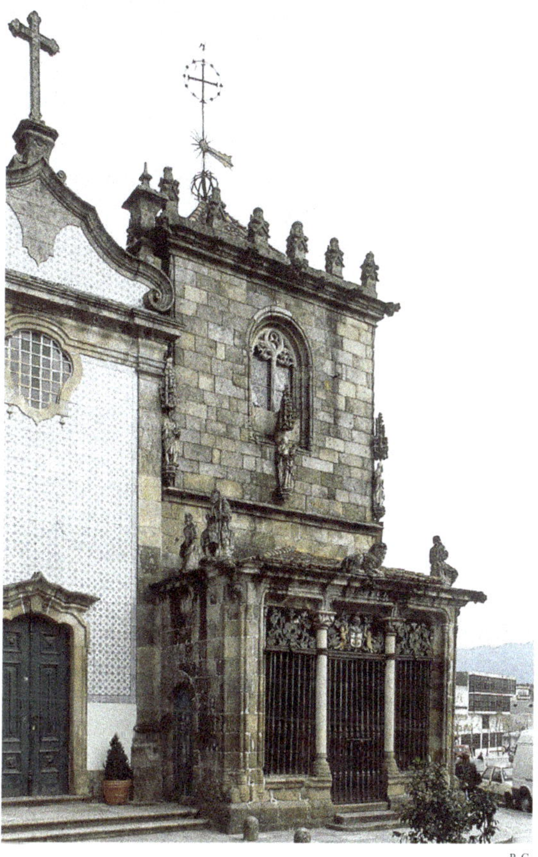
R.C.
Chapelle de la famille Coimbra, Braga.

Pour Barcelos, vous devez prendre la route N 103 qui y conduit directement (15 km).

V.6 **BARCELOS**

Barcelos fut déjà bien décrite au XIIIe siècle comme une ville entourée de murailles dans un lieu de passage stratégique de la route qui reliait le bas Douro à la Galice, et qui dominait les plaines cultivées du fleuve Cávado. Appartenant initialement au domaine royal, le roi Dinis l'offrit en 1298 à João Afonso, grand chambellan du

Chapelle de la famille Coimbra, détail de l'extérieur, sculptures d'Odart, v. 1530, Braga.

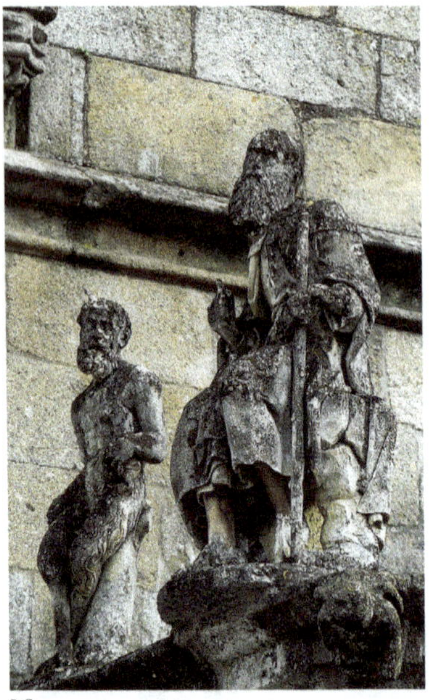

R.C.

royaume, en la transformant en un comté. Cependant, ce comté entra de nouveau dans l'orbite de la famille royale en 1314, quand il devint la propriété de D. Pedro, un autre fils naturel du roi Dinis, poète et auteur du *Nobiliaire*. Le titre de comte de Barcelos entra ensuite dans la maison de Bragance par le prince Afonso, fils du roi Jean Ier, et il appartient encore aujourd'hui à ses descendants.

À la fin du Moyen Âge, le développement de la ville était remarquable, grâce surtout aux ducs de Bragance ou à leurs représentants. On y trouvait alors des familles juives et chrétiennes qui construisirent ou restaurèrent beaucoup de maisons à l'intérieur des murailles, pendant que les exploitations agricoles devenaient prospères dans les environs. C'est à cette époque que les bourgeois et le peuple s'installèrent aussi dans les nouveaux quartiers périphériques de la Porta do Vale, de la Cruz et du Salvador.

Entrez dans la ville par Barcelinhos. Traversez le pont vieux (Ponte Velha) sur le Cávado, ce qui vous offrira un excellent panorama sur le Barcelos ancien. Après le pont, tournez à gauche dans Largo do Município. Vous pouvez laisser la voiture à côté de la matriz *ou du palais des Ducs. Les monuments de ce parcours peuvent être visités à pied, étant très proches les uns des autres.*

Rua Dr Miguel Fonseca, tél. 253 824741. Classé Monument national. Actuellement Museu Lapidar (musée lapidaire) ou Musée archéologique de Barcelos.

Horaires: tous les jours de 9:00 à 17:30, sauf le 1er janvier, le Vendredi saint, le dimanche de Pâques, le 1er mai et le 25 décembre.

L'ancien palais comtal, par la suite palais ducal, se dresse sur la rive droite du fleuve et, comme le prouve l'iconographie du XVIe siècle, il couvrait la défense du vieux pont. Vers 1510, il était encore partie intégrante du système défensif et en était même le dernier refuge. Il semble que l'essentiel des travaux soit dû à D. Fernando, neuvième comte de Barcelos et marquis de Vila Viçosa, ainsi qu'à son fils, son héritier et son homonyme, qui, plus tard, participa à l'attentat contre le roi Jean II, d'où son exécution en 1483.

Les travaux d'amélioration ne s'arrêtèrent jamais et, dans une lettre du duc de Bragance, D. Jaime, à l'archevêque de Braga, écrite en 1530, on voit qu'il souhaitait agrandir encore sa résidence à Barcelos.

De nos jours, il reste la plate-forme artificielle et le noyau central du palais, avec des fenêtres déjà cintrées, ce qui prouve que vers 1530 ou 1540 les améliorations continuaient. À l'intérieur du palais furent placées des pièces archéologiques; le pilori

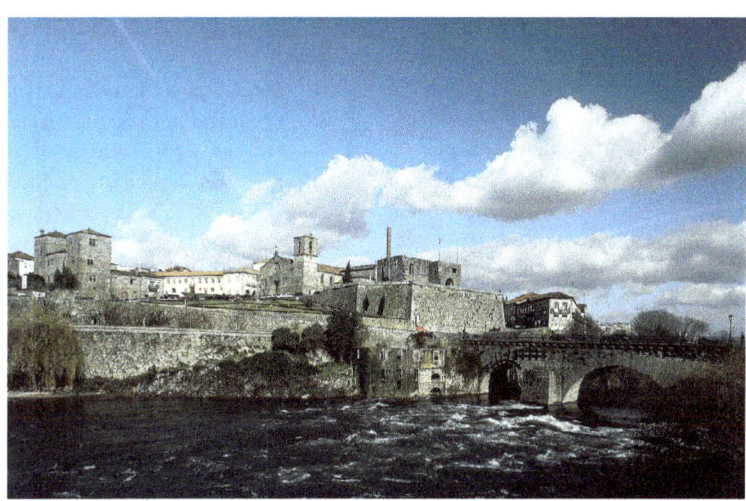

Vue panoramique du centre historique de Barcelos.

R.C.

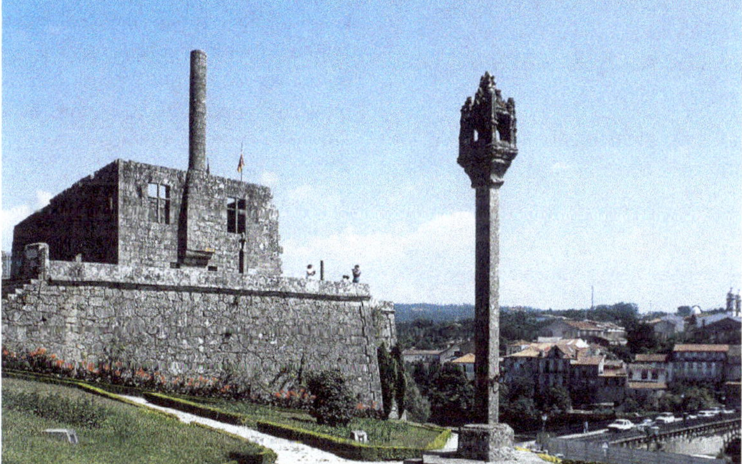

Palais des ducs de Bragance et pilori, Barcelos.

R.C.

manuélin s'y dresse également, avec son sommet en forme de cage.

V.6.b **Sainte-Marie Majeure, église matriz (collégiale)**

Largo do Município, tél. 253 811451. Classée Monument national.

Horaires: du lundi au vendredi de 10:00 à 12:00 et de 15:00 à 20:00. Le samedi de 9:30 à 12:30 et de 14:30 à 18:00. Le dimanche de 9:00 à 12:30 et de 15:00 à 18:00.

L'église Sainte-Marie Majeure de Barcelos, autrefois une collégiale, remonte au XIVe siècle, mais l'édifice que l'on peut voir aujourd'hui possède des éléments de plusieurs époques. La partie la plus ancienne est la façade principale et la structure qui correspond aux trois premières travées, entièrement gothiques. Mais la zone du chœur et de la travée la plus proche de celui-ci est déjà manuéline, bien qu'édifiée sur des infrastructures du XIVe siècle.

Sur la clé de voûte centrale du chœur, on peut lire la date de 1504 et le nom de Gil da Costa qui, apparemment, dut être un de ceux qui payèrent la rénovation de l'église.

V.6.c **Résidence des Pinheiro**

Rua Dr Miguel Fonseca, à l'angle de la Rua Duques de Bragança. Classée Monument national. Renseignements: Office de tourisme, tél. 253 81 21 35.

Cette noble demeure est située à côté du palais comtal et de l'église collégiale, et elle est bien en évidence dans l'ancien Largo do Terreiro. Ce sont les administrateurs judiciaires des ducs de Bragance (qui étaient également maires de la ville) qui l'édifièrent, d'où sa situation et son aspect imposant; à l'origine, elle était certainement constituée de maisons bâties pour Pedro Esteves en 1448 et réunies ultérieurement. Ensuite, Alvaro Pinheiro agrandit la demeure de son père et lui donna la forme qui est la sienne aujourd'hui.

La façade principale à deux étages est tournée vers le couchant et est encadrée par deux imposantes tours quadrangulaires qui ont chacune deux étages de plus. Malgré les transformations qu'elle a subies, naturellement, la structure est encore manuéline, en bonne pierre de taille travaillée, du meilleur granit de la région, avec portes et fenêtres au dessin régulier, mais pas toujours symétriques. Deux

R.C.

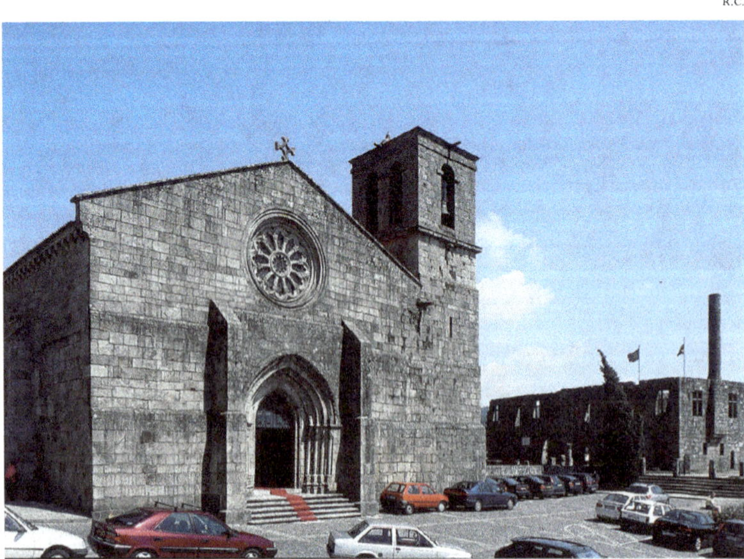

Sainte-Marie Majeure, église matriz, façade principale, Barcelos.

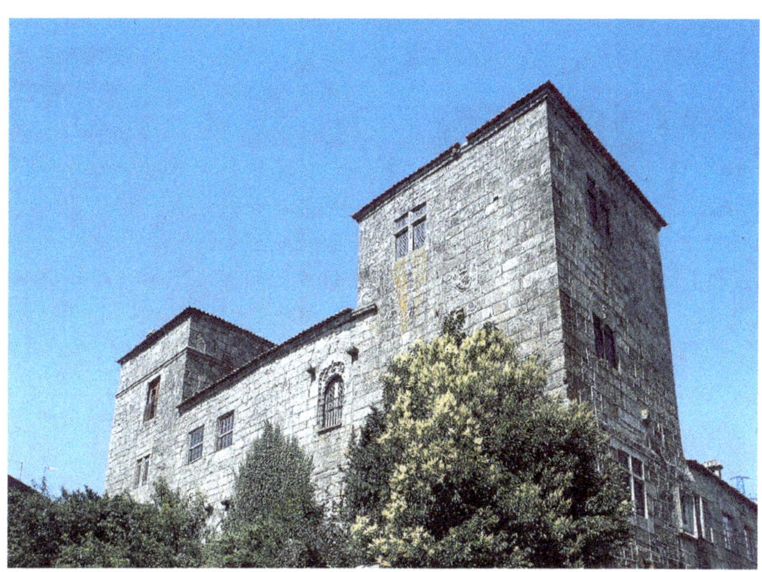

Résidence des Pinheiro, Barcelos.

R.C.

corps de bâtiment, plus bas, partent derrière les tours afin de former une cour utilitaire.

Sur la tour sud, à côté des armoiries d'Alvares Pinheiro on trouve une sculpture d'une femme en prière, et sur la corniche il y a deux bustes d'hommes, l'un desquels a une longue barbe et est connu par le surnom de *barbadão* ("le grand barbu").

Cette demeure est un des meilleurs exemples portugais d'architecture domestique de l'époque manuéline.

Le coq de Barcelos est l'icône la plus connue du Portugal. Avec son air naïf et ses couleurs franches et gaies, il est aussi un emblème de la diaspora portugaise. L'aura de la légende qui le concerne vient cependant de très loin. Le texte qui suit est le premier à avoir fixé la tradition orale.

"Dans ces parages, au bord de la vieille route, peut-être au lieudit du Seigneur du Coq, il y avait une auberge très cotée et les voyageurs ne tarissaient pas d'éloges sur la beauté sans égale de sa patronne, une gentille jeune fille célèbre plusieurs lieues à la ronde. Il n'y avait rien à dire en sa défaveur. Sur ordre du diable (et qui d'autre que lui?), un beau jour entra dans l'auberge un pèlerin, d'ailleurs galicien, qui, accompagné d'un fier jeune homme, son fils, allait, rempli de foi, accomplir une promesse à saint Jacques. Quand l'aubergiste vit le jeune homme, elle s'en éprit sur le coup; lui, pourtant, ne fut point pris de cette passion qui mena l'aubergiste au point que le lecteur va découvrir. Quand elle se rendit compte que les voyageurs n'avaient pas l'intention de rester au-delà du temps nécessaire pour prendre quelque repos, elle utilisa tous les moyens suggérés par son imagination de femme pour persuader le pèlerin de l'importance d'un plus long séjour. Quand elle

Pedro Dias

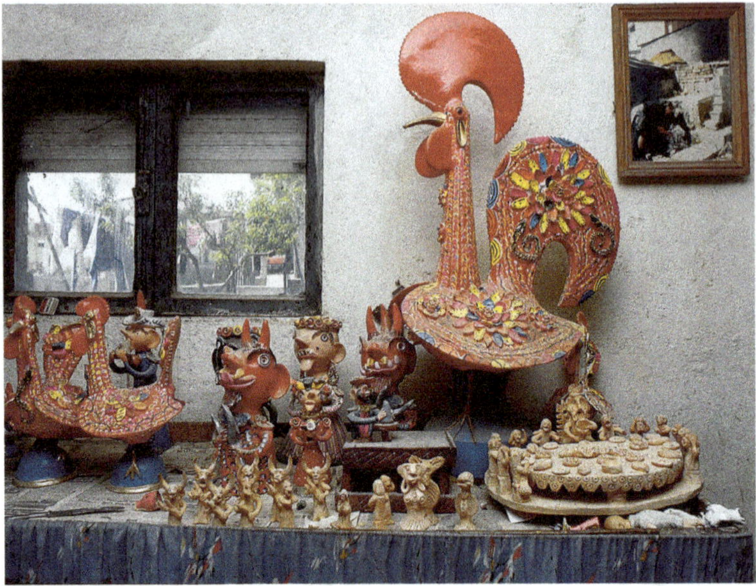
Coq de Barcelos.

R.C.

comprit qu'il était impossible de vaincre la résistance du Galicien qui voulait à tout prix poursuivre son chemin, elle entreprit alors de convaincre le fils de rester à l'auberge jusqu'au retour de son père. Mais comme son obstination n'obtint que l'indifférence du garçon, l'aubergiste imagina un plan vraiment diabolique qu'elle mit aussitôt à exécution.

Les pèlerins payèrent leur dépense et prirent congé de l'aubergiste qui, loin de montrer son chagrin, leur présenta un visage rieur et un sourire de mauvais augure. Sans perdre plus de temps, les saints hommes suivirent leur pieux chemin. Ils n'avaient pas beaucoup avancé quand, dans un tournant, apparut un groupe de gardes qui dirent au jeune homme: 'Au nom du Roi, tu es arrêté.'

Très étonnés, le père et le fils réussirent à demander tant bien que mal ce que cela pouvait bien signifier. Et on imagine ce qu'ils ressentirent en entendant traiter le garçon de voleur. Ils furent encore plus étonnés quand les gardes prirent dans le sac du jeune homme des couverts en argent – le corps du délit que l'aubergiste avait dénoncé à la justice.

Le pèlerin continua, imperturbable, sa route vers Saint-Jacques, après avoir embrassé son fils. Celui-ci fut emmené en prison et fut très vite condamné à être pendu d'après la législation qui était alors en vigueur.

Le jour et à l'heure où la sentence devait être exécutée, le père, revenu de son pèlerinage et très chagriné, alla trouver le juge au moment où il était en train de manger, afin de le convaincre de l'innocence de son fils. Le magistrat, qui ne voulait pas être importuné, lui déclara qu'il ne croirait à l'innocence du garçon que si le coq rôti qui était sur la table, et qu'il s'apprêtait à découper, se mettait à chanter.

Dès qu'il eut fini de le dire, le coq se leva, secoua la sauce et commença à chanter.

Le juge, atterré, se leva à son tour, regarda sa montre, et c'était justement l'heure de l'exécution. Il partit en courant, suivi du père, vers l'endroit du supplice, mais ils étaient encore loin quand ils comprirent qu'il était trop tard ! L'accusé était déjà pendu...

Mais, aucune importance ! Devant les yeux de son père, saint Jacques tenait le garçon, en soutenant de sa tête et de ses mains les pieds du pendu."

Domingos J. Pereira, *Nova História da Vila de Barcelos*, 1817.

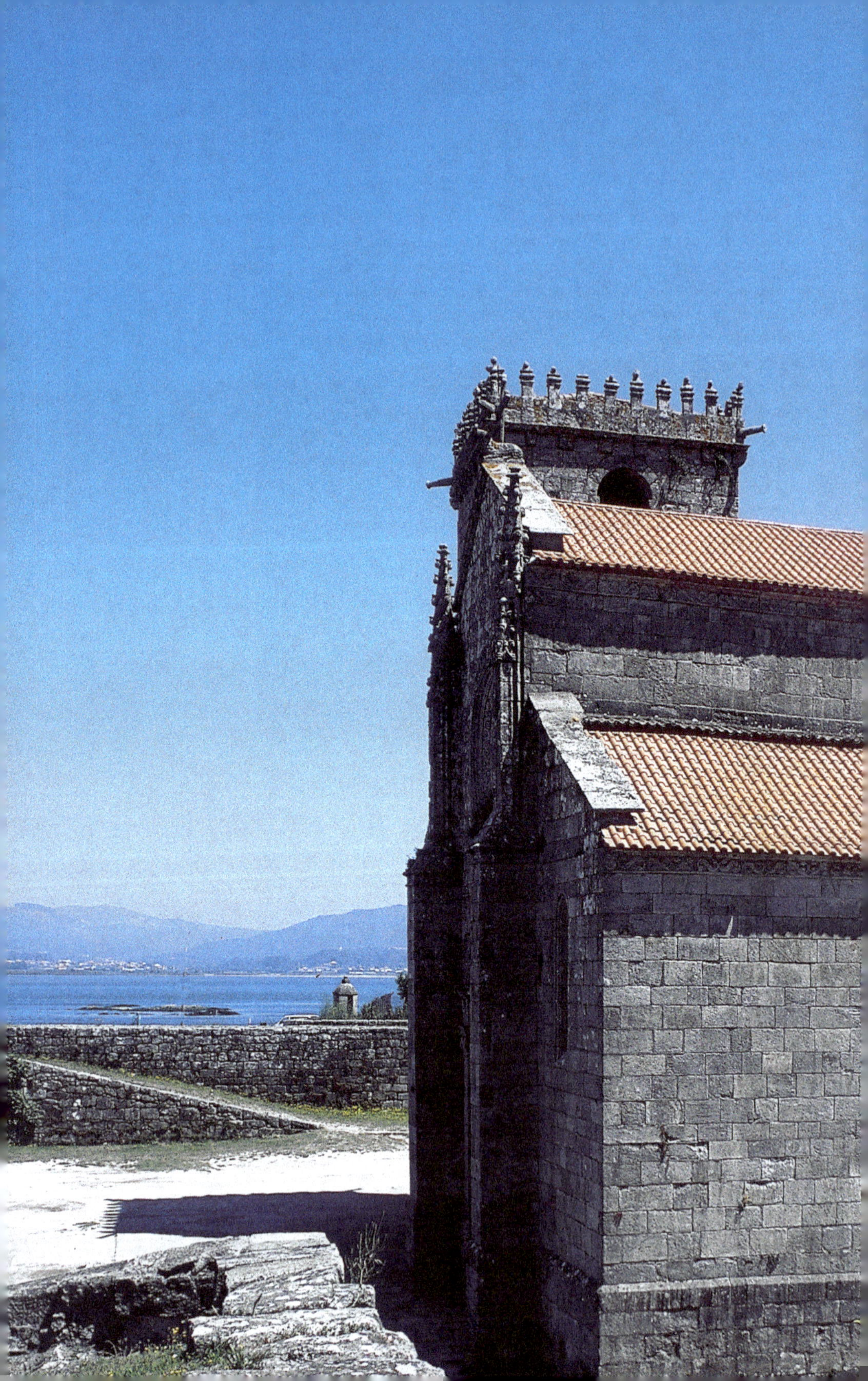

Regarder la Galice

Pedro Dias, Dalila Rodrigues,
Nuno Vassallo e Silva, Fernando Grilo

VI.1 VIANA DO CASTELO
- VI.1.a Centre historique
- VI.1.b Cathédrale
- VI.1.c Château de Roqueta

VI.2 CAMINHA
- VI.2.a Centre historique
- VI.2.b Notre-Dame de l'Assomption, église matriz

VI.3 LANHELAS
- VI.3.a Maison de la Tour

VI.4 VILA NOVA DE CERVEIRA
- VI.4.a Château

Tours seigneuriales du haut Minho

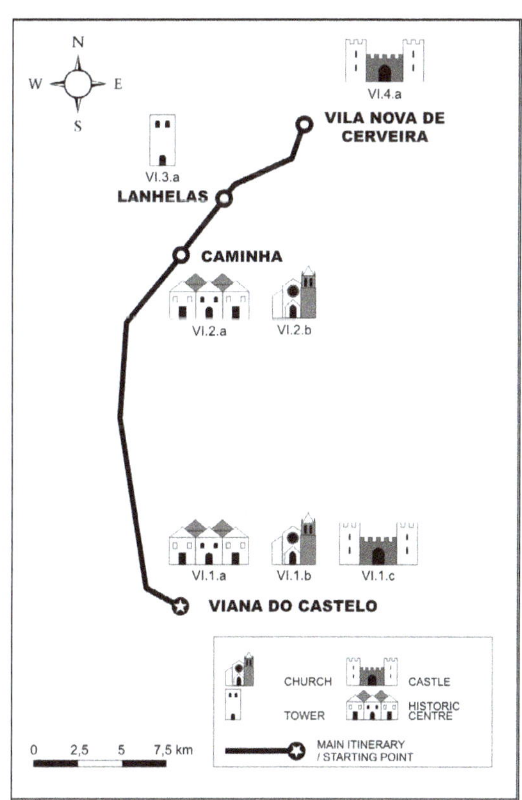

Église matriz avec la Galice en arrière-plan, Caminha.

Le fleuve Minho ne sépare pas les deux territoires et les deux peuples, ceux de la province du Minho portugais et ceux de la Galice espagnole; ils les unit plutôt depuis toujours. Même quand le courant était très fort pendant les durs hivers, les gens des deux rives se voyaient et se parlaient d'abord dans une langue commune, et, de nos jours, dans deux langues jumelles.

Traverser le fleuve à gué était impossible, mais il y avait toujours une petite barque prête à emmener et ramener des gens qui allaient commercer, légalement ou non, qui allaient voir leurs proches, et même assister ou participer à des services religieux sur l'une ou l'autre rive.

Après la fondation du royaume de Portugal, au XIIe siècle, il y eut encore des paroisses sur la rive gauche qui dépendaient toujours du diocèse de Tuy (en Galice) et les maçons qui bâtirent la cathédrale de cette ville vers 1200 avaient fait auparavant les églises romanes de Sanfins, Ganfei et Longos Vales, entre autres, dans le Minho portugais.

Saint-Jacques de Compostelle était un pôle d'attraction très important et le principal sanctuaire de l'extrémité occidentale de l'Europe. “Le chemin portugais de Saint-Jacques” ignorait la frontière et l'éventuel état de guerre entre les couronnes de Castille et de Portugal. On allait prier à Saint-Jacques, on accomplissait des promesses, et, en même temps, on allait y engager des ouvriers pour les œuvres publiques et privées des provinces entre les fleuves Minho et Douro. Il est donc très naturel de trouver dans ces territoires voisins des œuvres d'art jumelles, de la période qui nous intéresse ici, de la fin du XVe et du début du XVIe siècle, c'est-à-dire, d'un point de vue uniquement esthétique, du gothique final et de la proto-Renaissance, emblème de la transition du Moyen Âge vers l'époque moderne.

Le portail principal de l'église *matriz* de Viana do Castelo vient directement de la tradition protogothique des portails galiciens. Dans l'église de Caminha travaillèrent Tomé de Tolosa, Francisco Fial, Fernán Muñoz et Pêro Galego, ce dernier ayant été aussi le maître de l'église du couvent Sainte-Anne. Les ressemblances s'étendent à la sculpture, très souvent importée des chantiers de Coimbra, et à la peinture, dont le principal artiste fut le voyageur impénitent André de Padilha; elles s'étendent aussi, naturellement, à l'orfèvrerie et à l'art des tissus de luxe.

C'est une région où les grandes familles de seigneurs guerriers du début du royaume entretinrent leurs vieilles tours, les agrandirent et les modernisèrent pour en faire des logements plus confortables, plus conformes aux nouveaux besoins et aux goûts de cette nouvelle époque. On peut encore admirer aujourd'hui, orgueilleuses parmi les vignes ou sur des rochers, les tours de Lapela, Lanheses et Giela.

Regarder la Galice, la voir, l'aimer, y aller pour acheter ou pour commander quelque chose, et faire pareillement chez soi, revendre, reproduire les mêmes gestes des deux côtés, voilà l'équation compliquée d'une région, d'un temps et d'un fleuve.

VI.I VIANA DO CASTELO

Viana do Castelo, ou Viana do Lima, comme préfèrent le dire beaucoup de ses habitants, eut pour origine une petite agglomération appelée Atrio dans les documents. Elle existait déjà au XIIe siècle et ce fut le roi Alphonse III qui l'appela Viana, en 1258, quand il lui donna son *foral*, ce qui permit son développement. La charte confirmait l'existence officielle du port maritime, qui allait s'agrandir pendant les siècles suivants et connaître un éclat considérable pendant l'époque manuéline. La ville passa alors sous domination royale directe et l'action de João Gonçalves, délégué du monarque et appelé, à juste titre, "peupleur de Viana" fut capitale dans la première phase de fixation de nouveaux habitants.

L'excellent port d'ancrage de l'embouchure du fleuve Lima rendait possible l'entrée et le mouillage des bateaux pratiquant d'abord le commerce intra-européen, ensuite des voyages au long cours, emmenant et ramenant des gens et des biens d'Afrique, du Brésil et de l'Orient. Le versant européen continuait, par ailleurs, à prendre du poids, puisque Viana demeurait un port essentiel pour le commerce des tissus et des produits en métal venant de Flandres, d'Angleterre et d'Allemagne. Cependant, cette richesse attirait aussi les corsaires, surtout biscayens et français, ce qui obligea Manuel Ier à prendre quelques mesures lors de son passage à Viana, en faisant son pèlerinage à Saint-Jacques de Compostelle. Il ordonna alors la construction d'une forteresse devant la rade.

Les marques de cette période dorée, où s'imposa une bourgeoisie marchande et industrieuse, sont bien patentes dans le centre historique de la ville, dans des œuvres qu'ils subventionnaient par dévotion et piété, mais également par un désir clair et justifié d'affirmation personnelle et corporatiste.

À Viana do Castelo, on suggère une visite à pied du centre historique où se trouve l'église Sainte-Marie. Le château de Roqueta est situé à 1 km, vers l'embouchure du Lima.

R.C.

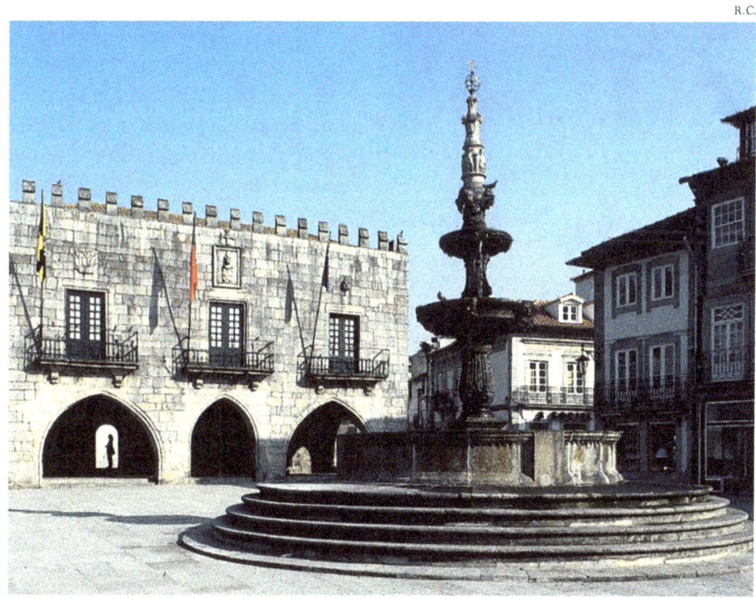

Ancien hôtel de ville, Viana do Castelo.

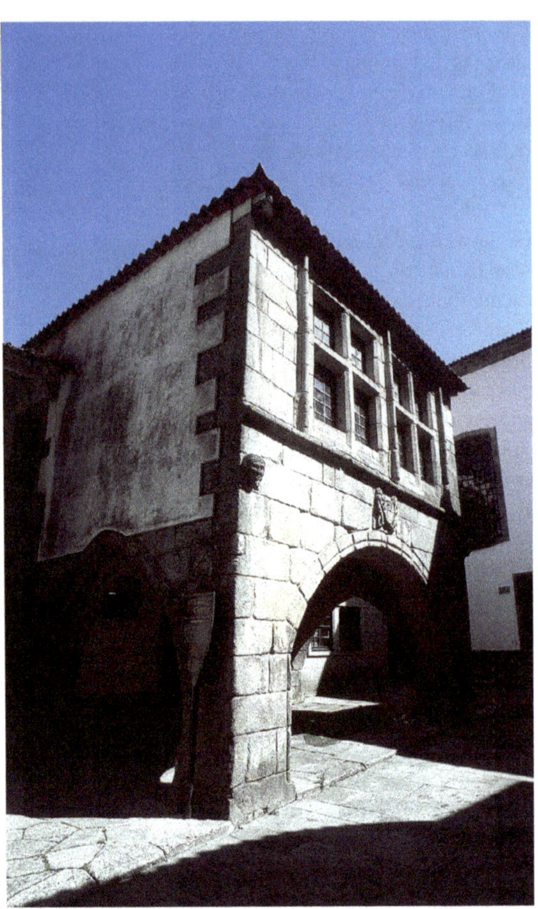

R.C.

Demeure de João Velho, centre historique de Viana do Castelo.

VI.1.a **Centre historique**

Vous pouvez commencer votre parcours à pied à partir de la Rua de São Pedro (près de la cathédrale), où se trouvent la maison des Costa Barros. Suivez la Rua Grande jusqu'à ce que vous trouviez la Viela da Parenta, où se trouve la maison de Pêro Galego. Suivez la Rua do Hospital Velho jusqu'à la Rua do Tourinho pour visiter la maison de Pedro Tourinho. De là, continuez par la Rua Sacadura Cabral, où vous pourrez voir la maison des Medalhões ou maison des Luna, et tout de suite après la cathédrale, vous trouverez la maison de João Velho. Continuez jusqu'à la Praça da República, où est l'ancienne mairie; là, prenez la Rua Cândido dos Reis où se trouve la maison de Carreira (l'actuelle mairie). Renseignements: Office de tourisme, tél. 258 822620.

La structure de la partie manuéline de la ville peut, encore aujourd'hui, être facilement décelée à travers l'analyse du tracé des voies du centre historique. On peut, en effet, percevoir une forme oblongue qui correspond au dessin des murailles du XIVe siècle, à l'intérieur duquel s'alignent des quartiers rectangulaires définis par un tracé perpendiculaire avec une plus grande amplitude dans le sens nord-est/sud-est, c'est-à-dire parallèlement au fleuve. Du côté de celui-ci s'ouvrait la Porta de São Crispim, par laquelle on accédait à la Rua da Praça Velha qui traversait tout le bourg en ligne droite passant devant la nouvelle *matriz*, par la Praça Velha proprement dite et aboutissant à la Porta do Forno, ou de São Tiago, qui communiquait avec le Campo do Forno. Perpendiculairement à la dite rue de la Praça Velha, on peut encore parcourir la Rua de São Pedro et la Rua Grande qui reliaient la Porta da Ribeira, ou de São João, à la Porta das Atafonas.

Les remparts construits, grosso modo, entre 1263 et 1374, ont disparu, mais leur tracé est encore bien visible. On connaît même certains maîtres d'œuvre qui y travaillèrent vers la fin de leur construction, comme António Fernandes et João Domingues.

C'est à l'intérieur de ce tracé que l'on trouve encore aujourd'hui quelques-unes des maisons du gothique tardif: la maison des Costa Barros dans la Rua de São Pedro, avec les fenêtres de l'étage noble d'un manuélin puissant et très "baroque"; d'autres grandes maisons, comme celle qui est juste en face de l'église *matriz*, la maison des Médaillons, ou des Luna, qui marque déjà une transition vers la Renaissance; et, surtout, la maison de João Velho. Cette dernière est presque collée à la *matriz* et elle a un grand arc surbaissé au rez-de-chaussée et des fenêtres cintrées à l'étage noble, d'un genre très courant dans le gothique tardif. C'est dans cette maison que dormit Manuel Ier quand, en 1506, il passa à Viana.

À l'intérieur de cette ancienne enceinte, il y a des maisons qui ont une histoire ou une légende, comme celle de Pêro Galego, dans la Viela da Parenta, avec une caravelle en relief à la base du linteau de la porte; et la maison de Pedro Tourinho, dans la rue du même nom, avec un arc d'entrée gothique et une structure générale de même; ce Pedro Dourinho fut un des premiers à recevoir une capitainerie au Brésil, celle de Porto Seguro.

À l'extérieur des remparts, mais pas très loin, il y a d'autres édifices du début du XVIe siècle, ou même antérieurs, mais qui connurent des travaux pendant ce siècle-là. C'est le cas de l'hôtel de ville, sur l'ancien Campo do Forno (actuelle Praça da República), avec sa façade plane, dont l'origine est clairement gothique, et avec son étage noble, sur de triples arcades, où se tenaient les réunions. C'est sur cette place que l'on commença à dresser un marché après l'explosion démographique de l'époque manuéline, étant donné que l'espace intra-muros devenait trop restreint.

La plus grande demeure de type manuélin, bien qu'ayant été très modifiée par la suite, c'est la Casa da Carreira. Sa construction débuta en 1527, d'une manière archaïsante, à l'initiative de Fernão Brandão qui avait servi dans les places d'Afrique, notamment à Safi et Azamor. Sa façade principale conserve quelques encadrements de portes et de fenêtres en manuélin tardif.

VI.1.b **Cathédrale**

Largo Instituto Histórico do Minho, tél. 258 822436. Classée Édifice d'intérêt public. Horaires: du lundi au vendredi de 9:00 à

R.C.

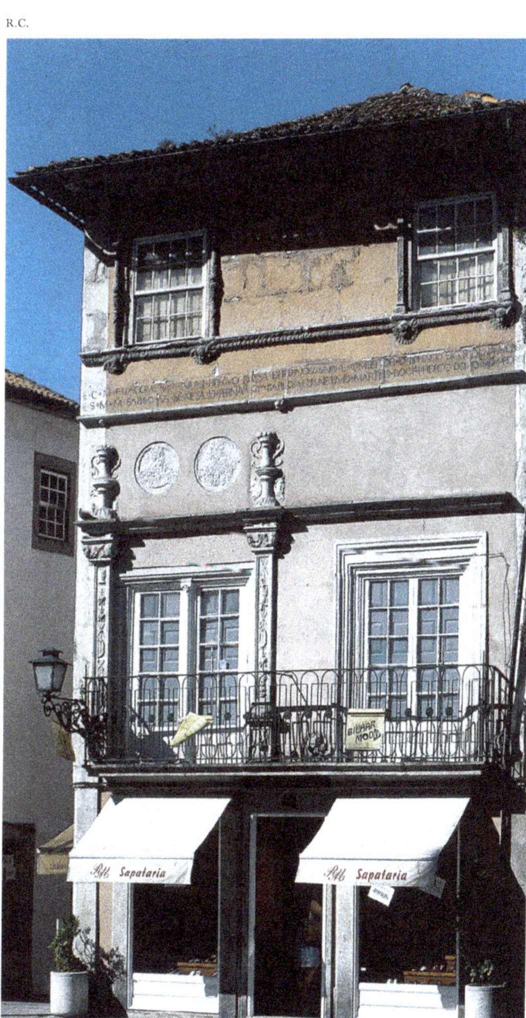

Demeure des Luna, centre historique de Viana do Castelo.

11:30 et de 15:00 à 18:00, messe à 12:00; le samedi et le dimanche de 9:30 à 12:00 et de 16:30 à 17:00, messe à 18:30.

La vieille église Sainte-Marie Majeure, *matriz* de Viana do Lima, qui fut une collégiale jusqu'au XIXe siècle, commença à être construite pendant la décennie de 1400, et était terminée, en gros, au temps du règne de Jean II (entre 1482 et 1495). Sur la façade principale sont bien visibles les armoiries et les emblèmes de ce monarque, ainsi que le blason de D. Justo Baldino, évêque de Ceuta, qui, en 1478, avait été nommé administrateur du canton de Valença, auquel appartenait alors Viana. Cependant, les travaux ne s'arrêtèrent pas à ce moment-là et, à l'intérieur, on peut admirer les chapelles manuélines suivantes: celles des Marins, du Christ Saint, des Fagundes et des Camarido.

Cathédrale de Viana do Castelo.

R.C.

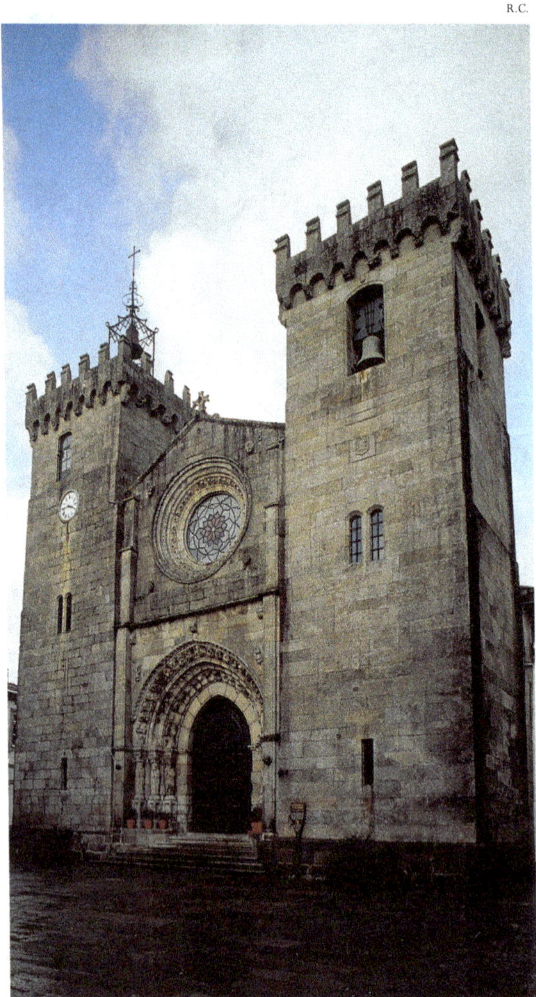

Sur la façade, austère et bien délimitée par des tours puissantes comme des donjons, on peut admirer un portail d'une grande force plastique, mais archaïsant, avec les Apôtres; cette œuvre, de la fin du XVe siècle, présente de très nettes affinités avec les sculptures galiciennes de Saint-Jacques de Compostelle, de Tuy, et des environs de ces deux diocèses; ses auteurs furent sans doute des Galiciens, mais on ignore leur identité.

Le plan intérieur est en croix latine, avec trois nefs divisées par des arcades d'une structure légère et avec une couverture en bois. Dans le bras nord du transept se trouve la chapelle des Marins, offerte à la confrérie des gens de la mer par la famille Velho, au XVe siècle. Sur l'autel, on voit un ensemble de sculptures flamandes à mi-corps, dans une représentation de la *Lamentation sur le corps mort du Christ;* il s'agit d'une œuvre exceptionnelle et de fabrication certainement anversoise, datée de 1520 environ. Cette chapelle, entièrement remaniée à des dates postérieures, garde toujours le tombeau de João Velho.

La chapelle du Christ Saint présente encore une structure gothique traditionnelle. Elle fut fondée, pendant la deuxième décennie du XVIe siècle, par João Alvares Fagundes, qui avait beaucoup navigué dans l'Atlantique nord et

qui avait fait la reconnaissance des côtes du Canada et de Terre Neuve.
Une autre chapelle, celle des Camarido, est due à Martim Fernandes Correia, héritier du majorat de Carreira. Son entrée est remarquable par son arc double à colonnettes torsadées, terminé par une décoration de galons; elle est couverte par une voûte à nervures du gothique tardif. Au-dessus de l'autel de cette chapelle se trouve le très beau retable bruxellois de l'entourage de Jan Provost, que l'on peut dater des années 1500, et qui fut offert par les Camarido. Ses dimensions sont considérables, le paysage du fond est précieux, et les figures de saint Jean-Baptiste et de Notre Dame du Rosaire, au premier plan, présentent une composition un peu étrange mais qui doit être due à la commande spécifique concernant ces invocations.

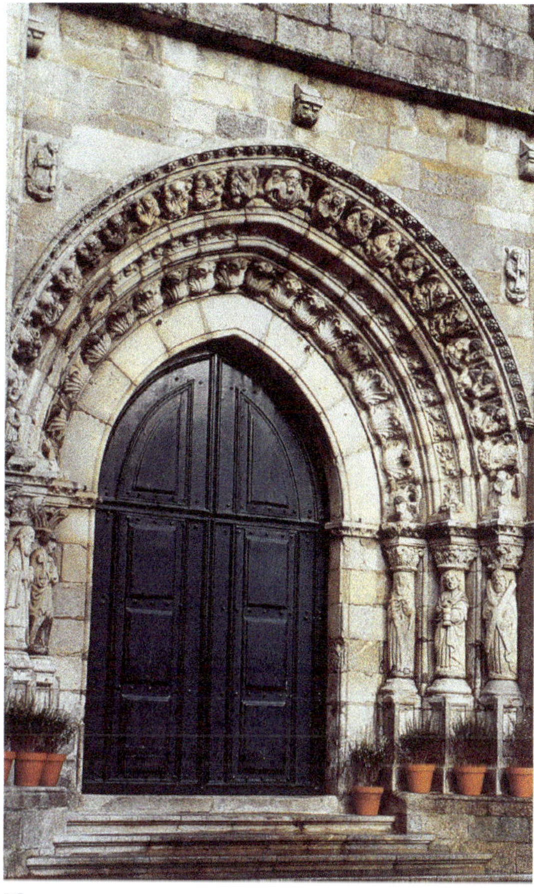

R.C.

Cathédrale, portail, Viana do Castelo.

VI.1.c **Château de Roqueta**

On y accède par le Campo ou Largo do Castelo et il est inclus dans le Castelo de São Tiago da Barra. Classé Édifice d'intérêt public. Il abrite actuellement un service public.
Horaires: du lundi au vendredi de 9:00 à 12:00 et de 14:00 à 17:00.

À l'intérieur de la grande forteresse moderne et bastionnée de São Tiago da Barra, à l'angle sud-ouest, se trouve l'ancien château bâti sur un rocher (d'où son nom: roc, "roqueta"), dernier vestige de l'œuvre que l'on construisit au temps de Manuel Ier à l'embouchure du Lima pour se défendre des corsaires. C'est une construction très curieuse étant donné que, comme la tour de Belém à Lisbonne, elle allie une tour de tradition médiévale à une avancée, ou batterie basse, du côté sud. C'est une œuvre d'un beau dessin, d'un excellent appareil, qui montre bien l'évolution de l'art des fortifications au Portugal pendant la période de transition de la neurobalistique à la pyrobalistique dont il reste très peu d'exemples. Il est difficile de le dater, mais on peut penser qu'il est contemporain de la construction de la tour de Belém, c'est-à-dire de la deuxième décennie du XVIe siècle, même s'il fut pensé quelques années auparavant.
Pour aller à Caminha, suivez la route N 13 dans la direction Santa Luzia / Carreço / Vila

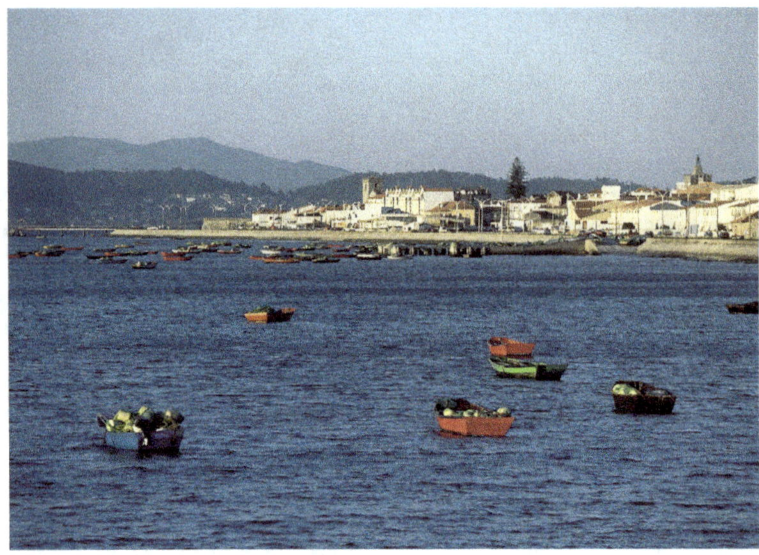

Caminha et l'embouchure du fleuve Minho.

R.C.

Praia de Âncora / Vilartinho / Cristelo jusqu'à Caminha (22 km).

VI.2 CAMINHA

L'ancien bourg de Caminha est situé sur l'embouchure du fleuve Minho, tournée vers la Galice et l'imposant mont Santa Tecla en Espagne. Ce fut également un important port médiéval qui s'enrichit, comme tant d'autres, pendant la période des navigations et des Découvertes. La petite agglomération de pêcheurs qui existait déjà au Xe siècle connut son premier grand essor grâce à la politique d'Alphonse III qui voulut fortifier et fixer les frontières du royaume en créant un cordon de protection le long du cours inférieur du Minho qui incluait Melgaço et Valença. La construction d'une première muraille à Caminha date de cette époque et l'importance du bourg est attestée par l'octroi d'un *foral* en 1284 par le roi Dinis. À ce moment-là, la division entre le village primitif, situé à Vilarelhe, et le nouveau bourg, qui allait se développer jusqu'à devenir la ville moderne de Caminha, était déjà consommée.

Son aspect pendant l'époque manuéline est bien connu grâce aux dessins de Duarte d'Armas vers 1507. Le bourg avait une forme ovale, avec une première ligne de défense à douze tours, dont un donjon beaucoup plus fort et précédé d'un avant-rempart bas, commencée au temps de Jean Ier. Cette ligne de défense était déjà dotée de dizaines de meurtrières, ce qui confirme le caractère hautement militaire de ce point de protection frontalier. À l'extérieur des murs, il y avait juste un certain nombre de maisons de pêcheurs, mais il y a une allusion évidente à la construction navale parce que l'auteur dessina une caravelle en train d'être construite ou restaurée.

VI.2.a **Centre historique**

Renseignements: Office de tourisme, tél. 258 724100.

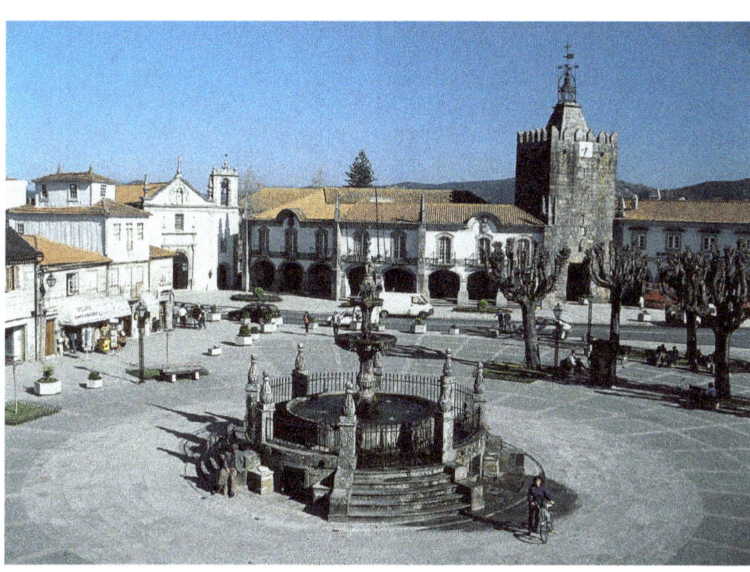

Centre historique, Caminha.

R.C.

L'organisation du centre historique n'est pas très différente de celle d'autres anciens ports, tels que Vila do Conde ou Viana do Castelo, avec une structure basée sur des quartiers rectangulaires aux rues étroites, mais droites, qui se coupent orthogonalement. La forteresse entourée de remparts modifia uniquement la zone du parvis de l'église *matriz*, parce que la façade de l'église donne sur une place d'armes alors qu'elle devait avoir devant elle un parvis traditionnel ou une simple place urbaine.

La voie structurante était et est toujours la Rua Direita qui commence sous l'ancien donjon, actuellement tour de l'Horloge, et qui limite au sud le rempart médiéval. De l'autre côté était la Porta do Sol. Les deux autres rues parallèles sont la Rua do Poço et la Rua dos Cavaleiros.

Le Campo da Feira est un autre lieu important parce que c'est là qu'avaient lieu les foires depuis qu'elles furent instaurées par le roi Dinis en 1291. Ce fut le premier point d'expansion du bourg. De l'époque manuéline, on trouve, le long de toute la Rua Direita, plusieurs maisons avec de typiques linteaux de portes et de fenêtres en forme d'accolade.

VI.2.b **Notre-Dame de l'Assomption, église matriz**

Rua Ricardo Joaquim de Sousa. Classée Monument national. Renseignements: Office de tourisme, tél. 258 921952.

Horaires: ouverte pour la messe du lundi au samedi à 18:00 en hiver et 19:00 en été; le dimanche à 12:00 et 18:00 en hiver et 19:00 en été.

L'église *matriz* fut commencée en 1488 par le maître biscayen Tomé de Tolosa. Cependant, ce n'est pas lui qui l'acheva, puisqu'un certain Pêro Galego – que nous pensons pouvoir identifier comme l'auteur d'autres travaux d'importance dans la province du Minho – prit sa succession. Francisco Fial fut un autre Espagnol qui y travailla.

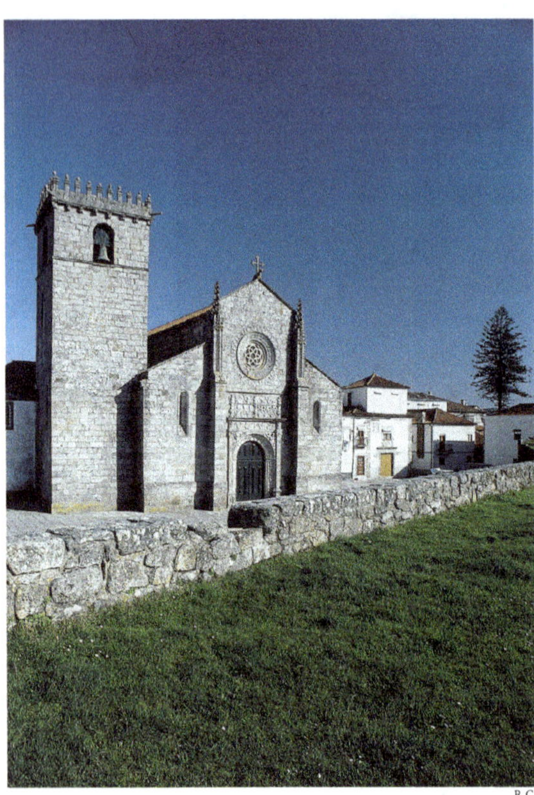
R.C.

Notre-Dame de l'Assomption, église matriz de Caminha.

La construction de l'église fut très longue et les portails n'ont pas dû être terminés avant 1540. De la même époque est, sans doute, l'arc d'entrée de la chapelle des Marins; il porte la date de 1151, mais il ne peut s'agir que d'une erreur du graveur qui aurait dû écrire 1551.

La tour du clocher est d'autant plus remarquable qu'elle devait également servir de tour d'observation et de surveillance, étant donné sa position devant la mer qui favorisait une telle fonction.

L'intérieur présente trois nefs couvertes en bois avec un plafond dans la tradition *mudéjare* daté et signé par Fernán Muñoz de Tuy, de l'année 1565. Le profil des arcades longitudinales est d'une grande qualité, ainsi que les voûtes nervurées des chapelles du chevet.

Sur le flanc gauche s'ouvre la grande chapelle de la confrérie des Navigateurs, avec une voûte surbaissée à nervures courbes, la plus élégante de toutes celles que l'on trouve encore dans la province du Minho. Elle doit déjà dater de la fin de la deuxième décennie du XVIe siècle, et peut-être même de la décennie suivante; elle est donc d'un gothique tardif comme tant d'autres identiques dans des églises de Galice.

À l'extérieur, il faut voir encore le très élégant couronnement du chevet, très clairement inspiré par celui de la cathédrale de Braga.

Pour vous rendre à Lanhelas, reprenez la N 13 et suivez-la en direction de Seixas (6,5 km).

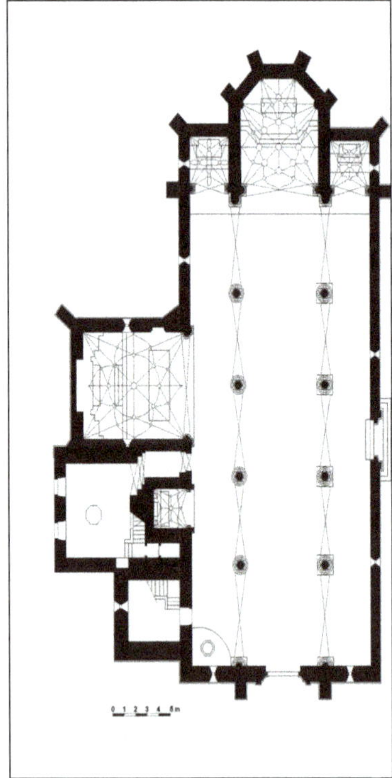

Notre-Dame de l'Assomption, église matriz, plan, Caminha, Boletim da Direcção-Geral dos Edifícios e Monumentos Nacionais, nº 6, Lisbonne, 1936.

VI.3 LANHELAS

VI.3.a Maison de la Tour

À côté de la route N 13. Classée Édifice d'intérêt public.

On trouve dans cette petite ville une des plus anciennes maisons de la région, la maison de la Tour. C'est une maison seigneuriale qui remonte à la fin du Moyen Âge mais qui fut modifiée au début du XVIe siècle. Sur la tour, on peut lire la date, 1531, qui doit correspondre à de grands travaux. Le plan de la maison est très simple, rectangulaire; il devait aussi comprendre une cour pour les communs et pour le logement des domestiques avec des murs moins solides. Les tours sont de tradition médiévale, à plan quadrangulaire ou rectangulaire, comme on en trouve encore assez souvent sur les deux rives du Minho.

R.C.

Pour Vila Nova de Cerveira, vous devez prendre la route IC 1 en direction de Gondarém/Loivo jusqu'à Vila Nova de Cerveira (6 km).

VI.4 VILA NOVA DE CERVEIRA

Le roi Dinis souhaitait déjà implanter à cet endroit un bourg portuaire d'une centaine de foyers. Il en donna l'ordre à son trésorier payeur du nord du Douro vers 1320. L'année suivante, le monarque octroya à ce nouveau bourg un *foral* qui fut renouvelé en 1512 par Manuel Ier. Une des principales préoccupations du fondateur fut la construction d'une enceinte fortifiée – ou château – qui fut aussitôt édifiée. Elle avait encore une structure du XVe siècle quand Duarte d'Armas la dessina. Cet artiste, inspecteur de la couronne, montre aussi que les murs étaient déjà trop petits et que l'agglomération avait

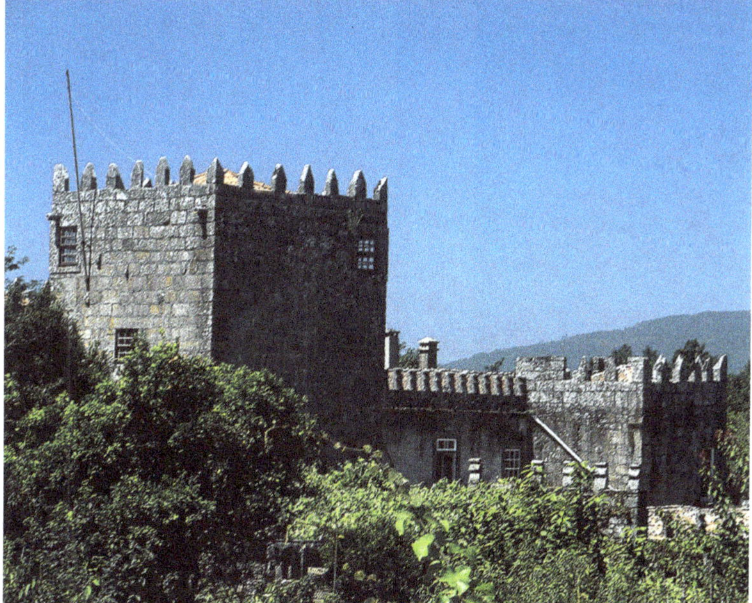

Maison de la Tour, Lanhelas.

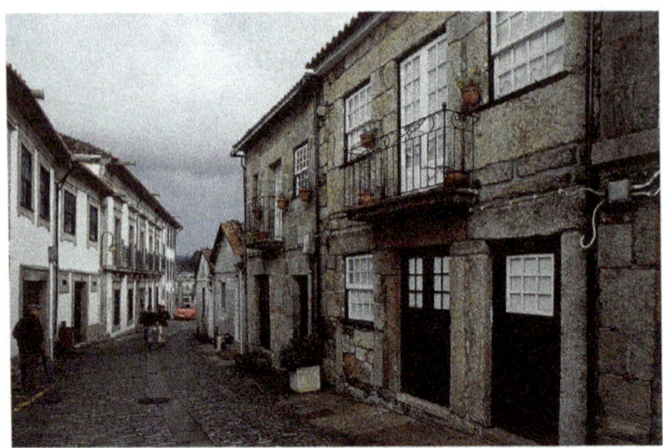
R.C.

Centre historique de Vila Nova de Cerveira.

dépassé l'enceinte car il y avait des maisons, et même quelques églises, tout autour.

L'importance de Cerveira venait de son intense activité de pêche, de son commerce, et aussi de ses fonctions militaires, la côte étant fréquentée par de nombreux corsaires et pirates.

VI.4.a **Château**

Largo do Terreiro, tél. 251 708120. Classé Monument national. Le château abrite actuellement la pousada *D. Dinis.*

S'il est certain que, au temps du roi Dinis, il existait déjà un château à Cerveira, il n'en est pas moins sûr que les seules constructions qui sont parvenues jusqu'à nous furent commencées pendant son règne. Ce furent les murailles qui, dessinant une ellipse, conformèrent le noyau ancien du bourg. Il en reste quelques pans et la porte du bourg, dite de Notre-Dame du Bon Secours qui communiquait avec l'esplanade.

Les tours qui dépassent le chemin de ronde confirment leur origine du XIVe siècle par le type d'appareil, le plan rectangulaire et le couronnement. Du côté nord, le rempart est plus dégagé des constructions d'époques postérieures, ce qui permet d'évaluer leurs dessin et tracé primitifs. Il reste quelques pans de l'avant-rempart.

Château de Vila Nova de Cerveira.

R.C.

TOURS SEIGNEURIALES DU HAUT MINHO

Pedro Dias

Sur les rives du fleuve Minho et dans toute la région entre les fleuves Minho et Lima, nous trouvons encore aujourd'hui d'innombrables demeures dont les origines remontent au Moyen Âge au temps de l'affirmation de la nationalité portugaise.

Ces résidences des seigneurs locaux se limitaient, au début, à de sobres tours quadrangulaires, à deux ou trois étages avec planchers, où ces nobles se protégeaient des attaques des voisins qui leur disputaient les terres cultivables, les voies d'eau, les forêts et les serfs, si ce n'est les faveurs du roi.

Les *inquirições* (enquêtes en vue de vérifier la légitimité des propriétés) et les *confirmações* (ratifications) ordonnées par la couronne au XIIIe siècle nous parlent des faits d'armes de cette noblesse et de l'oppression qu'elle exerçait sur le menu peuple, tout en essayant d'échapper au paiement des impôts dus et, en général, à l'autorité royale.

Placées sur des points stratégiques qui dominaient les alentours, ces tours étaient des postes de guet et simultanément des symboles du pouvoir de leurs habitants. Pourtant, ces derniers vivaient dans des conditions plus que précaires, dans une situation qui était impensable même pour de simples bourgeois des XVe et XVIe siècles. Malgré leur modestie, les tours seigneuriales étaient la marque de l'ancienneté des familles qui avaient leurs racines dans ces terres ou ces propriétés rurales, autour desquelles s'aggloméraient fréquemment les masures et les chaumières des serfs entourant une chapelle ou une église.

Avec l'arrivée d'une nouvelle époque où les soins du corps et le confort domestique commencèrent à prendre de l'importance sur les soin de l'âme, les nobles du Minho, comme l'avaient fait les nobles de la Galice, agrandirent leurs demeures en leur donnant un peu de grandeur et des commodités, mais en conservant le côté fortifié, car l'époque n'était pas encore sûre; ils couronnèrent de créneaux les murs des nouveaux salons et chambres pour évoquer leur passé guerrier.

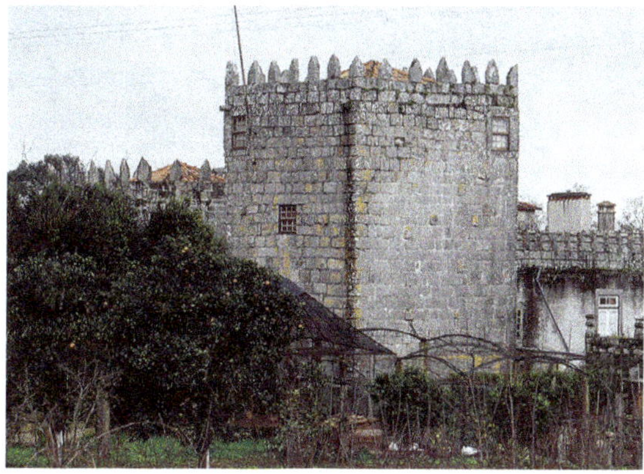

R.C.

Tour de Lanheses.

Les siècles suivants virent encore des agrandissements et des rénovations, mais même les luxes du baroque furent insuffisants pour laisser abattre ces tours, maintenant intégrées dans de véritables palais et toujours témoins et garanties de la noblesse de leur propriétaires.

La demeure-palais de Geraz de Lima, la demeure de Courutelo de Freixo, le palais de Bertiandos, la demeure de Quintela à Nogueira, la maison de la Tour de Aguiã, le palais de Giela à Arcos, la maison de la Tour à Lanhelas et la tour de Lapela ne sont que quelques-uns des exemples d'une longue liste d'édifices complexes, portant l'empreinte du gothique tardif, qui marquent décidément le paysage du haut Minho.

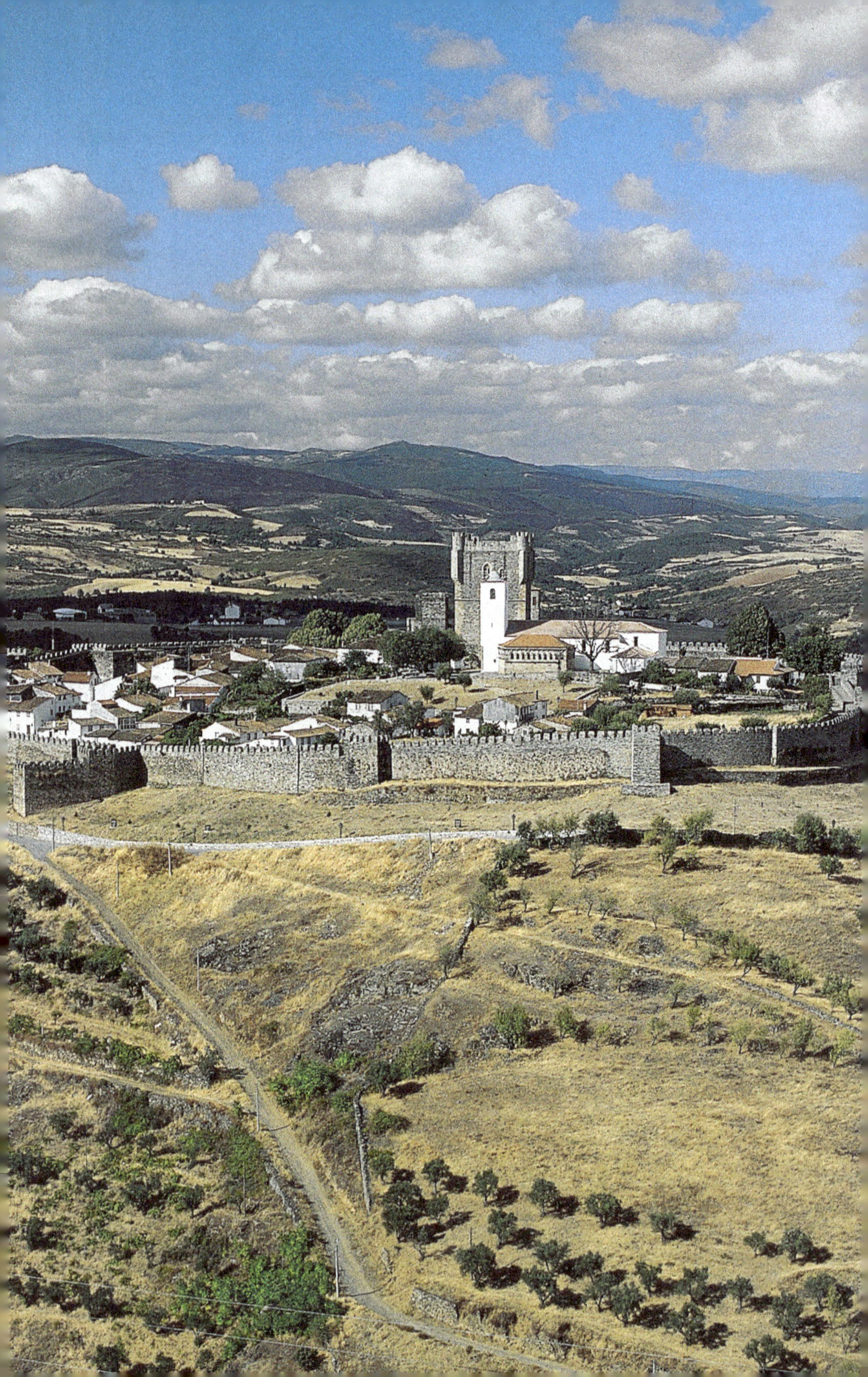

Les terres entre Sabor et Douro

**Pedro Dias, Dalila Rodrigues,
Nuno Vassallo e Silva, Fernando Grilo**

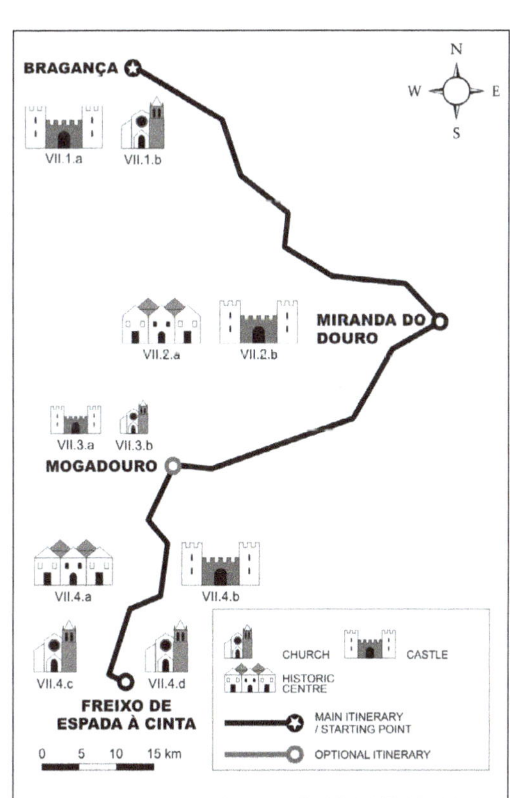

Vue panoramique du château de Bragance.

Les terres qui se trouvent entre le cours de la rivière Sabor, à l'occident, et le fleuve Douro, à l'orient, forment une unité avec des caractéristiques propres. Chaudes en été et pouvant atteindre des froids alpins pendant les hivers rigoureux, entourées d'âpres vallées presque infranchissables, elles sont dotées d'une personnalité culturelle et sociale qui continue à faire montre d'une surprenante vitalité. Cette spécificité est encore plus marquée dans une partie de ces contrées, les versants de Miranda, où l'on parle la seule autre langue sur tout le territoire portugais, le *mirandês*, récemment reconnu comme un idiome officiel.

Ayant dépendu politiquement du royaume de León jusqu'au XIIe siècle, il faut dire que même après le traité de Zamora, en 1143, la région continua à se tourner vers l'est, en un dialogue permanent avec les habitants de Zamora, de León et d'autres villes comme Toro et Sahagún. Le roi portugais Sanche Ier voulut développer cette région en octroyant des *forais* à plusieurs bourgs, mais le tournant définitif vers le littoral n'eut lieu, en réalité, qu'à l'époque manuéline. Ses "ports secs", comme on les appelait, étaient des lieux d'échanges qui comptaient parmi les plus importants du royaume et Manuel Ier fit restaurer tout un chapelet de châteaux forts pour les défendre et pour rappeler, du même coup, à ses beaux-parents, les Rois Catholiques, que ces domaines-là étaient d'abord les siens.

Les forteresses de cette époque qui arrivèrent jusqu'à nous ne sont pas nombreuses, mais nous les connaissons bien par les dessins faits en 1507 par Duarte d'Armas. Au pied de ces forteresses s'étendirent des bourgs, des villes et des villages, de nouvelles églises furent construites et on entreprit une urbanisation systématique.

La ville de Bragance accueillit les moines bénédictins qui y développèrent une agriculture prospère garantissant son autarcie économique. L'ordre du Christ fut chargé du peuplement et de l'administration le long des rives du Douro, et on peut encore admirer de nombreuses références plastiques à ce temps de commanderies et de commandeurs.

Trois agglomérations se détachent: Bragança (Bragance), aujourd'hui capitale du Nord-Est, Miranda, qui fut le siège du premier diocèse de la province de Trás-os-Montes, et Freixo de Espada à Cinta. Elles avaient toutes la même importance au début du XVIe siècle, mais connurent ensuite des destins bien différents.

Les forteresses manuélines marquent encore ces paysages et dans leurs enceintes se dressent des églises ou des chapelles qui évoquent le gothique tardif; on y respire une ambiance inconnue pour ceux qui viennent du littoral ou du sud. En même temps que de grands artistes de León ou de Castille, comme Gregorio Fernández, ou de Biscaye, comme Juan del Castillo, des Portugais célèbres, comme ce fut le cas du mythique Grão Vasco, travaillèrent ici. Le magnifique retable d'un des disciples de l'artiste de Viseu constitue aujourd'hui l'emblème de Freixo.

VII.1 BRAGANCE

Comme la plup°art des agglomérations de la région de Trás-os-Montes, le lieu était déjà peuplé pendant la préhistoire: avec certitude depuis le néolithique et peut-être même déjà au paléolithique. Ce qui ne veut pas dire qu'il y avait alors, au cœur de la ville actuelle, une grosse communauté, mais uniquement quelques groupes familiaux ou de très petits ensembles de population. Dans les alentours actuels de la ville, le village de Castro de Avelãs paraît avoir été plus grand que Bragance elle-même, et c'est peut-être dans le développement de ce *castro* que l'on peut trouver le germe de la future Bragance médiévale.

Grâce à la position militaire et stratégique du lieu, d'où l'on pouvait contrôler les terres du jeune royaume portugais et celles de León et de Castille, le roi Sanche Ier lui octroya dès 1187 un *foral* qui fut ensuite renouvelé, d'abord par Alphonse III en 1253, ensuite par Manuel Ier en 1514.

L'agrandissement et la prospérité de la ville pendant la première dynastie étaient sans doute dus, en grande partie, à la création d'une vaste foire annuelle, à l'initiative d'Alphonse III, en 1272, et ensuite à la création en 1383, par le roi Ferdinand Ier, d'une foire franche qui durait tout un mois. Il était difficile d'attirer les gens dans cette région très éloignée de la côte, au climat assez rude, et dont la situation géographique était délicate à cause de la proximité des frontières, ce qui la mettait en première ligne en cas de mésentente entre les royaumes. Malgré cela, elle connut une grande activité agricole et d'élevage et un commerce intense avec le León et la Castille.

Après la création de la maison ducale, avec le titre de Bragance, en 1442, ce

M.A

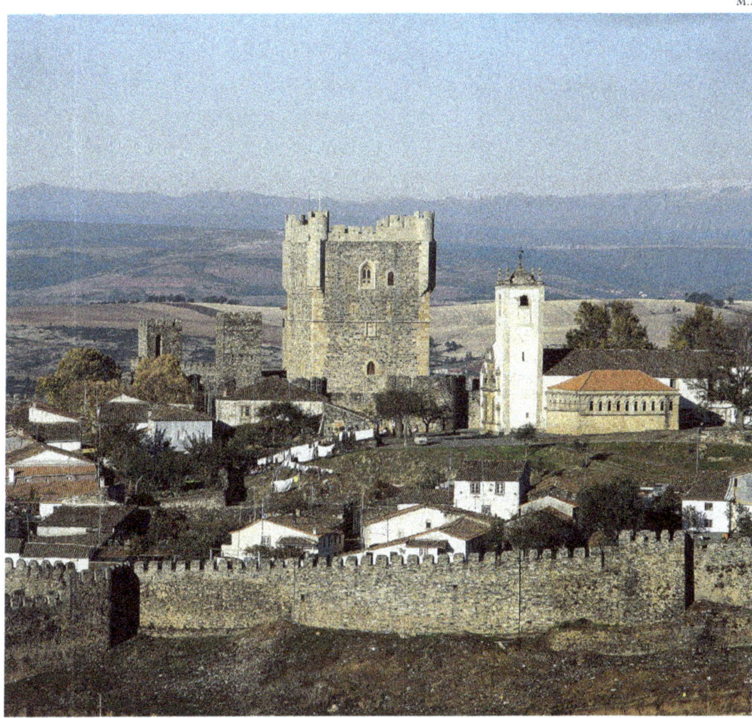

Bragance.

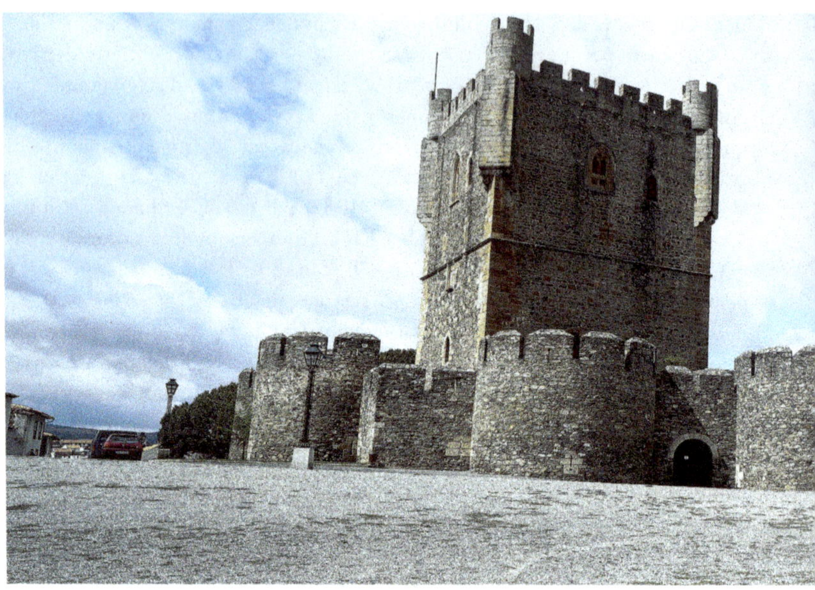

Château, vue générale, Bragance.

J.B.

grand bourg, devenu ville plus tard, passa dans les domaines de D. Afonso, le premier duc s'y maintenant jusqu'à ce qu'elle revienne directement à la couronne quand Jean IV, duc de Bragance, monta sur le trône en 1640.

Comme dans toutes les agglomérations frontalières, la paix manuéline développa grandement les activités économiques et entraîna un accroissement de la population, notamment d'origine juive, qui, en 1530, atteignait les deux mille habitants répartis intra et extramuros.

VII.1.a **Château**

Dans le donjon est installé le Musée militaire, tél. 273 322378. Classé Monument national.
Entrée payante. Horaires: de 9:00 à 12:00 et de 14:00 à 17:00, sauf le jeudi et les jours fériés.

Le château médiéval reste toujours le cœur de Bragance. C'est autour de lui que, depuis sept cents ans, se sont agrégées les populations. Son aspect actuel lui fut donné au cours de nombreuses phases successives de construction, dont la plus importante eut lieu au milieu du XVe siècle, à la suite de celle qui avait été commandée par Jean Ier. Le *Livro das Fortalezas* (livre des forteresses) de Duarte d'Armas est, une fois de plus, précieux pour nous montrer comment étaient le château et la ville pendant le règne de Manuel Ier.

Le châtelet était le point le mieux défendu et le mieux adapté à l'habitation du gouverneur militaire et des seigneurs quand ils séjournaient dans le siège de leur ducat. Les premiers travaux du châtelet doivent dater du temps de Sanche Ier, mais on ne connaît, avec certitude, qu'une campagne de travaux du temps d'Alphonse III. À côté du châtelet s'étalait le centre-ville, le noyau le plus ancien,

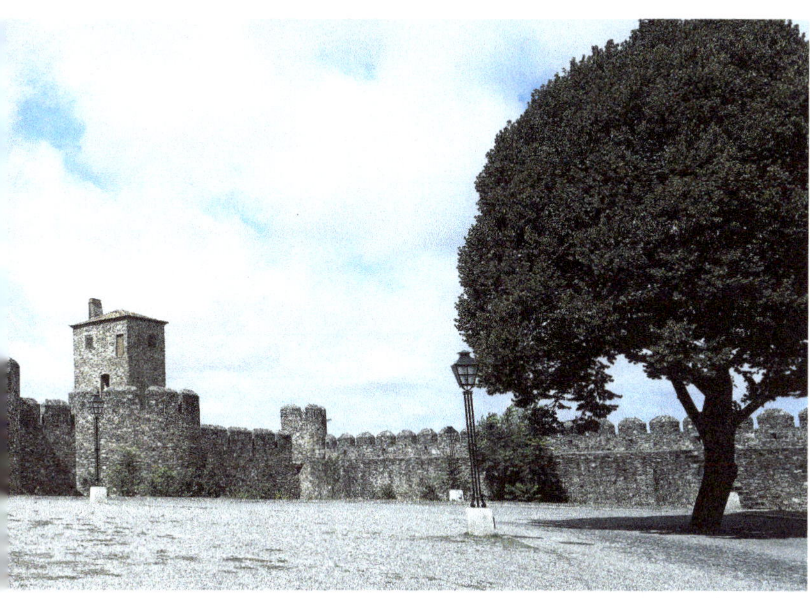

avec des rues étroites qui formaient une maille rayonnante mais qui était traversée par une rue reliant les deux portes. C'est dans ce centre-ville intramuros que se trouvent l'église Sainte-Marie, la plus importante, et la citerne, baptisée Maison du Conseil ou *Domus municipalis*.

Le grand donjon de Jean Ier, avec ses trente mètres de hauteur et dix-sept de côté à la base, construit apparemment entre 1409 et 1449, se dressait comme aujourd'hui, gigantesque, dominateur, doté de plusieurs étages avec de grande salles et d'une puissante terrasse aux angles marqués par des tours en encorbellement. Les nombreuses ouvertures du dernier étage sont la preuve que ce donjon avait aussi une fonction d'habitation. Le donjon est relié à la première muraille par des passerelles au-dessus d'un grand terre-plein; elles donnent sa forme à l'ensemble du château proprement dit, qui est un polygone à cinq côtés avec des courtines droites dotés de tours basses avancées semi-cylindriques et toutes pourvues de meurtrières qui permettaient le tir rasant avec des armes à feu primitives appelées "tonnerres".

Une autre tour est celle de la Princesse, qui existait déjà en 1507, restaurée, haute, bien au-dessus des chemins de ronde et aménagée pour être habitée quand elle perdit ses fonctions militaires.

Les remparts extérieurs épousèrent le reste de la colline où était née l'agglomération, en augmentant d'une manière significative l'espace défendu disponible, suivant en cela la tradition médiévale. Les remparts sont hauts, larges, et couronnés de merlons et créneaux qui protègent le chemin de ronde avec environ deux mètres de largeur et qui possèdent des tours placées de manière irrégulière.

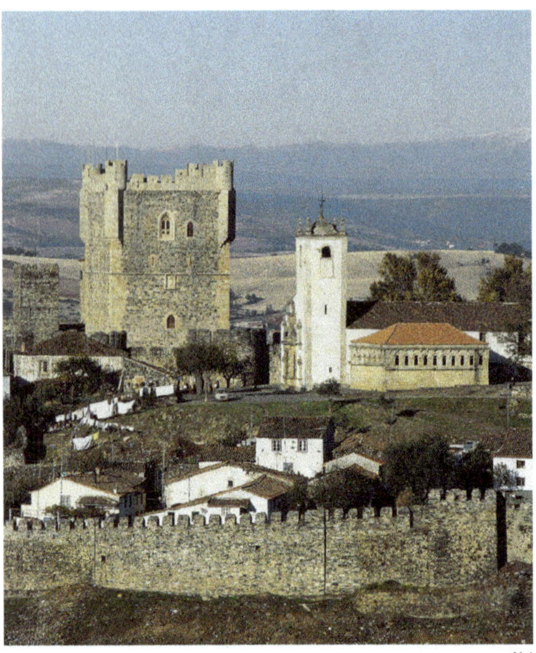

M.A

Église Sainte-Marie, Bragance.

VII.1.b **Église Sainte-Marie**

À l'intérieur des remparts. Renseignements: Junta de Freguesia (mairie d'arrondissement), tél. 273 322181.
Horaires: de 9:00 à 12:00 et de 14:00 à 18:00, sauf le jeudi.

Il s'agit de la seule église de Bragance qui conserve sa structure manuéline, tout en ayant bénéficié de nombreuses améliorations postérieures. Il existe des documents sur cette église depuis au moins 1258. Les arcades qui marquent le corps interne et le divisent en trois nefs datent du début du XVIe siècle, lors d'une campagne de travaux sous la responsabilité du duc de Bragance, très probablement D. Jaime. Cette œuvre est en brique, d'après la tradition *mudéjare*, très ancienne dans cette région et venant de l'autre côté de la frontière, surtout de Sahagún où ce fut l'esthétique dominante entre le XIIe et le XVIe siècle.

Pour aller à Miranda do Douro, vous devez suivre la route 217 jusqu'à Izeda, où il faudra tourner à gauche et continuer par la route N 317 en direction de Santulhão / Carção jusqu'à Vimioso. Là, vous prendrez la route N 218 jusqu'à Miranda do Douro.

VII.2 **MIRANDA DO DOURO**

L'histoire portugaise de Miranda do Douro commence avec Alphonse Ier qui, en 1136, y établit un gîte pour repris de justice afin d'encourager des habitants à se fixer dans une région dure et éloignée, où il n'y avait qu'un petit village. Les débuts furent difficiles et il fallut attendre le roi Dinis pour obtenir un *foral* en 1286. Sa situation, sur la frontière avec le royaume voisin, favorisa cependant les échanges commerciaux et l'apparition d'activités artisanales qui allèrent en augmentant jusqu'à ce que le bourg fût déclaré siège d'un diocèse en 1545. L'époque manuéline, ayant été un temps de paix et de bons rapports avec la couronne castillane, fut une période d'évidente prospérité à laquelle contribuèrent les familles juives, converties au christianisme ou non, portugaises et espagnoles, qui s'y fixèrent. De nouvelles maisons apparurent, ainsi que des églises, et des édifices publics comme la douane; et bien entendu, on restaura également les structures défensives. On mettait en place, de cette sorte, la polarisation entre Miranda et Bragance avec des conséquences bien connues tant en ce qui concerne la primauté de chacune des deux villes d'un point de vue religieux que leurs privilèges et leur développement. Une grande partie du patrimoine construit à l'époque manuéline disparut avec l'explosion de la poudrière du château, survenue le 8 mai 1762.

VII.2.a **Centre historique**

Renseignements: Office de tourisme, tél. 273 431132.

L'intérêt de la ville ne réside pas dans un édifice manuélin en particulier, mais plutôt dans son ensemble urbain ancien. Il inclut des édifices, en tout ou en partie, de l'époque de Manuel Ier, ou même postérieurs, mais dans la tradition du gothique tardif. Nous avons, tout d'abord, le châtelet, dans la partie plus élevée de la ville, dont il reste un tronçon de muraille. Dans la Rua da Costanilha, qui débouche sur la Praça D. João III, et dans ses transversales, plusieurs maisons du XVIe siècle sont bien conservées, avec des portes et des fenêtres à encadrements manuélins, des arcs brisés ou de plein-cintre, ou avec des linteaux tout droits qui, chronologiquement, doivent être largement postérieurs à 1521, année de la mort du roi.

VII.2.b **Château**

On y accède par le Largo do Castelo. Classé Édifice d'intérêt public. Renseignements: Office de tourisme, tél. 273 431132.
Horaires: à toute heure.

Vue partielle de Miranda do Douro.

R.C.

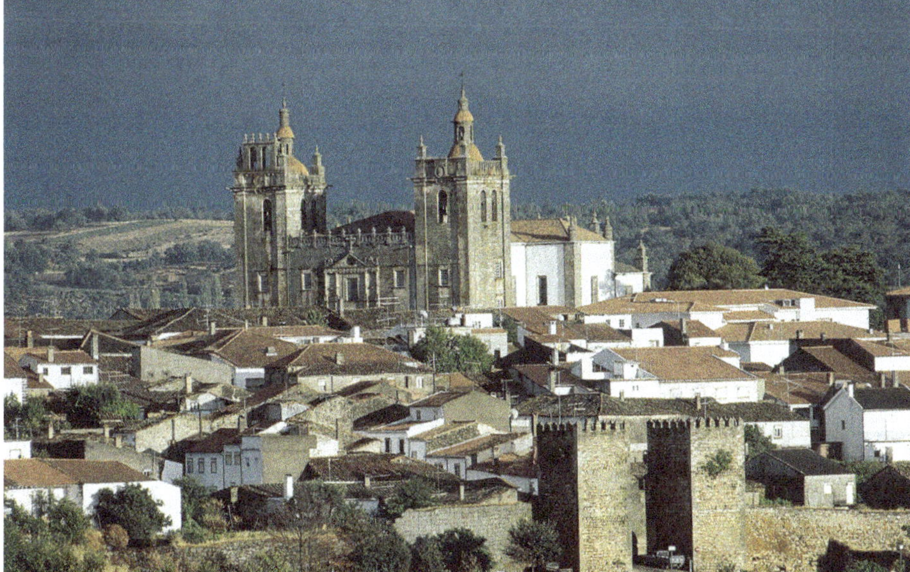

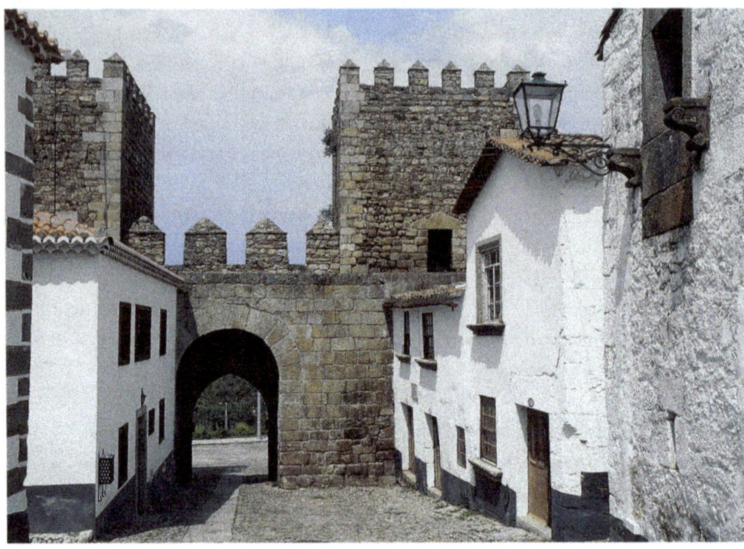

Château et centre historique, Miranda do Douro.

M.A

D'autres grands travaux eurent lieu plus tard dans le cadre de la politique de renforcement de la frontière avec la Castille menée par Manuel Ier. C'est de cette période que datent le plus gros des courtines encore existantes ainsi que le donjon qui marque l'endroit de l'ancienne place d'armes. Le plan de Duarte d'Armas évoque bien la puissance qui était la sienne à ce moment-là, avec son fort noyau quadrangulaire, ses tours d'angle dont les bases proviennent, sans doute, du règne du roi Dinis. Nous y voyons aussi des *barbacãs*, des passerelles, et même un bastion polygonal avec des meurtrières, sans doute le premier de cette forme au Portugal. Hélas, il disparut aussi.

Des travaux manuélins du château et des autres remparts tournés vers le Douro, il reste encore la Porta do Amparo, forte et puissamment défendue par deux tours latérales qui se dressent bien au-dessus de la ligne du chemin de ronde.

Pour aller aussi bien à Mogadouro qu'à Freixo de Espada à Cinta, vous devez prendre la route N 221 et traverser une partie du Parc naturel du Douro international.

VII.3 MOGADOURO (option)

Mogadouro prit de l'importance, dans le panorama régional du XIIIe siècle, au temps du roi Alphonse III, quand celui-ci lui octroya un *foral*. Quoique dépendant du diocèse de Zamora, de l'autre côté de la frontière, une commanderie portugaise de Templiers y fut installée. Elle passa, plus tard, dans l'ordre du Christ, au moment du changement institué par le roi Dinis. Ce fut alors une période de développement considérable, notamment pour son château et ses remparts.

Au XVe siècle, la petite ville entra dans le domaine d'une des plus grandes familles nobles du Portugal, les Távora, qui édifia son palais au cœur du

périmètre des remparts. C'est également à ce moment-là que les frères franciscains s'établirent en ville et y construisirent un couvent de cénobites qui, malheureusement, fut détruit par un incendie au XIXe siècle.
Comme pour presque toutes les commanderies de l'ordre du Christ, dont le roi Manuel Ier avait été administrateur, Mogadouro connut de grandes améliorations à la suite de la visite du roi en 1510.

VII.3.a **Château**

On y accède par le Largo do Castelo. Classé Monument national. Renseignements: mairie, tél. 279 340100.
Horaires: à toute heure.
Peu de choses nous sont parvenues du château médiéval et manuélin, bien que quelques vestiges nous permettent encore de deviner son aspect général au début du XVIe siècle. Outre des vestiges de courtines, le donjon est toujours debout, avec son plan quadrangulaire et son fort appareil. Il était le centre et le noyau le plus ancien d'un châtelet qui abritait la résidence du commandeur, une cour d'exercices militaires, des logements pour la garnison et d'autres dépendances. Une *barbacã* basse et sans tours s'ajoutait à une ligne de remparts plus élevés placée à une courte distance.

VII.3.b **Saint-Mamed, église matriz**

Horaires: l'église est ouverte les 1er et 3e dimanches de chaque mois de 11:00 à 12:00 pour la célébration de la messe. En dehors de ces horaires, il faut contacter la mairie pour la visiter, tél. 279 340100.

La vieille église *matriz* manuéline fut considérablement modifiée à l'époque baroque, mais sa structure initiale s'est maintenue, ainsi que quelques autres éléments. Il faut voir le portail central très simple, et surtout le chœur avec une très belle voûte à nervures, sur la clé centrale de laquelle on peut voir les armoiries royales de Manuel Ier.

Il faut sortir de Mogadouro par la route N 221 vers le sud et il faudra dépasser les sorties pour Figueira, Meirinhos, Fornos et Mazouco. Freixo de Espada à Cinta est à 6 km de cette dernière sortie.

VII.4 **FREIXO DE ESPADA À CINTA**

La petite ville de Freixo de Espada à Cinta constituait, depuis le temps de la formation du royaume portugais, un important pôle d'attraction et un lieu privilégié pour le développement des relations commerciales avec les terres de León et de Vieille-Castille. Son origine est antérieure au XIIe siècle, car quand Alphonse Ier transforma Freixo en un gîte pour repris de justice, en 1152, l'existence d'un château était déjà citée. La ville avait, bien entendu, une structure défensive très modeste, qui ne résista pas aux progrès des temps qui suivirent. L'augmentation de la population et l'importance qu'elle acquit peu à peu poussa le roi Alphonse III à lui octroyer un nouveau *foral* en 1272.
Les négociations du roi Dinis avec Alphonse X de Castille, qui aboutirent à l'entrée des terres de Riba-Côa dans la couronne portugaise, mirent Freixo encore plus en valeur. Le roi portugais investit fortement dans cette ville en

Vue générale de Freixo de Espada à Cinta, avec le centre historique.

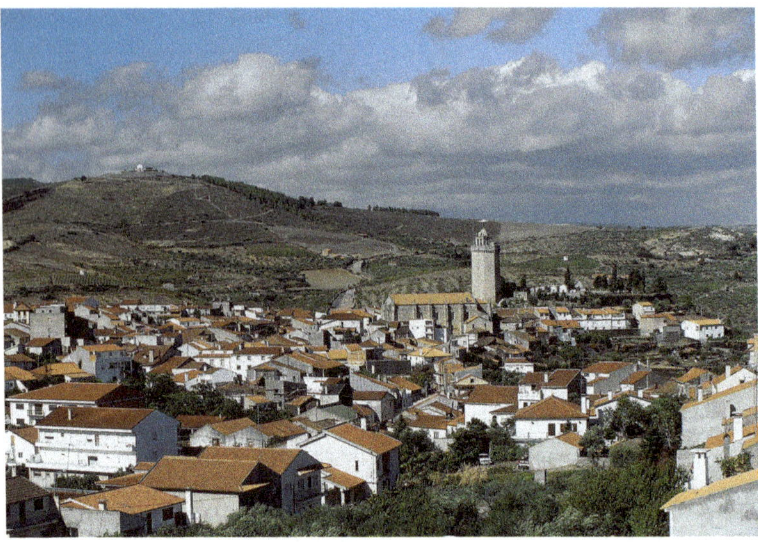

R.C.

la dotant d'un nouvel ensemble de fortifications; cependant le château n'était pas encore fini en 1342.

Autour de la ville, on cultivait des céréales et on faisait de l'élevage, tandis qu'à l'intérieur des murailles il y avait un important ensemble de métiers à tisser et une florissante industrie de la laine et de la soie. Cette production intensifia naturellement les échanges commerciaux aussi bien avec les autres régions du Portugal qu'avec les régions frontalières de la Castille. En 1527, Freixo était déjà le bourg le plus important de la région avec 447 feux. Pendant le règne de Manuel Ier, plusieurs de ses habitants se firent remarquer dans l'aventure des découvertes maritimes; parmi eux, Jorge Álvares, qui accomplit de hauts faits en Orient.

VII.4.a **Centre historique**

Renseignements: mairie, tél. 279 658070.

La petite ville de Freixo possède un admirable ensemble d'habitations du XVIe siècle dans son centre historique, dont les rues, comme la Rua das Flores et la Rua Direita, convergent vers l'église *matriz* et vers le vieux château. C'est une organisation rayonnante dont le centre civique est le parvis qui a, d'un côté, l'église *matriz* et, de l'autre, la Santa Casa da Misericórdia. Les maisons de la ville ont, en général, deux niveaux, le rez-de-chaussée et le premier, celui du bas étant presque toujours destiné à des activités commerciales et artisanales, ou à abriter des animaux. Les fenêtres et les portes sont très souvent entourées de linteaux et d'encadrements de tradition manuéline, d'un gothique tardif, quelques-unes présentant même des éléments naturalistes. Certaines dates, comme celles de 1552, sur la maison des Carrascos, et même d'autres plus récentes, attestent la permanence de ce goût dans des époques plus modernes. Par ailleurs, ce style se maintint tout aussi longtemps dans l'architecture religieuse, comme dans le cas de l'église privée de la Miséricorde. Ce phénomène est certainement dû à des influences venues de l'autre côté de la frontière où ce style persista également et d'où venaient, très probablement, des constructeurs qui manquaient dans la région.

VII.4.b **Château**

Praça Jorge Álvares. Classé Monument national. Renseignements: M. Gouveia, de la bibliothèque de Freixo de Espada à Cinta, tél. 279 653445.
Horaires: de 8:30 à 16:00.

Des anciennes murailles et des remparts tels qu'ils étaient à l'époque manuéline ne subsistent que quelques pans à moitié détruits et la très belle tour à sept côtés, avec un parapet saillant au niveau de la terrasse supérieure. Cette tour dominait les remparts et la *barbacã* manuéline, et était placée à l'endroit d'où l'on pouvait le mieux surveiller la ville, à proximité de l'église *matriz*. Elle domine en outre tout le territoire environnant. Le plan du château était presque circulaire, juste légèrement oblong. S'il est vrai qu'il a son origine au XIVe siècle, il fit plutôt l'objet de grandes réformes et agrandissements au temps de Manuel Ier.

VII.4.c **Saint-Michel, église matriz**

Praça Jorge Álvares. Classée Monument national. Renseignements: M. Gouveia, de la bibliothèque de Freixo de Espada à Cinta, tél. 279 653445.
Horaires: de 9:30 à 12:30 et de 14:00 à 17:30. Fermée le lundi, le mardi matin, le 1er janvier, le dimanche de Pâques, le 1er mai et le 25 décembre.

Le grand édifice en gothique tardif que l'on voit aujourd'hui fut commencé au temps de Manuel Ier, donc avant 1521, et connut plusieurs campagnes de travaux et de nombreuses interruptions; il ne fut terminé, notamment sa voûte, que sous le règne de Jean III.

M.A

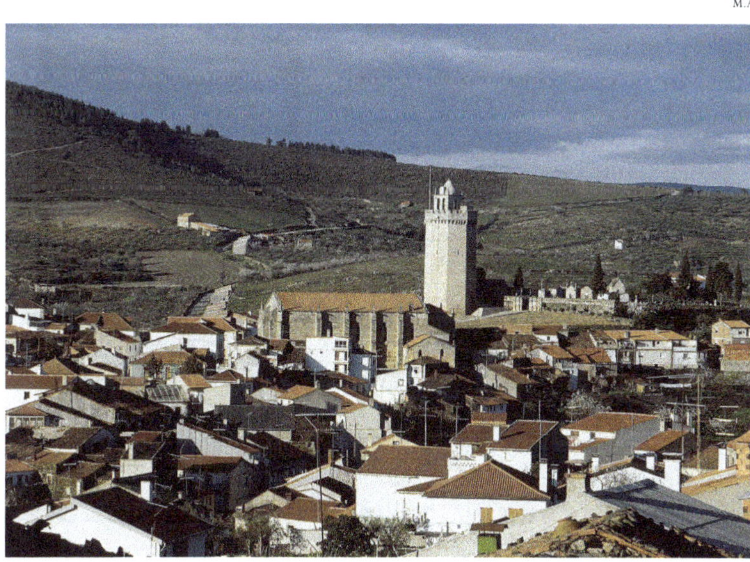

Centre historique de Freixo de Espada à Cinta.

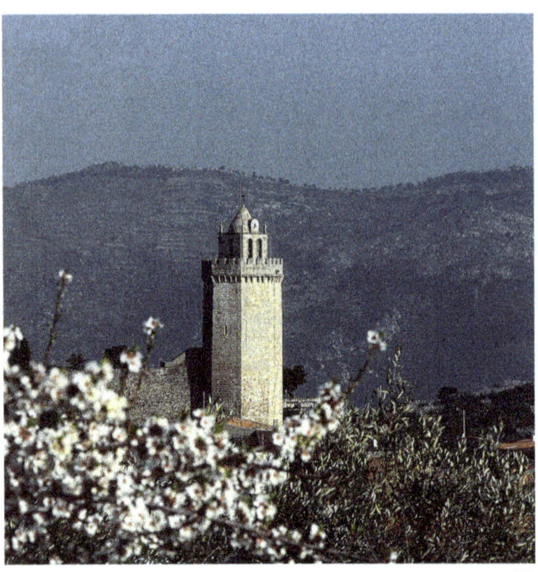

R.C.

Tour du château, Freixo de Espada à Cinta.

En revanche, son plan est homogène et on ne peut pas écarter l'hypothèse qu'il ait été tracé par un architecte de Biscaye, peut-être même Juan del Castillo, d'autant plus que celui-ci se maria avec une jeune fille de la bourgade espagnole voisine de Quintanilha.

C'est une *église-salon*, avec une voûte presque plate, soutenue par de fins piliers, ce qui démontre la grande capacité technique des responsables de l'œuvre. Mais les portails et les éléments décoratifs sont beaucoup plus rudes et populaires, réalisés par des hommes qui avaient certainement une éducation moins érudite. Il y a trois nefs et cinq travées, et les nervures sont reliées aux contreforts extérieurs. Le chevet a trois chapelles avec des axes parallèles; la voûte des chapelles collatérales est simple avec des nervures droites, et celle du chœur central beaucoup plus développée avec les armoiries royales sur la clé centrale et la sphère armillaire sur les *tiercerons* moyens.

Dans ce chœur, au milieu de la *talha dourada* baroque, se trouvent seize panneaux qui faisaient partie d'un retable du XVIe siècle qui était resté dans ce maître-autel jusqu'au début du XVIIIe siècle. Actuellement, les panneaux sont distribués d'une manière complètement aléatoire, sans aucun rapport avec leur positionnement dans le retable original. Les scènes de la *Vie de la Vierge*, de l'*Enfance du Christ* et de la *Passion du Christ*, d'après leur séquence narrative et leurs dimensions inégales, étaient alignées et jouaient principalement des rôles pédagogiques et décoratifs.

Il n'existe aucun document historique donnant la date ou le nom de l'auteur de cette œuvre, mais son langage plastique et les modèles figuratifs employés permettent de l'inclure dans la production de l'atelier de Viseu de Vasco Fernandes, et de proposer une date proche de 1535. Malgré le mauvais état de conservation de l'ensemble et malgré quelques

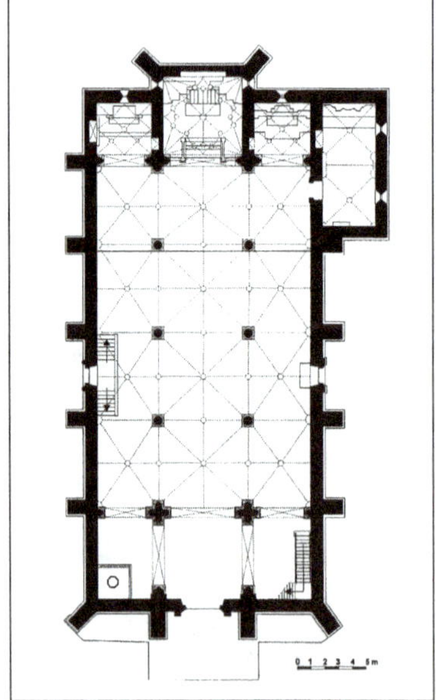

Église matriz de Freixo de Espada à Cinta, plan, Boletim da Direcção-Geral dos Edifícios e Monumentos Nacionais, n° 70.

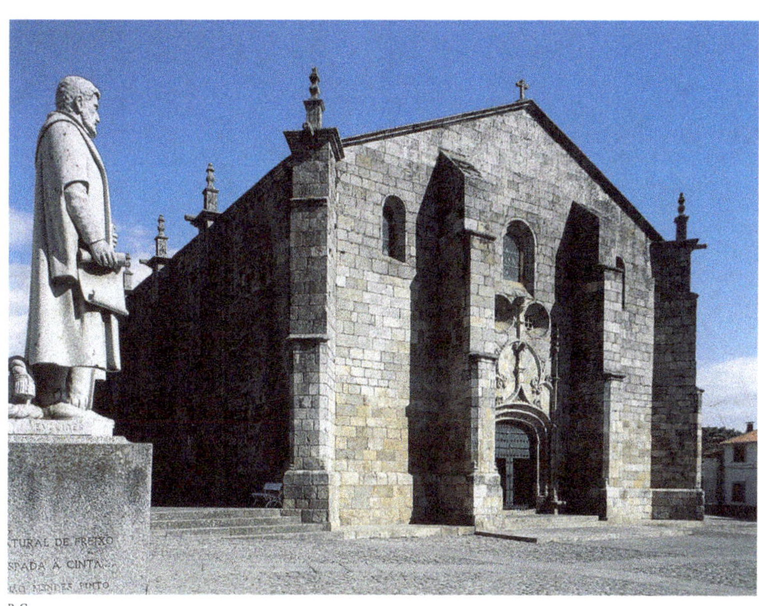

R.C.

Saint-Michel, église matriz, façade principale, Freixo de Espada à Cinta.

pertes irréparables comme celle de l'*Assomption de la Vierge*, on identifie une remarquable sensibilité à la lumière, qui est utilisée avec maîtrise pour mieux situer les figures dans l'espace, comme c'est par exemple le cas de la *Présentation au temple* et du *Calvaire*.

Le fragment en *talha dourada*, représentant les quatre évangélistes et qui est actuellement placé sur l'autel de la chapelle de droite, fit peut-être partie de la structure générale du grand retable original. Il s'agit d'une pièce probablement réalisée par le sculpteur d'origine flamande, Arnau de Carvalho, qui travailla avec les peintres de Viseu et qui fit une série de retables pour les églises de la région.

R.C.

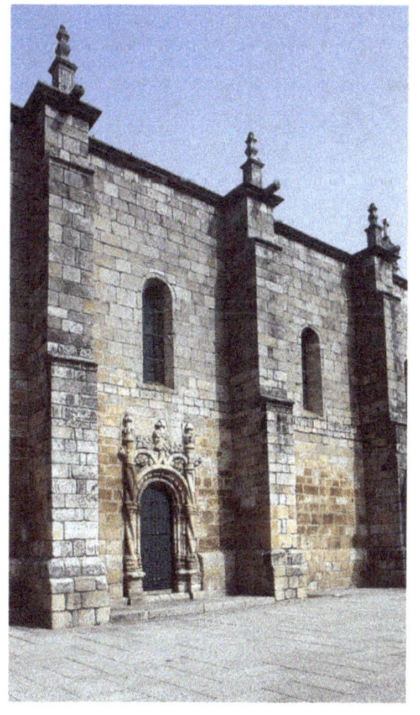

Saint-Michel, église matriz, portail latéral, Freixo de Espada à Cinta.

VII.4.d **Église de la Miséricorde**

Sur la même place que l'église matriz, *on trouve la Miséricorde. Classée Édifice d'in-*

Freixo de Espada à Cinta

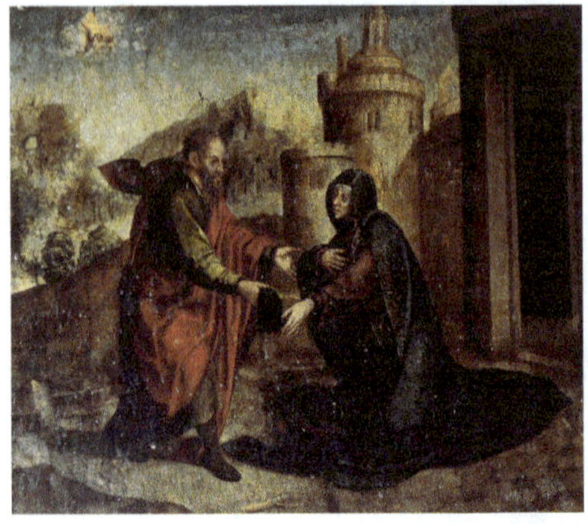

IPM/J.P.

"Sainte Anne et saint Joachim" du retable de l'église matriz de Freixo de Espada à Cinta.

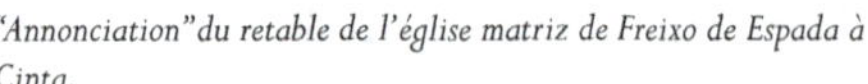

IPM/J.P.

"Annonciation" du retable de l'église matriz de Freixo de Espada à Cinta.

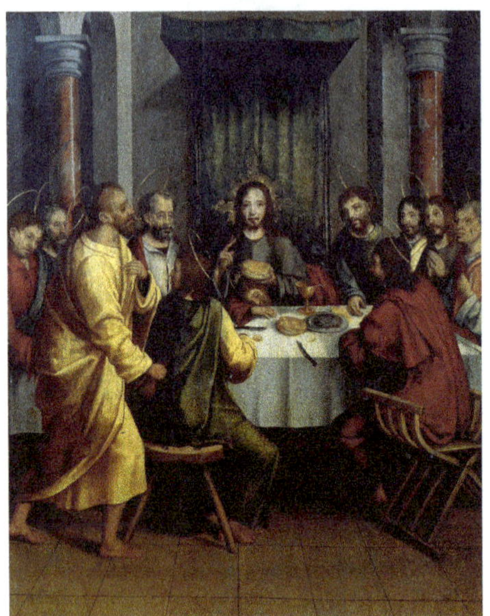

IPM/J.P.

"Dernière Cène" du retable de l'église matriz de Freixo de Espada à Cinta.

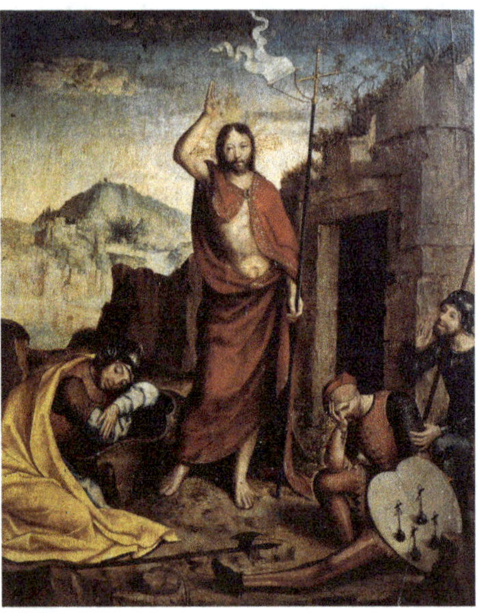

IPM/J.P.

"Résurrection" du retable de l'église matriz de Freixo de Espada à Cinta.

térêt public. Pour la visite, vous devez contacter la Santa Casa da Misericórdia, tél. 279 653016.

L'église de la Miséricorde est un des meilleurs exemples de la persistance du style gothique tardif pendant la seconde moitié du XVIe siècle, dans une typologie cristallisée en pleine période manuéline. Elle a un corps simple avec la façade tournée vers la place, un grand portail simple à larges douelles, à la mode de Castille, et un chœur voûté. La documentation est claire: elle montre que ce très bel exemplaire avec des nervures courbes et denses était seulement en train d'être achevé en 1555. Ses clés de voûte – soit décoratives, soit héraldiques – sont précieuses, car elles indiquent déjà un contour Renaissance.

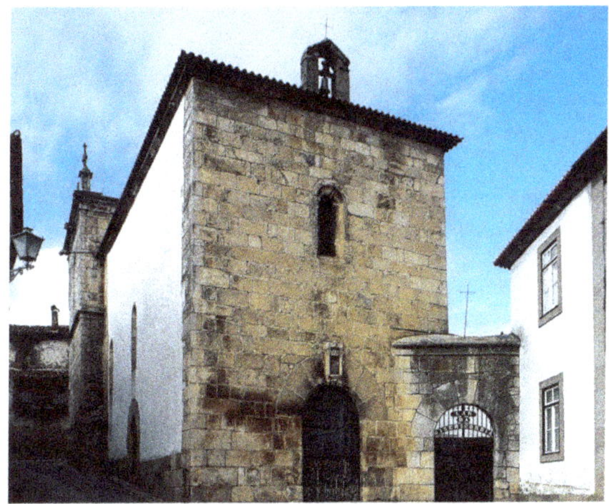

R.C.

Église de la Miséricorde, Freixo de Espada à Cinta.

Pedro Dias

Duarte D'Armas, "Livro das Fortalezas", Chaves, détail, XVIe siècle.

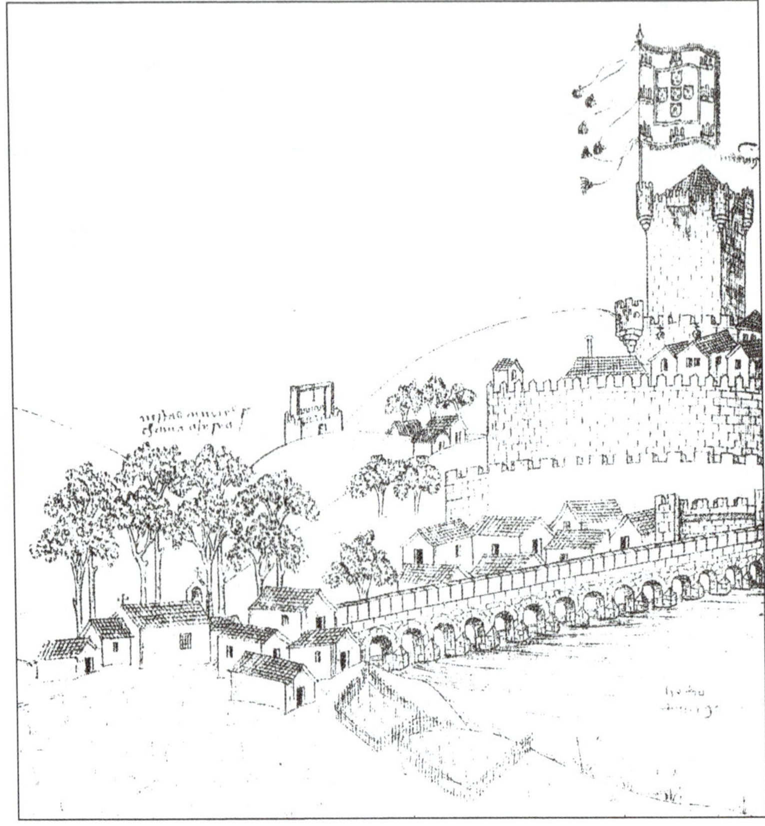

Duarte d'Armas était un écuyer de la maison du roi Manuel Ier qui avait un grand talent de dessinateur; on lui confia donc des campagnes systématiques de dessins de vues de villes, et même de relevés topographiques et hydrographiques dans les terres d'outre-mer, au moins de celles du Maroc et des Açores. Sa célébrité était telle que l'historien et chroniqueur royal João de Barros en parle dans sa *Crónica de D. Manuel*.

Une de ses principales tâches fut de dresser l'inventaire des forteresses de la frontière et de condenser toutes ces informations dans un livre qu'il appela simplement le *Livre des Forteresses*, dont on conserve aujourd'hui deux exemplaires, l'un aux Archives nationales de Lisbonne, Torre do Tombo, l'autre à la Bibliothèque nationale de Madrid. Ils sont tous deux connus par le même nom. Le Codex A présente cent dix cartes panoramiques de villes et cinquante et un plans de châteaux, situés entre Castro Marim et Caminha; y sont encore incluses deux villes qui ne se trouvent pas aux frontières, Sintra et Barcelos. Dans ce Codex, le dessin est très détaillé et très riche de renseignements. Le Codex B, moins fouillé, ne contient que 50 vues de 29 forteresses. Notons encore que le dessinateur se représenta lui-même plusieurs fois dans ce voyage, qui se déroula pendant l'année 1509, et dont le résultat fut le plus parfait et le plus complet portrait du Portugal rural manuélin.

Le maçon

"Le maçon du Douro se complaît dans son travail, il donne le meilleur de lui-même pour obtenir une finition parfaite, posant les pierres comme s'il composait une mosaïque – ce schiste qui, dès qu'il est lavé par les premières pluies, se met à briller avec des reflets métalliques, depuis la couleur chaude du cuivre jusqu'aux tons lunaires de l'argent. Ces surfaces s'étendent sans fin sur des kilomètres, les unes succédant aux autres comme des vagues d'une mer de pierres, composées toujours avec un goût identique, mais pas moins éblouissantes pour autant, dans l'uniformité continue de leur tissage, comme la beauté d'une tenture qui répète sans cesse le même motif, de couleur et de dessin, inaltérable mais parfait.
L'artiste ajoute aux besoins fonctionnels le plaisir, savouré, de composer de si vastes pans de murailles avec les délicatesses de sa main habile, sensible, amoureuse, connaissant parfaitement les secrets de la pierre. Déjà, dans la manière dont il la place, sans l'emprisonner dans un ciment quelconque, en posant dalle sur dalle, en les soutenant et les assurant avec de la pierraille, il montre, à l'évidence, à quel point il sait apprécier les valeurs et les ressources de la matière première qu'il travaille. Mais quand il a choisi et composé finement les gradations de couleurs, là, parfois, il atteint des colorations vraiment ravissantes, et c'est dans la douceur des tonalités qu'il prouve son goût de véritable artiste. Le plaisir du travail et, en même temps, la conscience de l'ouvrier sont patents dans le respect émouvant de la matière avec laquelle il œuvre et surtout dans son exemplaire dévotion dans l'exercice de son métier. Ces murs sont d'admirables leçons d'humilité et de simplicité dans leur facture; ils montrent le ravissement de celui qui ressent la fierté de son art, aussi primitif et rustique soit-il. L'homme se projette dans tous ses travaux dans la passion ou dans le mépris des sentiments qui l'animent (...).
La main amoureuse qui travaille, tout en connaissant les faibles possibilités de sa matière, sent qu'elle peut, d'une certaine façon, mettre sa beauté en valeur. Comme sur les métiers à tisser de l'intérieur du pays on compose les couvertures en liretto, il travaille alors la pierre de taille, pour dresser les murs d'une maison, pour poser le linteau de la porte ou de la fenêtre et même pour construire les murs des cultures en terrasses, comme de vastes tapisseries en couleurs naturelles d'un brun intense qui parfois pâlit, en devenant presque jaune, et d'autres fois prend des touches de gris ou même d'un bleu rare, étrange et surprenant."

Manuel Mendes,
Roteiro Sentimental: Douro,
Lisbonne, 1964.

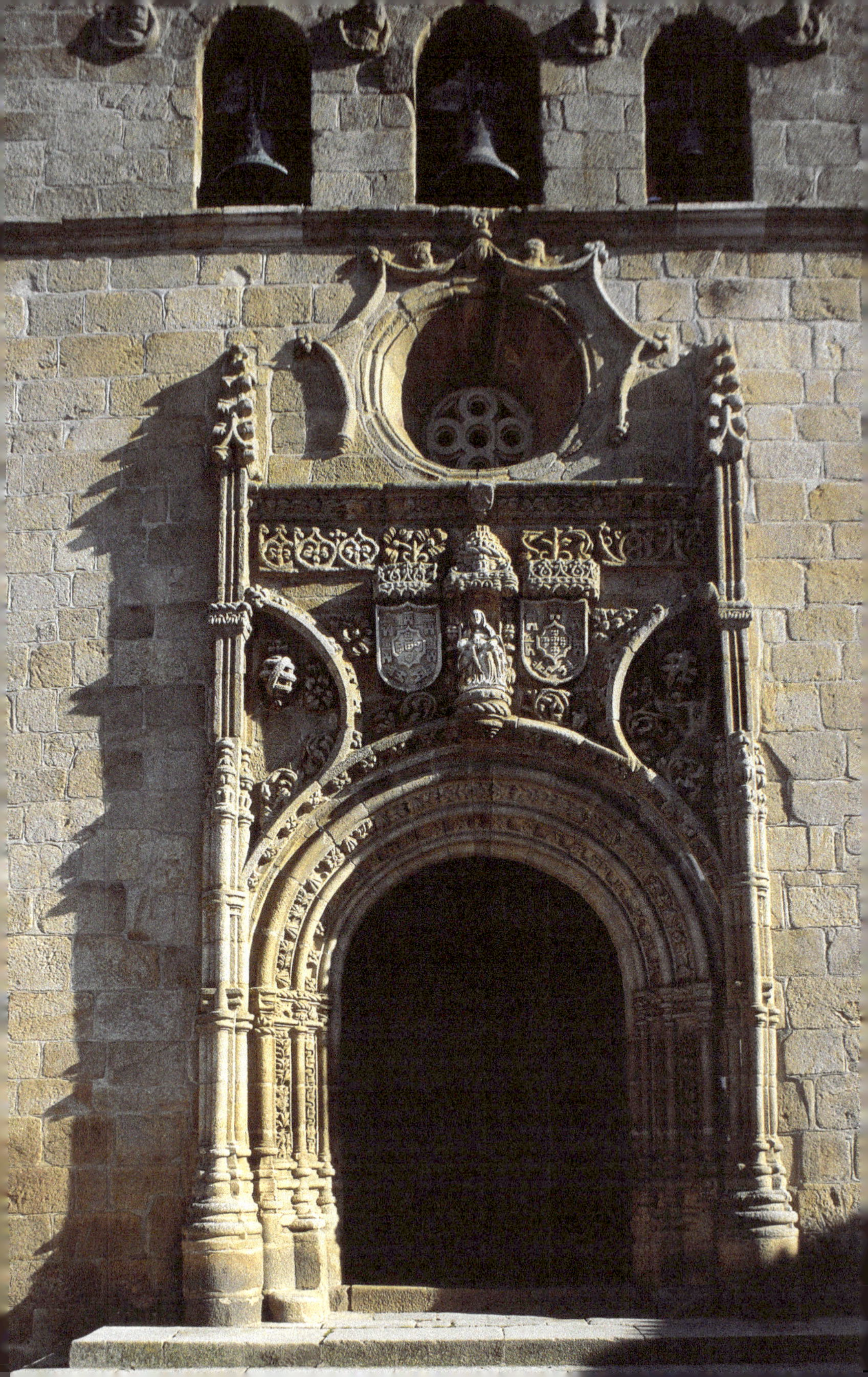

Églises et châteaux de la Raia

Pedro Dias, Dalila Rodrigues,
Nuno Vassallo e Silva, Fernando Grilo

Premier jour

VIII.1 TORRE DE MONCORVO
- VIII.1.a Triptyque flamand de l'église matriz

VIII.2 VILA NOVA DE FOZ CÔA
- VIII.2.a Notre-Dame des Pleurs, église matriz
- VIII.2.b Pilori

VIII.3 LONGROIVA
- VIII.3.a Château
- VIII.3.b Pilori

VIII.4 MARIALVA
- VIII.4.a Château
- VIII.4.b Pilori

VIII.5 CELORICO DA BEIRA (option)
- VIII.5.a Château

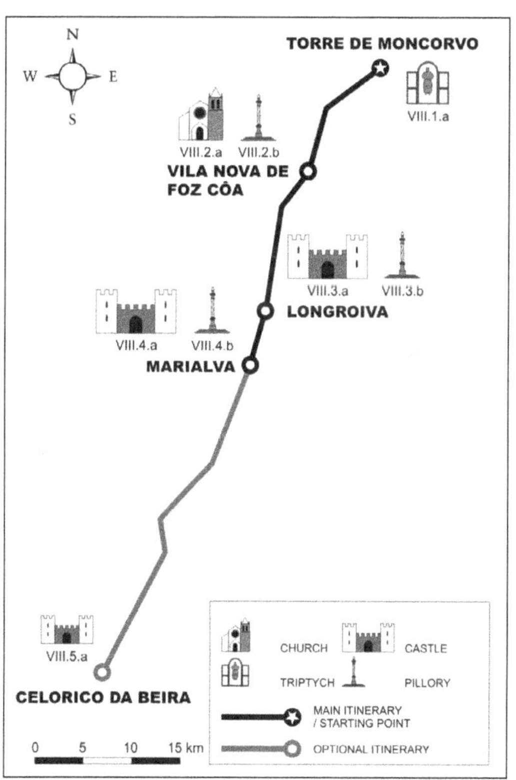

Église matriz, portail principal, Vila Nova de Foz Côa.

La *Raia* est le nom qui désigne couramment la bande territoriale qui s'étend le long de la frontière luso-espagnole; d'abord celle, naturelle, du Douro, au nord-est, et ensuite la bordure des provinces de Beira Alta et de Beira Baixa jusqu'au Tage. De l'autre côté se trouvent les terres de León et de Vieille-Castille et le nord de l'Estrémadure espagnole.

Loin du littoral et des principales villes portugaises, toutes situées près de la côte, cette région connut des périodes de grande dépression et était presque déserte après la reconquête chrétienne. Les gens s'y fixaient difficilement car la vie était dure, le climat rude et, de l'autre côté de la frontière, il n'y avait pas non plus suffisamment de pôles d'attraction, contrairement à ce qui arrivait avec les villages de la rive gauche du fleuve Minho et même au-delà des vallées de Miranda do Douro.

Il fallut une grande insistance de la part de la couronne portugaise, en particulier au temps de Sanche Ier, pour que quelques colons viennent s'y installer; mais il s'agissait presque toujours de repris de justice qui échangeaient ici leur prison contre une liberté de sueur et de labeur.

Mais la situation changea. Les affaires avec la Castille devinrent prospères, l'urbanisation s'intensifia, et à la fin du Moyen Âge, quelques-uns de ces bourgs – qui sont maintenant des villes – étaient devenus des lieux de passage avec une véritable activité économique basée sur l'agriculture, l'élevage et l'artisanat. La couronne y fit bâtir d'imposants châteaux, surtout après les trois guerres du temps de Ferdinand Ier et de la crise dynastique de 1383-1385. La région fut aussi choisie par de nombreuses familles juives qui y établirent leurs communautés pour échapper à l'intolérance qui sévissait dans les villes du littoral, Lisbonne et Coimbra y compris.

C'est surtout dans la partie septentrionale de cette zone, entre Torre de Moncorvo et la ville de Guarda, que l'on trouve des vestiges artistiques de l'époque des Découvertes. Dans certaines villes, comme Guarda, il y a des quartiers entiers de cette époque. Il y a aussi la cathédrale construite par les fils du maître des œuvres royales de Batalha. À Castelo Rodrigo et à Pinhel, les châteaux médiévaux furent profondément transformés au temps de Manuel Ier. Ces terres, d'un granit dur et brillant, gardent et offrent des trésors: des peintures régionales, ou venues de Lisbonne, des belles sculptures de Flandres et de Coimbra, des tombeaux avec leurs gisants, des piloris et des ponts romains refaits au XVIe siècle.

Les œuvres à caractère local, que l'on peut qualifier de populaires, se mêlent à d'autres, plus érudites, que l'on peut avec certitude attribuer aux meilleurs artistes qui travaillaient dans le royaume à la fin du XVe et au début du XVIe siècle.

Quand on sait que c'est ici que se trouve également le plus grand "sanctuaire" de l'art préhistorique portugais dans la vallée du Côa, il est facile de conclure qu'il s'agit de l'une des régions artistiquement les plus riches du pays, où l'on peut même trouver des églises d'un roman tardif comme à Mileu et Guarda; et gothiques comme l'imposant couvent cistercien Sainte-Marie d'Aguiar.

VIII.1 TORRE DE MONCORVO

L'origine de l'actuelle Torre de Moncorvo est un village qui remonte au moins au début de la formation du Portugal. Ici et

dans les environs existaient déjà à ce moment-là des noyaux de population non négligeables, en particulier Sainte-Croix, qui fut le germe de la moderne ville de Torre de Moncorvo. Son développement à la fin du XIIIe siècle poussa le roi Dinis à lui donner un nouveau *foral* en 1285, remplaçant celui qui lui avait été octroyé en 1062 et confirmé par le jeune futur premier roi de Portugal entre 1128 et 1140. En 1512, Manuel Ier lui en offrit encore un nouveau.
La ville avait pris son essor grâce à la culture du lin et des céréales ainsi qu'à l'extraction du fer et, étant donné sa position dans le réseau routier régional, le commerce y contribua grandement. Il n'est pas étonnant que Jean Ier y ait fondé une foire franche en 1385.
Pendant l'époque manuéline, il y avait à Torre de Moncorvo une corderie qui fournissait les bateaux lors des Grandes Découvertes, et les maisons étaient depuis longtemps déjà sorties des murs de l'enceinte médiévale. En 1527, il y avait 300 feux.

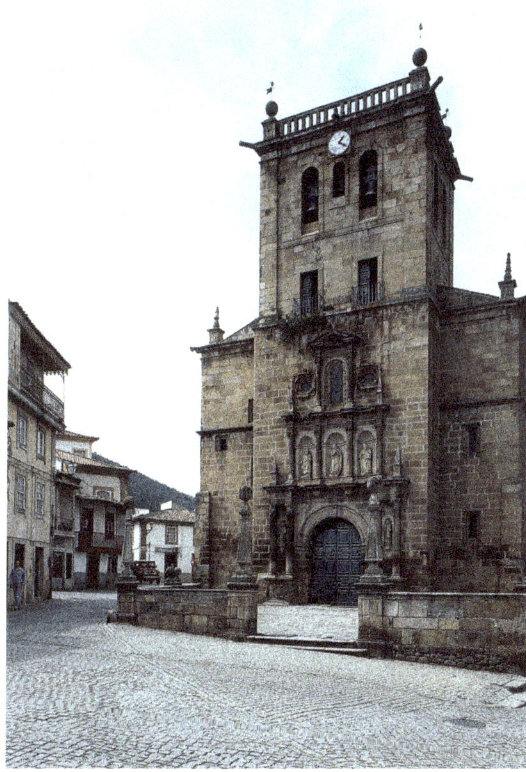
R.C.

Église matriz de Torre de Moncorvo.

VIII.1.a **Triptyque flamand de l'église matriz**

Notre-Dame de l'Assomption, l'église matriz *de Torre de Moncorvo, est située dans le Largo General Claudino e Dr. Balbino Rêgo. L'église est classée Monument national. Renseignements: Office de tourisme, tél. 800 252289.*
Horaires: de 9:00 à 12:00 et de 14:00 à 17:30, sauf le lundi et le mardi matin.

Dans la remarquable église de Torre de Moncorvo, une des plus imposantes du maniérisme portugais, parmi d'autres centres d'intérêt liés à l'architecture elle-même de l'édifice et à sa décoration, se trouve un admirable retable flamand, importé d'Anvers, que l'on peut dater des années 1520. La présence du sceau – deux mains et la tour – gravé sur son envers ne laisse aucun doute sur son origine. Ce merveilleux triptyque qui représente la famille de sainte Anne appartint sans doute à l'oratoire privé d'un membre de la noblesse locale. Les figures sont d'excellente qualité, petites, mais bien posées dans la composition, avec la typologie traditionnelle de ce genre d'œuvre; il faut également citer la polychromie riche et soignée qui émerveillait l'homme du XVIe

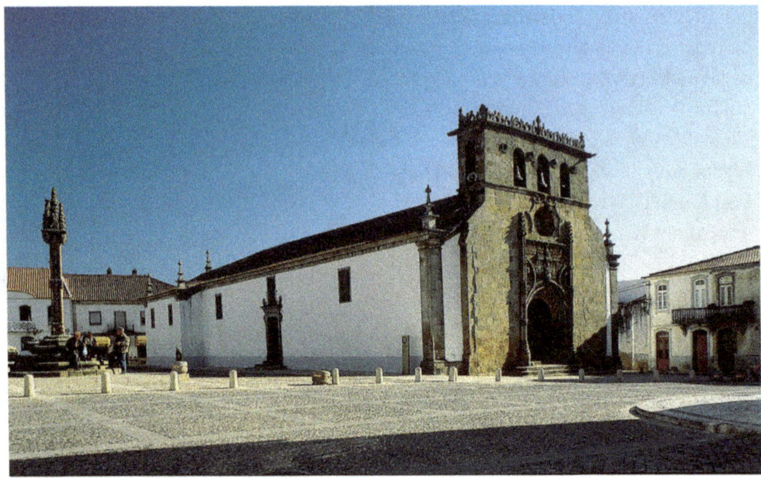

Notre-Dame des Pleurs, église matriz, vue genérale, Vila Nova de Foz Côa.

R.C.

siècle et qui, aujourd'hui encore, attire puissamment l'œil.

Pour aller à Vila Nova de Foz Côa, vous devez prendre la route 220 en direction du barrage du Pocinho. Au carrefour avec la route N 102, vous devez prendre cette dernière. Vila Nova de Foz Côa se trouve à 7 km après la traversée du fleuve Douro.

VIII.2 VILA NOVA DE FOZ CÔA

Sa vie urbaine commença effectivement sur les lieux où elle se trouve aujourd'hui. Ce fut le roi Dinis qui lui donna son autonomie en lui octroyant un *foral* en 1299. L'acquisition définitive de ce territoire auprès de la couronne de Castille permit son agrandissement et la fixation d'une population venue d'autres régions, ainsi que la construction de châteaux, et sa réorganisation administrative et ecclésiastique. Une importante et active communauté juive s'y installa, ce qui constitua un véritable levier pour son développement. Elle s'installa alors dans le quartier du château qui, plus tard, était surnommé "la juiverie".

Une des activités de la ville, liée à la mer malgré la distance du littoral, fut la corderie. À la fin du premier quart du XVIe siècle, Foz Côa avait quarante-quatre familles vivant intra-muros et cent huit hors les murs. L'enceinte qui définissait le tissu urbain fut détruite au XIXe siècle, ce qui effaça les meilleurs témoignages matériels du Moyen Âge et de l'époque manuéline.

VIII.2.a **Notvre-Dame des Pleurs, église matriz**

Largo do Município, tél. 279 762226. Classée Monument national.
Horaires: tous les jours de 8:00 à 17:00 en hiver, et jusqu'à 21:00 en été.

La construction du début du XVIe siècle fut grandement modifiée au cours des siècles suivants, et il ne reste de cette époque que la façade principale. Signalons que celle-ci montre une très forte influence de l'architecture castillane, évidente surtout au niveau du couronnement, avec trois ouvertures pour les cloches et une guirlande déjà au goût de la Renaissance. Le portail est pourtant très manuélin, à caractère naturaliste, avec de petites colonnes latérales encadrant les *archivoltes* et avec son couronnement, où figurent les armoiries royales et la sphère armillaire.

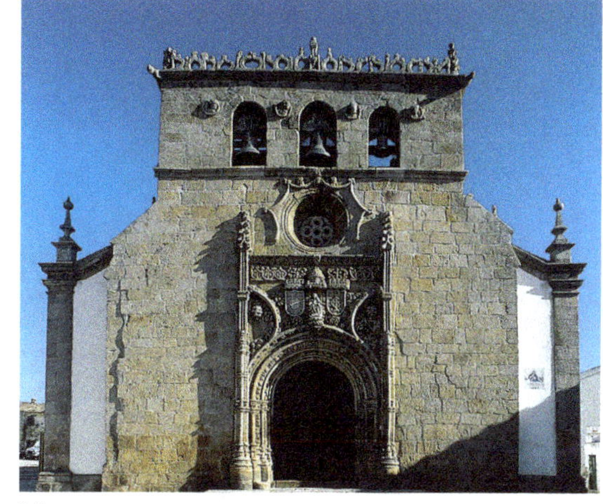

R.C.

Notre-Dame des Pleurs, église matriz, façade principale, Vila Nova de Foz Côa.

VIII.2.b **Pilori**

À côté de l'église matriz, *dans le Largo do Município. Classé Monument national.*

Ce pilori est un des plus monumentaux et des plus impressionnants de la région, avec sa colonne quadrangulaire posée sur un podium à quatre marches, et avec son couronnement en forme de cage sur laquelle se dresse encore une croix. Si sa structure à caractère architectural est impressionnante, sa volumineuse décoration d'un faire plutôt rustique, jumelle de celle du portail de l'église *matriz*, ne l'est pas moins.

Pour aller à Longroiva, vous devrez reprendre la route N 102 en direction de Celorico da Beira. 12 km après, vous trouverez à droite une sortie vers la route N 331 que vous devez suivre jusqu'à Longroiva.

R.C.

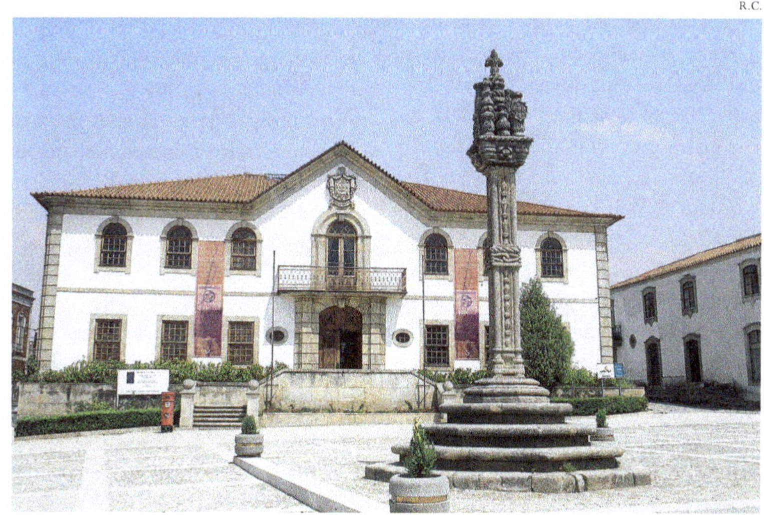

Pilori de Vila Nova de Foz Côa.

Château de Longroiva.

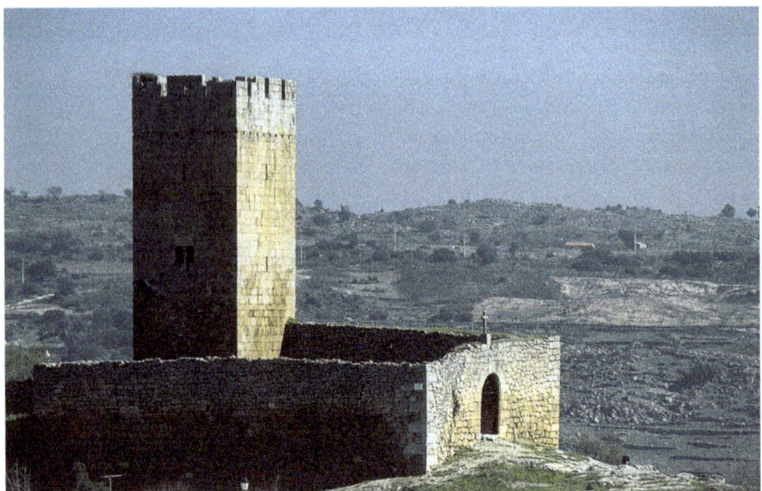

R.C.

VIII.3 LONGROIVA

VIII.3.a Château

Classé Monument national. Renseignements: mairie, tél. 279 883525.
Horaires: vous pouvez le visiter à n'importe quelle heure.

Le château est une petite fortification perchée sur une colline très bien située qui domine tous les alentours. Son aspect actuel est dû aux travaux de reconstruction effectués au début du XVIe siècle, surtout après 1510. Comme il était le siège d'une commanderie de l'ordre du Christ, Manuel Ier ordonna sa restauration et le château acquit alors un donjon quadrangulaire qui servait également de résidence au commandeur, quand il était sur les lieux, et une petite enceinte. Il a été possible d'imaginer sa reconstruction grâce aux archives manuélines. La tour primitive avait été édifiée par les Templiers, probablement en 1170. À côté de cette tour, hors les murs, le village avait poussé.

VIII.3.b Pilori

Dans le centre de Longroiva, devant la chapelle Saint-Pierre. Classé Édifice d'intérêt public.

De l'époque manuéline, Longroiva possède encore un pilori. Il est très simple, constitué seulement par une colonne et coiffé d'une pomme de pin aux armoiries de Manuel Ier. Et l'arc d'entrée de l'église paroissiale, gothique, avec de simples arcs brisés joliment décorés.

Pour aller à Marialva, reprenez la route N 102, toujours dans le sens de Celorico da Beira. 7,5 km plus loin, tournez à droite et prenez la route 324. Marialava est à 3 km.

VIII.4 MARIALVA

VIII.4.a **Château**

Classé Monument national. Informations auprès de l'Office de tourisme, tél. 279 858020.
Horaires: on peut le visiter à n'importe quelle heure de la journée.

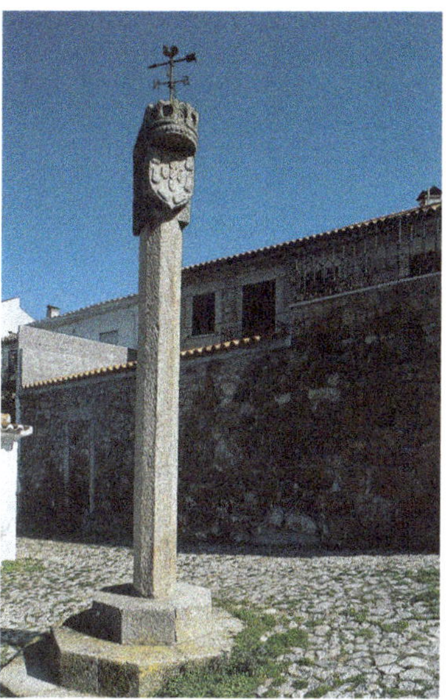

Pilori de Longroiva.

R.C.

Le château du XIIe siècle date du règne d'Alphonse Ier, qui donna son *foral* à Marialva en 1179. Cette charte fut renouvelée, comme pour la plupart des autres villes, par Manuel Ier, en 1512. À l'emplacement de la ville, il y eut un *castro* romanisé dont l'activité pendant les siècles suivants ne nous est pas connue.
Comme la ville était dans la zone de la frontière portugaise antérieure au traité de paix d'Alcanices, signé le 12 septembre 1297, elle joua un rôle important en tant que première ligne de défense. L'enceinte que l'on peut encore voir aujourd'hui occupe un espace considérable, profitant d'une implantation au sommet des monts. Les courtines s'élèvent d'une manière irrégulière pour permettre la création d'un chemin de ronde assez large et l'érection de créneaux. Il y a deux portes, celle de l'Ange gardien et celle du Mont, reliées par une rue pavée, et encore deux petites ouvertures qui permettaient d'accéder rapidement à la campagne. La *alcáçova* et les quatre tours principales sont en ruine. La dernière grande réforme du château eut lieu à la fin du XVe siècle et nous pensons qu'elle se prolongea pendant l'époque manuéline.

R.C.

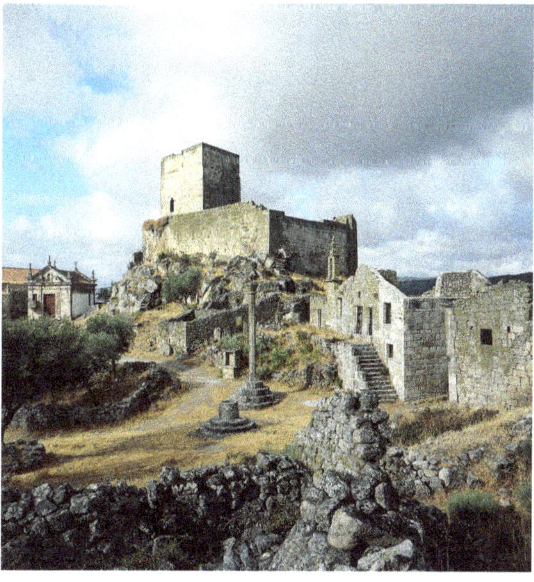

Château et pilori de Marialva.

À l'intérieur de l'enceinte sont encore visibles les restes de l'ancienne demeure, la citerne, le pilori et deux églises déjà du XVIIIe siècle.

VIII.4.b **Pilori**

Dans l'enceinte du château de Marialva. Classé Édifice d'intérêt public.

C'est un des éléments manuélins de Marialva. Sa colonne, de forme octogonale, repose sur une base à quatre marches. Son couronnement est en forme de cage, mais avec des composantes architecturales bien moins élaborées que celles d'autres piloris de villes voisines.

Si vous voulez visiter Celorico, vous devez reprendre la route N 102 vers le sud. Si vous voulez aller à Guarda, dépassez Celorico et, 4 km plus loin, vous trouverez la route IP 5 qu'il faudra suivre.

VIII.5 **CELORICO DA BEIRA**
(option)

VIII.5.a **Château**

Classé Monument national. Renseignements: mairie, tél. 271 742105.

Dans sa position dominante, ce château existait déjà au XIIe siècle, ayant été plusieurs fois remanié, notamment à l'initiative du roi Dinis, à la fin du XIIIe siècle, et il prit son aspect définitif à l'époque manuéline.
Il reste encore une grande tour à plan quadrangulaire qui n'est pas le donjon primitif; et d'autres tours, plus petites, qui renforcent les angles. Il y a, également, l'ensemble complet du circuit des remparts situés sur la ligne de crête du plateau, qui s'élève à 550 m d'altitude environ. La communication avec la ville se fait par deux portes, l'une tournée vers l'ouest et l'autre vers le sud.

Églises et châteaux de la Raia

Pedro Dias, Dalila Rodrigues,
Nuno Vassallo e Silva, Fernando Grilo

Deuxième jour

VIII.6 GUARDA
- VIII.6.a Centre historique
- VIII.6.b Château
- VIII.6.c Cathédrale

VIII.7 PINHEL
- VIII.7.a Château
- VIII.7.b Église de la Miséricorde et pilori

VIII.8 CASTELO RODRIGO
- VIII.8.a Château
- VIII.8.b Notre-Dame de Rocamadour (Reclamador), église matriz, et pilori

VIII.9 VILAR TORPIM (option)
- VIII.9.a Notre-Dame des Plaisirs, église matriz

VIII.10 VILAR FORMOSO (option)
- VIII.10.a Sant-Jean-Baptiste, église matriz

Plafonds mudéjars

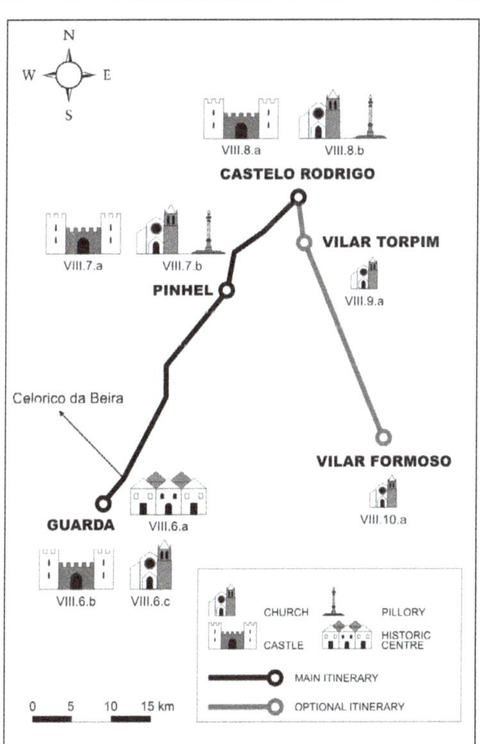

Vue générale du centre historique avec la cathédrale, Guarda.

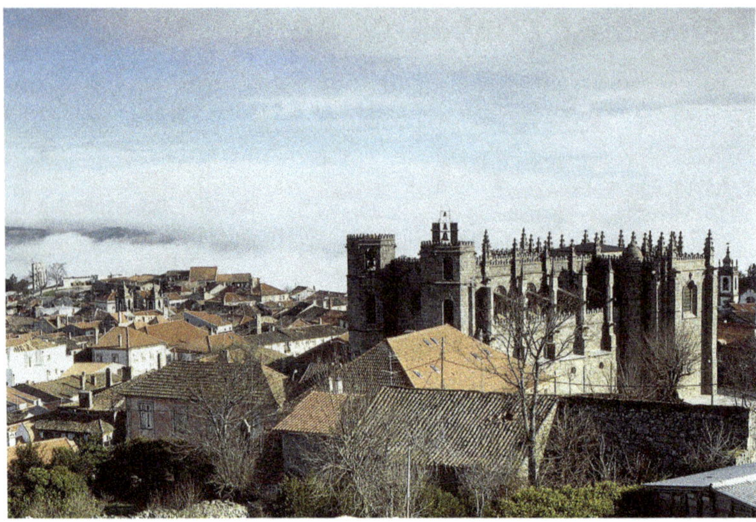

M.A

VIII.6 GUARDA

L'origine de la ville moderne trouve ses racines dans la politique de Sanche Ier, qui avait décidé de renforcer la frontière orientale du royaume en la dotant de gens et de châteaux qui définissaient une claire ligne de séparation avec le León et la Castille. Dans le cadre de la réorganisation de ce territoire très peu peuplé, il créa de nouveaux bourgs. L'un d'entre eux fut établi en haut de la plate-forme où se trouve aujourd'hui le centre urbain ancien de Guarda. Le roi déplaça le siège du diocèse de cette région, qui était à Idanha-a-Velha, vers Guarda, en 1203 environ.

Guarda devint alors le plus important centre portugais frontalier entre le Douro et le Tage, avec une garnison militaire très fournie. La ville joua dès lors un rôle de pôle économique et commercial. Sa situation, en plein couloir de communication entre le Portugal et la Castille, fut la cause de plusieurs sièges et luttes pendant les périodes de crise, dont la plus grande fut celle des luttes qui menèrent à l'avènement de Jean Ier, en 1385.

Puisque la ville était un siège épiscopal, l'action des prélats fut ici toujours capitale. La nomination de D. Pedro Gavião comme évêque de Guarda, en 1496, entraîna notamment une série d'améliorations.

VIII.6.a Centre historique

Renseignements: Office de tourisme, tél. 271 205530.

La plus ancienne zone de peuplement de Guarda se trouvait sur une petite plate-forme qui, à la fin du Moyen Âge, était bien définie par une enceinte au dessin presque circulaire. Les rues ne sont pas tracées d'une manière rationnelle, elles durent s'adapter à la nature du terrain et, surtout, à l'orientation des portes qui communiquaient vers l'extérieur (sans doute cinq, à l'époque médiévale). Ce sont des rues étroites, sinueuses, où existent encore quelques maisons manuélines et peut-être même plus anciennes, comme dans la Rua Direita et dans la Rua dos Clérigos.

À l'intérieur de l'enceinte se trouvait aussi le château, sur un point culminant, mais la ligne de circulation la plus claire était la Rua Direita, déjà citée, qui reliait les deux portes les plus éloignées l'une de l'autre, la Porta da Covilhã et la Porta dos Curros.

La cathédrale constituait un autre pôle urbain et cumulait aussi les fonctions paroissiales et de *matriz*. Sur son parvis se trouve la mairie, de fondation manuéline. Il y avait encore deux autres églises paroissiales qui étaient des centres naturellement polarisateurs de communautés.

Et puisque l'on parle de paroisses et de communautés chrétiennes, on ne peut pas omettre une importante communauté juive qui vivait à Guarda jusqu'à la période manuéline; son "quartier" avait des portes, comme l'avait institué le roi Pierre Ier; il fut maintenu après la conversion officielle de ses habitants en 1498.

Hors les murs de la ville s'étendaient des faubourgs. Le plus important d'entre eux à l'époque manuéline se trouvait du côté de la porte des Ferreiros où étaient les paroisses Saint-Pierre et Saint-Nicolas et le couvent des pères franciscains.

C'était là aussi qu'avait lieu une foire annuelle très renommée qui durait deux semaines et qui avait été créée par une charte royale en 1255.

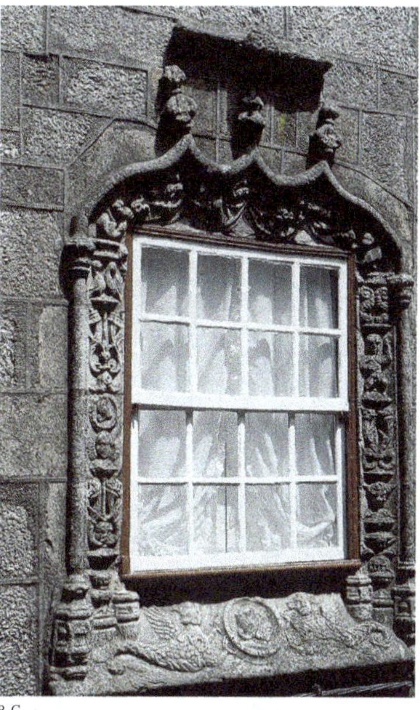

Centre historique, fenêtre manuéline, Guarda.

R.C.

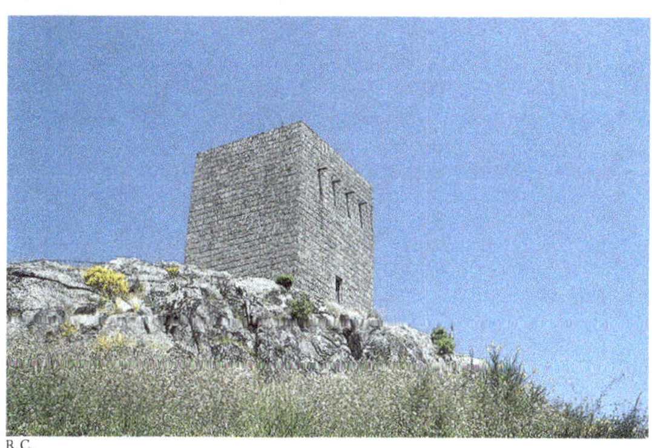

R.C.

Château, donjon, Guarda.

VIII.6.b **Château**

Classé Monument national. Renseignements: mairie, tél. 271 220220, ou Office de tourisme, tél. 271 205530.

Du château médiéval de Guarda tel qu'il parvint à l'époque de Manuel Ier, il reste les tours de l'enceinte, le donjon, des portes et de petits pans de muraille. Commencé par Sanche Ier pendant les dernières années du XIIe siècle,

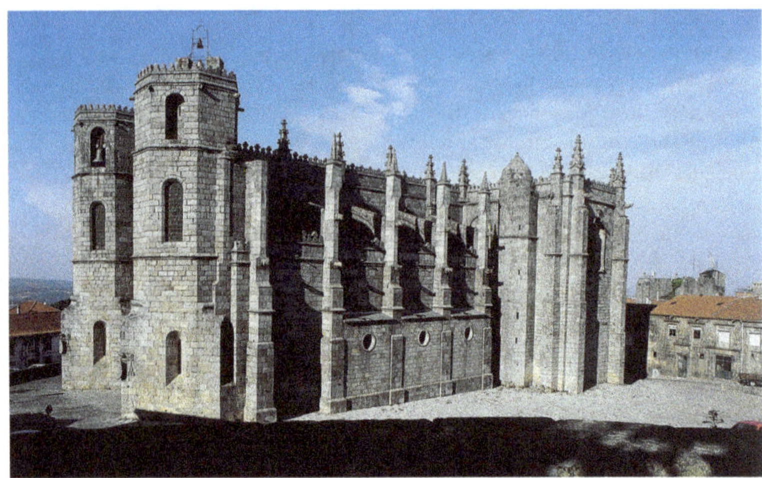

Cathédrale, vue générale, Guarda.

J.B.

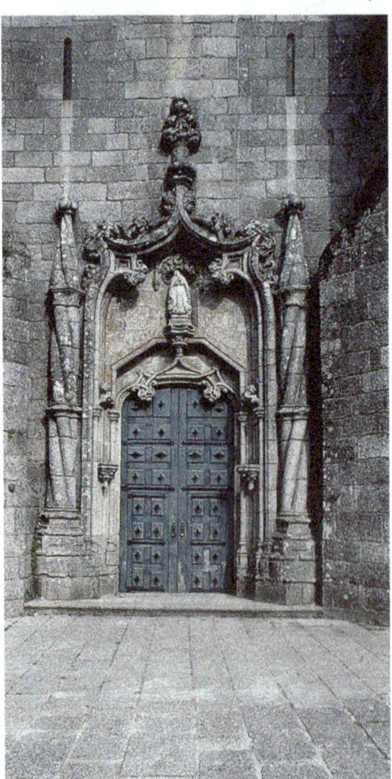

J.B.

Cathédrale, portail, Guarda.

il ne devait y avoir alors que le noyau du châtelet, intra-muros, où se trouve aujourd'hui le puissant donjon. Il fut agrandi pendant le règne du roi Dinis, c'est-à-dire un siècle après sa fondation, et encore au temps de Ferdinand Ier. Pendant les luttes de 1383 à 1385, les remparts souffrirent énormément, ce qui entraîna le dernier grand remaniement médiéval qui fut décidé par Jean Ier aussitôt monté sur le trône.

Les éléments les plus imposants que l'on peut voir sont les tours, comme celle des Ferreiros et la Torre Velha, et les portes, celle de Erva, celle d'El-Rei, et celle des Ferreiros, à côté de sa tour homonyme qui présente un dessin clairement manuélin.

VIII.6.c **Cathédrale**

Praça Luís de Camões, connue également sous le nom de Praça Velha, tél. 271 211231. Classée Monument national.

Horaires: de 9:00 à 12:30 et de 14:00 à 17:00; la messe est célébrée tous les jours de

9:00 à 10:00. Fermée le lundi et le dernier week-end de chaque mois, ainsi que le 1er janvier, le dimanche de Pâques et le 25 décembre.

L'édifice arrivé jusqu'à nous fut commencé à la fin du XIVe siècle, entre 1392 et 1397, mais les premiers travaux, d'un gothique traditionnel portugais, n'allèrent pas au-delà du chevet et du transept. En 1504, les travaux reprirent et donnèrent à l'édifice sa forme définitive; le tout étant, d'ailleurs, fort bien documenté. Entre 1504 et 1517, les frères Pêro et Filipe Henriques, fils du maître des œuvres royales de Batalha Mateus Fernandes, réalisèrent trois campagnes successives de travaux, pendant lesquelles furent élevés les murs latéraux, la façade principale et les piliers de la nef; tout le corps de la cathédrale fut aussi couvert par une voûte très puissante. L'œuvre fut réalisée sous l'égide de l'évêque D. Pedro Gavião, dont on peut admirer les armoiries sur la façade principale, ainsi que dans d'autres parties de l'édifice.

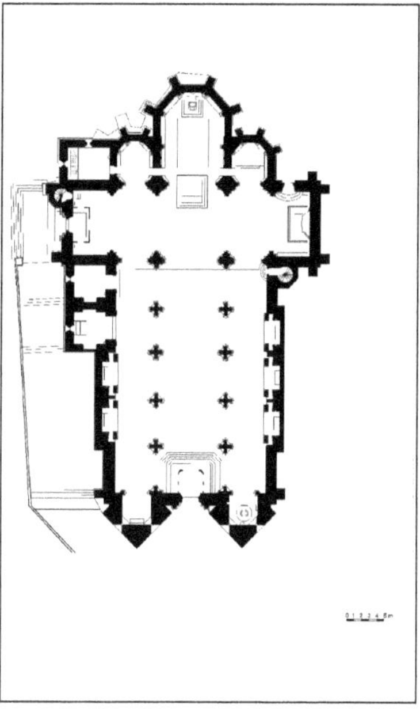

Cathédrale de Guarda, plan, Boletim da Direcção-Geral dos Edifícios e Monumentos Nacionais, n° 88.

C'est une église lourde, massive, avec deux tours octogonales qui encadrent la façade principale où s'ouvre un portail entouré d'éléments à caractère naturaliste. Sur les côtés, les arcs-boutants qui soutiennent les voûtes sont bien visibles. À l'intérieur, le corps a trois nefs de hauteur inégale séparées par des arcades au goût du XIVe siècle, appuyées sur des piliers cruciformes. Le transept est saillant et termine le corps à cinq travées. Les voûtes sont croisées à grosses nervures arrondies. Le chevet est triple avec un chœur beaucoup plus large que les chapelles collatérales.

Il faut signaler la chapelle funéraire de D. João de Pina, ouverte sur le flanc gauche, près du transept, qui a un grand arc déjà de style Renaissance, mais dont la structure est encore d'un gothique tardif de tradition manuéline. C'est là que se trouve le tombeau avec le gisant de celui qui fut protonotaire apostolique, chapelain royal et trésorier principal de cette cathédrale, dans un *enfeu* du même style et de la même époque.

En sortant de Guarda, vous devez prendre la route N 212; après le carrefour avec la route 226, vous trouverez, à 3 km, une sortie vers Pinhel.

Château, donjon, Pinhel.

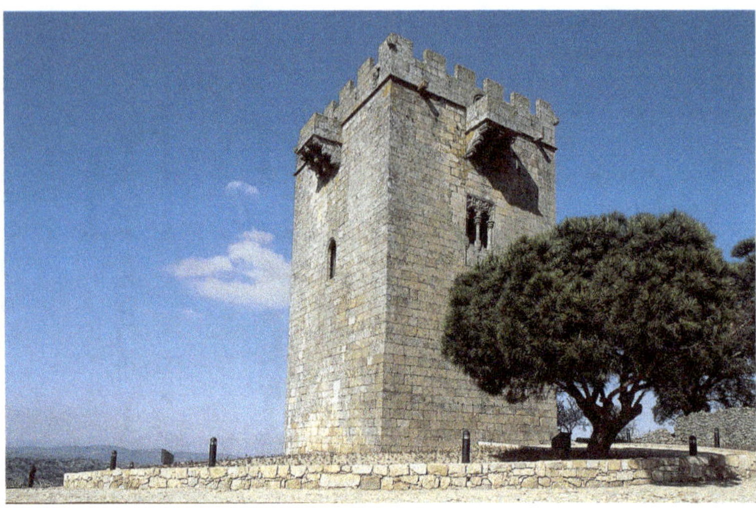

R.C.

VIII.7 PINHEL

La ville de Pinhel eut la même origine que celle de Guarda, autrement dit l'action de Sanche Ier visant l'établissement de la frontière avec le León et la Castille à la fin du XIIe siècle. Son premier *foral* date de 1209, ce qui prouve que Pinhel avait déjà, à l'époque, une activité sociale suffisante pour mériter une telle charte, et la législation de base pour son futur développement.

Dans ce processus, la *Lei das Sesmarias*, instaurée par Ferdinand Ier, fut fondamentale. Cette loi cherchait à fixer les paysans sur leur terres, à éviter le remplacement de la culture des céréales et à pénaliser les propriétaires qui laissaient leurs terres en friche. Ce roi créa aussi une foire annuelle pour attirer les commerçants de toute la région.

En 1510, le roi Manuel octroya un nouveau *foral* à la ville.

VIII.7.a **Château**

On y accède par la Rua de Santa Maria. Classé Monument national. Renseignements: mairie, tel. 271 410000.

R.C.

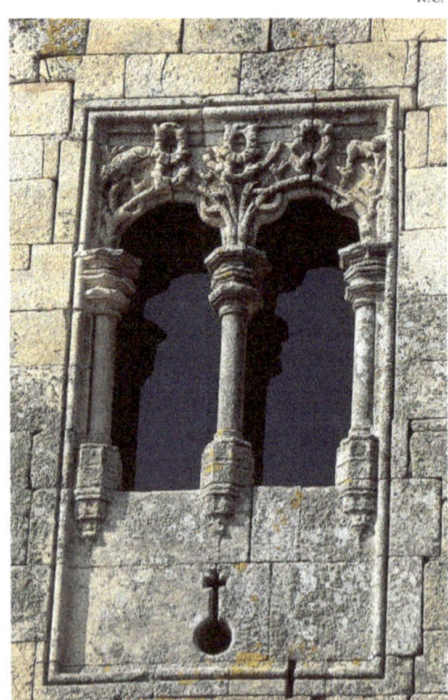

Château, fenêtre manuéline, Pinhel.

Le château primitif remonte au temps de la fondation de la ville au début du XIIe siècle, mais les vestiges que l'on peut voir aujourd'hui sont déjà très postérieurs, fruits de travaux de renforcement et d'améliorations manuélines, sur des structures des XIVe et XVe siècles.

Dans le très puissant donjon, au plan quadrangulaire, la porte d'entrée est haute, et se trouvait au niveau du premier étage; on y accédait par une échelle rétractable. C'est sur ce donjon que l'on voit la plus belle des fenêtres manuélines des provinces de Beiras, géminée, avec un balcon, et des colonnettes au goût du XVe siècle, aux *voussures* naturalistes à ramages. Une meurtrière en forme de croix, plus décorative que fonctionnelle, s'ouvre dans le balcon. On perçoit l'espace occupé par le châtelet qui avait d'autres tours, en plus des deux qui restent et qui communiquaient avec l'enceinte plus basse.

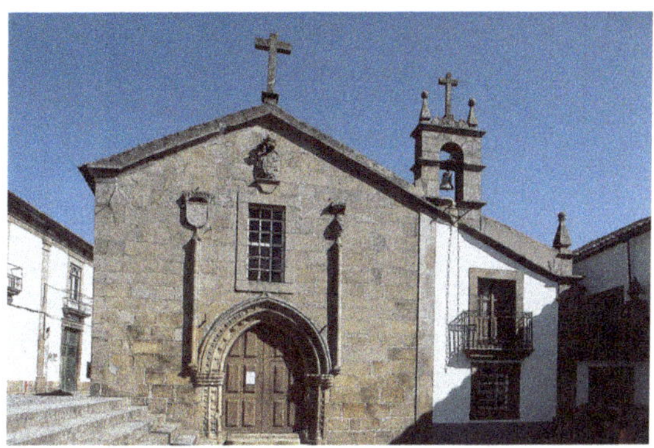

R.C.

Église de la Miséricorde de Pinhel.

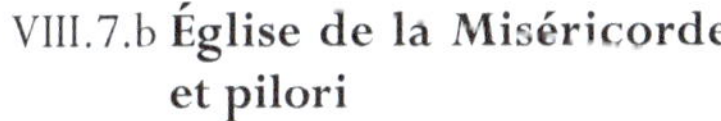

VIII.7.b **Église de la Miséricorde et pilori**

Praça Sacadura Cabral. L'église est classée Édifice d'intérêt public; le pilori est classé Monument national.

La Miséricorde, fondée par Manuel Ier, avait son église privée. De sa première époque de construction, il ne reste que la façade, très simple, et la structure générale du corps de l'église. Le portail est ogival, avec des sommiers décorés d'éléments végétaux.

En sortant de l'église, et sur la même place, on trouve le pilori manuélin. Il est assez simple, avec une base de deux marches, seulement, et un fût octogonal, qui soutient le couronnement en forme de cage, avec une décoration de fleurons sur sa base et un sommet en forme de pomme de pin striée.

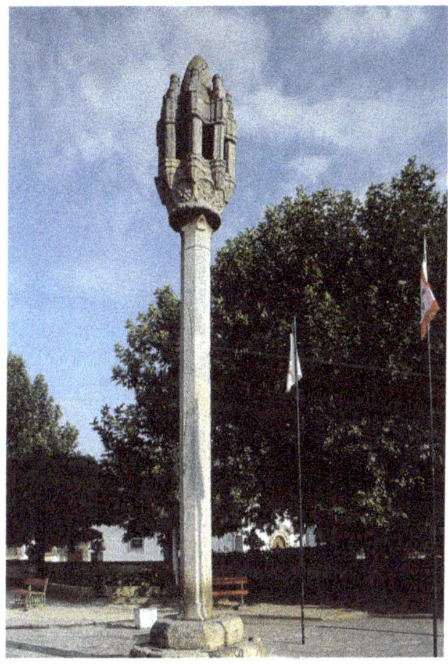

R.C.

Pilori de Pinhel.

Vous devez reprendre la route N 221 dans le sens de Figueira de Castelo Rodrigo. Après l'embranchement de la route N 332, vous trouverez à droite une sortie vers Castelo Rodrigo.

Château et agglomération de Castelo Rodrigo.

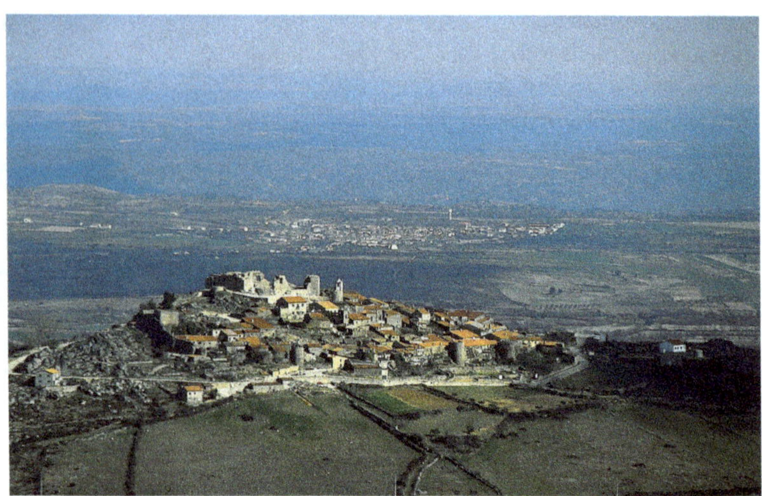

R.C.

VIII.8 CASTELO RODRIGO

Cette bourgade typique des zones frontalières, qui occupe une colline dominant le paysage, fut fortifiée depuis le XIIe siècle au moins. Elle intégra la couronne portugaise au temps du roi Dinis et prit de plus en plus d'importance jusqu'à la grande réforme manuéline qui donna à son centre historique l'aspect qu'il a encore de nos jours. C'est d'ailleurs Manuel Ier qui lui donna son *foral* en 1508.

VIII.8.a **Château**

Il se trouve à 1 km de la petite ville et peut être visité à toute heure. Classé Monument national. Renseignements: mairie, tél. 271 319000.

C'est ici que fut construit le premier château portugais de la période de transition entre le XIIIe et le XIVe siècle, à l'initiative du roi Dinis, mais, à l'époque, il ne devait pas être autre chose qu'un simple châtelet au sommet d'une colline. Dans le *Livre des Forteresses* de Duarte d'Armas, cette construction est bien visible et se détache de l'enceinte qui, plus bas, entourait les maisons du bourg. Sur ces dessins, on voit aussi que les courtines étaient en mauvais état, surtout du côté sud, mais elles furent restaurées par la suite. Du côté nord, il y avait déjà un avant-rempart bas avec des meurtrières.

Malgré les destructions qu'il subit, même à des dates aussi tardives que le début du XIXe siècle, il conserve encore de grands pans des murailles manuélines, soulignés par des grosses tours rondes.

VIII.8.b **Notre-Dame de Rocamadour (Reclamador), église matriz, et pilori**

Largo da Igreja. Pour visiter l'intérieur, il faut contacter le Presidente da Junta da Freguesia (le maire de la bourgade), tél. 271 312642.

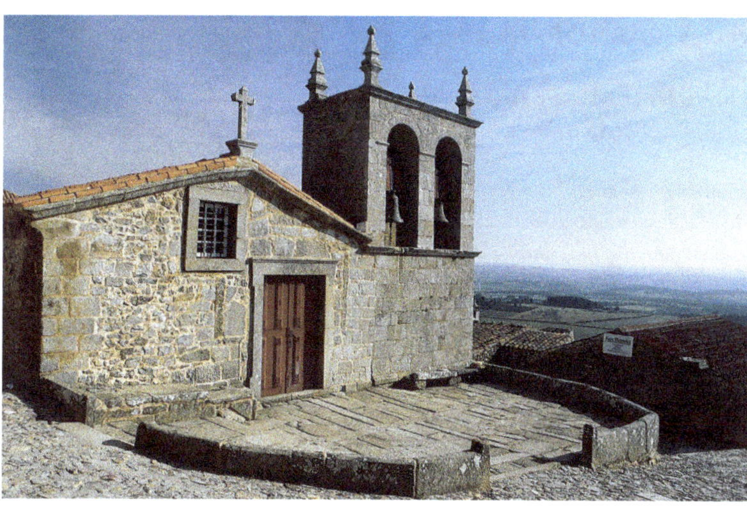

Notre-Dame de Rocamadour, église matriz de Castelo Rodrigo.

R.C.

L'église est classée Édifice d'intérêt public et le pilori Monument national.

L'église *matriz* de l'ancienne bourgade fut profondément modifiée pendant les XVIIe et XVIIIe siècles, mais elle garde sa structure de l'époque manuéline. Elle est longue, basse, marquée par les traditionnels arcs diaphragmes qui caractérisent ce type régional et qui forment six amples travées.
On peut y voir quelques sculptures au goût flamand du début du XVIe siècle, peut-être du sculpteur nordique Arnau de Carvalho: le groupe d'un *Calvaire* et un exceptionnel *Saint Jean-Baptiste*.
En sortant, et près du dos de l'église, se trouve le pilori. Il est manuélin, du type "cage", avec deux colonnettes qui reposent sur un pilier octogonal qui, à son tour, est posé sur une base à cinq marches.

Si vous voulez visiter Vilar Torpim, reprenez la route N 221, dans la direction de Pinhel/Guarda. À 600 m, vous trouverez un embranchement à gauche vers la route N 332. Il faudra la suivre pendant 6 km.

Pilori de Castelo Rodrigo.

R.C.

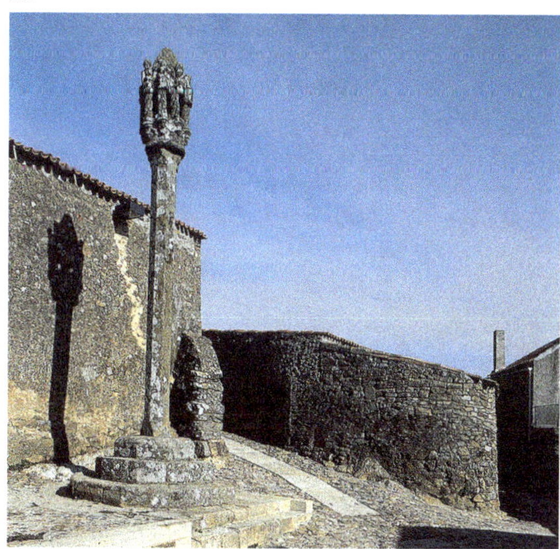

VIII.9 VILAR TORPIM (option)

VIII.9.a Notre-Dame des Plaisirs, église matriz

Rua Padre João Mendes Garcia.
Horaires: l'église ouvre pour la célébration de la messe du lundi au vendredi à 20:00 et le dimanche à 12:30. Pour la visiter en dehors de ces horaires, il faudra contacter Mme Laurinda, tél. 271 377367, ou directement chez elle Rua do Meio; à défaut, vous pouvez contacter Mme Maria Adelaide, dans la Rua da Igreja.

La structure de l'église est commune à d'autres qui furent construites ou reconstruites au début du XVIe siècle. Elle est large et à nef unique, marquée par des arcs diaphragmes. Sur le flanc gauche s'ouvre la chapelle funéraire du chevalier D. António de Aguilar, une œuvre tardive, mais encore dans la tradition manuéline. Cette chapelle a une voûte nervurée et un tombeau avec le gisant de ce noble commandeur de l'ordre du Christ. Au sol, la dalle primitive porte la date de 1546. Dans le chœur de l'église fut placé un tableau de la première Renaissance évoquant *Notre Dame de la Pitié* et qui avait appartenu à la chapelle funéraire.

Reprenez la route N 132, en direction d'Almeida. Après avoir parcouru 20 km, vous arriverez à la fin de la route et vous devez prendre l'IP 5 pour aller à Vilar Formoso.

VIII.10 VILAR FORMOSO (option)

VIII.10.a Saint-Jean-Baptiste, église matriz

Largo da Igreja.
Horaires: l'église ouvre pour la célébration de la messe du lundi au vendredi à 18:30 en hiver et à 19:30 en été; le samedi à 19:00 en hiver et à 20:00 en été; le dimanche à 11:30. En dehors de ces horaires, il est possible de la visiter en contactant le Centre d'accueil, tél. 271 512554.

L'église de Vilar Formoso, comme celle de Vilar Torpim, est encore un exemplaire typique du groupe des bourgades frontalières construites ou reconstruites au début du XVIe siècle. Basse et longue, elle a une nef unique divisée par des arcs diaphragmes. Le chœur présente une curiosité: il est couvert par un plafond *mudéjar* aux entrelacs polychromes, et nous savons qu'il y a quelques décennies, le plafond du corps central de l'église était aussi de ce type, mais il fut détruit lors de travaux de modernisation.

Pedro Dias

L'art *mudéjar*, tel qu'il est défini en Histoire de l'art, est caractérisé par l'influence de l'esthétique et des techniques arabo-musulmanes en pays chrétien. Éclos tout d'abord dans l'Espagne de la Reconquête, il s'est étendu à d'autres territoires, et il est devenu à la mode par son éclat, sa minutie, par son chromatisme intense et par son luxe. Il n'est donc pas étonnant de voir, encore de nos jours, des éléments *mudéjars*, surtout des œuvres de charpenterie, dans les zones hautes de l'Aragon ou de Trás-os-Montes, mais il suscite tout de même quelque perplexité lorsqu'on le trouve dans les plafonds à *par y nudillo* et *carpintería de lo blanco*, en Bolivie, en Colombie ou au Mexique. Au Portugal, nombre d'exemples sont concentrés dans la région frontalière des provinces de Beiras, avec une claire influence de la Castille. Il s'agit d'éléments relativement modestes, des plafonds ou des vestiges de couvertures, jamais antérieures à la fin du XVIe siècle, mais qui sont autant d'indications des échanges culturels très intenses des deux côtés de la frontière au temps du règne de Manuel Ier. Rappelons seulement les églises d'Escarigo, Leomil, Castelo Bom, Vilar Formoso, Castelo Mendo, Marmeleiro, Vila do Touro et Sortelha.

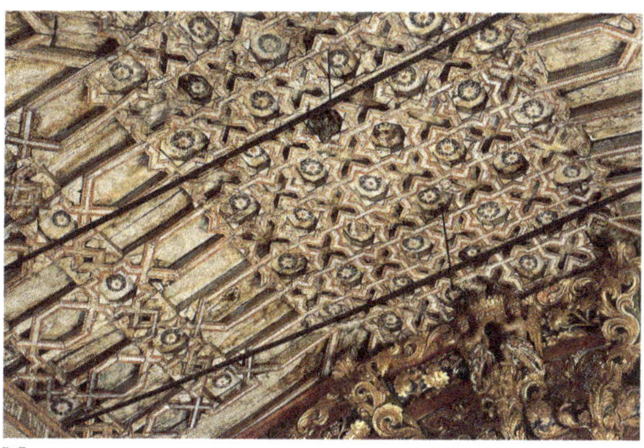
R.C.

Détail du plafond de l'église d'Escarigo.

Le territoire de Guarda au XIXe siècle

"Son territoire est fertile en maïs, seigle, légumes, choux, fruits et un peu de vin; cependant ses vastes pâturages qui sont magnifiques et où l'on élève une grande quantité de bétail excellent, de plusieurs espèces, constituent la principale branche de son industrie agricole; son commerce d'exportation de bétail, de laine, de fromage et de beurre est très important.

La plantation de mûriers s'est aussi beaucoup développée, et l'élevage du vers à soie devint prospère, ainsi que le tissage de la soie pour lequel les femmes travaillent pratiquement à temps complet. Ce travail donne déjà des résultats encourageants qui deviendront, avec le temps et le perfectionnement, une source de prospérité.

La Serra da Estrela, avec ses fameuses lagunes, ses belles cascades, ses grottes originales et ses rochers imposants, rend les environs de Guarda très curieux et pittoresques.

Il y a aussi dans la Serra une grande variété de gibier, petit et gros.

Le Mondego fournit, à son tour, beaucoup de poisson."

Pinho Leal, Portugal Antigo e Moderno, *vol. III, Lisbonne, 1871.*

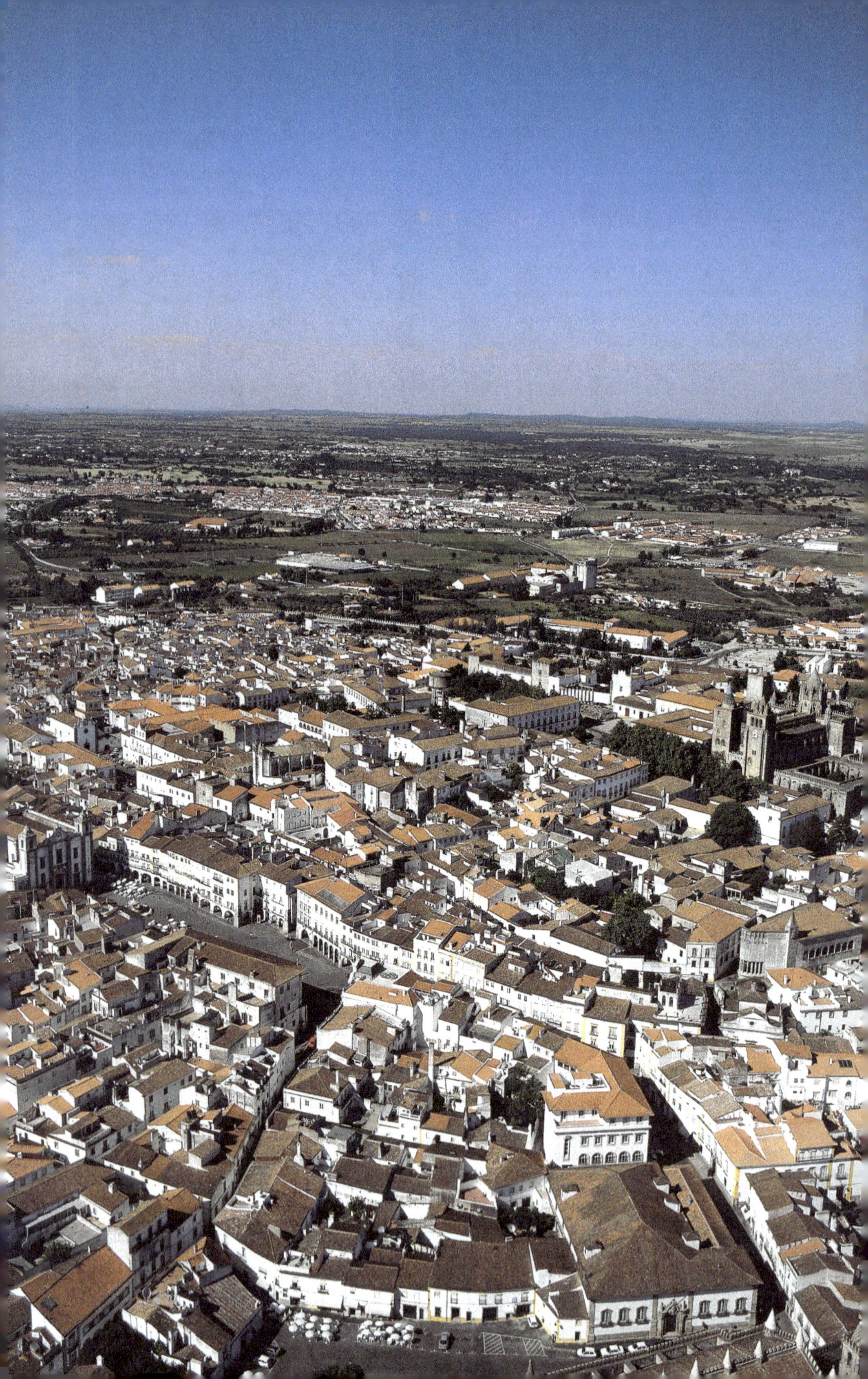

Évora, ville de la cour

Pedro Dias, Dalila Rodrigues,
Nuno Vassallo e Silva, Fernando Grilo

Premier jour

IX.I ÉVORA

IX.1.a Murailles de la ville
IX.1.b Galerie des Dames du palais royal
IX.1.c Ruines du palais Vimioso
IX.1.d Église du couvent Saint-François
IX.1.e Musée d'Art sacré de la cathédrale
IX.1.f Musée d'Évora
IX.1.g Couvent de Lóios ou Saint-Jean-l'Évangéliste
IX.1.h Couvent Saint-Benoît de Cástris (option)
IX.1.i Couvent Notre-Dame d'Espinheiro (option)

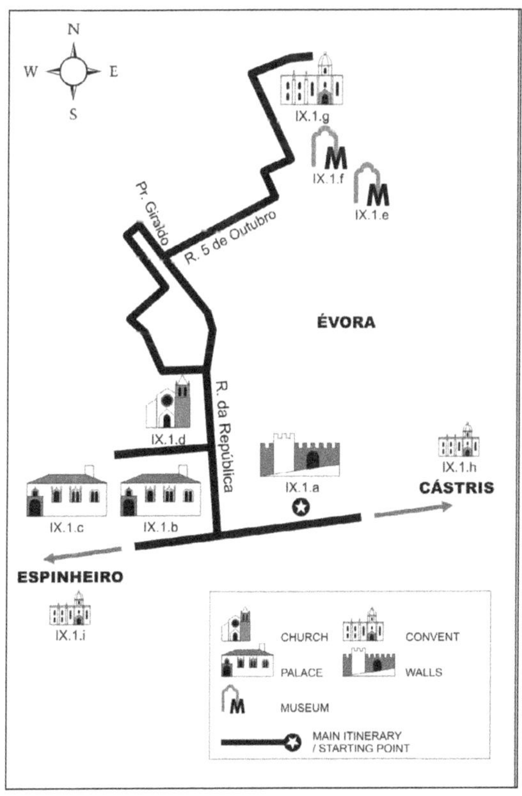

Vue aérienne d'Évora.

Pendant la fin du Moyen Âge et le début de l'époque moderne, qui coïncident avec la période dorée des Grandes Découvertes et de l'expansion maritime des Portugais, Évora connut une splendeur et un éclat culturel et artistique qui en firent une ville sans égale au Portugal, en même temps que l'un des principaux foyers de la culture européenne de la Renaissance.
Avec un climat doux, entourée de champs fertiles et d'excellents terrains de chasse, les monarques portugais de la seconde dynastie lui vouèrent une grande affection, manifestée par quantité de largesses et les longs séjours qu'ils y effectuèrent. C'est dans cette ville que Jean II décida de célébrer le mariage de son héritier avec la fille des Rois Catholiques, cet acte annonciateur de l'union ibérique; ces fêtes furent parmi les plus éclatantes du Moyen Âge finissant dans toute l'Europe.
Les villes de l'Alentejo en général, et surtout celles des environs d'Évora, s'agrandirent grâce à des donations aux principaux seigneurs du royaume et devinrent des chefs-lieux de comtés, notamment Arraiolos, Vidigueira et Olivença. Leurs seigneurs voulurent, bien entendu, y fixer la population en leur donnant des conditions favorables à la culture des champs; ils accueillirent des institutions religieuses et promurent eux-mêmes la construction d'églises et de palais. Par ailleurs, le pouvoir central joua également son rôle en ce qui concerne les réseaux routiers et le développement des systèmes de défense.
À Évora et dans la périphérie s'établirent les grandes familles nobles, désireuses de pouvoir accompagner les visites constantes de la cour, avec Jean II, Manuel Ier et tout particulièrement Jean III, qui vécut à Évora de longues années. Ces familles aristocratiques voulaient être dans le sillage du roi, le servir, jouir de sa considération, voire de son amitié, et elles commandaient des œuvres d'art ou des produits de luxe à des artistes qui accouraient de toute l'Europe dans la ville. Que dire des œuvres importées de Flandres, d'Italie, d'Espagne ou d'Orient ? Elles embellirent considérablement la ville, avec des palais magnifiques: ceux des comtes de Sortelha, de Basto, de Vimioso, de Portalegre, et même les belles demeures de Vasco de Gama ou encore celle du tragique héros du *Naufrage de Sepúlveda*, Manuel de Sousa Sepúlveda. À Évora vécurent de grands artistes, comme Nicolas Chantereine, Francisco Henriques, Olivier de Gand, Frei Carlos, António et Francisco de Hollanda, Francisco et Moguel de Arruda, Gil Vicente, Mateus de Aranda, parmi tant d'autres.
Dans les environs d'Évora, et possédant comme la capitale de l'Alentejo un patrimoine remarquable, les villes de Montemor-o-Novo et d'Arraiolos peuvent se prévaloir d'un art qui est un prolongement de celui d'Évora.

IX.1 ÉVORA

L'histoire d'Évora remonte à plusieurs millénaires. En effet, nous possédons déjà de nombreux documents à son sujet à l'époque de la domination romaine; le plus important témoignage demeure l'emblématique temple romain de Diane. Pendant tout le Moyen Âge, la ville fut partagée entre des Arabes, des Wisigoths hispano-romains et des juifs de différentes origines.

La bourgade lusitanienne primitive fut conquise par le général romain Decimus Junius Brutus et fut anoblie, au temps de Jules César, et même plus tard, en plein processus de développement, en recevant le titre de *Liberalitas*. Elle dépendait alors de Mérida et était un important carrefour de la circulation occidentale dans la Péninsule. Son acropole et son forum avaient des monuments imposants.
Après la fin de l'Empire romain, la ville fut d'abord occupée par des Wisigoths, puis par des Arabes; une élite arabisante s'y fixa d'ailleurs entre 713 et 1165, date de la reconquête chrétienne, au temps donc du roi Alphonse Ier.
Comme Évora était la plus grande ville entre Lisbonne et l'Algarve, il est naturel que plusieurs monarques l'aient choisie pour y faire de longs séjours, tels Alphonse III, Dinis et Alphonse IV, ce qui préjugeait déjà de son futur statut de deuxième capitale du pays. Vers la fin du XIVe siècle, c'est à Évora que le grand connétable Nuno Álvares Pereira eut sa principale demeure pendant vingt-six ans. Jean II, qui avait également une grande prédilection pour cette ville, y vécut quelques-uns des moments les plus dramatiques de son règne.
De formidables remparts à donjons défendaient les différents quartiers où cohabitaient des musulmans, des juifs et des chrétiens. Ces remparts furent agrandis pour ne pas laisser en dehors de nouveaux quartiers d'habitation et de nouvelles institutions religieuses.
Pendant l'époque manuéline, la ville était une référence dans toute l'Europe par la beauté de ses édifices et par le luxe de ses habitants, aussi bien laïcs qu'ecclésiastiques.

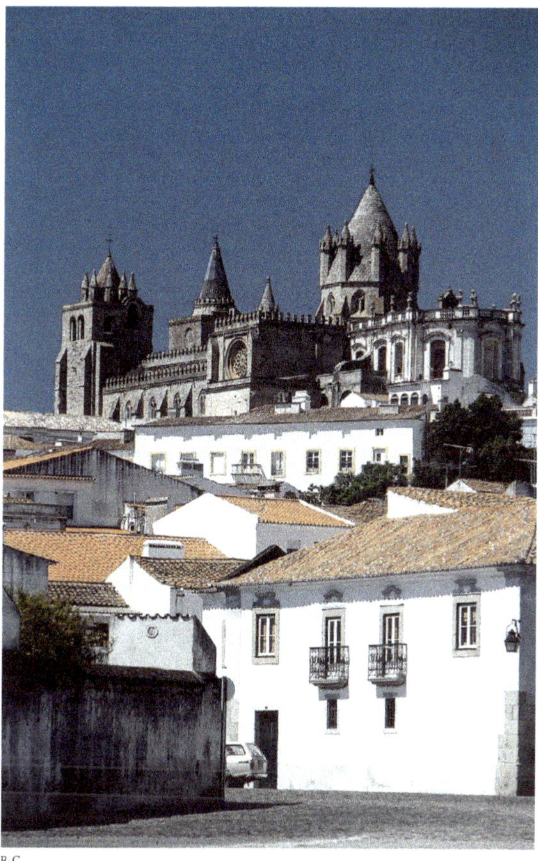
R.C.

Centre historique avec la cathédrale en arrière-plan, Évora.

Les grandes églises, comme la cathédrale – la plus grande de toutes les cathédrales médiévales portugaises –, le gigantesque couvent Saint-François ou la modeste chapelle Saint-Blaise, la ceinture de remparts enfin, tout contribue à donner un intérêt exceptionnel à la ville, sans oublier les quartiers maures et juifs et la célèbre Praça do Geraldo. Les vestiges de ces temps glorieux, et d'autres plus récents, sont si nombreux que la ville a été déclarée Patrimoine de l'Humanité par l'Unesco.
Il faut visiter Évora à pied. La plupart des lieux de visite sont situés dans des rues où il

Murailles d'Évora.

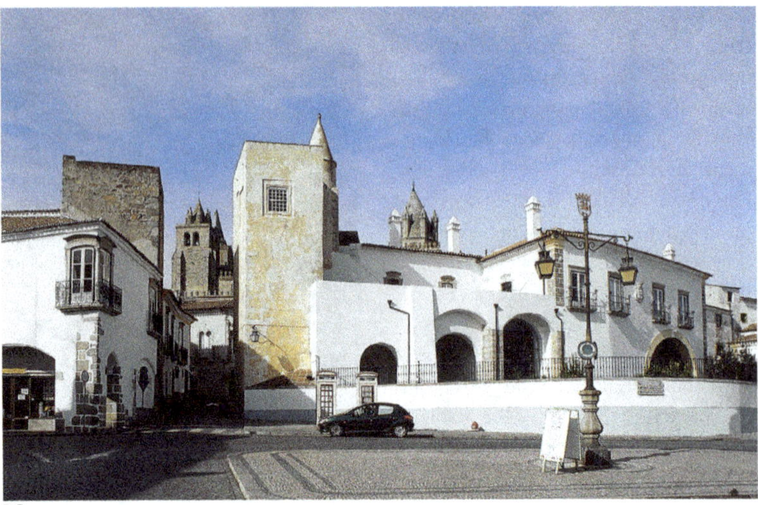

R.C.

est difficile d'accéder en voiture. Il y a plusieurs parcs de stationnement près des différentes entrées du centre historique. Mais nous suggérons de stationner près du Rossio de São Brás où il y a deux parcs gratuits.

IX.1.a **Murailles de la ville**

Les remparts primitifs ont un périmètre d'environ 1 200 m et forment un cercle qui a pour centre le Largo da Sé. Leurs vestiges sont peu visibles. La nouvelle enceinte entoure tout le centre historique d'Évora; on peut la voir à partir de toutes les entrées de ville. Classées Monument national. Renseignements: Office de tourisme, tél. 266 702671.

Les premiers remparts d'Évora remontent à la période de la domination romaine et il est certain qu'ils furent considérablement améliorés sous la domination arabe. Au moment de la reconquête par Geraldo Sem-Pavor (Gérald Sans Peur), ils étaient les plus puissants de tout le sud du Portugal.

Au milieu du XIVe siècle, il fallut adapter l'enceinte à la croissance urbaine; en outre, de nombreuses tours et courtines s'avéraient déjà trop vétustes. Les travaux s'étalèrent pendant presque un siècle et ce que nous pouvons voir aujourd'hui en style gothique est essentiellement le fruit de ces campagnes de travaux.

La porte de l'ancienne muraille doit être celle de D.ª Isabel, que la tradition indique comme romaine. Dans la nouvelle enceinte, il faut voir la porte du Moinho de Vent (du moulin à vent), restaurée en 1517 à l'initiative du comte de Tentúgal; la porte d'Alconchel, du début du XVe siècle; la porte de la Lagoa (de la lagune), de la fin du XVe siècle, flanquée de hautes tours défensives. À certains endroits, des familles puissantes se sont approprié les chemins de ronde pour la construction de leurs palais, comme ce fut le cas des palais de São Miguel de Freiria, des Cadaval ou des comtes de Basto, qui présentent des vestiges significatifs des travaux de l'époque manuéline.

IX.1.b Galerie des Dames du palais royal

Le palais royal, également connu sous le nom de palais de D. Manuel, est situé dans le Jardim Público. Classé Monument national. Actuellement, il est utilisé pour des expositions, et ses horaires d'ouverture varient avec ces dernières. Renseignements: tél. 266 704101.

Du grand complexe palatin de Saint-François à Évora, il ne reste que ce qu'on appelle la Galerie des Dames, qui fut modifiée à la fin du XIXe siècle et qui subit des travaux d'aménagement assez radicaux. À l'époque manuéline y avaient travaillé les architectes Alfonso de Pallos, Duarte de Medina et Pero de Trillo, qui avaient été éduqués dans le goût du *mudéjar* espagnol et qui construisirent pour Manuel Ier un palais à la manière de ceux des Rois Catholiques, que le roi portugais avait visités lors de ses voyages dans le royaume voisin.
C'est un palais à deux étages: le rez-de-chaussée, dont la moitié est un simple espace couvert et dont l'autre est divisée en salles de moyennes dimensions; et l'étage noble, avec un balcon, de vastes fenêtres et un mirador à flèche pyramidale. À noter les arcs outrepassés et les *meneaux* des portes et des fenêtres, ainsi que la double arcade qui divise le premier étage en trois parties et qui était tellement dans le goût arabisant du début du XVIe siècle.

IX.1.c Ruines du palais Vimioso

Jardim Público, à côté du palais royal.

Dans le jardin dominé par la Galerie des Dames se trouvent les ruines théâtrales élevées par le scénographe italien Cinatti sur une partie de la nouvelle enceinte; l'œuvre fut commencée en 1866. D'une belle manière romantique, il utilisa des fenêtres et des balcons au tracé *mudéjar* du palais de D. Afonso de Portugal, évêque d'Évora, et qui avaient appartenu à la maison Vimioso; ces éléments architecturaux se trouvaient encore à leur emplacement d'origine, devant la cathédrale.

IX.1.d Église du couvent Saint-François

Praça 1° de Maio, tél. 266 704521. Classée Monument national.

A.C.

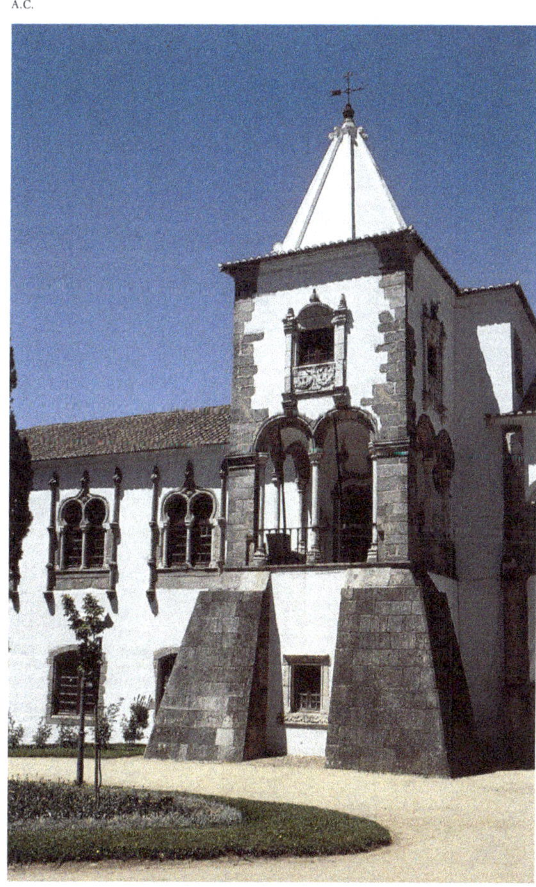

Palais royal, Galerie des Dames, Évora.

Ruines du palais Vimioso, Évora.

Église Saint-François, Évora.

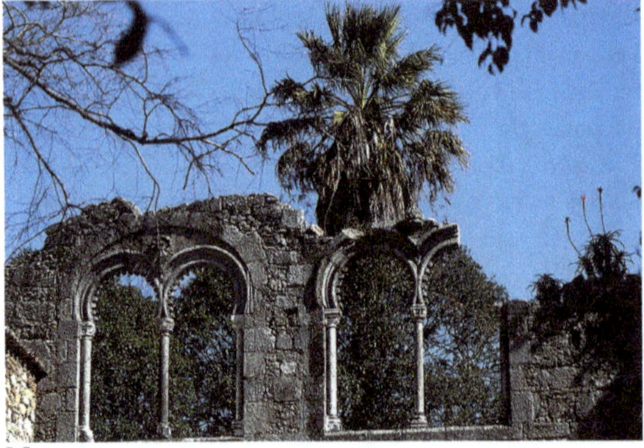
R.C.

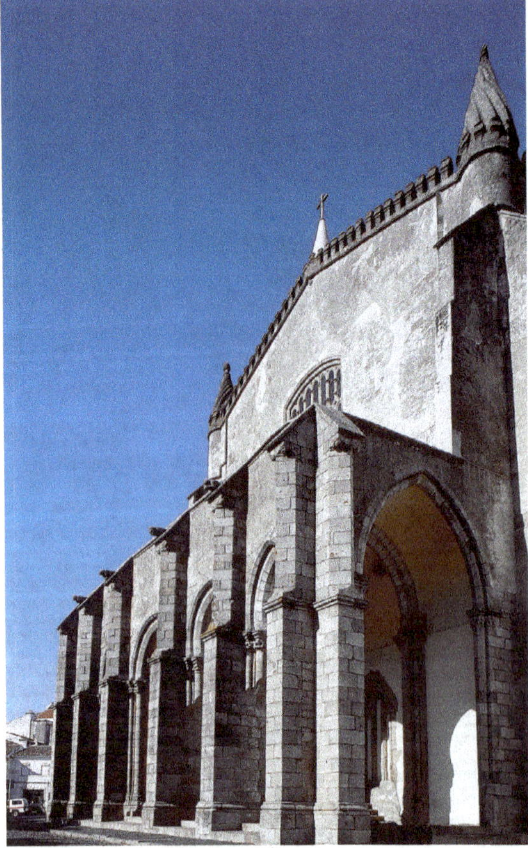
R.C.

Horaires: tous les jours de 8:00 à 18:00 en été; de 9:00 à 13:00 et de 14:30 à 17:30 en hiver.

Ce couvent franciscain vient du milieu du XIIe siècle, et il fut toujours très protégé par les rois qui ont même fait installer leur palais sur des terres annexes.

L'église, qui était en travaux en 1508 sous la direction du maître Estêvão Lourenço, est une des plus fantastiques de toutes les églises manuélines. Elle est précédée d'un fort portique extérieur en pierre de taille, et l'on entre par un élégant portail en marbre qui porte les attributs classiques de Manuel Ier, qui avait commandité l'œuvre.

Des créneaux de type décoratif forment le couronnement général, tandis que les *pinacles* traditionnels ont été remplacés par des tours coniques très typiques de l'architecture en brique de l'Alentejo.

L'intérieur a une unique – mais immense – nef voûtée à nervures droites avec seulement trois clés par travée, puisque les *arcs doubleaux* sont indépendants, et ne rencontrent les *tiercerons* que sur les consoles du départ. Ces nervures déchargent les poussées de la voûte sur les chapelles peu profondes des flancs, elles aussi voûtées, mais avec un axe perpendiculaire à la nef pour servir de contrefort. La voûte du chœur est beaucoup plus riche, avec deux travées étoilées et des clés portant une très fine décoration naturaliste.

Au-dessus des autels baroques de la croisée furent apposés des tableaux de la première Renaissance, peints par des maîtres de Lisbonne, disciples de Jorge Afonso. Appartenant encore à l'époque manuéline, la salle du chapitre présente une voûte très surbaissée – les nervures sont presque plates – reposant sur des piliers hexagonaux avec des chapiteaux en forme d'anneau.

La grande église, celle que nous voyons aujourd'hui, fut édifiée pendant le règne de Manuel Ier, mais le cloître est antérieur. On connaît même le nom de son maître d'ouvrage, João de Alcobaça, qui était très probablement un artiste de l'école d'Alcobaça et sans doute aussi des chantiers cisterciens du monastère – où des travaux se poursuivaient (depuis deux siècles) pour terminer les annexes de l'église abbatiale – ou de constructions voisines. Ce cloître fut financé par D. Fernando Afonso de Morais, commandeur de l'ordre de Santiago, pendant l'année 1376. Nous savons également que, en 1443, le Castillan Mestre Pero dirigeait encore ce chantier.

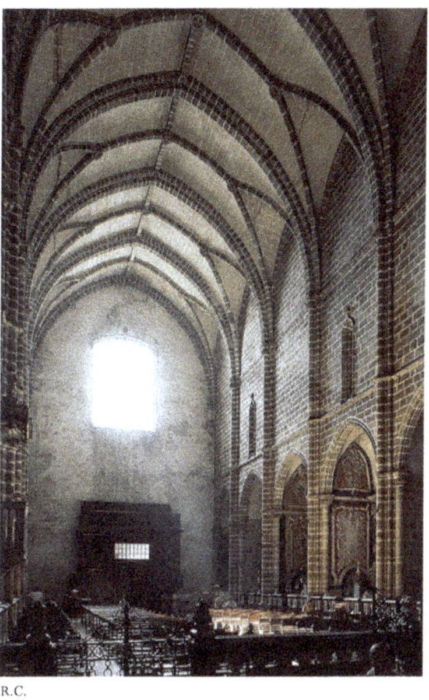

R.C.

Église Saint-François, intérieur, Évora.

IX.1.e Musée d'Art sacré de la cathédrale

Largo de Marquês de Marialva, connu également sous le nom de Largo da Sé, tél. 266 759330.

Entrée payante. Horaires: de 9:00 à 12:00 et de 14:00 à 16:30, sauf le lundi et le 25 décembre.

La cathédrale fut commencée à la fin de la période romane, très probablement à partir de 1186, l'évêque du diocèse étant D. Paio. Elle fut consacrée en 1204. Elle ne ressemblait pas à l'édifice actuel; elle était plus petite, adaptée aux besoins de l'époque. Un nouvel édifice construit entre 1267 et 1283 est la base de celui que l'on peut voir aujourd'hui. Le cloître, de dimensions considérables, a un seul étage voûté dans un style gothique évolué; il compte parmi les plus beaux édifiés au Portugal au XVe siècle.

Dans le bras gauche du transept se trouve la Capela do Esporão, avec une voûte à nervures du gothique tardif et un arc d'entrée caractéristique de la période charnière entre le manuélin et la Renaissance. Les fonts baptismaux sont manuélins également, fermés par une grille de la même époque et du même style, exemplaire rarissime au Portugal.

À l'extérieur, on remarque la tour-lanterne qui coiffe la croisée du transept, avec son couronnement manuélin que l'on peut rapprocher d'autres du même genre, quoique plus anciens, comme à la cathédrale de Salamanque et à celle de Zamora.

Le musée d'Art sacré occupe trois salles qui commencent dans la tour nord et se prolongent par une salle

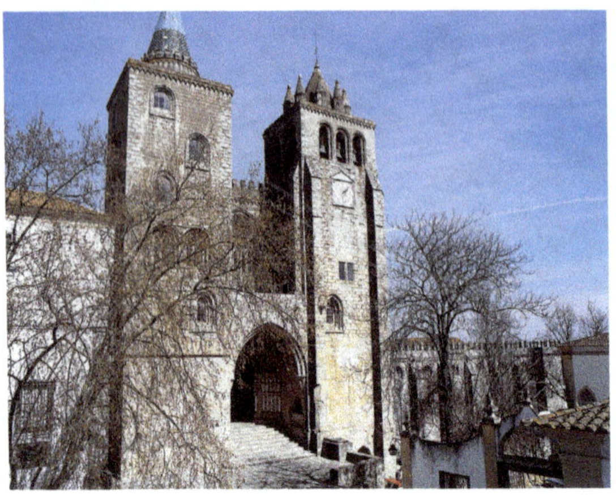
M.A.

Cathédrale d'Évora.

au-dessus de la sacristie. On y présente des sculptures, de la peinture, des parements et surtout de l'orfèvrerie; toutes ces œuvres allant du XVe au XIXe siècle.
La première salle accueille le visiteur par une magnifique figure de la *Vierge du paradis*, sculpture française en ivoire offerte au couvent du Paraíso en 1475. Une autre salle expose de l'orfèvrerie, domaine dans lequel ce musée est très riche. Il y a surtout un grand ostensoir en argent doré, avec un majestueux corps supérieur, de type architectural soigneusement exécuté. Il fut réalisé pendant que l'infant D. Afonso, fils de Manuel Ier, était prélat à Évora, c'est-à-dire entre 1522 et 1540.
L'œuvre la plus importante est une crosse épiscopale en argent doré enrichi de pierres précieuses, la seule que l'on connaisse de cette époque, et qui ressemble beaucoup à celles qui sont représentées dans la peinture manuéline. Elle a un nœud très imposant avec un corps architectural qui protège des figures de l'Ancien et du Nouveau Testament. La volute de l'appui est ornée d'une élégante figure de la Vierge en ronde-bosse. Elle dut appartenir à l'infant D. Henrique, également un fils de Manuel Ier et archevêque d'Évora à partir de 1540.

IPM / J.R

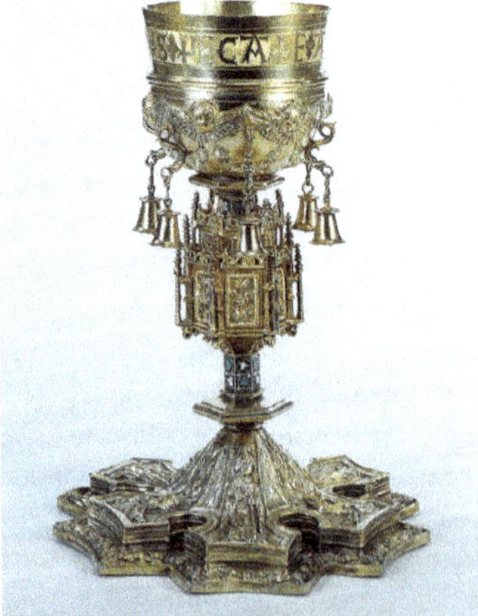

Calice, argent doré, travail portugais, v. 1530, musée d'Évora.

IX.1.f **Musée d'Évora**

Largo Conde de Vilaflor, tél. 266 702604. Horaires: le mardi de 14:00 à 17:30, et, du mercredi au dimanche, de 9:30 à 12:30 et de 14:00 à 17:30. Fermé le lundi, le 1er janvier, le dimanche de Pâques, le 1er mai et le 25 décembre.

La collection du musée d'Évora présente quelques œuvres d'art décoratif représentatives du règne de Manuel Ier. Provenant de Séville, attribué aux ateliers de Francisco Niculoso, l'introducteur de la peinture en majolique en Andalousie, il y a dans le musée un très beau panneau d'*azulejos* représentant l'*Annonciation*. Il s'agit d'une œuvre précieuse avec une représentation très soignée de mobilier à l'aspect gothique avec des éléments décoratifs Renaissance, et plus précisément tout ce qui encadre la scène afin de représenter une chapelle flanquée de deux colonnes à ornementation de grotesques.

Dans la collection d'orfèvrerie, il faut signaler un calice en argent doré, provenant de la petite chapelle Saint-Blaise et datable de 1515-1525 environ. Sur le nœud de type architectural, caractéristique des arts décoratifs de l'époque, paraissent déjà des éléments classiques. Le pied présente un travail d'émail cloisonné noir, blanc et turquoise. Sur la coupe, des petits poissons portent des cloches. La base présente des figures de saints.

Dans la ville et dans la collection de son musée, il reste très peu de chose des grands ensembles de retables qui furent réalisés pour les églises conventuelles d'Évora pendant la période manuéline. Cependant, du retable du chœur de la cathédrale, commandé pendant la période où D. Afonso de Portugal fut évêque, entre 1485 et 1522, et peut-être réalisé à la charnière entre les deux siècles, il reste un impressionnant ensemble de treize panneaux. La *Vierge aux Anges* ou *Notre Dame de Gloire*, qui était de plus grandes dimensions, devait occuper le centre du retable originel, avec une sculpture, disparue depuis. Les douze autres panneaux devaient être organisés en trois rangées horizontales superposées, dans une structure symétrique par rapport à ce tableau central et suivant trois cycles iconographiques. Ainsi, les thèmes relatifs à la naissance et à l'enfance de la Vierge – *Rencontre entre sainte Anne et saint Joachim à la Porte dorée, Naissance de la Vierge, Présentation de la Vierge au Temple, Mariage de la Vierge* – devaient être placés dans la rangée supérieure du retable. Le cycle de la Naissance de Jésus, avec l'*Annonciation*, la *Nativité*, la *Circoncision* et l'*Adoration des Mages*, devait former la rangée intermédiaire; et dans la rangée inférieure devaient être placés les thèmes

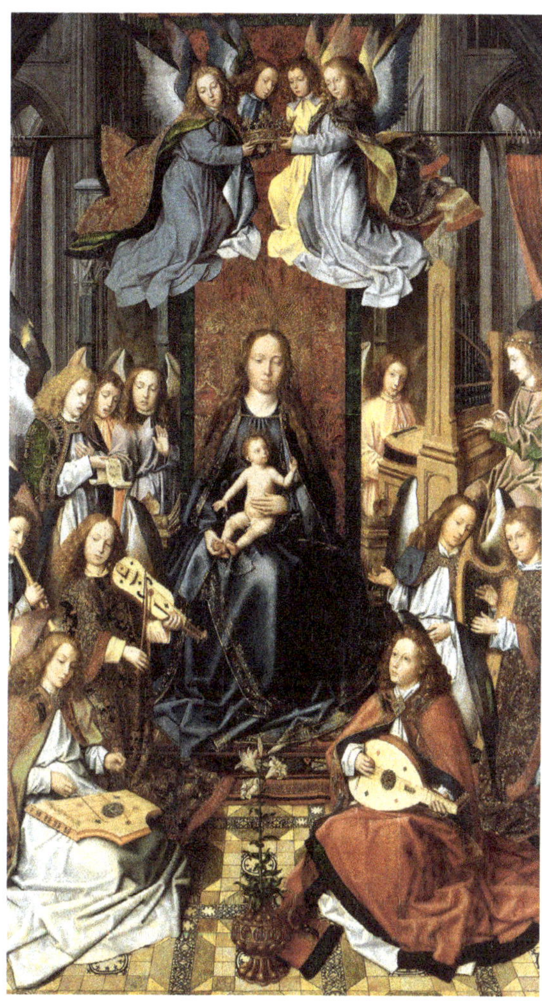

IPM/J.P

Atelier de Gérard David, "Notre Dame de la Gloire" du polyptyque de la cathédrale d'Évora, huile sur bois de chêne, 1490-1500, musée d'Évora.

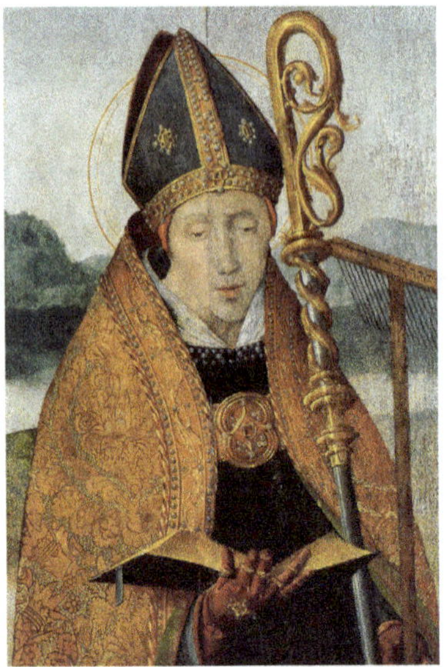

Frei Carlos, "Saint Blaise", huile sur bois, v. 1530, musée d'Évora.

IPM/J.P

de l'Enfance de Jésus à caractère douloureux pour la Vierge: *Présentation de Jésus au Temple, Fuite en Égypte* et *Jésus au milieu des Docteurs.* Le tout se terminait par un thème allusif à la mort de la Vierge.

Le format originel de l'œuvre était énorme, avec près de 7 m de hauteur pour 6 m de largeur, les rangées supérieures étant forcément plus hautes. Dans l'organisation spatiale des compositions, notamment dans l'emphase donnée aux personnages du premier plan – qui acquièrent ainsi une échelle figurative démesurée – et dans l'échelonnement successif des différents plans, on perçoit bien la tentative d'adaptation à l'angle de vision de l'observateur.

En l'absence de données historiques irréfutables, on peut admettre que cette œuvre grandiose était une commande passée à des peintres originaires des Pays-Bas qui se déplacèrent à Évora dans ce but précis. D'ailleurs, certaines affinités stylistiques avec l'œuvre du peintre Gérard David, qui dirigea un des ateliers les plus prospères de Bruges, ont été signalées.

Le musée d'Évora conserve une autre série de panneaux d'origine flamande sur la *Passion du Christ*, réalisée par deux peintres qui furent très célèbres au Portugal, Francisco Henriques et Frei Carlos, et très actifs à Évora. Le musée possède quelques témoignages de cette intense activité.

Francisco Henriques, qui est mort à Lisbonne en 1518, dirigea de grands travaux concernant les retables qui devaient orner le chœur et les chapelles latérales de l'église du couvent Saint-François. La plupart de ces retables sont maintenant au Musée national d'art ancien à Lisbonne. Dans la collection du musée d'Évora, on trouve le panneau-retable d'une des chapelles latérales qui représente, à une grande échelle, le *Prophète Daniel jugeant la chaste Suzanne*.

Frei Carlos fut l'auteur des nouveaux retables de l'église du couvent d'Espinheiro où il professa en 1517. De ce retable, le musée conserve un panneau, assez endommagé, de l'*Adoration des Bergers*.

Signalons encore un panneau, avec la marque impossible à confondre de l'atelier de Coimbra, représentant *Deux saints évêques* et qui porte les armoiries de la reine D.ª Leonor, veuve de Jean II.

IX.1.g **Couvent de Lóios ou Saint-Jean-l'Évangéliste**

Largo do Conde de Vila Flor, tél. 266 70 4714 (M. Jacinto Evaristo Carrageta).

Classé Monument national. L'édifice conventuel fut adapté pour être transformé en pousada (auberge de luxe appartenant à l'État), mais on peut en visiter une partie, tél. 266 704051.
Horaires: on peut visiter l'église, en hiver de 10:00 à 12:30 et de 14:00 à 17:00, et en été de 10:00 à 12:30 et de 14:00 à 18:00. Fermée le lundi et les jours fériés.

Cette maison religieuse fut fondée en 1485, à l'initiative de D. Rodrigo de Melo, premier gouverneur de Tanger et comte d'Olivença. La vie religieuse y commença en 1491, mais les travaux de construction se poursuivirent ensuite. Pour l'essentiel, et dans cette première phase, ils étaient terminés à l'époque où le couvent se trouvait sous l'égide du premier comte de Tentúgal. L'histoire de cette fondation et des hauts faits de son fondateur peut se lire sur l'élégante stèle qui est à gauche du portail central sous le portique ouvert. C'est une œuvre très raffinée, avec un dais en forme de tente entrouverte par deux anges pour que l'on puisse admirer les armoiries de la famille et l'inscription.

Le portail principal ainsi que le portique qui le précède appartiennent au gothique tardif; tous deux témoignent d'une belle exécution, très clairement inspirée du monastère de Batalha.

L'église possède une seule nef à cinq travées, dont la première coïncide avec la galerie du chœur supérieur, où se trouve une exposition d'art qui appartient à la maison des ducs de Cadaval, actuels propriétaires de l'église et du palais annexe. La voûte est encore en gothique traditionnel avec des nervures droites qui forment des travées à cinq clés. Dans la chapelle du chevet, le réseau de nervures est plus dense, une fois de plus pour des raisons exclusivement esthétiques.

Outre plusieurs tombeaux de la Renaissance, l'église conserve un ensemble unique de dalles tombales en bronze d'origine nordique, expressément commandées pour ensevelir les membres de la famille mécène. D'autres tombeaux sont en pierre ou utilisent les deux matériaux. Les tombes les plus anciennes sont celles de D. Rodrigo de Melo et de D.ª Isabel de Meneses; tous deux y sont d'ailleurs représentés avec un certain réalisme.

Dans la chapelle Notre-Dame du Rosaire se trouvent des dalles de D. Branca de Vilhena et de Rui de Sousa, la première avec un encadrement de type architectural imitant une niche en gothique tardif, la seconde simplement ornée de feuillages enveloppant la légende. La dalle de Rui Pais et de son

Église du couvent de Lóios, portail, Évora.

R.C.

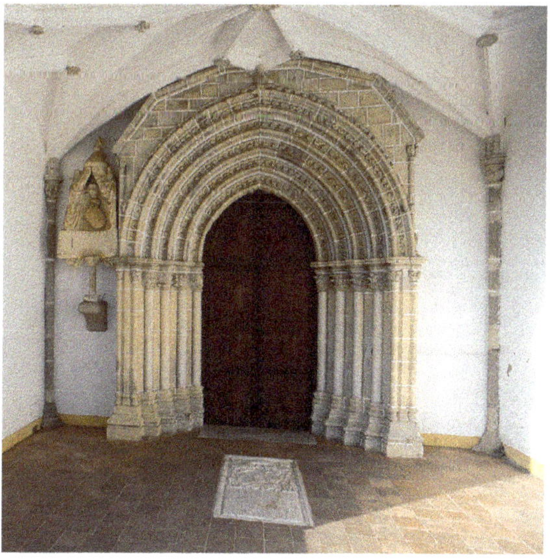

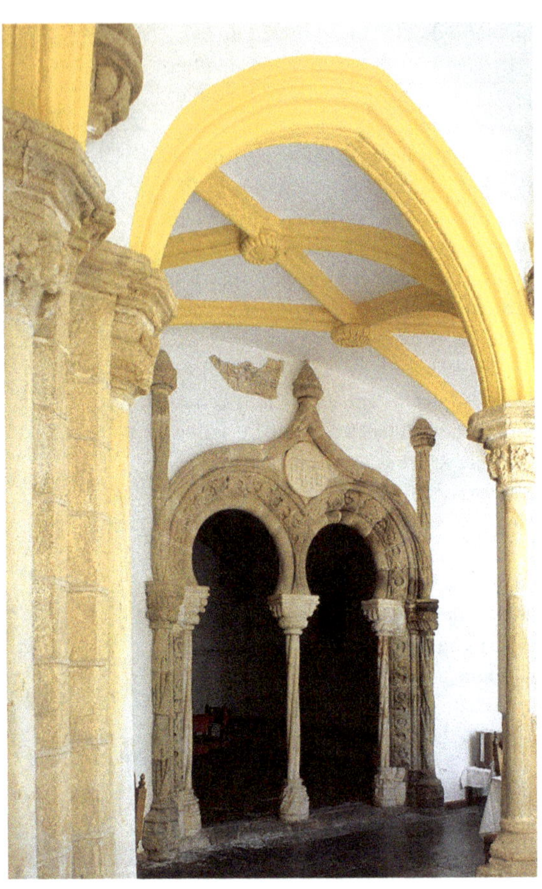

R.C.

Salle du chapitre, portail, couvent de Lóios, Évora.

épouse, sans doute la plus belle, présente un caractère plus nordique, et fut certainement réalisée dans le Hainaut; elle montre le couple vivant en prière et elle se trouve actuellement exposée dans la galerie haute.

Une grande partie du couvent proprement dit est occupée par une *pousada*. Il est organisé autour d'un cloître, construit pendant les premières décennies du XVIe siècle, qui a deux étages et est complètement voûté. Au rez-de-chaussée s'ouvre le portail de la salle du chapitre, œuvre emblématique du *mudéjar* de l'Alentejo avec, à l'entrée, un arc double outrepassé. Au sommet, on voit une palissade dans un médaillon: c'était la marque de D. Rodrigo de Melo et elle évoquait ses campagnes guerrières dans le nord de l'Afrique. Il y a encore des éléments *mudéjars* dans des dépendances annexes comme dans les sanitaires et dans le réfectoire.

IX.1.h **Couvent Saint-Benoît de Cástris** (option)

Ce couvent est situé à 2 km d'Évora. On y accède par la route qui relie Évora à Arraiolos. Il est signalé. Classé Monument national. On peut visiter l'église, le cloître et l'ancien réfectoire. Renseignements: Casa Pia, Mme Amélia Cambeta, tél. 266 760030.
Horaires: du lundi au vendredi de 9:00 à 12:00 et de 14:00 à 17:00.

Le couvent São Bento de Cástris, dans les environs d'Évora, est un des plus anciens de l'Alentejo. L'église primitive, qui avait une structure complexe, était terminée au début du XIVe siècle, mais si l'on excepte l'entrée de la salle du chapitre, tout ce qui reste aujourd'hui est postérieur, et l'organisation générale des édifices provient d'une refonte manuéline complète. Nous savons que le maître qui construisit le cloître était Estêvão Lourenço et qu'il l'acheva vers 1520.

L'église est précédée d'un grand portique avec son arc orné d'une double colonne et d'une *archivolte*, partiellement torsadées. Après l'arc, il y a un

espace voûté mais le portail actuel n'est plus l'originel. À l'intérieur nous avons une nef unique, très ample, ayant une voûte nervurée avec des travées centrées, où les *liernes* et les *tiercerons* sont unis par des clés à caractère naturaliste, les clés centrales présentant des éléments héraldiques.
Le cloître à deux étages, avec des arcs doubles surbaissés, est une construction très particulière; il rappelle le cloître du couvent de Lóios et pourrait être du même auteur. Il est de grandes dimensions, mais les matériaux sont pauvres, comme la brique simplement plâtrée et chaulée, ce qui est très typique de l'architecture manuéline de l'Alentejo.

IX.1.i **Couvent Notre-Dame d'Espinheiro** (option)

On accède à ce couvent, qui est à 2 km au nord d'Évora, par la route d'Évora à Estremoz. Vous devez prendre la direction du cimetière d'Espinheiro. Le couvent est une propriété privée et on ne peut le visiter qu'avec la permission des propriétaires. Dans l'enceinte du couvent se trouve la chapelle funéraire de Garcia de Resende. La chapelle et l'église sont classées Monument national.

Cette maison religieuse fut une des plus importantes pendant la seconde moitié du XVe siècle et pendant tout le XVIe siècle. Nous pensons que l'on peut en attribuer la fondation à l'évêque D. Vasco Perdigão en 1458.
Ce que l'on peut voir aujourd'hui de l'époque manuéline est la structure des réformes effectuées à ce moment-là, car, postérieurement, de nombreuses autres améliorations changèrent son aspect initial.
Ce qui nous intéresse en premier lieu ici, c'est la zone d'habitation organisée autour d'un cloître voûté avec de très fortes caractéristiques régionales semblables à celles de Saint-Benoît de Cástris et de Lóios. Il est de dimensions plus modestes que ces derniers, mais contient de très beaux éléments décoratifs, notamment les clés des nervures de la voûte.
Les dépendances sont également voûtées, mais avec des voûtes en brique et des arêtes aiguës, elles aussi caractéristiques de l'Alentejo. C'est le cas du grand chais, qui date de 1525 environ. Par contre, la citerne, un peu postérieure, a une couverture plus traditionnelle posée sur de forts piliers d'où sortent les nervures d'une coupe simple.
Un peu écartée du groupe des constructions conventuelles se trouve la chapelle funéraire de Garcia de Resende, une des plus grandes figures de l'humanisme portugais, qui vécut et mourut à Évora. Le contrat pour l'édification de cette chapelle date de 1521 et les travaux durent être effectués aussitôt après. Elle a la forme d'une petite église de l'Alentejo avec son portique ouvert communiquant avec la nef unique voûtée par un portail de facture populaire.
Au sol, il y a des *azulejos mudéjars* de fabrication sévillane, réalisés à la *cuerda seca*, ainsi que la belle dalle funéraire de style Renaissance, certainement sculptée par Nicolas Chantereine au XVIe siècle.

Pour aller à Arraiolos, empruntez la route N 114-4 jusqu'au carrefour avec la route N 370 à Valeira. Prenez alors à droite en direction d'Arraiolos (27 km).

Évora, ville de la cour

Pedro Dias, Dalila Rodrigues,
Nuno Vassallo e Silva, Fernando Grilo

Deuxième jour

IX.2 ARRAIOLOS

- IX.2.a Centre historique
- IX.2.b Château
- IX.2.c Église du Sauveur
- IX.2.d Couvent de Lóios

IX.3 MONTEMOR-O-NOVO

- IX.3.a Château
- IX.3.b Église Saint-Jacques (São Tiago)
- IX.3.c Chapelle Notre-Dame de la Visitation

Peintures murales de la maison de Vasco de Gama ou "Casas Pintadas"

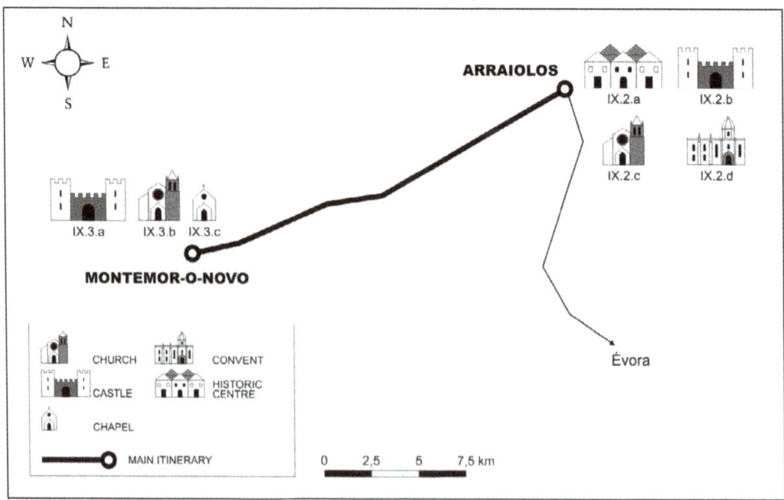

IX.2 ARRAIOLOS

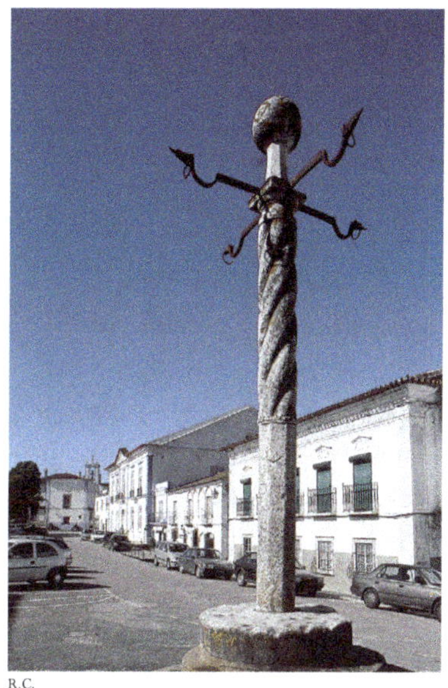
R.C.

Centre historique et pilori d'Arraiolos.

Arraiolos eut une grande importance pendant tout le Moyen Âge, faisant d'abord partie du domaine royal, ensuite de celui de Nuno Álvares Pereira qui donna la ville à son petits-fils, le futur deuxième duc de Bragance, en 1422, la faisant ainsi entrer dans l'orbite de cette illustre maison. Le roi Manuel Ier lui donna son *foral* en 1514.

C'était un centre économique et administratif qui marqua toute une vaste partie de l'Alentejo. À l'intérieur de ses murs se développa une très importante industrie artisanale, celle des tapis, qui, à partir du début du XVIIe siècle, commença à incorporer des dessins au goût oriental, inspirés notamment par les tapis turcs, persans et indiens.

IX.2.a **Centre historique**

Au milieu du centre historique de la ville, on peut apprécier deux éléments manuélins, très caractéristiques et d'une valeur plastique certaine. Le premier est le portail de l'hôpital du Saint-Esprit, fondé en 1409. Nous savons que ce portail date de 1525 et qu'il fut réalisé sous la responsabilité du maçon João Marques, payé par le duc D. Jaime de Bragança.

Le second est le pilori, érigé en 1535, sur un socle de quatre marches, avec un fût partiellement en spirale et dont le sommet est une boule, fruit de la restauration effectuée au temps du roi José Ier. Il a encore les fers en croix couchée.

IX.2.b **Château**

Classé Monument national. Informations à l'Office de tourisme, tél. 266 490240.

R.C.

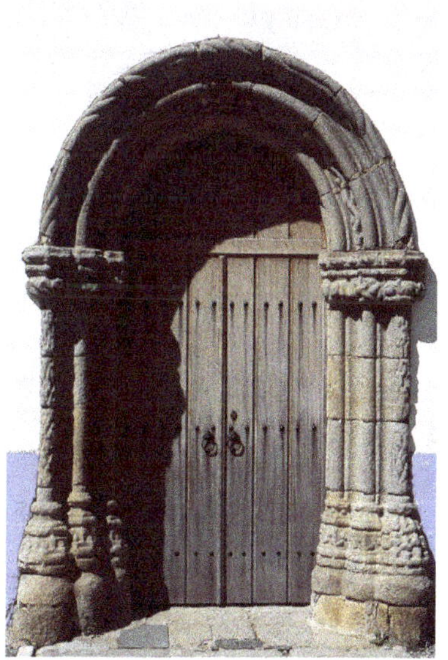

Hôpital du Saint-Esprit, portail, Arraiolos.

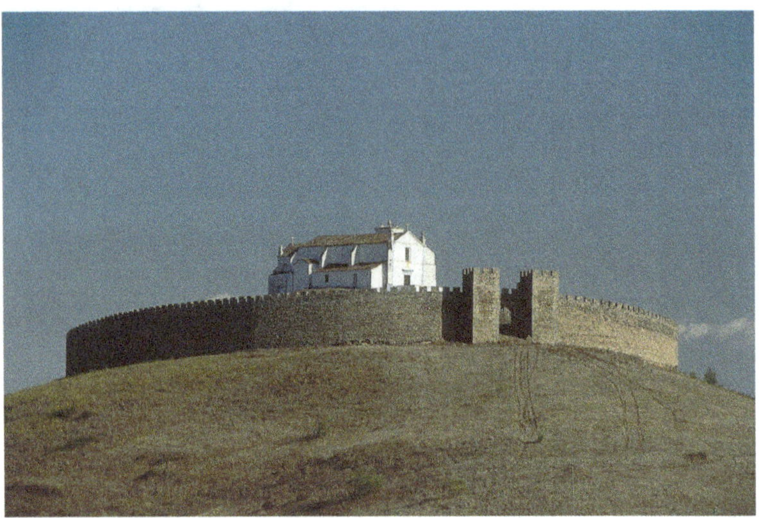

Château et église du Sauveur, Arraiolos.

R.C.

Horaires: à toute heure.

La construction de ce château est très bien documentée; elle remonte à 1304, au temps du règne du roi Dinis. On sait même que le responsable des travaux fut un certain João Simão.
Outre l'enceinte qui abrita la bourgade primitive, il a encore un palais des gouverneurs qui était pleinement utilisé à l'époque manuéline, avec une structure proche de celle que l'on peut voir aujourd'hui. Le donjon fut également restauré après 1485, époque des travaux qui donnèrent leur forme aux courtines proches des portes, notamment celle de la place d'armes, qui était couronnée de larges merlons.

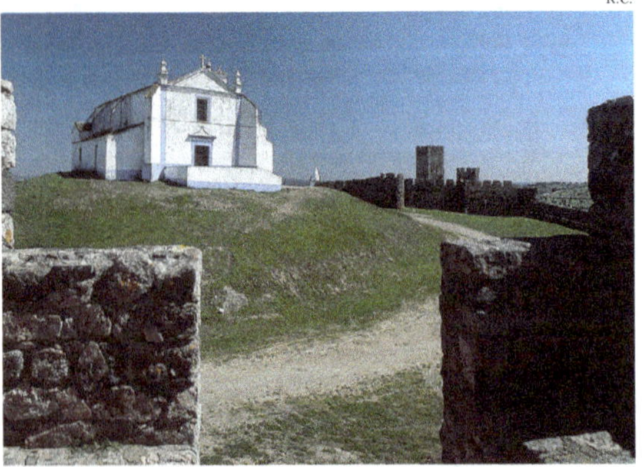

Église du Sauveur, Arraiolos.

R.C.

IX.2.c **Église du Sauveur**

Vous pouvez encore visiter cette église à l'intérieur du château en contactant M. Teodorico Valente, à la mairie, tél. 266 490240, ou l'Office de tourisme au même numéro.
Horaires: le vendredi de 9:30 à 12:30, l'église est ouverte pour la célébration de la messe.

On sait de source sûre que cette église existait déjà avant 1271, mais ce que l'on peut voir actuellement date du début du XVIe siècle, époque où elle était sous l'égide de l'évêque d'Évora, D. Afonso de Portugal. Elle a une très belle voûte croisée gothique avec cinq clés, et des travées dont les nervures reposent sur des colonnettes adossées aux murs, ce qui laisse penser que les anciens murs furent utilisés au moment de la restauration manuéline. La sacristie conserve aussi une partie de sa structure du gothique tardif.

IX.2.d **Couvent de Lóios**

Herdade de Val de Flores, dans les environs d'Arraiolos, à 1 km du centre. Classé Édifice d'intérêt public. Le couvent abrite actuellement la pousada *Nossa Senhora da Assunção, tél. 266 419340.*

La construction de ce couvent commença en 1522, après que João Gacês et Leonor de Abreu eurent fait donation du lieu. Toute la famille royale y participa en offrant des sommes importantes, comme ce fut le cas du roi Jean III lui-même. Le duc de Bragance, D. Jaime, paya entièrement le cloître.
La partie la plus ancienne est l'église à laquelle on accède par un portique ouvert et une porte à caractère naturaliste bien typique du manuélin, avec un arc en plein-cintre, des *voussures* avec des boules dans les intervalles, des chapiteaux de feuillages et des cordes à nœuds bordant l'extrados.
À l'intérieur, la nef unique est couverte d'une puissante voûte à cinq clés, et les nervures droites reposent sur de hautes consoles également naturalistes. Le chœur a une voûte plus riche et plus évoluée, du type à cinq clés avec deux travées quadrilobes qui se croisent en clés merveilleusement décorées de motifs végétaux.

Vous devez prendre la route N 4 jusqu'à Montemor-o-Novo (22 km).

Couvent de Lóios, Arraiolos.

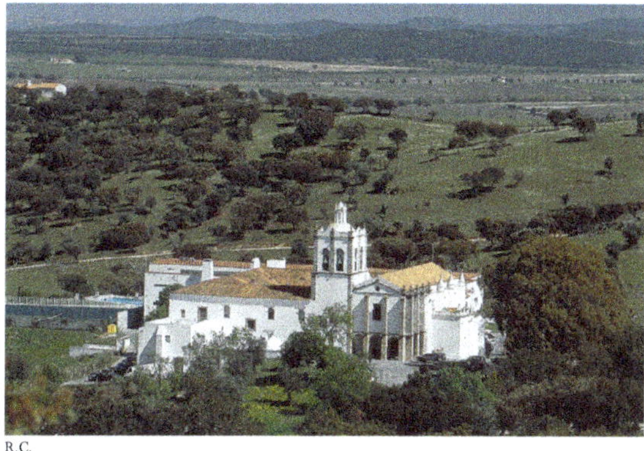

R.C.

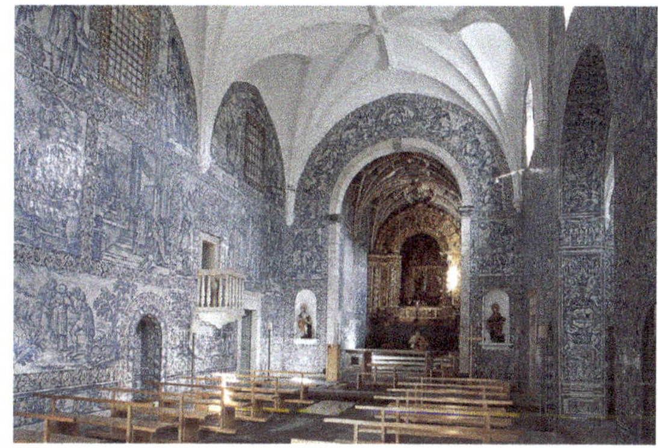

R.C.

Église du couvent de Lóios, intérieur, Arraiolos.

IX.3 MONTEMOR-O-NOVO

Comme pour la plupart des grandes et petites villes de l'Alentejo, Montemor-o-Novo eut son origine dans une agglomération romaine, occupée et agrandie ensuite par les Wisigoths et surtout par les Arabes. Le roi Alphonse Ier réussit à la conquérir vers 1160, et elle fit partie, pendant un certain temps, du royaume naissant. Toutefois, elle n'appartint définitivement au Portugal que sous Sanche Ier qui lui octroya son *foral* en 1203.

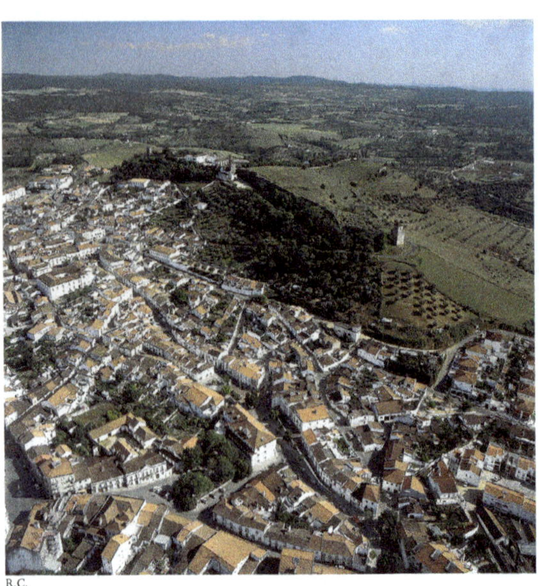
R.C.

Vue aérienne de Montemor-o-Novo.

L'importance de la ville ne cessa de croître pendant tout le Moyen Âge et plusieurs rois y séjournèrent. C'est là que se réunirent les *Cortes Gerais* de 1477 à 1481.

Ce fut dans l'*alcáçova* de la ville que, en janvier 1497, le roi Manuel Ier offrit à Vasco de Gama le commandement de la première flotte en partance pour l'Inde. En 1498, le monarque unit définitivement Montemor-o-Novo à la couronne et lui donna un nouveau *foral* en 1503.

Il y a à Montemor-o-Novo un bel ensemble de constructions d'origine médiévale et d'autres du XVIe siècle où subsistent des structures du gothique tardif. Quelques-unes de ces constructions viennent seulement de l'époque du règne de Jean III, comme le couvent Saint-Antoine, le couvent Notre-Dame de la Salutation (Nossa Senhora da Saudação), l'hôpital du Saint-Esprit et même l'église de la Miséricorde.

IX.3.a **Château**

Classé Monument national. Renseignements: mairie, tél. 266 898100, poste 397. Horaires: le château est ouvert en permanence. À l'intérieur de l'enceinte, dans le couvent de Saudação, un bureau d'accueil fonctionne du mercredi au dimanche, de 10:00 à 13:00 et de 14:00 à 17:00.

Le château de Montemor-o-Novo date de l'époque de la domination arabe, en particulier le châtelet, mais il fut modifié par la suite, dès le règne du roi Dinis, à la charnière des XIIIe et XIVe siècles. Le tour des murailles était pratiquement fini à ce moment-là avec plus de 1,5 km de périmètre, mais les travaux de conservation et de fortification se poursuivirent jusqu'au règne de Manuel Ier. Dans la partie la mieux protégée se trouve l'*alcácer,* connu à la fin du Moyen Âge comme "Palácio Real" (palais royal). On y effectua de grands travaux au début du XVIe siècle. C'est également à ce moment-là que l'on construisit la "citerne des boucheries", avec une excellente voûte de nervures en éventail reposant sur des piliers. On peut voir les armoiries manuélines au-dessus de l'entrée de la maison des gardes de la Porta da Vila (porte de la ville).

Parmi d'autres constructions manuélines, signalons la tour de l'Horloge, de 20 m de hauteur, dont le couronnement pyramidal est très typique du manuélin de l'Alentejo.

IX.3.b **Église Saint-Jacques (São Tiago)**

À l'intérieur du château. Classée Monument national.

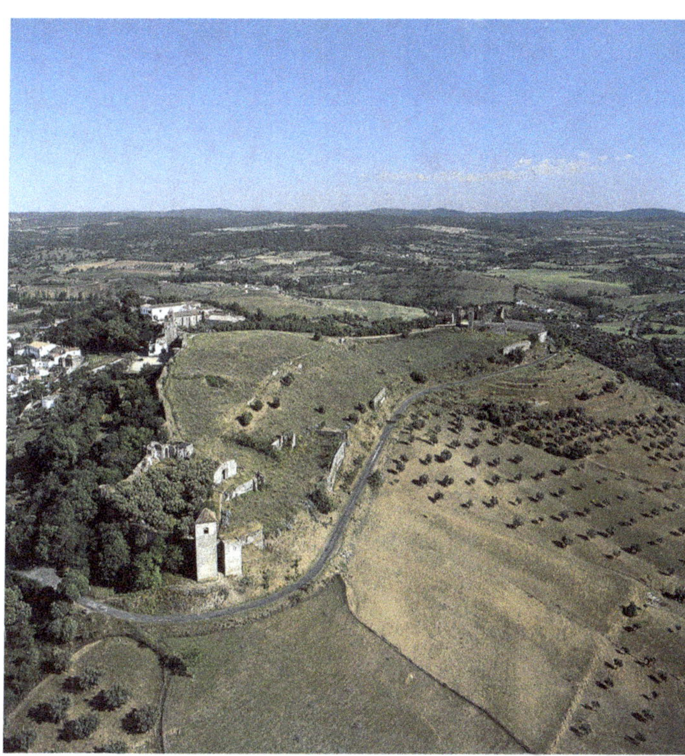

Vue aérienne du château de Montemor-o-Novo.

R.C.

À l'intérieur de l'enceinte de l'ancienne ville se trouve l'église São Tiago, de structure gothique mais avec d'importants ajouts du temps de Manuel Ier. Elle fut une commanderie de l'ordre de Santiago et sa construction est très intéressante, en particulier celle de la voûte de la nef avec des nervures en brique. D'ailleurs ce matériau est utilisé pour l'ensemble de l'édifice, ce que l'on ne trouve que dans le tiers méridional du territoire portugais. Une stèle de 1511, portant les armoiries nationales et dédiée à la mémoire du juge Francisco Frazão, marque sans doute le moment de la refonte de l'église.

R.C.

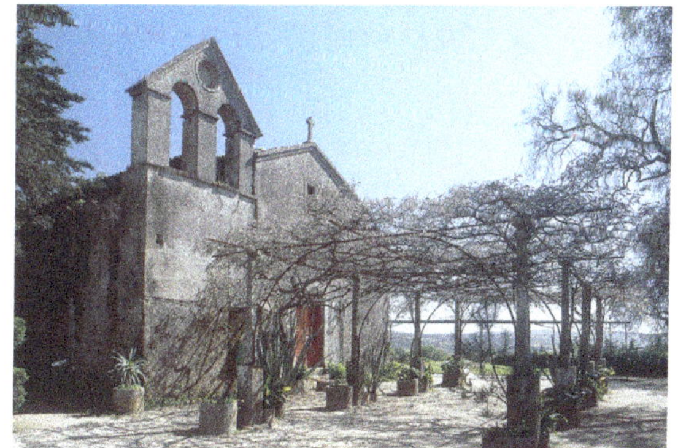

Église Saint-Jacques, Montemor-o-Novo.

Chapelle Notre-Dame de la Visitation, Montemor-o-Novo.

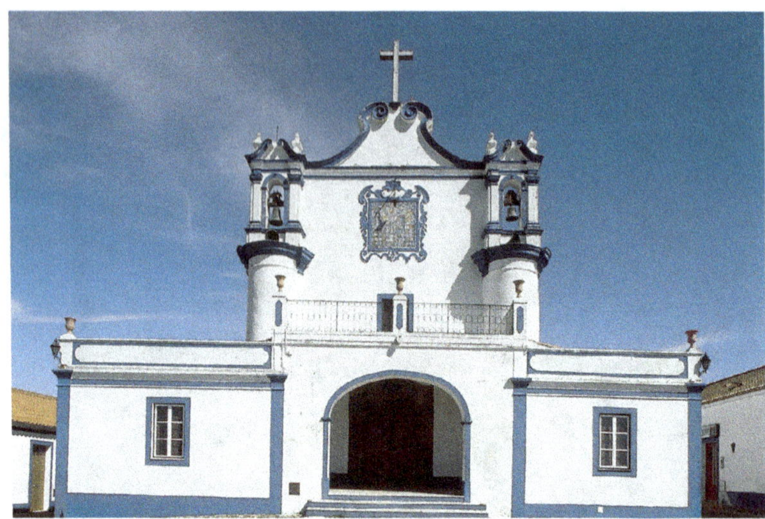

R.C.

IX.3.c Chapelle Notre-Dame de la Visitation

À 1 km au nord-est du centre de la ville. Renseignements à la maison paroissiale Notre-Dame de la Ville, tél. 266 892127.
Horaires: tous les jours de 9:00 à 18:00.

C'est un centre de pèlerinage régional qui était à l'origine dans les faubourgs de la ville, mais qui se trouve aujourd'hui à l'intérieur du tissu urbain. Si, extérieurement, on ne voit plus rien du gothique tardif, à part un magnifique portail à la décoration très exubérante, des années 1515, la structure intérieure présente un splendide ensemble de voûtes, notamment celle du chœur, d'un style très avancé avec des nervures courbes comme celles qui furent utilisées à partir de la troisième décennie du XVIe siècle.

PEINTURES MURALES DE LA MAISON DE VASCO DE GAMA OU "CASAS PINTADAS"

Pedro Dias

Un des plus intéressants témoignages de la peinture murale portugaise de la période manuéline est un édifice du XVIe siècle d'Évora que la tradition associe à Vasco de Gama. Mais cette hypothèse de l'appartenance de la maison au célèbre navigateur, bien que séduisante, provient de renseignements relativement tardifs, particulièrement des écrits du Padre Francisco da Fonseca dans son livre *Évora Gloriosa*, et du *Livro das Visitaçõs da Cidade d'Évora en 1591*.

Les peintures murales, qui sont le résultat de deux interventions chronologiquement distinctes, se trouvent sur une galerie couverte de voûtes nervurées et se prolongent sur les murs d'un petit oratoire. De l'intervention la plus ancienne, marquée par une certaine naïveté, nous avons une extraordinaire représentation de thèmes animaliers. Sans frontières entre le domestique et le sauvage, ou entre le réel et le fantastique, et donc à travers un discours subversif de dérèglement, surgissent, dans un espace neutre et lui aussi ambigu, comme suspendues, les figures d'un combat de coqs, des lapins, des cerfs, un léopard, des oiseaux de plusieurs sortes, coexistant d'une manière plus ou moins pacifique avec des êtres fabuleux et fantastiques, tels des syrènes avec des queues d'oiseaux ou de poisson, des dragons, ou la mythique hydre à sept têtes. Ce programme iconographique est en rapport avec la problématique imaginaire des Découvertes —signalons également la décoration de la couverture avec le thème récurrent des cordages à nœuds— et revêt une importance particulière pour ce qu'il révèle des domaines énigmatiques de l'art profane de cette période. La frise inférieure en forme de plinthe est déjà d'une formulation classique et érudite et correspond à une intervention plus tardive. On y recourt à des éléments fantastiques, mais en suivant des schémas de répétition et de stylisation caractéristiques du grotesque en une conception de pure ornementation.

R.C.

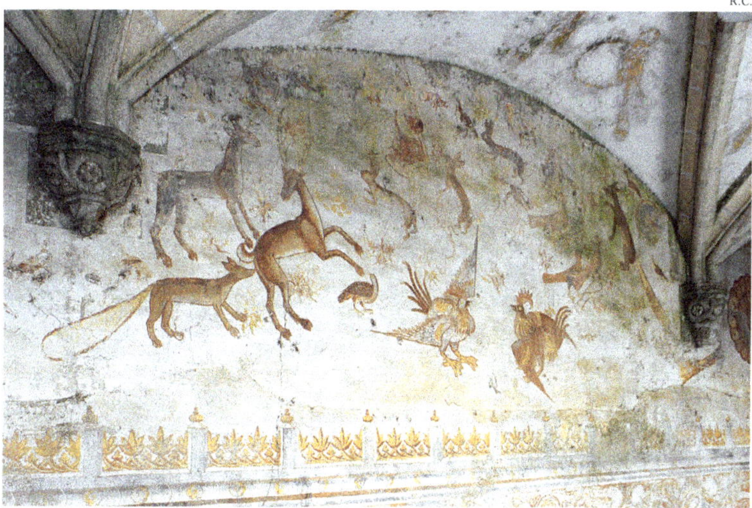

Peintures murales de la maison de Vasco de Gama, détail, Évora.

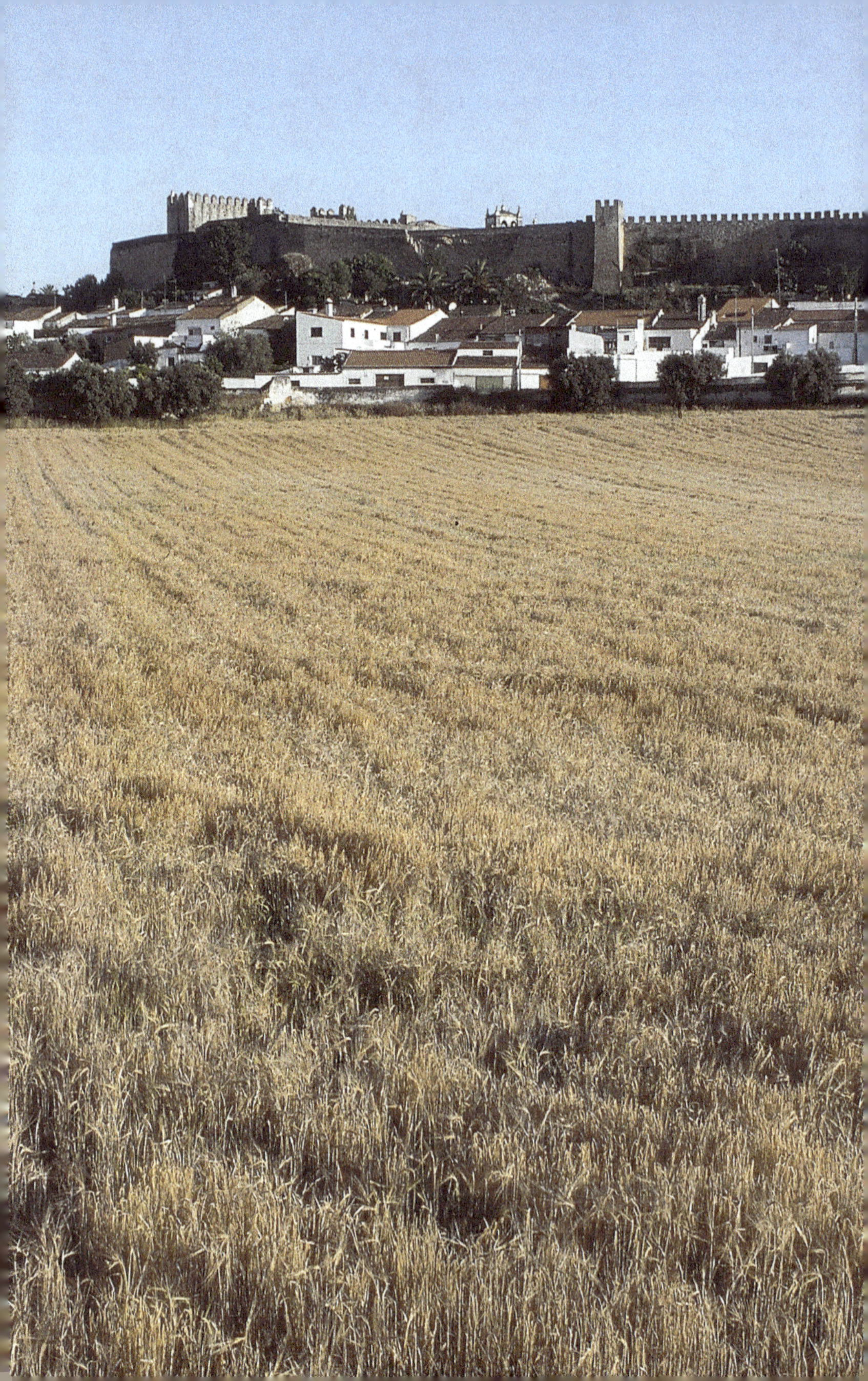

Villes blanches

Pedro Dias, Dalila Rodrigues,
Nuno Vassallo e Silva, Fernando Grilo

Premier jour

X.1 VIANA DO ALENTEJO

X.1.a Château
X.1.b Ancien hôtel de ville
X.1.c Notre-Dame de l'Annonciation, église matriz
X.1.d Église de la Miséricorde

X.2 ALVITO

X.2.a Centre historique
X.2.b Notre-Dame de l'Assomption, église matriz
X.2.c Hôtel de ville
X.2.d Château
X.2.e Chapelle Saint-Sébastien

X.3 VIDIGUEIRA

X.3.a Château
X.3.b Tour de l'Horloge
X.3.c Chapelle Sainte-Claire

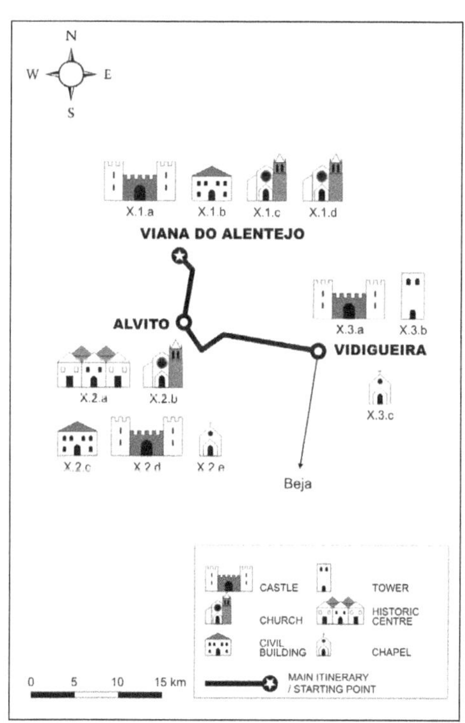

Serpa.

La plaine de l'Alentejo s'offre au regard du visiteur sur un rayon de plusieurs kilomètres. Verte à la fin de l'hiver et au printemps, elle est dorée pendant les chaleurs de l'été et au début de l'automne; mais elle est toujours ponctuée de taches de blanc, un blanc brillant, presque aveuglant, celui de ses petites villes aux maisons immaculées peintes à la chaux. Ces agglomérations, qui remontent à la période de la domination romaine, se sont formées autour de grandes unités agricoles. Elles furent ensuite arabes et, même après avoir été conquises par les troupes de Sanche Ier et de ses fils, elles ne perdirent jamais le caractère méridional qui leur vient du climat lui-même et de la qualité de la terre.
Ces villes vivent encore aujourd'hui, pour la plupart, de la production de biens qui sont le fruit de la terre et de l'élevage. Mais dans certaines se développèrent des industries artisanales d'envergure, comme le travail de la laine et, tout particulièrement, l'art des tapis à Arraiolos.
On ne peut pas dire que l'Alentejo ait beaucoup prospéré par rapport à d'autres régions du royaume, mais, à la fin du XVe siècle, avec l'entrée d'un bon nombre de ses villes dans l'orbite de la famille royale, des ducs de Bragance et d'autres maisons qui y avaient déjà des racines, il connut un nouvel essor. Quelques-unes de ses villes, comme Beja, même si elles n'étaient pas à la tête d'un diocèse, finirent par devenir quand même des chefs-lieux. C'est à Beja, d'ailleurs, que vécurent les ducs D. Fernando et D.ª Betariz son épouse, parents de Manuel Ier.
Parcourir les villes blanches, c'est se promener à travers des temps immémoriaux; c'est aller à la rencontre d'un silence et d'une tranquillité qu'on aurait crus depuis longtemps disparus du monde moderne; c'est voir et parler avec des gens qui envisagent le temps d'une manière différente. Les portes et les fenêtres de ces villes sont bordées de bleu et d'ocre, comme pour éloigner les mauvais esprits.
Une hospitalité chaleureuse, une gastronomie d'élection, un patrimoine richissime, où abondent les évocations de l'époque islamique en péninsule Ibérique et les œuvres d'architecture *mudéjare* — voilà les traits les plus marquants de ce parcours.

X.1 VIANA DO ALENTEJO

La bourgade actuelle fut un des plus importants centres urbains au XVe siècle. Elle devint la possession du deuxième comte de Barcelos, puis du roi Alphonse V lui-même et de son épouse, et enfin elle fut intégrée dans les domaines seigneuriaux des comtes de Viana, notamment D. Pedro de Meneses, principal commandant de la place de Ceuta. À Viana do Alentejo séjournèrent, pendant des périodes plus ou moins longues, plusieurs monarques portugais, dont Ferdinand Ier et Jean II, qui utilisaient les palais et les installations religieuses du lieu.
Viana do Alentejo fut un centre administratif et aussi un pôle de développement commercial, étant donné son emplacement privilégié à l'intérieur du réseau routier de la province de l'Alentejo. Elle tirait de grands profits des unités agricoles de son canton.
Le roi Manuel Ier lui donna un nouveau *foral* en 1517.

X.1.a **Château**

On y accède par le Largo de São Luís, ou, si l'on vient de la Praça da República, par la Rua Cândido dos Reis. Classé Monument national. Pour visiter l'intérieur, il faut contacter le père Manuel, tél. 266 953133.

L'origine du château de Viana do Alentejo provient du règne du roi Dinis, quand ce monarque, en 1313, décida de faire construire une enceinte de remparts avec 400 brasses de périmètre, c'est-à-dire environ 880 m. Cette enceinte avait cinq côtés, qui subsistent encore, avec des tours d'angle cylindriques. Mais il ne faut surtout pas se tromper sur les dates, car tout ce que l'on voit aujourd'hui, à part l'implantation elle-même, correspond à une grande refonte manuéline qui fut sans doute dirigée par quelques-uns de ses maîtres d'œuvre actifs en Alentejo, comme Martim Lourenço ou les frères Arruda.

La place forte conserve deux portes et quelques tours dont la plus élevée —et la plus large— faisait office de donjon; elles avaient toutes une couverture conique, un *coruchéu* en briques couvertes de crépi, à la manière de l'Alentejo.

C'est une forteresse de plaine aux murs droits couronnés de merlons et dotés de chemins de ronde avec des ouvertures et des meurtrières pour le tir plongeant des arbalètes, ce qui confirme la datation que nous proposons, c'est-à-dire vers 1410. Des meurtrières supplémentaires furent aussi introduites dans les zones plus basses pour prévenir d'autres attaques surprise. On pense qu'il dut y avoir des douves et que les portes étaient pourvues de ponts-levis, mais tout a disparu.

Viana do Alentejo.

A.C.

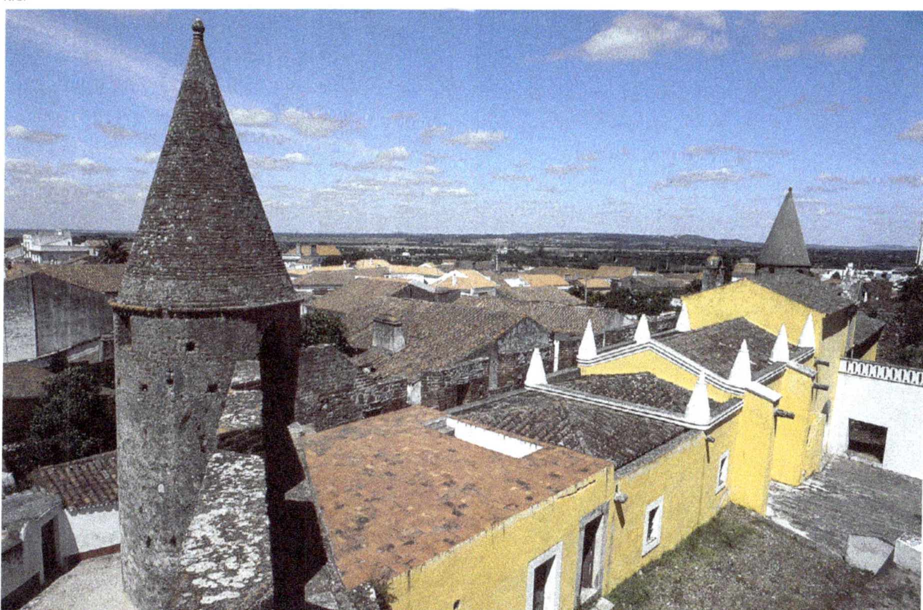

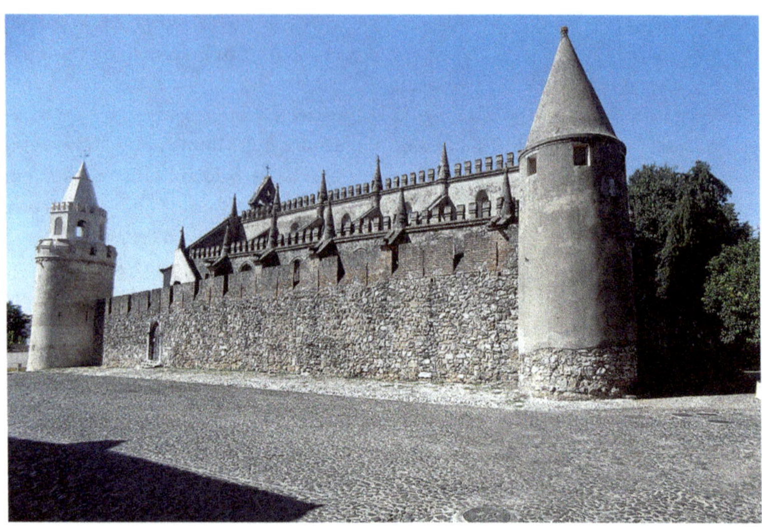

Château de Viana do Alentejo.

A.C.

X.1.b **Ancien hôtel de ville**

Praça da República. Son accès est indépendant du château. Tél.: 266 953106. Actuellement, la bibliothèque y est installée.
Horaires: du lundi au vendredi, de 9:30 à 13:00 et de 14:30 à 18:00.

L'ancien hôtel de ville se trouve depuis le XIVe siècle à l'intérieur du château, près de la muraille et de l'une des portes. Il fut abandonné et transformé en chapelle Notre-Dame de l'Assomption au XVIIe siécle, mais on peut encore y voir quelques éléments manuélins épars, qui furent replacés il y a quelques décennies.

X.1.c **Notre-Dame de l'Annonciation, église matriz**

À l'intérieur de l'enceinte du château, dans le Largo de São Luís. Classée Monument national. Renseignements: père Manuel, tél. 266 953133.
Horaires: ouverte pour la célébration de la messe du lundi au vendredi à 8:00, le samedi à 9:00, le dimanche à 11:00 et à 13:00.

Cette église est l'une des plus remarquables parmi toutes celles conservées au sud du Tage. Il est certain que, sur ce même lieu, il en exista une autre, du XIIIe siècle, mais celle qui parvint jusqu'à nous peut être datée, par analogie et d'après les circonstances historiques qui l'entourent, des deuxième et troisième décennies du XVIe siècle.
Comme elle était placée sous égide royale, il est très possible que les maîtres d'œuvre des travaux royaux de l'Alentejo, Diogo et Francisco de Arruda, ou même Martim Lourenço, y soient intervenus. Mais il s'agit d'une simple hypothèse, invérifiable.
La structure de l'église est complexe, avec trois nefs et cinq travées, un chevet triple, un chœur et deux chapelles collatérales peu profondes. La voûte qui la couvre entièrement, avec des nervures ogivales au tracé droit, repose sur des

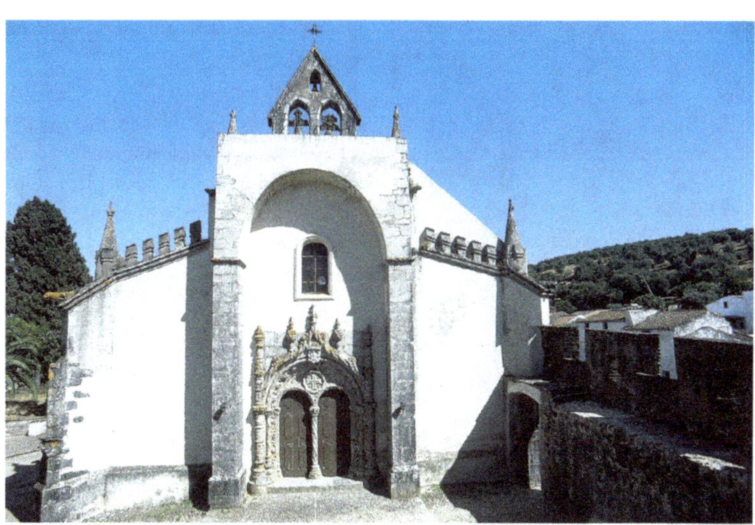

A.C.

Notre-Dame de l'Annonciation, église matriz de Viana do Alentejo.

piliers octogonaux très décorés, avec des anneaux de feuillage en guise de chapiteaux. Elle a encore une tribune sur arcs surbaissés. Les voûtes du chevet présentent un réseau de nervures plus dense et plastiquement plus riche.

À l'extérieur, les contreforts, qui supportent la poussée de la voûte de la nef centrale et qui renforcent les bas-côtés, s'imposent au regard. Le couronnement est composé de créneaux décoratifs et de petits *pinacles* coniques qui prolongent des arcs-boutants. Le portail est un des chefs-d'œuvre du naturalisme manuélin. Les structures architecturales y furent entièrement remplacées par des éléments végétaux, auxquels il faut ajouter la croix de l'ordre du Christ et les armoiries royales, sur le *tympan* et sur la clé des *voussures*, et des sphères armillaires pour couronner les *pinacles*.

À l'intérieur, il y a encore quelques dalles du gothique tardif et un devant d'autel en *azulejos mudéjars* de fabrication sévillane.

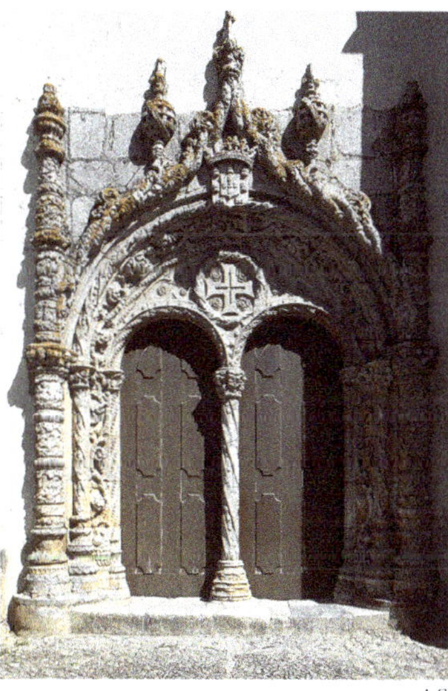

A.C.

Notre-Dame de l'Annonciation, église matriz, portatil principal, Viana do Alentejo.

X.1.d **Église de la Miséricorde**

Elle est également située à l'intérieur du château, près d'une des portes. Pour visiter l'intérieur, il faut contacter le père Manuel, tél. 266 953133.

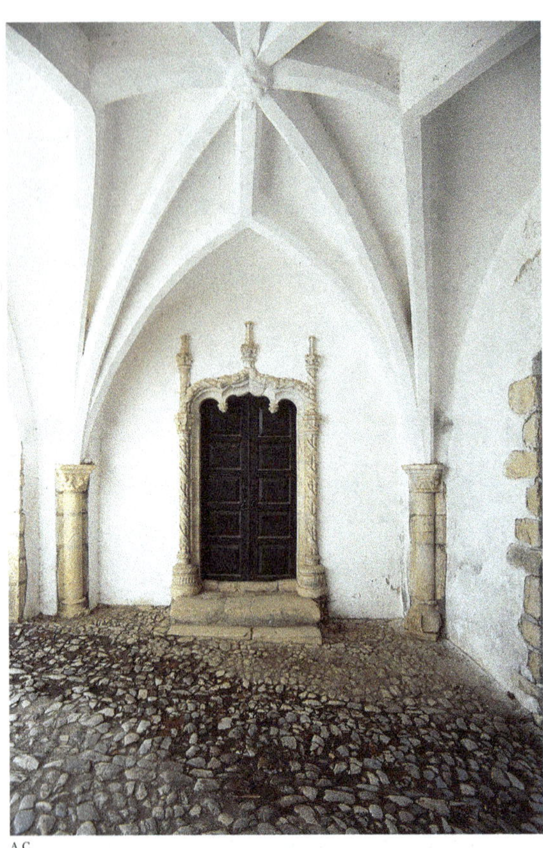
A.C.

Église de la Miséricorde, portail, Viana do Alentejo.

La Santa Casa da Misericórdia de Viana do Alentejo fut instituée en 1516, et les travaux de construction de son édifice commencèrent presque aussitôt, comme on peut le voir d'après la structure restante, qui est clairement manuéline.

Elle se trouve à côté d'une des portes du château, collée à la muraille, mais en dessous du chemin de ronde. On y accède par un portique extérieur couvert par une voûte à nervures ogivales, qui est commun à l'ancien hôtel de ville. Il a un magnifique portail polylobé d'un naturalisme puissant qui présente des influences directes de celui qui réalisa le portail de la *matriz*, s'il n'est pas de cet artiste lui-même.

L'intérieur de l'église privée de la Miséricorde est très simple, avec un corps à nef unique qui aboutit à une chapelle précédée d'un grand arc en plein cintre dont les bases des colonnettes et les chapiteaux sont d'un beau travail naturaliste. La voûte est simple, de type utilitaire.

Pour aller à Alvito, prenez la route N 257.

X.2 **ALVITO**

La petite ville actuelle connut une certaine importance vers le milieu du XIIe siècle, quand elle devint possession du gendre d'Alphonse III, D. Estêvão Anes, qui était son grand chancelier. Plus tard, en 1279, elle passa dans les mains de l'ordre de la Très Sainte Trinité, qui développa grandement toute la région. À la fin du XIVe siècle, grâce à la haute lignée de ses propriétaires, c'était déjà un gros bourg, et surtout au XVe siècle, quand le deuxième baron d'Alvito, D. Diogo Lobo da Silveira, fit construire son palais.

Le roi Manuel Ier octroya un *foral* à la ville en 1516.

X.2.a **Centre historique**

Renseignements: Office de tourisme, tél. 284 485440.

Le centre historique d'Alvito témoigne du développement de la petite ville au début du XVIe siècle. De nombreux vestiges manuélins sont encore visibles dans les anciennes rues proches du palais fortifié; il y a non seulement des édifices religieux, mais des portes et des fenêtres avec des linteaux et des jambages en marbre sculpté ou simplement chanfreiné. Signalons les portes polylobées du Rossio de São Sebastião, celles de la Rua de Beja et même de la belle Rua Nova.

Des temples comme l'église *matriz* et des édifices civils comme l'hôtel de ville et le palais étaient le centre des principaux noyaux urbains. Mais la distribution et la régularité des vieilles maisons manuélines attestent une étendue peu courante à l'époque, et même un niveau de vie élevé chez une grande partie de la population.

X.2.b **Notre-Dame de l'Assomption, église matriz**

Largo da Trinidade. Classée Monument national. Pour visiter l'intérieur, il faut réserver auprès de l'Office de tourisme, tél. 284 485440.

L'histoire de cette église remonte au XIIe siècle, mais tout ce que l'on peut voir aujourd'hui date du temps de Manuel Ier ou du début du règne de Jean III.

Le premier, ou le deuxième, baron d'Alvito obtint une autorisation canonique pour y installer son panthéon familial, ce qui doit être à l'origine des profondes réformes de l'église. Telle que nous la voyons aujourd'hui, elle en est le résultat, malgré des ajouts renaissants et même postérieurs, maniéristes et baroques. D'après un rapport de 1631, nous savons que quelques finitions manquaient encore, mais que l'essentiel était fait.

C'est un édifice de grandes dimensions, à trois nefs, avec des arcs-boutants (ce qui est peu courant au Portugal) qui soutiennent la voûte croisée à cinq clés de la nef centrale. Les arcs qui divisent les nefs reposent sur des piliers octogonaux avec des anneaux naturalistes en guise de chapiteaux. La partie la plus décorée est celle du transept, notamment les arcs d'entrée de chaque bras, qui doivent correspondre à la première phase de l'œuvre, et qui devaient accueillir les tombeaux de la famille protectrice, les Lobo da Silveira, barons d'Alvito.

À l'extérieur, il faut signaler les créneaux décoratifs et les *pinacles* coniques typiques du manuélin de l'Alentejo. La structure de la tour est encore celle du début du XVIe siècle.

Porte manuéline, détail, centre historique d'Alvito.

A.C.

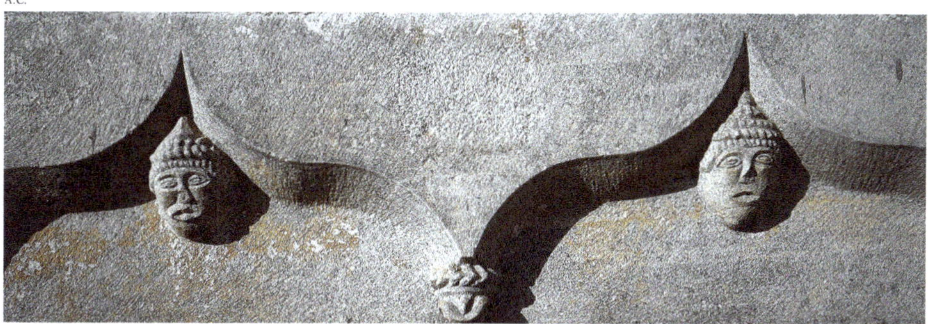

Notre-Dame de l'Assomption, église matriz d'Alvito.

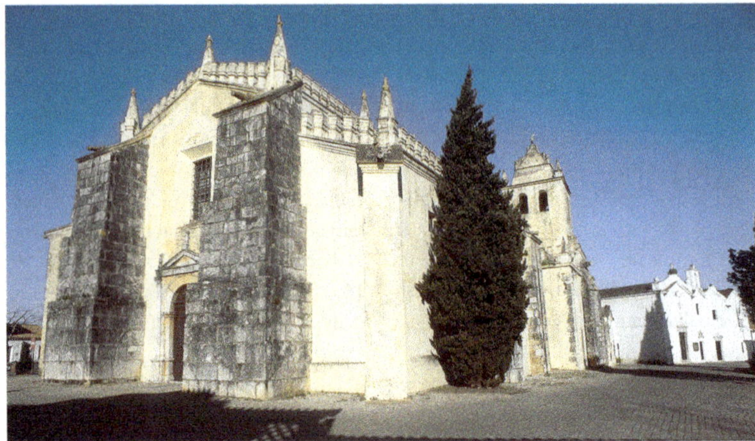

A.C.

Notre-Dame de l'Assomption, église matriz, intérieur, d'Alvito.

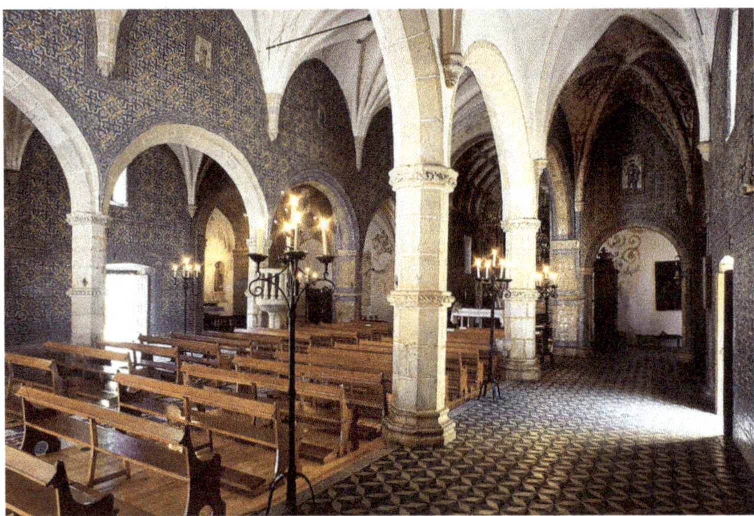

A.C.

X.2.c **Hôtel de ville**

Rua 25 de Abril, n° 64, tél. 284 475266. Actuellement, les services techniques municipaux y sont logés.
Horaires: du lundi au vendredi, de 9:00 à 12:30 et de 14:00 à 17:30.

Il reste très peu de chose de la construction manuéline en dehors de la tour de l'horloge coiffée par un *coruchéu* pyramidal et quatre petites tours dans les coins, reliées par des créneaux décoratifs typiques de l'architecture vernaculaire de l'Alentejo du début du XVIe siècle. On accède à l'étage supérieur, l'étage noble destiné aux réunions, par un escalier latéral qui avance sur la rue; les divisions du rez-de-chaussée servent à d'autres fins.

X.2.d **Château**

On y accède par le Largo do Castelo. Classé Monument national. Une pousada *y est installée, tél. 284 485343.*

Le château ou palais d'Alvito est aujourd'hui transformé en établissement hôtelier, ce qui a mutilé ce magnifique exemplaire d'architecte domestique manuéline, puisque, avant les travaux, il était le seul palais seigneurial resté intact depuis cinq siècles. Malgré tout, il est encore possible d'en apprécier les caractéristiques essentielles.

En ce qui concerne le plan, c'est un rectangle peu allongé, organisé autour d'une cour centrale ou place d'armes, dont trois côtés sont occupés par des zones d'habitation, alors que le quatrième est dégagé, avec seulement un haut mur tourné vers les potagers.

Le donjon, de tradition médiévale, s'avance à l'extérieur. Sa base est presque quadrangulaire, avec environ 11 m de côté. Il mesure presque 25 m de haut.

À l'extérieur, on voit immédiatement la grande tour de la fontaine, à un des angles, qui marque ce que nous pouvons appeler la façade principale. Les trois autres tours sont régulières, cylindriques, appartenant au type consacré par l'architecture militaire de la fin du XVe siècle.

En tant que palais seigneurial de plaine, tout en étant doté d'éléments défensifs, il est percé de nombreuses ouvertures vers l'extérieur, en particulier les hautes fenêtres et les doubles balcons à arcs outrepassés au tracé *mudéjar*. Cette caractéristique est encore plus marquée à l'intérieur de la cour où les fenêtres, avec un *meneau* central de marbre et des arcs géminés à douelles de brique, font penser au travail du maître de la Galerie des Dames du palais royal d'Évora. Il s'agit, au fond, d'une tentative pour suivre le goût de l'œuvre royale qui avait marqué l'architecture domestique seigneuriale de l'Alentejo pendant l'époque manuéline.

En ce qui concerne la chronologie de la construction, on voit par l'inscription qui surmonte la porte d'entrée que les travaux commencèrent en 1494, à la fin du règne de Jean II, à l'initiative de D. Diogo Lobo da Silveira. L'ouvrage devait déjà être achevé en 1531 car à

A.C.

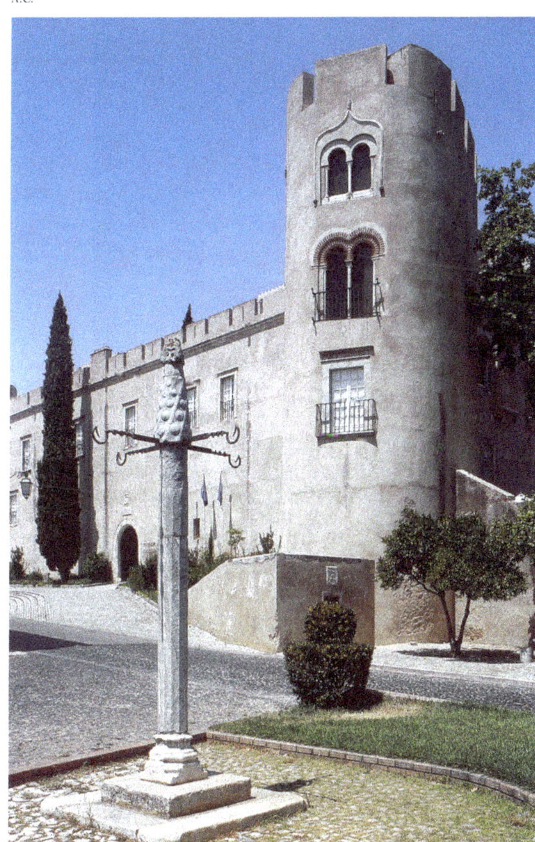

Château d'Alvito.

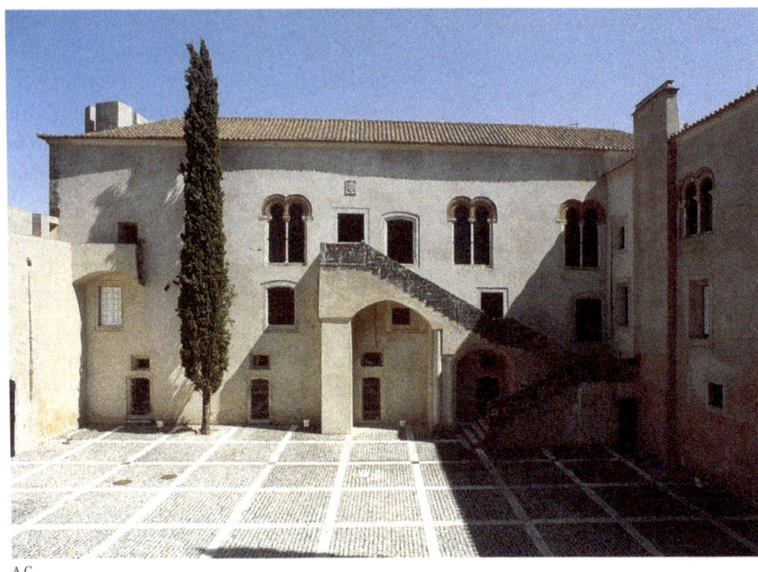

Château, intérieur, Alvito.

A.C.

cette date, le roi Jean III y séjourna avec une partie de la cour; son fils, le prince Manuel, y est même né; c'est lui qui aurait dû hériter du trône mais il mourut prématurément.

X.2.e **Chapelle Saint-Sébastien**

Largo General Humberto Delgado, dans ce qu'on appelle le Rossio de São Sebastião, à l'entrée de la ville. Classée Édifice d'intérêt public.
Horaires: normalement, la chapelle est ouverte pour les visites; au cas où elle serait fermée, il faut demander une autorisation de visite à l'Office de tourisme, tél. 284 485440.
C'est une petite chapelle au plan simple et d'une forme rectangulaire, marquée aux angles et au milieu des murs latéraux par des contreforts cylindriques. Elle est entièrement couronnée de créneaux décoratifs, y compris au niveau du chœur. L'intérieur a une seule nef; le chœur rectangulaire est couvert d'une voûte croisée d'ogives archaïsante.
Cet édifice fait partie d'un ensemble typique de l'Alentejo dont il reste les chapelles Saint-Blaise à Évora et Saint-André à Beja.

Pour aller à Vidigueira, prenez la route N 258 en direction de Vila Ruiva/Vila Alva/Vila de Frades/Vidigueira.

X.3 VIDIGUEIRA

Vidigueira ne prit vraiment son essor qu'à la fin du XIVe siècle. Il s'accentua avec les passations de pouvoir successives, qui finirent par mettre cette grosse bourgade dans l'orbite de la maison de Bragance, jusqu'en 1519. C'est à ce moment-là que le grand navigateur Vasco de Gama fut promu comte de Vidigueira avec, naturellement, la seigneurie de la ville, qui, plus tard, fut transmise à ses descendants. À l'époque où elle passa dans le domaine de Vasco de Gama, elle connut un grand progrès qui marquait l'importance de cette famille dont d'autres membres s'illustrèrent en Orient, notamment D Francisco de Gama qui, comme son bisaïeul, fut vice-roi de l'Inde portugaise.

X.3.a **Château**

On y accède par la Rua da Cisterna. Classé Édifice d'intérêt public. Renseignements: Office de tourisme, tél. 284 436564. On ne peut voir que l'extérieur.

Du château, ou palais fortifié, il ne reste pas grand chose en dehors de quelques murs du donjon, où quelques éléments clairement au goût manuélin sont bien visibles. Même si le château existait déjà quand Vasco de Gama prit possession de la ville, il entreprit des travaux d'amélioration qui incluaient l'ennoblissement de sa principale demeure —ou du moins la plus emblématique, puisqu'il en avait une autre, d'envergure, à Évora.

X.3.b **Tour de l'Horloge**

Rua Miguel Bombarda.

Cette tour est certainement d'origine médiévale, mais elle fut restaurée et peut-être même agrandie au début du XVIe siècle. Elle est couronnée par le clocher, dont l'une des cloches porte une inscription prouvant qu'elle fut offerte par Vasco de Gama en 1520.

X.3.c **Chapelle Sainte-Claire**

Que vous veniez d'Évora/Portel ou de Beja/Cuba, il vous faudra prendre la route principale jusqu'à la Rua de Santa Clara; vous trouverez ensuite une route en terre qui vous conduira jusqu'à Sainte-Claire. Classée Édifice d'intérêt public. Renseignements: Office de tourisme, tél. 284 434492.

A.C.

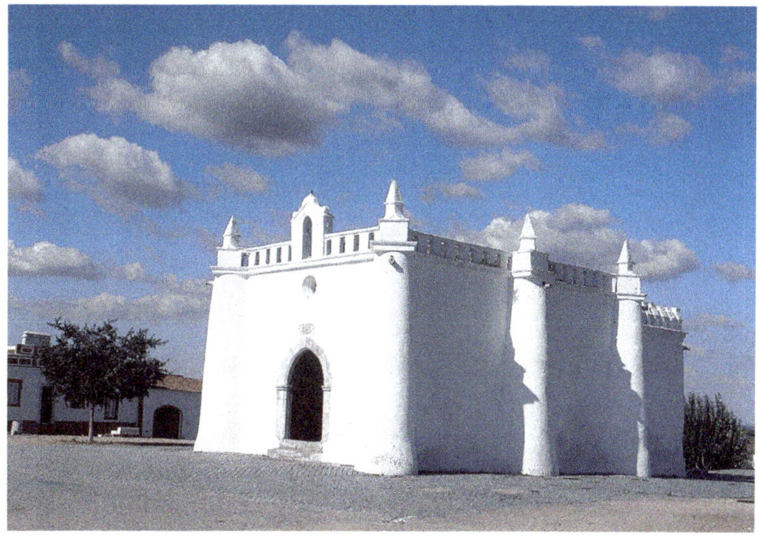

Chapelle Saint-Sébastien, Alvito.

Château de Vidigueira.

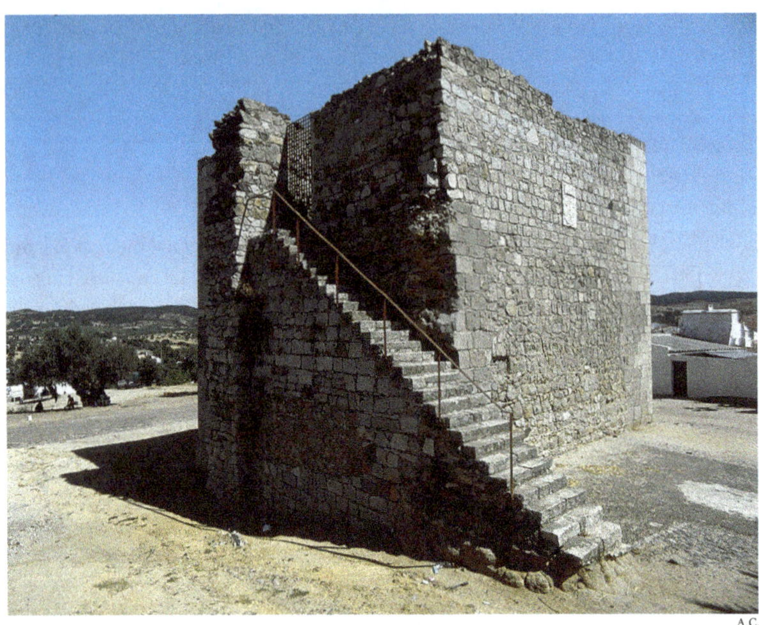

A.C.

A.C.

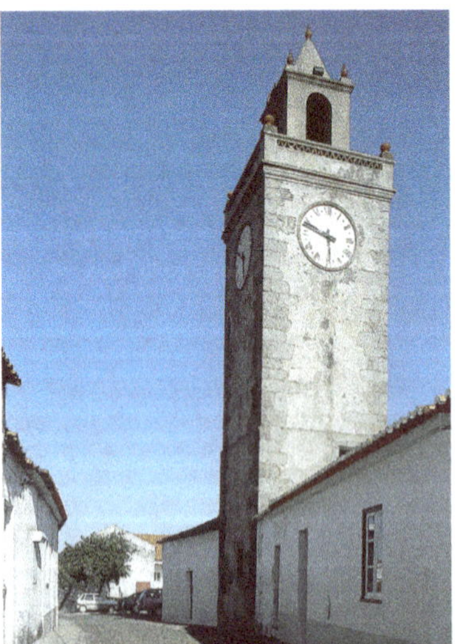

Tour de l'horloge, Vidigueira.

Ce petit édifice servit d'église paroissiale jusqu'en 1540, date à laquelle le seigneur de la ville, D. Francisco de Gama, fils de l'amiral, la fit reconstruire. Pour l'essentiel, elle garde sa structure manuéline, sans doute datée des environs de 1520, mais le corps central fut donc refait postérieurement. Il y a un très beau chœur, de type manuélin, avec un arc d'entrée de la fin du gothique, dont les piliers ont des chapiteaux naturalistes. La voûte, complexe, à nervures ogivales rayonnantes, est dotée de très belles clés à décoration phytomorphique.

L'extérieur est lui aussi manuélin, avec des contreforts d'angle et de flanc; la chapelle est couronnée de créneaux décoratifs et de *pinacles* coniques. Le portail à arc brisé est très simple, mais déjà manuélin.

Pour aller à Beja, il faut prendre l'IP 2 en direction du sud.

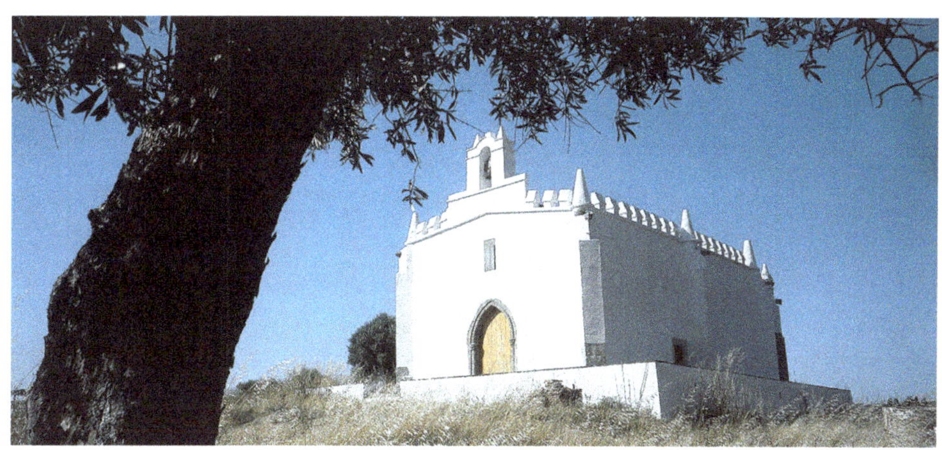

A.C.

Chapelle Sainte-Claire, Vidigueira.

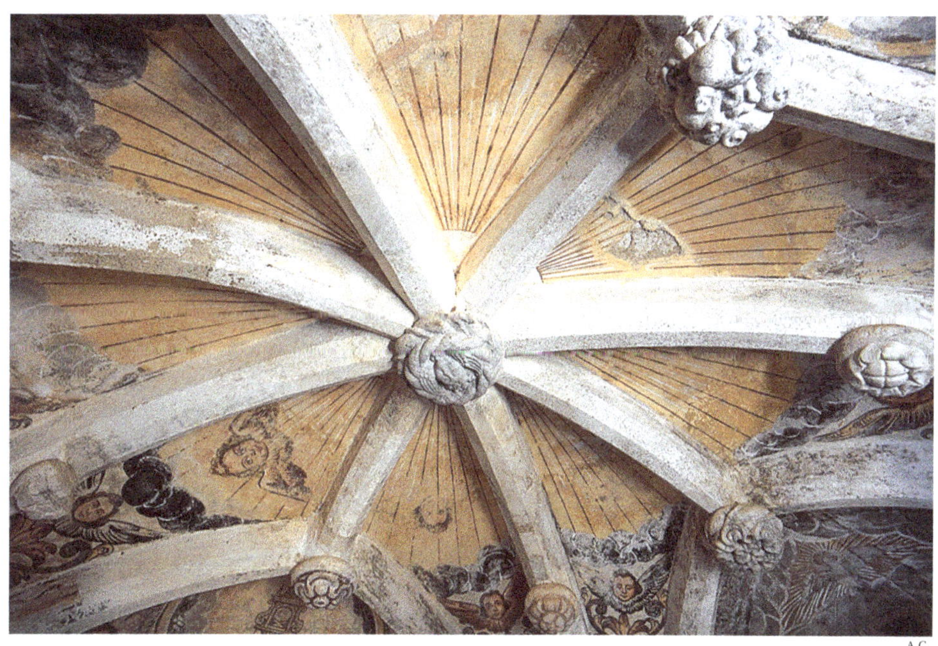

A.C.

Chapelle Sainte-Claire, voûte, Vidigueira.

Villes blanches

Pedro Dias, Dalila Rodrigues,
Nuno Vassallo e Silva, Fernando Grilo

Deuxième jour

X.4 BEJA

X.4.a Chapelle Saint-André
X.4.b Centre historique
X.4.c Château
X.4.d Ancien hôpital Notre-Dame de la Piété
X.4.e Couvent Notre-Dame de la Conception et musée régional de Beja-Rainha D.ª Leonor
X.4.f Couvent Saint-François

X.5 SERPA (option)

X.5.a Château

X.6 MOURA

X.6.a Château
X.6.b Saint-Jean-Baptiste, église matriz

La reine D.ª Leonor

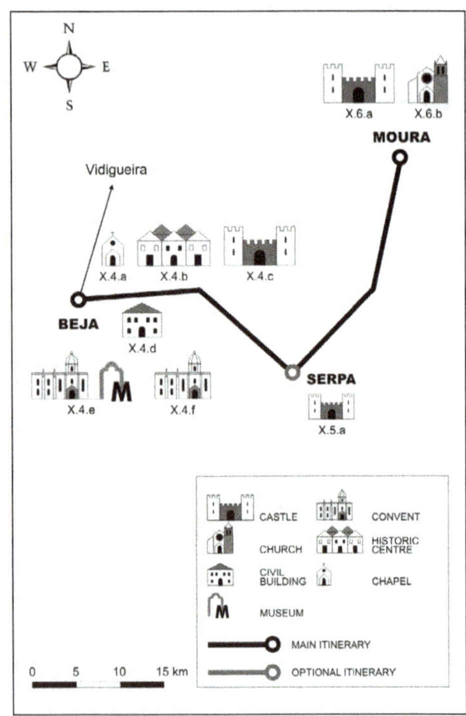

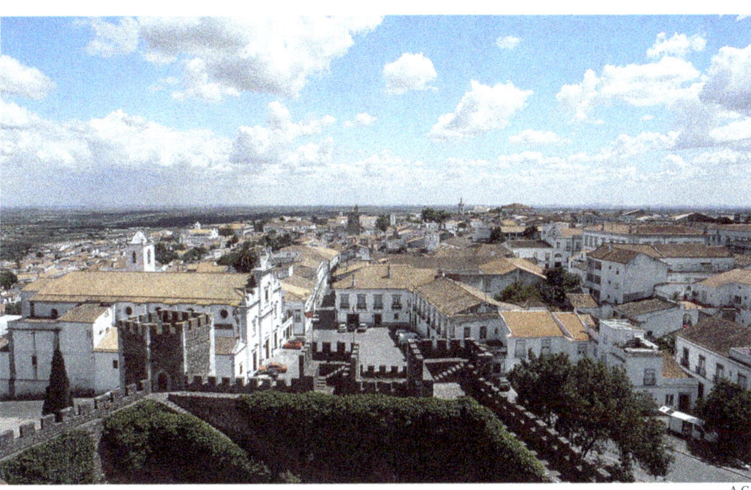
A.C.

Centre historique de Beja.

X.4 BEJA

Beja fut une des plus importantes cités romaines de l'occident de la péninsule Ibérique, et maintint ce rang pendant toute la période de l'occupation islamique. Sa splendeur fut à l'origine de sa ruine, puisque les rois des Asturies et de León l'attaquèrent successivement pour la récupérer. Le premier roi de Portugal réussit à la conquérir, mais il la reperdit très vite. Cette alternance de pouvoir ne prit fin qu'en 1232.

Avec le roi Dinis, Beja recommença à progresser. On reconstruisit le château, on installa différentes maisons religieuses, et ce progrès continua sous les règnes suivants. Pourtant, la fortune de la ville ne commença vraiment qu'au moment où elle fut donnée à l'infant D. Fernando et à son épouse D.ª Beatriz, qui fondèrent la plus puissante maison noble du pays, rivale de celle des Bragance. D. Fernando (duc de Viseu, frère d'Alphonse V) et D.ª Beatriz furent les parents de D.ª Leonor (épouse de Jean II) et de D. Manuel (futur roi). Ces nobles de très haut lignage dotèrent la ville —qui, sous Manuel Ier, devint un chef-lieu— de structures d'envergure: ils firent construire d'imposantes résidences et commanditèrent des ordres religieux et des hôpitaux, notamment la Miséricorde. Pendant le règne du roi "fortuné", qui avait été duc de Beja, la liste des améliorations est interminable. Beaucoup d'entre elles sont encore visibles aujourd'hui.

X.4.a **Chapelle Saint-André**

Elle est située sur la route N 121, à l'entrée de Beja. Classée Monument national. On ne peut voir que l'extérieur.

Cette chapelle, ou *ermida*, fait partie d'une longue série construite dans la région et qui se caractérise principa-

Chapelle Saint-André, Beja.

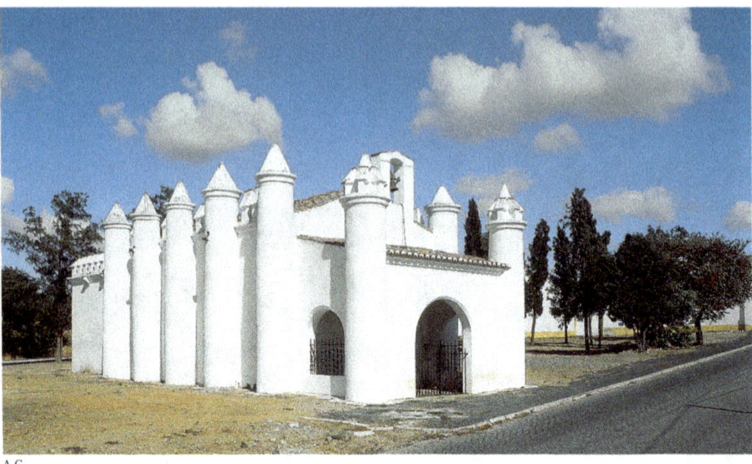

A.C.

lement par l'utilisation de contreforts cylindriques aussi bien sur les flancs qu'aux angles. Celle-ci est également précédée d'un portique extérieur couvert; elle présente une nef unique et un chœur quadrangulaire. Extérieurement, elle est couronnée de créneaux décoratifs. L'intérieur est très simple, la voûte qui surmonte le chevet consiste en simples nervures ogivales croisées.

Après avoir visité la chapelle Saint-André, suivez la signalisation qui mène au château. Avant d'entrer dans l'enceinte des remparts, il y a deux parcs de stationnement gratuits; à partir de là, on suggère une visite de Beja à pied.

A.C.

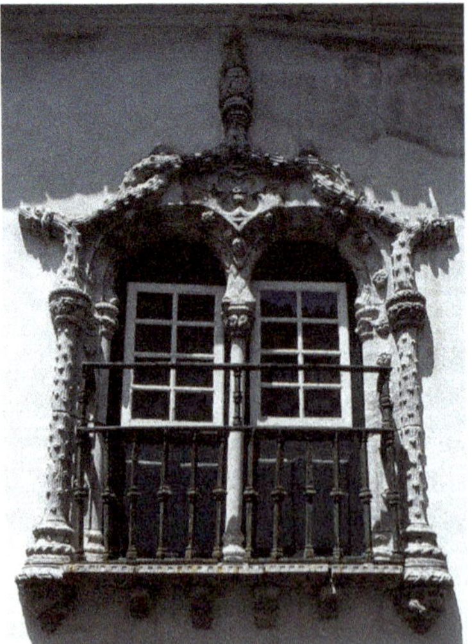

Centre historique, fenêtre manuéline, Beja.

X.4.b **Centre historique**

Renseignements: Office de tourisme, tél. 284 311913.

Le centre historique conserve de nombreux vestiges d'édifices manuélins qui attestent le développement de la ville au début du XVIe siècle.
Outre les églises paroissiales et celles des ordres religieux, outre les hôpitaux, l'hôtel de ville, les tribunaux, la prison, etc., on construisit —ou reconstruisit— d'innombrables demeures de bourgeois enrichis, ou de serviteurs de

la maison ducale. Les portes et les fenêtres de ces demeures ne sont pas toutes aussi richement décorées que la grande fenêtre à *meneau*, avec un arc double, de la Rua dos Mercadores, qui présente une exubérance naturaliste inégalable, ou que la grande et élégante porte simplement rectangulaire, encadrée par un tronc et avec des rosettes à l'intrados, que l'on peut encore voir au n° 24 de la Rua do Esquível.

Une promenade dans le centre historique nous mène à la rencontre de ces reliques de l'architecture portugaise dans la Rua de São Gregório, la Rua da Guia, la Rua da Misericórdia, et même sur la place rebaptisée Praça da República qui présente au n° 43 un rez-de-chaussée avec des portes différentes: il y en a deux avec de simples arcs surbaissés et une autre, géminée, tout entourée d'un cordon et dotée de volumineux chapiteaux prismatiques.

Sur la Praça da República se trouve aussi le pilori, élevé en 1521, mais qui subit par la suite bien des changements, ce qui fait que seule une partie est originelle. Cependant, sa reconstitution permet de comprendre l'élégance de ses formes et la richesse de la décoration naturaliste qui recouvre le fût hélicoïdal.

X.4.c **Château**

Il englobe le Largo do Lidador, la Rua D. Dinis et la Rua Antero de Quental. Classé Monument national.

L'entrée du donjon est payante. Horaires: de 9:00 à 12:00 et de 13:00 à 16:00 en hiver; de 10:00 à 13:00 et de 14:00 à 18:00 en été. Fermé le lundi et les jours fériés.

Les remparts de Beja sont les plus grands du bas Alentejo et gardent une partie significative de la structure qu'ils avaient sous Manuel Ier. Leur

A.C.

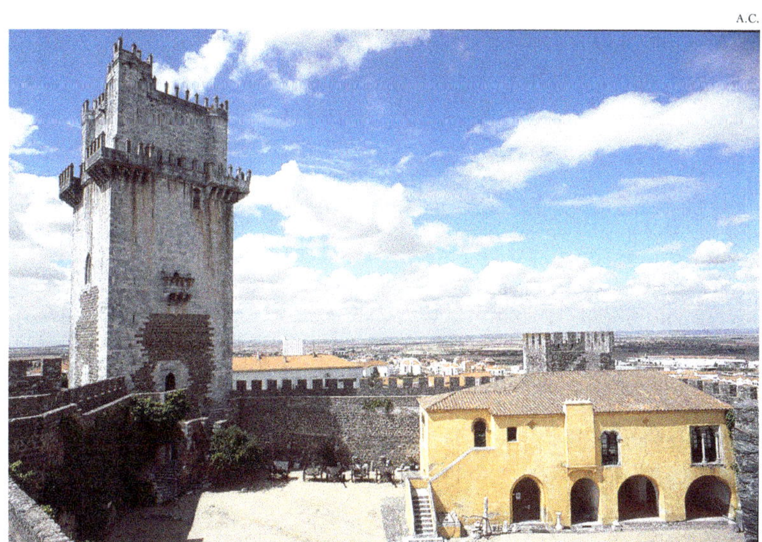

Château, donjon, Beja.

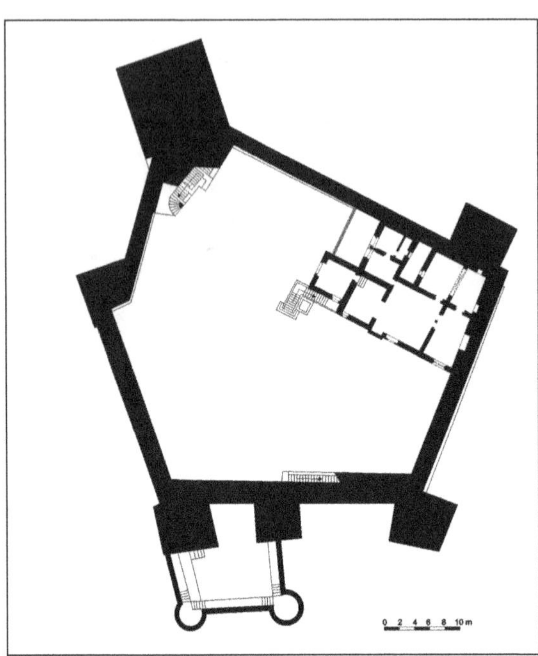

Château de Beja, plan, Boletim da Direcção-Geral dos Edifícios e Monumentos Nacionais, n° 77.

origine est un campement romain qui fut nettement agrandi pendant l'occupation islamique, mais les différents assauts des troupes chrétiennes finirent par détruire une bonne partie de sa structure. Les travaux qui aboutirent à la construction qui nous est parvenue (qui fut profondément restaurée en 1939) commencèrent au XIVe siècle et furent repris au temps de Ferdinand Ier, qui en donna l'ordre en 1372. Le château semble avoir atteint son heure de gloire au XVe siècle quand l'*alcácer* islamique fut reconstruit depuis ses fondations et qu'on éleva le formidable donjon qui atteint 40 m de hauteur.

On peut distinguer deux constructions: le châtelet et l'enceinte. Cette dernière entoure le centre ancien de la ville où sont groupées les rues qui constituaient l'essentiel de la Beja manuéline et où se trouvent les principales églises, comme Sainte-Marie et Saint-Jacques, et le couvent Notre-Dame de la Conception. Cette enceinte a une forme presque ovale avec près de quarante tours, outre les douves sèches et plusieurs portes: celles de Moura, de Beja, d'Aviz, d'Aljustrel, et d'autres; il y a, en plus, des portes de passage, plus modestes. Les murailles sont de type traditionnel, hautes et robustes, avec un couronnement de créneaux et un chemin de ronde qui fait tout le tour.

Le château est pentagonal et sur la place d'armes se trouve l'ancienne demeure des capitaines qui fut largement restaurée et où on inséra des éléments architecturaux manuélins provenant de démolitions faites dans d'autres points de la ville. Des photographies anciennes permettent de comprendre que les fenêtres et les arcs de la façade principale sont d'origine.

À l'un des angles du château se trouve le donjon du XVe siècle avec ses trois étages voûtés. Il faut signaler en particulier la voûte étoilée de l'étage médian, une des plus belles et complexes de tout le gothique portugais. La partie supérieure de la tour est également remarquable, avec le balcon qui l'entoure et l'ensemble de grands mâchicoulis.

X.4.d **Ancien hôpital Notre-Dame de la Piété**

Rua D. Manuel I. Il abrite actuellement une université et l'Institut de service social. Renseignements: tél. 284 327550.
Horaires: jours ouvrables, de 9:00 à 12:30 et 14:00 à 17:30.

Ses statuts datent de 1511, et comme sa construction se déroulait depuis plusieurs années, cette date doit marquer la fin des principaux travaux. Il reste de nombreuses parties de l'édifice manuélin, à commencer par le cloître aux galeries hautes et étroites, mais avec une élégante voûte à nervures, retombant sur des consoles prismatiques, et des clés à décoration naturaliste.

L'ancienne chapelle privée Saint-Marc est un bijou architectural, avec une voûte à nervures ogivales et un arc d'entrée aux fines sculptures naturalistes.

Mais ce qui est le plus impressionnant, ce sont les anciennes infirmeries avec de puissantes voûtes sur piliers cruciformes et des arcs en ogive; la décoration est très dépouillée, comme il convenait à une dépendance de ce type. Sur les clés des sections de la voûte, les armoiries royales attestent le patronage de Manuel Ier.

X.4.e **Couvent Notre-Dame de la Conception et musée régional de Beja-Rainha D.ª Leonor**

Largo da Conceição, tél.: 284 323351.
Classé Monument national.
Entrée payante. Horaires: du mardi au dimanche, de 9:30 à 12:30 et de 14:00 à 17:15. Fermé les jours fériés.

Le couvent royal Notre-Dame de la Conception de Beja fut fondé par D.ª Beatriz, épouse du duc D. Fernando et mère du roi Manuel Ier. L'origine du couvent date au moins de 1469, mais les travaux de la construction définitive ne commencèrent que plus tard et connurent leur point culminant alors que le fils de la fondatrice occupait déjà le trône de Portugal, au début du XVIe siècle. Ce patronage fit du couvent une des plus riches institutions de tout l'Alentejo, et plusieurs dépendances de cette époque sont parvenues jusqu'à nous.

A.C.

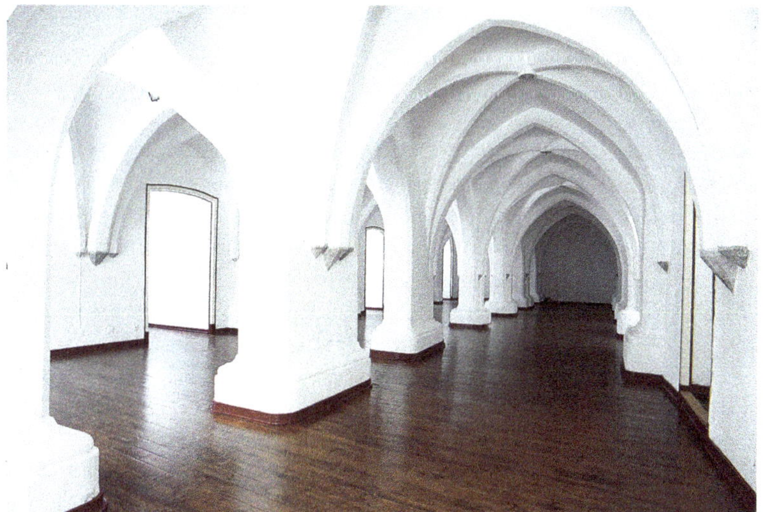

Ancien hôpital Notre-Dame de la Piété, infirmerie, Beja.

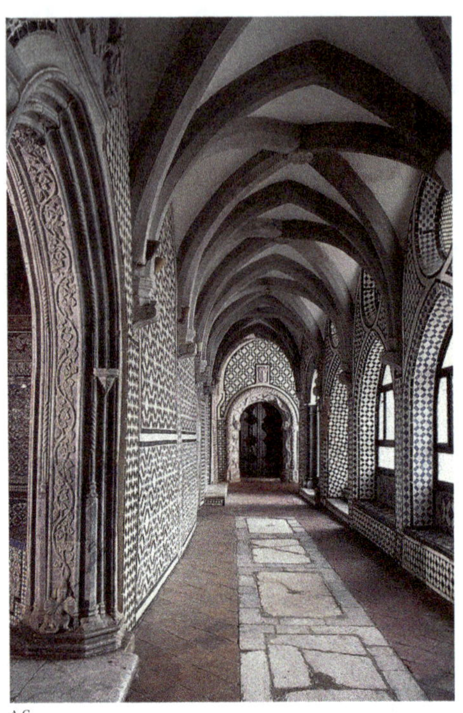
A.C.

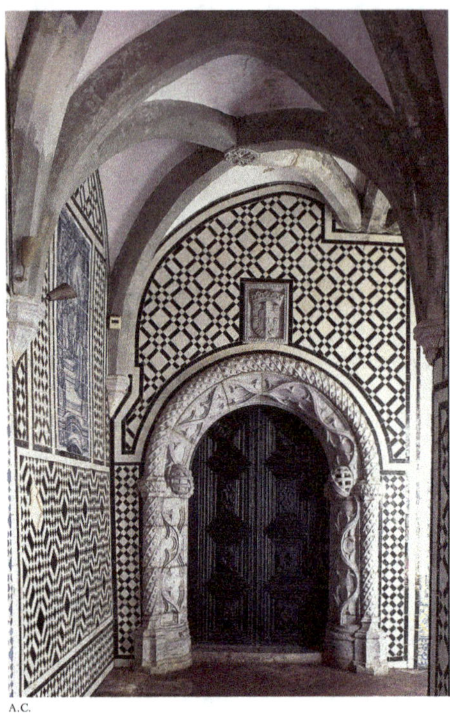
A.C.

Couvent Notre-Dame de la Conception, cloître, Beja.

Couvent Notre-Dame de la Conception, porte de l'ancien réfectoire, Beja.

L'extérieur est profondément défiguré par des travaux au goût néogothique, mais il reste quand même le portail principal de l'église, d'un très beau gothique flamboyant canonique, dans la tradition de Batalha, ainsi qu'une fenêtre géminée au tracé *mudéjar* dans le balconnet du haut.

Le cloître, centre de la vie monastique, est une œuvre d'une grande valeur plastique avec quatre nefs différemment voûtées, solides et peu décorées. Il faut regarder la porte de l'ancien réfectoire, d'un naturalisme exubérant et avec deux sphères armillaires sur les jambages.

La structure de la salle du chapitre date aussi du temps de Manuel Ier, bien que la porte d'entrée soit un peu antérieure; cette salle est surtout intéressante pour sa décoration d'*azulejos de arista* de fabrication sévillane et en style *mudéjar*.

C'est dans ce couvent qu'est installé le musée de Beja. Parmi d'autres intéressants exemplaires de peinture, notamment la *Vierge allaitant* conçue avec un minutieux réalisme flamand, abîmée par des repeints ultérieurs, il faut surtout admirer un *Ecce Homo* qui surprend le visiteur par une ressemblance évidente avec un autre tableau de la collection du Musée national d'art ancien de Lisbonne. Les deux tableaux sont très énigmatiques en ce qui concerne l'auteur et les procédés matériels utilisés, mais il diffèrent éventuellement par la présence d'une inscription identificatrice. Ils incitent plutôt à imaginer qu'il dut y avoir un prototype commun, associé à un phénomène de dévotion très spéciale, entre le XVe et le XVIIe siècle. Ce prototype devait être à l'origine d'autres répliques, comme celle de Setúbal et celle de Sainte-Claire à Funchal.

Dans la même collection, il faut signaler tout spécialement le panneau qui représente *Saint Vincent* car il s'agit d'une des œuvres emblématiques de l'atelier du XVIe siècle, dont le siège était probablement à Coimbra. Contrairement à l'image de l'*Ecce Homo*, l'auteur de ce panneau, peut-être le peintre Vicente Gil — dont l'activité est confirmée à Coimbra entre 1498 et 1521—, transforme l'accessoire en essentiel et fait montre d'un goût particulier pour l'exécution détaillée avec une densité accentuée de la matière. Les armoiries de la reine D.ª Leonor, qui commanda probablement le tableau, sont représentées sur le carré de l'aube du saint.

Dans le domaine des arts décoratifs, il faut mentionner l'ensemble des *azulejos* de la salle du chapitre du couvent, également de l'époque manuéline. Richement décorée, cette salle est revêtue de panneaux d'*azulejos* hispano-arabes polychromes disposés comme des tapis.

Dans le musée, on peut encore admirer plusieurs ensembles de patrons d'*azulejos* sévillans en *cuerda seca* du début du XVIe siècle.

L'orfèvrerie, elle, est représentée par un calice en argent du gothique tardif et par un célèbre écritoire en argent d'une grande sobriété que la tradition associe à un cadeau du roi à la ville de Beja; pourtant il s'agit d'une œuvre plus tardive qui fut sans doute exécutée pour remplacer le cadeau du roi qui s'était détérioré.

Cependant, c'est d'Extrême-Orient,

A.C

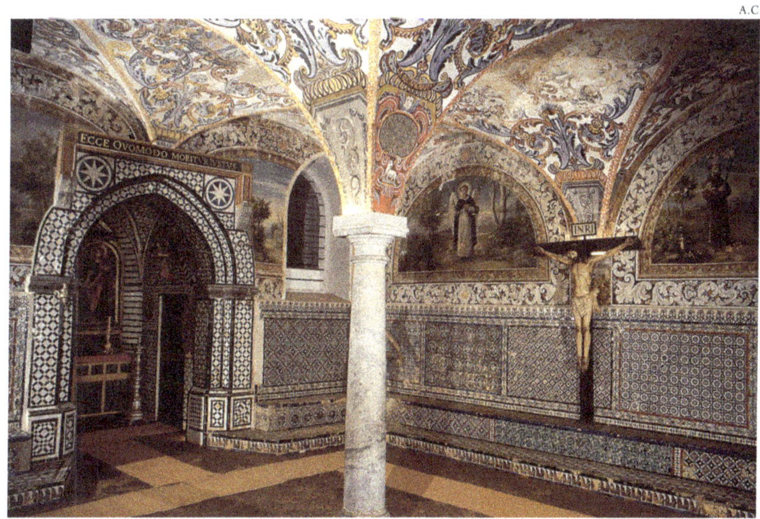

Couvent Notre-Dame de la Conception, salle du chapitre, Beja.

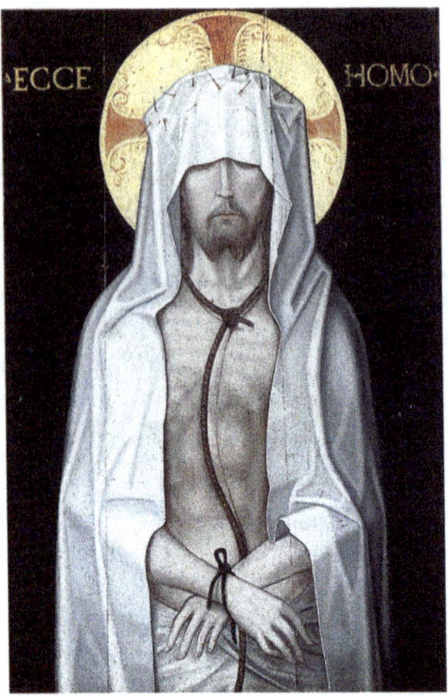

Anonyme, "Ecce Homo", v. 1500, musée de Beja.

A.C.

de Chine, que provient la plus célèbre œuvre d'art de ce musée. Nous voulons parler de l'écuelle de Pêro de Faria en porcelaine "bleu et blanc" datée de 1541. On l'associe à ce gouverneur de Malacca, compagnon d'Afonso de Albuquerque (vice-roi des Indes portugaises), grâce à une inscription qui est à l'intérieur du bord: c'est une des premières œuvres chinoises connues qui aient été expressément commandées par des Portugais.
Le musée possède deux remarquables exemplaires de sculpture religieuse du XVIe siècle qui représentent tous deux saint Sébastien, mais qui, néanmoins, illustrent deux faces du panorama artistique du manuélin. Il y a de profondes différences entre les deux, l'un est en bois polychrome et fut probablement sculpté par un maître portugais influencé par l'art des Flandres, comme on peut le voir par la posture, le traitement des volumes et même la polychromie; l'autre est en pierre, également polychrome, et doit être considéré comme représentatif des ateliers manuélins.

X.4.f **Couvent Saint-François**

Largo D. Nuno Alvares Pereira. Classé Édifice d'intérêt public. Une pousada *y est installée.*
Pousada de São Francisco, tél. 284 328441.
Horaires: on doit de préférence visiter le couvent à partir de 14:00.

Ce couvent fut fondé en 1268 pendant le règne d'Alphonse III et connut des campagnes de travaux successives jusqu'à l'époque manuéline pendant laquelle il atteignit sa plus grande splendeur. Cependant, de nouvelles campagnes, surtout au XVIIIe siècle, en modifièrent l'aspect. Il fut récupéré, en partie, pour l'installation d'un établissement hôtelier.
De style gothique et du temps du règne de Manuel Ier subsistent le cloître, le réfectoire et la citerne, ainsi que le panthéon de la famille Freires de Andrade, d'un gothique du XVe siècle de haut niveau, fruit du travail d'artistes formés sur le chantier du monastère de Batalha.
Le cloître est très élégant, haut, avec une voûte très bien lancée aux nervures croisées reposant sur des consoles. La salle du chapitre, également du XVe siècle, s'ouvre sur un des côtés de ce cloître. La voûte du réfectoire est plus élaborée, à cinq travées successives avec des voûtes à nervures droites de cinq clés; mais la

dépendance la plus fascinante est peut-être la citerne avec trois nefs de quatre travées; c'est une œuvre à caractère utilitaire avec une puissante voûte d'arêtes sur des piliers monocylindriques.

Pour Serpa, prenez la route N 260 pendant 30 km. Pour Moura, dépassez Serpa et ensuite tournez à gauche pour prendre la route N 255 pendant 28 km.

X.5 **SERPA** (option)

L'importante bourgade fortifiée de Serpa, tout près de la frontière, fit partie tantôt de la couronne castillane, tantôt du royaume de Portugal, dans l'orbite duquel elle n'entra définitivement qu'au XIIIe siècle.

Elle fut occupée par les Arabes, mais son développement effectif ne commença qu'au XVe siècle. En réalité, c'est à l'époque manuéline que la petite ville prit son véritable essor, avec la construction de nombreuses nouvelles demeures, la réforme du château et l'édification d'institutions religieuses et caritatives.

X.5.a **Château**

On y accède par la zone de Castelo Velho, près de la Praça da República. Renseignements: Office de tourisme, tél. 284 544727.

Horaires: de 9:00 à 12:30 et de 14:00 à 17:30 en hiver; de 9:00 à 12:30 et de 16:00 à 19:30 en été. Fermé le lundi et les jours fériés.

Les premiers travaux de la période portugaise doivent dater du règne du roi Dinis, c'est-à-dire à la fin du XIIIe siècle. Mais, comme pour toutes les villes frontalières, le château et l'enceinte furent renforcés au début du XVIe siècle. Les murailles et les tours furent surélevées et fortifiées, l'enceinte certainement élargie et les portes refaites —deux de ces dernières, celle de Beja et celle de Moura, subsistent encore de nos jours.

Les pans de l'enceinte et les tours attestent le soin apporté par les maîtres d'œuvre, parmi lesquels exerça peut-être un des frères Arruda; la typologie des tours permet de les dater de 1510 1520.

A.C.

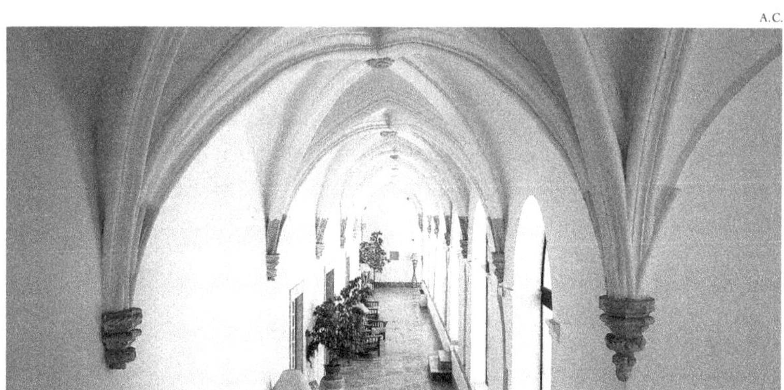

Couvent Saint-François, cloître, Beja.

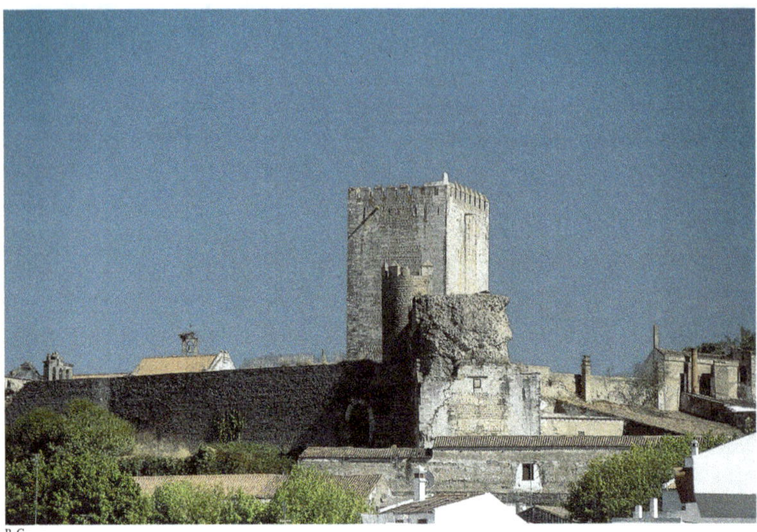

Château de Moura.

R.C.

X.6 MOURA

Même si l'on peut prouver que Moura existait avant l'invasion islamique de 711, ce ne fut qu'après cette date qu'elle prit un peu d'importance. Conquise par Sanche II en 1232, elle ne fut vraiment intégrée à la couronne portugaise que plus tard. Son premier *foral*, octroyé par Dinis, date de 1292. Grâce à la proximité de la frontière, elle devint une place forte d'envergure et, simultanément, un lieu d'échanges commerciaux. Manuel Ier protégea et essaya de développer Moura, dotant la ville d'une nouvelle église *matriz* et d'un nouvel *alcácer*. Il commanda aussi des travaux dans d'autres institutions, notamment au couvent des Carmes (Carmo).

X.6.a **Château**

On y accède par la Praça Sacadura Cabral. Classé Édifice d'intérêt public. Renseignements: Office de tourisme, tél. 285 251354.

Les origines du vieux château de Moura remontent à la période de domination islamique et il est plus que probable qu'il ait été largement amélioré pendant le XIIe siècle. De cette époque subsistent quelques vestiges d'une muraille en pisé avec ses tours cylindriques ou cubiques. D'autres travaux conséquents sont intervenus pendant le règne du roi Dinis, dans les dernières années du XIIIe siècle, dont il reste les fondations du vieux donjon de la *alcáçova*. Manuel Ier ordonna une réforme complète. Le maître des œuvres royales, Francisco de Arruda, fut chargé du projet et de son exécution, qui doit dater des années 1510 -1520.

X.6.b Saint-Jean-Baptiste, église matriz

Praça Sacadura Cabral. Classée Monument national.
Horaires: tous les jours de 9:00 à 18:00.

L'édifice primitif de cette église datait du XVe siècle. Elle n'était alors qu'une petite *ermida*, l'église *matriz* se trouvant à l'époque à l'intérieur du château. Mais le roi Manuel Ier fit construire une nouvelle église à partir des fondations, et il ne reste plus rien de la première. Ce nouveau temple manuélin était l'un des plus importants de l'est de l'Alentejo; sa structure rappelait celle de l'église *matriz* de Golegã, elle aussi construite sous égide royale, au moins en partie.

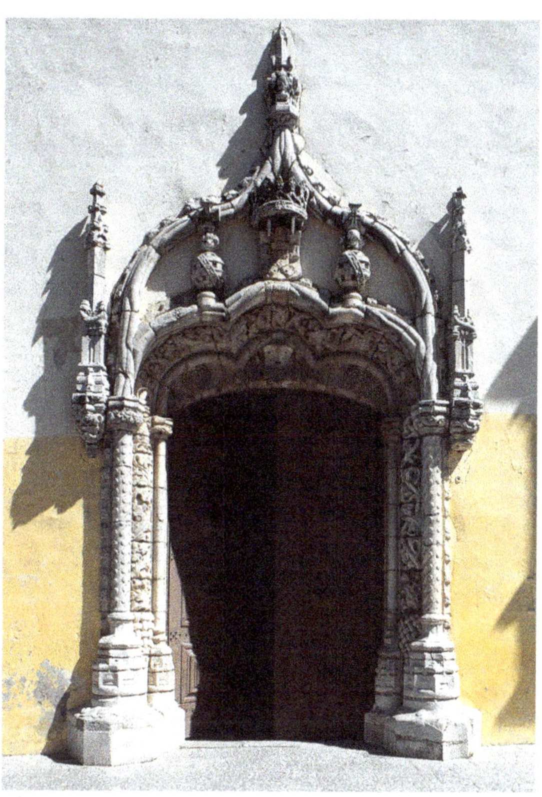
R.C.

Saint-Jean-Baptiste, église matriz, portail, de Moura.

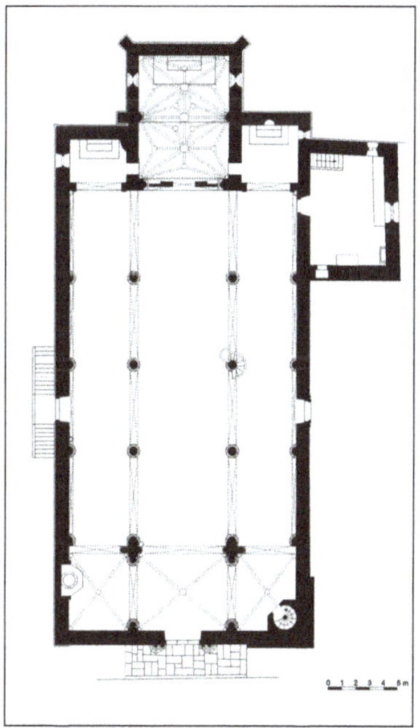

Saint-Jean-Baptiste, église matriz de Moura, plan, Boletim da Direcção-Geral dos Edifícios e Monumentos Nacionais, nº 45.

Si l'extérieur de l'église Saint-Jean-Baptiste est sobre, avec une forte tour latérale et un portail central presque identique à celui de l'église *matriz* de Viana do Alentejo, l'intérieur est magnifique. D'élégantes arcades reposant sur des piliers divisent les trois nefs à cinq travées sans transept saillant; le chevet est triple, et le chœur est couvert d'une belle voûte à nervures ogivales avec deux travées et des clés d'une excellente facture; on admirera aussi l'abondante décoration phytomorphique. Le chœur supérieur, la chaire et le portail

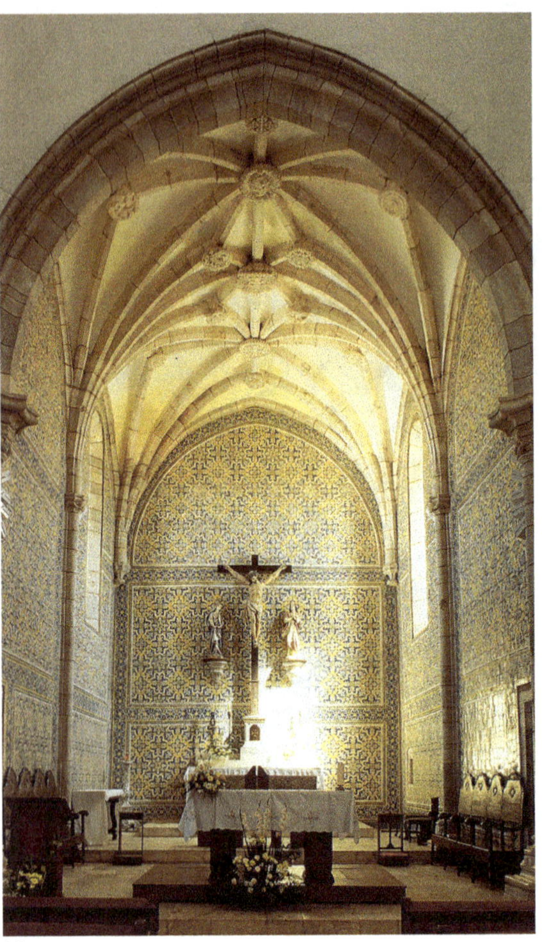

A.C.

Saint-Jean-Baptiste, église matriz, chœur, Moura.

latéral sont également de l'époque manuéline, avec une très belle décoration naturaliste.

Le Saut du Loup, la cataracte du Guadiana

Entre les villes de Serpa et Mértola, ce fleuve forme une impressionnante chute d'eau qui, en se jetant avec un horrible vacarme, étourdit et terrifie ceux qui s'en approchent.
*Duarte Nunes de Leão, parlant de ces chutes (*Descripção do Reino de Portugal*), écrivait, en 1599: "La où il se précipite [le Guadiana], on l'appelle Assonjo ("chute, cascade, cataracte, saut, etc.") pour le grand bruit et le vacarme que fait l'eau en tombant d'un lieu si étroit et si haut puisqu'il y a, de ce lieu jusqu'au gouffre, seize brasses.*
En effet, le fleuve tombe dans un gouffre qui a environ cent mètres de large et quatre-vingts brasses (173 mètres) de profondeur, alors qu'il coulait, peu avant, dans deux bras si étroits que chacun ne dépassait pas un mètre de large. En s'unissant peu après, ils passent sous un pont en pierre, édifié par la nature, et qui permet le passage entre les deux rives du fleuve.
À ces chutes, on donne le nom de Saut du Loup.

Pinho Leal,
Portugal Antigo e Moderno,
vol. IX, Lisbonne, 1871.

LA REINE D.ª LEONOR

Pedro Dias

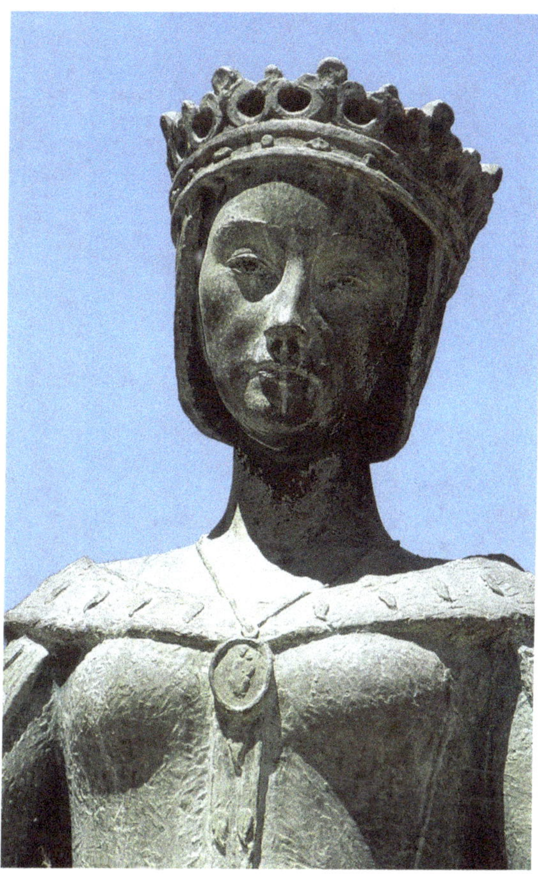
Statue de la reine D.ª Leonor, Beja.

La reine D.ª Leonor est l'une des figures majeures de l'histoire du Portugal dans la seconde moitié du XVe siècle et le premier quart du XVIe. Née en 1458, elle était la fille des ducs de Beja, D. Fernando et D.ª Beatriz —de ce fait doublement descendante des rois de Portugal. Par son mariage avec Jean II, fils d'Alphonse V, en 1473, elle devint princesse, puis reine à la mort de son beau-père.

Elle vécut intensément les péripéties du règne de son mari, en particulier le complot mené par les ducs de Bragance et de Viseu et qui se termina par la mort des deux conjurés. Avec l'aide de sa mère, elle réussit à sauvegarder son frère, D. Manuel, ce qui permit à celui-ci d'accéder au trône en 1495.

De son mariage avec Jean II, elle n'eut qu'un fils, l'infant Alphonse, qui périt dans un accident à Santarém. Pour écarter le bâtard de Jean II, D. Jorge de Lancastre, qui se profilait comme le successeur de son père, elle mit tout en œuvre pour que son mari nommât son frère, Manuel, héritier du trône, ce qui arriva effectivement.

Possédant d'innombrables biens et seigneuries, régente du royaume pendant les absences de son frère, elle se consacra également à des œuvres de charité, et c'est pendant un voyage du roi Manuel en Castille qu'elle fonda la première *Misericórdia*. Comme elle aimait beaucoup les arts, elle acheta dans toute l'Europe des œuvres des meilleurs artistes et constitua dans le couvent de la Mère de Dieu de Xabregas, à Lisbonne, une véritable collection où se côtoyaient les faïences émaillées de Florence, des ateliers de Della Robbia, et la meilleure peinture flamande de Quentin Metsys, sans parler de l'orfèvrerie et des objets précieux provenant d'Orient.

Elle décéda en 1525, déjà pendant le règne de Jean III.

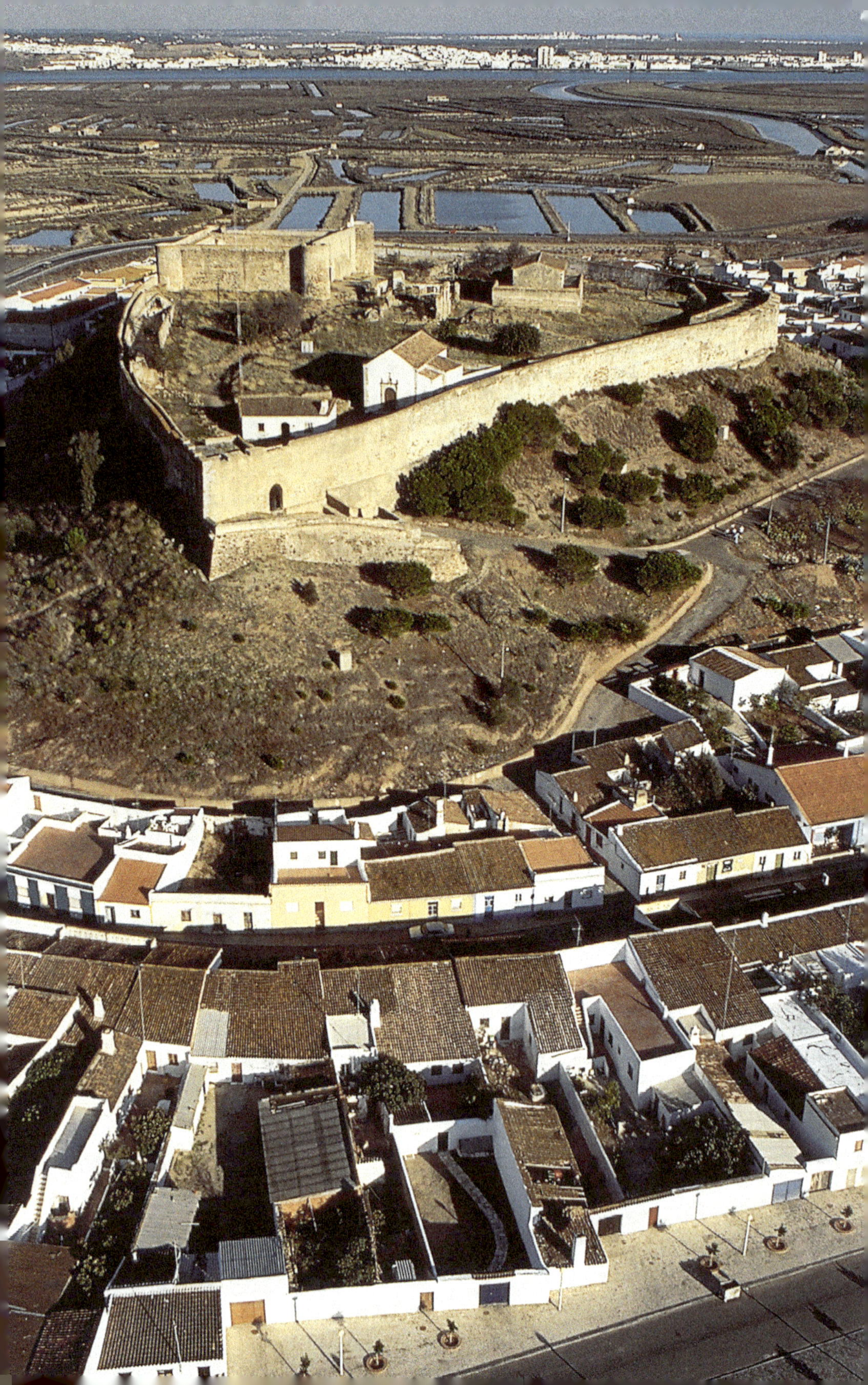

Algarve

**Pedro Dias, Dalila Rodrigues,
Nuno Vassallo e Silva, Fernando Grilo**

Premier jour

XI.1 CASTRO MARIM
- XI.1.a Château

XI.2 TAVIRA
- XI.2.a Église paroissiale Sainte-Marie du Château
- XI.2.b Église Saint-Joseph

XI.3 FARO
- XI.3.a Remparts
- XI.3.b Cathédrale

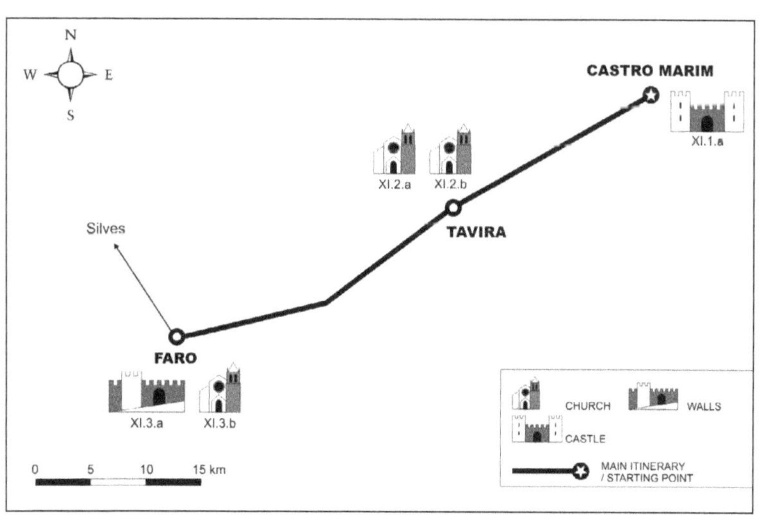

Vue aérienne de Castro Marim.

Castro Marim.

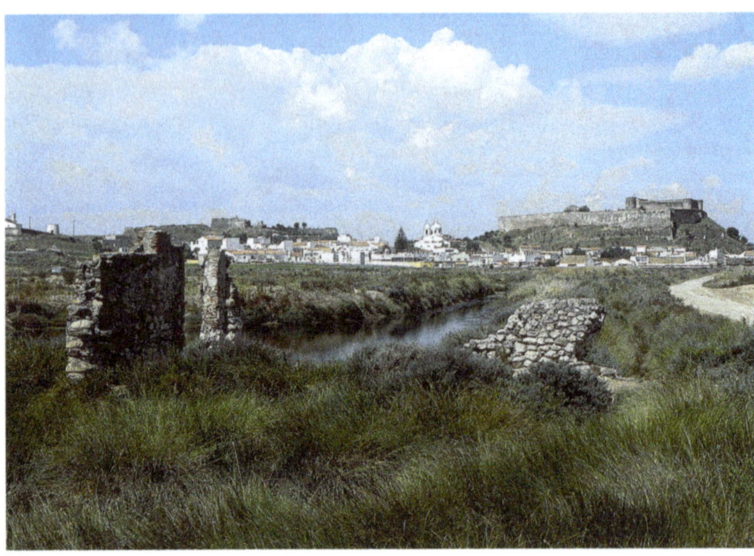

R.C.

L'histoire de l'Algarve (de l'arabe *al-Gharb*, "couchant") est profondément liée aux découvertes maritimes. Le fait qu'elle se trouve à l'extrême sud du pays et même de l'Europe, dans le passage obligé entre l'Atlantique nord et la Méditerranée, a fait de cette région, depuis trois millénaires, une plaque tournante d'hommes et de cultures. Des Phéniciens et des Carthaginois, des Grecs et des Romains, des Goths, des Maghrébins des Mauritaniens y séjournèrent, jusqu'à ce que, au XIIIe siècle, le territoire musulman du Gharb soit intégré dans la couronne portugaise. Aujourd'hui encore, l'Algarve présente des caractéristiques propres, étant la seule région du Portugal qui se distingue vraiment des autres, ce qui est déterminé par sa propre géographie.

L'infant Henri le Navigateur, le véritable initiateur de l'aventure maritime, s'installa près de Sagres. Sur les eaux qui entourent ce cap, on expérimenta les nouvelles méthodes de navigation et les nouveaux instruments nautiques. La longue tradition de pêche et de commerce des gens de l'Algarve facilita leur participation au mouvement des Découvertes, et presque toutes les familles de la région envoyèrent leurs fils en mer.

L'appui de l'Algarve fut fondamental pour le maintien de la domination sur les places fortes du Maroc et sur les îles atlantiques, en leur fournissant constamment de la nourriture, des produits commerciaux, des matériaux de construction et surtout des hommes armés.

Tavira et Lagos, surtout, mais aussi Silves, Loulé, Faro et Cacela grandirent, s'enrichirent, et s'ennoblirent avec des édifices qui rivalisaient en beauté et en technique avec ceux, plus anciens, de l'époque islamique. Ainsi pouvons-nous aujourd'hui parcourir des lieux mythiques comme la pointe de Sagres – qui a maintenant son musée – ou d'autres plus prosaïques comme Lagos, avec ses murailles manuélines et le marché des esclaves, ou encore Tavira, la ville des canaux, port par excellence et premier refuge des malheureux Marocains.

Le roi Manuel Ier éprouva pour l'Algarve une tendresse exceptionnelle car il lui était reconnaissant du rôle joué par ses habitants dans les Découvertes; il en favorisa les villes en promouvant des entreprises publiques, caritatives et religieuses. Les tremblements de terre survenus plus tard détruisirent une grande partie de ces œuvres, mais la mémoire manuéline ne s'effaça jamais complètement.

XI.1 CASTRO MARIM

L'agglomération entra définitivement dans l'orbite portugaise au XIIIe siècle, en 1242, pendant le règne d'Alphonse III qui lui donna un *foral*. Celui-ci fut plus tard confirmé par le roi Dinis en 1282, puis par Manuel en 1504.

Le roi Dinis y établit le siège de l'ordre du Christ quand celui-ci remplaça sur le territoire national l'ordre des Templiers, en 1319. Il s'y maintint jusqu'en 1334, année où il rejoignit Tomar. À l'époque manuéline, Castro Marim était la principale défense du fleuve Guadiana et joua un important rôle d'appui aux places portugaises d'Afrique du Nord.

XI.1.a Château

Situé sur la colline qui domine Castro Marim. Classé Monument national. Renseignements: Office de tourisme, tél. 281 531232. Horaires: de 9:00 à 17:00 en hiver et de 9:00 à 19:00 d'avril à octobre.

Des vestiges d'une occupation qui remonte à l'âge du fer furent trouvés sur les lieux du château. Les fortifications primitives furent remplacées au fur et à mesure, tout au long du Moyen Âge; leur aspect à l'époque manuéline nous est très bien connu grâce aux deux dessins faits par Duarte d'Armas dans son *Livre des Forteresses*. À l'époque, outre le châtelet quadrangulaire avec les tours rondes aux quatre coins, toujours sur pied de nos jours, il y avait un haut donjon et des *barbacãs* pour défendre les portes, ainsi qu'une enceinte plus basse et irrégulière.

Pour aller à Tavira, suivez la Via do Infante (I P1). La sortie est signalée, ainsi que l'accès à Tavira par la route 309.

XI.2 TAVIRA

La conquête de Tavira par Paio Correia eut lieu en 1242. La ville fut offerte à l'ordre de Santiago deux ans après. Il semble que les opérations militaires aient été très violentes, et qu'on ait détruit alors non seulement l'essentiel des for-

A.C.

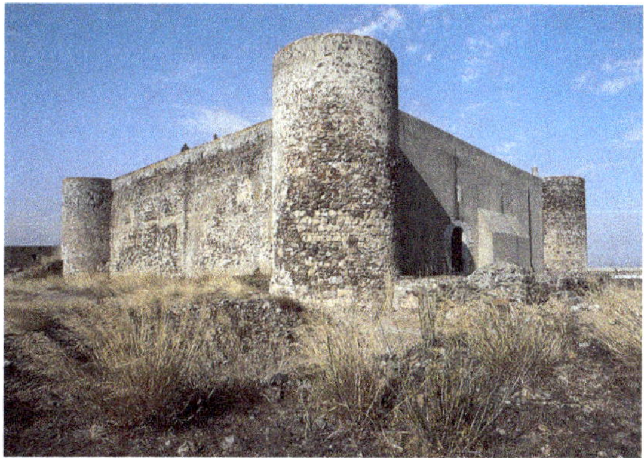

Château de Castro Marim.

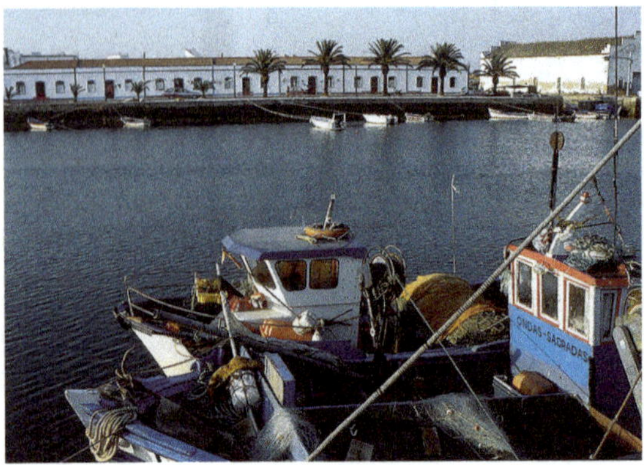

A.C.

Rio Gilão, Tavira.

tifications, mais aussi la plupart des habitations populaires.

La première reconstruction du château intervint encore pendant le règne d'Alphonse III, vers 1266, et Tavira fut la première ville de l'Algarve à obtenir un *foral*. Elle devint très vite le plus important centre de l'Algarve, étant un grand port de pêche et de commerce régional, et le mouillage presque obligé des embarcations qui se dirigeaient vers le Maroc.

À l'époque manuéline, c'était une ville florissante avec un va-et-vient constant de bateaux, car c'était de là que partaient les navires pour le Maghreb, notamment ceux qui emportaient des hommes, des munitions et des matériaux de construction. C'est ce développement qui conduisit Manuel Ier à l'élever à la catégorie de chef-lieu en 1520.

Les constructions manuélines et celles des époques précédentes disparurent presque toutes à la suite des différents séismes à forte intensité – mais aussi à cause des progrès des temps modernes, qui perfectionnèrent et multiplièrent les équipements industriels, religieux et administratifs. En outre, ses habitants, enrichis par la pêche et le commerce, voulurent améliorer leurs habitations, car le confort de la nouvelle époque impliquait des commodités et des luxes qui n'existaient pas à la fin du Moyen Âge. On trouve malgré tout des vestiges gothiques dans des églises comme celles de Sainte-Marie du Château, ou manuélins comme dans celle de Saint-Joseph, ainsi que dans quelques maisons qui se trouvent le long du Rio Gilão avec des fenêtres aux linteaux en forme d'accolade.

A.C.

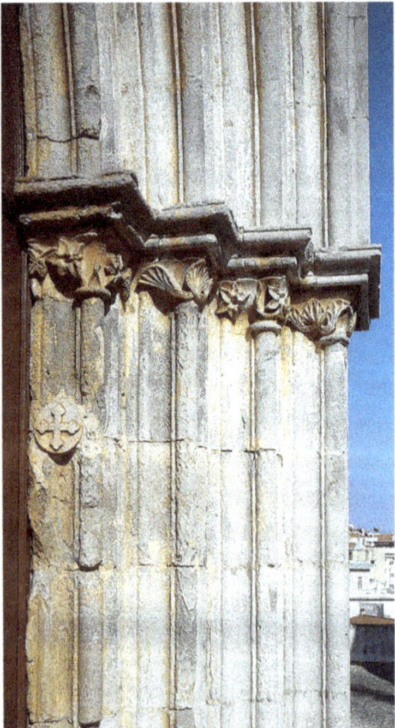

Église Sainte-Marie du Château, détail du portail, Tavira.

XI.2.a **Église paroissiale Sainte-Marie du Château**

Alto de Santa Maria, Largo Dr Jorge Correia, tél. 281 325707. Classée Monument national. Horaires: tous les jours de 10:00 à 17:30 en hiver, et de 10:00 à 19:00 en été.

C'est certainement l'édifice religieux le plus ancien de la ville, puisque sa structure date du XIIIe siècle. Il conserve des éléments gothiques traditionnels, notamment les voûtes latérales. La chapelle du Senhor dos Passos est de l'époque manuéline, avec une voûte à nervures sophistiquée et, outre celle de l'ordre du Christ, les armoiries des commanditaires sur les clés.

XI.2.b **Église Saint-Joseph**

Praça Zacarias Guerreiro. Pour visiter l'intérieur de l'église, il faut demander l'autorisation à la Miséricorde de Tavira, tél. 281 322268.

Dans cette église sont aujourd'hui intégrés les restes de l'ancienne chapelle manuéline Saint-Blaise où la confrérie locale de la Miséricorde établit son premier siège. Il s'agit d'éléments séparés qui servent désormais de dépendances à l'église du XVIIIe siècle. Ils ont un caractère populaire et il faut noter les voûtes des deux chapelles, dont l'une comporte les armoiries de familles de la noblesse locale.

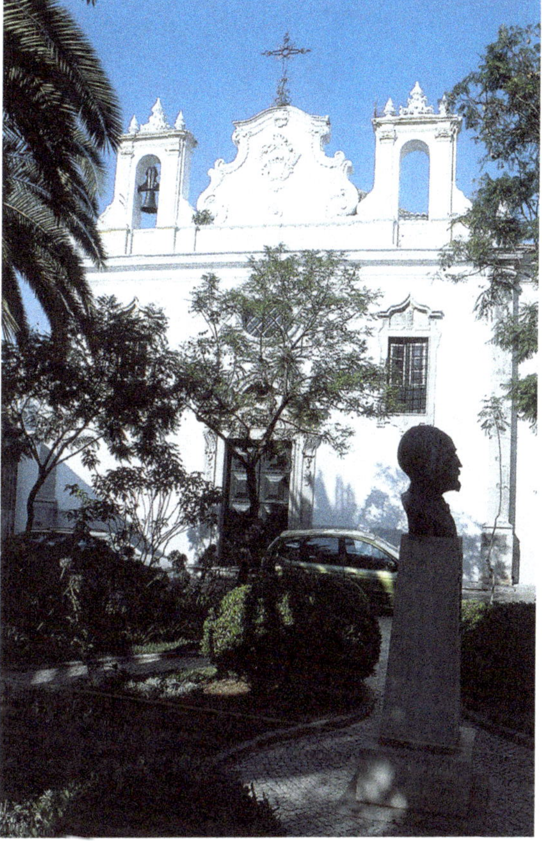

A.C.

Église Saint-Joseph, Tavira.

Suivez la route N 125 en direction d'Olhão/Faro.

Parc naturel de la Ria Formosa

S'étendant sur environ 60 km le long de la côte de l'Algarve, le parc occupe une superficie d'à peu près 18 ha. Un cordon d'îles et de péninsules de sable protège une lagune avec un labyrinthe de marécages, de canaux et d'îlots. Des milliers d'oiseaux y font leur nid et se nourrissent sur les dunes. De nombreuses espèces botaniques le transforment en un véritable centre d'intérêt scientifique.
Vous pouvez faire une visite du parc et choisir un des sentiers balisés du Centro Ambiental de Castro Marim, ou faire une promenade en barque sur la Ria Formosa.
Renseignements: Centro de Educação Ambiental de Castro Marim, 8700, Olhão, tél. 289 704134/5.

Remparts de Faro.

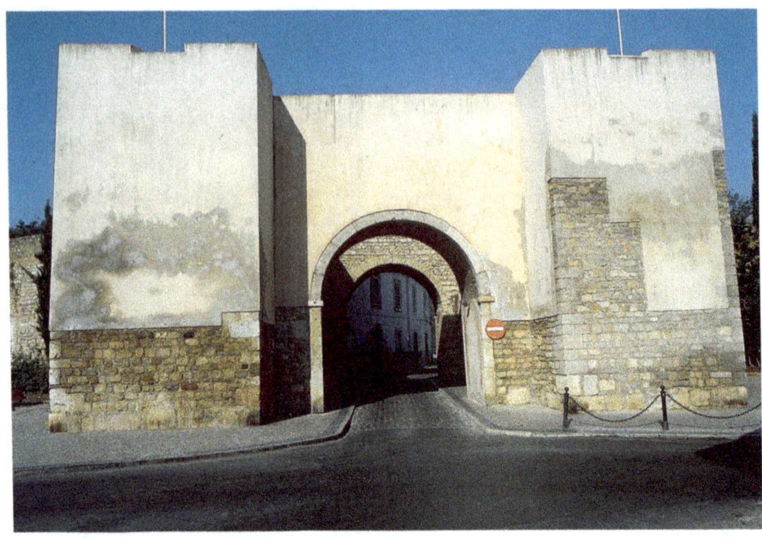

XI.3 **FARO**

La ville de Faro fut l'une des plus importantes du Gharb islamique et atteignit son apogée comme entrepôt commerçant entre la Méditerranée et l'Atlantique au XIIe siècle. Très marquée par le tracé des urbanistes de l'Empire romain, elle fut arabisée après 713. En 1249, elle fut définitivement conquise par Alphonse III et reçut son premier *foral* en 1266.

Jusqu'au règne de Manuel Ier, sa structure urbaine resta presque inchangée puisque la ville perdit de son importance alors que d'autres comme Tavira et Silves l'avaient supplantée. Au XVe siècle, une importante colonie juive y habitait et elle y installa une typographie où l'on imprima le plus ancien *incunable* portugais en 1487. Manuel Ier donna un nouveau *foral* à la ville en 1504.

Si vous laissez la voiture dans le parc de stationnement gratuit du Largo de São Francisco, vous pourrez visiter à pied les remparts et l'enceinte où se trouve la cathédrale.

XI.3.a **Remparts**

On peut commencer la visite par le Largo de São Francisco. Les rempart sont classés Édifice d'intérêt public.
Renseignements: Office de tourisme, tél. 289 800400.

Les remparts qui nous sont parvenus furent considérablement modifiés sous le règne de Manuel Ier, mais leur origine est bien plus ancienne. Leur structure générale est arabe, de la période des émirs, comme tendent à le montrer les bases de quelques-unes des tours restantes, et même la porte de la ville avec son arc outrepassé. À l'époque almohade, on peut aussi attribuer, selon toute vraisemblance,

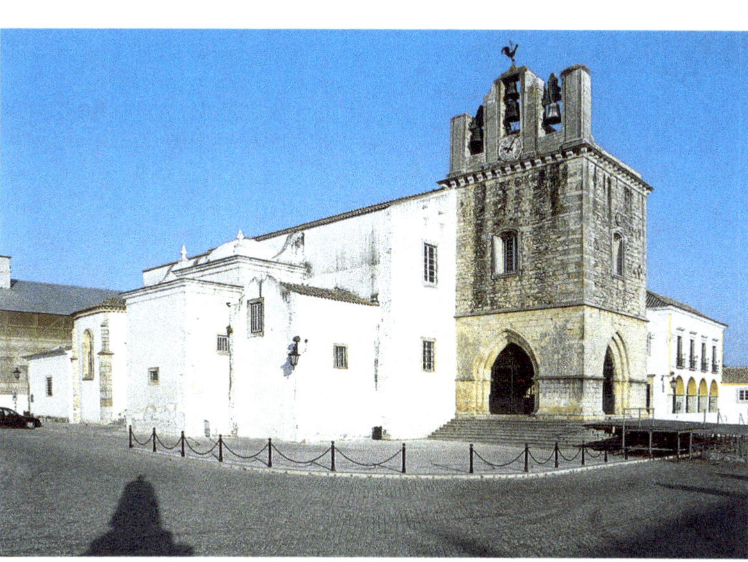
A.C.

Cathédrale de Faro.

les structures des deux tours d'enceinte qui se trouvent près de ce qu'on appelle l'Arco do Repouso (arc du repos).

XI.3.b **Cathédrale**

Largo da Sé. Classée Édifice d'intérêt public. Renseignements: tél. 289 806632.

À l'époque manuéline, cette église n'était qu'une *matriz,* étant donné que la seule cathédrale de l'Algarve était celle de Silves. Commencée au XIIIe siècle, ce que l'on peut voir est déjà du XVe et du début du XVIe, comme la tour de la façade principale et les deux chapelles du transept. Tout le reste fut détruit par des tremblements de terre et reconstruit dans d'autres styles. Le corps à trois nefs qui existait au temps de Manuel Ier fut également détruit et modernisé.

Suivez la route N 125 jusqu'à Lagoa, continuez par la route N 124-1 jusqu'à Silves.

Algarve

Pedro Dias, Dalila Rodrigues,
Nuno Vassallo e Silva, Fernando Grilo

Deuxième jour

XI.4 SILVES

XI.4.a Croix du Portugal (Cruz de Portugal)
XI.4.b Cathédrale

XI.5 ALVOR (option)

XI.5.a Le Divin Sauveur, église matriz

XI.6 LAGOS

XI.6.a Centre historique
XI.6.b Remparts

XI.7 RAPOSEIRA

XI.7.a Église Notre-Dame de Guadalupe

XI.8 SAGRES

XI.8.a Forteresse et promontoire

L'infant Henri, le Navigateur

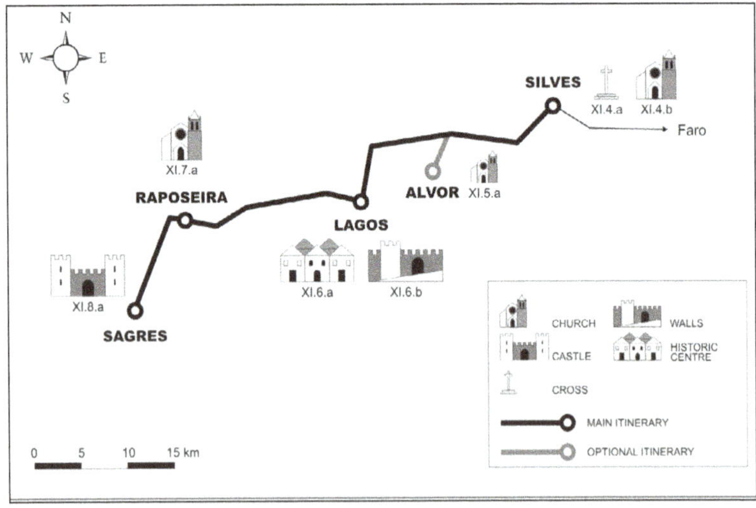

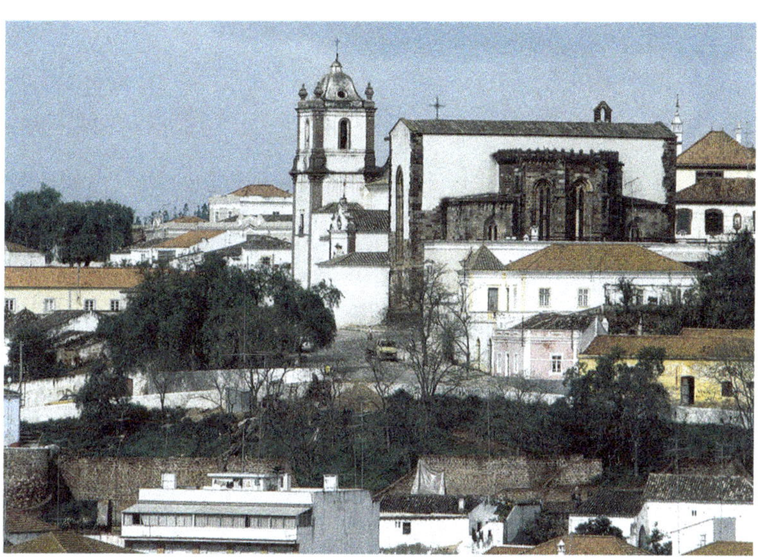

R.C.

Centre historique de Silves.

XI.4 SILVES

Renseignements: Office de tourisme, tél. 282 442255.

Ce fut sans doute la plus importante ville musulmane du sud de l'actuel territoire portugais. Avec une occupation qui remonte à l'âge du bronze, elle fut conquise aux Maures par Sanche Ier en 1189. Reprise par les Maures peu de temps après, elle fut reconquise par Alphonse III en 1240. Elle perdit ensuite de son importance au profit d'autres agglomérations du littoral; mais comme elle était le siège du diocèse de l'Algarve et qu'elle disposait d'un très puissant château, elle maintint un éclat constant. Manuel Ier le reconnut et y fit construire une cathédrale de grandes dimensions, ainsi que d'autres édifices, notamment dans le château.

XI.4.a **Croix du Portugal (Cruz de Portugal)**

Elle se trouve dans la zone basse de Silves, près de la route nationale 124. Classée Monument national.

La Croix du Portugal est le plus beau calvaire manuélin conservé de nos jours. Des documents anciens nous apprennent que les peuples d'Europe avaient l'habitude d'élever des calvaires pour marquer le territoire sacré; sur le sol portugais, ceux qui atteignirent la beauté de celui-ci sont très rares. Il est en calcaire jauni, avec une croix de découpe gothique dont les branches portent des décorations de feuillages en forme de boule. Cette croix est sur un petit temple et celui-ci sur une colonne également sculptée à profusion. D'un côté de la colonne, il y a une sculpture du Christ en croix et de l'autre une Pietà avec la Vierge tenant le corps de son fils mort.

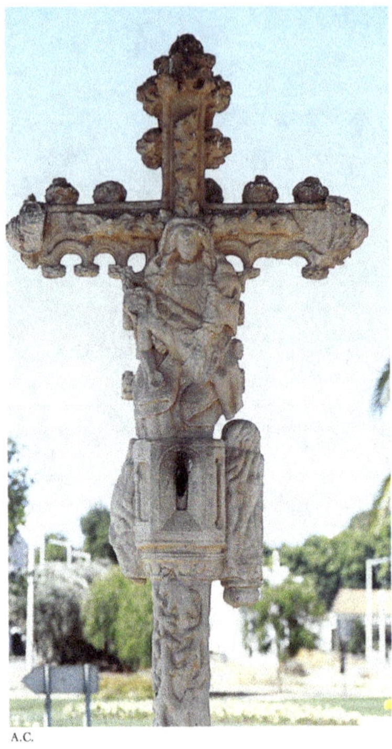
A.C.

Croix du Portugal, Silves.

XI.4.b **Cathédrale**

Rua da Sé. Classée Monument national. Renseignements: maison paroissiale, tél. 282 44 2472.
Horaires: tous les jours de 8:30 à 18:30.

La construction de la cathédrale commença sous le règne d'Alphonse V, sur un sanctuaire antérieur du XIIe siècle, mais il fallut bien des décennies avant qu'elle ne soit terminée. Quand Manuel Ier passa par la ville en 1499, il fit tout refaire avec plus de grandeur puisque l'église, qui était encore en cours d'édification, lui parut trop petite. D'après ce que l'on voit aujourd'hui, nous pouvons conclure que ce fut à cette époque que l'on éleva les arcs qui divisent les nefs, que l'on termina les murs latéraux du corps central et la façade principale, et que l'on plaça la couverture en bois en deçà du transept. C'est une architecture très sobre et dépouillée, mais d'un beau

A.C.
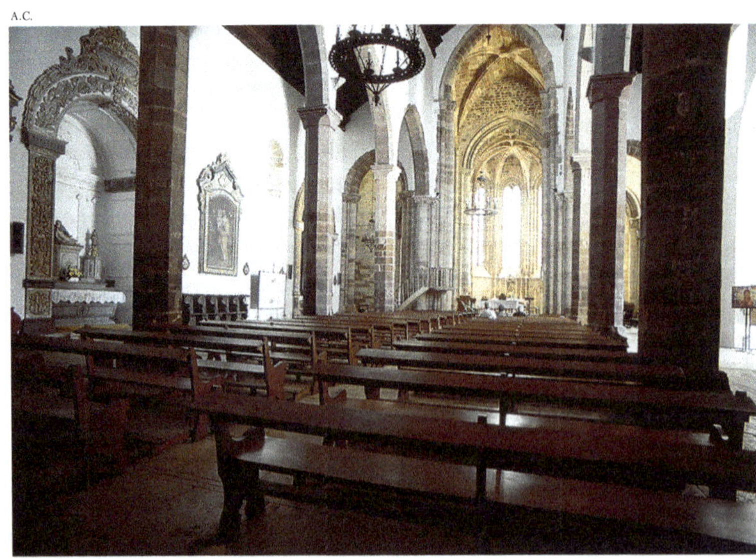

Cathédrale, intérieur, Silves.

Cathédrale de Silves.

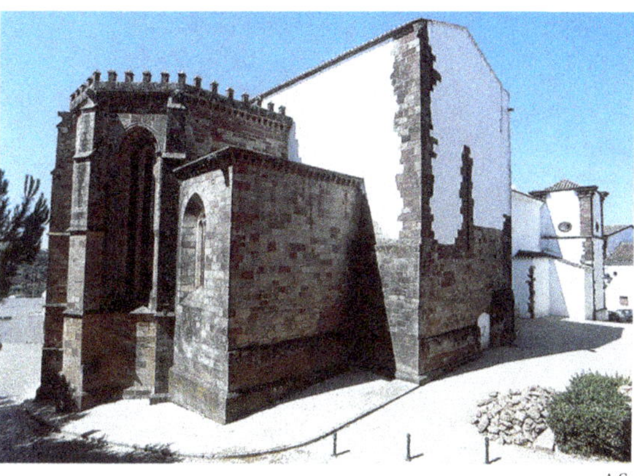

A.C.

dessin, très loin des genres décoratifs plus populaires et exubérants des églises paroissiales de la région.
Elle a trois nefs divisées par des piliers qui supportent une couverture en bois. Le corps central est relié par un large transept au chevet triple qui est encore dans un gothique traditionnel du XVe siècle, du type de celui de Batalha.

Reprenez la route N 124-1 jusqu'à Lagoa. Prenez alors la route N 125 jusqu'à Portumão. Suivez les panneaux indicateurs pour Alvor.

XI.5 **ALVOR** (option)

XI.5.a **Le Divin Sauveur, église matriz**

Largo da Igreja, tél. 282 459151. Les portails sont classés Édifice d'intérêt public. Horaires: tous les jours de 9:00 à 21:00. Le samedi, on y célèbre la messe en anglais, vers 18:00.

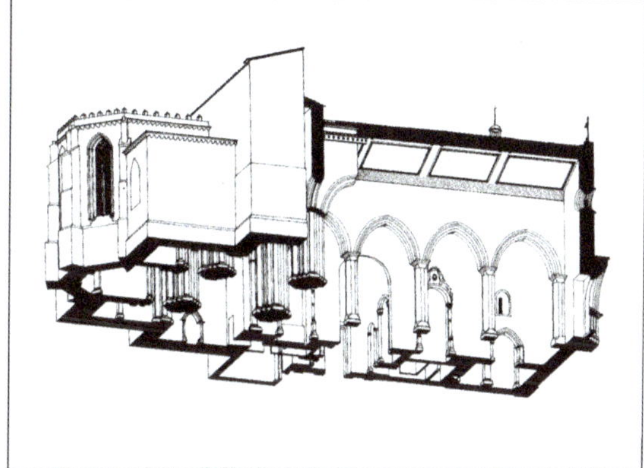

Cathédrale de Silves, perspective axionométrique, Catálogo de la XVII Exposição Europeia de Arte, Ciência e Cultura "Os Descobrimentos Portugueses e a Europa do Renascimento", Lisbonne, 1983.

C'est l'une des rares églises manuélines de l'Algarve qui garde sa structure pratiquement intacte. Le portail principal est le plus beau et le plus complexe de la région. Un tronc ramifié composant les colonnes extérieures et la *voussure* principale enveloppe tout l'encadrement, qui comprend aussi une autre *archivolte* et une colonne lisse au milieu d'une séquence de colonnes simples avec des scènes sculptées sur six niveaux superposés de chaque côté. L'intérieur de l'église est à trois nefs de quatre travées, séparées par des arcades semi-circulaires posées sur des colonnes cylindriques avec de grandes bases et des chapiteaux en forme de couronne, décorés de feuillages et tous différents les uns des autres. Du chevet manuélin ne subsiste que l'*arc triomphal* du chœur.

Reprenez la route N 125 jusqu'à Lagos.

XI.6 **LAGOS**

Son origine remonte au moins à l'époque romaine. Pendant la période de domination islamique, Lagos fut aussi un noyau urbain important, mais c'est à l'époque des Découvertes que

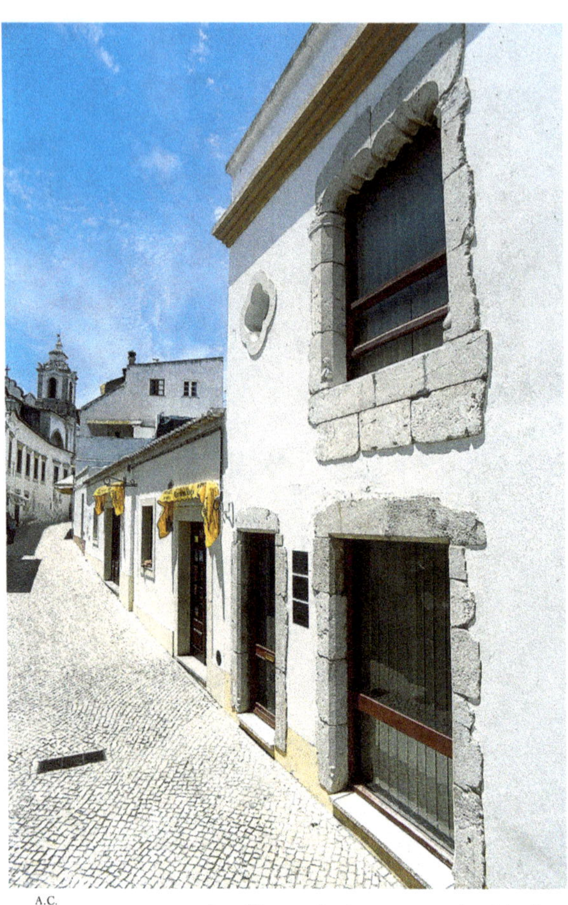

A.C.

Centre historique de Lagos.

la ville atteignit son apogée. L'infant Henri fréquenta assidûment la ville et c'est de là que partit le roi Sébastien pour la malheureuse équipée d'Alcácer-Kébir où il perdit la vie.
Pendant le XVe siècle, Lagos était le centre de la recherche navale portugaise et le point de départ et d'arrivée obligé pour les navigations atlantiques. De Lagos partirent les bateaux qui prirent Ceuta, ainsi que le bateau avec lequel Gil Eanes allait doubler, pour la première fois, le cap Bojador. Après la mort de l'infant Henri, en 1460, Lisbonne reprit complètement la première place pour les voyages intercontinentaux; trois ans plus tard, un comptoir pour le commerce avec Arguin s'installait aussi dans la capitale portugaise.
Cependant, l'importance de Lagos en tant qu'appui à l'Afrique du Nord ne faiblit jamais, et Manuel Ier lui prêta donc toujours la plus grande attention, ce qui se traduisit surtout par la reconstruction totale de ses remparts.

XI.6.a **Centre historique**

On peut réserver des visites guidées à la mairie, tél. 282 762055. Renseignements: Office de tourisme, tél. 282 763031. La maison avec la fenêtre manuéline est située dans la Rua H. Correia da Silva, n° 2.

La structure des rues du centre historique de la ville doit être proche de celle du XVIe siècle, puisque ce fut la fortification manuéline, avec ses portes de communication vers la plage et la campagne, qui en traça les lignes fondamentales. Ces dernières, à leur tour, ne devaient pas être bien différentes du tracé arabe antérieur. Étant donné l'inefficacité des défenses manuélines, des maisons d'habitation, des entrepôts et de petits ateliers occupèrent peu à peu les espaces disponibles, occultèrent la muraille et occupèrent les tours et les passages. Malgré les fréquents tremblements de terre de l'Algarve, il n'y eut jamais de changement significatif à l'intérieur des murs et on se borna à rendre plus réguliers les parvis des églises paroissiales et des ordres religieux.
Certaines maisons ont encore leur structure du XVIe siècle; l'une d'entre elles montre même une fenêtre manuéline

M.A.

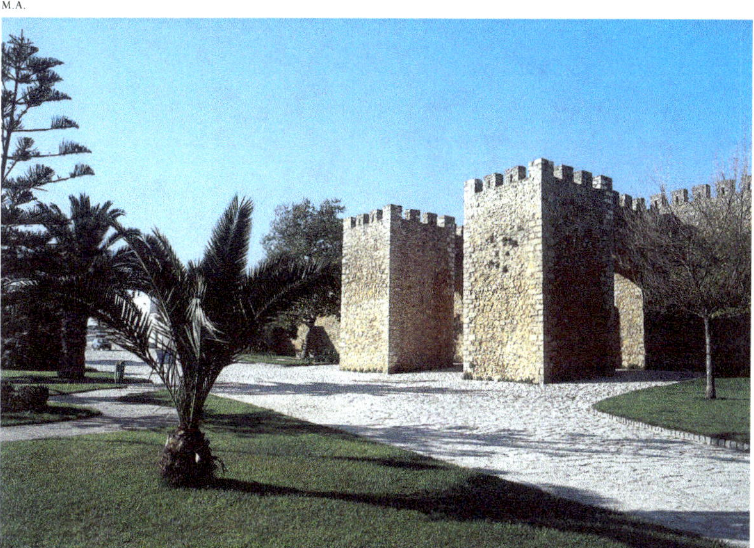

Remparts de Lagos.

qui, d'après la tradition, serait celle d'où le roi Sébastien s'adressa à ses troupes avant d'embarquer vers le Maroc en 1578.

XI.6.b **Remparts**

Jardins da Constituição. Classés Monument national. On peut réserver des visites guidées à la mairie, tél. 282 762055.

Les premiers remparts vraiment importants construits après la conquête chrétienne datent apparemment du règne d'Alphonse IV, donc de la première moitié du XIVe siècle. Cependant, ce qui est visible aujourd'hui est clairement le résultat des travaux commencés sous Manuel Ier. Ses architectes projetèrent un système traditionnel, aux grandes et hautes courtines, avec un chemin de ronde et de larges merlons, entrecoupées de tours à plan quadrangulaire et renforcées aux angles et au niveau des portes. Du côté de la *Ribeira* (rivage), on voit un front très long avec deux tours d'enceinte qui défendent la porte principale, dite de São Gonçalo, et avec, à son extrémité, un massif où, plus tard, on construisit un ravelin. Les remparts tournés vers le sud atteignent des proportions impressionnantes et l'on y éleva des bastions plus modernes, de transition, certainement lors d'une phase plus avancée des travaux.

Suivez la route N 125 en direction de Vila do Bispo. Après avoir dépassé Figueira et avant Raposeira, vous trouverez sur le côté droit l'église de Nossa Senhora de Guadalupe.

XI.7 **RAPOSEIRA**

XI.7.a **Église Notre-Dame de Guadalupe**

Quinta de Guadalupe, au bord de la route N 125. Classée Monument national. Horaires: de 9:30 à 12:30 et de 14:00 à 17:00 sauf le lundi.

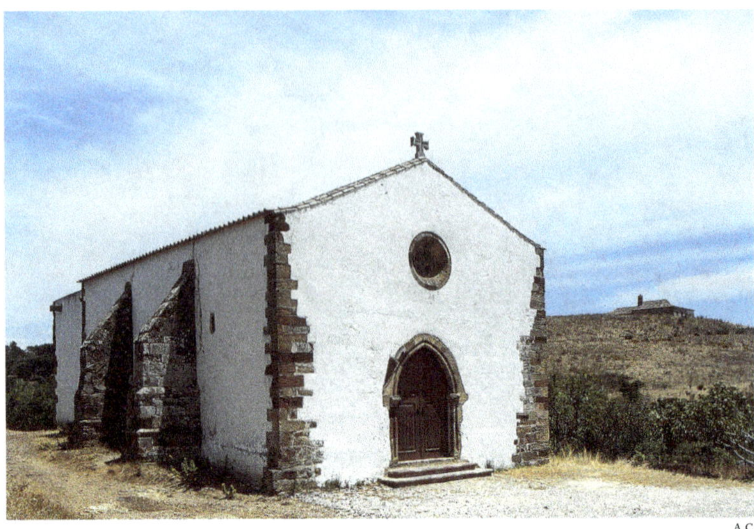

Église Notre-Dame de Guadalupe, Raposeira.

A.C.

Il s'agit de l'église qui, en Algarve, est la plus archaïsante de toutes celles qui datent du règne de Manuel Ier. Ce fait incita même certains auteurs à la dater de périodes antérieures. Nous savons qu'il y avait déjà ici une autre église, construite probablement à l'initiative de l'infant Henri, vers le milieu du XVe siècle, puisqu'il séjournait fréquemment tout près, dans son palais ou *quinta*.

Le maître constructeur de cette église était vraisemblablement un homme de faibles ressources architecturales et il dut certainement utiliser la structure ancienne. La décoration fut réalisée par des artisans populaires, ce qui confère aux motifs érudits un caractère rustique.

L'extérieur est très simple et la façade principale a juste un portail archaïsant avec un arc ogival et un œil de bœuf rond au-dessus. Sur les côtés, il y a des contreforts à paliers. À l'intérieur, seul le chœur est voûté.

Il faut reprendre la route N 125 jusqu'à Vila do Bispo. Continuez par la route N 268 jusqu'à Sagres.

XI.8 SAGRES

Office de tourisme, tél. 282 624873.

XI.8.a Forteresse et promontoire

Horaires: de 10:00 à 18:00 en hiver et de 10:00 à 20:30 en été (de mai à septembre). On pourra visiter un ensemble architectural récent qui abrite des expositions temporaires et des expositions didactiques sur le lieu.

Sagres est marquée par son promontoire, par sa forteresse et surtout par sa légende. C'est là que l'infant Henri aurait installé la célèbre École de Sagres où l'on étudiait l'art de la navigation et où l'on entraînait les navigateurs. Même si cette tradition fut démentie avec de solides des arguments, le lieu demeure mythique. En vérité, l'infant Henri avait établi une de ses résidences pas très loin, à Raposeira où il avait une *quinta*. On ne peut pas nier vraiment que, au large des caps de Sagres et de São Vicente, des techniques et des instruments de navigation aient été expérimentés.

À l'époque manuéline, il y avait déjà en ces lieux une agglomération suffisamment grande pour que le roi la fît accéder au rang de paroisse. Il existait également une forteresse sur le promontoire, qui se modifia naturellement avec la construction d'un rempart qui l'isolait de la campagne. À l'intérieur de l'enceinte se trouvait une chapelle dédiée à Notre-Dame de la Grâce, des maisons d'habitation, des casernes et d'autres constructions. La fortification actuelle, plus régulière et équipée de bastions, ne fut terminée qu'en 1793.

Le Promontorium sacrum

"Sur cette pointe extrême du continent européen, où la côte s'infléchit vers le nord, sur cette terre aride et déserte, face à cette mer écumante et âpre s'accumulent pourtant, depuis les temps les plus reculés, les mémoires des hommes. Il est difficile de trouver, sur tout le globe, des lieux comme celui-ci, si isolés du monde et si remplis de grandioses souvenirs mythiques et historiques. Le voyageur cultivé est presque saisi d'une crainte religieuse et d'une émotion sacrée – si nombreuses sont les terreurs anciennes, les légendes merveilleuses et les aventures des hommes que ce lieu évoque si fortement. Pour les Grecs et les Romains, c'était le Promontorium sacrum *où, à l'heure du couchant, on pouvait voir le soleil cent fois plus grand que sur les autres parties de la Terre, et où l'on pouvait entendre le bruit énorme de*

M.A.

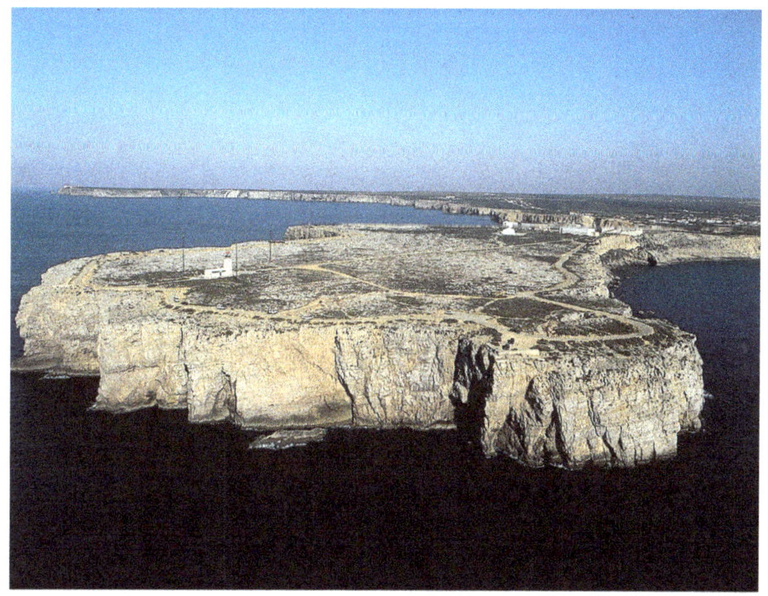

Forteresse et promontoire de Sagres.

l'astre se noyant dans les vagues. C'était sur ce lieu, comme le dit Artémidore, que les dieux 'venaient se reposer lanuit de leur travaux et de leurs voyages de par le monde'. Les chrétiens créèrent, à leur tour, un nouveau mythe – et c'est le corps de saint Vincent qui échoue sur cette grève après son martyre, et c'est d'ici que partent plus tard (en 1173) les reliques du saint pour être placées dans la cathédrale de Lisbonne.
Bien avant l'indépendance du royaume de Portugal, les chrétiens y dressèrent l'église du Corbeau, à laquelle se réfère al-Idrisi, et où les fidèles faisaient des pèlerinages et portaient des offrandes. "En haut de l'édifice – dit le géographe arabe – il y a dix corbeaux qui ne quittent jamais ces lieux; les prêtres de l'église racontent sur eux des choses qui émerveillent... il est impossible d'y aller sans prendre part au riche banquet que ceux de l'église offrent au visiteur – usage ancien auquel ils ne manquent jamais."

Sant'Ana Dioníso, Guia de Portugal, *vol. II, Lisbonne, 1927.*

Pedro Dias

L'infant Henri était le cinquième fils de Jean Ier et de son épouse, Philippa de Lancastre. Il naquit dans la ville de Porto le 4 mars 1394 et décéda à Sagres le 13 novembre 1460.

Éduqué dans le milieu de la cour portugaise où sa mère jouait un rôle de premier plan, il se voua à l'étude des lettres et humanités. Il acquit une culture remarquable, mais il n'abandonna jamais les activités de chevalerie, si à la mode parmi les princes de son temps.

À vingt et un an, il participa au premier grand fait de l'expansion territoriale portugaise, en 1415, avec la conquête de la ville nord-africaine de Ceuta. Il fut chargé de gouverner la ville et devint dès lors le principal acteur du maintien de la présence portugaise au Maroc, ainsi que des explorations atlantiques.

Fait chevalier avec une maison bien établie, ses écuyers et ses valets prirent la mer et en quelques décennies, animés d'un esprit d'expérience scientifique sans précédent, ils réussissaient à faire connaître à l'Europe les terres inconnues d'Afrique et de nombreuses îles de l'Atlantique nord. Il s'entoura de techniciens de différentes nationalités et religions; il fit la symbiose entre la culture classique qu'il avait assimilée et les nouveautés de l'expérience scientifique. C'est lui qui ouvrit la route d'une nouvelle ère dans la vie de l'humanité.

Homme pieux, mais aussi pragmatique, il traversa la mer pour combattre au Maroc. Il voyageait constamment entre la cour et l'Algarve et administrait l'ordre du Christ, qu'il mit au service des nouvelles expériences et des Découvertes.

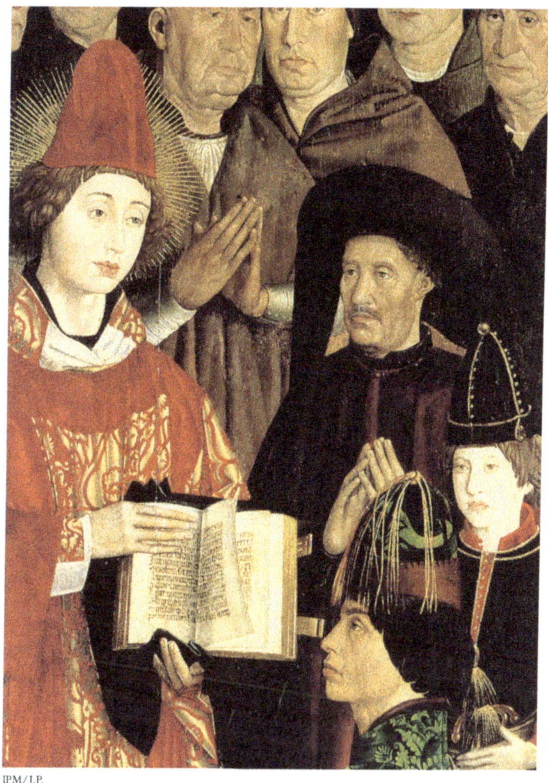

IPM/J.P.

Polyptyque de saint Vincent (panneau de l'Infant), détail, Musée national d'art ancien, Lisbonne.

Il fit venir des gens du nord de l'Europe pour peupler les îles des Açores et de Madère; il concéda des privilèges à des Italiens et des Catalans pour qu'ils l'épaulent dans son aventure et, au moment de sa mort, fatigué par une nouvelle expédition en Afrique du Nord, ses hommes atteignaient la Sierra Leone et un archipel de plus, celui du Cap-Vert. Il avait rêvé des terres du prêtre Jean et même de l'Inde; il n'y réussit pas, mais il ouvrit la route pour que les princes ses successeurs y parviennent.

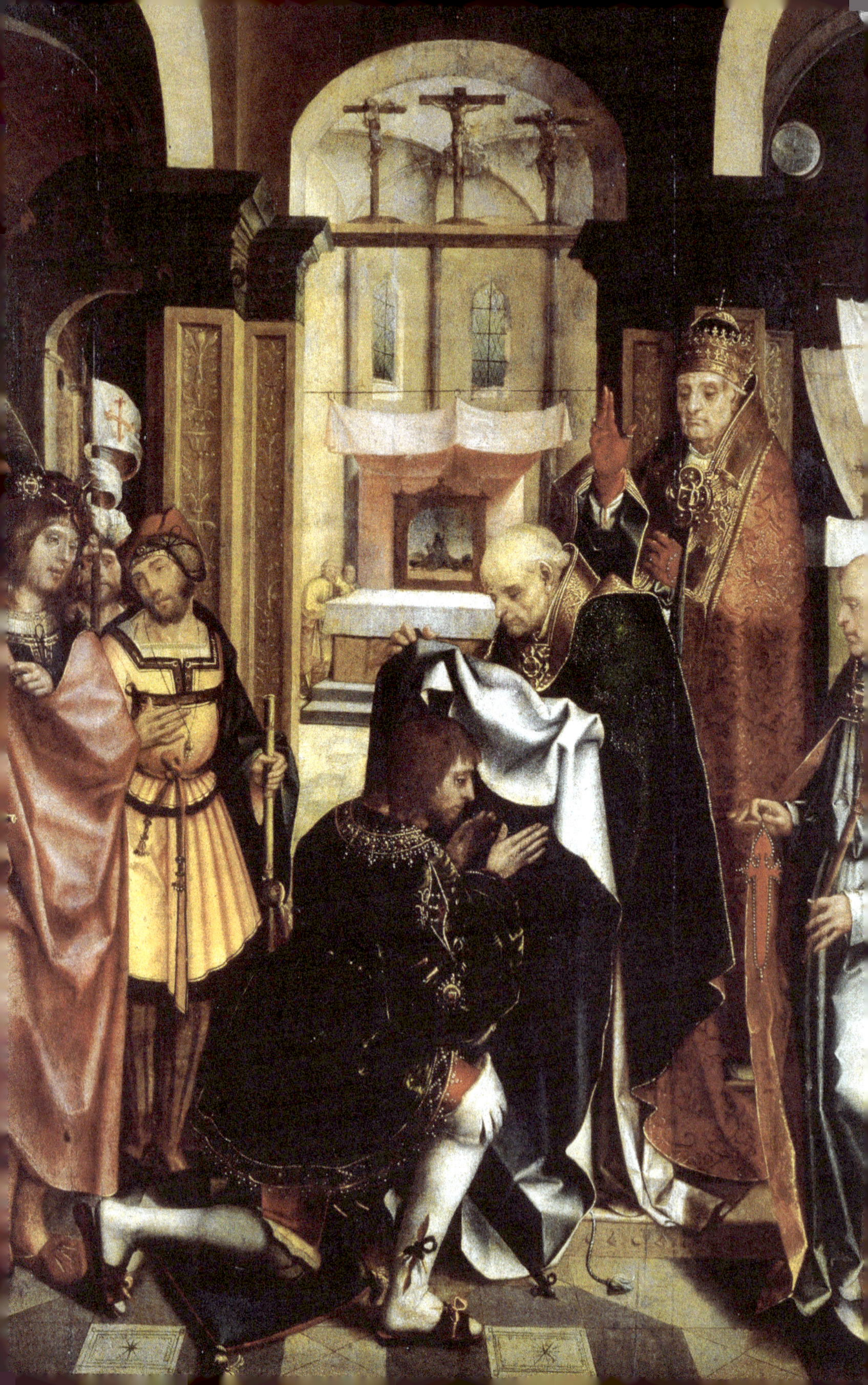

L'ordre de Santiago

Pedro Dias, Dalila Rodrigues,
Nuno Vassallo e Silva, Fernando Grilo

XII.1 SINES
- XII.1.a Château
- XII.1.b Chapelle Notre-Dame des Salles

XII.2 SANTIAGO DO CACÉM
- XII.2.a Château
- XII.2.b Saint-Jacques, église matriz

XII.3 ALCÁCER DO SAL
- XII.3.a Château

XII.4 SETÚBAL
- XII.4.a Centre historique
- XII.4.b Couvent de Jésus
- XII.4.c Musée municipal
- XII.4.d Saint-Julien, église matriz

XII.5 PALMELA
- XII.5.a Château
- XII.5.b Église Saint-Jacques

XII.6 ALCOCHETE
- XII.6.a Saint-Jean-Baptiste, église matriz

Vasco de Gama

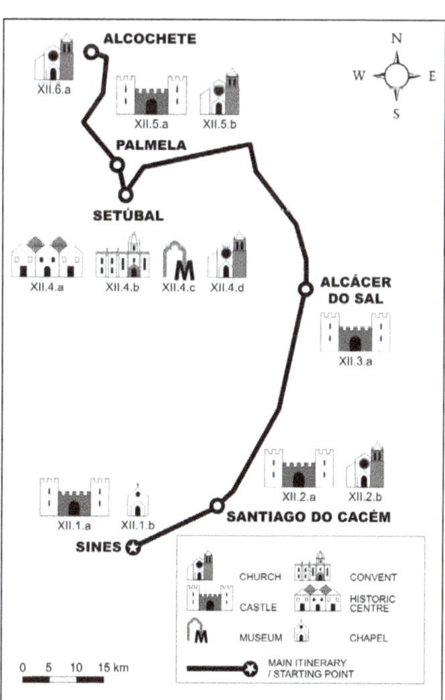

Mestre da Lourinhã, "Investiture d'un maître de l'ordre de Santiago", huile sur bois, v. 1520-1525, Musée national d'art ancien, Lisbonne.

De tous les grands ordres militaires, l'ordre de Santiago (Saint-Jacques) fut celui qui joua le rôle le plus important pendant la reconquête de la péninsule Ibérique sur les Maures. Selon la tradition, son origine remonte à l'époque du roi de León, Ramiro Ier (842-850). Cependant, l'ordre ne fut structuré que bien après, vers 1160, ce qui coïncide, d'un côté, avec l'intensification du culte de l'apôtre saint Jacques, dont on supposa que le corps avait été trouvé à Compostelle, et, de l'autre, avec les nouvelles avancées militaires vers le sud. En conséquence, Ferdinand II de León en fit un ordre tout à fait officiel en 1170 et lui concéda son premier siège dans la ville de Caceres, dans l'actuelle Estrémadure espagnole.

Au Portugal, le premier siège de l'ordre fut implanté dans la bourgade d'Arruda dos Vinhos, au temps d'Alphonse Ier qui agrandit par la suite le territoire de l'ordre en lui offrant Alcácer do Sal, Almada et Palmela – donation confirmée par son fils, Sanche Ier.

L'ordre de Santiago ou ordre de Saint-Jacques de l'Épée se divisa, plus tard, en deux, et la branche portugaise fixa son siège à Palmela qui devint le chef-lieu d'une vaste région autour des rives du Sado et qui touchait aussi bien l'Alentejo que l'estuaire du Tage.

Même si, au début du XVe siècle, d'autres ordres militaires prirent de l'importance, notamment l'ordre du Christ, il est certain que, en 1491, avec l'attribution de sa maîtrise au prince D. Jorge, fils naturel de Jean II, et son héritier présomptif après le décès tragique de l'infant Alphonse, l'ordre de Santiago devint encore plus puissant. Il s'est, de plus, adjoint d'importantes familles qui obtinrent des commanderies d'où sont issus, d'ailleurs, quelques-uns des grands acteurs de l'aventure des Découvertes, en particulier Vasco de Gama et presque tous les hommes de sa famille.

À partir de cette époque, la région fut traitée comme un domaine féodal de D. Jorge, qui continua à jouer un grand rôle dans la politique du pays, même après la montée sur le trône de son cousin D. Manuel, le duc de Beja, en 1495. Une administration éclairée développa ces villes qui étaient déjà parmi les plus prospères du royaume et qui acquirent alors de nouveaux quartiers et de nouvelles places, des monastères et des couvents, des hôtels de ville, des prisons et des entrepôts et, bien sûr, des châteaux et des églises. L'empreinte de D. Jorge est visible partout, à commencer par le château de Palmela où se trouve son tombeau, dans l'église Saint-Jacques. Ce château est un véritable emblème, étant donné sa position perchée, dominant les fertiles terrains alluviaux des rives du Sado.

Mais ces terres recèlent des vestiges encore plus anciens, aussi bien des premiers temps de l'ordre, comme les églises d'Alcácer do Sal, que de l'époque de l'occupation islamique, comme les murailles du château de cette dernière ville. Curieusement, ce fut dans ce morceau de terre portugaise que naquirent les deux plus grandes figures de l'histoire du Portugal du temps des Découvertes, le roi Manuel Ier, à Alcochete, et Vasco de Gama, à Sines.

XII.1 SINES

Nous possédons des documents qui attestent à cet endroit l'existence d'une ville depuis la période romaine, mais son importance en tant que centre de

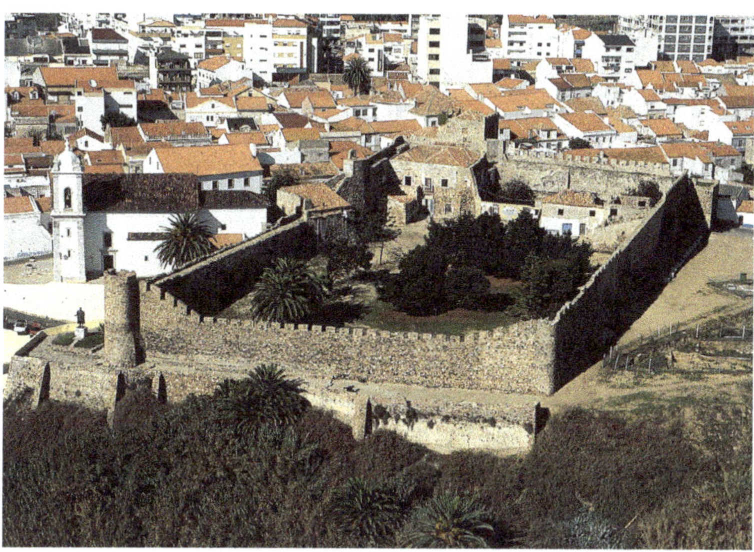

Château, vue aérienne, Sines.

M.A.

pêche ne se révéla que plus tard, pendant la période islamique. Les Templiers se chargèrent de la conquête chrétienne et la ville entra définitivement dans le royaume portugais en 1212, au temps de Sanche Ier. Pendant le Moyen Âge, c'est pourtant à l'ombre de l'ordre de Santiago qu'elle vécut. C'est dans cette ville qu'habitait la famille Gama, et c'est là que naquit plus tard D. Vasco, qui commanda la première flotte qui relia l'Europe à l'Inde par les océans.
Manuel Ier donna un *foral* à la ville en 1512.

XII.1.a **Château**

On y accède par le Largo João de Deus. Classé Édifice d'intérêt public. À l'intérieur du château se trouve l'Office de tourisme, tél. 269 634472.
Horaires: tous les jours de 10:00 à 12:00 et de 14:00 à 18:30, et de mai à septembre de 9:00 à 12:00 et de 14:00 à 18:30, sauf le 25 décembre et le 1er mai.

Il est probable que ce château vienne de la période de domination arabe, mais, quand on l'examine directement, on voit qu'il a connu de grands travaux au XIVe siècle tout comme à l'époque de Manuel Ier. Ce fut à ce moment-là qu'il prit la forme que son corps central conserve de nos jours. C'est donc de cette époque que date le noyau constitué par quatre courtines qui forment un rectangle assez court renforcé aux angles. La résidence du gouverneur, avec ses fenêtres géminées, se trouve toujours dans un des coins, près du donjon qui est très défiguré. C'est sans doute dans cette demeure que naquit Vasco de Gama.
Pour bâtir le château, on dut créer partiellement une plate-forme artificielle, qui fut utilisée pour une *barbacã* basse. Les murailles ont un chemin de ronde continu, des créneaux et des merlons, dont beaucoup furent reconstruits il y a quelques décennies.

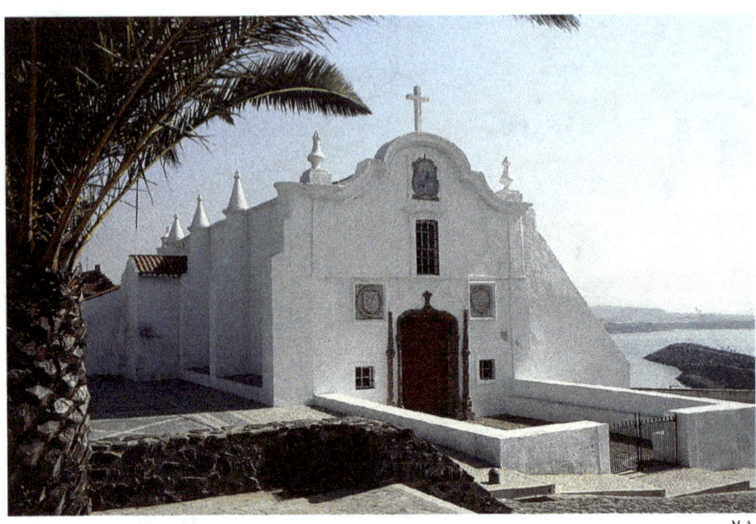

Chapelle Notre-Dame des Salles, Sines.

M.A.

XII.1.b **Chapelle Notre-Dame des Salles**

Rua de Nossa Senhora das Salas. Classée Monument national.
Horaires: ouverte le vendredi à 19:00 pour la célébration de la messe et en été, pendant le week-end, de 12:00 à 19:30.

Nous savons qu'il y eut une première construction au XIVe siècle mais qu'elle fut entièrement reconstruite à l'époque manuéline, à l'initiative de Vasco de Gama. Ses successeurs continuèrent les travaux au moins jusqu'en 1529. C'est un bâtiment modeste, petit et de structure très simple, avec une nef unique et un chevet également doté d'une unique chapelle. Mais cette dernière est entièrement voûtée, ce qui n'est pas habituel dans des édifices de cette taille. Le portail est à caractère naturaliste, en gothique tardif, avec un arc en forme de quille de bateau renversée, et les armoiries royales.

Suivez la route IP 8. Au carrefour de la IP 8 avec la route N 120, suivez cette dernière jusqu'à Santiago do Cacém.

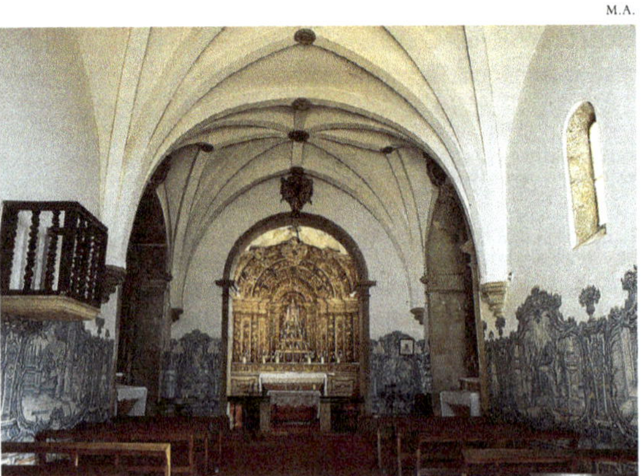

Chapelle Notre-Dame des Salles, intérieur, Sines.

M.A.

XII.2 **SANTIAGO DO CACÉM**

Son origine est intimement liée à la ville romaine voisine de Mirobriga, dont les impressionnantes ruines prouvent que ce fut un pôle de développement régional de grande importance. À l'époque islamique, l'emplacement de l'actuel centre historique de la ville devint un centre défensif et on y

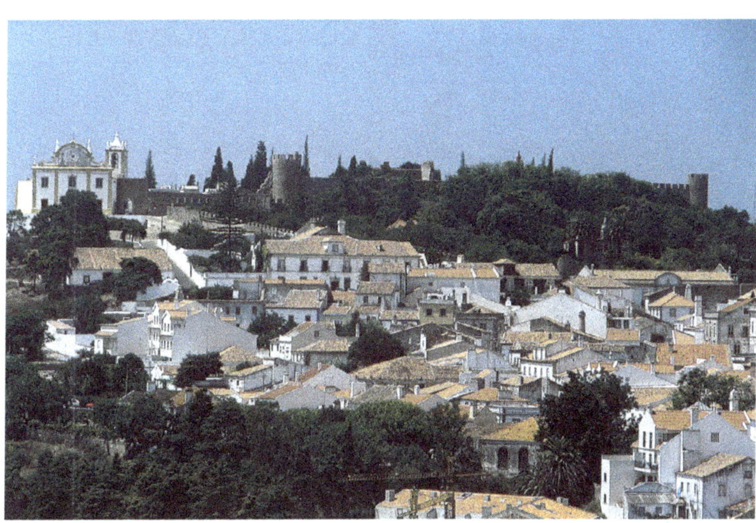

Vue générale de Santiago do Cacém.

R.C.

construisit un grand château. La première conquête chrétienne eut lieu en 1157, au temps du premier roi, mais la ville ne devint définitivement portugaise qu'en 1217. Comme les autres villes de la région, son développement est dû à l'ordre de Santiago dont elle était une des principales commanderies.
Manuel Ier lui octroya un *foral* en 1512.

XII.2.a **Château**

Classé Monument national. On ne peut le visiter que de l'extérieur. Renseignements: Office de tourisme, tél. 269 826696.
Il ne reste plus rien de l'œuvre islamique. La forme actuelle du château, un rectangle irrégulier d'environ 200 m de long sur un peu plus de 30 m de large, vient des réformes postérieures à la conquête, au XIIIe siècle. Il bénéficia de considérables améliorations à la fin du XIVe siècle et au XVe siècle. On conserva, cependant, non seulement des pans de murs, mais aussi de nombreuses tours. Finalement, à l'époque manuéline, il fut de nouveau restauré et c'est cette dernière reconstruction qui lui donna son aspect actuel. Bien entendu, le temps n'épargna ni l'enceinte, ni les portes, ni les courtines, mais on peut tout de même imaginer son aspect à l'époque de Manuel Ier, le roi "fortuné".

XII.2.b **Saint-Jacques, église matriz**

Contre le château. Classée Monument national. Horaires: du mardi au vendredi de 10:00 à 12:00 et de 14:00 à 17:00; le

R.C.

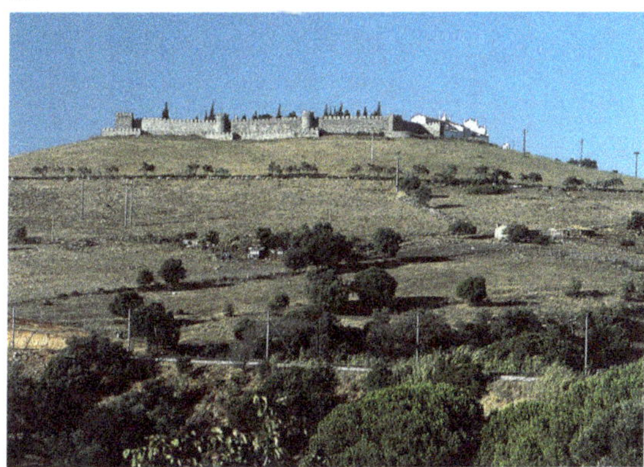

Château, vue générale, Santiago do Cacém.

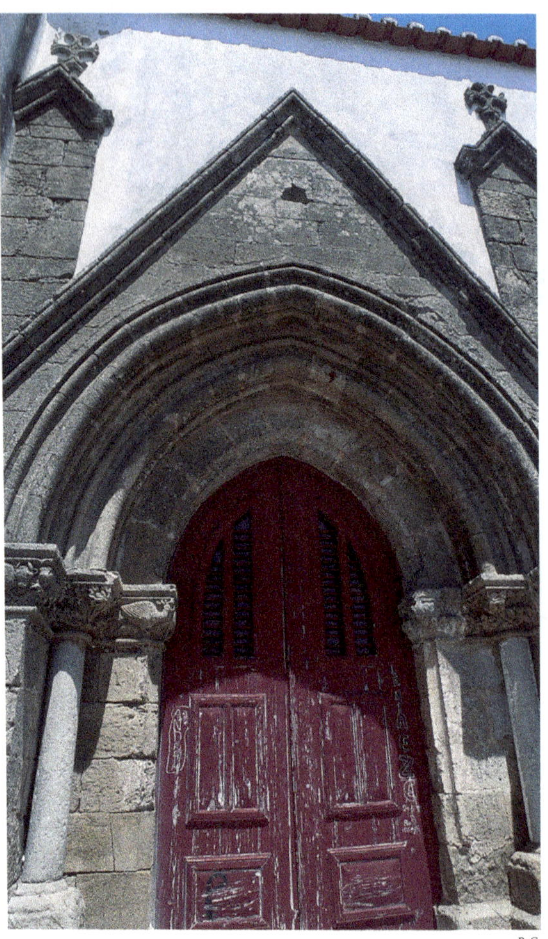

R.C.

Église matriz, portail latéral, Santiago do Cacém.

samedi et le dimanche de 14:00 à 17:00. Fermée le lundi et les jours fériés.
L'église actuelle nous vient, pour l'essentiel, du XIVe siècle, mais elle subit des réformes plus tard, notamment au début du XVIe siècle. Le portail est de style gothique perpendiculaire, dans la tradition de Batalha. L'intérieur est à trois nefs supportées par des arcades et par des piliers également gothiques.

Suivez la route 261 jusqu'à l'IC 33 et continuez par l'A 2. Sortez à Alcácer do Sal.

XII.3 ALCÁCER DO SAL

Alcácer do Sal est l'ancienne Salacia romaine dont le nom provient de la production de sel qui était sa principale ressource et qui en faisait une sorte de centre régional. Elle fut conquise sur les Maures pour la première fois en 1158, mais ayant été reprise aussitôt après, elle ne devint définitivement portugaise qu'en 1271. Elle fut alors donnée à l'ordre de Santiago. Avec le début des voyages des Découvertes, le sel prit de plus en plus d'importance pour la conservation des aliments en mer. La ville s'enrichit de ce fait, il s'y forma une puissante bourgeoisie. Manuel Ier donna à la ville un nouveau *foral* en 1516.
C'est à Alcácer do Sal, dans la vieille église du Saint-Esprit que ce roi se maria avec D.ª Maria de Castille, fille des Rois Catholiques, en 1501.

XII.3.a Château

Classé Monument national. Une partie du château fut aménagée pour en faire la pousada *D. Afonso II, tél. 265 613072.*
Pour l'essentiel, le plan du château d'Alcácer do Sal est celui des derniers temps de l'occupation arabe, les XIe et XIIe siècles. De la même époque datent une partie des remparts et des tours qui nous sont parvenus, en pisé militaire, notamment les grandes tours au sud et au nord.
L'ordre de Santiago y entreprit de vastes travaux, surtout pour fortifier les courtines et les tours à partir du XIVe siècle. La dernière grande réforme vient de la période manuéline avec

l'agrandissement et l'amélioration de l'*alcáçova*.
À l'intérieur de l'enceinte, il y a deux églises du XIVe siècle de style gothique, celle de Sainte-Marie et celle du Seigneur des Martyrs.
Suivez l'autoroute A 2, quand vous trouverez l'embranchement avec l'autoroute A 12, prenez cette dernière jusqu'à Setúbal.

XII.4 SETÚBAL

On sait par les travaux d'archéologie que Setúbal eut une intense activité de pêche et de salaison à l'époque romaine et qu'elle dut être, également, un port d'assez grande importance, étant donné les caractéristiques favorables de l'estuaire du Sado. Avec la conquête chrétienne, l'agglomération prit un nouvel essor, après, semble-t-il, une période de stagnation. Elle fut alors rattachée à l'ordre de Santiago dont le maître lui donna son *foral* en 1249.
En 1343, sous Alphonse IV, on fixa les limites de la ville et on commença à bâtir les remparts dont il reste quelques vestiges.
À la fin du XVe siècle, grâce aux profits du commerce du sel et d'autres produits, Setúbal était une des villes qui prélevaient le plus d'impôts pour les coffres de la couronne.
Le roi Jean II s'y maria, en 1471, avec sa cousine D.ª Leonor, et à cette occasion la ville bénéficia de nombreuses améliorations. On y construisit un aqueduc et on rendit plus régulière toute la zone urbaine qui s'était étendue bien au-delà des murailles du XIVe siècle.
Le roi Manuel Ier s'intéressa beaucoup, lui aussi, à Setúbal. Il fit reconstruire les deux églises paroissiales et un ensemble d'équipements, aussi bien sociaux qu'administratifs: l'hôtel de ville, la prison, les abattoirs, la léproserie et le "palais du blé". L'autre grand mécène des institutions de la ville, et qui y avait aussi un palais, à côté de Saint-Julien, fut le

A.C.

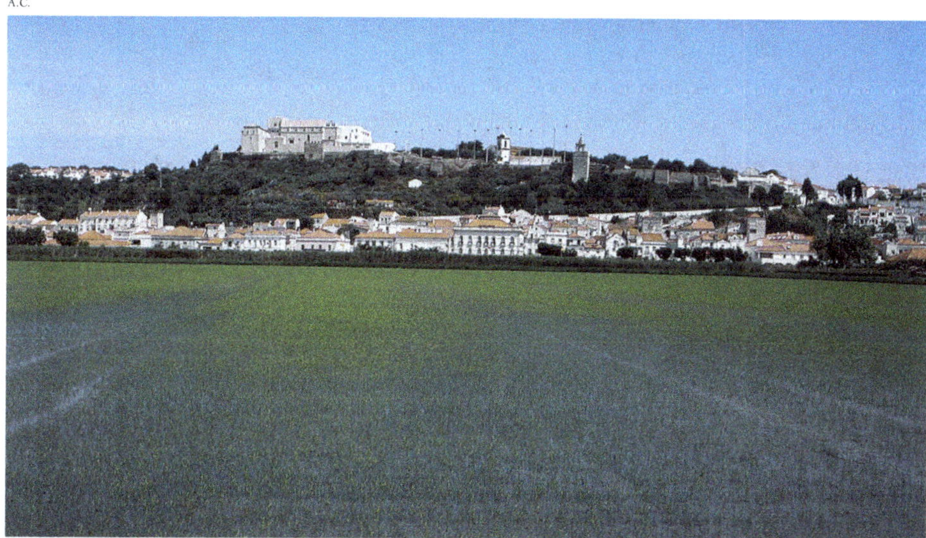

Vue générale du village et château, Alcácer do Sal.

maître de l'ordre de Santiago D. Jorge de Lancastre, fils naturel de Jean II.

XII.4.a **Centre historique**

La Casa das Quatro Cabeças (maison des quatre têtes) se trouve dans la Rua F. Pacheco (ancienne Rua Direita de Troino), au n° 44. Le portail de la Gafaria (léproserie) est dans l'Avenida Manuel Maria Portela, au n° 17. Le couvent Saint-Jean se trouve dans la Rua Almeida Garrett. L'église Sainte-Marie, dans le Largo de Santa Maria. Renseignements: Office de tourisme, tél. 265 539120.
Les vestiges architecturaux manuélins de Setúbal se trouvent surtout sur la colline où s'élève l'église Sainte-Marie. On peut encore percevoir le dessin de l'enceinte médiévale, un rectangle imparfait dont on conserve une des portes, la Porta do Sol.
Outre les arcs de Sainte-Marie, le portail du couvent Saint-Jean, le portail de l'ancienne léproserie et la maison des Quatre Têtes, Setúbal possède plusieurs portes et fenêtres manuélines dans des maisons qui conservent l'essentiel de leur structure et qui témoignent du développement de la ville à l'époque où elle fut un des principaux points de soutien des activités de la marine et du commerce océaniques. Ces rues portent maintenant des noms de personnages illustres, mais, au départ, leur noms étaient liés à des métiers: Rua Direita dos Mercadores (rue droite des marchands), Rua dos Caldeireiros (rue des chaudronniers), Rua das Canastras (rue des paniers), Rua das Esteiras (rue des nattes). Depuis les schémas simples et très élégants des deux portes à linteau polylobé du n° 3 de la Travessa de São José jusqu'à la porte bien plus décorée du n° 45 de la Rua António Granjo, il y a une énorme variété de types de maisons, mais les plus courantes sont celles qui présentent des jambages chanfreinés et un linteau en arc trilobé, le tout inséré dans des encadrements lisses.

La Casa das Quatro Cabeças, détail, centre historique de Setúbal.

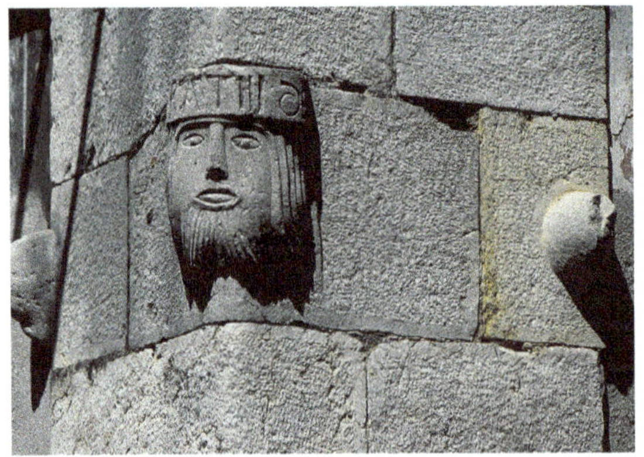

XII.4.b **Couvent de Jésus**

Praça Miguel Bombarda, ancien Largo de Jesus. L'église, le cloître et la salle du chapitre sont classés Monument national.
Horaires: du mardi au samedi de 9:00 à 12:30 et de 14:00 à 17:30. Fermé le dimanche, le lundi et les jours fériés.

Le couvent de Jésus fut fondé par D. Justa Rodrigues, nourrice du roi Manuel Ier, en 1489, quand ce dernier était encore seulement duc de Beja et administrateur de l'ordre du Christ. La première pierre de l'édifice fut posée le 17 août 1490. La cérémonie fut renouvelée, symboliquement, deux ans plus tard quand le roi Jean II rendit visite à la ville. On sait que, avant 1490, le maître Boytac avait travaillé pour ce couvent. Ce que l'on voit aujourd'hui n'est qu'une petite partie de son projet initial.

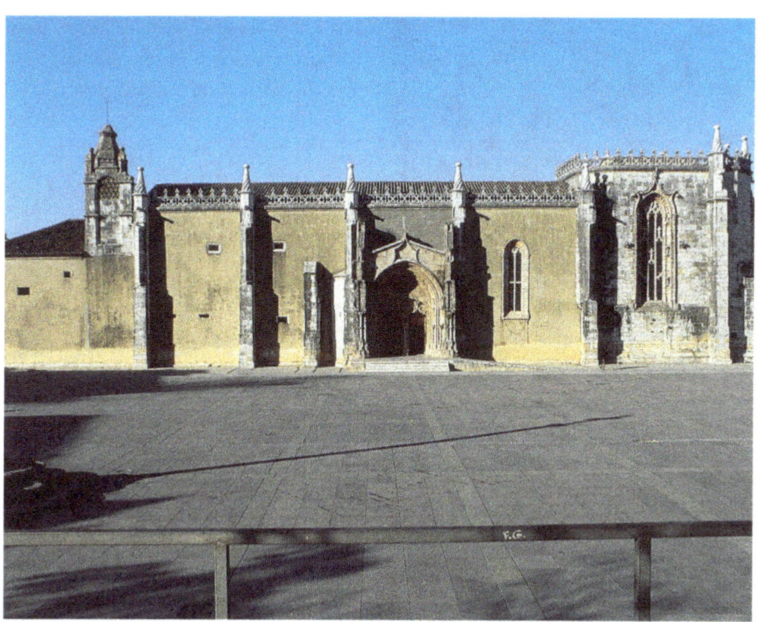

Couvent de Jésus, Setúbal.

R.C.

Quand Manuel Ier prit le pouvoir, le plan originel fut modifié dans le but de construire une plus grande église avec de plus amples dépendances résidentielles. Des premiers temps subsistent la structure des murs de l'église, la crypte sous le chœur principal et les galeries haute et basse du fond de l'église. Le dessin du cloître est peut-être encore du XVe siècle, mais il ne fut terminé que vers 1520.

L'église a trois nefs de la même hauteur séparées par des colonnes torses en pierre polie de la Serra de Arrábida, ce qui lui confère un aspect riche et brillant. Le chœur est surélevé et d'une bien meilleure construction. Il fut sans doute commencé vers 1520 par des maîtres des chantiers du monastère des Hiéronymites de Lisbonne. Il a une voûte richissime et très complexe, à nervures courbes, qui forment un dessin quadrifolié. Les travaux furent très lents, au point que les vitraux ne furent placés qu'en 1539.

Le projet du corps de l'église n'est pas du même auteur parce que Jean III décida, sans doute, de terminer l'œuvre rapidement et d'une manière bien moins onéreuse. C'est pour cela que la voûte est plus basse que le chevet et que l'on maintint à l'extérieur les contreforts de

Église du couvent de Jésus, perspective axionométrique, Setúbal, Catálogo de la XVII Exposição Europeia de Arte, Ciência e Cultura "Os Descobrimentos Portugueses e a Europa do Renascimento", Lisbonne, 1983.

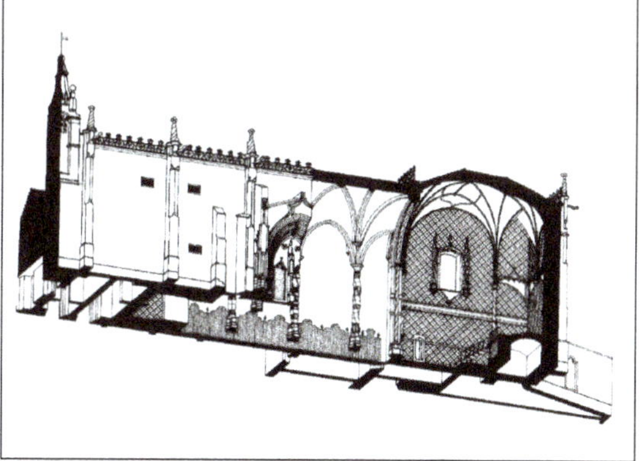

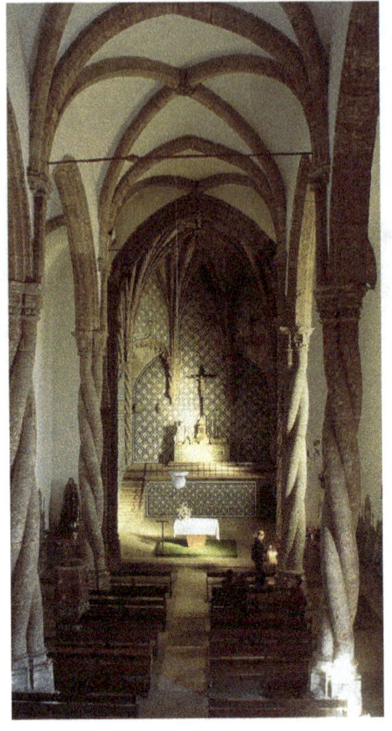

Église du couvent de Jésus, intérieur, Setúbal.

R.C.

avancée à plan quadrangulaire; on y trouve des consoles d'un excellent dessin avec de belles têtes en haut relief.

XII.4.c **Musée municipal**

Il se trouve dans les dépendances du couvent de Jésus, et on y accède par la Rua do Balneário Dr. Paula Borba, tél. 265 537890. Horaires: de 9:00 à 12:00 et de 13:30 à 17:30, du mardi au samedi. Fermé le dimanche, le lundi et les jours fériés.

Le musée municipal est installé dans les anciennes dépendances du couvent de Jésus et il possède plusieurs chefs-d'œuvre de l'époque manuéline. Nous allons en détailler quelques-uns.
Commençons par l'extraordinaire ensemble de quatorze panneaux qui faisaient partie de l'ancien retable du chœur du

l'œuvre initiale ainsi que le portail avec un dessin en gothique tardif.
Dans la crypte funéraire, on remarquera un ensemble d'*azulejos mudéjars* de fabrication sévillane avec des inscriptions évoquant la mort. Toute l'église présente de nombreux éléments décoratifs d'une grande complexité, d'un gothique tardif, mais montrant un goût exacerbé pour le naturalisme: c'est le cas des *trompes* d'angle du chœur, de la niche du tabernacle pariétal, de la niche-autel de la sacristie et de la fenêtre aveugle sur le côté gauche du chevet.
Le cloître à deux niveaux est de grandes dimensions, avec une suite ininterrompue – sauf au niveau des accès – d'arcades ogivales. Du côté opposé à l'église se trouve le lavabo couvert dans une

M.A.

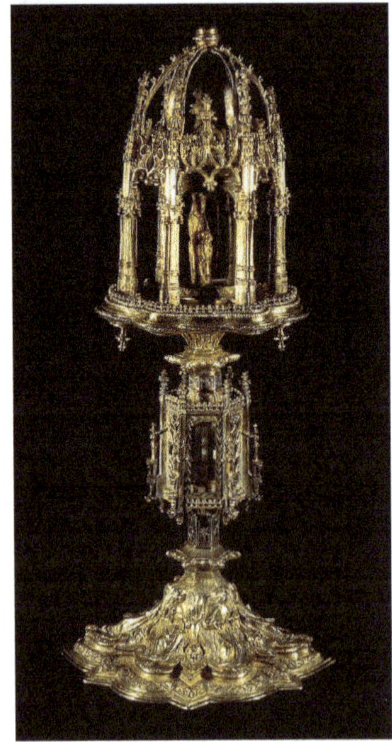

Reliquaire de Notre-Dame de l'Annonciade, v. 1520, musée municipal de Setúbal.

couvent. Leur exécution dut être dirigée par le peintre de Manuel Ier, Jorge Afonso, et on peut les dater entre 1520 et 1530. De dimensions monumentales, le retable suivait un programme iconographique en trois rangées qui correspondaient à trois cycles bien définis: la *Passion du Christ*, l'*Enfance de Jésus* et les *Saints franciscains*. L'axe central, comme c'était habituel, devait avoir au centre l'*Assomption de la Vierge* et, en haut, le magnifique *Calvaire*.

Le recours à différentes sources d'inspiration pour sa conception est très bien illustré dans le panneau qui représente l'*Apparition de l'ange aux saintes Claire, Agnès et Colette*. L'auteur de ce panneau reproduit une autre œuvre du même thème qui se trouve également dans ce musée, peinte par Quentin Metsys, mais il change le fond architectural en y mettant une construction manuéline dont le portail exhibe les armoiries de la reine D.ª Leonor. Cependant, dans un jeu d'ambiguïtés qui caractérise les architectures peintes de cette période, d'autres panneaux présentent des éléments renaissants comme, par exemple, l'*Annonciation* avec un portail classique surmonté d'une coquille.

La collection d'orfèvrerie contient quelques œuvres d'un grand intérêt pour la connaissance de cet art à l'époque de Manuel Ier. Même si, comme les Rois Catholiques, ce roi offrit de magnifiques pièces d'argenterie à ce couvent, l'ensemble le plus remarquable vient pourtant de la confrérie de Notre-Dame de l'Annonciade, qui avait été intégrée à la Santa Casa da Misericórida de Setúbal au XIXe siècle. De la fin du règne de Jean II, il y a une croix très raffinée en cristal de roche avec des montages en argent doré. Elle fut offerte par Nuno Gonçalves, qui n'est pas le célèbre peintre du roi Alphonse V, mais le chancelier de son fils. De la même époque, il y a aussi un élégant calice en argent doré orné de motifs végétaux avec un nœud de type architectural et une base avec Notre Dame, saint Pierre et saint Jacques.

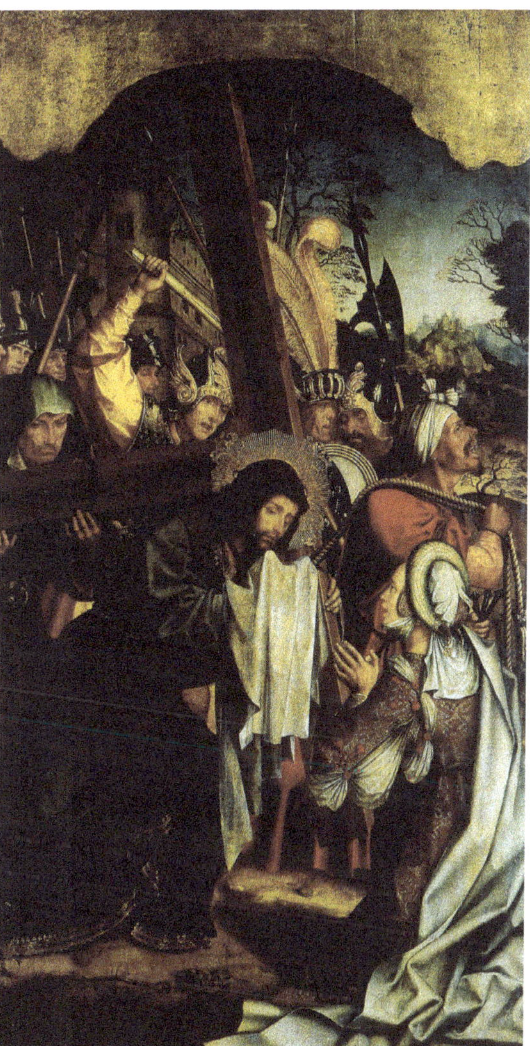

IPM/J.P.

Jorge Afonso, "Le Christ et sainte Véronique" du retable du couvent de Jésus, XVIe siècle, musée municipal de Setúbal.

Le reliquaire de Notre-Dame de l'Annonciade est l'œuvre la plus fameuse. Comme d'autres œuvres de la même époque, elle présente une structure de type architectural qui protège sous un baldaquin la sculpture en ivoire de Notre Dame dans une boîte en verre et en argent. Sur le nœud du pied, on peut admirer, entourée de verre, une relique précieuse: une épine de la couronne de Jésus-Christ. Tout ce reliquaire, exécuté dans un atelier de Lisbonne, est d'une qualité remarquable.

R.C.

Surprenante par sa rareté, une petite bouteille des Saintes Huiles, en argent blanc datable de la première moitié du XVIe siècle, rappelle fortement quelques œuvres de porcelaine chinoise importées alors d'Extrême-Orient.

Église matriz, portail, Setúbal.

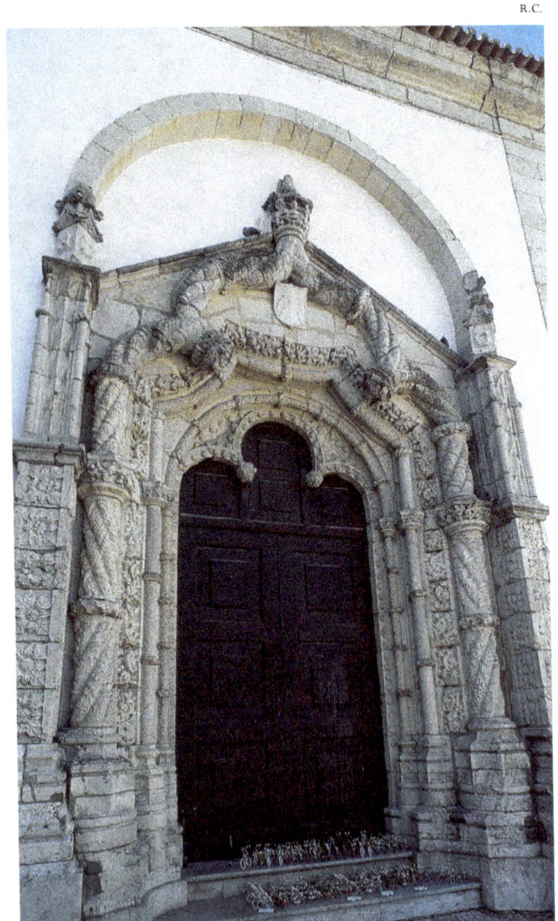

XII.4.d **Saint-Julien, église matriz**

Praça do Bocage, tél. 265 523723. Classée Monument national.
Horaires: tous les jours de 8:30 à 12:00 et de 15:00 à 18:00, et le dimanche de 8:30 à 12:00 et de 17:30 à 18:30.

Cette église paroissiale fut profondément modifiée pendant le règne de Manuel Ier; en effet, le monarque la fit agrandir, en 1515, pour lui permettre de mieux remplir ses fonctions, étant donné l'accroissement de la population, et pour qu'elle soit plus conforme à son désir d'ennoblir la ville avec des édifices majestueux. Le maître d'œuvre choisi fut João Favacho, qui s'était déjà familiarisé avec les travaux du monastère des Hiéronymites. Les travaux de Saint-Julien se déroulèrent entre 1516 et 1519.
Les différents tremblements de terre qui terrassèrent la ville, et tout particulièrement celui de 1755, détruisirent presque toute l'œuvre manuéline, dont il ne reste que les deux portails extérieurs et une partie du clocher. Le portail le plus travaillé est celui qui est orienté au nord; il fait montre d'une exubérance extraordinaire qui associe des éléments naturalistes pris dans le monde végétal à d'autres, typiques des œuvres d'orfèvrerie et de tissus. L'autre porte, celle

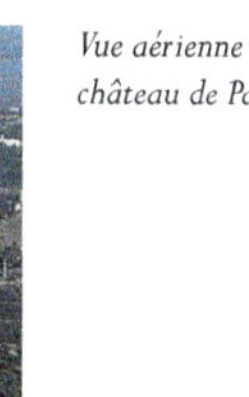

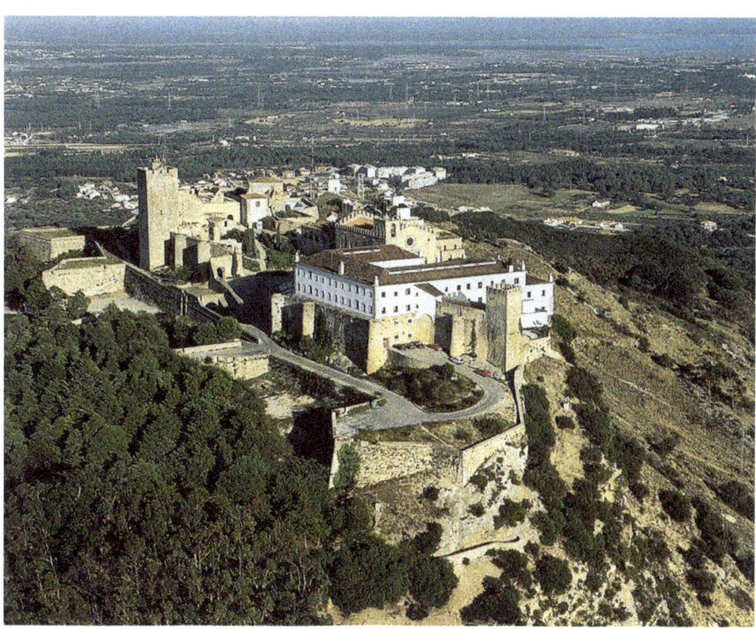

Vue aérienne du château de Palmela.

M.A.

de l'axe principal, est plus simple, mais aussi d'un caractère naturaliste plus affirmé, avec des *arcs en accolade* torsadés.

Réserve naturelle du Sado

Au sud-est de Setúbal se trouve la réserve naturelle du Sado avec environ 23 ha. La plus grande partie de cette surface correspond à des zones humides, des bras du fleuve et des marécages. Des mammifères comme la loutre et le blaireau, des oiseaux comme la cigogne blanche, l'aigle des marécages ou des oiseaux migrateurs comme le pigeon biset appartiennent aux innombrables espèces que l'on peut y observer. Les lagunes, le fleuve, une grande pinède et le reste de la flore font partie des attractions offertes par cette région.

Reserva Natural do Estuário do Sado, Praça da República, 2900, Setúbal, tél. 265 524032.

Suivez l'autoroute A 2 en direction de Lisbonne et sortez à Palmela.

XII.5 **PALMELA**

La ville et le château de Palmela furent pris aux Maures par les troupes d'Alphonse Ier en 1148, bien qu'ensuite ceux-là aient à nouveau occupé les lieux pendant une courte période. Le premier monarque portugais l'offrit à l'ordre de Santiago dont le maître donna à Palmela un *foral* en 1185. Ce fut, par la suite, le principal château de l'ordre dans toute la région. Il jouissait, pendant la seconde moitié du XVe siècle et les premières décennies du XVIe, de la protection du maître de l'ordre de Santiago, D. Jorge, fils naturel de Jean II. C'est à lui que l'on doit le maintien et l'agrandissement du château et la fin

Château de Palmela.

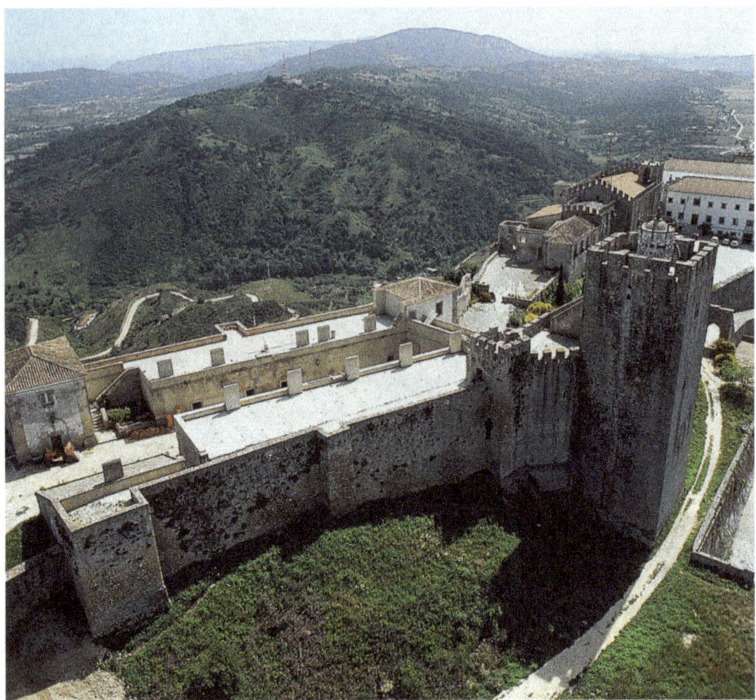

M.A.

de la construction de l'église Saint-Jacques.

XII.5.a **Château**

L'accès au château est signalé. Classé Monument national. Si vous avez du temps, vous pouvez visiter, sur l'ancienne place d'Armes, le musée municipal de Palmela, qui présente dans cinq salles le fonds des fouilles archéologiques réalisées dans l'Alcáçova. Renseignements: tél. 21 2331580 ou 21 2331669.

Il s'agit d'une construction typique de la fin du Moyen Âge, adaptée à la topographie du lieu, irrégulière, avec de hautes et fortes murailles renforcées par des tours aux angles et dans les zones plus vulnérables des courtines. À l'intérieur du châtelet se trouvaient le palais et l'église privée des membres de l'ordre. Sur le donjon, les adaptations introduites à la fin du XVe siècle, ou même au début du siècle suivant, sont bien visibles, comme les longues meurtrières et les très larges merlons.

XII.5.b **Église Saint-Jacques**

Dans l'enceinte du château, tél. 21 2331669 ou 21 2331580. Classée Monument national.
Horaires: tous les jours de 10:00 à 12:30 et de 14:00 à 18:30 (en été jusqu'à 20:00), sauf le lundi.

On doit l'initiative de la construction de l'église et des bâtiments conventuels à l'infant Jean, un des fils de Jean Ier, en

1443 ou vers cette année-là. Les travaux durèrent de longues années et on obtint un édifice d'un gothique dépouillé, très proche de ce qui se faisait au monastère de Batalha vers le milieu du siècle. La dernière grande campagne de travaux est bien documentée. Elle fut commandée par D. Jorge de Lancastre, maître de l'ordre, en 1508. Ce prince y est enterré dans un *enfeu* pariétal au goût manuélin construit bien avant sa mort qui n'eut lieu qu'en 1555.

Prenez l'autoroute A 2 en direction de Setúbal et à l'embranchement avec l'autoroute A 12, empruntez cette dernière en direction de Lisbonne jusqu'à Alcochete.

M.A.

XII.6 ALCOCHETE

Sa position sur l'estuaire du Tage a toujours favorisé l'activité de pêche ainsi qu'un petit commerce et une activité de transport entre les deux rives. Pendant la domination arabe, ses fours à chaux étaient déjà importants; c'est de ces fours, *al-kuxat*, que lui vient son nom. La ville a fourni la chaux et le bois à Lisbonne pendant des siècles.

Le 31 mai 1469, le roi Manuel Ier y naquit dans le palais qui portait le nom de sa mère, D.ª Beatriz. Il fut pratiquement détruit par le séisme de 1755. L'infant Ferdinand et sa cour privée y firent de longs séjours.

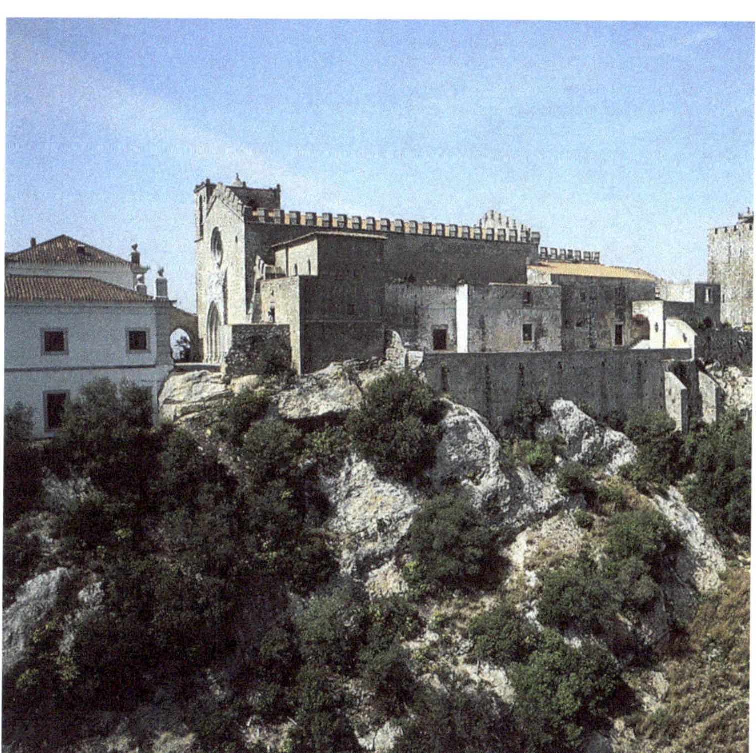

Église Saint-Jacques, Palmela.

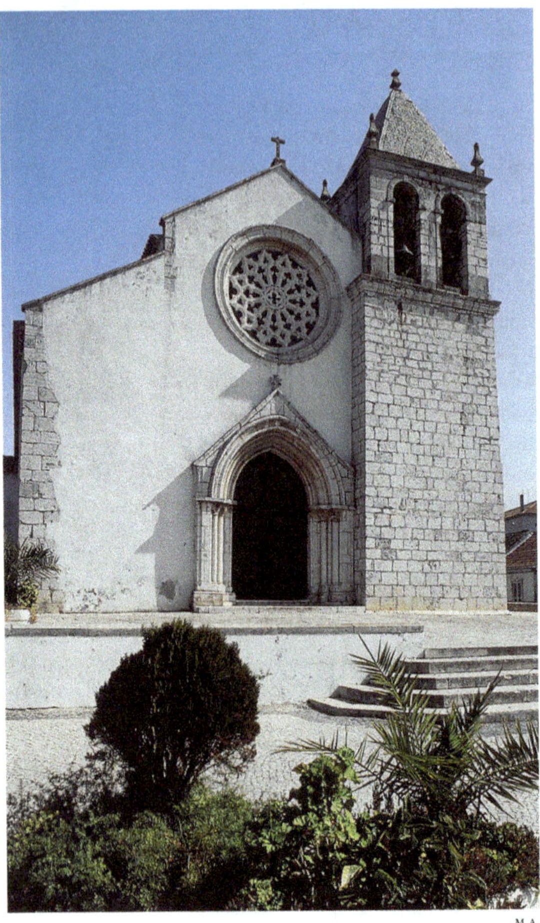

M.A.

Saint-Jean-Baptiste, église matriz d'Alcochete.

XII.6.a Saint-Jean-Baptiste, église matriz

Largo de São João, tél. 21 2340166. Classée Monument national.
Horaires: de 8:00 à 12:30 et de 15:00 à 20:00. Le lundi, le jeudi et le dimanche, l'église est fermée l'après-midi, et le samedi, elle ouvre de 8:00 à 12:30 et de 17:00 à 20:00.

L'église *matriz* de cette petite ville fut entièrement modifiée à l'époque manuéline bien que l'on conserve encore quelques éléments du XVe siècle, en particulier le portail central et le portail latéral. C'est une œuvre archaïsante avec un corps central constitué par trois nefs à quatre travées, avec des piliers monocylindriques à chapiteaux octogonaux qui supportent des arcades ogivales. Le chevet a seulement une chapelle, moderne, mais, sur le côté gauche, il y en a une autre, couverte par une voûte surbaissée à nervures qui vient déjà de la phase finale du manuélin.

Pedro Dias

Vasco de Gama naquit à Sines en 1468 ou vers cette date. Son père, Estêvão de Gama, était lié, ainsi que la plupart des membres de la famille, aux navigations atlantiques. Il est probable que Vasco de Gama se soit aventuré très jeune en mer, jusqu'aux îles les plus proches ou jusqu'en Afrique du Nord.

À peine âgé de trente ans, son prestige lui valut le commandement de la flotte qui allait effectuer le premier voyage entre l'Europe et l'Inde. Il partit de Lisbonne le 8 juillet 1497. Il emmena avec lui son frère, Paulo de Gama, qui mourut pendant le voyage de retour et qui fut enterré dans l'île de Terceira, aux Açores. Le pilote de Vasco de Gama était Nicolau Coelho, qui était certainement le meilleur navigateur de son temps.

À son arrivée en Inde en 1498, il essaya de faire alliance avec le "zamorin" ou roi de Calicut, mais les intrigues des marchands musulmans qui avaient des intérêts dans le pays rendirent ce dessein impossible. Il s'arrêta ensuite dans l'île d'Angediva, à quelques dizaines de kilomètres au sud de Goa, et partit pour son voyage de retour le 5 octobre 1498. Il débarqua à Lisbonne en août 1499.

Avec ce voyage, une nouvelle ère de l'humanité s'ouvrait. Des contacts réguliers entre Occident et Orient s'établirent définitivement. Les Portugais, en poursuivant la route maritime ainsi découverte, finirent par arriver au Japon en 1543.

Vasco de Gama en tira honneurs et profits. Il devint comte de Vidigueira et, en 1504, revint en Inde. Il mourut à Cochin en 1524, avec le titre de vice-roi. Il laissa une nombreuse descendance qui s'illustra en Orient pendant plusieurs générations.

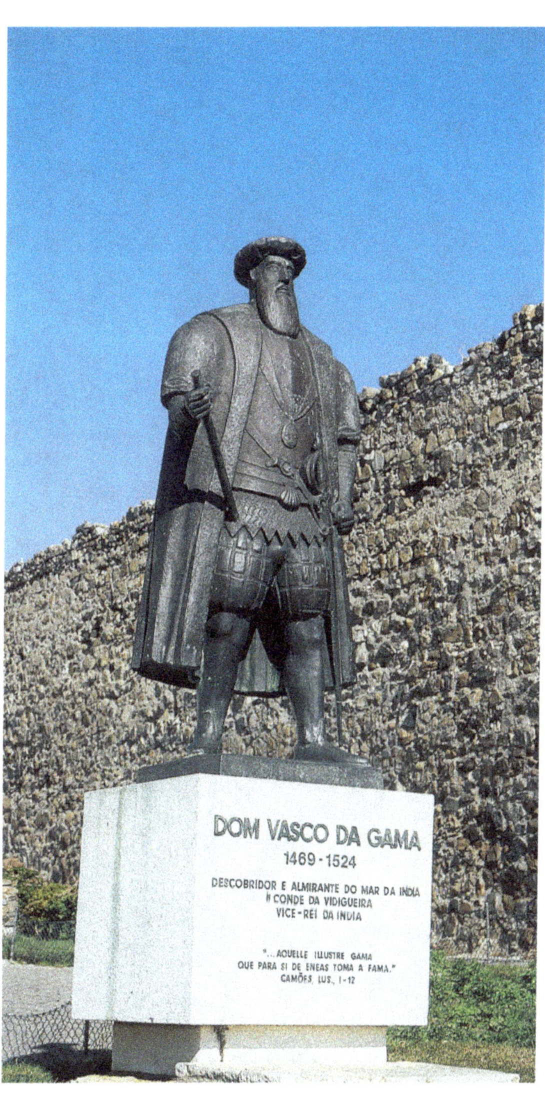

Statue de Vasco de Gama, à côté du château de Sines.

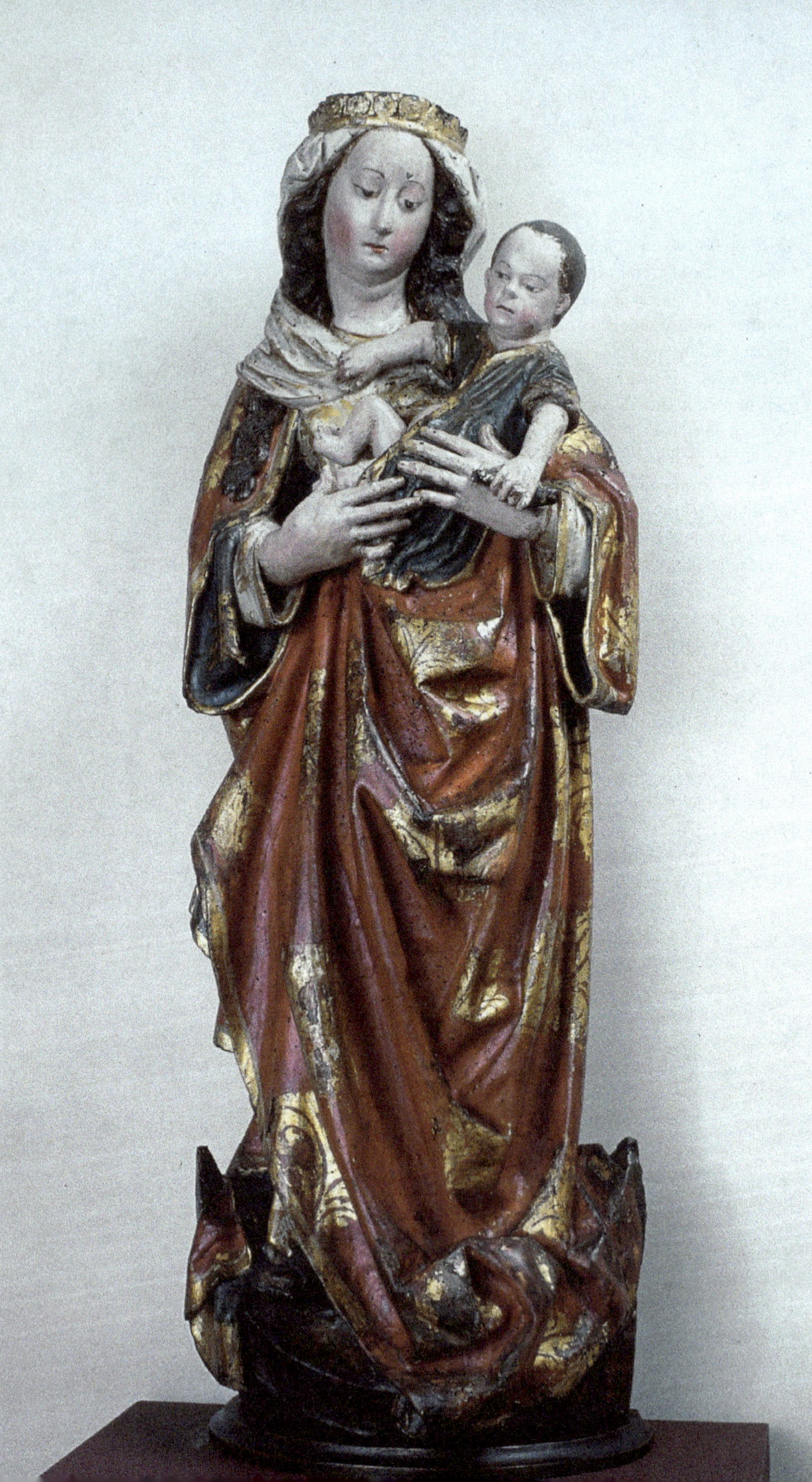

L'île de Madère: entre le Portugal et les Flandres

Pedro Dias, Dalila Rodrigues,
Nuno Vassallo e Silva, Fernando Grilo

Premier jour

XIII.1 FUNCHAL

XIII.1.a Centre historique
XIII.1.b Cathédrale
XIII.1.c Ancienne douane (Alfândega Velha)
XIII.1.d Chapelle du Corps Saint
XIII.1.e Musée d'Art sacré
XIII.1.f Église et couvent Sainte-Claire

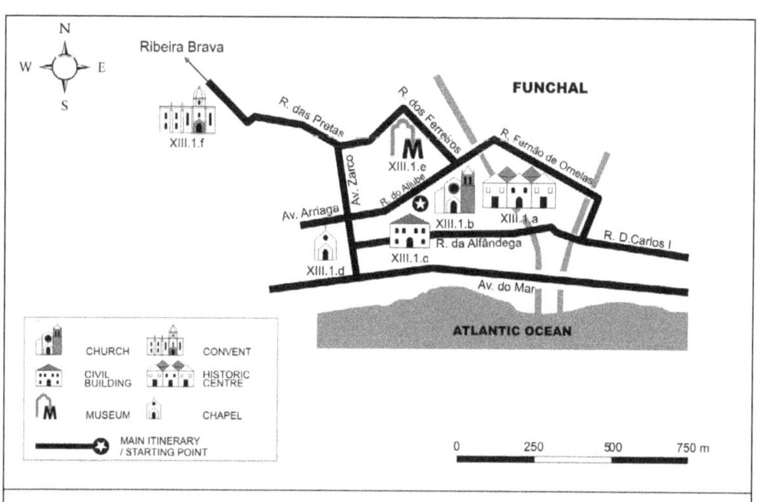

"Vierge à l'Enfant", sculpture flamande ayant appartenu à l'église matriz de Machico, v. 1510, musée d'Art sacré de Funchal.

L'île de Madère, la plus importante de l'archipel qui porte le même nom, avec ses 741 km^2 de superficie, se trouve à 1000 km à peine de Lisbonne et est encore plus près de la côte africaine, à un peu plus de 500 km du cap Djouchi.

L'île de Porto Santo, avec seulement 41 km^2, n'est pas très loin de l'île-mère, à environ 50 km. Les îlots Selvagens et Desertas, ainsi que quelques rochers épars, près de la côte de Madère, complètent l'archipel.

La découverte officielle de ces îles date de 1419 et on la doit à João Gonçalves Zarco. Comme elles étaient inhabitées, leur colonisation fut plus facile que celle de terres déjà peuplées. Et comme le voyage jusqu'en métropole était très facile pour les marins portugais, elles devinrent des extensions naturelles du royaume. Elles constituaient aussi un point de passage obligé pour les bateaux qui allaient vers le sud, ainsi qu'un appui pour les forteresses portugaises du Maroc.

Leurs premiers habitants comptaient des nobliaux et des serviteurs de la maison de l'infant Henri qui furent anoblis du fait même de leur installation dans l'archipel, ou en reconnaissance de leurs faits d'armes au Maghreb. Et, parmi tous ceux qui vinrent des différentes régions du Portugal continental, nombreux furent ceux qui acquirent très vite un statut privilégié.

L'introduction de la canne à sucre à Madère fut à l'origine d'un régime de monoculture, dont l'unique exception fut la culture du blé, qui commença à devenir rare à la fin du XVe siècle. Comme l'Europe était férue du sucre de l'île, de nombreux marchands italiens, flamands et allemands s'y installèrent. Beaucoup d'entre eux devinrent des producteurs et s'y enracinèrent; leurs descendants furent souvent anoblis. La population d'origine européenne s'accrut très vite et, à la fin du XVIe siècle, l'archipel comptait 18 000 habitants.

La création du diocèse de Funchal, en 1514, grâce à l'insistance du roi Manuel Ier auprès du pape Léon X, fut déterminante pour le développement de Madère. Tous les territoires portugais d'outre-mer, découverts ou à découvrir, en dépendaient, ce qui entraîna sa transformation en archidiocèse en 1533.

L'époque manuéline fut marquée par une très forte influence flamande, étant donné que les œuvres d'art placées dans les églises, chapelles et oratoires étaient importées de Flandres et des régions avoisinantes. Ce fut notamment le cas pour la peinture et la sculpture, dont les églises et musées de Madère conservent de prestigieuses collections. Au-delà de la magnifique architecture manuéline, avec ses plafonds *mudéjars* de tradition hispano-mauresque, les tableaux et les sculptures, importés de Flandres ou réalisés dans l'île par des Flamands, font de Madère un cas unique et témoignent des relations étroites qui s'étaient nouées entre le Portugal et le nord de l'Europe à l'époque des Découvertes.

XIII.1 FUNCHAL

La ville de Funchal est la capitale de l'archipel en même temps que son principal centre urbain, et il en fut ainsi pratiquement depuis le début du peuplement. Sa situation géogra-

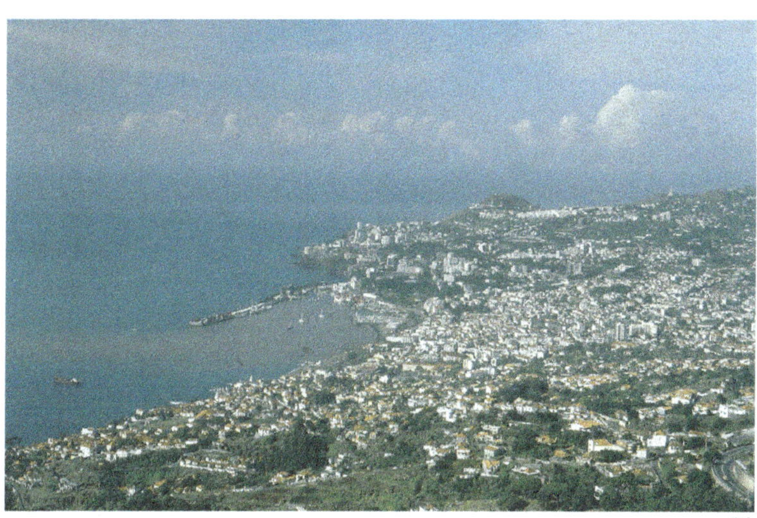
R.C.

Vue panoramique de Funchal.

phique, avec sa rade bien protégée qui facilitait l'approche des bateaux, présida dès le départ à son avenir. Les premières constructions qu'on y édifia, non loin de la grève, n'étaient que de modestes cabanes destinées à accueillir les colons; elles étaient des plus rudimentaires, comme l'étaient les églises, nom pompeux donné à des édifices qui n'étaient guère différents des paillotes ordinaires. La première maison en dur, après l'édification d'églises, fut celle de Constança Rodrigues, petite-fille du découvreur de l'île lui-même, Gonçalves Zarco. La première maison à étage avec des planchers fut construite par un certain João Manuel; ces planchers étaient en cèdre blanc et cette construction fut considérée comme un affront aux voisins, voire à la couronne elle-même.
Mais la plus ancienne construction qui soit parvenue jusqu'à nous est ce qu'on appelle la tour du Capitaine située sur les hauteurs de Santo Amaro (actuel quartier Santo António), à Funchal. C'est un édifice modeste, au plan rectangulaire, dont les murs sont percés de deux meurtrières et d'une porte avec un arc brisé.

XIII.1.a **Centre historique**

Nous vous suggérons de commencer la visite par la cathédrale, et de la continuer en visitant l'ancienne douane et la chapelle du Corps Saint. Vous reviendrez par le Largo do Pelourinho et par la Rua Direita. Vous parcourrez ainsi les rues et les places du centre historique qui existaient déjà à l'époque manuéline. Renseignements: Délégation du tourisme, tél. 291 211900.

Les premiers travaux publics d'envergure furent commandés par les ducs administrateurs de l'ordre du Christ: D. Fernando, D. Diogo, la duchesse D.[a] Beatriz pendant la minorité du roi Manuel et, bien entendu, ce dernier. La mairie aura également promu une partie de ces travaux en demandant aux

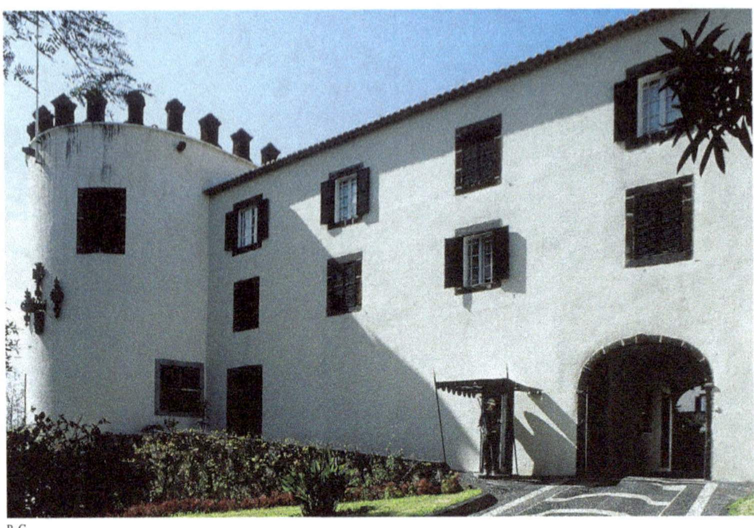

Forteresse Saint-Laurent, v. 1535, centre historique de Funchal.

R.C.

seigneurs cités de les financer. Il y a des documents qui prouvent que, en juin 1489, la municipalité décida de construire le pont de Ribeira das Casas (remplacé depuis), sur le modèle du pont qui se trouvait près de la prison et qui reliait la Rua Direira à la Rua dos Ferreiros; tous deux étaient entièrement en bois. En 1495, le sénéchal du duc D. Manuel décida d'empierrer les voies principales et de reconstruire ces ouvrages en pierre de taille. Cependant, le peuple de Funchal s'y opposa, craignant des charges trop élevées.

L'installation des colons à Funchal a vraisemblablement obéi à la seule disposition naturelle des terrains et des rivières. Avec Manuel Ier apparut un souci évident d'ordonner le noyau urbain, qui avait déjà plusieurs dizaines d'années et qui s'était développé dans le désordre. Les premières tentatives de fortification de la ville et de l'île remontent au temps du gouvernement de D.ª Beatriz, en 1476, à qui le deuxième commandant de l'île avait demandé une construction pour défendre le port de Funchal. Cependant, la mère de Manuel ne donna pas suite, invoquant le manque de fonds nécessaires à une telle entreprise.

Quant à l'organisation de l'espace urbain de Funchal, rapidement promu chef-lieu de l'île, Manuel avait pensé à une place, sur le site appelé Campo do Duque, sur laquelle donnaient les édifices les plus nobles, à savoir, l'hôtel de ville, le palais des Tabellions, la maison des Audiences, la Miséricorde et la cathédrale. Cette dernière fut la seule à arriver jusqu'à nous. C'est à partir de cette place que se développa le principal réseau de rues que l'on a encore de nos jours. Un autre espace privilégié fut le Largo do Pelourinho.

Les rues principales, au XVIe siècle comme aujourd'hui, étaient la Rua Direita et la Rua dos Mercadores, actuelle Rua da Alfândega. Cette dernière reliait la forteresse à Santa Maria do Calhau et les principaux marchands, parmi lesquels des commerçants anglais et flamands, y avaient leurs résidences et leurs établissements.

XIII.1.b **Cathédrale**

Largo da Sé, tél. 291 228155. Classée Monument national.
Horaires: du lundi au samedi, de 9:00 à 11:00 et de 16:00 à 17:30.

L'œuvre la plus importante de la période manuéline est la cathédrale de Funchal, heureusement presque intégralement conservée, et qui fut commencée vers 1493, sous l'égide du roi Manuel qui prit João Gomes pour intendant. Pourtant, à cause d'équivoques constantes et d'ajournements dont les raisons demeurent obscures, les travaux définitifs ne commencèrent qu'en 1502, grâce à l'intérêt et à l'investissement personnel du roi Manuel Ier. Pour l'essentiel, l'édifice de la Major, qui devient ensuite la Sé ou cathédrale, fut terminé en 1517. Le responsable des travaux était le maître maçon Pêro Anes, dont Gil Eanes fut le principal assistant. Le rôle de ce dernier artiste fut souvent mis en cause, mais il doit être considéré comme maître d'œuvre, c'est-à-dire celui qui occupait la deuxième place dans la hiérarchie du chantier. Les travaux s'étalèrent sur des années, comme le prouvent les diverses contributions financières du roi, signalées dans des documents datés entre 1517 et 1521. L'église est vaste, bien que son dessin soit tardif, du genre de ceux qui, depuis le XIIIe siècle, était utilisés pour les principales églises du continent. Elle a trois nefs à cinq travées, un transept saillant et un chevet avec trois chapelles à axes parallèles couvertes de voûtes en croisée d'ogives. Les clés de la voûte du chœur sont très soignées, avec les armoiries royales, la sphère armillaire et la croix de l'ordre du Christ.
Le corps central de l'église est couvert d'un plafond *mudéjar* à entrelacs géométriques, rosaces et *mouqarnas*, alors que la décoration picturale est dans la manière de la Renaissance centre-européenne.

R.C.

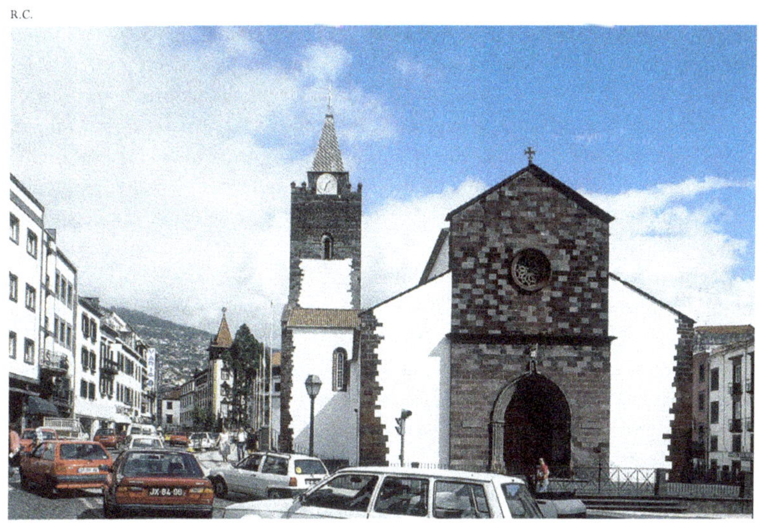

Cathédrale de Funchal.

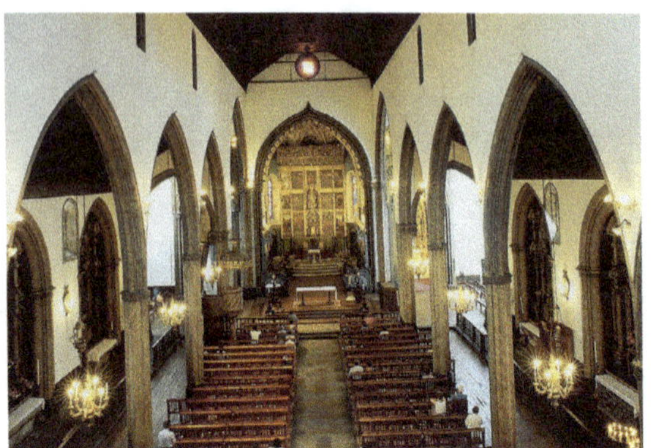

R.C.

Cathédrale, vue générale de l'intérieur, Funchal.

La disposition intérieure est bien lisible par les volumes extérieurs, surtout la façade qui est divisée en trois, la nef centrale étant bien plus élevée que les collatéraux. À côté du chevet s'élève une tour très élégante avec un *coruchéu* qui servait de clocher et très probablement aussi de mirador. La couverture tuilée des absidioles se termine par une guirlande flamboyante. Le portail principal présente une structure tardogothique typique, avec un tracé ogival et sept colonnettes parallèles qui se prolongent, après des chapiteaux simplifiés, en autant de *voussures*; seule l'avant-dernière, à partir de l'extérieur, est décorée.

Le retable du maître-autel se déploie en trois rangées de tableaux, unis par des structures délicatement sculptées et par quelques sculptures en ronde-bosse. Il s'agit de l'unique retable pratiquement complet à être resté à son emplacement d'origine, parmi tous ceux, si nombreux, qui furent peints au Portugal à l'époque manuéline. Outre certaines modifications (comme dans la niche centrale, où l'on peut voir une sculpture baroque), seul son mauvais état de conservation nous empêche de saisir correctement ses somptueux effets visuels, si originaux. Aucune source historique ne permet de connaître l'auteur du retable. Mais certains chercheurs l'attribuent à un peintre, dont la vraie identité est incertaine et que l'on suppose originaire des Pays-Bas, connu sous l'appellation de "Mestre da Lourinhã". En général, pour une œuvre de cette envergure, on réunissait à l'époque toute une équipe de peintres qui travaillaient sous la direction d'un artiste responsable. Et il n'y a pas de doute que le maître de ce retable fait montre d'une grande affinité stylistique avec les procédés utilisés par les peintres flamands. Cependant, il est tout aussi vrai que l'œuvre des peintres portugais (et en particulier de ceux qui devinrent célèbres et travaillèrent pour la cour royale) montre qu'ils ont, à l'évidence, assimilé cette influence prédominante, qui correspondait au goût d'une époque fascinée par le mimétisme de l'expression du réel de la peinture du nord de l'Europe. Il s'agit donc d'une œuvre que l'on peut dater des années 1515, d'un auteur inconnu, mais que l'on peut associer directement aux peintres du cercle de Lisbonne. Du retable, il faut encore signaler le remarquable travail d'ébénisterie, qui, tout en ayant été influencé par Olivier de Gand, dut être sculpté sur place par un maître flamand venu dans l'île.

Les magnifiques stalles du chœur, sans doute aussi l'œuvre d'un maître flamand, mais dont on ignore l'identité, peuvent être datées de 1508-1512. Elles se trouvent à leur emplacement d'origine et leur état de conservation est remarquable. Elles sont disposées sur deux rangées; celles de la rangée supérieure ont des dais et des dossiers, alors que les plus basses n'ont qu'une frise sculptée, au goût renaissant. Leurs sculptures sont d'une grande qualité, aussi bien en ce qui concerne la représentation des apôtres que la décoration de chacun des édicules qui les flanquent et les frises décoratives. D'après la tradition, ce fut justement la qualité plastique des reliefs qui fit obstacle à ce qu'elles fussent dorées au départ pour ne pas gâcher la vision des volumes sculptés. La dorure ne fut ajoutée qu'en 1755.

XIII.1.c **Ancienne douane (Alfândega Velha)**

Aujourd'hui, cet édifice est bordé par la Rua da Alfândega, par le Largo Dr. António José de Almeida et par l'Avenida do Mar, tél. 291 223133. La construction actuelle est le résultat de travaux manuélins, de réformes réalisées sous l'égide du marquis de Pombal (seconde moitié du XVIIIe siècle) et d'adaptations récentes visant à l'installation de l'Assemblée législative régionale. Classée Monument national.
Horaires: du lundi au vendredi, de 9:00 à 12:30 et de 14:00 à 17:30.

Le roi Manuel Ier fit construire un nouvel édifice en 1508. Le responsable des travaux fut Pêro Anes, le maître qui travaillait aussi dans la cathédrale et qui avait comme assistant un certain Bartolomeu.
Un dessin très connu du XVIIe siècle montre que l'édifice manuélin à deux étages est formé de deux corps parallèles définis par les lignes de toitures.

Les portes et les fenêtres étaient encadrées de pierres bien équarries et, à l'étage noble, un panneau séparait les ouvertures. La porte nord a un *arc en accolade* surbaissé et des chapiteaux à feuillages. Au rez-de-chaussée, la Casa do Despacho (dévolue au dédouanement) est une grande salle divisée par des arcades parallèles avec chacune trois arcs surbaissés reposant sur des piliers cylindriques dont les chapiteaux sont ornés d'éléments naturalistes pareils à ceux des consoles sur les murs. Les piliers et les arcs sont chanfreinés et on décèle l'intention de réaliser une œuvre

Cathédrale, chœur, Funchal.

R.C.

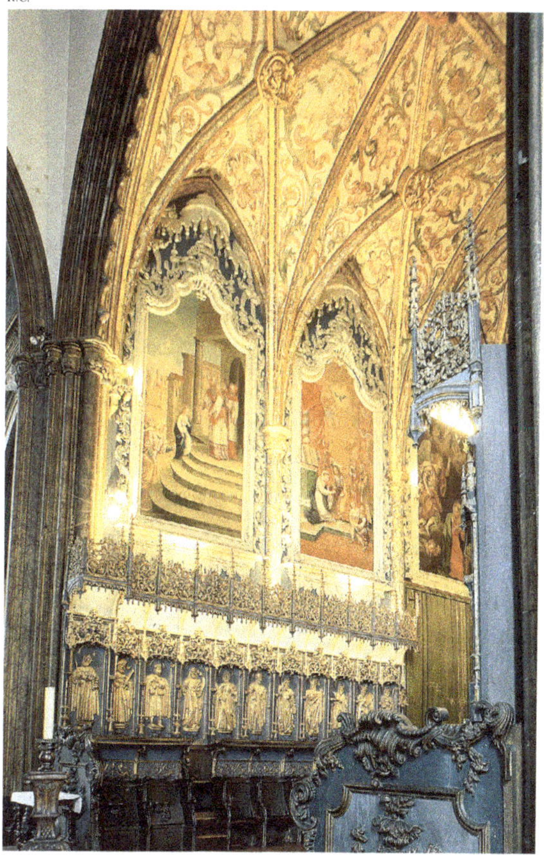

à la fois solide et imposante. Ce désir est patent dans le plafond *mudéjar* de la Casa dos Contos (où l'on faisait les comptes) qui, avec leurs entrelacs et leurs rosaces, rappellent ceux des nefs et du transept de la cathédrale. La maison ouvrait sur la mer par une grande porte ou porte-fenêtre, de près de 4 m de hauteur, qui donnait sur une terrasse. Du côté oriental, l'édifice était plus compartimenté et il y avait encore deux petits portails manuélins. Cette subdivision en surfaces relativement réduites était commune à tout l'étage supérieur, où les plafonds présentaient des entrelacs *mudéjars*.

Ancienne douane, portail, Funchal.

R.C.

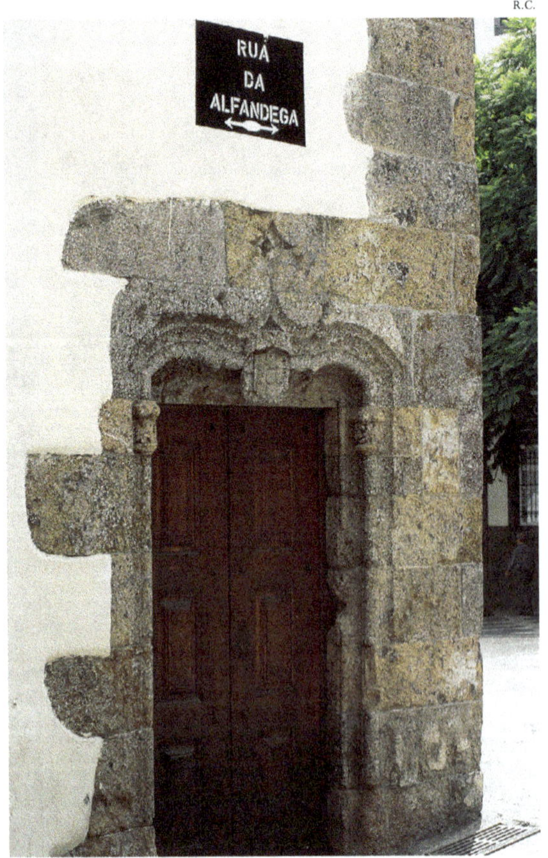

XIII.1.d **Chapelle du Corps Saint**

Largo do Corpo Santo. Classée Édifice d'intérêt public. Pour obtenir des visites guidées, il faut contacter la Direction régionale de la culture, tél. 291 211830.
Horaires: du lundi au vendredi, de 10:00 à 12:30 et de 14:00 à 17:30. Fermée les jours fériés.

La chapelle du Corps Saint remonte au milieu du XVe siècle et on doit sa fondation aux gens de la mer. Elle s'élève dans un lieu qui marquait la limite de l'agglomération, appelé le Cabo do Calhau (cap du Caillou). Il est probable qu'à l'origine elle ait été en bois et couverte de chaume. L'édifice en pierre, dont on conserve l'essentiel, notamment le portail à arc brisé sans chapiteaux, ne fut construit qu'à la fin du XVe siècle.
Elle fut profondément restaurée en 1594, comme le révèle une inscription sur plaque en pierre. La décoration intérieure montre qu'elle ne cessa d'être enrichie au cours des siècles suivants.

XIII.1.e **Musée d'Art sacré**

Il est installé dans l'ancien palais épiscopal de Funchal et on y accède par la Rua do Bispo, n° 21, tél. 291 228900. Classé Monument national.
Entrée payante. Horaires: du mardi au samedi, de 10:00 à 12:30 et de 14:30 à 18:00, et le dimanche, de 10:00 à 13:00. Fermé les jours fériés.

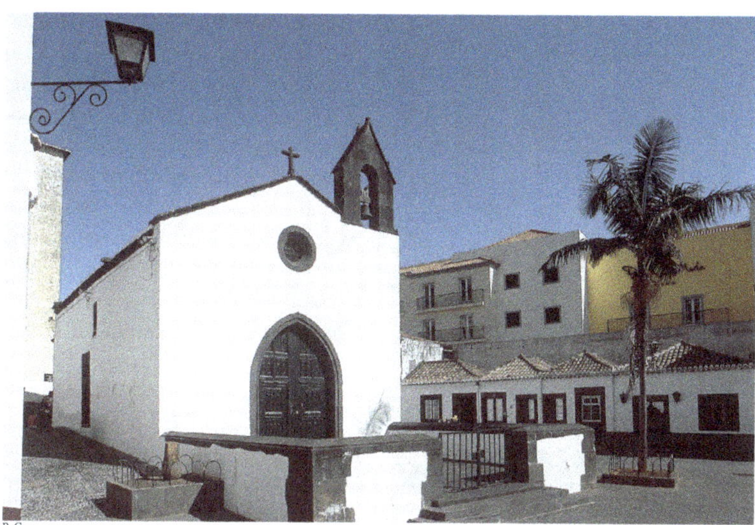
R.C.

Chapelle du Corps Saint, Funchal.

Le musée d'Art sacré présente, dans le cadre de l'orfèvrerie de la période manuéline, quelques pièces incontournables pour l'étude de cette période artistique. Elles proviennent, dans leur quasi-totalité, d'une donation posthume faite par Manuel Ier à la cathédrale de Funchal en 1528, sept ans après sa mort. Elle était constituée de 21 objets liturgiques en argent.

La grandiose croix de procession du musée de Funchal, la plus grande dans son genre au Portugal, fait partie d'une des riches donations royales. Comme sur le célèbre ostensoir de Belém, qui se trouve aujourd'hui au Musée national d'art ancien à Lisbonne, les symboles du roi et la sphère armillaire apparaissent très ostensiblement, pour bien garder le souvenir de celui qui l'offrit.

Un petit mais splendide *porte-paix*, incontestablement un des plus remarquables de l'histoire de l'orfèvrerie portugaise, fut également offert par le roi Manuel et se trouve dans ce musée. Ce *porte-paix* reproduit librement un portique de la Renaissance. Sous l'*entablement* supporté par deux pilastres corinthiens, on voit, au centre, les armes du Portugal flanquées de deux figures ailées. La figure en ronde-bosse du *Père éternel*, très abîmée, couronne la composition encadrée des deux côtés par des créatures fantastiques. Au centre du *porte-paix*, en relief, est ciselée une *Adoration des Mages*. Cinq hyacinthes d'une belle couleur enrichissent la décoration.

La statuette de *Notre Dame*, provenant de la confrérie de Notre-Dame du Rosaire de la cathédrale de Funchal, fut également sculptée dans un célèbre atelier de Lisbonne. Il s'agit d'une petite sculpture en ronde-bosse qui représente la Vierge debout, les mains jointes en prière, et le visage tourné vers le ciel; aussi bien les mains que le visage furent peints. Le modelé de ses vêtements, le rythme presque musical des plis de son manteau, qui en tombant sur la base de la sculpture prend la forme d'une rose, en font un exemplaire unique dans le cadre de la sculpture manuéline en argent.

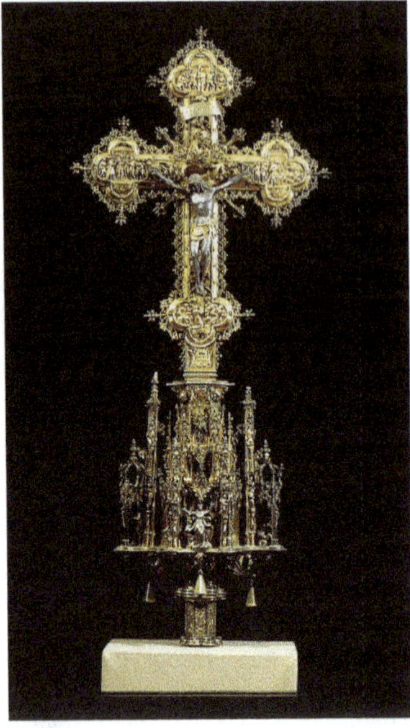
Croix de procession, v. 1520, musée d'Art sacré, Funchal.

IPM/J.P

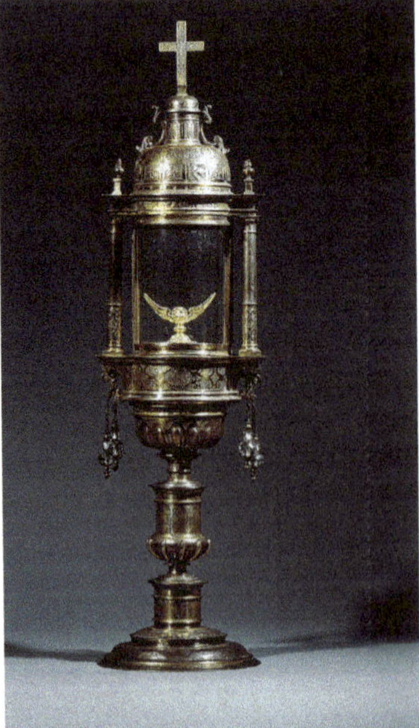
IPM/J.P

Calice-ostensoir, v. 1600, musée d'Art sacré, Funchal.

Le grand calice de la cathédrale de Funchal, également manuélin, est lui aussi extraordinaire. Il a la particularité de conserver encore aujourd'hui tous ses émaux originels sur le pied et sur le nœud d'un grand effet décoratif.

La collection de peintures, provenant de différentes institutions religieuses de l'île, constitue le témoignage le plus significatif de l'importance, dans le Portugal manuélin, de la peinture venant des Pays-Bas, et en particulier de celle produite dans les ateliers flamands.

À de rares exceptions près, la collection consiste en panneaux de grandes dimensions, ce qui prouve qu'elle provient, en majorité, de commandes et non d'achats sur le marché libre. En effet, l'importation fut dynamisée par les donations royales et par les commandes privées, que favorisaient les revenus considérables issus de la production du sucre et de son commerce avec les Flandres. La documentation existante (notamment les clauses testamentaires) fournit quelques données relatives aux commandes privées de la puissante noblesse terrienne de l'île, mais la peinture elle-même prouve aussi l'implication directe de cette classe sociale dans ces acquisitions artistiques. Ainsi, dans le magnifique triptyque de la *Descente de croix* attribué au Flamand Gérard David et à ses collaborateurs, on peut voir sur les volets le portrait des donateurs accompagnés, sur celui de gauche, de saint Jacques le Majeur et, sur celui de droite, de saint Bernardin. Dans un autre triptyque attribué à Pieter Coeck van Aeist, qui représente sur son panneau central saint Jacques le Mineur et saint Philippe, Simão Gonçalves da Câmara et son fils João, troisième et quatrième seigneurs de Funchal, sont représentés sur les volets avec leurs épouses et leurs descendances.

L'importance de chaque peinture qui compose cet impressionnant patrimoine, comme le montre le récent catalogue du musée, rend difficile toute tentative de sélection. Mais il faut quand même détacher, pour le visiteur, le triptyque de saint Pierre, saint Paul et saint André, attribué au peintre Joos van Cleve, qui permettra d'identifier une série de stratégies et de ressources expressives courantes chez ceux qu'on désignait comme des primitifs flamands. Au premier plan, se découpant sur un paysage extraordinaire, sont représentés les apôtres, avec leurs attributs, enveloppés d'amples tuniques d'un somptueux coloris. Les effets capricieux des plis, modelés par une fine variation tonale, permettent au peintre de suggérer des volumes anatomiques faisant parfois entrevoir des corps assez peu vraisemblables. Le fond couleur de terre où ils s'insèrent, traité avec un grand réalisme tactile, change graduellement de couleur pour aller des bruns aux bleus, tandis que l'échelle et la définition les éléments figuratifs diminuent peu à peu. Avec cette remarquable capacité d'utilisation de la perspective aérienne et linéaire, le peintre suggère une incommensurable profondeur spatiale utilisée sur le panneau central pour représenter le passage de l'appel de Pierre sur la mer de Galilée. Les paysages et les objets représentés sur ces peintures, utilisés encore comme des décors ou des accessoires des thèmes religieux, acquerront plus tard une valeur intrinsèque dans de nouveaux genres de peinture comme la nature morte et le paysage. Cependant, ces objets et ces figurations secondaires, d'apparence profane et de simple valeur décorative, ont une signification symbolique qu'il faut décoder.

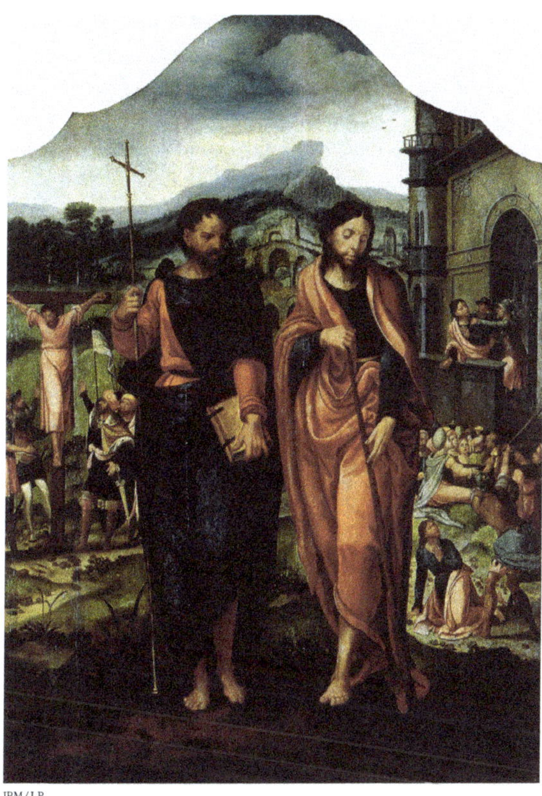

IPM/J.P

Attribué à Pieter Coecr Van Aelst, "Saint Jacques, saint Philippe et les donateurs", panneau central du triptyque de saint Jacques le Mineur et saint Philippe, provenant de l'église du Secours, huile sur bois de chêne, v. 1527-1531, musée d'Art sacré de Funchal.

Cet extraordinaire triptyque, comme c'est d'ailleurs le cas pour d'autres de cette même collection, représente au revers des volets la Vierge et l'Ange de l'Annonciation qui ne sont visibles que lorsque le triptyque est fermé.

L'importance de l'île de Madère pendant la période manuéline est aussi bien attestée par l'importation systématique de sculptures, depuis des pièces presque miniaturisées, sculptées dans les ateliers spécialisés de Malines, en passant par des commandes à des ateliers de la région d'Anvers, jusqu'à l'importation de retables complets, comme le remarquable exemplaire des Rois mages d'une chapelle du détroit de Calheta. C'est pour cela que le musée de Funchal possède des pièces d'une grande qualité comme les diverses sculptures de la Vierge à l'Enfant, provenant de différentes églises (comme les églises de Ponta do Sol, de Machico ou de Ribeira Brava); ou comme celles représentant des Descentes de Croix, dont le musée possède des exemples très expressifs. Dans l'île arrivaient également des sculptures isolées comme celle de Saint Sébastien, qui se trouve de nos jours dans le musée, mais qui appartint à une chapelle dédiée à ce saint, et, parmi d'autres, une Vierge à l'Enfant provenant de la chapelle Nossa Senhora da Ajuda.

Attribué à Joos Van Cleve, "Annonciation", panneau du triptyque du Bon Jésus, provenant de l'église du Recueillement du Bon Jésus de Ribeira, huile sur bois de chêne, v. 1520, musée d'Art sacré, Funchal.

IPM/J.P

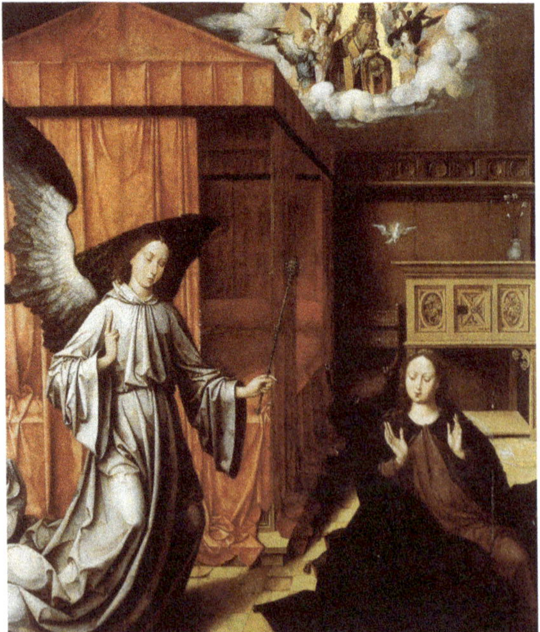

XIII.1.f Église et couvent Sainte-Claire

On y accède par la Calçada de Santa Clara, n° 15. Tél.: 291 742602. Une partie des façades de l'ensemble des bâtiments donne sur la Calçada do Pico et sur la Rua das Cruzes. Le couvent est classé Monument national. Horaires: tous les jours, de 10:00 à 12:00 et de 15:00 à 17:00.

Le couvent Sainte-Claire à Funchal fut fondé à la fin du XVe siècle par João Gonçalves da Câmara et demeura par la suite sous la protection de sa famille. Les travaux commencèrent en 1492, et cinq ans plus tard, les premières religieuses venant de Setúbal s'y installaient. Les différentes constructions s'organisaient autour d'une petite chapelle qui y était déjà auparavant et à laquelle devait appartenir le portail gothique par lequel on accède aujourd'hui à l'intérieur.

Dans le domaine de l'architecture il nous reste, de l'époque gothique, le cloître, exceptionnel, avec des arcs en ogive d'un dessin magnifique mais très dépouillé. À l'intérieur de l'église privée, qui fut par la suite largement remaniée, se trouve le tombeau, en gothique flamboyant, de Martim Mendes de Vasconcelos, gendre de João Gonçalves Zarco.

Un ensemble d'*azulejos* couvre presque entièrement le chœur supérieur et le chœur inférieur, ce qui était peu courant. Pas moins de 90 m^2 pour un total de presque 4 000 *azulejos de arista* avec huit dessins différents d'entrelacs géométriques et deux autres d'éléments phytomorphiques. Il s'agit d'*azulejos* simplement moulés et vitrifiés au minium, ce qui donna plusieurs tonalités de vert.

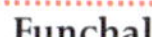

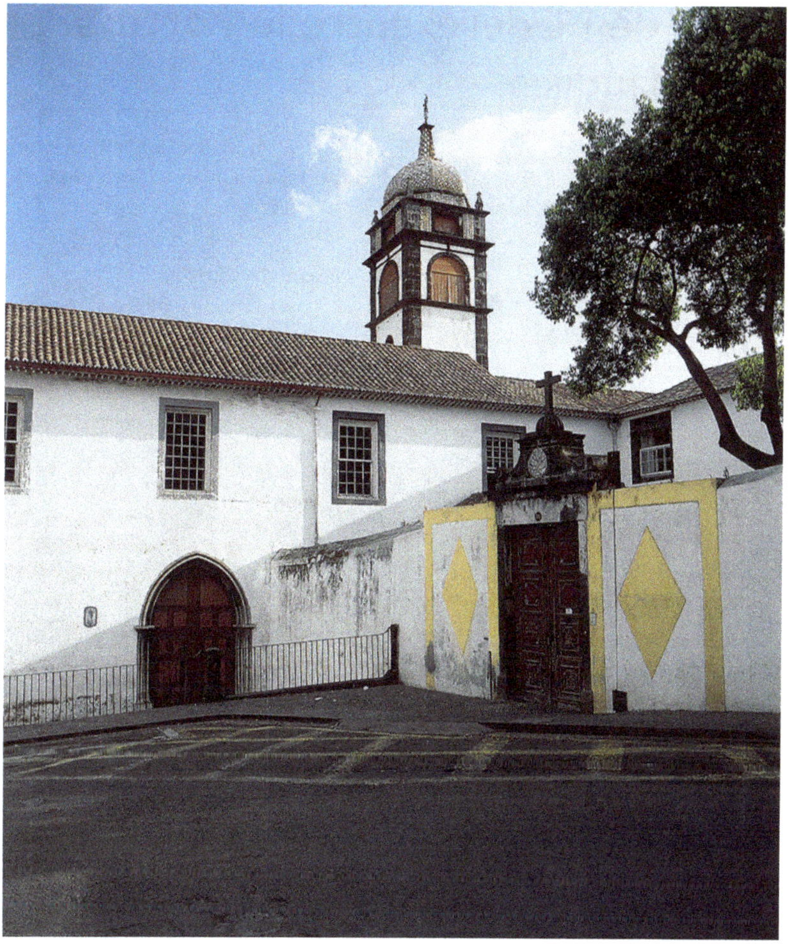

R.C.

Couvent Sainte-Claire, Funchal.

Au centre du chœur supérieur, ils forment une sorte de tapis ou médaillon quadrangulaire, avec 100 *azulejos*, mais avec une polychromie commune.
Le goût *mudéjar* se faisait également sentir dans ce chœur supérieur par la structure et la décoration du plafond à entrelacs, comme on peut le voir dans les vestiges les plus anciens.
Si le chœur inférieur fut également très remanié à des époques postérieures, notamment au milieu du XVIIIe siècle, on conserva le revêtement du sol en *azulejos mudéjars*, que l'on a récemment restauré en le découvrant entièrement. C'est un ensemble unique, qui révèle un goût raffiné en même temps que d'importantes ressources économiques et une adaptation savante des meilleurs matériaux aux usages quotidiens.

En sortant de Funchal en direction de Ribeira Brava, vous devez prendre la route R 101 en direction de Câmara de Lobos / Estreito de Câmara de Lobos / Campanário jusqu'à Ribeira Brava (21,3 km).

L'île de Madère: entre le Portugal et les Flandres

Pedro Dias, Dalila Rodrigues, Nuno Vassallo e Silva, Fernando Grilo

Deuxième jour

XIII.2 RIBEIRA BRAVA

XIII.2.a Saint-Benoît (São Bento), église matriz

XIII.3 PONTA DO SOL

XIII.3.a Notre-Dame de la Lumière, église matriz

XIII.4 CALHETA

XIII.4.a Saint-Esprit, église matriz

XIII.5 SANTA CRUZ

XIII.2.a Saint-Sauveur, église matriz

XIII.6 MACHICO

XIII.2.a Notre-Dame de la Conception, église matriz

Porto Santo

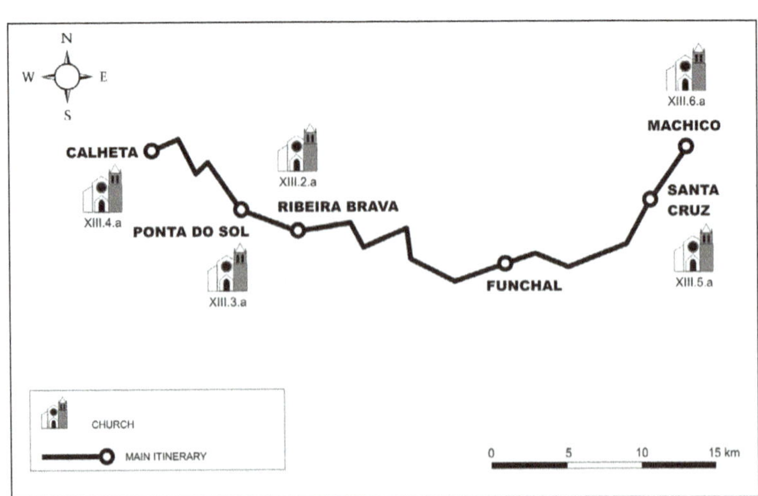

La côte méridionale de l'île de Madère

Le développement de l'île, aussitôt après l'établissement des premiers colons, se vérifia surtout dans la zone sud, où la côte était plus favorable aux débarquements et les communications plus faciles grâce aux baies et au régime des vents et des marées. De plus, l'existence de quelques vallées aux pentes moins sévères qu'ailleurs permettait la culture de différentes espèces, notamment celles qui étaient immédiatement destinées à la consommation des habitants. Ce fut sur ces aimables versants que l'on commença à planter la canne à sucre, tandis que les indispensables moulins à sucre étaient érigés près des canaux d'irrigation.
Il n'est donc pas étonnant que ces terres recèlent les plus importants témoignages de l'art de l'époque des Découvertes, surtout du XVIe siècle et du temps de Manuel Ier.
De Caniçal jusqu'au détroit de Calhetas, nombreuses sont les petites villes qui méritent une visite. Nous avons choisi celles qui nous semblaient les plus significatives dans le cadre de cet itinéraire, mais il ne faut surtout pas négliger le paysage, les différentes cadres urbains et les témoignages d'autres époques et d'autres cycles économiques.

XIII.2 RIBEIRA BRAVA

XIII.2.a Saint-Benoît (São Bento), église matriz

Dans le centre de la petite ville, on y accède par le Largo da Matriz et par la Rua do Visconde da Ribeira Brava, tél. 291 952172. Classée Édifice d'intérêt public. Horaires: du lundi au samedi, de 7:00 à 12:00 et de 15:00 à 18:00.

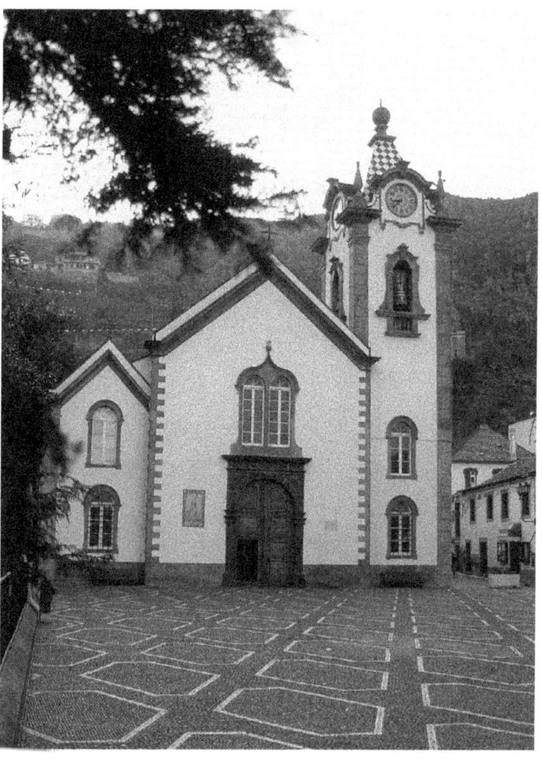

Église matriz de Ribeira Brava.

L'église *matriz* de Ribeira Brava était à l'origine une petite chapelle consacrée à saint Benoît, fondée du temps du gouvernement du duc de Beja, D. Fernando, frère d'Alphonse V et père de Manuel Ier. Toutefois, les plus anciens vestiges architecturaux datent de l'époque manuéline, quand l'église fut entièrement modifiée pour correspondre à l'accroissement de la population et à la richesse de la ville. Un fort glissement de terrain détruisit partiellement l'église, ce qui provoqua de nouveaux travaux qui déterminèrent

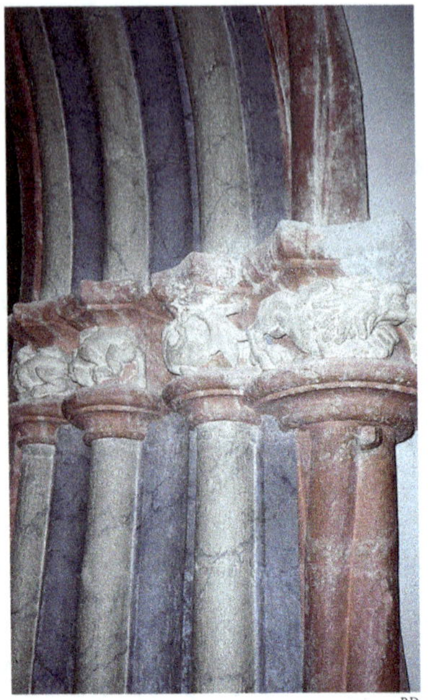
Église matriz, détail de l'intérieur, Ribeira Brava.
P.D.

son volume actuel, bien que les arcades des nefs soient néogothiques et que la façade principale soit encore plus récente.

L'arc d'entrée de l'actuelle chapelle du Saint-Sacrement date de la période manuéline. Il est archaïsant, mais présente, sur les chapiteaux des *archivoltes*, des éléments naturalistes peu courants avant la première décennie du XVIe siècle. La structure de l'église est encore d'un gothique flamboyant, comme à Batalha, mais empreinte du nouveau goût pour l'exotisme qui marqua toute l'île de Madère pendant les premières décennies du XVIe siècle.

La chaire, avec une console exceptionnelle où est représenté un ange avec un *phylactère*, et les fonts baptismaux furent très probablement exécutés en même temps: ils sont homogènes et évoquent tous deux la main d'un maître habile dans la construction générale autant que dans la sculpture décorative.

R.C.
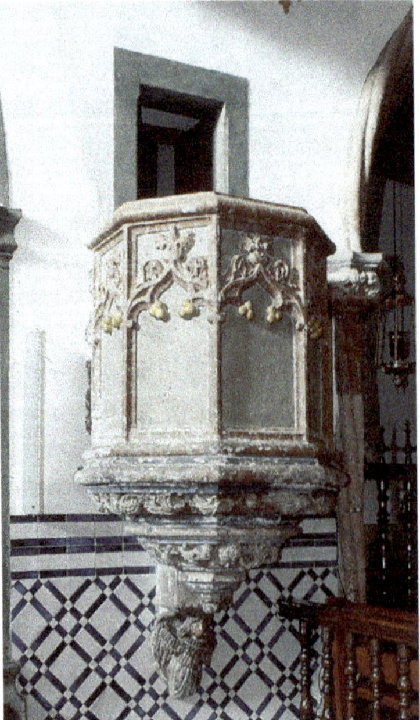
Église matriz, chaire, Ribeira Brava.

En sortant de Ribeira Brava, reprenez la route R 101 jusqu'à Ponta do Sol (3,3 km).

XIII.3 PONTA DO SOL

XIII.3.a Notre-Dame de la Lumière, église matriz

Dans le centre de la petite ville. On la voit très bien au milieu des maisons qui l'entourent.
Classée Édifice d'intérêt public.

Nous connaissons l'origine de l'église *matriz* de Ponta do Sol. Un document affirme que, en 1486, Rodrigues Anes "o Coxo" (le boiteux) fit construire cette église dédiée à sainte Marie avec un tombeau dans le chœur où il devait être enterré. Ce que l'on peut voir aujourd'hui est le résultat de nombreux travaux qui vont du début du XVIe siècle à nos jours.

Son plan est simple: une nef unique et un chœur formant chevet – tous deux rectangulaires. Deux chapelles s'ouvrent latéralement, au niveau de la croisée, comme s'il s'agissait d'un faux transept; toutes deux ont une structure tardogothique, celle de gauche avec une voûte croisée, mais celle de droite ayant juste un arc d'entrée. Le même goût et le même style sont patents sur l'arc de l'actuelle chapelle du Saint-Sacrement, avec une découpe délicate et une belle représentation d'éléments phytomorphiques. Dans le domaine architectural, ce qui impressionne le plus est le plafond à entrelacs *mudéjars* du chœur datant d'un XVIe siècle déjà bien avancé.

Pour Calheta, vous devez prendre la route R 101 en direction de Madalena do Mar (7 km).

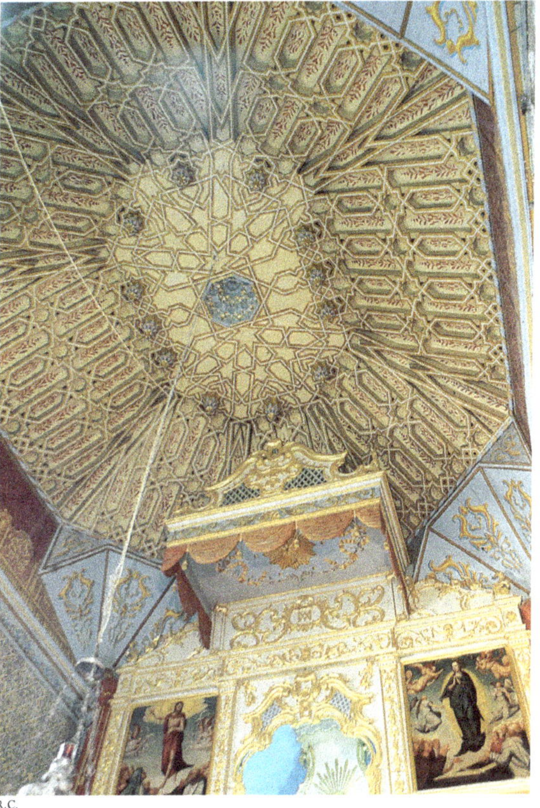

R.C.

Église matriz, plafond mudéjar du chœur, Ponta do Sol.

XIII.4 CALHETA

XIII.4.a Saint-Esprit, église matriz

Route de Calheta. Le parvis est entouré de murs; on entre par un des deux portails en fer forgé. Classée Édifice d'intérêt public.

La structure générale manuéline de l'église de Calheta est bien conservée, même si elle fut profondément modifiée entre 1604 et 1609, ce qui pose des problèmes quant à la datation des plafonds. Nous sommes convaincus que le maître d'œuvre royal, Jerónimo Jorge, démonta et adapta la partie *mudéjare* en y incluant éventuellement des éléments manquants et en la complétant avec de nouvelles parties.

La structure du plafond est intacte, la profondeur de la zone centrale octogonale se voyant accentuée par un décor de *mouqarnas* doré et par les huit trapèzes obliques qui s'appuient sur les flancs et sur les inévitables *trompes* d'angles, ici en forme de coquille Saint-Jacques inversée. Le dessin très bien tracé, au centre comme sur les côtés, est basé sur un entrelacs d'étoiles à huit branches et de losanges. Les *corbeaux* et les tirants de la nef sont également *mudéjars*, ces derniers ayant un schéma réticulaire très fin.

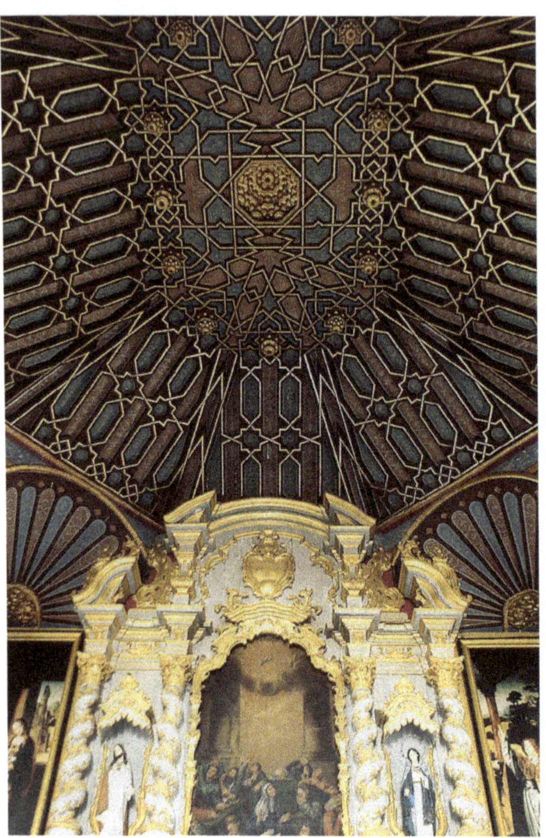
R.C.

Église matriz, plafond mudéjar, Calheta.

Pour Santa Cruz, il vous faudra prendre la route R 204, jusqu'à S. Gonçalo / Caniço / Santa Cruz.

XIII.5 SANTA CRUZ

XIII.5.a **Saint-Sauveur, église matriz**

Dans le centre de la petite ville, entourée d'un jardin arboré. Classée Édifice d'intérêt public. Horaires: tous les jours, de 8:00 à 19:00.

On dispose de quelques données sur cette église. La première référence est apparemment datée de 1479, année où Gil Eanes fonda une chapelle dédiée à Jésus, à l'intérieur de l'église primitive qui allait être remplacée canoniquement par une autre, la "nouvelle église", par opposition à l'ancienne, l'"ancienne église". Il y a également des données sur les travaux qui furent à l'origine de l'édifice qui est parvenu jusqu'à nos jours, dédié au Sauveur.

Le 25 janvier 1502, le roi Manuel Ier ordonna aux habitants du lieu de terminer le corps central de l'église et commanda à son intendant le début de la construction du chœur, dont le coût était à la charge du roi, puisque l'église était sous son patronage, mais elle fut ensuite donnée à João de Freitas pour sa sépulture. En 1508, le maître Fernão Mouzeiro était le chef du chantier, et il avait pour premier assistant un certain Diogo. Les travaux prirent plusieurs années et se poursuivirent au moins jusqu'en 1511.

Actuellement, la façade a deux grands contreforts postérieurs à l'époque manuéline et un portail ogival avec des colonnettes engagées de différentes épaisseurs, dont les chapiteaux naturalistes sont ornés de motifs végétaux. Le portail est surmonté d'un oculus. Le dessin général de la façade principale met en évidence la différence de hauteur des trois nefs de l'intérieur. Le clocher, qui servait également de mirador, s'élève dans la zone du chevet et date encore de l'époque manuéline avec de grandes ouvertures pour les cloches et un couronnement pyramidal. Il sert à imaginer à quoi ressemblaient les tours des autres églises paroissiales de l'île qui ont disparu.

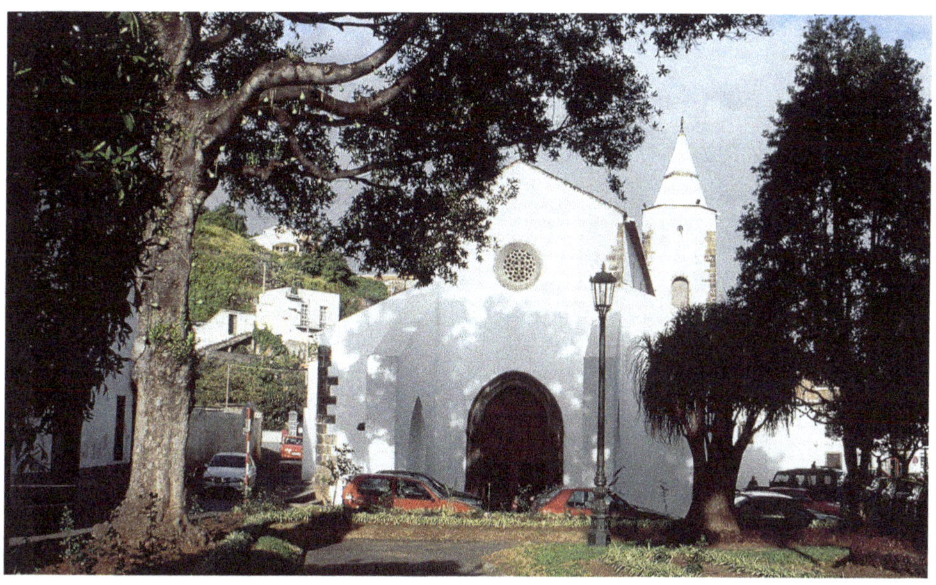

Saint-Sauveur, église matriz de Santa Cruz.

Le massif central a trois nefs séparées par des arcades simples dépourvues de décoration. Le chœur est couvert par une voûte à nervures croisées qui forme un octogone au centre et dont les clés portent les armoiries royales, les armes du Portugal et la croix de l'ordre du Christ. Il ne faut pas manquer la porte de la sacristie, une porte double à pilier central, qui a un tracé et une richesse décorative hors du commun, et de très élégants arcs surbaissés polylobés et des demi-sphères qui décorent la *voussure* générale et les piédroits correspondants. Il faut aussi aller voir la chapelle Saint-Jacques, fondée avant 1522 par João de Morais, qui a des armoiries au sommet de son arc d'entrée en gothique tardif, des chapiteaux naturalistes et une arcade en plein-cintre. L'*enfeu* de Micer Batista, chevalier et marchand génois qui habitait dans cette ville, est dans le même style et date de 1516. Signalons encore, dans le meilleur style manuélin, l'édicule ouvert à côté des fonts baptismaux pour servir d'armoire.

Pour Machico, vous devrez reprendre la route R 101 en direction de Vila de Santa Cruz / Água de Pena / Vila de Machico.

XIII.6 **MACHICO**

XIII.6.a **Notre-Dame de la Conception, église matriz**

Dans le centre de la petite ville, au milieu du grand espace arboré, tél. 291 695139.
Classée Édifice d'intérêt public.
Horaires: tous les jours, de 9:00 à 18:00.

L'église *matriz* de Machico conserve encore sa structure manuéline et les différentes phases de travaux sont bien documentées. Son premier maître constructeur fut Pedro Álvares à qui l'on fit divers paiements, dont celui de 1511 pour les finitions.

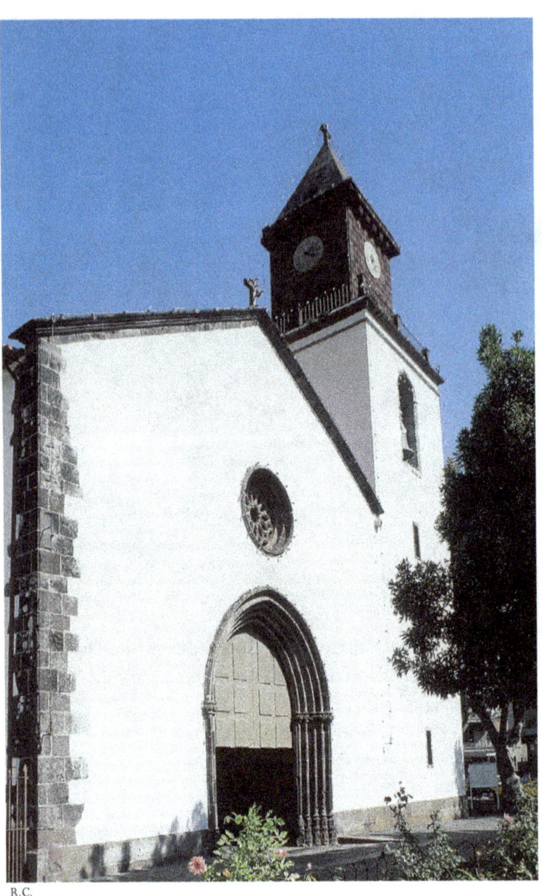

R.C.

Église matriz de Machico.

Cependant, en 1521, le chœur fut mis à concours.

On sait qu'il fallut faire venir dans l'île une grande partie du matériel, comme le bois de cèdre, venu de Flandres, vers le milieu de 1526. Les travaux ne se terminèrent qu'en 1529, après un dernier concours, lancé l'année précédente et à nouveau gagné par Pedro Álvares. Quant au chœur, dont les travaux semblent avoir été interminables, tout fut repris en 1535, car le précédent était pratiquement effondré et il fallut le démolir pour le reconstruire.

Les travaux étaient donnés comme achevés par Grão Vasco le 28 avril 1537, il ne manquait alors que le décor extérieur et les créneaux de la toiture qui, deux ans plus tard, n'étaient toujours pas terminés.

On peut vérifier que la structure est essentiellement manuéline, comme on l'a dit plus haut. La façade principale a un portail en arc brisé et cinq élégantes colonnettes doriques à chapiteaux finement décorés de façon naturaliste, le tout en pierre provenant de l'île. Au-dessus, s'ouvre un petit oculus de la même époque. Sur le côté, donnant sur la place, il y a un autre portail à deux travées avec des colonnettes en marbre blanc d'importation.

À l'intérieur, l'espace est manuélin, même si au cours des siècles on y ajouta des œuvres diverses. Du gothique final, on peut voir l'arc qui ouvre le chœur ainsi que les trois chapelles latérales, dont deux forment un faux transept et l'autre se trouve au milieu du mur latéral gauche. Les deux premières sont couvertes de voûtes à nervures à cinq clés typiques du manuélin de Batalha, alors que la troisième est d'une structure plus dépouillée, à simples nervures croisées.

portail en arc brisé et cinq élégantes colonnettes doriques à chapiteaux finement décorés de façon naturaliste, le tout en pierre provenant de l'île. Au-dessus, s'ouvre un petit oculus de la même époque. Sur le côté, donnant sur la place, il y a un autre portail à deux travées avec des colonnettes en marbre blanc d'importation.

À l'intérieur, l'espace est manuélin, même si au cours des siècles on y ajouta des œuvres diverses. Du gothique

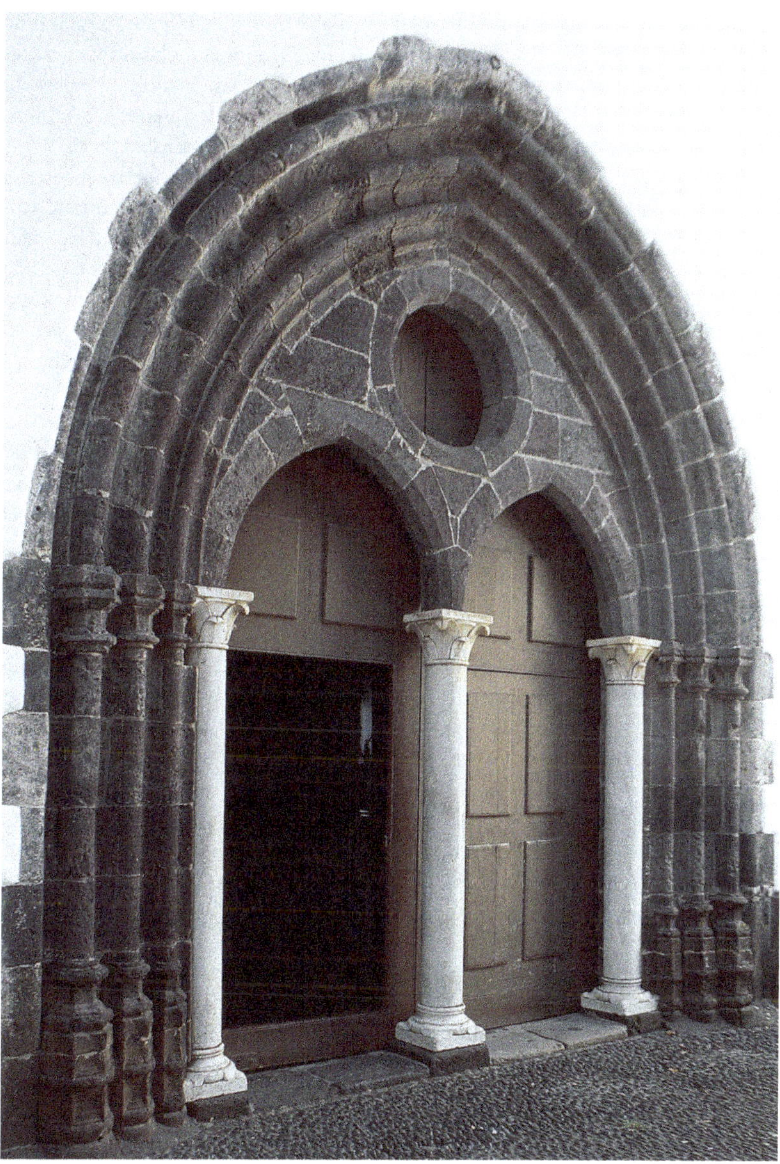

R.C.

Église matriz, portail latéral, Machico.

final, on peut voir l'arc qui ouvre le chœur ainsi que les trois chapelles latérales, dont deux forment un faux transept et l'autre se trouve au milieu du mur latéral gauche. Les deux premières sont couvertes de voûtes à nervures à cinq clés typiques du manuélin de Batalha, alors que la troisième est d'une structure plus dépouillée, à simples nervures croisées.

"L'île de Porto Santo est petite, mais elle est fraîche et son air est bon et salutaire, même si elle n'a pas beaucoup d'eau, car elle est sèche et avec très peu d'arbres. Les principales plantes, à part les dragonniers, sont le genévrier et la bruyère. Cette île se trouve sur le chemin quand on vient de Lisbonne pour aller à l'île de Madère, dont elle est éloignée de vingt lieues, de port à port, je veux dire, du port de Vila au port de Funchal, et de terre à terre il y a douze lieues. Elle se trouve à trente-trois degrés au nord. Elle est petite et presque ronde, avec trois lieues de long sur une et demie de large, ou un peu plus.

Dans le port des Cagarras ["grèbe", oiseau plongeur], ainsi nommé parce que sur ses rochers abondent ces palmipèdes, qui est du côté de l'orient, au nord-est de l'île, débouche dans la mer, venue de loin, une rivière salée. Distant d'un peu plus d'une demi-lieue du port de Frades, en allant vers l'occident, du même côté sud, on trouve un îlot grand et rond, éloigné d'une demi-lieue de la terre, aussi bien de son nord que de son sud, et haut par les rochers qui l'entourent; il a, à son sommet, un grand champ de la taille de deux muids de terre où il y a beaucoup de dragonniers et pour cela on l'appelle îlot des Dragoeiros; il a aussi des oliviers sauvages et beaucoup de chèvres, de palmipèdes et de lapins de plusieurs couleurs y vivent.

À une demi-lieue, vers l'ouest de cet îlot des Dragonniers, du même côté sud, est un rocher grand et rond, tel un petit îlot, qui fut appelé jadis Penedo do Sono ["rocher du sommeil"] parce que (on dirait que) quelqu'un s'y est couché pour dormir. Du Penedo do Sono jusqu'à l'îlot du Boqueirão ["grande bouche"], à un peu plus d'une lieue et demie, et qui est la dernière pointe du ponant de l'île, il y a une grande étendue de sable blanc sans aucun caillou et la baie n'est pas très incurvée, et elle n'a aucune grande pointe entrant dans la mer, ce qui fait que les bateaux peuvent sortir par n'importe quel temps du port de Vila qui est au milieu de cette baie et de cette plage et qui, grâce au port dont on a déjà parlé, s'appelle Vila de Porto Santo.

Enfin, cette île de Porto Santo est très bonne pour la santé avec un bon air bien frais, bien que petite, avec trois lieues et demie de long sur une et demie de large, environ (comme on l'a déjà dit) et elle n'a pas d'eau car elle est sèche et a peu d'arbres et les principales plantes (à part le dragonnier) sont le genévrier et la bruyère; dans beaucoup d'endroits de cette île, la nature fit pousser de très nombreux dragonniers dont le tronc servait à faire beaucoup récipients culinaires, et quelques-uns de ces troncs sont si gros que l'on peut faire, avec un seul, des bateaux qui peuvent contenir six ou sept hommes pour aller à la pêche et des barils qui peuvent contenir un muid de blé. De tout ce qu'on peut faire avec leur bois on tire un grand profit dont on paye le tribut au roi et on utilise beaucoup le sang-de-dragon, très apprécié des apothicaires; ces dragonniers donnent un fruit rond qui, quand il est mûr, devient très jaune et qui est très sucré; au temps où il y avait beaucoup de dragonniers, on engraissait les cochons avec ces fruits (qui sont comme des noisettes et qui pour cela s'appelaient petites pommes); maintenant, il n'y en a plus beaucoup et ils manquent beaucoup aux habitants

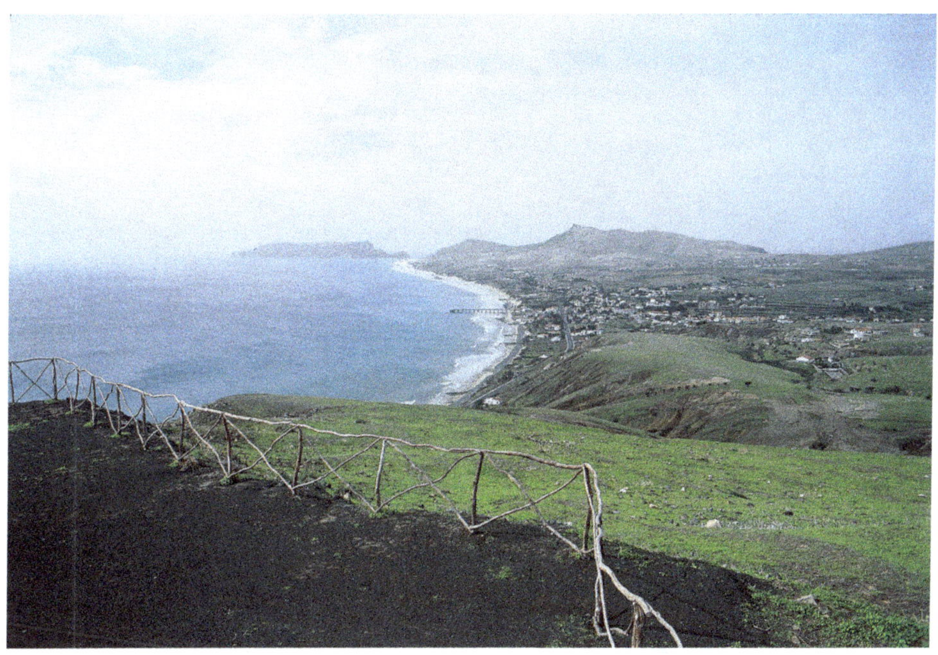

R.C.

parce que ceux-ci tiraient bien du profit des écuelles qu'ils en faisaient qui sont très légers quand ils sont secs, et aussi avec les rondelles de ce bois."

Gaspar Frutuoso, "Da descrição da Ilha de Porto Santo e da abundância e moradores dela", *Saudades da Terra*, 1560.

Vue générale de Porto Santo.

Les Açores sur les routes maritimes de l'Occident et de l'Orient

Pedro Dias, Dalila Rodrigues,
Nuno Vassallo e Silva, Fernando Grilo

Premier jour

XIV.1 PONTA DELGADA
- XIV.1.a Saint-Sébastien, église matriz
- XIV.1.b Musée Carlos Machado

XIV.2 VILA FRANCA DO CAMPO
- XIV.2.a Saint-Michel-Archange, église matriz

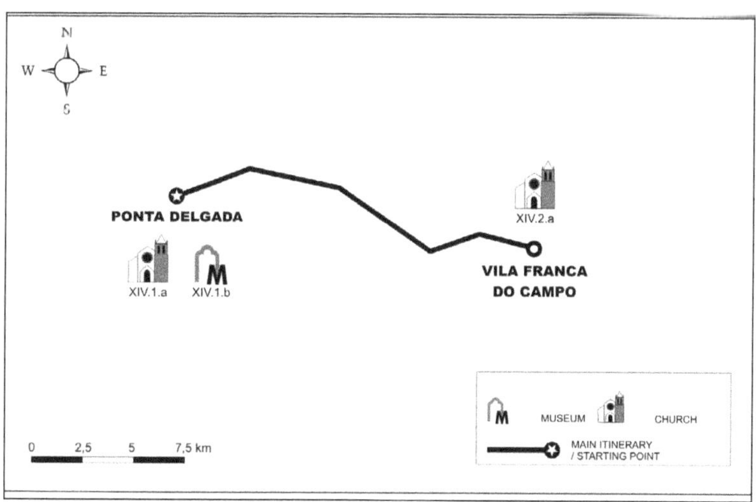

Baie d'Angra do Heroísmo.

En plein océan Atlantique, à mi-chemin entre l'Europe et l'Amérique, les neuf îles de l'archipel des Açores étaient déjà dessinées avec une certaine précision sur des cartes catalanes et italiennes avant leur découverte officielle. Quoi qu'il en soit, il est certain que c'est Gonçalo Velho Cabral qui arriva à l'île de Santa Maria vers 1431, et que les années suivantes il découvrit les îles de São Miguel, Terceira, Faial et Pico. Le premier document signalant concrètement ces découvertes est une lettre de l'infant Henri datée du 2 juillet 1439, qui informe son frère D. Pedro, régent du royaume et duc de Coimbra, de l'installation de brebis dans l'archipel et qui lui demande l'autorisation de le peupler. La même lettre évoquait encore la découverte ou redécouverte de deux autres îles, Flores et Corvo, où Diogo de Teive était arrivé en 1452.

L'infant Pierre, duc de Coimbra, manifesta toujours un grand intérêt pour les Açores, et il obtint de son neveu, le roi Alphonse V, plusieurs privilèges pour les habitants de l'île de São Miguel. Ce fut l'infant Henri, qui avait déjà entrepris de peupler Santa Maria, qui prit la suite de son frère Pierre dans cette tâche, avec l'appui explicite de sa sœur, l'infante Isabelle, duchesse de Bourgogne, puisque le Portugal manquait de ressources humaines suffisantes pour le peuplement de l'archipel. C'est pourquoi de nombreux Flamands s'installèrent aux Açores, en particulier dans l'île de Faial, et leur présence fut déterminante pour la production artistique et la formation du goût. Les noms comme van Aard, Govaert, der Haghe, portés les uns par des gens de souche noble, d'autres par de simples artisans, et d'autres encore par des bannis, étaient courants dans les îles. Parmi eux, il faut signaler Jacôme de Bruges, qui avait vécu dans la ville de Porto et qui s'installa dans l'île de Terceira avec un grand nombre de ses compatriotes et de gens originaires du nord du Portugal.

La première capitainerie était constituée par les îles de Santa Maria et de São Miguel et, en 1474, elle fut divisée en deux. En 1454, l'infant Henri fonda une commanderie dans l'archipel et la confia à Gonçalo Velho en lui donnant des pouvoirs rattachés à l'ordre du Christ. L'encadrement religieux des premiers habitants était donc assuré par cet ordre, mais, très vite des franciscains et d'autres religieux vinrent les rejoindre. Il semble que le premier couvent de l'archipel ait été fondé à Vila Franca do Campo, dans l'île de São Miguel, près du mont de Nossa Senhora da Paz. Détruit par le grand tremblement de terre de 1522, il fut reconstruit et dédié à Notre Dame du Rosaire. Un autre couvent qui contribua fortement au développement des îles, fut celui de Nossa Senhora da Guia, à Angra do Heroísmo; il dut être fondé en 1452. Quant aux couvents féminins, il y en avait déjà six au XVIe siècle, à Vila da Praia, Vila Franca do Campo, Horta, Ponta Delgada, Ribeira Grande et Angra do Heroísmo.

La production agricole des Açores était variée, mais, dès les premières années, la culture du blé joua un rôle déterminant, étant donné que le Portugal métropolitain en manquait régulièrement et que les besoins des places fortes du Maroc étaient pressants. Il ne faut cependant pas oublier l'élevage, ni la production de pastel, très prisé sur les marchés du nord de l'Europe pour l'industrie textile.

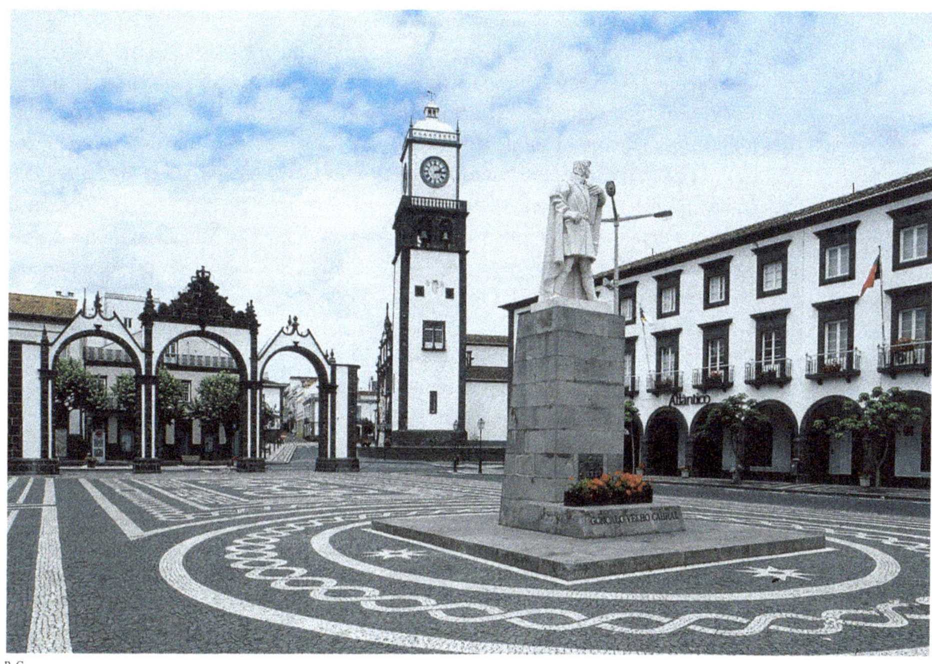

R.C.

Centre historique de Ponta Delgada.

À la fin du XVe siècle, l'ouverture de la route maritime vers les Amériques accrut l'importance des îles, et tout particulièrement de l'île de Terceira et de sa capitale, Angra do Heroísmo, très vite promue chef-lieu et siège de diocèse, en 1534.

À partir de 1518, le nombre de navires partant pour l'Inde et faisant escale à l'île de Terceira alla en augmentant. Entre cette année-là et 1598, les flottes en partance pour l'Amérique furent assistées à Terceira au moins 42 fois, en faisant garder sur l'île des coffres pleins de l'or et de l'argent du Nouveau Monde. Les Açores maintinrent leur rôle de plaque tournante de la circulation maritime de l'Atlantique, ce qui rapportait aux habitants les profits d'une activité intense dans le domaine des services pour faire face aux besoins des voyageurs.

XIV.1 PONTA DELGADA

L'île de São Miguel, ou île Verte, est la plus grande de l'archipel, totalisant presque 760 km^2 de superficie. Sa forme est oblongue, et elle a 65 km de long sur 12 de large. Ses paysages sont éblouissants, avec des pics et des lagunes à l'intérieur des cratères éteints. La flore est très variée.

L'île fut découverte entre 1426 et 1439, car ce fut pendant cette dernière année qu'on commença à la peupler. La ville principale est Ponta Delgada (pointe étroite), même si on y trouve de nombreuses autres villes possédant un patrimoine artistique de valeur, comme Ribeira Grande et Vila Franca do Campo. Ce patrimoine est surtout représentatif de l'époque baroque, qui présente aux Açores des caractéristiques bien particulières. Malheureusement, les tremblements de terre, comme celui de 1522, en secouant des édifices qui n'étaient déjà pas très solides, détruisirent la plupart des constructions de cette époque. C'est pour cette raison que nous détaillerons uniquement deux églises et quelques œuvres iconographiques conservées dans des musées et des collections.

Les plus anciennes références à des constructeurs et à des maîtres d'œuvre datent de 1507 et figurent dans un contrat signé par des nobles de Ribeira Grande et le maître biscayen João de la Penha pour la construction de l'église locale, qui ne résista pas très longtemps et qui dut être reconstruite quelques années plus tard. En 1520, on construisit dans la même ville un pont en pierre dont la direction des travaux fut confiée au Portugais Fernão Álvares. Ce maître vivait déjà à São Miguel au moins depuis 1514 et finit par passer presque toute sa vie aux Açores.

Saint-Sébastien, église matriz de Ponta Delgada.

J.B.

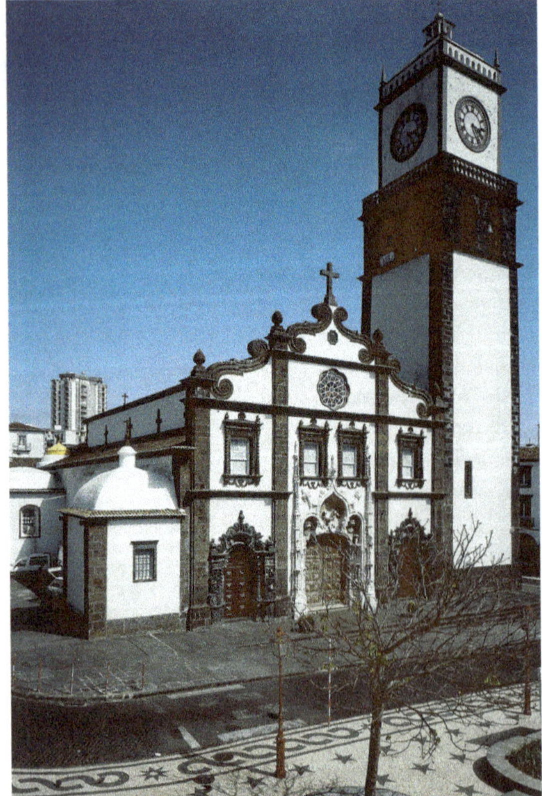

L'activité édificatrice fut très intense pendant le règne de Manuel Ier, ce qui n'est pas étonnant étant donné le développement économique et social de l'archipel. Les édifices parlent des langages très variés – ce qui correspond forcément aux différentes origines des maîtres d'œuvre – et sont, en même temps, le reflet de la très longue utilisation du gothique tardif dans l'île. Les voûtes très puissantes, avec une complexité de nervures introuvable partout ailleurs, sont vraisemblablement une "réponse" aux constantes secousses sismiques. D'après les édifices existants et d'après ce que l'on sait sur ce qui a disparu, il faut considérer cette époque comme un des sommets de l'histoire de l'architecture aux Açores et un des points culminants du gothique final portugais et européen.

XIV.1.a **Saint-Sébastien, église matriz**

Largo da Matriz (on entre par la porte latérale), tél. 295 904554. Classée Édifice d'intérêt public.

Horaires: tous les jours, de 9:00 à 12:00 et de 13:00 à 18:00, en hiver, et de 8:30 à 20:00, en été; le samedi, de 9:00 à 12:30 et de 17:00 à 18:30.

Dans cette église est installé un petit musée d'Art sacré dont l'entrée est gratuite et que l'on peut visiter les jours ouvrables, sauf pendant les cérémonies religieuses.

L'église *matriz* dédiée à saint Sébastien est citée dans plusieurs documents. S'il est vrai qu'elle présente déjà des éléments renaissants, le dessin des trois portails extérieurs et des voûtes de quelques chapelles est encore du gothique tardif. Il y eut un premier édifice, élevé avant 1514, mais les campagnes de travaux, dont le résultat fut l'église que l'on peut voir de nos jours, se déroulèrent entre 1533 et 1545. Leur maître fut un certain Lúpedo qui obtint le chantier pour 1 350 000 *reais*, une somme colossale pour l'époque. Mais ayant mis trop de temps pour partir de Lisbonne, il fut remplacé par Afonso Fernandes, expressément envoyé par la cour. La pierre destinée aux portails, qui furent sculptés par Nicolau Fernandes et André Fernandes, fut également envoyée du Portugal. Le travail de la pierre de taille est dû aux frères Etsêvão da Ponte et Brás da Ponte, et tout ce qui relève de la menuiserie fut réalisé par Diogo Dias, Pêro Fernandes et Diogo Alves.

Sur les portails extérieurs, on voit des grotesques de la première Renaissance italianisante et des chapiteaux de fantaisie, autant d'éléments complexes destinés à afficher clairement le pouvoir économique de leur commanditaire. Très voyants et d'un grand apparat, ils étaient conçus pour impressionner tous ceux qui viendraient à les regarder.

À l'intérieur, ce qui nous intéresse sont les voûtes croisées et deux chapelles d'un dessin peu courant; l'une est traditionnelle avec cinq clés, l'autre, tout en présentant des éléments essentiels droits, forme ensuite un cercle par l'union de toutes les clés secondaires.

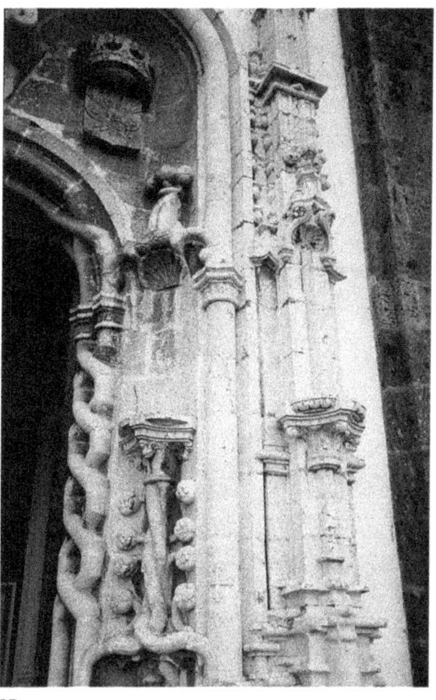

P.D.

Église matriz de Ponta Delgada, détail du portail.

La voûte du chœur est bien plus complexe et se divise en deux zones, celle du chœur proprement dit et celle de l'abside. Tout en définissant nettement les arcs de la croisée du transept, le maître qui voûta ce chœur créa une dense trame de segments de nervures qui, tout en garantissant une plus grande solidité (très importante ici car l'église avait déjà subi plusieurs séismes) était aussi d'un bel effet décoratif.

XIV.1.b **Musée Carlos Machado**

Rua João Moreira, dans l'ancien couvent Saint-André, tél. 296 283814. L'ancien couvent Saint-André est classé Édifice d'intérêt public.

Horaires: en hiver, les jours ouvrables, de 10:00 à 12:00 et de 14:00 à 17:00, et pendant le week-end, de 14:00 à 17:30; en été, les jours ouvrables, de 9:30 à 12:30 et de 14:00 à 17:30, et pendant le week-end, de 14:00 à 17:30. Fermé le lundi.

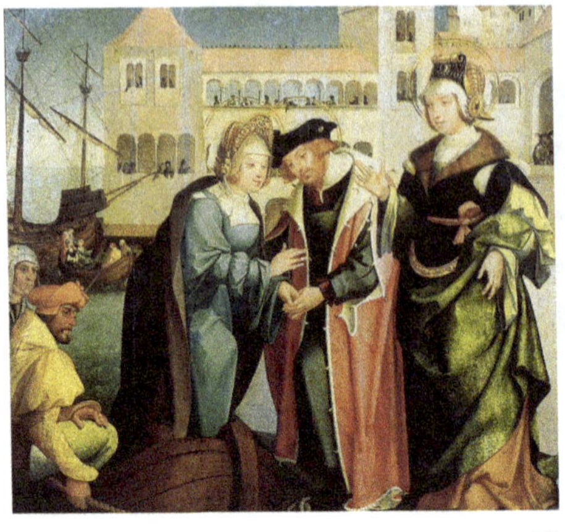

R.C.

École portugaise, "Les martyrs saint Verissimus, sainte Maxime et sainte Julie – Le Débarquement à Lisbonne", huile sur bois, XVIe siècle, musée Carlos Machado, Ponta Delgada.

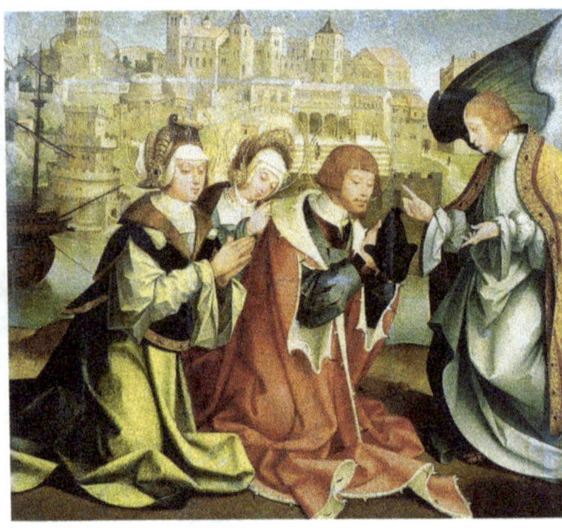

R.C.

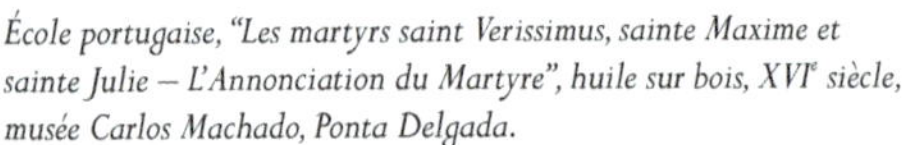

École portugaise, "Les martyrs saint Verissimus, sainte Maxime et sainte Julie – L'Annonciation du Martyre", huile sur bois, XVIe siècle, musée Carlos Machado, Ponta Delgada.

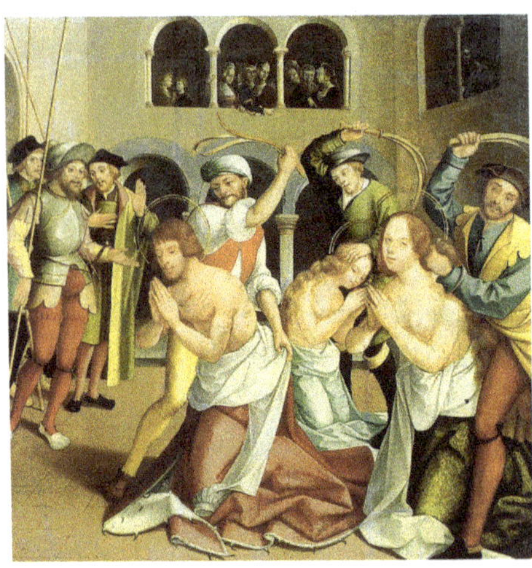

R.C.

École portugaise, "Les martyrs saint Verissimus, sainte Maxime et sainte Julie – La Flagellation", huile sur bois, XVIe siècle, musée Carlos Machado, Ponta Delgada.

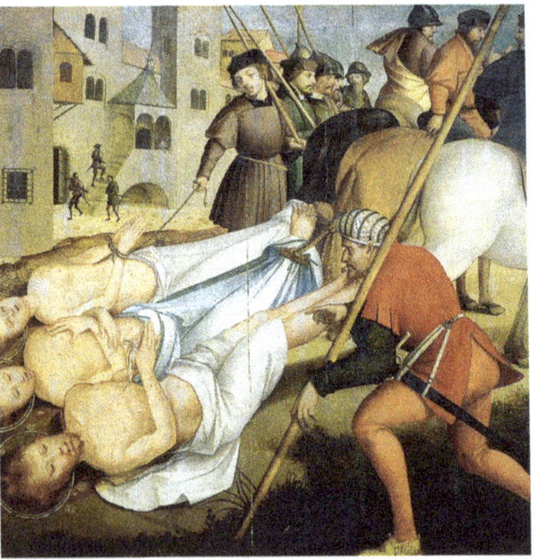

R.C.

École portugaise, "Les martyrs saint Verissimus, sainte Maxime et sainte Julie – La Mort par traînement", huile sur bois, XVIe siècle, musée Carlos Machado, Ponta Delgada.

Le musée Carlos Machado est installé dans le monastère Saint-André, dont la structure baroque est très bien conservée et date des XVIIe et XVIIIe siècles. Nous avons détaché de ses collections un certain nombre de tableaux anciens des ateliers du royaume portugais.

Les deux panneaux de *prédelles* qui représentent sainte Catherine, sainte Barbe, sainte Marguerite et sainte Appolonie furent offerts au musée par les héritiers de Vasco de Bensaúde. Avec les formules, impossibles à confondre, de la production de l'atelier des Maîtres de Coimbra, les deux tableaux, qui venaient très probablement de la *prédelle* d'un retable manuélin, ne soulèvent aucun doute quant à leur origine. D'une part, ils témoignent d'une schématisation très accentuée dans le dessin des figures, ainsi que d'une totale absence de caractérisation des visages, suivant un procédé de simplification presque déconcertant; d'autre part, ils démontrent une grande adresse en ce qui concerne les vêtements et les bijoux, d'une élaboration extraordinairement détaillée.

Un autre ensemble d'importance est constitué par quatre planches de 73 x 83 cm, évoquant le martyre de saint Verissimus, de sainte Maxime et de sainte Julie, et qui fut également offert par la famille Bensaúde. On doit attribuer ces planches à un des meilleurs ateliers de Lisbonne, vers la fin du règne de Manuel Ier; la représentation du *Débarquement* y est spécialement intéressante car on y voit le palais de Ribeira de Lisbonne avec une caravelle amarrée à son quai. Les références topographiques à la capitale portugaise ne se bornent pas à ce tableau, et le palais manuélin figure aussi bien sur le tableau de la *Flagellation* que sur celui de la *Mort par traînement*. Il ne faut pas oublier que ces saints avaient subi leur martyre à Lisbonne au temps de la domination romaine; c'est pourquoi l'artiste, qui avait appris et travaillé avec Jorge Afonso, décida de composer un décor approchant de ce qui existait à son époque pour que le lieu des martyres puisse être facilement identifié.

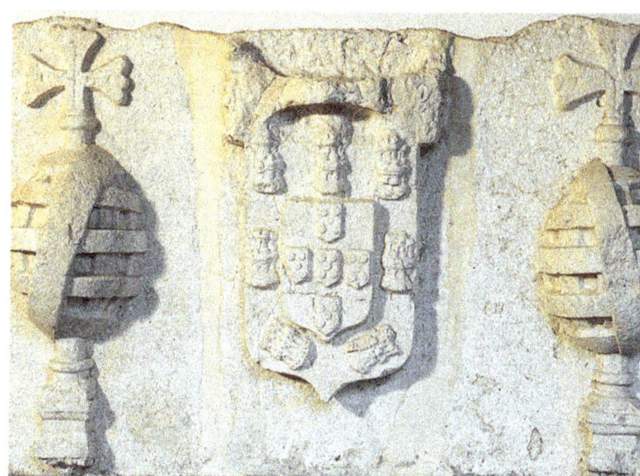
R.C.

Armoiries, pierre calcaire, XVIe siècle, musée Carlos Machado, Ponta Delgada.

Le musée conserve d'autres témoignages de l'art manuélin et de la rencontre, favorisée par les Découvertes et les voyages des Portugais, des cultures de l'Occident et de l'Orient. Il faut signaler, entre autres, la pierre en marbre de Lioz portant les armoiries royales, la sphère armillaire et la croix de l'ordre du Christ, sculptée à Lisbonne, qui appartenait au palais des comtes de Ribeira Grande; le linteau en *arc en accolade* de l'ancien couvent Saint-André de Ponta Delgada; et plusieurs éléments décoratifs d'autres constructions de la même époque, en trachyte ou en roche volcanique – notamment une sphère armillaire, une gargouille, une vasque à eau bénite et une clé de voûte.

Quant aux œuvres luso-orientales, signalons la collection de sculptures en ivoire exécutées à Goa et à Ceylan.

Quand vous sortirez de Ponta Delgada pour aller à Vila Franca do Campo, il vous faudra prendre

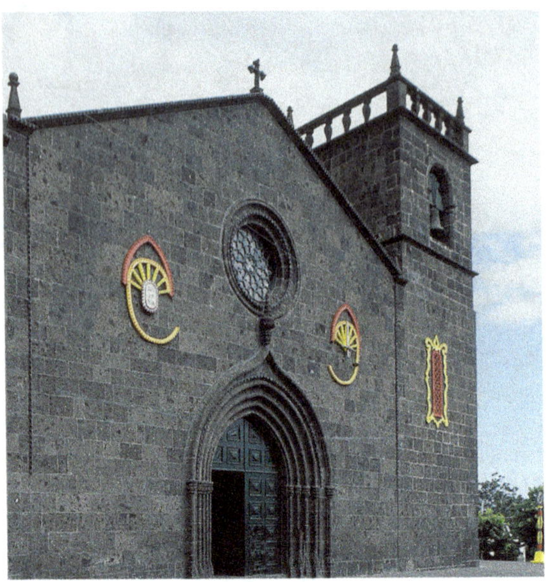

R.C.

Saint-Michel-Archange, église matriz de Vila Franca do Campo.

la route ER 1-1a en direction de São Roque / Lagoa / Água de Pau / Ribeira Chã / Água do Alto jusqu'à Vila Franca do Campo (20 km).

XIV.2 VILA FRANCA DO CAMPO

Vila Franca do Campo fut la capitale de l'île de São Miguel jusqu'en 1522. Cette année-là, un énorme tremblement de terre la détruisit entièrement en anéantissant la plupart de ses habitants. Les survivants reconstruisirent les maisons sur leurs anciens emplacements, ainsi que les églises et les chapelles disparues. La ville s'agrandit peu à peu au cours des siècles suivants et son patrimoine maniériste et baroque est important. Des premières décennies du XVIe siècle ne subsiste que l'église *matriz* dédiée à saint Michel.

XIV.2.a Saint-Michel-Archange, église matriz

Rua Teófilo Braga. Renseignements: mairie, tél. 296 539100.
Horaires: en semaine, de 8:00 à 18:00, le samedi, de 8:00 à 12:00, et le dimanche, de 8:00 à 18:00.

On peut affirmer sans risque que l'église *matriz* est l'édifice le plus ancien de Vila Franca do Campo. Sa structure date du règne de Manuel Ier.
Ses caractéristiques sont très nettement archaïsantes, et on dirait une construction gothique traditionnelle, du milieu du XVe siècle. Le portail central a la forme d'un *arc en accolade* terminé par une boule de feuillage, quatre colonnettes de chaque côté se prolongent en autant de *voussures*. Les chapiteaux en forme d'anneau orné de feuillages ont leurs *abaques* très développés. Les bases sont complexes, du type de celles de l'architecture flamboyante. Il faut signaler que ce type de portail fut aussi en vogue à Madère.

Pour vous rendre à Angra do Heroísmo, sur l'île de Terceira, vous avez deux possibilités: prendre le bateau (il faudra se renseigner sur les horaires) à Ponta Delgada (170 km / 5 heures), ou prendre l'avion à l'aéroport de Ponta Delgada.

Les Açores sur les routes maritimes de l'Occident et de l'Orient

Pedro Dias, Dalila Rodrigues,
Nuno Vassallo e Silva, Fernando Grilo

Deuxième jour

XIV.3 ANGRA DO HEROÍSMO
- XIV.3.a Fortifications
- XIV.3.b Musée d'Angra do Heroísmo

XIV.4 SÃO SEBASTIÃO
- XIV.4.a Saint-Sébastien, église matriz

XIV.5 PRAIA DA VITÓRIA
- XIV.5.a Sainte-Croix, église matriz
- XIV.5.b Église du Seigneur Saint Christ des Miséricordes

La fabrication de meubles dans l'île de Terceira au XVIe siècle

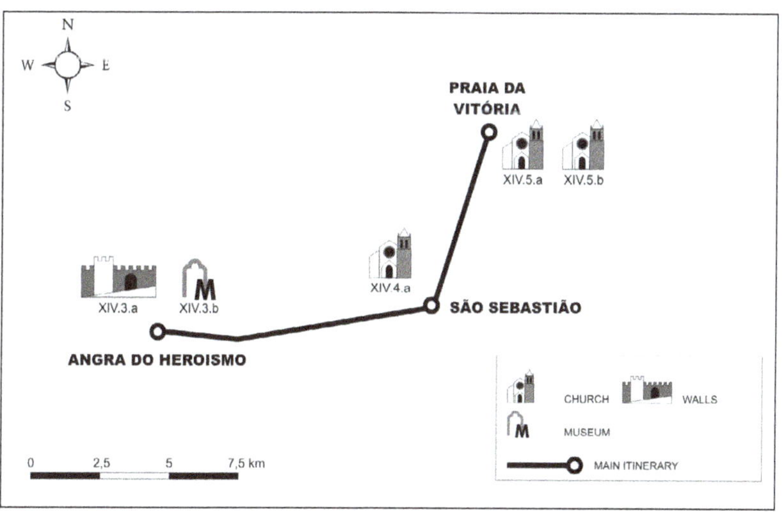

Angra do Heroísmo, île de Terceira.

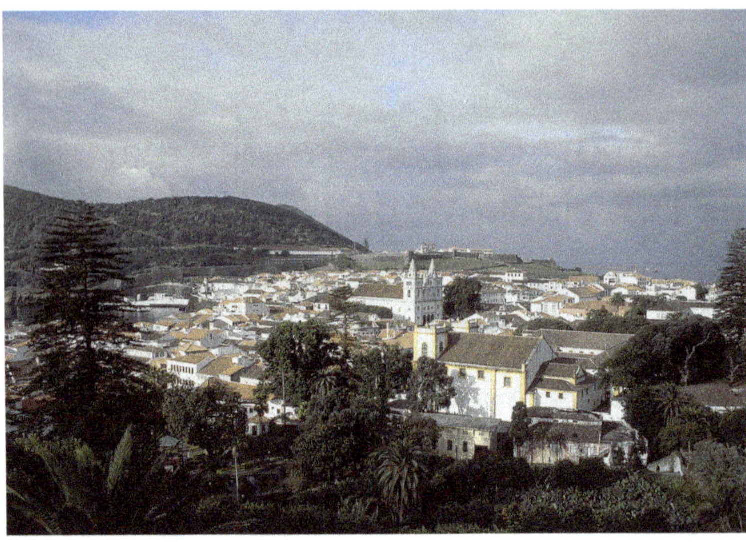

R.C.

D'une superficie approximative de 382 km^2, l'île de Terceira est oblongue, ayant au maximum 29 km de longueur et 17,5 km de largeur. Il semblerait qu'elle se soit d'abord appelée l'île de Notre Seigneur Jésus-Christ ou du Bon Jésus et qu'elle ait été colonisée à partir de 1450 par un Flamand du nom de Jacôme de Bruges.

Sa position privilégiée en fit une escale obligée pour toute la navigation dans l'Atlantique nord et un lieu de rassemblement des flottes qui revenaient d'Orient. Vasco de Gama lui-même, lors de son premier voyage en Inde en 1497-1498, s'est arrêté ici. Son frère, Paulo de Gama, est d'ailleurs décédé dans la ville d'Angra où il est enterré dans le couvent Saint-François.

Cette intense circulation entre l'Orient et l'Occident a conféré aux arts de l'île de Terceira un aspect unique, surtout dans le domaine du mobilier et de la sculpture, où se mêlent les esthétiques d'Europe et d'Asie et même les matériaux venus d'Amérique, comme des métaux précieux, des pierres tout aussi précieuses et des bois.

XIV.3 ANGRA DO HEROÍSMO

Promue siège de diocèse en 1534, Angra, au bord de la mer, sur la côte sud, grandit de façon bien ordonnée, selon une trame rationnelle et orthogonale, avec des pâtés de maisons d'habitation et des quartiers de commerce et d'artisanat. Naturellement, on créa un énorme complexe défensif pour protéger la ville aussi bien que pour renforcer les autres points vulnérables de l'île. En même temps, quantité d'ordres religieux édifièrent couvents et églises, et la compagnie de Jésus construisit même, au XVIIe siècle, un de ses plus grands collèges. Comme le disait déjà, vers la fin du XVIe siècle, le plus illustre historien de ces îles, Gaspar Frutuoso: "… Angra (était) l'escale universelle de la

mer occidentale, célébrée par le monde entier, et où demeure le cœur de toutes les îles..." La ville comptait alors entre 5 000 et 6 000 habitants.
Son extraordinaire richesse artistique a conduit l'Unesco à déclarer Angra Patrimoine de l'Humanité en 1983.

XIV.3.a **Fortifications**

Le fort Saint-Jean-Baptiste est situé sur le mont Brésil. Du haut de ce mont, que vous pourrez visiter dans la journée, vous aurez une très belle vue panoramique sur le fort. Le fort Saint-Sébastien, connu également comme "castelinho"(petit château), se trouve à Porto das Pipas. Tous deux sont classés Édifice d'intérêt public.

L'importance des Açores s'accrut à partir du règne de Manuel Ier et la ville se développa grâce à la multiplication des voyages vers l'Orient, vers l'Amérique espagnole et le Brésil portugais. C'est alors que commencèrent les grandes fortifications – le fort Saint-Jean sur le mont Brésil d'un côté, et le fort Saint-Sébastien, à Porto das Pipas, de l'autre – destinées à protéger les ports et la population et à abriter les flottes qui surveillaient la mer. Les navires chargés de marchandises attiraient les pirates et les corsaires qui cherchaient également dans ces îles des Açores un appui logistique et de la nourriture avant de lancer leurs attaques. En 1542, on pensait déjà à doter certaines agglomérations de remparts et de bastions en dur, mais un certain temps s'écoula avant que les travaux ne commencent effectivement. Un an plus tard, Bartolomeu Ferraz conseilla au roi Jean III de fortifier les îles à cause de tous les pirates français qui infestaient ces mers.
Plus tard, l'intendant des armées se chargea de la préparation des terrains les plus adéquats, soit à Angra, soit à Ponta Delgada, au moment où le fort Saint-Blaise était déjà en travaux, en 1551.
Les plans des forteresses furent dessinés par l'ingénieur et architecte Isidoro de Almeida, assisté par le docteur Manuel Álvares. Après l'attaque de Madère par les corsaires français, une expédition fut organisée aux Açores avec des techniciens de très haut niveau, tels Pompeo Arditi et Tommazo Benedetto da Pesaro qui, au printemps 1567, étaient à São Miguel et visitaient ensuite les îles de Terceira, São Jorge, Faial et Santa Maria.
En 1577, Pedro de Maeda essaya de promouvoir un premier plan général de défense des îles, auquel succéda un autre, en 1592, conçu par João de Vilhena. Bien que ces fortifications dépassent les limites chronologiques que nous nous sommes assignées dans le cadre de ce livre, il est néanmoins évident qu'elles sont le résultat des

Fort Saint-Jean-Baptiste, Angra do Heroísmo.

P.D.

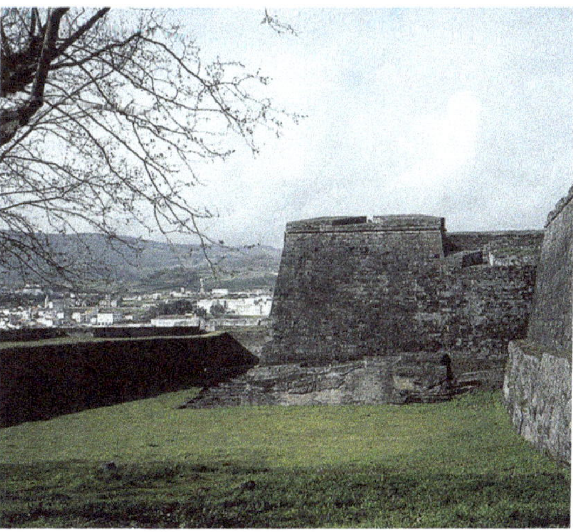

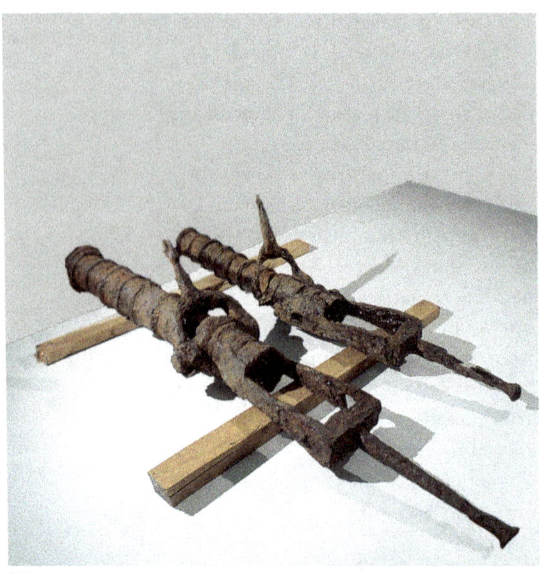

R.C.

Veuglaire, chantier médiéval du littoral portugais, fer forgé en barres et en anneaux, XVe siècle, musée d'Angra do Heroísmo.

navigations et des Découvertes maritimes qui nous intéressent ici.
La cour ne cessa d'envisager de nouvelles et plus puissantes fortifications, et, vers 1590, on fit le projet grandiose et fort élaboré d'un plan global de défense de l'île dont l'auteur était Antonio de la Puebla, mis en œuvre par João de Vilhena. Un autre grand spécialiste des fortifications, l'ingénieur italien Tiburzio Spanocchi, travailla à Angra au même moment; il est l'auteur du projet de la forteresse Saint-Philippe au mont Brésil, dont les travaux se prolongèrent de longues décennies puisqu'ils ne furent terminés qu'en 1643, après la Restauration, c'est-à-dire la montée au trône de Jean IV et la nouvelle dynastie des Bragance. La forteresse fut alors débaptisée et reçut le nom de Saint-Jean, en hommage au nouveau roi D. João IV.

XIV.3.b **Musée d'Angra do Heroísmo**

On y accède par la Ladeira de São Francisco, tél. 295 213147. L'ancien couvent Saint-François est classé Édifice d'intérêt public. Horaires: en hiver, du mardi au vendredi, de 10:00 à 12:00 et de 14:00 à 17:00, et le week-end, de 14:00 à 17:00; en été, du mardi au vendredi, de 9:30 à 12:30 et de 14:00 à 17:30, et le week-end, de 14:00 à 17:30.

Le musée d'Angra do Heroísmo est installé dans l'ancien couvent Saint-François, une des premières institutions religieuses fondées par les Portugais outre-mer. C'est dans ce couvent que Vasco de Gama déposa en terre son frère Paulo de Gama lors de son retour du premier voyage maritime en Inde, en 1499.
Ce musée conserve quelques éléments architecturaux d'édifices manuélins provenant, bien sûr, du couvent Saint-François lui-même, mais aussi de l'ancienne chapelle de Nossa Senhora da Guia.
L'exposition permanente est intitulée "De la Mer et de la Terre, une histoire de l'Atlantique". Elle a pour but d'illustrer la vie des Açores et, en particulier, celle de l'île de Terceira depuis leur découverte et leurs premiers habitants jusqu'à une date très récente. Elle est organisée autour des sections suivantes: Connaissance des îles des Açores; Angra, les Açores et le monde; De la capitainerie générale au libéralisme; Formation du contemporain.
On peut y admirer des répliques d'embarcations et d'instruments nautiques, de belles photographies du XIXe et du XXe siècle, mais aussi de magnifiques œuvres

d'art ainsi que divers outils originaux. On peut passer des armes à la cartographie et de la sculpture à la peinture, aux objets de culte, aux œuvres indo-portugaises ou à la belle production locale de mobilier et de sculpture.

Pour aller à São Sebastião, vous devez prendre la route régionale ER n° 1-1a, et vous passerez par Ladeira Grande, Feteira et Porto Judeu de Cima. Vous jouirez d'un très beau paysage tout au long du parcours (13 km).

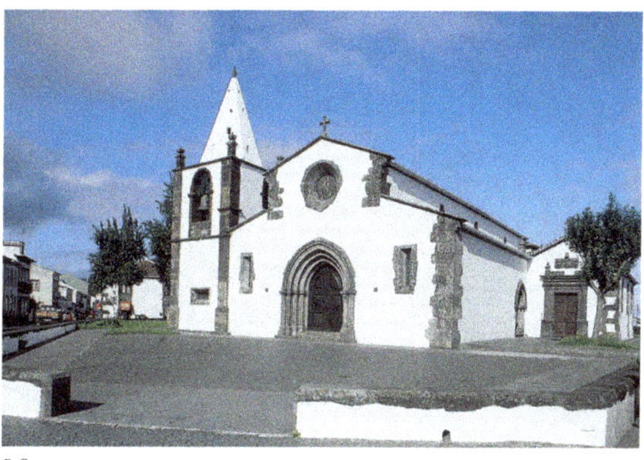

R.C.

Saint-Sébastien, église matriz de São Sebastião, île de Terceira.

XIV.4 SÃO SEBASTIÃO

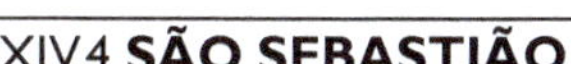

La ville de São Sebastião est l'une des plus importantes de Terceira et fut certainement le premier lieu occupé par l'homme dans cette île. Elle reçut son *foral* en 1503 et elle fut une des municipalités les plus développées pendant le XVIe siècle grâce à sa position entre Angra et Praia, ce qui justifia l'édification d'une grande église *matriz*.

XIV.4.a **Saint-Sébastien, église matriz**

Largo de São Sebastião. Classée Édifice d'intérêt public.

Cette église du gothique tardif conserve pratiquement toute sa structure primitive. Elle subit des travaux de restauration au cours desquels on détruisit presque tous les ajouts postérieurs à cette époque, notamment quelques éléments d'un intérêt historique et esthétique considérable comme les sculptures en bois.

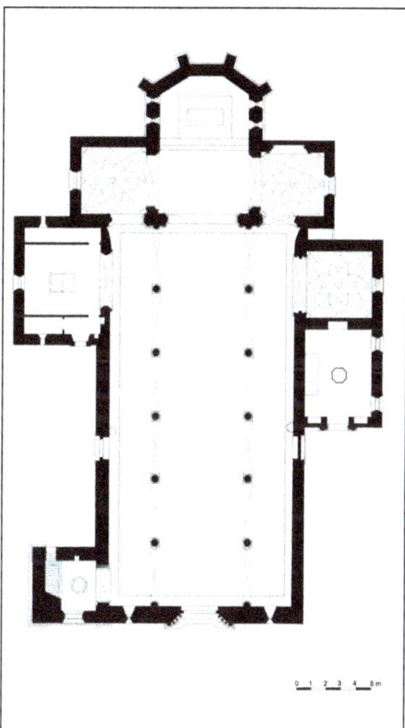

Église Saint-Sébastien, plan, Boletim da Direcção-Geral dos Edifícios e Monumentos Nacionais.

La structure intérieure comprend trois nefs à six travées, la nef centrale étant plus haute que les bas-côtés.
Le transept est composé de deux chapelles quadrangulaires à axe perpendiculaire au corps central de l'église, mais qui ne sont pas alignées par rapport aux collatéraux. Elles sont couvertes par des

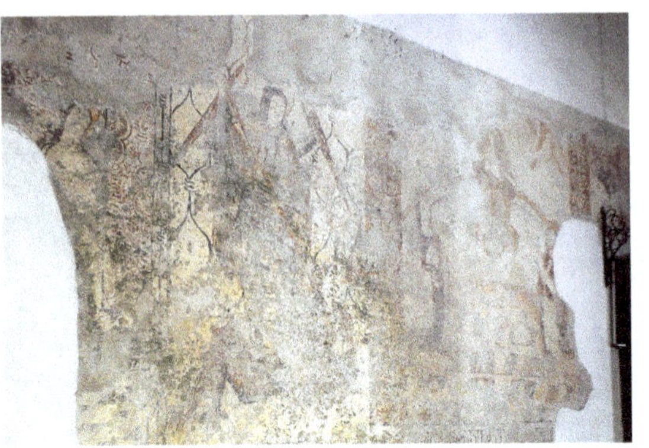
R.C.

Saint-Sébastien, église matriz, fresques, São Sebastião, île de Terceira.

voûtes étoilées d'un très bon dessin avec une sorte d'*arc triomphal*, des *liernes* et des *tiercerons* droits mais reliés par des sections courbes. C'est ce même type de voûte plate que l'on peut admirer dans la chapelle latérale droite. Les nervures, les colonnettes et les *voussures*, ainsi que les clés, présentent un dessin émanant du gothique tardif. Le chœur est surmonté d'une voûte de style Renaissance, mais sa structure pariétale est archaïsante, ou même antérieure à la couverture, avec des contreforts en saillie.

Les murs latéraux conservent le plus grand ensemble de peintures à la fresque de tout l'espace atlantique. Ce sont des œuvres qui, tout en présentant des éléments décoratifs déjà renaissants, sont à mettre au compte d'un maître et d'élèves formés à l'école du gothique tardif.

Continuez à suivre la route régionale ER n° 1 jusqu'à Praia da Vitória (8 km).

XIV.5 PRAIA DA VITÓRIA

La ville de Praia da Vitória fut le siège de la première capitainerie de l'île de Terceira, entre 1456 et 1474, pendant la phase du premier peuplement. La ville se développa grandement pendant les

R.C.

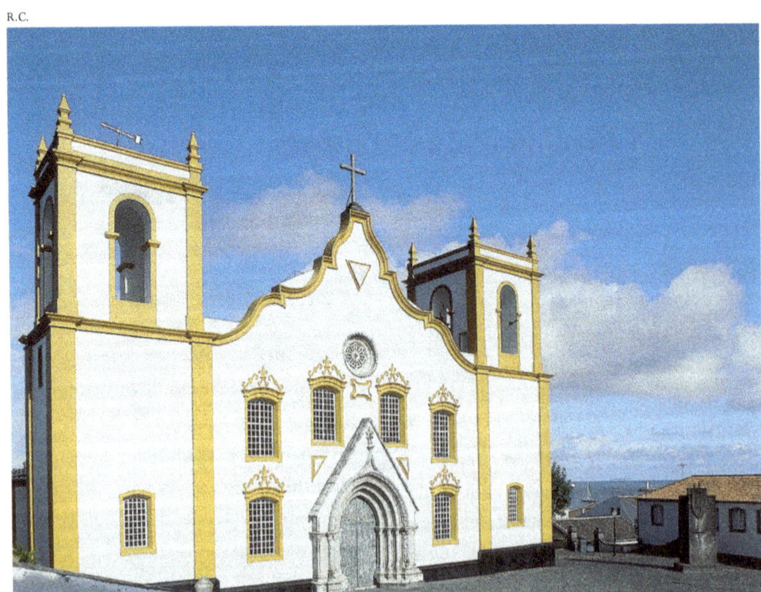

Sainte-Croix, église matriz de Praia da Vitória.

époques suivantes, même si Angra lui avait été préférée. Elle devint chef-lieu en 1640. Elle conserve un important ensemble architectural, dont se détachent l'église *matriz* et l'église du Seigneur Saint Christ des Miséricordes. C'est là que s'engagea la célèbre bataille de Salga en 1581, et c'est là aussi que, l'année suivante, D. António fut proclamé roi de Portugal, alors qu'il s'opposait ouvertement à son cousin Philippe II d'Espagne; mais ce dernier allait finir par consolider sa position sur le trône portugais.

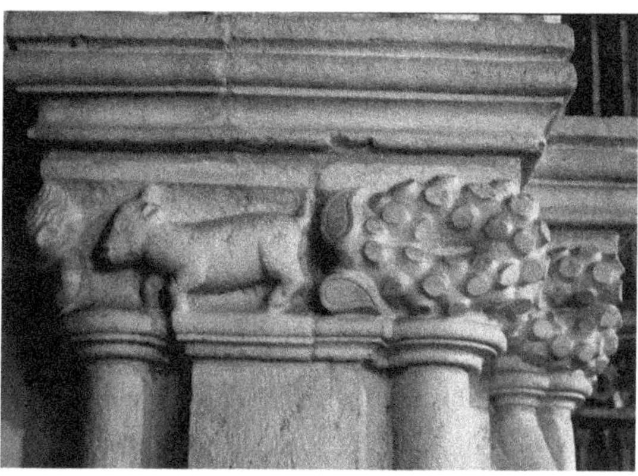

P.D.

Église matriz de Praia da Vitória, chapiteaux de l'intérieur.

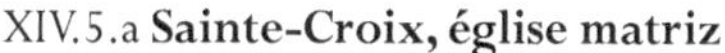

XIV.5.a **Sainte-Croix, église matriz**

Ladeira de São Francisco, tél. 295 542100.
Classée Édifice d'intérêt public.
Horaires: du lundi au vendredi, de 14:00 à 19:00; le samedi et le dimanche, de 9:00 à 12:00.

Cette église *matriz* présente encore plusieurs structures manuélines, quoique l'ensemble de l'édifice date déjà du XVIIIe siècle. Elle possède des éléments décoratifs que l'on ne trouve nulle part ailleurs, d'un naturalisme autrement puissant, et qui comportent même des figures anthropomorphiques. À l'intérieur, sur les côtés, s'ouvrent des chapelles comme celles de Saint-François et du Seigneur des Affligés, avec des arcs d'entrée bordés de cordages et des voûtes nervurées au dessin plat, présentant des arcs croisés, des *liernes* et des *tiercerons*, lesquels, s'associant à des segments courbes, forment des quatre-feuilles.
Sur la façade principale, on peut lire la date de 1517 qui doit correspondre aux travaux du portail central. Ce dernier est d'un beau tracé avec des éléments naturalistes mais gardant encore un *gâble* dans la tradition de Batalha du milieu du XVe siècle.

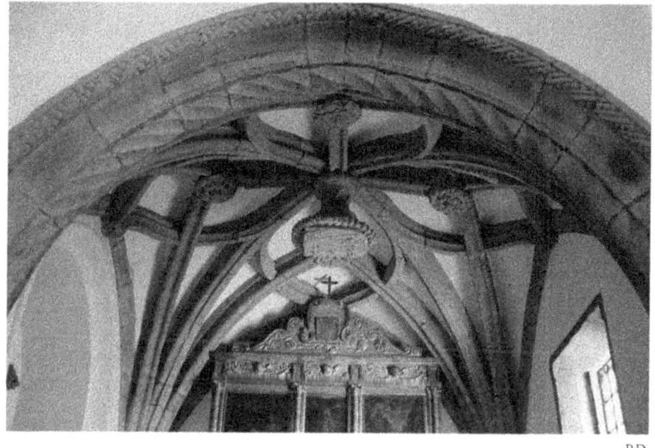

P.D.

Église matriz de Praia da Vitória, intérieur.

XIV.5.b **Église du Seigneur Saint Christ des Miséricordes**

Adro da Igreja de Santo Cristo.
Horaires: du lundi au vendredi, de 9:00 à 17:00; pendant le week-end, l'église n'est ouverte que l'après-midi.
L'église de la Miséricorde fut entièrement remaniée au XVIIIe siècle, mais elle garde encore des œuvres d'art manuélines et du début du règne de Jean III, de toute façon du gothique tardif. Nous signalons les tableaux d'une

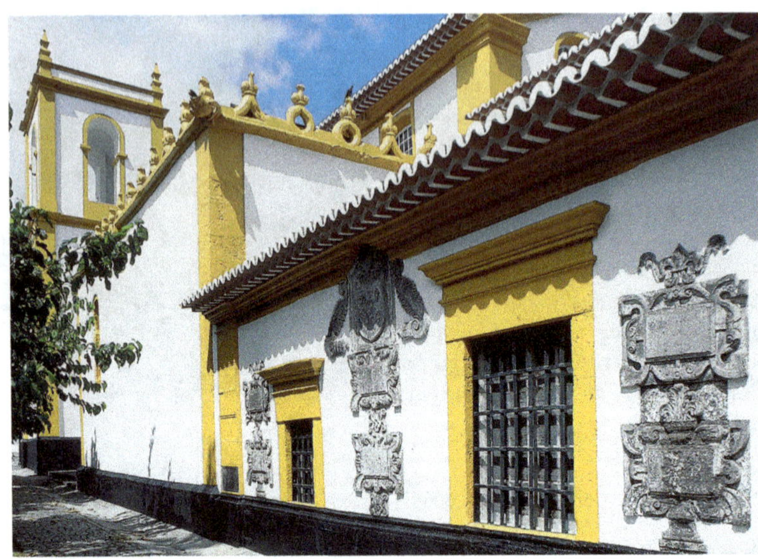

Santa Cruz, église matriz, façade latérale, Praia da Vitória.

R.C.

très forte influence flamande; il s'agit de planches de bois de cèdre peintes à l'huile et à la détrempe, malheureusement repeintes à plusieurs reprises à certains endroits, ce qui rend leur analyse difficile.

Dans la *Descente de l'Esprit Saint sur la Vierge et sur les apôtres* – la planche centrale, presque quadrangulaire et assez endommagée –, toute l'ambiance est gothique, de même que le mobilier et l'architecture; les figures humaines sont inspirées de modèles du XVIe siècle des ateliers de Gand et de Bruges. On y décèle une certaine capacité à rendre la perspective, bien qu'empirique, mais le traitement du corps humain est médiocre. On voit que le peintre connaissait des œuvres de qualité, peut-être même avait-il été assistant dans quelque atelier flamand avant de s'embarquer un beau jour pour les Açores. Mais ce n'est qu'une hypothèse, car on n'a jamais trouvé d'œuvres identiques ou même semblables à celle-ci.

Les planches de l'*Apparition du Christ à la Vierge* et de la *Montée du Christ au Ciel* sont plus réussies, mais aussi plus stéréotypées – ce qui évita précisément les erreurs commises sur la planche centrale de cet ensemble qui, à l'origine, devait certainement être un triptyque. Nous pensons pouvoir le dater des environs de 1530.

Pedro Dias

Pendant des décennies, tous ceux qui étudiaient les arts décoratifs au Portugal se sont interrogés sur l'origine d'un certain type de meubles qui présentaient une décoration gravée mêlant des modèles orientaux et occidentaux. Des études récentes viennent enfin de prouver que ces meubles étaient fabriqués à Terceira depuis le XVIe siècle. Voyons ce qu'en disait le Hollandais Huyghen van Linschoten, en 1596:

"L'île abonde en bois excellents, notamment le cèdre; il y en a tellement qu'on fait avec ce bois toutes les barques et chars et d'autres grosses choses; la plupart de ces cèdres sont utilisés comme bois à brûler étant donné que c'est le bois le moins estimé et cela du fait de sa grande abondance. Il y a une autre sorte de bois que l'on appelle "sanguinho" (petit sang); il est très beau, d'une couleur rougeâtre. Et il y a encore une autre sorte que l'on appelle bois blanc car il est aussi blanc que la craie. Il en existe encore une autre qui est parfaitement jaune, naturellement, sans avoir été teinte. C'est pour cette raison que dans l'île de Terceira vivent de très bons artisans d'ébénisterie, qui font des jolies choses avec une grande adresse comme des écritoires, des vaisseliers, des boîtes et mille autres choses qui sont expédiées en grande quantité vers le Portugal et très appréciées aussi bien pour la beauté du bois que pour leur finesse d'exécution, principalement par les gens de la flotte de l'Inde espagnole qui vont toujours se rafraîchir dans l'île. On vend beaucoup de ces pièces, qui sont parmi les meilleures et les plus soignées de toutes celles qui se font en Espagne et au Portugal, même si on ne peut pas les comparer aux écritoires et aux œuvres artistiques de Nuremberg et de sa région. Toutefois, en quantité de bois, l'île dépasse tous les autres lieux car les flottes espagnoles déjà mentionnées apportent aussi, en plus des bois dont on a déjà parlé, mille autres variétés de bois que c'en est un miracle, car il y en a de toutes les couleurs que l'on puisse imaginer et il aurait été difficile de les peindre plus joliment. Sur l'île de Pico, à douze lieues de Terceira, il existe un bois qu'on appelle 'teixo', c'est un bois précieux et royal et c'est pour cela qu'il est interdit de le couper sans autorisation du roi ou d'un de ses officiers. C'est un bois dur comme le fer qui, quand on le travaille, a, à l'intérieur, une couleur de chamelot rouge, avec les mêmes moires, et plus ce bois est vieux et usé, plus belle devient la couleur, ce qui le rend très digne d'être estimé, comme il l'est en vérité."

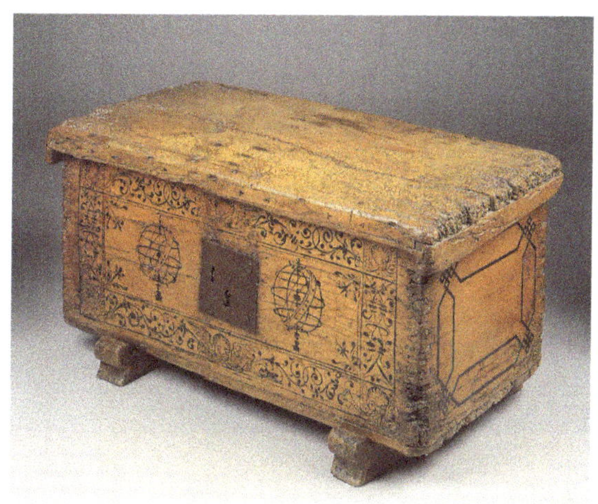

Coffre des Açores, fabriqué à Angra, XVIe siècle, coll. privée.

GLOSSAIRE

Abaque	Élément supérieur du chapiteau sur lequel repose l'architrave d'où partent les arcs.
Alcácer	(En arabe *al-qasr*: palais) À l'intérieur d'une forteresse, la résidence du gouverneur.
Alcáçova	En arabe *al-qasaba*: château fortifié; forteresse; casbah, citadelle.
Arc doubleau	Arc qui renforce ou décore la voûte tout en limitant chacune de ses travées.
Arc en accolade	Arc formé par deux lignes courbes concaves qui se rencontrent au sommet et qui s'infléchissent ensuite pour devenir convexes.
Arc triomphal	Arc qui sépare le corps central de l'église du chœur.
Archivolte	Ensemble d'encadrements ou d'arcs qui se succèdent sur un portail, une porte ou une fenêtre; encadrement de l'extrados d'un arc.
Artesonado	Toitures, voûtes ou systèmes de couverture formés de lambris ou de caissons.
Azulejo	(Mot d'origine arabe: *al-zellige*) Carreau de faïence émaillée orné de dessins. Recouvre les murs intérieurs ou extérieurs. Utilisés dans la décoration de monuments ou dans les intérieurs.
Azulejos de arista	Céramique présentant des dessins en creux obtenus par la pression d'un moule puis entièrement colorés grâce aux émaux déposés dans les cavités ou "creux" (*cuencas*) délimités par une "arête" (*arista*) ou chant vif.
Baldaquin	À l'origine, ouvrage de tapisserie en forme de dais et garni de rideaux, disposé au-dessus d'un lit, d'un catafalque, d'un trône. Dais en pierre qui coiffe une architecture, une statue, qui parachève un ensemble de sculptures. Ouvrage soutenu par des colonnes et couronnant un trône ou une chaire; ou, à l'époque baroque, protégeant le maître-autel ou la cuve baptismale.
Barbacã	Muraille basse qui entourait et défendait les douves ou les fossés et qui renforçait les murs d'une place d'armes.
Capitainerie	Chacune des premières divisions administratives des colonies portugaises et dont les chefs ou gouverneurs avaient le titre de *capitão-mor* (premier capitaine).
Carpintería de lo blanco	Art d'assembler des structures de bois comme des toitures, des ponts, etc.
Castro	Village ou ensemble urbain pré-romain et/ou romanisé, souvent entouré de courts remparts.
Conventus	Assemblée convoquée par le gouverneur d'une province romaine pour l'administration de la justice. Plus tard, le nom s'est étendu à la ville et au district où se déroulaient ces activités.
Corbeau	Pièce saillante apparaissant à intervalles réguliers et destinée à soutenir des corniches ou des balcons.
Coruchéu	Pinacle en forme de cône ou de pyramide placé au sommet des tours ou des clochers.
Cryptoportique	Portique ou galerie semi-souterraine utilisée dans l'architecture romaine pour servir de base artificielle à des villas ou des jardins romains.

Cuerda seca	Technique de céramique consistant à isoler les uns des autres les émaux de différentes couleurs au moyen d'un trait de matière grasse qui se consume à la cuisson.
Déambulatoire	Dans les églises de grandes dimensions, galerie au tracé généralement courbe et contournant le chœur en longeant l'hémicycle de l'abside.
Église-salon	Église dans laquelle toutes les nefs sont à peu près de la même hauteur, ce qui aboutit à une totale unification de l'espace.
Enfeu	Niche funéraire dans le mur d'une église.
Entablement	Couronnement d'une ordonnance d'architecture, composé de l'architrave, de la frise et de la corniche.
Ermida	Chapelle hors les murs ou, plus rarement, ermitage.
Foral	(Pl. *forais*) Charte accordée à une ville par un roi, éventuellement un évêque ou un grand seigneur, pour qu'elle puisse s'autogérer, administrer des biens et rendre la justice, et obtenir ainsi un statut de "ville". Les rois pouvaient en accorder de nouveaux s'ils voulaient privilégier une ville ou la développer davantage.
Gâble	Pignon ornemental très pointu surmontant un fronton triangulaire, les fenêtres, les archivoltes des portails ainsi que la base des clochers.
Grisaille	Peinture monochrome dans les tons de gris, donnant l'impression d'un bas-relief. Utilisée surtout dans la peinture décorative ou dans la peinture primitive, de même qu'au revers des triptyques.
Imposte	Élément d'architecture qui couronne le piédroit d'une arcade, qui reçoit la retombée d'un arc et de son *archivolte*, au-dessous du claveau inférieur ou sommier de l'arc.
Incunable	Livre imprimé avant 1500.
Lierne	Nervure de la voûte reliant les sommets des arcs d'ogive.
Loggia	(Mot italien) Arcade ou galerie ouverte sur un ou plusieurs côtés, voûtée ou non, et parfois avancée par rapport au reste du corps de l'édifice.
Matriz	Église principale d'une petite ou moyenne ville qui n'est pas siège de diocèse et qui fait fonction de vicariat.
Meneau	Petit pilier central divisant verticalement une ouverture (porte ou fenêtre) et soutenant le linteau.
Mozarabe	Se dit des individus issus des minorités hispaniques qui, tolérées par le droit islamique en tant que tributaires, vécurent dans l'Espagne musulmane jusqu'à la fin du XIe siècle tout en conservant leur religion chrétienne et leur organisation ecclésiastique et judiciaire.
Mudéjar	Se dit du musulman à qui, en échange d'un tribut, on avait accordé le droit de rester parmi les vainqueurs chrétiens sans avoir à se

	convertir. L'adjectif "mudéjar" désigne aussi les arts qui représentent des traditions artisanales initiées sous la domination islamique et qui se sont poursuivies pour les commanditaires chrétiens après la reconquête chrétienne de chaque région soumise.
Mouqarnas	Décorations de prismes en forme de stalactites dont la surface inférieure est concave.
Namban	Art japonais d'inspiration occidentale apparu aux XVIe et XVIIe siècles; objets japonais (paravents, boîtes, etc.) décorés de dessins représentant des Européens, principalement des Portugais.
Navette	Petit récipient en forme de nef dans lequel on apporte l'encens.
Nominaliste	Au Moyen Âge, tenant du nominalisme, doctrine philosophique qui refuse toute valeur objective aux Universaux (concepts ou idées qui recouvrent toutes les choses d'un même genre), qu'elle considère comme purement conventionnels ou nominaux, et qui ne reconnaît d'existence concrète qu'aux seules choses. V. *réaliste.*
Oppidum	À l'époque romaine, site ou village fortifié.
Par y nudillo	Se dit d'une charpente dans laquelle on installe entre les paires d'arbalétriers, pour éviter qu'ils ne se courbent, une poutre horizontale appelée *nudillo*. La succession des *nudillos* et de leurs boiseries intermédiaires donne lieu à une superficie plane qui transforme le profil triangulaire du faîtage en profil trapézoïdal, propre aux toitures à *par y nudillo*.
Páreas ou párias	Tribut payé par un souverain à un autre en signe de vassalité.
Phylactère	Banderole ou bande de tissu utilisée en peinture ou en sculpture pour transmettre un ensemble rituel de mots.
Pinacle	Petite pyramide qui couronne un contrefort ou un arc-boutant.
Porte-paix	Plaque de métal, de bois, de marbre, etc., ornée de figures ou de signes en relief et que l'on embrassait dans les messes officielles au cours de la célébration de la paix.
Prédelle	Panneau, généralement compartimenté, formant une frise dans la partie inférieure d'un retable.
Pyxide	Vase ou petite boîte à couvercle où l'on garde le Saint Sacrement.
Quinta	Propriété rurale comportant une exploitation agricole et une demeure.
Réaliste	Tenant du réalisme, doctrine philosophique d'après laquelle les Universaux existent indépendamment des objets sensibles. V. *nominaliste.*
Rotonde	Église à huit ou seize pans, inscrite dans un cercle, comme la chapelle Palatine de Charlemagne ou le Saint-Sépulcre.
Scriptorium	(Pl. *scriptoria*) Dans un monastère ou un couvent, lieu de travail des moines copistes ou enlumineurs.
Talha	Bois sculpté aussi bien pour des ensembles à figures diverses que pour des ensembles décoratifs entourant des peintures ou, surtout

	à l'époque baroque, créant de véritables architectures intérieures. À partir du XVIIe siècle, elle est souvent recouverte de feuilles d'or (*talha dourada*).
Tierceron	Nervure d'une voûte d'ogive reliant les liernes aux angles.
Tondo	(Mot italien, pl. *tondi*) Relief ou peinture de forme circulaire.
Trompe	Voûte semi-conique dont le vertex se situe dans l'angle des murs et la partie large à l'extérieur, en saillie. Elle sert à passer de la forme carrée à la forme octogonale en ajoutant quatre côtés en chanfrein par l'intérieur de l'enceinte.
Tympan	Espace triangulaire délimité par les corniches du fronton, généralement décoré, dans l'architecture classique. Espace semi-circulaire compris entre le linteau et les voussures du portail.
Urca	Ancienne embarcation très renflée.
Voussure	Fine archivolte qui entoure le tympan et prolonge les colonnettes.

ROIS DE PORTUGAL

PREMIÈRE DYNASTIE (1139-1383)

D. Afonso Henriques (n. v. 1109 - r. 1139 - m. 1185)
D. Sanche Ier (n. 1154 - r. 1185 - m. 1211)
D. Afonso II (n. 1185 - r. 1211 - m. 1223)
D. Sanche II (n. 1209 - r. 1223 - m. 1248)
D. Afonso III (n. 1210 - r. 1248 - m. 1279)
D. Dinis (n. 1261 - r. 1279 - m. 1325)
D. Afonso IV (n. 1291 - r. 1325 - m. 1357)
D. Pedro Ier (n. 1320 - r. 1357 - m. 1367)
D. Fernando (n. 1345 - r. 1367 - m. 1383)

DEUXIÈME DYNASTIE (1385 - 1580)

D. Jean Ier (n. 1357 - r. 1385 - m. 1433)
D. Duarte (n. 1391 - r. 1433 - m. 1438)
D. Afonso V (n. 1432 - r. 1438 - m. 1481)
D. Jean II (n. 1455 - r. 1481 - m. 1495)
D. Manuel Ier (n. 1469 - r. 1495 - m. 1521)
D. Jean III (n. 1502 - r. 1521 - m. 1557)
D. Sébastien (n. 1554 - r. 1557 - m. 1578)
D. Henrique (n. 1512 - r. 1578 - m. 1580)

TROISIÈME DYNASTIE (1580 - 1640)

D. Filipe Ier (n. 1527 - r. 1580 - m. 1598, Felipe II d'Espagne)
D. Filipe II (n. 1578 - r. 1598 - m. 1621, Felipe III d'Espagne)
D. Filipe III (n. 1605 - r. 1621-1640 - m. 1665, Felipe IV d'Espagne)

QUATRIÈME DYNASTIE (1640 - 1910)

D. Jean IV (n. 1604 - r. 1640 - m. 1656)
D. Afonso VI (n. 1643 - r. 1656 - m. 1683)
D. Pedro II (n. 1648 - r. 1683 - m. 1706)
D. Jean V (n. 1689 - r. 1706 - m. 1750)
D. José (n. 1714 - r. 1750 - m. 1777)
D.ª Maria Ire (n. 1734 - r. 1777 - m. 1816)
D. Jean VI (n. 1767 - r. 1816 - m. 1826)
D. Pedro IV (n. 1798 - r. 1826 - m. 1834)
D. Miguel (n. 1802 - r. 1828 - m. 1866)
D.ª Maria II (n. 1819 - r. 1826 - m. 1853)
D. Pedro V (n. 1837 - r. 1853 - m. 1861)
D. Luis (n. 1838 - r. 1861 - m. 1889)
D. Carlos (n. 1863 - r. 1889 - m. 1908)
D. Manuel II (n. 1889 - r. 1908-1910 - m. 1932)

CHRONOLOGIE

1415 Reconquête de Ceuta sur les Maures.

1426 Travaux du chevet de la cathédrale de Guarda.

1428 Voyage du peintre Van Eyck au Portugal.

1433 Mort de Jean Ier et début du règne de Duarte.

1438 Mort de Duarte et début de la régence de l'infant Pedro (Pierre Ier) au nom d'Alphonse V.

1449 Bataille d'Alfarrobeira et mort de l'infant Pierre.

1450 Nuno Gonçalves devient le peintre du roi Alphonse V.

1460 Mort de l'infant Henri, le Navigateur.

1471 Prise d'Asilah.
Nuno Gonçalves devient le peintre des travaux de Lisbonne.

1481 Mort d'Alphonse V et début du règne de Jean II.

1485 Début de la construction du couvent de Lóios d'Évora.

1490 Le duc de Beja, Manuel, fait bâtir l'église Saint-Jacques (São Tiago) de Soure.

1491 Début de la construction de l'église de Lóios à Évora.

1492 Fondation à Lisbonne de l'hôpital royal de Tous les Saints (Todos-os-Santos).
Expulsion des juifs résidant en Espagne.
Premier voyage de Christophe Colomb.

1493 Travaux de construction de l'église majeure de Funchal.

1494 Signature du traité de Tordesillas entre le Portugal et l'Espagne.
Fondation de la première typographie au Portugal.
João Rianho est nommé maître d'œuvre de l'église de Vila do Conde.

1495 Mort de Jean II et avènement de Manuel Ier.

1496 Expulsion des juifs.
Manuel Ier fait reconstruire le château d'Alvor.

1497 Vasco de Gama part pour l'Inde.

1498 Fondation des Miséricordes.
Octroi à Boytac d'une pension annuelle de huit mille *reais* pour son travail à l'église de Jésus de Setúbal.

1499 Manuel Ier fait édifier une nouvelle cathédrale à Silves.
Grands travaux au couvent du Christ à Tomar.

1500 Le Brésil est découvert officiellement par Pedro Álvares Cabral.
Fin des travaux du chœur de l'église du Pópulo à Caldas da Rainha.
Début d'importants travaux au palais de Ribeira à Lisbonne.
Sancho Garcia dirige les travaux de l'église de Vila do Conde.

1501 Début de la construction du monastère des hiéronymites.

1502 Construction du couvent Saint-Antoine à Serpa.
Début des travaux de l'église majeure de Funchal dirigés par Pêro Anes.
Travaux dans le couvent Saint-Dominique (São Domingos) à Lisbonne.
Représentation de la première pièce de Gil Vicente (*Auto da Visitação* ou *Monólogo do Vaqueiro*). La pièce est écrite en castillan, en honneur de la maternité de la reine D.ª Maria (mère de Jean III).
Naissance de Damião de Góis.
Première référence au peintre Vasco Fernandes.

1503 Signature d'une convention avec les Welser pour la vente de marchandises provenant d'Inde.
Nuno Vaz est nommé maître des œuvres de charpenterie de la ville de Lisbonne.
Travaux dans l'église Saint-Julien à Lisbonne.

Fin des travaux de l'église de la Miséricorde à Arzila, au Maroc.
Construction du premier comptoir à Cochim, en Inde.

1504 Pêro et Filipe Henriques commencent les travaux de finition de la cathédrale de Guarda.
Fin des travaux du chœur de l'église de la collégiale de Barcelos.

1505 Début de la reconstruction de la cathédrale de Viseu.

1506 L'ostensoir (*custódia*) de Belém, commandé à l'atelier du maître Gil Vicente, est terminé.
Pedro Afonso travaille à La Laguna, aux îles Canaries.
Fernão Gomes est le maître d'œuvre de la forteresse de Quiloa.
Tomás Fernandes est le maître d'œuvre des fortifications dans l'océan Indien.
João Vaz dirige les travaux de la forteresse de Sofala au Mozambique.
Construction du château de l'île de Socotra, dans l'actuel Yémen.

1507 Tomás Fernandes commence la construction de la forteresse d'Ormuz, dans le golfe Persique.
Boytac commence la reconstruction de l'église Sainte-Croix à Coimbra.
Travaux dans le couvent de Pena à Sintra, dirigés par Boytac.
Martim Lourenço est nommé maître d'œuvre du couvent Saint-François à Évora.
João de la Penha commence la construction de l'église *matriz* de Ribeira Brava.
Début de la construction de la forteresse de Safi au Maroc.

1508 Jorge Afonso est nommé peintre royal de Manuel Ier et inspecteur et régisseur de tous les travaux de peinture du royaume.
Francisco Danzilho travaille aux remparts d'Almeida, de Castelo Rodrigo et de Castelo Bom.
Fin des travaux de l'église du Pópulo à Caldas da Rainha.
Diogo de Arruda travaille au bastion du palais de Ribeira à Lisbonne.
Travaux dans le couvent de la Conception à Beja.
Pêro Anes construit la douane de Funchal.
Fernão Mouseiro dirige les travaux de l'église Sainte-Croix dans l'île de Madère.
Pêro de Carnide est engagé pour diriger les travaux d'agrandissement du palais de la Ville à Sintra.

1509 Mateus Fernandes termine l'arc des "Chapelles imparfaites" à Batalha.
Juan del Castillo finit les travaux du chœur de la cathédrale de Braga.
Boytac travaille à la construction du monastère de Batalha.
Lopes Fernandes collabore à la construction de l'hôpital de La Laguna aux Canaries.
Début des travaux dans l'église de Cochim.

1510 Fin des travaux dans l'église Saint-Jean-Baptiste à Tomar.
Boytac inspecte les travaux à Asilah (Maroc).
Diogo de Arruda commence la nouvelle campagne de travaux du couvent du Christ à Tomar.
Francisco de Arruda reconstruit les remparts de Moura, Mourão et Portel.
Pêro Galego construit le couvent Sainte-Anne à Viana do Castelo.
Travaux de réparation des remparts de Lisbonne et d'Évora.
Construction du corps manuélin du palais ducal de Vila Viçosa.
Début des travaux des remparts de Goa.

Naissance du chroniqueur Fernão Mendes Pinto.

1511 Juan del Castillo assume la fin de travaux de l'église de Vila do Conde.
Francisco Danzilho est maître d'œuvre d'Alcácer-Ceguer (Ksar es-Seghir), Maroc.
Tomás Fernandes construit le château et la forteresse de Malacca.

1512 Francisco Henriques part pour les Flandres, chargé d'une mission commerciale en rapport avec le commerce de épices.

1513 Boytac signe un contrat pour terminer l'église Sainte-Croix de Coimbra.
João de Cáceres est nommé maître des œuvres royales de l'île de Madère.
Achèvement de la voûte à nœuds de la cathédrale de Viseu.
Diogo Pires-o-Velho construit la chapelle des Almeida dans l'église de Vouzela.
Fernão Pires travaille au château de Mértola.

1514 Début des travaux de l'église *matriz* de de la ville de Batalha.
Boytac travaille au monastère de Batalha.
Francisco et Diogo de Arruda sont en Afrique et travaillent à Ceuta, Safi et Azamor (Maroc).
Afonso Gonçalves est en charge des travaux des *tercenas* (fabriques, arsenaux, celliers au bord du fleuve ou près d'un quai) et des entrepôts de Lisbonne.
Fernão Álvares travaille à Ponta Delgada.
Rodrigo Afonso commence la construction de la chapelle Saint-Jérôme aux Hiéronymites à Belém (Lisbonne).
Début des travaux de la forteresse de Mazagão (actuelle El-Jadida, au Maroc).
Martim Lourenço est nommé maître d'œuvre d'Alcácer-Ceguer.

1515 Juan del Castillo termine les travaux de la salle du chapitre du couvent du Christ à Tomar.
Mort du maître Mateus Fernandes; il est remplacé dans toutes ses charges par son fils, qui porte le même nom.
Boytac dirige les travaux du monastère des hiéronymites à Lisbonne.
Francisco Arruda commence la construction de la tour de Belém à Lisbonne.

1516 Juan del Castillo remplace Boytac à la direction des travaux des Hiéronymites.
Pêro et Francisco Henriques terminent la cathédrale de Guarda.
André Pires est nommé mesureur des travaux de la ville de Lisbonne.
Brás Martins et Francisco Esteves travaillent au palais des Estaus de Lisbonne.
João Favacho construit l'église Saint-Julien à Setúbal.
Pêro Gomes construit la douane de Safi (Maroc).
Francisco del Barco devient maître d'œuvre des fossés d'Asilah.
Construction du couvent Saint-François à Asilah.
Gonçalo d'Évora est nommé maître d'œuvre de la forteresse d'Ormuz dans le golfe Persique.
Tomás Fernandes reçoit désormais une pension pour services rendus en Orient.

1517 Nicolas Chantereine travaille au portail principal du monastère des hiéronymites.
Marcos Pires prend en charge les travaux du monastère Sainte-Croix et du palais royal de Coimbra.
Reprise des travaux à l'église *matriz* de Azurara.

Brás Rodrigues, Bastião Afonso, João Pires et Luís Gomes travaillent au palais de Ribeira à Lisbonne.
Début de la construction du couvent Saint-Jean à Setúbal.
Début de la construction de l'église de Notre-Dame de l'Assomp-tion à Elvas.
Fin des travaux dans l'église *matriz* de Praia da Vitória aux Açores.
Travaux en cours au couvent Saint-François de Safi (Maroc).
Leonardo Vaz commence le réfectoire du monastère des Jerónimos.

1518 Juan del Castillo se charge des travaux du monastère d'Alcobaça et construit le portail latéral et le cloître des Hiéronymites.
Diogo del Castillo commence à travailler à Coimbra.
Diogo de Arruda commence le Castelo Novo à Évora.
Début du couvent Saint-Bernard à Portalegre.
Construction de l'église *matriz* de Mazagão (Maroc).
Cristóvão Fernandes, Álvaro Anes et João Rodrigues édifient le couvent Sainte-Claire à Estremoz

1519 Boytac travaille au monastère de Batalha.
Édification de la cathédrale de Safi (Maroc).
Cristóvão Martins devient le maître des œuvres royales d'Asilah.
Pedro Nunes est nommé maître d'œuvre du palais royal d'Almeirim.
La tour de Belém est terminée.
Départ de Fernão de Magalhães (Magellan) pour le premier voyage autour du globe.

1520 Brás Rodrigues travaille dans l'arsenal militaire de Lisbonne.
Afonso Pires, Luís Gomes et Gil Fernandes travaillent au monastère Saint-François à Lisbonne.
Début du cloître du couvent Saint-Bernard à Portalegre.
Estêvão Lourenço construit le cloître du couvent Saint-Benoît de Cástris à Évora.
Fernão Álvares est engagé pour les travaux du pont de Ribeira Brava.
Antão Pires est remplacé comme maître d'œuvre à Azamor par maître Álvaro.
Gonçalo Mateus est nommé maître des œuvres royales d'Alcácer-Ceguer.

1521 Mort de l'architecte Marcos Pires.
Fin du cloître du Silence au monastère Sainte-Croix à Coimbra.
Travaux dans le chœur de l'église de Machico à Madère.
Construction du couvent Saint-François à Goa.
Mort de Manuel Ier et avènement de Jean III.

1522 Juan del Castillo commence la voûte de l'église des hiéronymites à Lisbonne.
Diogo del Castillo construit le chœur de l'église du monastère Saint-Marc.
João Álvaro et Álvaro Anes terminent les travaux du cloître du couvent d'Espinheiro à Évora.

1523 Travaux dans les églises d'Évora, Alcobaça, Cela, Alvorninha et Aljubarrota.

1524 Diogo del Castillo est nommé maître des œuvres royales de Coimbra.
Duarte Coelho bâtit le cloître de la cathédrale de Lamego.
Fin des travaux du monastère Saint-Dominique à Lisbonne.
Pero de Trillo travaille au couvent Saint-François à Lisbonne.

Diogo Fernandes et Pedro Pexão sont les chefs de travaux du palais royal de Sintra.
Date présumée de la naissance de Luís de Camões (Camoëns).

1525 Diogo de Arruda est nommé maître d'œuvre du palais royal d'Évora.
On commence à bâtir la chapelle des Coimbra à Braga.
João Marques est l'auteur du portail de l'hôpital du Saint-Esprit à Arraiolos.
Début de la construction du château de D. Teodósio à Vila Viçosa.
Fin du gros-œuvre du château de Calicut (Inde).
Bernardo Anes est le maître d'œuvre du monastère d'Almoster.

1526 Fernando Gil fait les travaux de l'hôtel de ville, des abattoirs et d'autres édifications à Setúbal.
Construction de la chapelle Notre-Dame de la Conception au couvent Sainte-Claire à Vila do Conde.

1527 Diogo del Castillo recommence les travaux d'agrandissement du monastère Sainte-Croix à Coimbra.

1528 Diogo del Castillo termine le chœur de l'église d'Atalaia au Ribatejo.

1529 Diogo del Castillo édifie le chœur de l'église de Góis et le palais de D. Luís Silveira.
João Português construit l'église du couvent de Celas à Coimbra.

1530 Fin des travaux de l'église Saint-Quentin à Sobral de Monte Agraço.
Fin des travaux de l'église du couvent Saint-Bernard à Portalegre.
Diogo Dias de Lisbonne construit le palais de l'Audience à Lima (Pérou).

1531 Mort de Diogo de Arruda; il est remplacé dans toutes ses charges par son frère Francisco.
Construction du château d'Évora Monte.

1532 Fin des travaux de l'église *matriz* da Batalha.

1533 Pêro Garcia travaille dans le couvent Saint-Antoine à Ferreirim.
Début des travaux de l'église *matriz* de Ponta Delgada aux Açores.

1534 Diogo del Castillo construit le chœur de l'église de Trofa do Vouga.

1535 Construction de la chapelle de D. Fradique dans l'église Saint-François à Estremoz.

1536 Construction de la tour des Azevedos près de Barcelos.

Afonso Domingues (m. 1402)
Maître architecte lié au travaux du monastère Sainte-Marie de la Victoire (Batalha) de 1387/88 à 1402, à qui l'on attribue le premier plan de ce monument.

Aires Gomes da Silva
Noble de la cour de Manuel Ier, protecteur des moines hiéronymites de Coimbra. Son tombeau se trouve au monastère Saint-Marc à Coimbra. Il avait commandé un monumental retable à Nicolas Chantereine pour la décoration du chœur de ce même monastère.

António Carneiro (1460-1545)
En 1482, il occupait déjà les fonctions de greffier de la chambre de Jean II; plus tard, Manuel Ier lui conserva sa charge. En 1500, il fut récompensé de ses mérites en recevant la capitainerie de l'île de Príncipe. À partir de 1509, il remplit le rôle de secrétaire d'État; à ce titre, il était chargé des affaires importantes, des registres de la chancellerie et de la correspondance diplomatique.

Arnau de Carvalho
Maître sculpteur d'origine nordique, il travailla surtout dans le nord du Portugal ainsi qu'en Galice. Son activité au Portugal témoigne de l'influence du contexte artistique flamand dans l'entourage de la cour de Manuel Ier. Comme sculpteur sur bois, il collabora avec le peintre Vasco Fernandes.

Boytac (m. 1525)
Célèbre architecte qui vécut et travailla au Portugal à la fin du XVe siècle et au début du XVIe siècle. À partir de 1504, il a sous sa responsabilité un ensemble de travaux d'initiative royale. Il est un des plus importants architectes du manuélin, ayant projeté et réalisé d'innombrables œuvres, notamment la deuxième église du monastère Sainte-Marie de Belém (Hiéronymites, Lisbonne). Son tombeau se trouve dans le monastère Sainte-Marie de la Victoire (Batalha) dont il dirigea les travaux à la fin de sa vie.

Brás (ou Afonso) de Albuquerque (1501-1581)
Fils du gouverneur de l'Inde portugaise Afonso de Albuquerque, il fut baptisé Brás selon le désir de Manuel Ier, mais il se fit ensuite appeler Afonso pour perpétuer la mémoire de son père. Pendant le règne de Jean III, il fut intendant des finances et présida le sénat de Lisbonne. Ayant passé un certain temps en Italie, et possédant une profonde culture italianisante, il fit construire la Quinta da Bacalhôa (Azeitão), un palais à l'italienne avec son belvédère et un pavillon de plaisance au bord d'un lac.

Cristóvão de Figueiredo
Peintre du XVIe siècle dont l'activité, documentée entre 1515 et 1543, couvrit les règnes de Manuel Ier et de Jean III. Il dut faire son apprentissage dans l'atelier du peintre Jorge Afonso dont il deviendra le neveu par alliance. À partir de 1513, il fut le peintre du cardinal-infant D. Afonso et travailla conjointement avec Gregório Lopes et Garcia Fernandes.

Della Robbia
Famille de sculpteurs italiens des XVe et du XVIe siècles qui devinrent célèbres pour leurs travaux en majolique, un procédé de peinture et de vitrification de la faïence. Au musée d'Art ancien de Lisbonne se trouvent plusieurs œuvres de cet atelier, comme des *tondi*, des devants d'autel et même des sculptures en ronde-bosse.

Diego del Castillo (v. 1493-1574)
Né à Santander vers 1493, mort à Coimbra le 18 août 1574. Il s'installa au Portugal, ainsi que son frère Juan del Castillo, où ils réussirent tous deux une carrière artistique. Il participa à d'importants travaux comme à Sainte-Marie de Belém. Il s'établit à Coimbra où il fut nommé maître du palais royal. Il devint un des plus importants architectes de l'époque et collabora souvent avec Jean de Rouen. En 1527, il eut l'honneur d'être nommé citoyen de Porto, et vingt ans plus tard, celui de chevalier de la maison royale.

Diogo Ortiz de Vilhegas
Originaire de Calzadilla dans le royaume de León, il s'installa au Portugal en 1476 comme chapelain de la reine Jeanne la Beltraneja. En 1491, Jean II le nomma évêque de Tanger et trois ans plus tard, grand aumônier. En 1482, il présida la *Junta dos Matemáticos* (assemblée des mathématiciens). Il fut évêque de Ceuta à partir de 1500, et de Viseu quatre ans plus tard. Ce fut sous son égide que l'on y construisit la voûte manuéline de la cathédrale. Étant donné sa renommée, Manuel Ier le choisit comme précepteur des infants. En 1517, le roi en fit son exécuteur testamentaire. Il est aussi l'auteur d'un manuel intitulé *Catecismo Pequeno* (petit catéchisme).

Diogo de Azambuja (1432-1518)
Depuis son très jeune âge, il était lié aux grandes maisons seigneuriales et il connut une riche carrière nobiliaire. Il commença par servir le fils de l'infant D. Pedro, duc de Coimbra, qu'il accompagna même dans son exil. En 1458, il était présent au combat d'Alcácer-Ceguer, en Afrique du Nord, aux côtés d'Alphonse V. Jean II, en 1487, le nomma intendant principal des entrepôts militaires du royaume. Sous Manuel Ier, il continua à rendre des services à la couronne, en particulier en Afrique du Nord, où il fit édifier plusieurs forteresses. Il est mort en 1518.

Diogo de Arruda (m. v. 1531)
Ingénieur et architecte, il fut actif entre 1508 et 1531. Comme son frère Francisco de Arruda, il est un des plus remarquables créateurs de l'art manuélin. Il travailla au palais royal de Santarém, mais c'est en tant qu'architecte militaire qu'il devint vraiment célèbre, grâce surtout à la construction des fortifications des places d'Afrique du Nord.

Diogo Pires-o-Moço (Diogo Pires le Jeune)
Sculpteur actif au Portugal entre 1491 et 1530. Il était probablement le fils de Diogo Pires, désigné par la suite "o-Velho" (l'Ancien) justement pour les distinguer. Une des ses œuvres principales est le tombeau de Diogo de Azambuja dans l'église des Anges à Montemor-o-Velho. On peut encore citer le devant d'autel de l'ancienne cathédrale de Coimbra (1491), la pierre tombale de l'évêque D. Alvaro et son *Ange gardien du royaume*, qui font partie du fonds du Musée national Machado de Castro à Coimbra. Il collabora probablement avec l'artiste Diogo Mendes pour la réalisation des trois tombeaux qui se trouvent dans le chœur de l'église Saint-Marc.

Diogo Pires-o-Velho (Diogo Pires l'Ancien)
Sculpteur qui travailla à Coimbra pendant le dernier quart du XVe siècle. Ses différentes représentations de la Vierge sont remarquables et on peut signaler celle qui se trouve dans l'église paroissiale de Leça de Palmeira, de 1481.

Diogo de Sousa (1461-1532)
Dans le domaine culturel, il est considéré comme une des plus importantes figures pour l'introduction de l'humanisme au Portugal. Il fréquenta les universités de Salamanque et de Paris, où il passa son doctorat. En 1493, Jean II l'envoya à Rome faire acte l'allégeance à

Alexandre VI. En 1505, c'est Manuel Ier qui l'y envoya, mais cette fois-ci devant le pape Jules II. La même année, il fut nommé archevêque de Braga. Son tombeau, qu'il avait fait faire lui-même, est dans la chapelle de Jésus de la Miséricorde, dans la cathédrale de Braga.

Diogo de Torralva
Il était le gendre de Francisco de Arruda, et son activité d'architecte se déroula entre 1520 et 1554. Parmi ses œuvres les plus importantes, il faut signaler l'église de Graça à Évora et le cloître de Jean III dans le couvent du Christ à Tomar.

Egas Moniz (m. 1146)
Il devint célèbre grâce à la légende qui lui attribue un rôle éminent dans la libération du Portugal de la vassalité qui liait le royaume à Alphonse VII de León au moment du siège de Guimarães. Il était la personnalité la plus importante de la cour d'Alphonse Ier, ayant été nommé intendant de la maison du roi, la plus haute charge de la curie royale. Son tombeau se trouve dans le monastère de Paço de Sousa, qu'il avait considérablement enrichi.

Fernán Muñoz
Maître maçon et sculpteur biscayen qui fit partie de la campagne de travaux de Juan del Castillo pour l'église *matriz* de Caminha. C'est peut-être même lui qui, plus tard, fut chargé des monumentales sculptures des prophètes laissées inachevées par Olivier de Gand, dans la rotonde du couvent du Christ à Tomar.

Francesco da Cremona
Architecte italien appelé au Portugal par D. Miguel da Silva, évêque de Viseu, qui lui commanda le cloître de la cathédrale de Viseu et d'autres travaux importants dans l'embouchure du fleuve Douro.

Francisco de Arruda (m. 1547)
Architecte royal, nous savons qu'il travaillait avec son frère dans le couvent du Christ à Tomar en 1512. Deux ans plus tard, certains documents le citent comme un des maîtres qui travaillaient aux Hiéronymites à Lisbonne. Entre 1515 et 1519, il construisit la célèbre tour de Belém à Lisbonne. Parmi ses autres projets, nous pouvons encore signaler l'église de Conceição d'Elvas et l'aqueduc d'Agua de Prata à Évora.

Francisco Henriques (m. 1518)
Peintre d'origine flamande qui, d'après certains auteurs, vint s'établir au Portugal vers 1500. Il se maria avec la fille de Jorge Afonso, peintre de premier plan. À l'époque de Manuel Ier, il était considéré comme le meilleur maître de peinture du royaume. Ses œuvres sont dispersées dans plusieurs lieux: musées et églises, comme Saint-François à Évora.

Frei Carlos
Peintre de la première moitié du XVIe siècle d'origine flamande. Il est probablement décédé avant 1553, dans le couvent d'Espinheiro, dans les environs d'Évora, où il avait professé.

Gaspar Vaz (1490-1569)
Son activité de peintre est signalée à partir de 1514 et jusqu'en 1568. On le trouve d'abord à Lisbonne, travaillant dans l'atelier de Jorge Afonso où étaient également des artistes comme

Vasco Fernandes, Garcia Fernandes et Gregório Lopes. On connaît sa collaboration à plusieurs œuvres de cet atelier, bien qu'il n'en existe aucune de datée ou de signée.

Garcia Fernandes
Peintre actif entre 1514 et 1565. Il fit son apprentissage dans l'atelier de Jorge Afonso, ainsi que Cregório Lopes et Cristóvão de Figueiredo avec lesquels il peignit le retable de Ferreirim. C'est pourquoi tous trois sont connus sous le nom collectif de "Mestres de Ferreirim". On lui attribue, en outre, différentes œuvres, dispersées dans tout le Portugal.

Gil Eanes
Navigateur qui inaugura la navigation européenne au sud du cap Bojador, qu'il doubla après douze années consécutives de tentatives infructueuses. Il réussit à progresser de cinquante lieues au sud du cap le long de la côte occidentale d'Afrique. L'infant Henri le fit écuyer de sa maison.

Gil Vicente (v. 1465- v. 1536)
Orfèvre et poète dramaturge du XVIe siècle. Son œuvre la plus importante est "l'ostensoir de Belém" (1506), un véritable joyau de l'orfèvrerie religieuse portugaise. Il fut au service de la reine D.ª Leonor et occupa également les fonctions de contrôleur de la frappe à la Monnaie de Lisbonne.

Gregório Lopes (m. 1550)
Célèbre peintre de la première moitié du XVIe siècle qui travailla à Lisbonne entre 1513 et 1550. Il fut le peintre royal de Manuel Ier et de Jean III, et aussi chevalier de l'ordre de Santiago. Il travailla pour le monastère Saint-François à Lisbonne, pour le monastère de Ferreirim et pour le couvent du Christ à Tomar, entre autres.

Gualdim Pais (1118-1195)
Membre de la noblesse du Minho qui se distingua pendant la conquête du Portugal. Entre 1157 et 1195, il gouverna l'ordre militaire du Temple dont il fut le premier maître portugais, charge qu'il occupa pendant trente-huit ans jusqu'à sa mort. Il fut chargé de défendre la frontière du Tage contre les Maures, et il reçut quantité de terres dans cette région où les Templiers commencèrent à construire, en 1160, le château de Tomar.

Jean de Rouen (João de Ruão) (m. 1580)
Sculpteur français qui arriva au Portugal vers 1517 et y resta jusqu'à la fin de sa vie. Ses œuvres sont très nombreuses, dispersées dans le centre et le nord du pays; il y a surtout des retables et des figures en ronde-bosse. C'est un des introducteurs de la grammaire artistique de la Renaissance au Portugal.

Jorge Afonso (v. 1475-1540)
Né vers 1475, il fut nommé peintre royal en 1508, occupant les fonctions de contrôleur et d'intendant des travaux de peinture pendant les règnes de Manuel Ier et de Jean III. Parmi les peintures les plus importantes qui lui sont attribuées, on compte les tableaux du déambulatoire du couvent du Christ à Tomar et les cènes de l'enfance du Christ qui font partie de l'ensemble de l'église de Jésus à Setúbal. Il s'agit sans aucun doute d'un peintre d'excellent niveau, particulièrement sur le plan du dessin, du coloris et de la composition. Il influença toute une génération de peintres de la Renaissance au Portugal et il maintint une école très active à Lisbonne. Il est mort en 1540.

Jorge de Almeida (1458-1543)
Frère du premier vice-roi des Indes portugaises, D. Francisco de Almeida. Il fut élu évêque en 1481, à l'âge de vingt-cinq ans, alors qu'il était un simple clerc. En mars 1485, il fut ordonné prêtre et en 1488 évêque. Son épiscopat fut très long, plus de soixante ans, pendant lesquels il commanda des œuvres de plusieurs sortes, certaines destinées à l'ancienne cathédrale de Coimbra où il fit venir Olivier de Gand pour réaliser le monumental retable du chœur. Dans le domaine littéraire, il laissa une importante contribution avec ses *Constituições do Bispado* (constitutions de l'évêché), qu'il écrivit en 1521 et qui sont un précieux document pour l'étude de son époque. Il décéda en juillet 1543.

Juan del Castillo (1490-155)
Architecte biscayen, il était originaire de Santander. Il étudia les arts et l'architecture civile et militaire à Naples. On sait que, en 1517, il était déjà au Portugal à travailler au monastère des Hiéronymites dont il dirigea les travaux à partir de 1532. Il travailla aussi dans le couvent du Christ à Tomar et dans les monastères d'Alcobaça et de Batalha. À Mazagão, en Inde, il fut le responsable de la construction d'un important bastion.

Luís de Camões (Camoëns) (v. 1524-1580)
Une des plus grandes figures de la littérature du XVIe siècle. Auteur des *Lusiades*, édité en 1572, considéré comme un chef-d'œuvre de la littérature de la Renaissance où il décrit l'épopée maritime des Portugais. On sait que sa vie fut passionnante et malheureuse. Exilé deux fois, il parcourut la côte africaine et l'Orient, où il combattit.

Machim
Sculpteur flamand actif au Portugal pendant la première moitié du XVIe siècle. Auteur du devant d'autel de la cathédrale de Guarda, il s'y révéla un sculpteur d'une grande qualité plastique.

Manuel Vicente
Fils du peintre Vicente Gil, il suivit la même profession que son père et fut actif à Coimbra, entre 1521 et 1530.

Marcos Pires (m. 1521)
Architecte responsable de la campagne de travaux du monastère Sainte-Croix à Coimbra et auteur du projet du cloître du Silence.

Mateus Fernandes (m. 1515)
Il participa aux travaux de Santarém, des fortifications de Madère et du couvent d'Alcobaça. Il fut un des plus éminents maîtres des œuvres royales du monastère Sainte-Marie de la Victoire (Batalha), qu'il dirigea à partir de 1490. Nous pensons qu'il est l'auteur du portail d'entrée des "Chapelles imparfaites" (panthéon de D. Duarte), de 1509, d'une grande qualité esthétique et plastique.

Mestre da Lourinhã
Peintre anonyme, actif pendant la première moitié du XVIe siècle. À partir de son *Saint Jean l'Évangéliste* de la Miséricorde de Lourinhã, on lui attribue d'autres œuvres qui se trouvent au musée d'Art ancien de Lisbonne et ailleurs, ce qui n'est pas une tâche facile étant donné les affinités de son art avec l'œuvre de Frei Carlos.

Miguel da Silva (1480-1556)
Fils du premier comte de Portalegre, il fit ses études dans les universités de Lisbonne, Paris et Sienne. En 1514, Manuel Ier l'envoya comme ambassadeur à la cour papale. Il s'établit à Rome et devint l'ami des papes Léon X et Clément VII et du peintre Raphaël. De retour à Lisbonne en 1525, le roi Jean III lui donna l'évêché de Viseu et le nomma greffier royal. En 1541, il fut nommé cardinal contre la volonté du roi, ce qui l'obligea à s'enfuir à Rome où il se fixa. C'est sans doute lui qui a fait venir au Portugal l'architecte Francesco da Cremona qui réalisa, entre autres, le cloître de la cathédrale de Viseu.

Nicolas Chantereine
Sculpteur français, actif au Portugal entre 1517 et 1551. Artiste remarquable, ami d'humanistes et pionnier de l'introduction de la Renaissance au Portugal, il sculpta des œuvres pour Lisbonne, notamment le portail central de Sainte-Marie de Belém, le retable du palais de Pena à Sintra, ainsi que d'autres travaux à Coimbra et Évora, qui sont révélateurs de sa stature artistique et intellectuelle.

Nuno Gonçalves
Peintre actif entre 1450 et 1492. Le 20 juillet 1450, il fut nommé peintre royal du roi Alphonse V. Il est l'auteur de différentes peintures d'importance du XVe siècle. En 1470, il fut nommé chevalier de la maison royale et, un an plus tard, il prit la charge de peintre de la ville de Lisbonne.

Odart
Sculpteur français qui arriva au Portugal pendant la première moitié du XVIe siècle, venant de Tolède où il avait laissé différentes œuvres. Artiste virtuose pour le travail de la poterie, il réalisa quelques pièces d'envergure dont on peut détacher une *Dernière Cène* qu'il sculpta pour le monastère Sainte-Croix de Coimbra et qui se trouve actuellement au Musée national Machado de Castro, dans la même ville.

Olivier de Gand
Sculpteur flamand d'un grand niveau plastique, auteur du monumental retable de l'ancienne cathédrale de Coimbra, œuvre inégalée dans le panorama de la sculpture flamande au Portugal. Au service de Manuel Ier, il réalisa également un extraordinaire ensemble de sculptures en bois d'une taille supérieure à celle de l'homme pour la rotonde du couvent du Christ à Tomar.

Pedro Alvares Cabral (1460/70-1520)
Né à Belmonte, fils du gouverneur de Belmonte, il entra très tôt à la cour. Il se maria avec une des filles d'Afonso de Albuquerque et le roi Jean II lui octroya une pension annuelle en paiement de services dont nous ignorons la teneur. Il commanda la flotte qui, le 22 avril 1500, découvrit le Brésil, où il jeta l'ancre deux jours plus tard dans un lieu qu'il appela Porto Seguro.

Pedro de Meneses (m. 1437)
Il était fils du premier comte de Viana do Alentejo qui, en 1383, lors de la succession du roi Ferdinand Ier, partit avec sa famille en Castille. Il prit part à la conquête de Ceuta où il fut armé chevalier et où il occupa par la suite la charge de gouverneur. Il défendit la ville pendant vingt-deux ans contre les attaques des Maures. Le roi Jean Ier le fit comte de Vila Real. En 1424, il est également fait deuxième comte de Viana do Alentejo. Il est mort en 1437.

Pêro de Alcáçova Carneiro (1515-1593)
Fils du secrétaire d'État António Carneiro, il naquit à Lisbonne. À partir de 1545, il fut le plus grand favori de Jean III. En 1564, le roi Sébastien le renvoya, mais, plus tard, la confiance du monarque lui fut renouvelée. Il accompagna le roi Sébastien à son entrevue avec Philippe II à Guadalupe. Plus tard, le cardinal-roi Henri l'exila à Torres Vedras en lui faisant porter la faute du désastre de l'expédition d'Afrique. Il défendit alors la politique en faveur de Philippe II d'Espagne et fut nommé comte d'Idanha-a-Nova en 1582.

Pêro Henriques
Il était le fils du maître d'œuvre du monastère de Batalha, Mateus Fernandes, et frère de Filipe Henriques. Comme le prouvent sans équivoque les textes de l'époque, les deux frères furent maîtres d'œuvre de la cathédrale de Guarda entre 1504 et 1516.

Quentin Metsys (v. 1465-1530)
Peintre d'origine flamande dont l'œuvre fut très admirée au Portugal. On trouve des tableaux de lui à Coimbra, en particulier dans le monastère Sainte-Croix et au Musée national Machado de Castro

Rodrigo de Pontecilla
Sculpteur espagnol qui travailla aux Hiéronymites et qui dirigea la construction de l'important portail de la salle du chapitre de ce monastère.

Sesnando
Il fut gouverneur de Coimbra et était le fils de mozarabes qui avaient de grandes propriétés dans la région de Tentúgal (Coimbra). En 1026, il fut emmené prisonnier des musulmans à Séville; à la cour du chef abbasside, il occupa les hautes charges de ministre et de membre du conseil suprême. Il se réfugia auprès de Ferdinand Ier le Grand, roi de León et de Castille, et lui conseilla de conquérir Coimbra. Le 9 juillet 1064, après six mois de siège, il devint le gouverneur de la ville et acquit le titre de comte. Il participa encore à d'autres conquêtes, dans lesquelles il joua toujours un rôle important.

Tomé Velho
Sculpteur maniériste, disciple de Jean de Rouen, avec une importante œuvre, en particulier dans la ville de Coimbra.

Vasco de Gama (v. 1468-1524)
Navigateur, amiral de la flotte qui découvrit la première route maritime vers l'Inde. Il partit de Lisbonne, pour ce voyage, en 1497, avec trois nefs et un petit navire pour l'appui logistique. Calicut était le but. À son retour dans la capitale, le roi Manuel Ier le nomma grand amiral de la mer des Indes. Vasco de Gama effectua encore un voyage en Inde en 1502 et un autre en 1524, avec, alors, le titre de vice-roi.

Vicente Gil
Peintre de Jean II. Actif à Coimbra entre 1498 et 1525, père de Manuel Vicente.

ALMEIDA, Carlos Alberto F. de, *Alto Minho*, Lisbonne, 1987.

ALPUIM, Maria Augusta de, VASCONCELOS, Maria Emília, *Casas de Viana Antiga,* Viana do Castelo, 1983.

ALPUIM, Maria Augusta de, *A Sé Catedral de Viana do Castelo*, Viana do Castelo, 1984.

ÁLVAREZ VILLAR, Julián, "Ecos hispánicos del manuelino", in *As Relações Artísticas entre Portugal e Espanha na Época dos Descobrimentos*, Coimbra, 1987.

ALVES, Alexandre, "Artistas espanhóis na cidade de Viseu nos séculos XVI e XVII", *As Relações Artísticas entre Portugal e Espanha na Época dos Descobrimentos*, Coimbra, 1987.

ALVES, Ana Maria, *Iconografia do Poder Real no Período Manuelino*, Lisbonne, 1985.

ALVES, Lourenço, "Do gótico ao manuelino no Alto Minho, Monumentos religiosos", in *Caminiana*, Caminha, 1984.

ALVES, Lourenço, "Do gótico ao manuelino no Alto Minho, Monumentos religiosos" in *Caminiana*, Caminha, 1986.

ARAGÃO, António, *Para a História do Funchal*, Funchal, 1979.

ATHAÍDE, Luís Bernardo Leite d', "Património de arte em S. Miguel", in *Insulana*, Ponta Delgada, 1953.

ATHAÍDE, Luís Bernardo Leite d', *"Etnografia, Arte e Vida Antiga nos Açores"*, Coimbra, 1974.

AVERINI, Ricardo, "Storia dell'arte portoghese", in *Estudos Italianos em Portugal*, Lisbonne, 1970.

BARREIROS, Manuel de Aguiar, *A Egreja de Villar de Frades no Concelho de Barcelos,* Porto, 1919.

BARREIROS, Manuel de Aguiar, *A Capella dos Coimbras,* Porto, 1922.

BARREIROS, Manuel de Aguiar, *A Capella de Nossa Senhora da Conceição (Braga),* Porto, 1923.

BORGES, Nelson Correia, "Artistas e artífices espanhóis em Portugal durante o barroco e o rococó", in *Relaciones Artísticas entre Portugal y España,* Salamanque, 1986.

CARITA, Helder, AMARO, Clementina, "A Casa dos Bicos", in *Catálogo da XVII Exposição Europeia de Arte, Ciência e Cultura,* Lisbonne, 1983.

CASTILHO, Júlio de, *Lisboa Antiga*, Lisbonne, 1935-1966.

CASTILHO, Júlio de, *A Ribeira de Lisboa*, Lisbonne, 1941.

CORREIA, José Eduardo Horta, *A Arquitectura Religiosa do Algarve de 1520 a 1600*, Lisbonne, 1987.

CORREIA, Vergílio, *As Obras de Santa Maria de Belém*, Lisbonne, 1922.

CORREIA, Vergílio, *Mosteiro da Batalha,* Porto, 1928.

CORREIA, Vergílio, *"A Arte no Séc. XVI", História de Portugal*, vol. V, Barcelos, 1933.

CORTEZ, Fernando Russel, "Artistas portugueses que trabalharam na Galiza nos séculos XVI e XVII, in *As Relações Artísticas entre Portugal e Espanha na Época dos Descobrimentos*, Coimbra, 1987.

DIAS, Pedro, *A arquitectura de Coimbra na Transição do Gótico para a Renascença, 1490-1540,* Coimbra, 1982.

DIAS, Pedro, "O Manuelino", in *História da Arte em Portugal,* Publ. Alfa, vol. V, Lisbonne, 1986.

ESPANCA, Túlio, *Inventário Artístico de Portugal, Concelho de Évora*, Lisbonne, 1966.

ESPANCA, Túlio, *Inventário Artístico de Portugal, Distrito de Évora*, Lisbonne, 1966-1978.

ESPANCA, Túlio, *Inventário Artístico de Portugal, Distrito de Évora, Concelho de Arraiolos, Estremoz, Montemor-o-Novo, Moura e Vendas Novas*, Lisbonne, 1975.

FERREIRA, Manuel Juvenal Pita, *A Sé do Funchal,* Funchal, 1963.

FREITAS, Eugénio de Andrea da Cunha e, "Os mestres biscainhos na Matriz de Vila do Conde, João Rianho, Sancho

Garcia, Rui Garcia, e João de Castilho", in *Anais da Academia Portuguesa da História*, Lisbonne, 1951.

FREITAS, Eugénio de Andrea da Cunha e, "*Igreja de Nossa Senhora da Oliveira. Notícia histórica*", in *Boletim da Direcção-Geral dos Edifícios e Monumentos Nacionais*, nº 128, Lisbonne, 1981.

GONÇALVES, António Augusto, *Estatuária Lapidar no Museu Machado de Castro*, Coimbra, 1923.

GONÇALVES, António Nogueira, *Inventário Artístico de Portugal, A cidade de Coimbra*, Lisbonne, 1947.

GONÇALVES, António Nogueira, *Inventário Artístico de Portugal, Distrito de Aveiro, Zona Sul*, Lisbonne, 1959.

GONÇALVES, António Nogueira, *Estudos de História da Arte da Renascença*, Coimbra, 1979.

GONÇALVES, António Nogueira, "Lamego. Sé Catedral", in *Guia de Portugal*, vol. V, tome II, Lisbonne, s. d.

GOULÃO, Maria José, "Alguns problemas ligados ao emprego de azulejos mudéjares em Portugal nos séculos XV e XVI", in *As Relações Artísticas entre Portugal e Espanha na Época dos Descobrimentos*, Coimbra, 1987.

GUERRA, Luís Figueiredo da, *Viana e Caminha*, Porto, 1929.

HAUPT, Albrecht, *A Arquitectura da Renascença em Portugal*, Lisbonne, 1924.

HOOYKAAS, R., *Os Descobrimentos e o Humanismo*, Lisbonne, 1983.

IRIA, Alberto, *O Algarve e os Descobrimentos*, Lisbonne, 1956.

JÚDICE, Pedro Mascarenhas, *A Sé e o Castelo de Silves*, Gaia, 1934.

KARLINGER, Hans, *Arte gótico*, Madrid, 1932.

KEIL, Luís, *Inventário Artístico de Portugal, Distrito de Portalegre*, Lisbonne, 1943.

LIMA, Batista de, "A Igreja de S. Sebastião da Terceira", in *XVIe Congrès International d'Histoire de l'Art*, Lisbonne, 1949.

MANIQUE, Luís de Pina, *A Arquitectura Manuelina de Alvito*, Lisbonne, 1949.

"Matriz da Batalha", *Boletim da Direcção-Geral dos Edifícios e Monumentos Nacionais*, nº 13, Lisbonne, 1938.

MOREIRA, Rafael, "Arquitectura militar do Renascimento em Portugal", in *A Introdução da Arte da Renascença na Península Ibérica*, Coimbra, 1980.

MOREIRA, Rafael, "Arquitectura", in *Catálogo da XVII Exposição de Arte, Ciência e Cultura do Conselho da Europa, Museu de Arte Antiga I*, Lisbonne, 1983.

MOREIRA, Rafael, *Jerónimos*, Lisbonne, 1987.

PEREIRA, Gabriel, *Estudos Eborenses. O Mosteiro de Nossa Senhora do Espinheiro*, 2e édition, vol. I, Évora, 1947.

RIBEIRO, Bartolomeu, *Convento de Santo António do Varatojo*, Braga, 1956.

SANTOS, Reinaldo dos, *A Torre de Belém, Estudo Histórico e Arqueológico*, Lisbonne, 1922.

SANTOS, Reinaldo dos, *A Torre de Belém*, Coimbra, 1922.

SANTOS, Reinaldo dos, "Madre de Deus", in *Guia de Portugal*, vol. I, Lisbonne, 1924.

SANTOS, Reinaldo dos, *O Estilo Manuelino*, Lisbonne, 1952.

SANTOS, Reinaldo dos, "O Portal da Igreja Matriz de Vila do Conde", in *Vila do Conde*, nº 3, Vila do Conde, 1961.

SANTOS, Reinaldo dos, *Oito Séculos de Arte Portuguesa*, Lisbonne, s. d.

SANTOS, Reinaldo dos, *L'art portugais: architecture, sculpture et peinture*, Paris, 1953.

SEGURADO, Jorge, *A Igreja de S. João de Moura*, Lisbonne, 1929.

SEGURADO, Jorge, "Da génese da Igreja de S. João de Moura", in *Belas Artes*, Lisbonne, 1975.

SEQUEIRA, Gustavo de Matos, *Inventário Artístico de Portugal, Distrito de Leiria*, Lisbonne, 1955.

SOARES, Joaquim, SILVA, Carlos Tavares da, *Património*

Construído de Setúbal, Época dos Descobrimentos, Setúbal, 1983.

SOUSA, A. D. de Castro e, *Memória Histórica sobre a Origem da Fundação do Real Mosteiro de N. S. da Pena, situado na Serra de Sintra,* Lisbonne, 1945.

SOUSA, J. de, *A Torre de Belém, Castelo de Sam Vicente a par de Belém,* Lisbonne, 1959.

SOUSA, Nestor de, *A Arquitectura Religiosa de Ponta Delgada nos Séculos XVI a XVIII,* Ponta Delgada, 1986.

TAROUCA, Carlos da Silva et CHICÓ, Mário Tavares, "Igreja do Lóios de Évora", in *A Cidade de Évora*, Évora, 1945.

TEIXEIRA, Garcez, "A casa do capítulo incompleta do Convento de Cristo", in *Lusitânia,* vol. III, Lisbonne, 1925.

VALADARES, Álvaro de, "História das igrejas do Algarve", in *O Algarve,* Faro, 1958.

VALADARES, Álvaro de, "A Arte no Algarve", in *O Algarve,* Faro, 1958-1959.

VASCONCELOS, Joaquim de, *Da Arquitectura Manuelina*, Coimbra, 1885.

AUTEURS

Pedro Dias

Né à Coimbra en 1950, il est professeur titulaire de la chaire d'histoire de l'art de l'Université de cette même ville. Il a conduit des recherches en Espagne, en Italie, aux Pays-Bas, en Allemagne, en France, au Brésil et en Inde avec des bourses de l'Institut national de la recherche scientifique de la fondation Calouste-Gulbenkian ou sous le patronage de l'Unesco ou de l'Union Européenne. Il a été directeur de l'Institut d'histoire de l'art de l'Université de Coimbra et du Musée national Machado de Castro, délégué du secrétariat d'État à la Culture pour la région Centre du Portugal, membre du conseil éditorial de l'Imprimerie nationale-Casa da Moeda, membre du conseil consultatif de l'Institut portugais du patrimoine architectural et archéologique et membre du conseil scientifique de la Commission nationale pour la commémoration des découvertes portugaises (CNCDP). Actuellement, il est membre de l'Académie nationale des Beaux-Arts San Fernando à Madrid, de l'Académie royale des Beaux-Arts de la Purísima Concepción à Valladolid et du Comité international de l'histoire de l'art, dont il préside la section portugaise.

Il a été associé à l'organisation d'importantes expositions, et commissaire scientifique de quelques-unes d'entre elles, comme "O Tempo das Feitorias", en 1991, au Musée royal d'Anvers; "A Arte da Época dos Descobrimentos", au Musée national d'art ancien de Lisbonne, en 1992; "Álvaro Pires de Évora, um Pintor Português no Quattrocento Italiano", à la Torre do Tombo à Lisbonne, en 1994; "O Rosto do Infante", à Tomar et Viseu, également en 1994; "Reflexos: Símbolos e Imagens do Cristianismo na Porcelana Chinesa", au musée Saint-Roc à Lisbonne, à 1997; et "O Brilho do Norte. Escultura e Escultores do Norte da Europa em Portugal. Época Manuelina", à Lisbonne, au Palais national d'Ajuda, en 1997.

En 1983, il a été décoré de la médaille du Mérite des Beaux-Arts – classe Or.

Trois de ses livres ont reçu le prix José de Figueiredo de l'Académie nationale des Beaux-Arts: *A Arquitectura de Coimbra na Transição do Gótico para a Renascença*, en 1982; *Nicolau Chanterene escultor da Renascença*, en 1987; et *A Arquitectura Gótica Portuguesa*, en 1994. Il est aussi un des auteurs de l'ouvrage *Flandre et Portugal*, qui, en 1991, a reçu le prix belge Duc d'Arenberg. Parmi ses dernières publications, il faut signaler: *Os Portais Manuelinos do Mosteiro dos Jerónimos*, Coimbra, 1993; *A Viagem das Formas*, Lisbonne, 1995; *A Escultura Maneirista Portuguesa*; *Subsídios para uma Síntese*, Coimbra, 1995; *O Fydias Peregrino*; *Nicolau Chanterene e a Escultura Europeia do Renascimento*, Coimbra, 1996; *História da Arte Portuguesa no Mundo (1415-1822). O Espaço do Índico*, Lisbonne, 1998; *História da Arte Portuguesa no Mundo (1415-1822). O Espaço Atlântico*, Lisbonne, 1999; *Arquitectura dos Portugueses em Marrocos, 1415 a 1769*, Coimbra, 2000.

Dalila Rodrigues

Née à Granja de Penedono en 1960, elle est titulaire d'un doctorat en histoire de l'art de l'Université de Coimbra. Elle est conservatrice du musée Grão Vasco et professeure à l'Institut supérieur polytechnique de Viseu. Chercheure spécialisée en histoire de la peinture portugaise, elle a participé à différents projets de recherche et collabore avec plusieurs institutions portugaises comme l'Institut portugais des musées, l'Institut portugais du patrimoine architectural et le Service de soutien à la lecture de la fondation Calouste-Gulbenkian. Elle a mené des travaux de recherche aux États-Unis, avec l'appui de la Fondation luso-américaine, et en Inde, avec

l'appui de la Commission nationale pour la commémoration des découvertes portugaises (CNCDP).
Elle a été commissaire de l'exposition *Grão Vasco e a Pintura Europeia do Renascimento* (CNCDP), Palais national d'Ajuda, 1992; et de la section consacrée aux Maîtres de Ferreirim de la 3e Biennale d'art (fondation Cupertino de Miranda, musée de Lamego, 2001).
Elle a été boursière du service des Beaux-Arts de la fondation Calouste-Gulbenkian et du Prodep et a participé à différentes rencontres scientifiques nationales et internationales.
Elle est l'auteure de nombreux essais, publications, articles et communications.

Fernando Jorge Artur Grilo

Né à Lisbonne en 1962, docteur en histoire de l'art de l'Université de Lisbonne, il enseigne à la Faculté des lettres de Lisbonne l'histoire de l'art de la Renaissance, du maniérisme et du baroque, domaines dans lesquels il a publié plusieurs travaux.
Il a participé à différents projets de recherche avec l'Institut d'histoire de l'art de la Faculté des lettres de l'Université de Lisbonne, ainsi qu'aux projets "Medusa – Pedreiras do Mosteiro da Batalha. História da lavra das pedreiras na construção e no restauro do monumento" et "A Arte do repovoamento em território português. Os testemunhos da actividade cristã no Ocidente peninsular entre os séculos IX e XI". Il a obtenu une bourse de la fondation Calouste-Gulbenkian pour travailler dans des archives espagnoles, françaises et italiennes.
Il a été commissaire scientifique adjoint de l'exposition "O Brilho do Norte. Escultura e Escultores do Norte da Europa em Portugal. Época Manuelina", au Palais national d'Ajuda, en 1998. Il a participé à différentes rencontres scientifiques.
Il est l'auteur d'un certain nombre de publications, parmi lesquelles "O Gosto do Olhar. A colecção de pintura do Banco Mello", "Andrea Sansovino em Portugal no Tempo de D. Manuel" et "Nicolau Chanterene. Um escultor do Renascimento em Évora".

Nuno Vassallo e Silva

Né à Lisbonne en 1961, titulaire d'un DEA en histoire de l'art de la Faculté des lettres de l'Université de Lisbonne, il est directeur-adjoint du musée Calouste-Gulbenkian depuis 1999. Actuellement, il prépare, avec une bourse de la fondation Oriente, un doctorat sur "Joaillerie et objets précieux indiens pour le Portugal". Il est spécialiste de l'histoire des arts décoratifs au Portugal (bijouterie et orfèvrerie), des objets précieux produits en Inde portugaise, et de l'histoire du collectionnisme. Il a travaillé avec différentes institutions culturelles comme le Musée national d'art ancien, l'Institut portugais du patrimoine architectural, la Galerie de peinture du roi D. Luís, le Palais national d'Ajuda. Il a été conservateur du musée Saint-Roc / Sainte Maison de la Miséricorde de Lisbonne.
Il a été commissaire d'un certain nombre d'expositions, telles "No caminho do Japão" (1993), "Tesouros Artísticos da Misericórdia do Porto" (1995), "O Púlpito e a Imagem" (1996), "A Herança de Rauluchantim" (1996), "Esplendor e Devoção: Relicários de S. Roque" (1998), "Arte do Retrato: Quotidiano e Circunstância" (1999) et "Exotica: Portugals Entdeckungen in Spiegel fürstlicher Kunts und Wunderkammern der Renaissance" (2000) (avec Helmut Trnek).

Il est l'auteur, parmi d'autres œuvres, de *Joalharia Portuguesa / Portuguese Jewellery* (1996) et de *Colecção de Ourivesaria do Museu Alberto Sampaio* (1998), ainsi que de différents articles, essais et communications, au Portugal et dans d'autres pays.

www.ingramcontent.com/pod-product-compliance
Lightning Source LLC
LaVergne TN
LVHW010852110826
845149LV00005B/1388
* 9 7 8 3 9 0 2 7 8 2 0 1 4 *